D1943258

Amsterdamer Beiträge zur neueren Germanistik

herausgegeben von

Gerd Labroisse
Gerhard P. Knapp
Anthonya Visser

Wissenschaftlicher Beirat:

Lutz Danneberg (Humboldt-Universität zu Berlin) —Martha B. Helfer (University of Utah) — Dieter Hensing (Universiteit van Amsterdam) — Lothar Köhn (Westf. Wilhelms-Universität Münster) — Walter Schönau (Rijksuniversiteit Groningen) — Ian Wallace (University of Bath)

Amsterdamer Beiträge
zur neueren Germanistik
Band 50.2 — 2001

Schuld und Sühne?
Kriegserlebnis und Kriegsdeutung in deutschen Medien der Nachkriegszeit (1945-1961)

Internationale Konferenz
vom 01.-04.09.1999 in Berlin

herausgegeben von

Ursula Heukenkamp

Rodopi

Amsterdam — Atlanta, GA 2001

Die 1972 gegründete Reihe erscheint seit 1977 in zwangloser Folge ir Form von Thema-Bänden mit jeweils verantwortlichem Herausgeber.

Reihen-Herausgeber:

Prof. Dr. Gerd Labroisse, Sylter Str. 13A, D – 14199 Berlin
Tel./Fax: (49)30 89724235
E-Mail: Gerd.Labroisse@t-online.de

Prof. Dr. Gerhard P. Knapp, University of Utah, Dept. of Language: Literature, 255 S. Central Campus Dr. Rm. 1400, USA – Salt Lake UT 84112
Tel.: (1)801 581 7561, Fax (1)801 581 7581 (dienstl.)
bzw. Tel./Fax: (1)801 474 0869 (privat)
E-Mail: gerhard.knapp@m.cc.utah.edu

Prof. Dr. Anthonya Visser, Universiteit Leiden, Duitse taal en cultu Postbus 9515, NL – 2300 RA Leiden
Tel.: (31)71 5272071, Fax: (31)71 5273309 (dienstl.)
bzw. Tel.: (31)71 565 2156 (privat)
E-Mail: a.visser@let.leidenuniv.nl

Redaktion: Prof. Dr. Anthonya Visser

All titles in the Amsterdamer Beiträge zur neueren Germanistik (fro onwards) are available to download and read from the CatchWord http://www.catchword.co.uk

♾ The paper on which this book is printed meets the requirements 9706:1994, Information and documentation - Paper for docun Requirements for permanence".

ISBN: 90-420-1445-8 (bound)
ISBN: 90-420-1455-5 (part 1-2 bound)
©Editions Rodopi B.V., Amsterdam-Atlanta, GA 2001
Printed in The Netherlands

Inhalt

ND II: KRITIK DER ERINNERUNG (diskurskritisch)

1. Erinnerungspolitik und Institutionalisierung (Gelenktes Erinnern)

2. Deutschlandbilder

Barbara Breysach

Joseph Wulfs Zeugenwissen in der deutschen und frühen polnischen Nachkriegsöffentlichkeit

The Auschwitz survivor Joseph Wulf was one of the first historiographers of National Socialism and the Shoah in Germany. Wulf's consistent commitment to the gathering of information and the collection of historical documents may be traced back to his activities in the Jewish resistance in Cracow and in the Central Historical Commission of Poland. Such witness knowledge (cf. M. Halbwachs), which theoreticians of memory also define as experiential memory (cf. A. Assmann), plays a special role in the German memorial history of National Socialism, which is the subject of this paper. The events of Wulf's life and his published "Diaries of an East European Jew" represent what could be described, in literary terms, as an unwritten story of survival.

Vor 25 Jahren, im Oktober 1974, nahm sich Joseph Wulf in Berlin das Leben. Hintergrund der Verzweiflungstat war in erster Linie der Tod seiner Frau Jenta ein Jahr zuvor, über die er an seinen Sohn David geschrieben hatte:

> Was, denkst du, mein lieber Sohn, wäre ich ohne Kucia? Meine Antwort: ein verwöhnter Schöngeist eines reichen Juden aus Krakau. Kucia hat mich zum engagierten Mann gemacht, ihr habe ich es zu verdanken, daß ich Joseph Wulf bin, obwohl ich nicht Geld verdienen kann.[1]

Mit dem Verlust dieses Menschen war der 61jährige in der Bundesrepublik endgültig ortlos geworden.

> [...] Wie Ihnen bekannt ist, [hatte Wulf im August 1970 an einen Hamburger Freund geschrieben] habe ich bis heute 18 Publikationen über das Dritte Reich veröffentlicht. [...] Bücher dieser Art haben nur sehr kleine Auflagen und sind für den Verleger wie für den Autor ein Defizit-Geschäft. Meinen Plan des 'Internationalen Dokumentationszentrums zur Erforschung des Nationalsozialismus und seiner Folgeerscheinungen' muß ich nach vierjährigem großem Bemühen als gescheitert ansehen [...]. Mein Thema – das Dritte Reich – ist heute nicht mehr gefragt und nicht aktuell. Ich stehe buchstäblich vor der Frage, wovon ich demnächst leben soll. [...] Ich habe doch in den letzten 25 Jahren etwas geleistet, ich

[1] Joseph Wulf: Brief an seinen Sohn David Wulf aus dem Jahr 1974 , zit. nach Henryk M. Broder: *Wer war Joseph Wulf? Eine Reportage*. Sender Freies Berlin, Studio III. Sendung vom 15.4.1980.

> will doch arbeiten und sollte doch – ich glaube, Sie verstehen es – nicht jetzt in dieser Situation sein.[2]

Über die persönlichen Existenznöte des Verfassers hinaus offenbart der Brief die gescheiterte institutionelle Verankerung einer Dokumentations- und Aufklärungsarbeit, die an diesem Kulminationspunkt von der bundesdeutschen und zumal West-Berliner Politik nicht gefördert wurde.

Die Fragmente aus Wulfs Leben und Arbeit, die ich zusammentrage, haben vorläufigen Charakter und können den Steinbruch, den Wulf hinterlassen hat, allenfalls skizzieren.[3] Die Korrespondenzen Joseph Wulfs sind derzeit noch gesperrt,[4] die Briefe, aus denen ich zitiere, sind Zufallsfunde bzw. einem Radiofeature von Henryk M. Broder entnommen. Indem ich an Wulf erinnere, möchte ich den speziellen Ort seiner Erinnerungsarbeit vor dem Hintergrund der Überlebenserfahrung und der polnisch-jüdischen Tradition analysieren, aus der seine zeithistorische Leidenschaft erwachsen war.

Joseph Wulf wurde am 22.12.1912[5] in Chemnitz als Sohn eines wohlhabenden Vaters in eine polnisch-jüdische Familie geboren. Fünf Jahre später zog die Familie nach Krakau. Wulf studierte an der jüdischen Hochschule in Krakau, anfänglich mit der Perspektive, Rabbiner zu werden, war zionistisch orientiert und lernte auch an einer landwirtschaftlichen Schule. Jenta Wulf, mit der er sich in den dreißiger Jahren verheiratete, stammte aus einem chassidischen Haus; noch der Berliner Freundeskreis bestätigte die Frömmigkeit von Jenta Wulf. Nach der Okkupation Polens wurde Joseph Wulf Mitglied der Jüdischen Kampforganisation im Krakauer Ghetto, einem Zusammenschluß rechts- und linkszionistischer Gruppierungen. Wulf stand der rechtszionistischen Akiba nah, die "Traditionen und Hoffnungen des europäischen Liberalismus des 19. Jahrhunderts mit einem romantischen Glauben an die ethischen Vorzüge des kollektiven Lebens in Kibbuzim" verband, wie Reuben Ainsztein schreibt.[6] Die Entstehung der Krakauer Gruppe aus einem vermeintlichen Lernzirkel beschrieb Wulf wie folgt:

> Am 12. Dezember 1941 schickte eine Delegation der Jüdischen Sozialen Selbsthilfe [...] einen Brief an den Gestapochef, in dem unter anderem stand: "Wir bitten um die Genehmigung von Kursen, mit dem Ziel, die jüdische Jugend land-

[2] Ebd.

[3] Vgl. auch Ulla Gorges (Hrsg.): *Sachor – Nicht vergessen. Erinnerungen an Joseph Wulf.* Aktion Sühnezeichen/Friedensdienste. Berlin 1989.

[4] Der Nachlaß von Joseph Wulf befindet sich im Zentralarchiv zur Erforschung der Geschichte des deutschen Judentums in Heidelberg.

[5] Vgl. u.a. Desider Stern: *Werke jüdischer Autoren in deutscher Sprache*. Wien 1973; Walter Huder: Remigration als Todesfalle. In memoriam Joseph Wulf. In: Ders.: *Von Rilke bis Cocteau. 33 Texte zu Literatur und Theater im 20. Jahrhundert.* Berlin 1992. S. 399f.

[6] Reuben Ainsztein: *Jüdischer Widerstand im deutschbesetzten Osteuropa während des Zweiten Weltkrieges*. Oldenburg 1993. S. 472.

> wirtschaftlich zu schulen und zugleich um die Erlaubnis, in Kopaliny landwirtschaftliche Betriebe zu errichten." Weder der Gestapochef, noch der 'Landkommissar' von Bochnia hatte eine Ahnung, daß sie auf diese Weise eine jüdische Kampfgruppe genehmigen würden, die auf diesem Weg versuchte, Bewegungsfreiheit und Tätigkeitsmöglichkeiten zu erlangen.[7]

Joseph Wulf wurde am 13.03.1943 dekonspiriert und nach seiner Verhaftung unter Folter verhört. Zuvor war es ihm gelungen, seine Frau und seinen kleinen Sohn bei einem polnischen Bauern zu verstecken. Das Lager Auschwitz verließ er im Januar 1945 mit einem der berüchtigten Todesmärsche. Bei Gleiwitz gelang ihm die Flucht vom Häftlingskonvoi.

1945 wurde Wulf Mitglied der Krakauer Abteilung der Zentralen Jüdischen Historischen Kommission in Polen, aus der 1947 das Jüdische Historische Institut in Warschau hervorging. Mit dieser Kommission existierte eine der weltweit ersten Organisationen, die sich der Aufarbeitung und Dokumentation der Vernichtung widmete. Wenig später aber verließ Wulf Polen, ohne das Land jemals wieder besucht zu haben. 1947 war für viele Liberale ein Wendepunkt in der polnischen Nachkriegsgeschichte, das Jahr, in das die Vereinigung der kommunistischen mit der sozialistischen zur Vereinigten Arbeiterpartei unter kommunistischer Führung fällt. Auch in den jüdischen Organisationen machte sich ab 1948 der Einfluß der Arbeiterpartei bemerkbar, die zionistischen Gruppen und der BUND wurden geschwächt.[8] Wulf geht mit seiner Familie nach Paris und übernimmt zusammen mit dem ebenfalls emigrierten Michał Borwicz[9] im Zentrum zur Erforschung des polnischen Judentums eine leitende Funktion. In Paris trifft er mit Léon Poliakov zusammen, dem Autor der *Geschichte des Antisemitismus.*[10] Zusammen mit Poliakov erarbeitet er eine Dokumentensammlung: Daraus entsteht das erste von Wulfs Büchern über den Nationalsozialismus, *Das Dritte Reich und die Juden*, 1955 im Westberliner Arani-Verlag erschienen. Mit den Folgebänden *Das Dritte Reich und seine Diener* (1956), *Das Dritte Reich und seine Denker* (1959), die ebenfalls aus der Zusammen-

[7] Gusta Dawidsohn-Draengerowa: *Pamiętnik Justiny*. Kraków 1946. S. 9 (übersetzt von B. Breysach). Die Erinnerungen Gusta Draengers sind in dem von Arnold Zweig herausgegebenen Band *Im Feuer vergangen. Tagebücher aus dem Ghetto*. Berlin 1959[2] enthalten.

[8] Jerzy Tomaszewski (Hrsg.): *Najnowsze dzieje Żydów w Polsce. W zarysie (do 1950 roku)*. Warszawa 1993. S. 426ff.

[9] Michał Borwicz war bis dahin ebenfalls Mitglied der Zentralen Jüdischen Historischen Kommission, hatte das Lager Janów überlebt, war Autor zahlreicher Bücher über die Besatzungszeit und Herausgeber der ersten Anthologie polnischer Holocaust-Literatur *Pieśń ujdzie cało ... Antologia. Wierszy o Żydach pod Okkupacją Niemiecką* (Das Lied überdauert alles. Gedichte über Juden unter der deutschen Okkupation). Warszawa/Łódz/Kraków 1948.

[10] Léon Poliakov: *Geschichte des Antisemitismus*. Worms, Frankfurt a.M. 1977-1988.

arbeit mit Poliakov entstanden, und mit *Das Dritte Reich und seine Vollstrecker* (1961) hat Wulf entscheidende Bereiche der NS-Bürokratie offengelegt. 1970 erhielt Wulf – neben anderen Auszeichnungen – die Ehrendoktorwürde der Freien Universität Berlin, was für ihn nach der zum Teil harschen Historiker-Kritik an seiner Arbeit von großer Bedeutung war. Die Dokumentationen waren im wesentlichen täterzentriert; bereits die erste zog einen Skandal nach sich, weil sie ein von einem hohen Beamten des Auswärtigen Amtes unterzeichnetes Dokument enthielt, das diesen im Zusammenhang der 'Endlösung' belastete. Die Angelegenheit hatte eine ironische Seite. Zum einen beförderte die Affäre Bräutigam[11] den Verkauf des Buches, zum anderen aber hatten die beiden Autoren das Bräutigam-Dokument offenbar ohne Kenntnis von dessen Position in Bonn veröffentlicht. Dennoch: Auf solche Konfrontation setzten die Herausgeber, zumal Wulf, der überzeugt war, daß die Aufarbeitung des Nationalsozialismus vor allem im Land der Täter dringlich war. Ein Angebot, in den USA zu leben, lehnte er konsequent ab. Bis 1966 erschienen mehr als fünfzehn Bücher von Wulf, darunter ein jiddisch geschriebenes Porträt des Schriftstellers Perec (Buenos Aires 1948), eines über jiddische Literatur in Ghettos und Lagern des besetzten Polen, eines über die Sprache des Nationalsozialismus und eine fünfbändige Dokumentenserie zur *Kultur im Dritten Reich*. 1966 gründete Wulf, u.a. zusammen mit dem Leiter des Historischen Instituts der Freien Universität, den Verein *Internationales Dokumentationszentrum zur Erforschung des Nationalsozialismus und seiner Folgeerscheinungen e.V.* mit dem Ziel, im Haus der Wannseekonferenz eine solche Institution zu errichten. Sie sollte, im Unterschied zum amerikanischen *Berlin Document Center*, für jeden interessierten Zeitgenossen zugänglich sein. Das Zentrum, das Wulf hätte leiten sollen, sollte auch seine Existenzgrundlage absichern. Vor allem hätte es im Anschluß an Wulfs Autorentätigkeit eine weitere Stufe der Etablierung von Zeugenwissen über die Verbrechen und die politischen Strukturen des Nationalsozialismus dargestellt. Diese spätere Phase von Wulfs Wirken gehört nicht in den Zeitrahmen dieser Konferenz und ist durch die Gründung der Gedenkstätte in der Wannsee-Villa im Jahr 1992 nachträglich sanktioniert.

Erinnerung wird häufig aus der ihr vorgängigen Schuld abgeleitet, so etwa in dem Buch der Politikwissenschaftlerin Gesine Schwan. "Moralische Schuld vererbt sich nicht [...], aber die psychischen und moralischen Folgen ihres Beschweigens beschädigen noch die folgenden Generationen und den Grundkonsens einer Demokratie"[12], lautet die zentrale Ausgangsthese von Schwans Buch. Aus dem, wie Schwan formuliert, "Beschweigen der Schuld" resultiert eine zweite schuldhafte Verstrickung. Erinnerung folgt

[11] Vgl. Léon Poliakov und Joseph Wulf: *Das dritte Reich und die Juden. Dokumente und Aufsätze*. Berlin 1955. S. 191.
[12] Gesine Schwan: *Politik und Schuld. Die zerstörerische Macht des Schweigens*. Frankfurt a.M. 1997. S. 17.

demnach auf eine Phase der Verdrängung oder auch der Scham; die Gesellschaft muß, um sich moralisch zu rekonstituieren, das schuldhafte Vergehen qua Erinnerung abtragen. Erinnerung – die Feststellung mag tautologisch klingen – konstituiert sich diesem Verständnis zufolge post factum. Solcher Erinnerung verschreibt sich die wissenschaftliche, historiographische Arbeit in der Folge von Ereignissen. Die Philosophin Margarita von Brentanto erinnerte sich in einem Filmporträt Joseph Wulfs, daß ihre Nachfragen zu journalistisch verwertbaren Materialien über das Dritte Reich vom kurz zuvor gegründeten Münchener Institut für Zeitgeschichte in den fünfziger Jahren mit zwei Argumenten abgelehnt wurden. Historiker könnten noch nicht tätig werden, da die emotionale Verwicklung noch nicht die nötige Form der Distanz erlaube, und außerdem müßten erst alle Dokumente erforscht werden, um wissenschaftliche Äußerungen zu ermöglichen.[13] Wulf selbst hat seine Forschungen bescheiden als ein "Stadium für künftige Historiker"[14] bezeichnet. Nachträglichkeit jedoch, so bleibt festzuhalten, dominiert nicht nur die historische, sondern auch die literarisch vermittelte Überlieferung des Nationalsozialismus. Das zeigt die Rezeptionsgeschichte der Tagebücher Victor Klemperers, dessen Zeugnis lange nach seinem Tod ein Meilenstein des deutschen Holocaust-Gedächtnisses wurde.

Eine andere Form des Gedächtnisses ist mit dem Prinzip der Zeugenschaft verbunden und mit dem Wissen, das aus ihr resultiert und vom Moment des Erlebens an archiviert wird. Dies war der Ansatz Klemperers gewesen, der im Verlauf der Verfolgungsjahre ein Bewußtsein dessen entwikkelte, nicht nur privater Chronist, sondern der "Kulturgeschichtsschreiber der gegenwärtigen Katastrophe"[15] zu sein. Maurice Halbwachs hat dieses Zeugenwissen als kollektives Gedächtnis bezeichnet[16], bisweilen trifft man auch auf den Begriff kommunikatives Gedächtnis. Pierre Nora stellt ganz allgemein das Gedächtnis dem professionellen historischen Wissen gegenüber.[17] Als Überlebender tradierte Joseph Wulf ein solches erfahrungszentriertes Gedächtnis.[18] Es entstammt der Erfahrung der Verfolgung und der

[13] *Joseph Wulf. Tod ohne Aufsehen*. Film von Franz von der Meulen und Henryk M. Broder. o.J.

[14] Joseph Wulf: *Kultur im Dritten Reich. Presse und Funk. Eine Dokumentation*. Berlin 1989. S. 7.

[15] Victor Klemperer: *Ich will Zeugnis ablegen bis zum letzten. Tagebücher 1942-1945*. Hrsg. von Walter Nowojski unter Mitarbeit von Hadwig Klemperer. Berlin 1995. Eintrag vom 17.01.1942, S. 12.

[16] Siehe vor allem Maurice Halbwachs: *Das kollektive Gedächtnis*. Stuttgart 1967. S. 34ff.

[17] Pierre Nora: *Zwischen Geschichte und Gedächtnis*. Frankfurt a.M. 1998. Insbesondere S. 11ff.

[18] Zum Begriff des Erfahrungsgedächtnisses siehe Aleida Assmann: *Erfahrungsräume. Formen und Wandlungen des kulturellen Gedächtnisses*. München 1999. S. 13f.

Vernichtung seiner Herkunftsfamilie und wurde von ihm mit Leidenschaft lebendig gehalten.

> In unserem Jahrhundert könnte man fast sagen, der KZ-Insasse habe Charakter und Zweck der Begriffe Freiheit und öffentliche Meinung weit konkreter erfaßt als der Denker. Immerhin bewertet und beweist die reale Konfrontation mit dem Verlauf des Totalitarismus, der unsere Zeit mit so vielem Schrecken heimsuchte, weit tiefer und klarer [...] den Wert menschlicher Freiheit oder der öffentlichen Meinung als sehr viele logische Gesetze. Objektive Wahrheit kann letztlich nur durch Erfahrung bestätigt werden. Erst dann versteht man, was Henri Bergson mit seinen Worten: "Was der Philosophie am meisten fehlt, ist die Präzision", meinte.[19]

Das Leitprinzip von Wulfs 25jähriger Erinnerungsarbeit am Nationalsozialismus möchte ich als das eines 'lebendigen Archivs' bezeichnen. Es meint, Dokumente zu sammeln, nicht um sie zu den Akten zu legen, sondern um sie mitzuteilen. Mit Aleida Assmann kann man auch vom Unterschied zwischen bewohnten und unbewohnten Erinnerungsräumen sprechen[20]: Anders gesagt, von Erinnerung, die von den Gedächtnisträgern wach gehalten wird oder von 'Archiven', die von Experten organisiert und Spezialisten benutzt werden.

Die Besonderheit der Wulfschen Bücher ist auch in ihrer gewissermaßen literarischen Gründlichkeit zu sehen, in einer Leidenschaft des Benennens, etwa der Namen der Täter, und des Zitierens von Dokumenten. Seine Erinnerung enthielt eine Art grausamen Wissens, das, wie Wulf nur zu gut wußte, den Trägern dieses Gedächtnisses selbst die größte Last ist:

> Die Tätowierten von Auschwitz, die auf der Welt noch existent sind, sie sollten sich um ihrer eigenen geistigen Gesundheit willen und für ihre Familien um diese Gedächtnisstörung bemühen. Aber leider wird ihnen das nicht so leicht gelingen. Mit welchem Recht jedoch kann ein Volk, das Menschen wie Tiere tätowiert hat, solche Tat vergessen?[21]

Nathan Peter Levinson, bis 1953 liberaler Rabbiner in Berlin und mit dem Ehepaar Wulf befreundet, charakterisierte den Freund so:

> Seine Passion war es, das Grauen hauptsächlich aus Dokumenten – mit sehr sparsamem Kommentar – sprechen zu lassen. Es war dies eine literarische Form, die ganz seinem Naturell entsprach. Er war ein aristokratischer, äußerlich sehr ruhiger und disziplinierter Mann, der aber mit einem inneren Feuer brannte und der nicht rastete, bis er ein einmal angefangenes Buch fertig geschrieben hatte.[22]

[19] Wulf: *Kultur im Dritten Reich*. S. 5.

[20] Vgl. Assmann: *Erinnerungsräume*. S. 408f.

[21] Joseph Wulf, zit. nach Nathan Peter Levinson. In: *Allgemeine Jüdische Wochenzeitung* 43 (1974). Nr. XXIX. S. 7.

[22] Nathan Peter Levinson: *Ein Ort ist, mit wem du bist. Lebensstationen eines Rabbiners*. Berlin 1996. S. 132.

Für Wulf waren die nationalsozialistischen Selbstzeugnissen in ihrer Objektivität auch wichtig, um dem Vorwurf entgegenzutreten, die Autoren der Dokumentation seien jüdische Eiferer:

> Aus diesem Grunde wurde die einzig vollkommene, neutrale und vorurteilslose Form einer Sammlung von Dokumenten und unbeeinflußbaren Zeugenaussagen – sie stammen größtenteils aus den Archiven des Dritten Reichs selbst – gewählt.[23]

Seine Arbeitsdisziplin war noch ein Ergebnis seiner religiösen Sozialisation. Jeden Tag studierte er eine Seite des mystischen Sohar; ein religiöser Mensch allerdings war er nach dem Holocaust nicht mehr. In Berlin pflegte er den Lebensstil eines Bohemien, der elegante Kleidung und feines Essen schätzte, einen ausgewählten Freundeskreis, aber kein festes Einkommen besaß. Levinson nennt ihn – liebevoll – einen "intellektuell[en] Snob"[24].

Joseph Wulfs Sonderstellung in der deutschen Öffentlichkeit wird aber wohl erst vor dem Hintergrund seiner polnisch-jüdischen Herkunft verständlich. Trotz der fast vollständigen Vernichtung der polnischen Juden und der damit verbundenen Zerschlagung ihrer Kultur besitzt die polnisch-jüdische Publizistik und zeithistorische Dokumentationsarbeit eine überraschende Kontinuität von der Zwischenkriegszeit zur Untergrunds- und Widerstandserfahrung bis hin zu den ersten Nachkriegsjahren. Dies gilt insbesondere für die jiddische Publizistik und Wissenschaft, die nach 1945 nur noch eine marginale Rolle spielen konnte. Einer der ersten und unbestechlichsten Zeugen dieser Tatsache ist der Historiker und Begründer des Warschauer Ghetto-Archivs Emanuel Ringelblum. In seiner Ghetto-Chronik des Januars 1943, also bereits in der Spätphase des Ghettos nach den großen Deportationen und Aktionen des Jahres 1942, findet sich, schon im Gestus einer Rückschau verfaßt, folgende Selbstdarstellung.

> Die Errichtung des Ghettos, das Einsperren der Juden hinter den Mauern, schuf sehr günstige Bedingungen für die Archivarbeit. Wir kamen zu der Überzeugung, daß es die Deutschen wenig interessiert, was innerhalb der Juden passiert.[25]

Ringelblum berichtete von dem beispiellosen Terror, dem die Juden sofort nach Errichtung des Ghettos unterworfen waren, der Angst vor Durchsuchungen, die dazu führte, daß etwa Ausgaben der Brüder Mann und alle Veröffentlichungen sozialistischer Herkunft panisch verbrannt wurden. Später habe sich die Einsicht breit gemacht, daß die Deutschen diese Aktivitäten nicht verfolgten. Es kam zu dem bereits vielerorts dokumentierten Schreiben von Tagebüchern, das ein weitverbreitetes Phänomen war. Aber auch Presse und Publizistik entfalteten sich:

[23] Poliakov/Wulf: *Das Dritte Reich und die Juden.* S. 1.
[24] Levinson: *Ein Ort.* S. 133.
[25] Emanuel Ringelblum: *Kronika getta warszwaskiego. Wrzesień 1939-styczeń 1943.* Warszawa 1983. S. 473 (übersetzt von B. Breysach).

> Die jüdischen Gestapobeamten waren damit beschäftigt, die wohlhabenden Juden und Warenlager ausfindig zu machen und dem Schmuggel nachzuschnüffeln. Politik interessierte sie nicht. Das führte dazu, daß illegale Veröffentlichungen aller Richtungen beinahe völlig öffentlich erschienen. Sie wurde mehr oder weniger offen in Cafés gelesen, Geld wurde für Pressestiftungen gesammelt und mit den gegnerischen Verlagen polemisiert. Mit einem Wort, man verfuhr beinahe wie vor dem Krieg.[26]

Der illegale Kreis von Wissenschaftlern und Intellektuellen um Ringelblum dokumentierte anhand der ihnen zugänglichen Informationen die Verfolgung und die Vernichtung, denen die Juden im besetzten Polen ausgesetzt waren. Sie errichteten ein auf modernen wissenschaftlich-empirischen Methoden basierendes Dokumentationszentrum und dokumentierten auch das öffentliche Leben der ghettoisierten jüdischen Gemeinschaft, zu dem sie als lebendiges Archiv selbst beitrugen.

Das Jahr 1943 leitete bereits die Epoche nach der Vernichtung des Warschauer Judentums ein; der Eintrag vom Januar 1943 markiert innerhalb der Chronik die Wende hin zu einem Schreiben nach der Vernichtung und weist eine schmerzliche Doppeldeutigkeit auf:

> Es wurden so viele wertvolle Materialien gesammelt, daß uns allen schien, daß die Zeit, wenn nicht zur Synthese, so doch in jedem Fall zur Zusammenfassung der verschiedenen Aufgaben und wichtigsten Erscheinungen im Leben der Juden gekommen war. Wenn diese Absicht erreicht wäre, so wäre das ein ungemein wertvoller Beitrag zur Geschichte der Juden zur Zeit Hitlers. Es muß ungeheuer schmerzen, daß nur ein Teil der geplanten Arbeit vollendet wurde.[27]

Im Verlaufe der Jahre 1942/43 wird deutlich, daß Ringelbums Anstrengungen von einer – aus dem Widerstand geborenen Erinnerungs- und Zeugnishoffnung –, aber nicht mehr von einer Überlebenshoffnung getragen werden. Der Widerstandsgedanke ist zu einem historisch-archivarischen Prinzip geworden, einem Beitrag zur späteren Geschichtsschreibung.

Diese Erinnerungsutopie hat auch das Selbstverständnis der wenigen überlebenden jüdischen Wissenschaftler und Schriftsteller geprägt. Die Überlebensbedingungen der Juden in Polen waren von Ort zu Ort, wie wir heute wissen, gänzlich verschieden. Reuben Ainsztein charakterisiert in seinem Buch den Krakauer Widerstand der Jüdischen Kampforganisation als einen "Guerillakampf"[28], während sich der Warschauer Widerstand, mehrheitlich von Linkszionisten organisiert – entscheidend – in einem großen Ereignis, dem Ghettoaufstand, entlud. Das Ausgraben des in Blechbehältern verwahrten Ghetto-Archivs unter den Trümmern des vernichteten Viertels dürfte für die meisten Überlebenden ein Leitbild ihres Neuanfangs gewesen sein. Mit der Ausgrabung des Archivs verbanden sich zwei Bedeutungen.

[26] Ebd.
[27] Ebd. S. 474.
[28] Ainsztein: *Jüdischer Widerstand.* S. 468.

Erstens die Rettung von konkreten Dokumenten aus dem sprichwörtlichen Untergrund. Und zweitens die Wiederherstellung einer Erinnerung, die über die persönliche, kommunikative Funktion hinaus nun die Grundlage einer kulturell kodierten Vergangenheit darstellte. Auch bei Joseph Wulf klingt die kulturelle Wiedergeburt – als Utopie – an:

> Ob ich ein Jude bin? Ich weiß es ehrlich nicht. Ich weiß nur das: Ich kenne gut, sehr gut, jüdische Geschichte und jüdische Kultur [...] Ich weiß, daß man nicht nur 6 Millionen Juden vergast hat, sondern eine große intellektuelle, poetische ostjüdische Kultur ausgerottet hat.[29]

Ich komme zurück zur These von der Kontinuität jüdischer Zeitgeschichte der Zwischenkriegsepoche über den Widerstand der Okkupationszeit bis zu den Jahren 1945-1947. Eine ähnliche Kontinuität spiegelt sich in Wulfs Widerstand und seiner Dokumentationsarbeit nach dem Krieg in Polen, Frankreich und der Bundesrepublik. Das größtenteils gerettete Ghetto-Archiv bildete den Grundbestand des 1947 gegründeten Jüdischen Historischen Instituts, der einzigen derartigen jüdischen Einrichtung, die – trotz eines zeitweise sehr repressiven Klimas – ohne Unterbrechung in einem Land des ehemaligen Ostblocks hat bestehen können.[30] Am Übergang vom Ghetto-Archiv zur Institutsgründung steht die Editionstätigkeit der Zentralen Jüdischen Historischen Kommission, die ich kurz beleuchte, weil Wulf an ihr maßgeblich beteiligt war. Von 1945 bis 1947 wurden gut 25 Bände herausgegeben. Etwa ein Viertel dieser Bände bildeten literarische, polnischsprachige und jiddische Werke, andere enthielten Erinnerungen oder Dokumentationen zur Besatzungszeit.[31] Mit Michal Borwicz und Joseph Wulf waren im vierköpfigen Herausgebergremium zwei Persönlichkeiten mit explizit literarischem bzw. literarkritischem Hintergrund. Borwicz war auch Lyriker und hat in den fünfziger Jahren in Paris mit einer der ersten literatursoziologischen Studien zur Literatur des Holocaust promoviert.[32] Wulf hatte bereits in den späten dreißiger Jahren literarkritische Miniaturen veröffentlicht. Den Joseph Wulf des Krakauer Widerstands und seinen Freund Izrael Schreibtafel charakterisierte Gusta Draenger folgendermaßen:

[29] Joseph Wulf, zit. nach Broder: *Wer war Joseph Wulf?*

[30] Vgl. hierzu Wolfgang Benz: Zeugnisse einer untergegangenen Welt. Das Jüdische Historische Institut in Warschau. In: *Dachauer Hefte: Überleben und Spätfolgen.* H. 8, November 1992. S. 164-169.

[31] Es erschienen u.a. der Bericht Leon Welliczkers *Die Todesbrigade* über das Lager in Lwów, die Erinnerungen des Bełżec-Überlebenden Rudolf Reder und eine Darstellung des Aufstandes im Warschauer Ghetto. Als Herausgeber edierte Joseph Wulf die Erinnerungen Gusta Draengers (siehe Anm. 6) und das Werk des ermordeten jiddischen Dichters Mordechai Gebirtig.

[32] Michał Borwicz: *Ecrits des condamnés à mort sous l'occupation allemande (1939-1945). Etude sociologique.* Paris 1954.

> Es verband sie die gemeinsame künstlerische Plattform. Józek wollte Literaturkritiker werden. [...] Sie engagierten sich in keiner sozialen Angelegenheit, sie waren alle Schöngeister, die die Welt mit Gedanken erobern, und die im praktischen Leben so hilflos wie kleine Kinder waren.[33]

Der 'Schöngeist Wulf' erwies sich später als unermüdlicher Aufklärer des Nationalsozialismus und des Mordes an den europäischen Juden. Vergleicht man seine Veröffentlichungen mit den berühmten Büchern von Hannah Arendt und Günther Anders oder Peter Weiss' dokumentarischem Theaterstück, die nach dem Eichmann-Prozeß entstanden, fällt der weitgehende Verzicht auf Deutungen des nationalsozialistischen Systems und auf Selbstdeutung auf, wie es etwa Jean Améry in *Jenseits von Schuld und Sühne* versucht hat. Wulfs Utopie war eine Zeugnisutopie; seine Biographie weist eine enorme Kontinuität dokumentarischer Arbeit auf, die zwischen Literatur und historischer Quelle vermittelt. Das Dokument ist bei Wulf eine originär historische Form, als Lebensprinzip aber verbirgt sich hier zugleich ein literarisch-kommunikative Hoffnung, so wie zum Dokument untrennbar seine Mitteilung gehört. Literaturwissenschaftlich betrachtet, gehört Wulfs Lebens- und Arbeitsgeschichte als – ungeschriebener Text – zu den großen Überlebenserinnerungen der letzten Jahrzehnte. Sein letztes, nicht mehr veröffentlichtes Werk sollte sein *Tagebuch eines Ostjuden*[34] werden.

[33] Draenger: *Pamiętnik*. S. 72.
[34] Vgl. hierzu das Feature von Henryk M. Broder.

Jeanpaul Goergen

Blick nach vorne: Re-orientation-Filme unter HICOG 1949-1952

From 1949 to 1952, the Motion Picture Branch of the Office of the U.S. High Commissioner in Germany (HICOG) produced or commissioned about 80 short documentaries as part of their re-education program. These films were intended to further democracy, stimulate individual and group discussion, instigate action, and enable the Germans to renew their contacts with the outside world. The films dealt with actual problems in the community and showed how they could be solved by the citizens taking an active part. The re-education films do not reflect on the war and the Holocaust, but were meant as therapeutic encouragement of democratic behaviour in a liberal world.

Unter dem Office of the High Commissioner for Germany (HICOG) wurden von 1949 bis 1952 im Rahmen der amerikanischen Re-education- und Re-orientation-Politik zahlreiche Dokumentarfilme in Deutschland produziert und unter dem Markenzeichen ‘Zeit im Film’ vertrieben. Im Anschluß an dieses Label bezeichne ich diese Filme als “Zeitfilme”[1], um sie sowohl vom Kultur- als auch vom Dokumentarfilm abzuheben und die Charakteristik dieser mit dem Ziel der Re-orientation hergestellten Filme zu betonen.

Nicht berücksichtigt werden jene Filme, die während der sogenannten punitiven Besatzungsphase hergestellt wurden, wie *Todesmühlen* (1945) oder *Nürnberg und seine Lehre* (1948). Nicht behandelt werden auch die zahlreichen amerikanischen Dokumentarfilme, die – entweder in der Originalfassung oder bearbeitet und synchronisiert – ebenfalls in der Re-education eingesetzt wurden.[2] Auch die Wochenschau *Welt im Film*, die Serie *10 Minuten in Amerika* und das Jugendmagazin *Unsere Zeit* werden hier nicht berücksichtigt, desgleichen die Marshall-Plan-Filme, sofern sie nicht von ‘Zeit im Film’ produziert wurden.

[1] Sonderveranstaltung: Unsere Zeit im Film. In: *Film-Echo* Nr. 47 vom 24.11.1951. S. 1001.

[2] Über die punitive Besatzungsphase schreibt ausführlich Brigitte J. Hahn: *Umerziehung durch Dokumentarfilm? Ein Instrument amerikanischer Kulturpolitik im Nachkriegsdeutschland (1945-1953)*. Münster 1997. Der Ausdruck Re-education wird hier für das gesamte Konzept der Umerziehung verwendet. Die durch den Kalten Krieg veränderten Ziele dieses Programms drückten sich auch in dem freundlicheren Ausdruck “Re-orientation” (Umorientierung) aus. Vgl. Hahn: *Umerziehung durch Dokumentarfilm*. S. 235.

Einen umfassenden Katalog der Zeitfilme gibt es nicht; die Titel wurden aus unterschiedlichsten Quellen recherchiert.[3] Es handelt sich um schwarz-weiß-Kurzfilme im 35mm-Format, in der Regel um die 15 Minuten lang, die im Vorprogramm der Kinos gezeigt wurden. Die Zeitfilme wurden über den *Allgemeinen Filmverleih* (AFI) der amerikanischen Filmkontrolle verliehen; nach dessen Auflösung Ende September 1951 wurden sie zum Teil von anderen Verleihern übernommen. Im Anfang Februar 1948 eingerichteten, nichtkommerziellen Vertrieb kamen ca. 500 Filme in 16mm-Fassungen in den Amerikahäusern sowie durch mobile Vorführtrupps in den ländlichen Gebieten zum Einsatz.[4]

Zwischen 1945 und 1952 hatte der Allgemeine Filmverleih über 250 Re-education-Kurzfilme sowie einige Langfilme im kommerziellen Verleih. 92 dieser Filme wurden in Deutschland hergestellt; die Hälfte davon waren Produktionen der Filmabteilung der amerikanischen Verwaltung, d.h. der beiden Documentary Film Units in München und Berlin, die anderen waren deutsche Auftragsproduktionen bzw. Übernahmen von anderen Firmen.

Die Zeitfilme machten etwa 15% der zwischen 1945 und 1951 in den drei Westzonen produzierten Dokumentarfilme aus. Berücksichtigt man nur jene Filme, die auch einen Verleiher fanden, beziffern sich die Zeitfilme gar auf 23% – ein knappes Viertel der in diesem Zeitraum verliehenen Kulturfilme.[5]

Zwischen 1945 und 1948 wurden 14 Re-education-Filme produziert; 1949: 16, 1950: 30, 1951: 24, und 1952 nur noch 8. Zwei Drittel der Zeitfilme entstanden somit zwischen 1950 und 1952. 1953 wurden vermutlich keine Zeitfilme mehr produziert.[6] Das Ende der speziell für Deutschland

[3] Ausschlaggebend für die Auswahl war vor allem das Label "Zeit im Film" und der Hinweis auf den "Allgemeinen Filmverleih" als Verleiher. Ausgewertet wurden die Angaben der Freiwilligen Selbstkontrolle, ferner Listen mit prädikatisierten Filmen, Hinweise in später erschienenen Verleihkatalogen, Filmkritiken, Verleihnotizen, Anzeigen, allgemeine Beiträge in der Filmfachpresse sowie spätere Zusammenstellungen.

[4] "This program had the primary purpose of informing, the German people about the development of democratic ideals within and without Germany. The program did not get underway until June 1948, when 14 Germans titles were placed in distribution." In: Henry P. Pilgert: *The History of the Development of Information Services through Information Centers and Documentary Films*. Historical Division Office of the Executive Secretary Office of the U.S. High Commissioner for Germany. 1951. S. 61f.

[5] Basis: 84 Zeitfilme zwischen 1945 und 1951 im Vergleich zu 574 zwischen 1945 und 1951 produzierten Dokumentarfilmen, von denen 36% = 365 Filme keinen Verleiher fanden. (Weniger Vorprogramm – mehr Kulturfilme! In: *Filmwoche* Nr. 47 vom 24.11.1951. S. 646 – Kulturfilm-Hoffnungen in Bayern nicht erfüllt. In: *Filmwoche* Nr. 51/52 vom 22.12.1951. S. 735).

[6] Nach der Gründung der Bundesrepublik bis 1953 nahm die amerikanischen Zivilverwaltung HICOG (Office of the High Commissioner for Germany) "die noch

konzipierte Dokumentarfilmproduktion innerhalb der Re-education bzw. Re-orientation kann somit auf die Jahreswende 1952/1953 datiert werden.

Untersucht werden im folgenden jene Zeitfilme, die zwischen 1949 und 1952 von bzw. im Auftrag der amerikanischen Zivil-Verwaltung (Motion Picture Branch, Information Services Division, Office of Public Affairs, HICOG) in Deutschland produziert wurden. Es handelt sich hierbei um etwa knapp 80 Kurzfilme, von denen ich 50 sichten konnte.

Stuart Schulberg, der Leiter der Documentary Film Unit, wies in einem Aufsatz von 1949 auf den Doppelcharakter des amerikanischen Dokumentarfilmprogramms hin. Es gehe zum einen um die politische, soziale und wirtschaftliche "Re-orientation" der Deutschen, zum anderen aber auch um die Re-orientation der deutschen Kurzfilmproduzenten:

> Here, as in so many other fields, we have bumped into the traditional German lack of political and social initiative. Too many of our licensed producers are still dedicating themselves to 'Schönheit über alles', a propensity which brings forth 'Kulturfilme' rather than documentaries.[7]

Die 'Zeitfilme' sind in diesem doppelten Kontext zu betrachten. Die Debatten über neue Inhalte und Formen des Kulturfilms können hier aber nicht nachgezeichnet werden.

Da nach der Kapitulation jegliche deutsche Betätigung im Filmgewerbe verboten war, mußte die amerikanische Verwaltung auch im Bereich des Verleihs eigene Strukturen aufbauen: Hierzu wurde der Allgemeine Filmverleih (AFI) mit Zentrale in München eingerichtet. Er verlieh die zensierten deutschen Reprisen, die amerikanischen Spielfilme, die angloamerikanische Wochenschau *Welt im Film* sowie die im Rahmen der Reeducation eingesetzten dokumentarischen Kurzfilme.[8] Bei jeder Vorstellung mußte nicht nur diese Wochenschau, sondern jeweils auch ein Dokumentarfilm vorgeführt werden. Am 1. Februar 1948 begann der freie Filmverleih; deutsche und ausländische Verleiher wurden lizenziert[9], d.h. der AFI verlor sein Verleihmonopol und mußte sich dem Wettbewerb stellen. Eine zweite wichtige Entscheidung fiel Anfang August 1948: Der Vorführzwang für Dokumentarfilme wurde aufgehoben – eine Nachricht, die auf die Tagung der Dokumentarfilmproduzenten der US-Zone am 28. und 29. August in München-Geiselgasteig einen "niederschmetternden

verbleibenden Besatzungsaufgaben wahr." In: Hahn: *Umerziehung durch Dokumentarfilm?* S. 74.

[7] Stuart Schulberg: Of all people. In: *Hollywood Quaterly*, vol. IV, 1949-50. S. 206 – 208, hier S. 208.

[8] Pilgert: *The History of the Development of Information Services*. S. 70f.

[9] Aus der Verleiharbeit. München. In: *Neue Filmwoche* Nr. 52 vom 30.12.1948. S. 573ff., hier S. 574; H. Becker: Lizenzierung deutscher Filmverleiher in der amerikanischen Zone. In: *Film-Echo*. Nr. 18/19, Dezember 1947. S. 141.

Geiselgasteig einen "niederschmetternden Eindruck" machte.[10] Das bedeutete, daß die Dokumentarfilme des Re-education-Programms nicht mehr automatisch in die Kinos kamen. Im November 1948 schließlich wurden auch die Aktivitäten der Documentary Film Unit auf kommerzielle Basis umgestellt.[11]

Mitte September 1949 erfolgte die Reorganisation des Allgemeinen Filmverleihs als selbständige Verleihorganisation; er erhielt jetzt auch die Verleihlizenz für die französische und die britische Zone sowie die entsprechenden Sektoren Berlins.[12] Neben Dokumentar- und Kulturfilmen wurde weiterhin die Wochenschau *Welt im Film* verliehen.[13] Am 1. Januar 1950 zog sich der AFI aber aus dem Verleih der reichseigenen alten deutschen Filme zurück[14] – mit Ausnahme der Kultur- und Kurzfilme.[15] Dies führte zu einer Verschlechterung seiner finanziellen Situation und behinderte zugleich den Verleih der Kurzfilme, da dieser an die Ausleihe der Spielfilme gekoppelt war.[16]

Im Sommer 1951 kündigten sich einschneidende Veränderungen der amerikanischen Verleihpolitik an. Zum 30. September 1951 wurde der AFI liquidiert, die Wochenschau *Welt im Film* und die Kurzfilme wurden anderen Verleihfirmen übertragen.[17] Das war das Ende des von den amerikanischen Behörden in Deutschland betriebenen kommerziellen Filmverleihs. Den Kinos wurden die laufenden Kulturfilm-Verträge gekündigt, sehr zum Bedauern der Theaterbesitzer, hatte ihnen doch der Kulturfilm-Verleih der AFI die einzige Möglichkeit geboten, "Kulturfilme selbständig zu mieten, ohne in dieser Hinsicht auf den Verleiher des Spielfilms angewiesen zu

[10] Pessimistische Dokumentarfilmproduzententagung. In: *Filmpost-Archiv* 1948, B 06 Kulturfilm, 02/Seite 01f.; vgl.: Rettet den Kulturfilm! Eine alarmierende Tagung in München. In: *Die neue Filmwoche* Nr. 38 vom 18.9.1948. S. 356.

[11] Vgl. Hahn: *Umerziehung durch Dokumentarfilm*. S. 399.

[12] AFI nun auch in der französischen Zone. In: *Fachinformation für die deutsche Filmwirtschaft. Beilage zur Illustrierten Filmwoche*. Nr. 62 vom 17.9.1949. S. 441; AFI jetzt auch im britischen Sektor Berlins. In: *Berliner Filmblätter*. Nr. 40 vom 2.12.1949; Personalien: Georg Brandes .... In: *Filmblätter*. Nr. 41 vom 9.12.1949; Ab 1.6.1950 übernahm AFI den Vertrieb von *Welt im Film* in der britischen Zone. In: Welt im Film ohne Engländer. In: *Film-Echo*. Nr. 16 vom 20.5.1950. S. 364.

[13] AFI startet im freien Verleih. In: *Berliner Filmblätter* Berlin. Nr. 29 vom 16.9.1949.

[14] Pilgert: *The History of the Development of Information Services*. S. 70.

[15] AFI nur noch für Nachspieler. In: *Berliner Filmblätter*. Nr. 7 vom 1.4.1949.

[16] Hahn: *Umerziehung durch Dokumentarfilm*. S. 399f.

[17] AFI wird liquidiert. In: *Filmblätter*. Nr. 30, 26.7.1951. "Im Rahmen der AFI-Liquidation werden in Kürze weitere Dokumentarfilme an deutsche Verleiher abgetreten." In: Marshall-Filme bei "N". In: *Filmblätter*. Nr. 39 vom 28.9.1951. S. 790.

sein"[18]. Immerhin verzeichnete der Allgemeinen Filmverleih wöchentlich über 200 Buchungsvorgänge.[19]

Die amerikanische Filmarbeit in der Bundesrepublik wurde vollständig reorganisiert. Im Februar 1952 wurden 15 regionale Büros für Information und Kulturaustausch eingerichtet – analog zum United States Information and Exchange Program (USIE) wie es bereits in anderen Staaten bestand. Die Film-Centers beschränkten sich auf die nichtgewerbliche Filmausleihe; sie stellten Filmclubs sowie kulturellen und pädagogischen Institutionen die Filme, Projektoren und geschultes Personal zur Verfügung.[20] Viele der Reeducation-Dokumentarfilme fanden somit weiterhin eine interessierte Öffentlichkeit.

Das Markenzeichen *Zeit im Film* war bereits im Februar 1948 entworfen worden.[21] Die Produktion *Zeit im Film* wurde wahrscheinlich Ende 1952 aufgelöst.[22] Es handelt sich bei den Zeitfilmen um ein für Deutschland vollkommen neues Genre, was zum Teil auch die dramaturgischen Unebenheiten vieler dieser Streifen erklären mag.

Die Zeitfilme – so der AFI – wollten "den Menschen unserer Zeit mit seinen Problemen"[23] in den Vordergrund stellen; sie verstanden sich als "Beitrag zur Lösung akuter Fragen"[24]. Im Gegensatz zum deutschen Kulturfilm, der sich fast ausschließlich der Kulturvermittlung unter ästhetischen Gesichtspunkten verpflichtet fühlte, beschäftigten sich die Zeitfilme mit aktuellen Problemen des alltäglichen Lebens. Henry P. Pilgert faßte die Zielsetzungen des amerikanischen Dokumentarfilmprogramms wie folgt zusammen:

> Films and their allied media are used to provide concrete evidence of the theories, practices and attitudes characteristic of the United States and other democratic countries. They are used to stimulate discussion and instigate action. They enable the Germans to renew their contact with the outside world, encourage individual and group discussion on all matters which are of interest to each citizen, and aid in preparing the German people for taking their place among the family of nations. Documentary evidence of life in foreign countries, particularly in the United States, through the media of films, reveals the construction and accomplishments of democratic governments and their peoples, their geographic and eco-

[18] AFI kündigt Verträge. In: Film-Echo. Nr. 31, 4.8.1951; AFI kündigt Kulturfilmverträge. In: *Filmwoche*. Nr. 32 vom 11.8.1951. S. 419.

[19] Pilgert: *The History of the Development of Information Services*. S. 70.

[20] Die künftige US-Filmarbeit in Deutschland. In: *Filmblätter*. Nr. 5 vom 1.2.1952. S. 101.

[21] Hahn: *Umerziehung durch Dokumentarfilm*. S. 427.

[22] Am 2.1.1953 findet sich *Zeit im Film* zum letzten Mal in der Rubrik "Warenzeichen / Produzenten" der Zeitschrift *Filmblätter*. Siehe *Filmblätter*. Nr. 1 vom 2.1.1953.

[23] AFI: Kultur- und Zeitfilme. In: *Film-Echo*. Nr. 47/48, Weihnachten 1950.

[24] Zeitfilme im Allgemeinen Filmverleih. In: *Filmwoche*. Nr. 51/52, 23.12.1950. S. 841.

> nomic situation, their attitudes, their way of living, their cultural, professional, educational, industrial and technical developments, as well as important past and present events. Supplementing these imported documentary films are films produced in Germany on similar subjects, designed to instruct the German audience at their own level of development.[25]

Aus deutscher Sicht beschrieb Ende November 1951 das Film-Echo die Reorientation-Filme:

> Diese Dokumentarfilme, die größtenteils im Auftrag der HICOG hergestellt wurden, zeigen Vorgänge und Menschen aus dem täglichen Leben und setzen sich mit zeitnahen Problemen auseinander. Thema und Auffassung der Filme entsprechen also den im Ausland bereits seit der Mitte der zwanziger Jahre bekannten ‚documentaries'. Die sich in Deutschland mehr und mehr durchsetzende Bezeichnung ‚Zeitfilm' charakterisiert treffend diesen Film-Typus, der in Form und dem Gehalt nach etwa zwischen Spielfilm und aktueller Reportage liegt, und der sich [...] qualitativ mit dem in Deutschland bekannten Kulturfilm, der seine Themen aus Natur, Kunst und Wissenschaft schöpfte, auf eine Stufe stellen kann.[26]

Dokumentarisch waren die Zeitfilme, weil sie in aufklärerischer Absicht Gegenwartsprobleme behandelten. Zeitkritisch konnten sie aber nur sehr begrenzt sein, da nicht die künstlerische Sicht und die Meinung des Autors ausschlaggebend waren, sondern die Zielsetzung des Re-education-Programms des Auftraggebers.

Der Ansatz der Zeitfilme ist ein sozialpsychologischer, vielleicht sogar ein verhaltenstherapeutischer[27]: Demokratie entsteht dort, wo der Einzelne sein passives Verhalten aufgibt, zur Selbsthilfe greift, sich engagiert und Probleme durch Diskussion verschiedener Standpunkte und durch Zusammenarbeit löst. Es geht um Verhaltensmodifikation und um soziales Lernen. Der Blick wird konsequent auf die Lösung unmittelbar anstehender Probleme durch ein verändertes Verhalten gerichtet. In allen Filmen herrscht ein uneingeschränkter affirmativer Tenor, der als positive Verstärkung zu werten ist. Vorgestellt werden fast immer Probleme auf kommunaler Ebene, mit denen sich der Bürger direkt konfrontiert sieht. Weitgehend ausgeblendet sind die politischen Parteien und andere gesellschaftliche Interessenvertretungen (Gewerkschaften, Presse, Unternehmensverbände, Medien etc.) als wichtige Pfeiler einer Demokratie. Parteipolitik wird sogar negativ konnotiert, wie in dem Film *Eine Kleinstadt hilft sich selbst* (1950)[28], wo es heißt:

[25] Pilgert: *The History of the Development of Information Services*. S. 62f.

[26] Sonderveranstaltung: Unsere Zeit im Film. In: *Film-Echo* Nr. 47. Vgl.: Weniger Vorprogramm – mehr Kulturfilme! In: *Filmwoche* Nr. 47; Kulturfilm-Hoffnungen in Bayern nicht erfüllt In: Ebd.

[27] Über die sozialpsychologischen Grundlagen der Re-education siehe Hahn: *Umerziehung durch Dokumentarfilm*. S. 19ff. Die Verhaltenstherapie etablierte sich allerdings erst zu Beginn der sechziger Jahre.

[28] P: Willi Zeyn Film GmbH, München, für *Zeit im Film*, R: Wolfgang Becker (Kopie: Bundesarchiv-Filmarchiv).

"Politische Schlagworte verwirren die Köpfe und verlangen sachliche, unparteiliche Aufklärung."

Kritische Rückblicke auf Deutschlands unmittelbare Vergangenheit, auf den Krieg und den Holocaust, fehlen ganz. Nur in wenigen Filmen wird indirekt auf die Nazi-Diktatur angespielt. Das Kriegserlebnis wird nicht thematisiert und eine Kriegsdeutung ist nur im Subtext auszumachen, d.h. in der den Filmen zugrundeliegenden Grundthese der Re-education, daß die Kriegsursachen in einer Fehlentwicklung der deutschen Geschichte, insbesondere in der preußischen militaristischen Geisteshaltung, in Autoritätsgläubigkeit und mangelnder Zivilcourage zu suchen seien.[29] Dramaturgisches Mittel, um die intendierten Ziele zu vermitteln, sind Einzelbeispiele, an denen die gewünschte demokratische Verhaltensweise idealtypisch und vorbildhaft demonstriert bzw. unerwünschtes Verhalten (wie Desinteresse an öffentlichen Angelegenheiten) negativ dargestellt wird. Die Filme sind zum Teil direkt mit den Bürgern vor Ort, zum größten Teil aber mit Schauspielern in Form von kleinen, unkomplizierten Spielhandlungen inszeniert. Sie sind zum größten Teil stumm aufgenommen und nachsynchronisiert; ein Off-Kommentar begleitet die Handlung, nimmt die Zuschauer bei der Hand und vermittelt die zentrale Aussage. Nur in ganz wenigen Filmen wird bereits mit Direktton gearbeitet. Die tradierte Sicht des Kulturfilms ist kaum noch anzutreffen. Diese Werbefilme für die Demokratie haben die von Stuart Schulberg erhoffte Re-orientation der deutschen Kulturfilmproduzenten aber nur bedingt beeinflußt. Zwar bedeuteten die Zeitfilme einen wichtigen Schritt weg von dem 'Schönheit über alles'-Prinzip des deutschen Kulturfilms insbesondere der dreißiger Jahre. Kritische Zeitfilme entstanden so aber nicht, weil sie nicht erwünscht waren. Mit unkritischen Filmen zur Kritik anregen zu wollen – dieses Dilemma kennzeichnete, wie Brigitte Hahn herausgearbeitet hat, über weite Strecken die amerikanische Umerziehungspolitik mittels Dokumentarfilm.[30]

Wichtigste Zielgruppe der Zeitfilme waren die Jugendlichen. Die behandelten Themen umspannen Diskussionstechniken, Volkshochschulen, Freizeitgestaltung, Blutspenden, Verkehrserziehung, Wiederaufbau, Flüchtlings- und Wohnungsproblematik, Polizei, Justiz sowie Filme zum Ost-West-Gegensatz. Wichtiger als diese Themen waren aber die meist sehr direkt und plakativ formulierten Handlungs- und Verhaltensanleitungen. Acht Schwerpunkte lassen sich feststellen:

Das Prinzip der Eigeninitiative

Ein Bürger stößt sich an einem Problem, diskutiert es mit anderen Bürgern, sie gründen eine Arbeitsgemeinschaft, wählen einen Vorsitzenden und lösen

[29] Hierzu ausführlicher Hahn: *Umerziehung durch Dokumentarfilm.* S. 41ff.
[30] Hahn: *Umerziehung durch Dokumentarfilm.* S. 141, 146, 416, 421, 446f.

das Problem kooperativ mit den zuständigen Behörden. Wenn der Bürgermeister in *Der Stein des Anstoßes* (1951)[31] über das Verhalten der Bürger klagt: "Auf die Idee, selber etwas zu machen, sind sie immer noch nicht gekommen. Sie haben sich so an die Obrigkeit gewöhnt wie an eine Krükke", so klingt hier die Grundthese der Re-education an: Der autoritäre deutsche Charakter, der im Verlauf der Geschichte gelernt wurde und jetzt 'verlernt' werden soll. Und der Bürgermeister, der eine kleine Revolte gegen sich selbst inszeniert, damit die Bürger das Prinzip der Selbsthilfe einsehen und anwenden, verkündet auch das Prinzip der Re-education: "Man muß die Leute anleiten [...] etwas für sich selbst zu tun."

Der Film *Flüchtlinge: Eine Frage der Zeit* (1951)[32] will Vorurteile gegenüber Flüchtlingen abbauen: Vorgestellt wird das nachahmenswerte Beispiel eines Unternehmers, der trotz aller Schwierigkeiten aus eigener Kraft einen florierenden Betrieb aufgebaut hat. In *Frauen stehen ihren Mann* (1951)[33] gründen Frauen eine Arbeitsgruppe ohne Bindung an Parteien und Konfessionen – wie ausdrücklich hervorgehoben wird –, um Geld für den Bau eines Kindertagesheims zu sammeln. "Es kam darauf an, irgendwo anzufangen", verkündet der Kommentar. In *Man lernt nie aus* (1951)[34] will eine Schülerin ins Wasser gehen, weil sie nicht versetzt wurde, in letzter Minute wird sie doch noch gefunden. Der Schulleiter sagt: "Dabei hätte es gar nicht so weit kommen brauchen. Über gewissen Dinge muß man sich aussprechen. Ich bin überzeugt, es kommt etwas heraus dabei." Auf den Einwand, wie er das erreichen will, antwortet er: "Ich allein kann da gar nichts machen. Da müssen wir schon gemeinsam handeln." Daraufhin wird eine Eltern-Lehrer-Vereinigung gegründet, sie wählen einen Vorstand und bilden Arbeitsausschüsse. Als einer der ersten Maßnahmen wird in gemeinsamer Arbeit ein Spielplatz für die Schüler angelegt.

Positive Verstärkung und Motivation

Man muß "an sich selbst arbeiten und Zutrauen gewinnen" – heißt es 1950 in *Ferien vom Alltag*[35] über einen Urlaub im Volkshochschulheim. "Wir können nichts ändern!" stellt resigniert eine der Kurs-Teilnehmerinnen fest, und erhält die Antwort: "Doch, wir müssen vor allem wieder lernen, daß wir es können!" Schließlich wird "langsam alles wieder besser", wie es in dem

[31] P: Wolfgang Becker, München, für *Zeit im Film*, R: Wolfgang Becker (Kopie: Bundesarchiv-Filmarchiv).

[32] P: Bavaria-Filmkunst, München, für *Zeit im Film*, R: Peter Patty (Kopie: Bundesarchiv-Filmarchiv).

[33] P: Walter Brandes-Film, Stuttgart, für *Zeit im Film*, R: Walter Brandes (Kopie: Bundesarchiv-Filmarchiv).

[34] P: Bristol-Film, für *Zeit im Film*, R: Dr. Christian Hallig (Kopie: Bundesarchiv-Filmarchiv).

[35] P: *Zeit im Film*, München, R: Johannes Lüdke (Kopie: Bundesarchiv-Filmarchiv).

Film *Am Anfang war die Tat*[36] von 1951 heißt – es geht um den Aufbau eines TBC-Krankenhauses – und die Selbsthilfe wird durch großzügige Spenden aus dem Ausland unterstützt. In *Diskussion überflüssig* (1950)[37] über das Diskutieren im Unterricht heißt es: "Hauptsache, man fängt nur irgendwann einmal an!" In *Es hat geklingelt* von 1951[38] wird die Schule von morgen vorgestellt: Sie beruht auf dem Prinzip der Erlebnisfreude und soll die wichtigen Eigenschaften des freien Bürgers entwickeln: "Vertrauen in sich selbst, Achtung vor dem Nächsten!"

Diskussionen statt Befehle

In *Jugend im Zeltdorf* (1950)[39] heißt es: "Hier wird nicht befohlen, sondern wir wollen in gemeinsamer Arbeit ein Programm aufstellen." In *Jungen unter sich* von 1949[40] wird das zwanglose Zusammenleben in einem Ferienlager geschildert. Der Lehrer überläßt die Jugendlichen sich selbst, die sich auf natürliche Art und Weise selbst organisieren: "Ich griff nicht ein, denn die Buben sollten ja mit allem selbst fertig werden!" erzählt er aus dem Off: "Sie brauchten keinen Zwang und keinen Befehl, nur ein bißchen Verständnis für die anderen. Eigentlich so einfach, daß es selbstverständlich sein sollte." Verkehrsprobleme werden in *Jedermann ein Fußgänger* (1950)[41] problematisiert: Sie können nur gelöst werden, "wenn man sie von verschiedenen Standpunkten aus beurteilt." Der Kommentar spricht die Zuschauer direkt an:

> Trotzdem muß jeder einzelne mithelfen, dann könnte es auch wieder so kommen: ‚Ich befehle!' Würde Ihnen das so wieder gefallen? Aber wohl kaum. Wo bliebe denn da unsere bürgerliche Freiheit? Keine Freiheit ohne Mitarbeit!

In dem Film ... *und was meinen Sie dazu?* (1950)[42] werden die Regeln des Diskutierens erläutert und Diskussion als 'neue Geisteshaltung' vorgestellt.

[36] P: Dr. Hanno Jahn für *Zeit im Film*, R: Dr. Hanno Jahn (Kopie: Bundesarchiv-Filmarchiv).

[37] P: *Zeit im Film*, München, R: Eva Kroll (Kopie: Bundesarchiv-Filmarchiv). Auch unter dem Titel *Diskussionstechnik II – Diskussion überflüssig* verliehen.

[38] P: Wolfgang Becker, München, für *Zeit im Film*, R: Wolfgang Becker (Kopie: Bundesarchiv-Filmarchiv).

[39] P: Bavaria-Filmkunst, München, für *Zeit im Film*, R: Adam Eckart Schneider (Kopie: Bundesarchiv-Filmarchiv).

[40] P: Hochland-Film GmbH, München, für *Zeit im Film*, R: Ernst Hess (Kopie: Bundesarchiv-Filmarchiv).

[41] P: Hochland-Film GmbH, München, für *Zeit im Film*, R: Willi Prager (Kopie: Bundesarchiv-Filmarchiv).

[42] P: *Zeit im Film*, München, R: Eva Kroll (Kopie: Bundesarchiv-Filmarchiv). Von diesem Film wurde auch eine kürzere Fassung unter dem Titel *Diskussionstechnik I – Und was meinen Sie dazu?* verliehen.

Kooperative Zusammenarbeit

Verantwortungsbewußtsein und damit auch Zusammenarbeit und Mitwirkung an den Gemeinschaftsaufgaben fängt beim Blutspenden an (1951: *Blut ist Leben*[43]), führt über Jugendliche, die für ein paar Tage die Verantwortung im Rathaus übernehmen und so mit dem Funktionieren einer Kommune vertraut gemacht werden (1951: *Frischer Wind in alten Gassen*[44]) hin zu einem Bürgermeister, der arbeitslose Jugendliche aus der Großstadt für ein Jahr aufs Land holt, wo Arbeitskräftemangel herrscht (1950: *Der Bürgermeister hatte eine Idee*[45]). Auch in dem Film *Ein Dach über dem Kopf* (1950)[46] über Probleme des Wohnungsbaus und die Hilfe durch den Marshall-Plan heißt es kurz und bündig: "Nur durch Zusammenarbeit kommen Sie zum Ziel."

Vertrauen in die neuen demokratischen Strukturen

Wichtig schien, daß der Bürger Vertrauen zur neuen Demokratie und ihren Institutionen gewinnt. So soll der Film *Dein gutes Recht* (1951)[47] unbegründete Ängste vor den Gerichten nehmen und Vertrauen in die Justiz wecken. Der kleine Mann kann – wenn er im Recht ist – tatsächlich auch Recht bekommen. *Bürger in Uniform* (1951)[48] stellt die Polizei als Freund und Helfer in allen Lebenslagen vor, die spielende Kinder von der Straße weist, den Verkehr regelt, Betrunkene aus dem Verkehr zieht und Autoschieber verhaftet. Der Film endet mit dem Merksatz: "Jetzt wissen wir, daß Polizisten Bürger sind wie wir." In einem anderen Film wird vor den persönlichen und gesellschaftlichen Schäden gewarnt, die durch Gerüchte ausgelöst werden können (1951: *Das Gerücht*[49]). In dem Streifen *Schillerstraße 16* (1950)[50] wird den Zuschauern die Angst vor der Volkszählung 1950 genommen: Sie sei "diskret und absolut anonym". Außerdem mache die ganze Welt bei der Zählung mit.

[43] P: *Zeit im Film*, München, R: Peter Zeller (Kopie: Bundesarchiv-Filmarchiv).
[44] P: *Zeit im Film*, München, R: Fritz Peter Buch (Kopie: Bundesarchiv-Filmarchiv).
[45] P: Willy Zeyn-Film, München, für *Zeit im Film*, R: Wolfgang Becker (Kopie: Bundesarchiv-Filmarchiv).
[46] P: *Zeit im Film*, München, R: Eva Kroll (Kopie: Bundesarchiv-Filmarchiv).
[47] P: Ikaros-Film Wolfgang Kiepenheuer, Berlin, für *Zeit im Film*, R: Wolfgang Kiepenheuer (Kopie: Bundesarchiv-Filmarchiv).
[48] P: Willy Zeyn-Film, München, für *Zeit im Film*, R: Erich Kobler (Kopie: Medienzentrale München).
[49] P: Ernst Niederreither, München, für *Zeit im Film*, R: Ernst Niederreither (Kopie: Bundesarchiv-Filmarchiv).
[50] P: Afifa, Abt. Auftrags- und Wirtschaftsfilm, Wiesbaden, für das Statistische Bundesamt, Verleih: Allgemeiner Filmverleih, R: Erni und Dr. Gero Priemel (Kopie: Bundesarchiv-Filmarchiv).

Denken im globalen Maßstab, internationale Verständigung und Abbau von Vorurteilen gegenüber anderen Völkern

Propagiert wird eine Welt, "in der viele verschiedene Menschen mit verschiedenen Anschauungen, Sitten, Sprachen und Meinungen sich verstehen lernen: freiwillig, nicht gleichgeschaltet unter einer Diktatur, denn sie ist der einzige Feind der Verständigung." (1951: *Der unsichtbare Stacheldraht*[51]). Der Film *Tagebuchblätter* (1950)[52] zeigt die Zusammenarbeit von deutschen und französischen Jugendlichen in einem internationalen Arbeitslager bei Bremen. Der in Zürich gedrehte Streifen *Eine Stadt deckt ihren Tisch* (1949)[53] dokumentiert das Zusammenwirken der zahlreichen Gemeindebetriebe. Der kleine Junge am Frühstückstisch wird damit konfrontiert "wieviel Menschen in der Welt arbeiten mußten", damit er sein Essen bekommt. In *Herr Müller lebt überall* (1951)[54] werden kleine Leute aus verschiedenen Ländern vorgestellt, die sich trotz der Sprachgrenzen alle sehr gut verstehen: Schließlich haben sie überall dieselben Probleme. Ein weiterer Film öffnet 1951 *Ein Fenster in die Welt*[55]: Auf der Insel Mainau treffen sich Menschen aller Nationen, Rassen und Konfessionen, sprechen und hören einander zu. Auch hier herrscht Optimismus und Zukunftsvertrauen: "Wichtig ist, daß ich nicht tatenlos abwarte, sondern irgend etwas tue [...]."

Deutsch-Amerikanische Freundschaft und Marshall-Plan

In zahlreichen Zeitfilmen wird auf die deutsch-amerikanische Zusammenarbeit eingegangen und die Unterstützung durch den Marshallplan betont. In *Haus der Jugend* von 1950[56] wird ein früheres Offiziersheim vorgestellt, das jetzt im Rahmen des Jugendhilfsprogramms der amerikanischen Armee Raum bietet für Jugendgruppen aller Art – Jugendgruppen der Parteien sind aber nicht dabei. Das Haus wird selbstverwaltet, Entscheidungen werden durch die Mehrheit getroffen. Es ist wichtig, den *unsichtbaren Stacheldraht* – so ein Filmtitel von 1951 – zwischen dem einfachen Deutschen und dem einfachen Amerikaner niederzureißen: "Wir brauchen nur ein bißchen guten Willen, um sich als Mensch näherzukommen."[57]

[51] P: *Zeit im Film*, München, R: Eva Kroll (Kopie: Bundesarchiv-Filmarchiv).
[52] P: Südwest-Film, München, für *Zeit im Film*, R: Ormonde de Kay (Kopie: Bundesarchiv-Filmarchiv).
[53] P: Ernst Niederreither, München, für *Zeit im Film*, R: Ernst Niederreither (Kopie: Bundesarchiv-Filmarchiv).
[54] P: Ernst Niederreither, München, für *Zeit im Film*, R: Ernst Niederreither (Kopie: Bundesarchiv-Filmarchiv).
[55] P: Zeit *im Film*, München, R: Eva Kroll (Kopie: Bundesarchiv-Filmarchiv).
[56] P: *Zeit im Film*, München, R: Johannes Lüdke (Kopie: Bundesarchiv-Filmarchiv).
[57] *Der unsichtbare Stacheldraht* (1951), P: *Zeit im Film*, München, R: Eva Kroll (Kopie: Bundesarchiv-Filmarchiv).

Antikommunismus

Filme mit Themen zum Ost-West-Konflikt wurden fast ausschließlich als Eigenproduktionen von *Zeit im Film* hergestellt. *Zwischen Ost und West* (1949)[58] ist eine Chronik der Luftbrücke und eine Antwort auf die Frage, wie es kam, daß die Westberliner für die Freiheit eintraten. Die Auftragsproduktion *Kleine Stadt – großes Leben* von 1950[59] dokumentiert das Leben an der innerdeutschen Grenze in Helmstedt und endet mit einem Plädoyer für die deutsche Einheit. In *Zwei Städte* von 1949[60] werden Stuttgart und Dresden miteinander verglichen; der Vergleich geht zugunsten des Westens aus, denn hier gibt es "statt politischer Propaganda Preisschilder an den Waren"; Dresden dagegen ist eine Stadt der politischen Plakate. Die beklemmende Lage der in Berlin ankommenden Flüchtlinge wird in *Laßt uns auch leben* von 1952[61] auch zur Anklage gegen den Kommunismus: "Diese Menschen wollen wieder frei denken und der menschlichen Gesellschaft angehören." In *Als die Freiheit rief* (1952)[62] wird die NATO als "kraftvolles Instrument des Friedens" und "Streitmacht zur Verteidigung der Freiheit" vorgestellt, "entschlossen, mit dem Kreml die Sprache zu sprechen, die allein er versteht: die Sprache gemeinsamer Entschlossenheit und Stärke."

Der 'pädagogische Zeigefinger' vieler Zeitfilme wurde von der zeitgenössischen Kritik – sofern sie sich überhaupt mit diesen Filmen beschäftigte – durchaus bemerkt und bemängelt. Eine Zeitung machte auf die Gefahr aufmerksam, daß der neue Zeitfilm sich – im Gegensatz zum Dokumentarfilm – "so prononciert für ein Thema ein[setzt], daß er reklamemäßig wirkt und sein Vorführungsradius dadurch verengt wird." Der *Evangelische Film-Beobachter* fürchtete, diese Filme könnten unglaubhaft werden, denn:

> Wir halten es [...] für schädlich, wenn der Zeitfilm den kleinen Mann für seinen Teil mit Optimismus infizieren will, nicht aber mit seiner Schlauheit rechnet, die fast immer merkt, daß dieser Optimismus eben doch nichts hilft, wenn die Großen dieser Welt nicht wollen.[63]

Der *Telegraf* machte auf ein Problem aufmerksam, das die Verbreitung kurzer Beiprogrammfilme erschwert: Kulturfilme erhielten nur Steuervergünstigungen, wenn sie allein ein Programm gestalten, als abendfüllender Film oder als Kombination kürzerer Filme.

[58] P: *Zeit im Film*, München, R: Stuart Schulberg (Kopie: Bundesarchiv-Filmarchiv).
[59] P: Südwest-Film GmbH Berlin, Freiburg i.Br., München, für *Zeit im Film*, R: Walter Pindter (Kopie: Bundesarchiv-Filmarchiv).
[60] P: *Zeit im Film*, München, R: Stuart Schulberg (Kopie: Bundesarchiv-Filmarchiv).
[61] P: *Zeit im Film*, München, R: Günther Rittau (Kopie: Bundesarchiv-Filmarchiv).
[62] P: *Zeit im Film*, München (Kopie: Bundesarchiv-Filmarchiv).
[63] *Filme des guten Willens*, in: Evangelischer Film-Beobachter, Nr. 16, 23.7.1951. S. 148.

> Da ein mitlaufender Kulturfilm das Spielfilmprogramm steuerlich nicht erleichtert, bleiben wertvolle, belehrende, aufklärende Streifen unaufgeführt.[64]

Das wirft die Frage auf, ob die Zeitfilme überhaupt ihr Publikum fanden.[65] Immerhin wurden von den meisten Filmen 125 Kopien hergestellt.[66] Nimmt man an, daß jeweils zur Wochenschau *Welt im Film* auch ein Zeitfilm gezeigt wurde, so erreichten sie 1950/51 zwischen 14 und 20 Millionen, Mitte 1952 gar 25 Millionen Zuschauer monatlich.[67] Die Zeitfilme wurden auch als 16mm-Schmalfilm in nichtgewerblichen Veranstaltungen eingesetzt. Mitte 1951 standen hier 20.000 Kopien zur Verfügung, die Wochenschauen nicht mitgerechnet. Monatlich wurden so weitere zweieinhalb Millionen Zuschauer erreicht.[68]

Dem steht gegenüber, daß nach Aufhebung des Vorführzwangs für Dokumentarfilme im August 1948 die Zeitfilme es möglicherweise schwer gehabt hatten in die Kinos zu kommen; die Filmpresse ist voll von entsprechenden Klagen der Dokumentarfilmproduzenten. Auch waren die Zeitfilme, zumindest schon 1950, nicht mehr an den Bezug der Wochenschau gekoppelt, wie im Oktober 1950 in einer Pressenotiz des AFI ausdrücklich betont wurde; sie wurden vielmehr einzeln oder im Abonnement vermietet.[69]

Die Zeitfilme standen in der jungen Bundesrepublik seltsam außerhalb der Zeit. Das hing auch damit zusammen, daß viele Filme teilweise schon 1946/47 konzipiert worden waren, aufgrund übergeordneter politischer Interessen der Besatzungsmacht jedoch nicht umgesetzt werden konnten.[70] Filme über Diskussionstechnik, freie Presse und Gewerkschaften wären vor der Gründung der Bundesrepublik notwendiger gewesen – ihre Produktion wurde aber zurückgestellt, bis die politischen und wirtschaftlichen Weichen definitiv gestellt waren. In den Zeitfilmen manifestiert sich somit auch die Neuorientierung der amerikanischen Deutschlandpolitik nach Beginn des Kalten Krieges.

[64] Der Mensch und seine Zeit. In: *Telegraf* Berlin, 1.12.1950.

[65] Helmut Regel schätzt die Reichweite der frühen Re-education-Filme 1945/46 gering ein: "Nur 10mal sah sich 1945/46 der der Durchschnittseinwohner der Beeinflussung durch Re-education-Filme ausgesetzt." Siehe *Deutschland in Trümmern. Filmdokumente der Jahre 1945-1949.* Eine Dokumentation. Zusammengestellt von Klaus Jaeger und Helmut Regel. 22. Westdeutsche Kurzfilmtage, Oberhausen 1976, Retrospektive. Oberhausen 1976. S. 49.

[66] Pilgert: *The History of the Development of Information Services*. S. 65.

[67] Henry P. Pilgert: *Press, Radio and Film in West Germany 1945-1953*. Historical Division Office of the Executive Secretary Office of the U.S. High Commissioner for Germany 1953. S. 98.

[68] Pilgert: *The History of the Development of Information Services*. S. 61; Pilgert: *Press, Radio and Film in West Germany*. S. 99.

[69] *Illustrierte Filmwoche*. Nr. 40 vom 7.10.1950. S. 672 (Rubrik: Kulturfilme).

[70] Hahn: *Umerziehung durch Dokumentarfilm*. S. 426ff.

Auch wenn die bewußte Ausklammerung der Vergangenheit in den Zeitfilmen dem Wunsch nach Vergessen entgegenkam und verstärkte, sollte man ihre Anleitungen zur Demokratie dennoch ernstnehmen. Denn in der Summe aller Re-education und Re-orientation-Maßnahmen könnten die Zeitfilme durchaus die intendierten Wirkungen erzielt haben. Auch der Langzeiteinfluß durch den nichtgewerblichen Einsatz, etwa an den Schulen, sollte nicht unterschätzt werden. Möglicherweise haben sie sogar hier ihre eigentliche Wirkung entfaltet: Als positive Verstärkung des Gefühls, daß es richtig und notwendig ist, sich als Einzelner für Veränderungen einzusetzen. Die Zeitfilme standen so auch gegen die verbreitete 'Ohne-mich-Haltung'.[71] Nicht zuletzt vermittelten sie den Westdeutschen das beruhigende Gefühl, diesmal auf der richtigen Seite des neuen, des Kalten Krieges zu stehen.

[71] Vgl. den Film *Er pfeift darauf* (P: *Zeit im Film*, München, 1952, R: Eva Kroll), der sich ausdrücklich gegen diese Haltung wendet: "Ein großer Prozentsatz des deutschen Volkes hegt eine ausgesprochene Abneigung gegen Politik in jeder Form. Diese negative Einstellung ist leichtsinnig, ja, geradezu gefährlich! Denn die Wahrscheinlichkeit, daß sich politische Abenteurer diese Einstellung zunutze machen, ist leider nur zu groß." Siehe: *Er pfeift darauf*, Grundlage. In: *USIS: Filmdienst für Jugend und Volksbildung*. Band 1. [Loseblattsammlung], o.J.

Jost Hermand

Die Kriegsschuldfrage im westdeutschen Roman der fünfziger Jahre

*Most of the West German war novels of the 1950s are strongly influenced by the ideological climate of the Cold War. Except for a few pacifist or antimilitarist novels the majority of works of this genre portray the Soviet Union – as under Hitler – again as the main enemy of the German people or the entire "*Abendland.*" Demonstrations of guilt or shame are, therefore, rare or totally absent.*

Während nach dem Ersten Weltkrieg das neue Deutschland aus einer Revolution hervorging, die zu einer Fülle politischer und literarischer Utopiebildungen führte, herrschte in dem zertrümmerten und von den Siegermächten besetzten Deutschland nach 1945 nur wenig Optimismus, daß sich aus den Ruinen des Alten etwas Neues entwickeln würde.[1] Hier dominierte erst einmal das Gefühl des allgemeinen Zusammenbruchs, aber nicht das einer möglichen Neugestaltung. Man weiß, wie diese Situation damals von vielen empfunden wurde: als Nullpunkt, als Kahlschlag, als Stunde des absoluten Nichts. Kein Wunder daher, daß die meisten Menschen – vor allem in den drei westlichen Besatzungszonen – in der Sinndeutung ihrer Lage eher nach religiösen, mythisch-dämonologischen oder existentiell-persönlichen Metaphern griffen, als von kollektiver Schuld oder politischer Verantwortung zu reden. Statt des expressionistischen Pathos von 1918/19, das an die unbegrenzte Wandlungsfähigkeit des Menschen appelliert hatte, herrschte jetzt weitgehend ein Zustand der Resignation, des Unbehaustseins oder des totalen Verstummens. Falls man literarisch überhaupt auf das Kriegsende einging, handelte es sich fast immer, wie in Wolfgang Borcherts *Draußen vor der Tür* (1947), um ihren Lebenssinn betrogene Heimkehrer, die sich in ihrer früheren Umwelt nicht mehr zurechtfinden können, aber nicht um Hoffnungsträger einer neuen politischen Ordnung. Zugegeben, in den ersten zwei/drei Jahren kam es dabei, wie bei Hans Werner Richter, auch zu einigen antifaschistischen Äußerungen und damit ersten Ansätzen zu der in den sechziger Jahren vielbeschworenen "Vergangenheitsbewältigung". Ja, es gab sogar Vorschläge, zwischen der UdSSR und den USA einen "Dritten Weg" einzuschlagen, die jedoch nicht zu einer Parteibildung führten und zudem von den US-Besatzungsbehörden relativ schnell unterdrückt wurden,

[1] Vgl. hierzu meinen Aufsatz: Revolution und Restauration. Thesen zur politischen und ästhetischen Funktion der Kunst-Ismen nach 1918 und nach 1945. In: Gerald D. Feldman u.a. (Hrsg.): *Konsequenzen der Inflation*. Berlin 1989. S. 331-350.

wie sich am Schicksal der Zeitschrift *Der Ruf* ablesen läßt.[2] Schließlich war nach Beginn des Kalten Krieges im Herbst 1947 in den westlichen Besatzungszonen nicht mehr der Antifaschismus, sondern der Antikommunismus die ideologische Hauptstrategie, was – bekanntermaßen – zu der von den drei Westmächten einseitig durchgeführten Währungsreform und dann zur Gründung zweier deutscher Staaten auf dem Restterritorium des Dritten Reiches führte, die ohne den Kalten Krieg vielleicht nie und sicher nicht in dieser Form entstanden wären.

Die Einstellung der politischen Führungskräfte der im Herbst 1949 gegründeten westdeutschen Bundesrepublik zum faschistischen Überfall auf Polen und dann die Sowjetunion konnte daher – angesichts der westlichen Kalten-Kriegs-Propaganda – nur eine vorsichtig abwiegelnde oder eindeutig verfälschende sein. Im Zuge dieser Entwicklung spitzten sich die antikommunistischen Politslogans schnell von "Braun gleich Rot" zu "Rot ist schlimmer als Braun" und schließlich "Rot ist unser einziger Gegner" zu. Das Ergebnis dieser Einstellung, durch die – in den Augen der US-Amerikaner – aus den guten Russen die bösen Russen und den bösen Nazis die guten Westdeutschen wurden,[3] mußte notwendig zu einer Politik führen, welche die im Potsdamer Abkommen von 1945 festgeschriebene Entmilitarisierung Deutschlands wieder aufhob und den Westdeutschen eine Wiederbewaffnung empfahl, die sich eindeutig gegen die Staaten des Warschauer Pakts richtete. Und daraus ergab sich für viele BRD-Bürger und –Bürgerinnen eine fatale Kontinuität, die sie politisch weitgehend entlastete, nämlich daß die Sowjetunion – wie zuvor unter Hitler, jetzt auch unter Adenauer – weiterhin der Hauptfeind Nr. 1 blieb. Demzufolge standen in der Mitte der fünfziger Jahre in der offiziellen Meinungsbildung der BRD nicht mehr Themen wie Entkartellisierung, Entmilitarisierung und Entnazifizierung, sondern Forderungen wie Aufrüstung, Wiederbewaffnung, NATO-Beitritt, ja sogar die Ausstattung der Bundeswehr mit Atomwaffen auf der Tagesordnung, die zwar auf Seiten der Gewerkschaften, der SPD sowie einzelner Intellektueller zu Gegendemonstrationen führten, aber von großen Teilen der westdeutschen Bevölkerung durchaus gutgeheißen wurden und somit 1957 – mitten während der Anti-Atomrüstungsdemonstrationen – der CDU zum größten Wahlerfolg der letzten fünf Jahrzehnte verhalfen, nämlich über 50 Prozent der Stimmen auf sich vereinigen zu können.

In diesem Zeitraum, in dem alles im Zeichen einer enormen Akzeleration der wirtschaftlichen Expansionsrate stand, die jenen von Ludwig Erhard propagierten "Wohlstand für alle" zu versprechen schien, waren es viele Westdeutsche leid, an ihre faschistische Vergangenheit sowie die damit

[2] Vgl. Jost Hermand: *Kultur im Wiederaufbau. 1945-1965.* München 1986. S. 131-140.

[3] Vgl. meinen Aufsatz: Vom Nazismus zum NATOismus. Das westdeutsche Wandlungswunder im Spiegel der Luce-Presse. In: Frank Trommler (Hrsg.): *Amerika und die Deutschen.* Opladen 1986. S. 421-435.

verbundene Kriegsschuld erinnert zu werden, nämlich unter anderem fünf Millionen Polen und 22 Millionen Sowjetbürger umgebracht zu haben. Nach der ökonomischen Nachkriegsmisere wollten sie sich endlich ohne irgendwelche Schuldgefühle den "hart erarbeiteten" Segnungen der freien Marktwirtschaft hingeben. Daß sie ihre "Erniedrigung" vor allem Hitler und ihre "Befreiung" unter anderem Stalin und der Roten Armee verdankten, solche Thesen wären damals bei vielen auf taube Ohren gestoßen. Was sie jetzt beschäftigte, war in erster Linie die Verteidigung ihres steigenden Wohlstands gegen jenen östlichen Kommunismus, der ihnen von den US-Amerikanern und der Adenauer-Regierung lediglich als konsumfeindlich, knechtend oder gar unmenschlich hingestellt wurde. Daher brachten sie weder Polen noch der Sowjetunion irgendwelche Schuldgefühle entgegen, ja rechneten es sich sogar teilweise als Ehre an, das Abendland im Zweiten Weltkrieg lange Zeit heldenhaft gegen die "Barbaren aus dem Osten" verteidigt zu haben, wären notfalls sogar gewillt gewesen, einen solchen Krieg – wenn es darauf angekommen wäre – in diesen Jahren noch einmal auf sich zu nehmen.

Wie soll es daher in der Mehrheit der westdeutschen Kriegsromane der fünfziger Jahre,[4] die mitten in der Stimmung des Kalten Kriegen entstanden, eine Diskussion der Schuldfrage geben? Obwohl die meisten dieser Romane handlungsmäßig an der Ostfront spielen, werden in ihnen die Greuel dieses "Vernichtungskrieges gegen die slawischen Untermenschen", wie sie die Wehrmachtsausstellung vor wenigen Jahren endlich aufgedeckt hat,[5] weitgehend ausgeblendet. Überall wird gegen die bösen Sowjetsoldaten gekämpft, während die US-Amerikaner entweder überhaupt nicht auftauchen oder als freundliche Randfiguren dargestellt werden. Dementsprechend erscheinen die Deutschen in vielen dieser Romane weniger als Eroberer, massenmordende Liquidatoren oder triumphierende Herrenmenschen, kurz: als Täter, sondern eher als mehr oder minder heroisierte Vollzugsorgane einer ins Abendländische stilisierten Verteidigungsbereitschaft oder als verblendete, wenn nicht gar bemitleidenswerte Opfer irgendwelcher schicksalhafter Gewalten, für die es keine Erklärungsgründe gibt. Und dieses Schicksal mußte eben seinen Lauf nehmen, das heißt, zu einer Katastrophe führen,

[4] Vgl. hierzu allgemein Hans Wagener: Soldaten zwischen Gehorsam und Gewissen. Kriegsromane und -tagebücher. In: ders. (Hrsg.): *Gegenwartsliteratur und Drittes Reich*. 1977. S. 241-264; Jost Hermand: Darstellungen des Zweiten Weltkriegs. In: *Neues Handbuch der Literaturwissenschaft*. Bd. XXI. Hrsg. von J.H. Wiesbaden 1979. S. 11-60; Helmut Peitsch: Zur Geschichte der "Vergangenheitsbewältigung". BRD und DDR-Kriegsromane in den 50er Jahren. In: Gerhard P. Knapp, Gerd Labroisse (Hrsg.): *Fünfzig Jahre deutschsprachige Literatur in Aspekten 1945-1995*. Amsterdam, Atlanta 1995. S. 89-117; Hans Wagener (Hrsg.): *Von Böll bis Buchheim. Deutsche Kriegsprosa nach 1945*. Amsterdam, Atlanta (Amsterdamer Beiträge zur neueren Germanistik Bd. 42) 1998.

[5] *Vernichtungskrieg. Verbrechen der Wehrmacht*. Hamburg 1995.

die den Charakter einer harten, aber heilsamen Katharsis hatte. Sich gegen diese Entwicklung aufzulehnen, wie oft behauptet wird, wäre sinnlos gewesen. Daher gibt es in diesen Romanen – von einigen edelgesinnten Offizieren abgesehen – kaum oder keine Widerstandskämpfer. Denn diese Widerstandskämpfer hätte man ja – um der historischen Wahrheit willen – mehrheitlich als Linke, als Kommunisten, als "Rote" zeichnen müssen. Und das wäre im Klima des Kalten Krieges der fünfziger Jahre fast ein Staatsverrat gewesen. Schließlich waren aus diesen linken Feinden des Faschismus inzwischen weitgehend Repräsentanten jenes "Schinderregimes in der Soffjetzone" geworden, wie sich die adenauerhörige Presse damals gern ausdrückte.

Versuchen wir unter dieser Perspektive einmal eine Typologie der westdeutschen Kriegsromane dieses Zeitraums zu entwerfen. Dabei wird sich herausstellen, daß sich etwa 35 Prozent weiterhin direkt oder indirekt gegen die Sowjetunion wenden, weitere 60 Prozent den Kriegsverlauf als ein sinnloses, absurdes, schicksalhaft-verhängtes, religiöses oder auch lächerliches Geschehen beschreiben, das stoisch erduldet werden mußte, während lediglich fünf Prozent pazifistische oder existentialistisch gefärbte Gegenpositionen beziehen, die auf einer antimilitaristischen Gesinnung beruhen. Und daraus ergibt sich in diesen Romanen auch die Einstellung zur deutschen Schuld. In der ersten Gruppe herrscht meist ein Rechtfertigungsgestus vor, der die Deutschen von jeder Schuld freizusprechen versucht, indem er nicht das "Braune", sondern das "Rote" als die Hauptgefahr der damaligen sowie der gegenwärtigen politischen Situation hinstellt. In der zweiten Gruppe dominiert dagegen eher ein widersinniger Anankanismus, nach dem jede Frage nach einem schuldhaften Verhalten – jenseits religiöser Erklärungsmuster – von vornherein als sinnlos bezeichnet wird. Lediglich in den Romanen der dritten Gruppe wird auch auf die Schuldfrage eingegangen, diese jedoch – von wenigen Ausnahmen abgesehen – weitgehend in einem pazifistischen und damit unpolitischen Sinne beantwortet.

Beginnen wir bei unserer typologischen Durchmusterung der verschiedenen literarischen Ausformungen dieses Genres mit der ersten Gruppe. Bei genauerem Zusehen läßt sich diese – trotz aller ideologischen Ähnlichkeiten – thematisch in vier Subgenres untergliedern: l. die Kreuzzugsromane gegen die Sowjetunion, 2. die Romane der direkten oder indirekten Heroisierung des deutschen Landsers, 3. die Romane, in denen deutsche Soldaten noch immer in sowjetischen Kriegsgefangenenlagern schmachten, und 4. die Romane, in denen die Deutschen durch sowjetische Truppen aus den ehemaligen Ostgebieten vertrieben werden und dabei unmenschliche Leiden auf sich nehmen müssen.

Das weitaus perfideste Genre innerhalb dieser Gruppen ist das der Kreuzzugsromane, in denen die antitotalitaristische Dystopie eines George Orwell in eine Verklärung der westlichen Freiheit umschlägt, das heißt, wo sich das allgemeine Glück der Erdenkinder aus dem Sieg der NATO-Allianz über die "dikatorischen" Ostblockländer ergibt.[6] Wohl der erste Autor dieser Art, der sich in den Dienst eines ins Heilsgeschichtliche überhöhten Antikommunismus stellte, war Erik von Kuehnelt-Leddhin in seinem Roman *Moskau 1997* (1949). Dieses Buch spielt nach dem Fünften Weltkrieg, nachdem die UdSSR bereits ganz Europa erobert hat und selbst der Papst in die USA geflüchtet ist. In allen Ländern, die noch unter sowjetischer Herrschaft stehen, verbreitet sich der perfekteste Satanismus, einerseits an Kafkas *Strafkolonie*, andererseits an Huxleys *Brave New World* erinnernd. Doch nach einer gewaltigen Aufrüstungswelle gelingt es den USA schließlich doch, das kommunistische Horrorregime in Eurasien in die Knie zu zwingen. Und das Ganze schließt damit, daß der New Yorker Kardinal Morgan in der befreiten Kreml-Kirche eine Hohe Messe zelebriert. Ja, selbst der politische Machtwechsel vollzieht sich völlig reibungslos, da viele der "höheren Beamten", wie es heißt, "schon seit Jahren Englisch gelernt hatten".[7] Ähnliche Wunschträume liegen dem Kalten-Kriegs-Roman *Stalin starb um vier Uhr morgens* (1950) von Curt Riess zugrunde. Hier stirbt Stalin bereits im Jahr 1950, worauf in der UdSSR sofort schreckliche Diadochenkämpfe ausbrechen, die zum Zusammenbruch des gesamten Ostblocks führen: Polen und die ČSR wenden sich wieder dem Westen zu, die jugoslawischen Truppen befreien die anderen Balkanländer, die Nationalchinesen übernehmen nach der Vergiftung Maos ganz China, die Ostdeutschen ermorden Ulbricht und werfen seine Leiche in den Landwehrkanal, die Heimatvertriebenen kehren hochbeglückt in die verlorenen Ostgebiete zurück, die vom Kommunismus "Erlösten" beginnen wieder zu beten usw. Und so gibt es 50 Tage nach Stalins Tod keinen Ostblock, keinen "Eisernen Vorhang", keinen Kommunismus mehr. Das gleiche scharfe Geschütz fuhr der alte Gen-Ostland-Reiter Edwin Erich Dwinger in seinem Roman *Es geschah im Jahre 1965* (1957) auf. Er schilderte, wie sich die Garde der alten Bolschewiki im Jahr 1965 gegen das Prinzip der "friedlichen Koexistenz" entscheidet und einen Atomkrieg gegen den Westen beginnt, den jedoch die US-Amerikaner – aufgrund ihrer überlegenen Technik – mühelos gewinnen. Dieser Krieg, dem über 100 Millionen Menschen zum Opfer fallen, wird von Dwinger wie ein befreiendes Gewitter begrüßt. Schließlich habe er drei positive Resultate gezeitigt: die Sowjetunion sei vom Erdboden verschwunden, die ehemaligen "Satellitenvölker" hätten endlich die ersehnte "Freiheit" erhalten und

[6] Vgl. hierzu Alexander von Bormann: Der Kalte Krieg und seine literarischen Auswirkungen. In: *Neues Handbuch der Literaturwissenschaft*. Bd. XXI. S. 61-116, sowie meine Aufsätze: "Was aber bleibet, ist allein das Ich!" Die westdeutschen Romane des Antitotalitarismus 1947-1968. In: Bernd-Peter Lange, Anna Maria Stuby (Hrsg.): *"1984"*. Berlin 1984. S. 102-120, und: Eindämmung – Rückschlag – Befreiung. Der Kreuzzugsgedanke in der westdeutschen Kriegsliteratur der frühen fünfziger Jahre. In: Sigrid Bock u.a. (Hrsg.): *Die Waffen nieder! Schriftsteller in den Friedensbewegungen des 20. Jahrhunderts*. Berlin 1989. S. 120-130.

[7] Erik von Kuehnelt-Leddhin: *Moskau 1997*. Zürich 1949. S. 309.

Deutschland, dessen westlicher Teil sich in diesem Krieg selbstverständlich auf Seiten der US-Amerikaner engagiert, habe seinen vielen kriegerischen "Ruhmesblättern" ein "unvergänglich neues hinzugefügt".[8]

Zu den Autoren jener Romangruppe, die sich eine direkte oder indirekte Heroisierung des deutschen Wehrmachtssoldaten zum Ziel setzten, gehörten vor allem jene, die – wie Werner Beumelburg oder NS-Schriftsteller wie Erich Kern und Heinrich Eisen – bereits in den zwanziger und dreißiger Jahren ins völkische Kriegshorn gestoßen hatten. Im Zuge der Wiederaufrüstung der BRD sowie mit Rückendeckung der *Deutschen Soldaten-Zeitung*, der *National-Zeitung*, des *Reichsruf* und der *Nation Europa* ließen diese Autoren gegen Mitte der fünfziger Jahre plötzlich alle Masken fallen und schrieben Romane, die sich in aller Offenheit zum Soldatischen, Heldischen, ja Chauvinistischen bekannten. In ihnen werden die deutschen Soldaten des Zweiten Weltkriegs von jeder Schuld freigesprochen, ja als die besten Kämpfer dieses Krieges hingestellt. Da sie stets "ehrlich" gekämpft hätten, wie auch der US-Präsident Dwight D. Eisenhower 1955 erklärte, dürfe man heute nicht an ihrer "Ehre" rühren. Nach Meinung dieser Autoren war der Zweite Weltkrieg ein Krieg der "verlorenen Siege", den die Deutschen höchstwahrscheinlich gewonnen hätten, wenn ihnen nicht "linke" Verräter, wie die "Männer der Roten Kapelle" oder des 20. Juli 1944, in den Rücken gefallen wären und wenn statt Hitler ein Mann wie Clausewitz den Generalstab geleitet hätte. Die Fülle der Bücher, die solche Thesen unterstützten, das heißt von antikommunistischen Parolen nur so strotzen und sich wie ein Training für den "Fall Rot" lesen, ist geradezu unübersehbar. Da wären erst einmal die vielen Erinnerungsbücher führender Nazi-Generäle sowie die Romane über bestimmte Waffengattungen und Spezialeinheiten, in denen der 1939 einsetzende Krieg in nostalgisch glühenden Farben ausgemalt wurde. Eine noch größere Wirkung, vor allem auf junge Leser, ging von Serienprodukten wie den *Schild-Heften*, den *Marine-Büchern*, den *Soldatengeschichten* sowie der berüchtigten Reihe *Der Landser* aus, von der allein in den späten fünfziger Jahren über 150 Nummern herauskamen. Die Frage nach den Ursachen des Krieges blieb in diesen Heften ebenso ausgespart wie Fragen nach der Kriegsschuld oder den Kriegszielen. Noch weniger erfährt man in ihnen von den Untaten der Gestapo oder der SS. All das scheint es zwischen 1939 und 1945 überhaupt nicht gegeben zu haben. Was es gab, waren offenbar nur Siege, heroische Einsätze und schließlich eine ebenso heroische Durchhaltemoral. Westliche Gegner erscheinen in diesen Büchern und Heften relativ selten. Um so mehr erfährt man dagegen über die Russen und Kommunisten, die fast durchweg als "Schweine", "rote Barbaren" oder "rote Horden" hingestellt werden. Fast 70 Prozent der frühen *Landser*-Hefte spielen deshalb an der Ostfront, um immer wieder in die gleiche Kerbe hauen zu können. Die Deutschen sind dagegen alle prächtige

[8] Edwin Erich Dwinger: *Es geschah im Jahre 1965*. Salzburg 1957. S. 294.

Kerle, gute Kameraden und verantwortungsbewußte Soldaten, die sich ihren ebenso prächtigen, guten wie verantwortungsbewußten Vorgesetzten nur allzu willig unterordnen. Und so ist das Ergebnis meist ein absolut "gereinigtes" Bild des deutschen Militärs, das weder zu kollektiver Reue noch zu kritischem Denken anregt.[9]

Die gleiche Sowjetverteufelung herrscht in jenen Romanen, die in den östlichen Kriegsgefangenenlagern spielen. Der erste Bestseller dieser Art war der Roman *Soweit die Füße tragen* (1954) von Josef Martin Bauer, der die unmenschlichen Qualen deutscher Gefangener in sibirischen Bleibergwerken schildert. Die gleiche Gesinnung herrscht in dem Roman *Hunde wollt ihr ewig leben* (1956) von Fritz Wöss, einem Hohelied auf den deutschen Landser vor Stalingrad, dem nur durch Hitlers Dummheit der Sieg entrissen wurde, wodurch er den Bolschewisten, den erklärten Feinden des Abendlandes, einen unverdienten Triumph überließ. Nicht viel anders geht es in dem Roman *Der Arzt von Stalingrad* (1956) von Heinz G. Konsalik, dem dritten Bestseller dieser Art, zu. Wie bei Wöss wird hier vor allem die Grausamkeit der Russen gegenüber den deutschen Kriegsgefangenen angeprangert, um damit die Unmenschlichkeit des gesamten kommunistischen Systems unter Beweis zu stellen und zugleich die westdeutsche Aufrüstungsbereitschaft zu stärken. Denn das neue Stalingrad, das hier nach dem Krieg errichtet wird, stellt Konsalik ausdrücklich als eine "geballte Riesenfaust" hin, "die nach Westen droht".[10]

Die letzte Gruppe dieser Rechtfertigungsromane, die sich – angesichts der maßlos aufgebauschten sowjetischen Greuel – von jeder Schuldzuweisung freizusprechen versucht, geht stets von jenem "Deutschen Leid im Osten" aus, von dem damals vor allem die revanchistisch eingestellten Vertriebenenverbände sprachen. Wer diese Romane liest, soll davon überzeugt werden, daß nicht die Sowjetbürger, Polen oder Juden, sondern die Ostdeutschen die Hauptleidtragenden des Zweiten Weltkrieges waren. So beklagen etwa Edwin Erich Dwinger in *Wenn die Dämme brechen* (1950)[11] und Kurt Ziesel in *Und was bleibt, ist der Mensch* (1951) vor allem den "tragischen Untergang" Ostpreußens. In Werner Kloses Roman *Jenseits der Schleuse* (1953) handelt es sich um ein Schloß an der Neiße, dessen Bewohner sich

[9] Vgl. Klaus F. Geiger: *Kriegsromanhefte in der BRD. Inhalte und Funktionen.* Tübingen 1974, sowie meinen Beitrag: Nachträgliche Siege? In: *Basis. Jahrbuch für deutsche Gegenwartsliteratur* 6 (1976). S. 222-226.

[10] Vgl. hierzu meinen Aufsatz: Vom heißen zum kalten Krieg. H.G. Konsaliks "Der Arzt von Stalingrad". In: *Sammlung. Jahrbuch für anti-faschistische Literatur und Kunst.* 2 (1979). S. 16-28, und Erhard Bahr: Defensive Kompensation: Peter Bamm: "Die unsichtbare Flagge" (1952) und Heinz G. Konsalik: "Der Arzt von Stalingrad" (1956). In: Wagener: *Von Böll bis Buchheim.* S. 199-212.

[11] Vgl. Walter Delabar: Dammbrüche und Untergänge. Edwin Erich Dwinger: "Wenn die Dämme brechen" (1950) und "General Wlassow" (1951). In: Wagener: *Von Böll bis Buchheim.* S. 133-154.

aus Angst vor den Russen in letzter Minute in den Westen absetzen. Ruth Storm gibt in ihrem Roman *Das vorletzte Gericht* (1953) ein grimmiges Bild vom Einmarsch der Roten Armee in Schlesien. Theodor Plievier beschreibt in *Berlin* (1954) den Vormarsch der Russen auf Berlin, wobei dem Leser keine Form der Grausamkeit, Schändung oder Vergewaltigung erspart bleibt. Und so weiter und so weiter.

Genau betrachtet, sind alle diese Romane – ob nun die Kreuzzugsromane, die heroischen Landser-Romane, die Kriegsgefangenenromane oder die Vertreibungsromane – letztlich keine Romane über den Zweiten Weltkrieg, sondern Romane des Kalten Krieges der fünfziger Jahre, deren offene Apologetik des "Freien Westens" meist auf jene "Politik der Stärke" hinausläuft, welche die US-Amerikaner und in ihrem Gefolge auch die Adenauer-Regierung als die einzig mögliche Politik der UdSSR gegenüber propagierten. Von dem zweiten Korpus der westdeutschen Kriegsromane, in denen der besagte Anankanismus, das heißt eine religiöse, schicksalsbetonte, absurde oder verharmlosende Perspektive vorherrscht, läßt sich das nicht mit der gleichen Direktheit behaupten. Hier wird zwar die Frage nach der deutschen Schuld ebenfalls weitgehend ausgeblendet, aber daraus kein Haß auf die Sowjetunion oder gar eine militante Präventivkriegsgesinnung abgeleitet. Ihre Ideologie besteht meist darin, daß sie sich betont unideologisch geben, das heißt, ihre weltanschauliche Orientierung, der unterschwellig häufig die gleiche Kalte-Kriegsgesinnung zugrunde liegt wie den Rechtfertigungsromanen, geschickt hinter verschleiernden Metaphern oder Wortgespinsten verbergen und somit das reale Kriegsgeschehen aus dem Politisch-Konkreten ins Religiös-Transzendente uminterpretieren, in scheinbar widersinnige Verzweiflungsgesten ausweichen, einer subjektiv-sentimentalen Opfermentalität verfallen oder einfach zynisch-verhärtete, aber auch lächerlich-machende Darstellungsformen bevorzugen.

Den Auftakt zu einer religiösen Sinndeutung des Zweiten Weltkrieges bildeten Erzählungen wie *Unruhige Nacht* (1950) von Albrecht Goes, *Wintergewitter* (1951) von Kurt Ihlenfeld sowie *Die Früchte* (1951) von Gerhard Pfahler, in denen zwar Probleme wie Befehlsverweigerung und Fahnenflucht im Vordergrund stehen, aber sich in der Verstrickung von Schuld und Unschuld letztlich nur die "Gottesliebe" als die einzig erlösende Kraft erweist, was zwar am wirklichen Geschehen nichts ändert, aber den Verzweifelten in letzter Minute eine religiöse Sinndeutung ihrer einzelpersönlichen Schuld erlaubt. Eine ähnliche Einstellung herrscht in dem protestantischen Bekenntnisroman *In einer Stunde wie dieser* (1953) von Jürgen Rausch sowie dem katholischen Ostfrontroman *Dreimal Orel* (1952) von Josef Michels, wo man die Sinndeutung einfach Gott anheimstellt – und weiter für Hitler kämpft. Wohl das anspruchsvollste Werk dieser Gruppe ist der Roman *Woina, Woina* (1951) von Curt Hohoff, in dem sowohl die Nazis als auch die Kommunisten als Satansanhänger angeprangert werden, während die gottesfürchtigen kleinen Leute, ob nun unter den Deutschen oder den Ukrainern, fast wie Engel wirken. Als die Hohoff-Deutschen in die Sowjetunion einmarschieren, rufen deshalb alle Ukrainer sofort "Kolchos kaputt, Stalin kaputt!" und winken ihnen mit Blumensträußen zu. Hohoffs Held liest daher in Rußland voller Ergriffenheit Augustinus – aber er liest auch Jünger und Clausewitz und verspürt dabei jenen "tausendjährigen Drang nach Osten", der den Deutschen nun einmal "weniger im Verstand als im Blute" liege.[12] Fast die gleiche Gesinnung herrscht in dem Roman *Nikolskoje* (1953) von Otto Heinrich Kühner, wo Rußland ebenfalls mit den Augen Rilkes und Barlachs betrachtet wird, daß heißt, als Land der Ikonen, der Gottesnähe und der hingebungsvoll-liebenden Frauen. Wer hier mit deutschen Soldaten schläft, ist gottesfürchtig. Wer sich dagegen mit russischen Männern abgibt, ist fast immer eine böse, atheistische Partisanin.

Nicht minder problematisch wirken jene Romane, um auf die zweite Gruppe innerhalb dieser angeblich unideologischen Kriegsromane zu kommen, bei denen das Verzweifelte, Absurde oder Zynisch-Verhärtete vorherrschen. In ihnen erscheint der Krieg – ob nun an der Ostfront oder als Bombenregen auf die deutschen Städte – einfach als nackte Brutalität. Hier schreckt man in der Auswahl der Motive vor nichts zurück: weder vor Mord, Totschlag, Erschießung noch vor Verwundung, Folter oder Vergewaltigung. Und zwar kann dabei die Härte der Schilderung, die sich auch antimilitaristisch auslegen ließe, manchmal nicht verdecken, welche literarische Faszination solche Greueltaten auf viele dieser Autoren ausübte. So läßt Erich Landgrebe in seinem Roman *Mit dem Ende beginnt es* (1951) das gesamte Geschehen an der Ostfront auf Gewalt und Sex zusammenschrumpfen. Nicht viel zimperlicher geht es in Theodor Plieviers *Moskau* (1952) zu, in dem ein grausiges Panorama der großen Vernichtungskampagne im Herbst und Frühwinter 1941 entworfen wird. Herbert Zand beschreibt 1953 in *Letzte Ausfahrt* eine jener Kesselschlachten an der Ostfront, wo Panik, Angst und Terror jedes andere menschliche Gefühl ersticken. Wohl das bekannteste Werk dieser Gruppe ist der Roman *Das geduldige Fleisch* (1955) von Willi Heinrich, der die Schlacht um den Kuban-Brückenkopf im Sommer 1943 zum Thema hat, bei der es lediglich um Umlegen, Abknallen oder pures Abschlachten geht. Heinrich will damit zeigen, daß in diesem "Scheißkrieg" selbst der Anständigste zur Bestie, zum Untier wurde. In diesem Roman wird alles, aber auch wirklich alles als sinnlos hingestellt. Hier beißt jeder ins Gras: ob nun Freund oder Feind, Deutscher oder Russe – wodurch zwar ein grauenvolles Schreckensbild entsteht, aber Ursache und Ziel dieses Krieges völlig unreflektiert bleiben. Das gleiche gilt für den Roman *Die Stalinorgel* (1955) von Gert Ledig, wo der verbissene Stellungskrieg vor Leningrad geschildert wird, bei dem ebenfalls nur das

[12] Curt Hohoff: *Woina, Woina*. Düsseldorf 1951. S. 10. Vgl. auch Rolf Düsterberg: Masse und Elite. Krieg,Wehrmacht und Nationalsozialismus in Curt Hohoff: "Woina, Woina" (1951). In: Wagener: *Von Böll bis Buchheim*. S. 161ff.

Töten oder Getötetwerden, das Durchstehen oder Untergehen im Vordergrund stehen. Nicht minder grausam geht es in Heinrich Gerlachs Stalingrad-Roman *Die verratene Armee* (1957) und Michael Horbachs *Die verratenen Söhne* (1957)[13] zu, in denen das Mörderische ständig mit dem Makabren oder Obszönen abwechselt und schließlich der Eindruck absoluter Sinnlosigkeit, ja Absurdität entsteht.

Das einzig Positive in diesen Romanen ist manchmal eine ins Individuelle zurückgenommene Form der "Kameradschaft",[14] aus der jedoch kein politischer Unmut oder gar solidarisierender Widerstandswille erwachsen. Schließlich ist auch in solchen Werken jeder sich selbst der Nächste und denkt nur an sein eigenes Überleben. Über irgendwelche höheren Ideale wird deshalb in diesen "Romanen der Härte", wie sie damals hießen, nur zynisch gegrinst. Ja, nicht einmal persönliche Schuldgefühle stellen sich bei diesen unentwegt schießenden und damit mordenden Landsern ein. Wenn's hoch kommt, das heißt, wenn die Helden dieser Romane überhaupt nachzudenken beginnen, schimpfen sie lediglich auf die Nazi-Bonzen, die nicht mit ihnen im Dreck zu liegen brauchen, sondern hinter der Front noch alle Vorzüge des Friedens genießen. Ja, bei einigen stellt sich dabei das dumpfe Gefühl ein, nicht die Täter, sondern die Opfer dieses Krieges zu sein, die man für irgendwelche größenwahnsinnigen Vorstellungen ins Feuer geschickt hat. Aber das bleiben meist vorübergehende Momente, die keine ernsthaften Folgerungen bewirken. Noch am positivsten ist im Zuge solcher Reflexionen lediglich der Entschluß, sich fortan auf sich selbst zurückzuziehen, kurzum: sich aus allen Gefahr drohenden Situationen, so gut es geht, herauszuhalten und zu hoffen, eines Tages möglichst unversehrt in die Heimat zurückkehren zu können.

Die gleiche Tendenz, nämlich sich aus allem herauszuhalten und selbst das Schimpfwort "Drückeberger" auf sich zu nehmen, herrscht in jenen Romanen, in denen – im Rückgriff auf Schwankhaftes, Groteskes oder Pikarisches – das Lächerlichmachen des militärischen Drills im Vordergrund steht. Das kann im Einzelfall höchst entlarvend und despektierlich wirken, führt aber zugleich dazu, Phänomene wie "Faschismus" und "Krieg" ins Humorige zu verharmlosen. Noch den meisten kritischen Biß innerhalb dieses Genres hat die *08/15*-Trilogie (1954/55) von Hans Hellmut Kirst, die sich der altbewährten Mittel des Kasernenhofschwanks bedient und zur erfolgreichsten westdeutschen Wehrmachtsdarstellung schlechthin wurde. Während Kirst in diesen Romanen die höheren Chargen sowie die einfachen Soldaten recht positiv darstellt, läßt er an den bulligen, rechthaberischen, autoritätssüchtigen Unteroffizieren kaum ein gutes Haar. Damit wird zwar viel Kritik in das Ganze eingebracht, aber eine Kritik, die rein aus der Per-

[13] Vgl. Jörg Bernig: *Eingekesselt. Die Schlacht um Stalingrad im deutschsprachigen Roman nach 1945*. New York 1997. S. 45-72.
[14] Ebd. S. 53f.

spektive des ewigen Militärs, des ewigen Barras, des ewigen Kommiß – und nicht aus der Perspektive der besonderen "faschistischen" Ausprägung dieses Ungeistes argumentiert. Die Partei und der Krieg werden dadurch weitgehend peripher. Was dominiert, ist die Typik des Kasernenhofs, während die Frage nach der Schuld auch hier außerhalb der beschriebenen Zustände bleibt, ja im Rahmen der vordergründigen Witzeleien fast etwas deplaziert gewirkt hätte.

Doch kommen wir endlich zu den Werken, in denen sich ernstzunehmende Gegenpositionen zu den mörderischen Osteroberungsplänen der nazistischen Führungsschichten und ihrer willfährigen Handlungsgehilfen oder bewußtlosen Mitläufer abzeichnen. Daß solche Romane im Klima des Kalten Krieges der fünfziger Jahre in der westdeutschen Bundesrepublik überhaupt entstehen konnten, ist fast ein kleines Wunder. Um so nachdrücklicher sollte man sie rühmen. Auch in diesem Bereich läßt sich eine typologische Dreiteilung vornehmen, und zwar 1. in Romane, deren antimilitaristische und antifaschistische Gesinnung allein auf den Hauptdelden beschränkt bleibt, 2. in Romane, die sich im Zuge der Demonstrationen gegen die Aufrüstungspolitik der Adenauer-Regierung zu einer grundsätzlichen Friedensgesinnung bekannten, und 3. in Romane, die bei dieser Protesthaltung sogar damals als "links" geltende Argumente ins Spiel zubringen versuchten.

Zur ersten Gruppe gehören vor allem die frühen Erzählungen von Heinrich Böll, also *Wanderer kommst Du nach Spa...* (1950) und *Wo warst Du Adam?* (1951). Beide Werke sind zwar deutlich antimilitaristisch und antifaschistisch angelegt, dringen aber aufgrund ihrer höchst subjektiven Sehweise und zugleich einer als "realistisch" verstandenen Episodentechnik selten zu einer Sinndeutung oder Bewältigung des Dargestellten vor. Hier ist der Krieg, wie ihn Böll am eigenen Leibe erfahren hatte, noch weitgehend Rohstoff, noch ummittelbares Geschehnis, das erst einmal als total negativ dargestellt wird und an sich nur einen Wunsch auslöst, nämlich zu desertieren und heimzukehren. Der Ton dieser Werke ist daher weitgehend elegisch und soll den Eindruck einer privaten Hilflosigkeit erwecken. Bölls Protagonisten sind keine heroischen oder lediglich hartgesottenen Täter, sondern eher bemitleidenswerte "Opfer".[15] Aufgrund dieser Haltung wollte ihr Autor schon früh der "Internationale der Kriegsdienstverweigerer" beitreten und bekannte sich zum christlichen Ideal der Friedfertigkeit, um so einen in seinen Augen verwerflichen "Kreuzzug gegen die Russen" zu verhindern.[16]

Eine tiefergehende Analyse des Zweiten Weltkrieges, die ohne eine konkrete Stellungnahme zum Kalten Krieg, zur DDR und zur bundesrepublikanischen Restaurationspolitik nicht möglich war, wurde erst in den späten fünfziger und frühen sechziger Jahren möglich, als sich die ideologische

[15] Vgl. J.H. Reid: "Mein eigentliches Gebiet". Heinrich Bölls Kriegsliteratur. In: Wagener: *Von Böll bis Buchheim*. S. 92.
[16] Ebd. S. 92.

Einheitsfront der Adenauer-Ära allmählich aufzulösen begann. Wichtige Ansätze dazu lieferten Romane wie *Die Brücke* (1958) von Manfred Gregor, Satiren wie *Mein General* (1955) von Karl-Ludwig Opitz und Bücher wie *Es war Mord, meine Herren Richter! Der Fall Penzberg* (1958) von Heinz Becker-Trier, die sich jedoch – wie der Roman *Sieg! Sieg!* (1961) von Erich Kuby – meist auf besonders eklatante Einzelfälle unter den vielen Greueltaten des Nazi-Regimes beschränkten. Eine umfassendere Deutung der beiden Weltkriege wurde in den späten fünfziger Jahren lediglich von Heinrich Böll in seinem Roman *Billard um halb zehn* (1959) geleistet, der die deutsche Geschichte des 20. Jahrhunderts anhand dreier Generationen darzustellen versuchte. Böll wollte damit zeigen, wie Menschen gegen ihren Willen in Krieg und Faschismus verstrickt wurden und sich aus völkisch-antisemitischen Rabauken schließlich piekfeine bundesdeutsche Demokraten entwickelten. Hier wurden tatsächlich fünf Jahrzehnte "deutscher Misere" aufgerollt, und zwar in ständiger Konfrontation der Welt des Büffels (Imperialismus) und der Welt des leidenden Lamms (der einfachen Bevölkerung). Und Böll zögerte nicht in aller Offenheit zu zeigen, wie auch im Reiche Adenauers die Lämmer wiederum den Büffeln unterliegen.

Doch was hatten diese Romanciers – außer ihrer kritischen "Ohne mich"-Haltung – eigentlich an politischen Alternativen anzubieten? In diesem Punkt verhielt sich selbst diese Autorengruppe äußerst zurückhaltend. Kurz nach Ende des Krieges hatte sich Hans Werner Richter in seinem Roman *Die Geschlagenen* (1949) bei seiner antimilitaristischen Haltung noch auf die Ideologie eines "Dritten Weges" zwischen der UdSSR und den USA zu stützen versucht.[17] Doch das war nach der Gründung der westdeutschen Bundesrepublik und des durch den Marshall-Plan angekurbelten "Wirtschaftswunders" weitgehend illusorisch geworden. Solche Positionen wurden daher nach 1949 nur noch von im Ausland lebenden, antifaschistischgesinnten Exilanten vertreten. Hierfür spricht etwa ein Roman wie *Zeit zu leben und Zeit zu sterben* (1954) von Erich Maria Remarque, dessen Publikationsgeschichte höchst aufschlußreiche Einblicke in die Kalte-Kriegs-Stimmung der frühen Bundesrepublik erlaubt. Dieser Roman hatte zwar einen weltweiten Erfolg, wurde aber in Westdeutschland von der Kritik weitgehend ignoriert.[18] Und dabei hatte sich der Verlag Kiepenheuer & Witsch, bei dem er erschien, alle erdenkliche Mühe gegeben, ihn durch Streichungen und Änderungen, die vor allem die "linken" Aspekte dieses Werks betrafen, den westdeutschen Lesern schmackhaft zu machen. Zu diesen Änderungen gehörte nicht nur eine Namensänderung, die aus einem

[17] Vgl. Franz Futterknecht: Nachkriegspositionen des ästhetischen Bewußtseins. Hans Werner Richter: "Die Geschlagenen" (1949) und "Sie fielen aus Gottes Hand" (1951). In: Wagener: *Von Böll bis Buchheim*. S. 111-132.

[18] Vgl. Thomas F. Schneider: "Und Befehl ist Befehl. Oder nicht?" Erich Maria Remarque: "Zeit zu leben und Zeit zu sterben" (1954). In: Wagener: *Von Böll bis Buchheim*. S. 231-248.

"Vierteljuden" einen "Arier" machte, sondern auch die Umfunktionierung eines positiv gesehenen "Kommunisten" in einen "Sozialdemokraten". Welche politische Tendenz dahinter stand, geht vor allem aus einem der drei vom Verlag angeforderten Gutachten hervor, wo es im Sinne des Kalten Krieges hieß:

> Die ganze Welt steht noch immer unter der lebensgefährlichen Bedrohung durch den Kommunismus, und die Schilderung des Kommunisten Immermann als des sozusagen einzig anständigen und die Situation klar Erkennenden wirkt darum nicht nur verharmlosend, sondern wie die posthume Rechtfertigung einer Besatzungspolitik, für die [in der unmittelbaren Nachkriegszeit] jeder Kommunist persona grata war und unter deren verderblichen Folgen heute Europa (ja, die ganze Welt) noch immer zu leiden hat. Immermann muß deshalb etwas mehr in den Hintergrund treten und als ehemaliger Sozialdemokrat erscheinen. Von einem Kommunisten irgendeine Belehrung anzunehmen, ihn gleichsam als Verfechter der Menschlichkeit dargestellt zu bekommen, geht heute unter keinen Umständen an.[19]

Solche Urteile sprechen letztlich für sich selbst. In ihnen äußert sich ein kaltherziges Überheblichkeitsgefühl, das für die gnadenlose Verfolgung der Linken sowie die noch gnadenlosere Liquidierung von unzähligen osteuropäischen Slawen durch die Nationalsozialisten kein Verständnis mehr aufbringen konnte, sondern die Geschehnisse des Zweiten Weltkrieges nur noch aus der Perspektive des Kalten Krieges betrachtete. Doch das sollte niemanden verwundern. Schließlich wird jede Geschichte immer wieder umgeschrieben, wie wir wissen – so auch die Geschichte des Zweiten Weltkrieges. Alle historischen Romane der fünfziger Jahre, die sich in der BRD mit dem Zweiten Weltkrieg beschäftigen, waren mithin zugleich Gegenwartsromane, welche aufgrund der gewandelten Situation – von wenigen Ausnahmen abgesehen – den unzähligen Opfern unter den Polen oder Sowjetbürgern keinerlei Schuldgefühle mehr entgegenbrachten. Ja, selbst der leiseste Hauch von persönlicher Anteilnahme oder Mitleid fehlt in ihnen. Und dabei sollte es auch in der Folgezeit bleiben. Schließlich hielt in der BRD der Kalte Krieg auch in den nächsten Jahrzehnten unvermindert an. In ihnen konnte zwar über die jüdischen Opfer des deutschen Faschismus gesprochen werden, während bis zur sogenannten Wende, ja zum Teil noch darüber hinaus die Millionen Slawen in den besetzten Ostgebieten, die von der SS und der Wehrmacht zwischen 1939 und 1945 umgebracht wurden, weiterhin Opfer zweiten oder dritten Grades blieben, falls man sie überhaupt erwähnte.[20] Doch das sollte sich wenigstens jetzt ändern. Opfer sind Opfer –

[19] Zit. in ebd. S. 246.

[20] Vgl. bereits meine Kritik an dieser Haltung in dem Aufsatz: Rückfall in den Kalten Krieg? Der gegenwärtige Historikerstreit im Lichte der Diskussion um die deutsche Schuld zwischen 1945 und 1950. In: *Streitfall Deutscher Geschichte*. Hrsg. von der Landeszentrale für politische Bildung Nordrhein-Westfalen. Essen 1988. S. 141-160.

und um alle sollte man trauern. Teilen wir daher die Opfer des deutschen Faschismus nicht weiterhin in uns sympathische und uns unsympathische, uns politisch genehme und uns politisch unangenehme Opfer ein. Damit würden wir die von unserer Anteilnahme ausgeschlossenen Opfer noch einmal diffamieren, statt ihnen endlich jene Mahnmale zu errichten, die ihnen als den Gegnern oder Feinden der Hitler-Diktatur seit langem gebühren.

Morio Minami

"Schuld" in der japanischen Nachkriegslyrik im Vergleich mit Deutschland

"War" has been one of the main topics in Japanese poetry since 1945. But the question of "war guilt" is almost completely absent in post-war poetry, with some important exceptions. Why are Japanese poets unable to treat this topic and what kind of war- and post-war experiences lie behind this inability? I discuss Kotaro Takamura, Tatsuji Miyoshi, Nobuo Ayukawa and the so-called "atomic bomb poets" such as Sankichi Toge and Sadako Kurihara etc. This difficulty or inability to treat one's own war guilt in poetry can also be observed in German poetry of the post-war period.

Das Kriegserlebnis als Ausgangspunkt der neuen japanischen Literatur nach dem Krieg

Erinnerungen an die Toten des Krieges (Asien-Pazifik-Krieg von 1931 bis 1945) waren der wichtigste gemeinsame Ausgangspunkt der Nachkriegsliteratur. Yutaka Haniya, Mitglied der bedeutenden Literatengruppe nach dem Krieg *Kindai Bungaku (Moderne Literatur)*, bezeugt etwa 20 Jahre später:

> Wir waren vom Anfang bis zum Ende mit den Toten, und die Toten standen immer neben uns, und wir konnten uns schließlich von ihnen nicht trennen. Wenn wir uns an die illegalen Revolutionsbewegungen wie auch an den Krieg erinnerten, so standen deren Toten immer neben uns, und die Realität der Nachkriegsliteratur war gerade von den Toten unterstützt.[1]

Syohei Ooka ist einer der repräsentativen Schriftsteller nach dem Krieg, die eigene Kriegserlebnisse als Hauptthema in ihren Erzählungen und Romanen behandelt haben, wie *Furyoki (Aufzeichnungen eines Gefangenen)*, *Nobi (Feuer im Grasland)* und *Reite Senki (Aufzeichnungen zum Krieg auf Leyte)*. Er äußerte einmal seine sehr pathetischen Gefühle an die gefallenen Kameraden, als ein japanisches Schiff im Jahre 1958 in See stach, um auf südostasiatischen Inseln die dort noch liegenden Gebeine der gefallenen japanischen Soldaten zu bergen:

> Hallo, Ihr alle!
> Ito, Sindo, Arai, Kurikawa, Ichiki, Hirayama und der andere Ito,

[1] Y. Haniya: Sengo bungaku no tohasei, hosoku (Parteilichkeit der Nachkriegsliteratur, eine Ergänzung). In: *Gunzo* März 1974. S. 150. Vgl. Narihiko Ito: *Sengo Bungaku wo Yomu*. Tokyo 1990. S. 53. Deutsch von Morio Minami (=M. M.)

Und andere in San José gestorbene Kameraden, deren Namen ich vergessen habe,
Herr Regimentskommandeur Nishiya, Herr Gruppenführer Inoue, Herr Sergeant Ogasawara, Herr Sergeant Nobe,
Ich teile Euch hiermit mit, daß das Schiff "Gingamaru" von Tokio abgefahren ist, um Eure Knochen aufzusammeln.
Ich teile Euch mit, daß es jetzt noch nach dreizehn Jahren Frauen gibt,
die bei der Abfahrt auf der Hafenmole standen und um Euch weinten.
Wißt Ihr, daß es da Menschen gibt, die noch an Euch alle denken,
die Ihr schon zu Knochenstücken geworden seid?[2]

Dieses "Etwas wie ein Gedicht" zeigt, daß der realistisch-intellektuelle Schriftsteller Ooka für seine gefallenen Kameraden pathetisch-sentimentale tiefe Trauer hegte und lebendige Erinnerungen an sie wachhielt.

Oder Nobuo Ayukawa, ein Poet der wichtigen Lyrikergruppe "Arechi" (Wüste), schreibt über deren Ausgangspunkt wie folgt:

> Unser einziges gemeinsames Thema ist die Wüste der Gegenwart. Wir, die wir zwischen den Kriegen gelebt und einmal auf dem Schlachtfeld unser Leben riskiert haben, können immer noch von der dunklen Wirklichkeit und von dem zerrissenen Bewußtsein nicht befreit sein, und wir blicken starr auf den Verlauf des Kalten Krieges. Wir, die wir mit dem gemeinsamen Erlebnis des Krieges in der Wüste der Nachkriegswirklichkeit überlebt haben, stehen sowohl unserem neuen Leben als auch den Aufgaben der neuen Zeit gegenüber. Es war das Jahr 1923, als Eliot sein "Wasteland" in der nihilistischen Wüste nach dem Ersten Weltkrieg schrieb. Obwohl das heute mehr als Vierteljahrhundert her ist, sind wir immer noch vom Bewußtsein der Angst vor der Wüste in der Gegenwart gefangen.[3]

Ayukawa und seine Gruppe behandeln auch in ihren Gedichten oft Kriegstote wie in *Soldat der Götter* und *Der gestorbene Mann* von Ayukawa sowie *Das Meer* von Masao Katagiri. In den beiden Gedichten tritt ein gemeinsamer Freund der beiden Lyriker als Kriegstoter auf.

Am Anfang des Gedichtes *Der gestorbene Mann*[4] liest man die berühmt gewordenen Verse:

Zum Beispiel aus dem Nebel
und aus Tritten auf allen Stufen
treten Testamentsvollstrecker dunkel auf.
Das ist der Anfang von Allem.

Und am Ende des Gedichtes kommt der Ruf an den gestorbenen Freund:

Oh M! Du, der du im Untergrund schläfst!
Schmerzt auch heute noch die Wunde in Deiner Brust?

[2] Syohei Ooka: Mindoroto futatabi (Wieder auf der Insel Mindoro) 1969. In: ders: *Gesammelte Werke*. Bd. 10. Tokyo 1995. S. 326. Deutsch v. M.M.

[3] Nobuo Ayukawa: Gendaishi to wa nanika (Was ist das Gedicht der Gegenwart?) 1947. In: ders.: *Werke*. Bd. 2. Tokyo 1974. Deutsch von M.M.

[4] N. Ayukawa: Shinda otoko, 1947. Veröffentlicht in *Arechi Shisyu* 1951. In: *1937-1970. Ayukawa Nobuo jisen sisyu*. Tokyo 1971. S. 75f. Deutsch von M.M.

Es gibt zahlreiche Gedichte, die die beiden Atombombenangriffe auf Hiroshima und Nagasaki behandeln, sogenannte Atombomben-Lyrik. Sie haben natürlich als ihren Ausgangspunkt Erinnerungen an die dabei Getöteten. *Der sechste August* von Sankichi Toge[5] beginnt mit folgenden Versen:

Wer wird je vergessen können
jenen grellen Blitz
Im Nu erloschen dreißigtausend Menschen auf den Straßen
Und in erdrückend tiefer Finsternis erstarb
der Schrei von fünfzigtausend

Und es endet auch mit dem Motiv des Nicht-Vergessen-Könnens:

Wer wird je vergessen können
jene Stille
die hereingebrochen
über eine Stadt von dreimal hunderttausend
Und inmitten dieser Stille
zerriß
das Bitten
aus den weißen Augenhöhlen
der Frauen und der Kinder, die nicht nach Hause fanden
uns das Herz
Wer wird es je vergessen können!

Wir können also im Kern der japanischen Nachkriegsliteratur Erinnerungen an Kriegstote finden. Aber welche Toten? Für Haniya waren es vor allem seine ermordeten Genossen in der Arbeiter- und Antikriegsbewegung, für Ooka tote Kameraden und für Ayukawa tote Freunde. Und für Lyriker in Hiroshima und Nagasaki waren es tote Verwandte und Mitbürger. Die Stimme dieser Kriegstoten hörend, schrieben Schriftsteller ihre Werke. Sie behandelten sehr weite Themen wie Sinn oder besser Unsinn des Krieges, Kritik an der japanischen Kriegsführung, und sogar scharfe Kritik am Kaiser Hirohito. Und darüber hinaus äußerten sie eine scharfe Kritik an der bisherigen japanischen Gesellschaft und deren geistigen Werten. Da entstand eine in manchen Aspekten völlig neue japanische Literatur.

Aber ein grundsätzliches Problem für uns liegt dabei in der Tatsache, daß diese Kriegstoten, an die diese Schriftsteller und Lyriker erinnerten, vor allem japanische Tote waren, eigene Verwandte, Freunde, und Kameraden usw., nicht aber chinesische Tote oder andere asiatische Opfer oder ermordete ausländische Kriegsgefangene usw. Die Zahl der japanischen Kriegstoten ist groß, mehr als drei Millionen, aber die der ausländischen, besonders der asiatischen, ist mehrfach größer. Jedoch Erinnerungen an diese kommen

[5] Sankichi Toge (1917-1953): Hachigatsu muika. In: ders: *Genbaku shisyu (Gedichtband der Atombombe)* 1951. Deutsch von Jürgen Berndt. In: Jürgen Berndt (Hrsg.): *An jenem Tag. Literarische Zeugnisse über Hiroshima und Nagasaki*. Berlin 1985. S. 59f.

sehr selten in der japanischen Nachkriegsliteratur vor. Es gibt wichtige Ausnahmen, die ich erwähnen werde, z.B. eine Erzählung von Taijun Takeda *Shinpan (Der Jüngste Tag)*, in der das Schuldbewußtsein eines japanischen jungen Soldaten für einen unsinnigen Mord an einem alten chinesischen Ehepaar thematisiert wird, oder einige Gedichte von Kotaro Takamura und Itsuko Ishikawa. Aber im ganzen sind die Erinnerungen an die Kriegstoten grundsätzlich nach innen beschränkt, wie Mitsuharu Kaneko schon einmal während des Krieges in seinem Gedicht *Krieg*[6] sarkastisch beschrieben hat:

> Sowohl neunzehnjährige Kinder
> als auch fünfzigjährige Väter,
> einem Befehl folgend,
> wenden sich nach links,
> wenden sich nach rechts,
> schießen auf ein Ziel.
>
> Sie müssen gar nicht denken
> an Väter der Feinde
> oder an Kinder der Feinde,
> weil sie Feinde sind.

Diese ausschließlich nach innen orientierte Art und Weise der Erinnerung bestimmt auch das Schuldproblem in der japanischen Nachkriegsliteratur mit. Man fragte sich oft: "Wer hatte schuld an dem Tod der vielen Japaner, Kaiser oder Militaristen oder die Bevölkerung selbst oder ...?" Man kann auch Ausdrücke des Schuldbewußtseins in literarischen Werken finden, z.B. Schuldbewußtsein gegenüber Toten, weil man selbst überlebt hat, oder Schuldbewußtsein, weil man Freunde oder Kameraden oder Verwandte auf dem Schlachtfeld oder beim Luftangriff usw. nicht rettete und allein floh.

Beispiele dieser verschiedenen Ausdrucksweisen des Schuldbewußtseins möchte ich in den folgenden Passagen je nach Generationen zeigen, und dann darüber nachdenken, warum so selten Gedichte mit der Schuldthematik aus der Täterperspektive geschrieben worden sind und was diese Tatsache für die japanische Literatur nach dem Krieg bedeutet.

Ultranationalistische Variante

Es ist vielleicht interessant, zuerst kurz darauf hinzuweisen, daß es auch eine ultranationalistische Variante gab: Einige Ultranationalisten sahen ihre Schuld darin, daß sie den Krieg verloren haben. Wem gegenüber? Natürlich dem Vaterland oder Kaiser Hirohito gegenüber.

[6] Mitsuharu Kaneko (1895-1975): Sensou. In: K. Akiyama u.a. (Hrsg.): *Nihon hansen shisyu (Anthologie der japanischen Antikkriegsgedichte)*. Tokyo 1969. Deutsch von M.M.

In Kurzgedichten[7] einiger Offiziere beim Selbstmord unmittelbar nach Kriegsende oder zum Tode verurteilter Kriegsverbrecher finden wir folgendes Schuldbewußtsein:[8]

> Wenn ich schaue, wie unser Vaterland verwüstet ist,
> denke ich nur an die Tiefe meiner Schuld.[9]
>
> Ich fühle mich schuldig meinen früher umgekommenen Freunden,
> wir konnten unser Gottesland nicht verteidigen![10]
>
> Da ich teure Geschenke von Seiner Majestät dem Tenno bekommen habe,
> entschuldige ich mich bei ihm für unsere Schuld, indem ich mich töte.[11]

Ein derartiges Schuldbewußtsein können die meisten Japaner von heute wahrscheinlich nicht nachvollziehen. Aber wir können hier ein Beispiel des damaligen nationalistischen Sentiments feststellen, das viele Japaner in der Kriegszeit gehegt hatten oder zu hegen gezwungen worden waren.

Kotaro Takamura oder Selbstkritik eines Nationaldichters

Dieser stark europäisierte Künstler schrieb seit dem Kriegsausbruch gegen China und besonders gegen die USA viele ultranationalistische Gedichte, wie das Gedicht *Der 8. Dezember:*

> Erinnert Euch an den 8. Dezember!
> An diesem Tag hat sich die Weltgeschichte erneuert.
> Die Herrschaft der Angelsachsen,
> an diesem Tag ist sie zu Land und See verneint worden.
> Es ist Japan, das sie verneint hat,
> ein kleines Land in der fernöstlichen See,
> aber ein Gottesstaat Japan,
> wo der Tenno regiert.
> Es ist die anglo-amerikanische Großmacht,
> die Reichtum der Welt für sich allein besitzt.

[7] Eine der traditionellen Gedichtformen, namens "Tanka" oder "Waka" mit 31 Silben. Es ist auch eine japanische Tradition, daß Offiziere oder Politiker vor ihrem Tod ein Kurzgedicht "Jisei"(Abschiedslied) schreiben.
[8] In: Y. Kimura u.a. (Hrsg.): *Daitoa sensou junnan ieisyu* (Anthologie der letzten Gedichte der gefallenen Patrioten in dem Großen Ostasiatischen Krieg). Tokyo 1976. S. 304, 348 und 299. Deutsch von M.M.
[9] Geschrieben von Kenji Doihara, General, der als einer der sieben A-Klasse Kriegsverbrecher im Tokioter Militärtribunal zum Tode verurteilt und am 23.12.1948 hingerichtet wurde.
[10] Geschrieben von Hiroshi Hashiguchi, Kapitänleutnant, der sich drei Tage nach dem Kriegsende am 18.8.1945 tötete, er war 22 Jahre alt.
[11] Geschrieben vom Offizier Takashi Tetsuo, der sich am 19.8.1945 zusammen mit seiner Frau tötete. Er war 28 Jahre alt, sie war 23.

Sie ist von unserem Staat verneint worden.
Wir verneinen sie mit Gerechtigkeit.
Wir sagen Euch nur: “Gebt Ostasien an Ostasien zurück !”[12]

Da wirkten auf ihn die scheinbar angeborenen, also eher unbewußten Fesseln der Treue zum Kaisertum, wie er später nach dem Krieg in einem Gedicht (*Der Tag von Pearl Harbor*) gestand. Aber eine Wurzel seiner nationalistischen Einstellung liegt in seinen Erlebnissen in Europa (Paris) und den USA, und man könnte sagen, seine Kriegsgedichte seien ein Ergebnis seines Versuchs, seinen zum Teil rassischen Minderwertigkeitskomplex gegenüber der westliche Kultur zu bewältigen.

Nach dem Krieg schrieb Takamura eine Reihe von Gedichten, in denen er seinen Lebenslauf selbstkritisch reflektierte. Im Gedicht *Prototyp*[13] des gleichnamigen Gedichtbandes beschrieb er sich selbst als “einen Prototyp der Blödsinnigkeit, der drei Generationen lang in einem originellen Land von einer originellen Ethik erzogen worden ist.” Im Vorwort seines Bandes schrieb er: “Ich habe herausgefunden, wie mein Ich in der originellen Atmosphäre dieses originellen Staates verloren ist und meine Seele gebrochen worden ist. Und als ich in meinem blödsinnigen, ambiguosen und schicksalhaften Lebenslauf einen Prototyp der Blödsinnigkeit fand, hat mich ein seelischer Schauder ergriffen.” Darüber hinaus thematisiert er seine Kriegsschuld als Dichter:

MENSCHEN STARBEN, INDEM SIE MEINE GEDICHTE LASEN

Bomben fielen neben meinem Haus.
An einem Draht hingen die Schenkel einer Frau.
Der Tod stand immer da in der Nähe.
Um mich aus der Todesangst zu retten,
schrieb ich auf Leben und Tod von “der Zeit auf Leben und Tod”.
Die Gedichte lasen Volksgenossen auf dem Schlachtfeld.
Sie versuchten, ihre Todesangst zu bewältigen, indem sie meine Gedichte lasen.
Einer schrieb an seine Familie, daß er jeden Tag meine Gedichte las.
Der Kapitän eines U-Bootes starb bald danach zusammen mit seinem Boot.[14]

Takamura schrieb auch von dem japanischen Angriffskrieg gegen China und entschuldigte sich bei Chiang Kai-Shek, weil er ihn während des Krieges wegen seiner antijapanischen Politik in einem Gedicht (*Überleg, Meister Chiang* in dem Gedichtband *An dem großen Tag*) als Marionette der westli-

[12] Kotaro Takamura (1883-1956): Junigatsu yoka. Geschrieben am 10.12.1941, zwei Tage nach dem Angriff auf Pearl Harbor. In: *Ooinaru hi ni (An dem großen Tag)*. Tokyo 1942. S. 130f. Vgl. Takaaki Yoshimoto: *Takamura Kotaro*. Tokyo 1958. S. 37; Tozo Imamura: *Gen ei kai "Daitoa sensou"*. Fukuoka 1989. S. 214ff.
[13] K. Takamura: Tenkei. In seinem Gedichtband *Tenkei*. Tokyo 1950. S. 168f.
[14] Kotaro Takamura: Waga shi wo yomite hito shini tsukeri. Geschrieben 1947. In: Kotaro Takamura: *Gesammelte Gedichte*. Tokyo 1982. S. 823. Deutsch von M.M.

chen Großmächte kritisiert hatte. Das Gedicht heißt: *Ich entschuldige mich beim Meister Chiang*.

Im Namen des Kaisers
fing die japanische Armee barbarisch an,
einen Traum der ostasiatischen Großmacht zu verfolgen.
Und schließlich verursachte der Traum ein großes Blutvergießen
sowohl der japanischen und als auch der ausländischen Bevölkerung,
und zerstörte alle Kulturen.
Und die Kraft unseres Staates erschöpfte sich und wurde besiegt,
was notwendig war.
Die Angriffsarmee kehrte elend zurück,
die Seele der Japaner wurde verwüstet und sie verloren ihre Moral.
Und die Japaner enthüllten vor der ganzen Welt ihre nationale Barbarei.
Als ich des Näheren von Greueltaten Kenntnis erhielt,
die unsere Volksgenossen in Ihrem Land begangen hatten,
entsetzte ich mich und schämte mich unbeschreiblich.
[...]
Ich entschuldige mich aus tiefstem Herzen bei Ihnen, Herr Meister,
und muß vor der Welt meine Häßlichkeit entblößen.[15]

Sein Eingeständnis der Kriegsschuld war eine seltene Ausnahme. Er zog sich nach dem Krieg in ein Gebirgsdorf zurück. Die meisten Dichter aber schwiegen und sprachen nicht über die nationalistischen Werke während des Krieges.

Tatsuji Miyoshi oder Krieg als Naturerscheinung

Miyoshi, ein Vertreter der modernen japanischen Naturlyriker, der bis dahin ein unpolitischer Dichter war, schrieb nach dem Beginn des Krieges gegen die westlichen Mächte sehr viele nationalistische Gedichte, z.B. im Gedichtband *Siegesnachricht ist gekommen.* Da liest man u.a. folgende Verse:

Siegesnachricht ist gekommen.
In Pearl Harbor sind amerikanische Kriegsschiffe untergegangen.
In der malaiischen See sind englische Kriegsschiffe gesunken.
Hundertjährige Räuber in Ostasien!
Ach! Räuberische Kaufleute mit rotem Haar und blauen Augen !
Wie frech sind eure Habgier und Bedrohung!
Und wie schwach sind eure Kriegsschiffe!
Morgen kapituliert Hongkong,
übermorgen die Philippinen [...].[16]

[15] Kotaro Takamura: Shou senseini zansyasu (Ich entschuldige mich bei Meister Chiang, tief beschämt). Geschrieben 1947. In: ders. *Gesammelte Gedichte*. S. 826f. Deutsch von M.M.

[16] Tatsuji Miyoshi (1900-1964): Shohou itaru. In: ders. *Shohou itaru*. Tokyo 1942. S. 6f. Deutsch von M.M.

So mißbrauchte dieser "Naturlyriker" damals seine Lyrik, um blinde Feindlichkeit gegen die westlichen Mächte bei der japanischen Bevölkerung zu entfachen.

Nach dem Krieg verschwieg er völlig seine ultra-nationalistischen, demagogischen Gedichte und schrieb z.B.

Wischen wir uns die Tränen ab,
Bringen wir wieder Mut auf,
Und arbeiten wir alle!

Das Auge des schlimmsten Schicksalstaifuns ist vorbei,
Die Zeit des schlimmsten Fiebers ist vorbei,
Alle schlechten Zeiten sind heute schon längst vorbei.[17]

Also, Krieg als Naturkatastrophe, für die man keine Schuldgefühle haben muß. Hier könnte man auf eine Gefahr oder Schwäche der japanischen Naturlyriker hinweisen, weil sie auch gesellschaftliche oder politische Ereignisse wie den Krieg ohne kritische Auseinandersetzung damit als eine Art Naturerscheinung akzeptierten und in dem katastrophalen kritischen Moment nur der allgemeinen Begeisterung oder Angst der Bevölkerung folgten. Miyoshi galt auch nach dem Krieg als eine prominente Persönlichkeit im japanischen Literaturkreis. Jetzt noch lernen japanische Schüler in der Schule seine "schöne" Naturlyrik, natürlich nicht seine Kriegsgedichte.

Gedichte der Soldatengeneration oder japanische Heimkehrerlyrik

Im *Kriegstagebuch*[18] erzählt Nobuo Ayukawa ausführlich von manchen Greueltaten der japanischen Soldaten in Singapur, von Morden an Gefangenen, Vergewaltigungen von Frauen und dem Elend der Zwangsprostituierten, wovon er im Militärkrankenhaus von den Soldaten gehört hat. Aber er kommentiert, daß diese Greueltaten notwendige Begleiterscheinung des Krieges seien. Er beschreibt in seiner Lyrik den Tod der Freunde, aber er behandelt die Schuldthematik nicht. Er hatte als junger Student an den Sinn des Krieges nicht geglaubt und seine Kriegserlebnisse überzeugten ihn dann von der Unsinnigkeit des Krieges und von der Misere der Menschen, der "Wüste" in der Gegenwart. Von dieser nihilistischen oder pessimistischen

[17] Tatsuji Miyoshi: Namida wo nugutte hatarakou (Wischen wir uns die Tränen ab und arbeiten wir !). Veröffentlicht in seinem Gedichtband *Suna no toride (Festung aus Sand)*. Tokyo 1946. In: ders: *Gesammelte Werke*. Tokyo. S. 140. Deutsch von M.M. Vgl. Takeshi Abe: *Kindaishi no haiboku (Verlust der modernen Lyrik)*. Tokyo 1980. S. 17f.

[18] Nobuo Ayukawa (1920-1986): Senchu shuki. Geschrieben Februar, März 1945. In: Nobuo Ayukawa: *Senchu shuki*. Tokyo 1972. S. 52-63.

Auffassung der Menschen her ist es sinnlos, die Schuld der einzelnen Täter zu verfolgen. Aus dem Gedicht *Soldat der Götter*:[19]

Immer wieder sterbende
immer wieder zum Leben erwachende Soldaten
stellen sich auch fortan Jahrhunderte lang
zu Land und zur See
in Reih und Glied.
[...]

In einer Mainacht 1944 ...
war ich beim Tod eines Soldaten dabei
ausgestreckt auf einer hölzernen Pritsche
quälte er sich im hohen Fieber
und wollte sehr lange nicht sterben
eingehüllt in bläuliche Erinnerungsflammen
vergoß er unaufhörlich Tränen über Mutter Schwester Geliebte
zwischen ihm und mir
stand schon unüberwindlich eine Schranke
und im Dämmerschein einer schwankenden Lampe
sah man wie der Tod näher kam und reglos neben ihm hockte.
Den Krieg verfluchend
ging er in den Tod
in einer Kajüte des Krankenschiffs
nachts im ostchinesischen Meer
schlägt er jegliche Belohnung der Götter aus
und ging auf ewig in den Tod.

Ayukawa erwähnt zwar in dem folgenden Gedicht Mordtaten gegenüber der Bevölkerung, aber da kommt die Schuldthematik gar nicht vor. Aus dem Gedicht *Gesang der Soldaten*:[20]

Ihr müßt nicht mehr widerstandsfähige Dörfer verbrennen.
Ihr müßt nicht mehr im tiefen Gebirge oder an der Küste
die aufständische Bevölkerung erschießen.
Denn die Ernte des Todes ist vorüber, und eure Aufgabe ist aus,
Ihr, löscht euren großen Mittag aus!
[...]
Wir wollen gehen, um die von der Trauer der Menschen
verschmutzte Abendsonne wegzuwerfen
bis zum Ende dieser Wüste.

Eines der Hauptthemen der Heimkehrergeneration ist der Tod der Menschen, besonders der Kameraden. Und es handelt sich dabei nicht nur um die

[19] Nobuo Ayukawa: Kami no Heishi. In: ders.: *Shi to shiron No. 1 (Gedichte und Essays über Dichtung Nr. 1)*. Tokyo 1953. S. 37f. Deutsch von Cornelius Ouwehand. In: *Mensch auf der Brücke*. Frankfurt a.M. 1989. S. 30f.
[20] NobuoAyukawa: Heishi no uta. In: ders.: *Arechi shisyu 1955 (Gedichtband von Arechi 1955)*. Tokyo 1955. S. 76f. Deutsch von M.M.

Trauer um die Toten, sondern auch um das vom Tod umgebene Dasein der Menschen überhaupt. Aus dem Gedicht *Mitten im Tod* von Saburo Kuroda:

> Mitten im Tod
> waren wir nur eine Zahl,
> ein Gestank,
> etwas, was den Platz verstopfte.
> Der Tod war überall.
> Während der Tod hier und da war,
> tranken wir Wasser,
> spielten wir Karten,
> trugen wir schmutzige Hemden,
> lachten wir auch.[21]

Aus einem Gedicht von Koichi Kihara, der eine der heftigsten Schlachten im Pazifik auf der kleinen Insel Iwo Jima überlebt hat:[22]

> Bitte alles,
> Beten Sie
> ein Weilchen noch.
> Ich möchte Sie bitten, uns zu verzeihen,
> die wir viele, viele Menschen getötet haben
> und von Menschen verletzt worden sind.
> Beten Sie für uns,
> die nur von gestorbenen Freunden unterstützt werden.
> Verfluchen Sie uns.[23]

Die Thematik des Todes beherrscht auch viele Gedichte, die den Krieg nicht direkt behandeln. Im Gedicht *Regen* von Taro Kitamura heißt es:

> Der Friedhof auf dem Hügel.
> Aus der backsteinernen Brotfabrik
> strömt zu unsrer Schmach ein brenzliger Geruch,
> erfüllt die Stadt mit bequemen Illusionen.
> Was bringen uns die Illusionen?
> Wodurch,
> wozu ist unser Dasein wie ein Rohr?
> Unter der Brücke der blonde Strom,
> alles strömt,
> in unseren Eingeweiden strömt der Tod.[24]

[21] Saburo Kuroda (1919-1980): Shi no nakani. Geschrieben zwischen 1946 und 1948. Veröffentlicht in seinem Gedichtband *Jidai no shuujin (Gefangene der Zeit)*. Tokyo 1965. In: *Nihon gendaisi taikei*. Tokyo 1975. S. 109. Deutsch von M.M.

[22] Japanische Tote: ca. 20000, amerikanische Tote: ca. 6800.

[23] Koichi Kihara (1922-1979): Toi yume, chikai yume (Ferner Traum, naher Traum). In: Kihara Koichi: *Gesammelte Gedichte*. Deutsch von M.M. Vgl. Yoichi Saito: *Sensou wo ikita sijintachi I*. Tokyo 1997. S. 222f.

[24] Taro Kitamura (1922-). *Ame*. Geschrieben 1949. Deutsch von Cornelius Ouwehand. In: *Mensch auf der Brücke*. Frankfurt a.M. 1989. S. 41.

Linke Lyriker thematisierten nach dem Krieg sehr oft Kritik am Gesellschaftssystem, an Totalitarismus, Militarismus oder Nationalismus, aber selten nur das eigene Schuldproblem. Hinter dieser politischen oder gesellschaftlichen Kritik oder Anklage oder Verurteilung blieb die Thematik der Schuld der einzelnen Menschen im Hintergrund.

Man kann als eine seltene Ausnahme aus der Soldatengeneration Goro Iwai nennen. Sein Gedicht *An einen unbekannten Soldaten der chinesischen Armee* behandelt die Erschießung eines chinesischen Soldaten. Er schreibt, "An die Farbe deines Blutes/ werde ich mich sicher erinnern." Dieser fast unbekannte Lyriker betrachtet den chinesischen Soldaten nicht nur als einen Feind, sondern auch als Menschen mit rotem Blut. Und wir könnten im folgenden Gedicht zwischen den Zeilen sein Schuldgefühl als japanischer Soldat lesen.

IN EINER ECKE

In einem japanischen Café
in Nangking.

Drei junge chinesische Leute
trinken Tee
lachend.
Es ist heute bewölkt,
aber am hellen Fenster
schwingen Blumen von heute.

Die schwingenden Blumen
sehe ich an.

Plötzlich
war ich den Tränen nah.

Sacht, daß das Schwert an meiner Seite
keinen Laut von sich hören ließe,
verließ ich
den Platz.[25]

Einige Jahre zuvor hatten japanische Soldaten in der Stadt ungeheure Gewalttätigkeiten verübt und eine Unmenge Gefangene und Zivilisten ermordet und viele Frauen vergewaltigt. Jetzt scheint es, daß der "Frieden" unter der japanischen Militärmacht in der Stadt herrscht. Aber die Erinnerungen an die Greueltaten bleiben, gerade die friedliche Alltagsszene in einem Café

[25] Goro Iwai (gestorben 1947): *Katasumi de*. Geschrieben 1941, veröffentlicht in China. In: *Mumei heisi no shisyu (Gedichtband der unbekannten Soldaten)*. Hrsg. von Ryuji Takasaki. Tokyo 1972. S. 220f. Deutsch von M.M.

erinnert das "Ich" daran. Oder die schönen Blumen erinnern ihn an die barbarischen Zerstörungen.

Atombomben-Lyrik

Manche Lyriker, die selbst unter dem Atombombenangriff gelitten hatten, wurden durch dieses katastrophale Erlebnis von der nationalistischen Staatsideologie befreit und konnten grundsätzliche Kritik an der japanischen Gesellschaft und Politik üben. Da entstand eine neue Literatur nach dem Krieg. Und darüber hinaus konnten sie einen schmalen Weg finden, der sie oder die Japaner in solidarische Beziehung zu den Kriegsopfern in China und anderen asiatischen Ländern führte. Atombomben-Lyrik ist damit nicht nur Lyrik aus der Opferperspektive, sondern auch aus der Täterperspektive. Das ist ein bemerkenswertes Paradox.

Die Hauptgegenstände der Gedichte, die die Atombomben auf Hiroshima und Nagasaki behandeln, sind die ungeheure Katastrophe an sich, eigentlich unbeschreibbare Grausamkeit, Misere, Leiden der Menschen. Und wir können in den besten davon wirklich neue Dimensionen der grausamen Realität des Atombombenkrieges erkennen, wie in den Gedichten von Tamiki Hara[26] oder Sankichi Toge.[27] Darüber hinaus thematisieren manche Dichter auch das Schuldproblem dieser Katastrophe, d.h. Kritik oder Verurteilung beider Seiten: Der USA für den Atombombenabwurf als deutliches Kriegsverbrechen (wahlloser Angriff auf eine große Stadt mit überwiegend Frauen, Kindern und Greisen) auf der einen Seite, auf der anderen Seite der japanischen Kriegsführung, für die Geschichte des Angriffskrieges gegen Asien und für die Greueltaten der japanischen Armee dabei.

Das Gedicht *Wann kommt der Tag?*[28] von Toge zeigt auf einer Seite empfindsame Beschreibungen des Leidens eines jungen Mädchens und auf der anderen Seite heftige Verurteilung der politischen Macht, bei ihm hauptsächlich der USA. Das Gedicht beginnt mit der Beschreibung der Leiche eines Mädchens:

> Bending at the waist , as befits a girl,
> gripping the vast earth with both hands, bird-like,
> half prostrate, you lie dead.
>
> The other corpses are all naked and raw red;
> why is it that you alone are clothed,

[26] Tamiki Hara (1905-1951); sein Gedichtband *Genbaku Shokei (Kleine Szenen der Atombombe)* erschien 1951.

[27] Sankichi Toge (1917-1953); sein *Gedichtband der Atombombe (Genbaku Shisyu)* erschien ebenfalls 1951.

[28] Sankichi Toge: Sonohi wa itsuka. In: ders. *Genbaku shisyu*. Englisch von Richard Minear. In: *Hiroshima Three Witnesses*. Princeton 1990. S. 358-365.

even have one shoe on?
Above a cheek that is slightly sooty, your hair is full,
and neither burns nor blood are to be seen –
except that the back of your cotton clothes, only the back,
is bunrned clear through,
exposing your round bottom;

forced out in your death agonies, a bit of excrement
sticks there, dried;
with shade nonexistent, the rays of the midday sun pick it out.

Und dann kommt die politische Thematik:

You did not know
that because in Berlin the Hakenkreuz had been struck
and the Red Flag already raised,
the day of the Soviet entry into the war – set for three months thereafter –
was already looming large.
They rushed to drop the atomic bomb.
They felt they had to destroy Japan on their own before that day.
With this dark and ugly motive
they rushed to drop the atomic bomb.
There was so little time
between July 16 – the test in New Mexico –
and the day of the Soviet entry!

Am Ende kommt das nationalistische Sentiment, fast Ressentiment zum Ausdruck.

Is it the cruelty?
Is it the anguish?
Is it the pathos?
No. more –
the humiliation: what can be done?
You are already beyond the shame,
but the humiliation seared itself into the retinas of those who have seen,
and with the passage of time it will penetrate their very hearts;
this is a humiliation that is no longer yours alone,
that has engraved itself on the souls of all Japanese.

Die Kriegsschuld derer, die die Atombomben abgeworfen haben, ist ein Thema in der Atombombenlyrik. Das Gedicht *Verfolger (Ou mono)* von Ryusei Hasegawa behandelt das Thema noch direkter, er "verfolgt" die Piloten vom Bomber "Enola Gay" und ihre Vorgesetzten und weiter Generäle, Techniker, Kapitalisten, er nennt alle Beteiligten "Mörder" der Bevölkerung.

Eine andere Schuldthematik in der Atombombenlyrik ist die Schuld der Japaner oder das Kriegsschuldproblem des Staates Japan gegenüber asiatischen Ländern. Gerade Lyriker in Hiroshima und Nagasaki haben das Thema häufig behandelt. Eine Vertreterin dieser Lyriker ist Sadako Kurihara.

Sie hatte schon während des Krieges deutliche Antikriegsgedichte geschrieben, die nicht veröffentlicht werden konnten.

WAS IST DER KRIEG?

Ich billige die Grausamkeit des Krieges nicht.
Ich finde in jedem Krieg den Willen des häßlichen Teufels,
wie immer der Krieg auch beschönigt wird.
Und ich hasse diejenigen bösartigen Leute,
die selbst außerhalb des Schlachtfeldes stehen
und den Krieg verherrlichen und entfachen.
Was begeht man,
wenn man vom heiligen Krieg oder Gerechtigkeitskrieg spricht?
Morde. Brandstiftungen. Vergewaltigungen. Räubereien.
Sagt man nicht, daß Frauen, die nicht rechtzeitig entfliehen konnten,
die feindlichen Soldaten ums Leben anflehen,
indem sie sich selbst vor ihnen den Rock ausziehen?
In die chinesischen Maisfelder, wo der Herbstwind braust,
treiben Soldaten Frauen zu,
und spielen sie allerlei Greuelszenen.
Gute Väter, gute Brüder und gute Söhn zu Hause,
sie verlieren auf dem Schlachtfeld ihre Menschlichkeit
und rasen wie wilde Tiere.[29]

Sadako Kurihara hat die Atombombe in Hiroshima überlebt und sofort nach dem Kriegsende in der zerstörten Stadt eine Kulturzeitschrift zusammen mit ihrem Mann herausgegeben. Seitdem schreibt sie viele Gedichte über Hiroshima, und das Hauptkennzeichen ihrer Atombomben-Lyrik liegt in der gründlichen Kritik an der Kriegspolitik der japanischen und amerikanischen Regierungen während des Krieges und auch nach dem Krieg. Und sie kritisiert und karikiert sogar den Kaiser Hirohito. Sie ist völlig befreit von den geistigen Fesseln des japanischen Kaisertums und der damit verbundenen nationalistischen Ideologie, von denen Kotaro Takamura sich lange nicht befreien konnte. Und sie thematisiert auch "Schuld und Sühne" gegenüber asiatischen Bevölkerungen und schreibt:

[29] Sadako Kurihara (1913-): Sensou towa nanika. In: dies. *Kuroi tamago*. Tokyo 1983. S. 26f. Geschrieben 1942. Ihr Gedichtband *Kuroi tamago (Schwarzes Ei)* erschien in Hiroshima 1946. Aber dieses Gedicht wurde mit einigen anderen durch die amerikanische Besatzungsmacht gestrichen, nicht durch die japanische Militärmacht. Der Gedichtband wurde erst 1983 in der vollständigen Ausgabe mit diesem Gedicht veröffentlicht, nachdem der Originaltext in den USA aufgefunden worden war.

WENN VON HIROSHIMA DIE REDE IST [30]

Wenn von Hiroshima die Rede ist,
werden da jemals zärtliche Worte fallen
wie "ah . . . Hiroshima"?

Wenn von Hiroshima die Rede ist,
wird jemand rufen "Pearl Habour"
oder "Gemetzel von Nanking".
Wenn von Hiroshima die Rede ist,
wird irgendeiner erwidern "ja,
die Feuerschlacht um Manila" –
wo Frauen in Gräben gestopft,
mit Benzin übergossen und angesteckt wurden
wie lebende Fackeln.
Wenn von Hiroshima die Rede ist,
lautet das Echo "Blutbad. Flammentod."

Wenn von Hiroshima die Rede ist,
wird niemand zärtlich sagen
"ah . . . Hiroshima".
Asiens Tote und Asiens Verwundete
werden auffahren vor Zorn.
Wenn von Hiroshima die Rede ist
und einer auf zärtliche Worte wartet,
müssen zuvor die Waffen niedergelegt,
die Truppenkasernen geschlossen werden.
Bis solches geschieht, wird Hiroshima heißen
"Stadt des Grauens. Ort des Frevels".
Parias sind wir, verseucht von der Strahlenpest.

Wenn von Hiroshima die Rede ist
und wir wünschen uns zärtliche Worte
wie "ah . . . Hiroshima",
laßt uns selbst mit unserem eigenen Leben
unsere Hände reinwaschen.

Kritische Auseinandersetzung der jüngeren Generation mit dem Schuldproblem

Toru Iioka thematisiert sein Schuldgefühl aus der Erinnerung eines kleinen Kindes. Aus dem Gedicht: *Nanking*:[31]

[30] Sadako Kurihara: Hiroshima to yutoki. In ihrem Gedichtband *Hiroshima. Mirai fukei (Hiroshima. Landschaft der Zukunft)*. 1974. Deutsch von Gisela Kraft nach der englischen Übersetzung von Miyao Ohara. In: *Sinn und Form* H. 4 (1983). S. 686f.

Aber wir wußten wirklich nicht,
warum viele Menschen sich sammelten,
und warum sie mit Lampions marschierten.

Ach, jene endlose Reihe der Lampions
Nicht so leise wie beim Zug der Fuchs-Hochzeit[32].
Irgendwie brutal
Aber wir freuten uns sehr
und wir erregten uns.

Wir wußten es nicht.
Wir wußten nicht,
was die Prozession bedeutete,
wofür ein jedes Feuer der Lampions war,
das wie ein Fluß floß
durch viele ansteigende und abfallende Wege von Tokio.

Ach, die Feuer, die wir mit Freuden trugen!
Wir, die wir so dumm waren, daß wir nicht vergeben werden können!
Unschuldige Menschen, die in Nanking ermordet wurden
Hunderttausende Leichen,
die den Graben außerhalb des Taihei-Tores ausgefüllt haben sollen
Die roten Feuer des Grolls
der Seelen, die sich aus den Leichen geschlichen hatten,
Prozession des Grolls.

Nach der Eroberung der damaligen chinesischen Hauptstadt Nanking im Dezember 1937 gab es viele Siegesprozessionen in ganz Japan, gerade während japanische Soldaten nach heftigen Kämpfen unzählige Greueltaten, Massenmorde an Gefangenen und Vergewaltigungen von Frauen, in der Stadt verübten.

Der Lyriker war damals sechs Jahre alt. Das Schuldbewußtsein wegen der eigenen Teilnahme an der Siegesfeier ist sozusagen das letzte Beispiel des Schuldbewußtseins aufgrund von eigenem Kriegserlebnis.

Itsuko Ishikawa kritisiert im folgenden Gedicht ehemalige Soldaten, die sich ihrer Schuld nicht bewußt sind, und zugleich die japanische Nachkriegsgesellschaft, wo sie als gute Väter leben können.

[31] Toru Iioka (1931-): Nankin. Veröffentlicht in seinem Gedichtband Shina jihen (Chinakrieg). 1976. In: *Iioka Toru shisyu*. Tokyo 1992. S. 31f. Deutsch von M.M. Vgl. auch sein Gedicht Natsume (Datteln).

[32] Fuchs-Hochzeit: eine Reihe der “Fuchs Feuer”, d.h. unheimliches Feuer, die man in der dunklen Nacht im Gebirge sieht, nennt man von alters her in Japan den Hochzeitszug der Füchsin.

SCHWARZE BRÜCKE[33]

Vögel mit noch sanften Federn
fliegen ihre Nacken beugend im Himmel über der schwarzen Brücke.
Im Café an der Brücke dreht sich eine Schallplatte, die man selten hört:
"Liebe Soldaten, die im Jahr 1937 in Nanking gewesen sind!
Was haben Sie gemacht?
Was haben Sie gemacht?"
Unter der schwarzen Brücke auf einem engen Boot
sprang ein Student erschrocken auf,
der seinen Kopf auf die Schenkel seiner Geliebten gelegt hatte,
Ich bin es nicht, der in Nanking gewesen ist.
Ich war noch ein neugeborener Säugling und konnte noch nicht sehen,
Mein liebes Mäuschen! Lach doch mal!
Meine Mutter sagte mir. Ich bin es nicht, der in Nanking gewesen ist.

Die Schallplatte dreht sich:
"Liebe Soldaten, die im Jahr 1937 in Nanking gewesen sind!
Was haben Sie gemacht?
Was haben Sie Chinesinnen angetan? "
Ich habe viele vergewaltigt, vergewaltigt
junge Mädchen, junge Mütter
vor ihren Vätern, vor ihren Männern, gerade neben deren Leichen
und neben ihren Babys.
Doch, der sie wirklich vergewaltigt hat, bin nicht ich,
sondern die treue, tapfere japanische Armee. Ich war nur einer ihrer Sklaven.
Und wer könnte Sklaven für ihre Handlungen anklagen?
So sagte der sanftmütige Vater leise, eine Nagelschere in der Hand.
Das kleine Kind sagte zum Spaß,
Vati, du hast die Hände wie die der Mörder.

"Liebe Soldaten, die im Jahr 1937 in Nanking gewesen sind!
Sie ermordeten brutal viele Chinesen.
Sie ließen Gefangene in einer Reihe stehen und schossen.
Und darüber hinaus schnürten Sie einem Gefangenen die Hände,
und schütteten ihm Öl auf den Kopf und verbrannten ihn.
Auf diese Weise töteten Sie 42000 Menschen in Nanking.
Und darüber hinaus ermordeten Sie in der Umgebung 22490 Bauern.
Sie ermordeten auch 4380 Bäuerinnen.
Sie zerschlagen 661000 Ackergeräte.
Sie stahlen 123000 Ochsen.
Liebe Soldaten, die in Nanking gewesen sind! Dies alles haben Sie begangen."
Was der Gesang dieser Schallplatte erzählt, ist wahr.

[33] Itsuko Ishikawa (1933-): Kuroi hashi. Geschrieben 1958 und veröffentlicht in der literarischen Zeitschrift *Eureka*, August 1958. Deutsch von M.M. Vgl. Eiji Kokai: *Nihon sengo si no tenbou (Übersicht der japanischen Nachkriegslyrik)*. Tokyo 1973. S. 55f.

Alles war wahr, oder noch schlimmer.
Aber das ist alles vorbei, ganz vorbei.
Ein stutzerhafter Herr winkt mit dem kleinen Finger zu sich eine Kellnerin:
“Wechseln Sie die Schallplatte gegen eine heitere, ganz heitere aus!”

Dann fängt eine neue Schallplatte an, sich zu drehen.
Ein leichtes Liebeslied.
“Wir tanzten.
Wir lachten.
Ich fing eine Schlange.
Er fing mich.”
Im Jahr 1958,
die Soldaten, die in Nanking gewesen sind, jetzt alle gute und freundliche Väter,
Kümmern sich um ihr Leben von morgen
Und gehen über die schwarze Brücke.
Niemand erkennt sie.
Sie erkennen sich selber nicht.

Das moralische Unbehagen gegenüber der Gesellschaft, wo die meisten Lyriker der älteren Generation eigene Schuld verschwiegen und das Kriegsschuldproblem tabuisiert wurde, ist der Ausgangspunkt dieser Lyrikerin aus der Nachkriegsgeneration. Sie benutzt hier sozusagen als eine anonyme Anklägerin “die selten zu hörende Schallplatte im Café”. Denn sie selbst war keine Zeugin der Untaten. Hier liegt eine methodische Schwierigkeit für die Nachkriegslyrikerin. Aber sie thematisiert weiter Greueltaten oder Kriegsverbrechen der japanischen Armee wie im Gedichtband *Sind Sie einmal in Chidorigafuchi gewesen?* (1986). Ihre Methode dabei ist es, sich in die Opfer einzufühlen. Die Methode ist zwar problematisch, aber sie ist eine der wenigen letzten Möglichkeiten, wenn Lyriker der jüngeren Generation das Kriegsschuldproblem zu behandeln versuchen, die selbst keine Kriegserlebnisse haben. Und Ishikawa versucht es als “Überzeugungstäterin”.

Versuch eines Vergleichs mit Deutschland

Ich kann auf die deutsche Nachkriegslyrik nicht eingehen. Ich möchte nur im Zusammenhang mit der Schuldthematik einige Beispiele nennen und kurze Bemerkungen im Vergleich mit Japan machen. Mein Hauptinteresse richtet sich auf die Frage, ob man von irgend welchen wesentlich parallelen Erscheinungen in der Nachkriegslyrik in beiden Ländern in dieser Hinsicht sprechen kann oder nicht. Konkret gesagt, ob man die eben erwähnten Schwierigkeiten oder besser Inkompetenzen auch in der deutschen Lyrik bei der Behandlung der eigenen Schuldprobleme finden kann oder nicht. Oder, mit anderen Worten, ob es auch in der Geschichte der deutschen Lyrik einen “weißen Fleck” oder eine leere Stelle gibt, die deutsche Lyriker der Soldatengeneration, ihre Kriegserlebnisse unter dem Naziregime aus der Täterperspektive thematisierend, hätten ausfüllen sollen. Wenn es einen solchen "weißen Fleck" gibt, was liegt ihm zugrunde?

Wenn man z.B. von Gedichten mit dem Thema "Holocaust" spricht, so spricht man meistens zuerst von Paul Celan oder Nelly Sachs usw., also Gedichten der jüdischen Lyriker, d.h. Gedichten aus der Opferperspektive. Auch die deutschen und amerikanischen "Holocaust-Lyrik"-Anthologien sammeln Gedichte aus der Opferperspektive, ob sie von Jüdischen Dichtern geschrieben sind oder von nicht. In den vom Standpunkt der Opfer geschriebenen Gedichten kommen Verurteilung der Täter oder Trauer um die Opfer zum Ausdruck, aber nicht die Thematik der eigenen Schuld, ob die Verfasser wirkliche Opfer, d.h. Überlebende sind oder Verwandte der Opfer oder nur diejenigen sind, die sich in die Opfer einfühlen. Daher müssen wir die Gedichte von Celan oder Sachs in unserem Kontext außer acht lassen.

Eine andere Perspektive in der Lyrik mit dem Thema NS-Verbrechen oder Greueltaten der deutschen Armee ist die der aktiven und passiven Widerstandskämpfer oder derjenigen, die NS-Verbrechen wenigstens nicht mitgemacht haben im Inland oder im Exil. Zu nennen sind viele Gedichte von Bertolt Brecht aus dem Exil, wie z.B. *An die deutschen Soldaten im Osten* (1942), oder Stephan Hermlins Gedicht *Die Asche von Birkenau* (1949) und, um ein Gedicht der jüngeren Generation zu nennen, *Legende über Lilja* von Sarah Kirsch, eine Mischform der beiden Perspektiven der Opfer und Widerstandskämpfer. Da kommen scharfe Anklagen gegen die deutschen Täter und Mittäter vor, die sie selber nicht waren. Es gibt sehr viele Gedichte während der NS-Zeit und auch nach dem Krieg aus dieser Perspektive, ob nun die Verfasser wirkliche Widerstandskämpfer waren oder sich in diese einfühlten. In Gedichten der Widerstandskämpfer kann das Thema "Schuld" auch vorkommen, wie in einem Gedicht von Albrecht Haushofer aus dem Band *Moabiter Sonette*:

SCHULD

Ich trage leicht an dem, was das Gericht
mir Schuld benennen wird: an Plan und Sorgen.
Verbrecher wär' ich, hätte ich für das Morgen
des Volkes nicht geplant aus eigener Pflicht.

Doch schuldig bin ich anders als ihr denkt,
ich mußte früher meine Pflicht erkennen,
Ich mußte schärfer Unheil Unheil nennen –
Ein Urteil hab ich viel zu lang gelenkt.

Ich klage mich in meinem Herzen an:
Ich habe mein Gewissen lang betrogen,
ich hab mich selbst und andere belogen –

ich kannte früh des Jammers ganze Bahn –
ich hab gewarnt – nicht hart genug und klar!
Und heute weiß ich, was ich schuldig war ...[34]

Das ist eine besondere Art Schuldbewußtsein, Schuldbewußtsein aus der Perspektive der "Widerständler der späten Stunde". "Ich" fühle mich hier schuldig nicht für das "Unheil" an sich, sondern dafür, daß "Ich" das Unheil nicht genug und nicht rechtzeitig bekämpfen konnte. Haushofer wurde, wie bekannt, zwei Wochen vor dem Kriegsende, also vor dem Ende des Unheils ermordet. Dieses Schuldbewußtsein ist zwar eine interessante Variante als indirekte Schuld, aber unser Hauptinteresse liegt in der direkten Schuld oder Mitschuld für Untaten.

Nun, was bleibt dann, wenn man diese beiden Gruppen, also Gedichte aus der Opfer- und Widerstandskämpferperspektive ausklammert? Die Frage ist, ob man Gedichte mit der Schuldthematik aus der Täterperspektive in der deutschen Nachkriegslyrik finden kann oder nicht. Es kann natürlich unterschiedliche Täter geben, von oben bis unten, oder politische, kulturelle, bürokratische und militärische. Prominente NS-Führer erklärten sich in Nürnberg für unschuldig. Wir haben nicht gehört, ob Eichmann irgendwelche Gedichte über seinen Dienst im Büro geschrieben hätte. Was wir unter "kultureller" Schuld verstehen, ist das Schuldproblem der Ideologen, Schriftsteller und auch Lyriker im Dritten Reich, wie Gottfried Benn.

Aber unser Hauptgegenstand sind Lyriker der Soldatengeneration oder Heimkehrergeneration, die selbst unter dem Naziregime ins Schlachtfeld gezogen sind. Wir behandeln zuerst als ein Beispiel eine berühmte Anthologie der deutschen Gefangenen: *Deine Söhne, Europa.*[35] Darin gibt es Gedichte von etwa dreißig Kriegsgefangenen (27 Namen und einige Unbekannte). Einer davon ist Günther Eich, und sein berühmt gewordenes Gedicht *Inventur* ist, wie gut bekannt, zum ersten Mal hier gedruckt worden. Können wir in dieser Anthologie, einschließlich der acht Gedichte von Eich, Gedichte finden, die das Thema Schuld aus der Täterperspektive behandeln? Die Antwort ist: Nein. Es gibt fast gar keine Gedichte mit der Schuldthematik. Die Gedichte von Eich behandeln hauptsächlich hilflose Misere und Einsamkeit der Gefangenen oder seine "Ohnmacht" gegenüber der Situation der Zeit. Es scheint uns, daß er sich nur für sich selbst interessiert und gar nicht für Opfer des Krieges und der Gewaltherrschaft. Die Gedichte von Eich und anderen erinnern uns an das "Wüste"-Bewußtsein bei der japanischen Dichtergruppe *Arechi*. Und ein Gedicht von Hans Werner Richter *Der tote Mann* erinnert uns an ein schon erwähntes gleichnamiges Gedicht von Nobuo Ayukawa, einem Lyriker aus der japanischen Heimkehrergeneration. Aus dem Gedicht *Der tote Mann*[36] von Richter:

[34] Albrecht Haushofer: Schuld. In: ders: *Moabiter Sonette*. Berlin 1946. S. 48.
[35] Hans Werner Richter (Hrsg.): *Deine Söhne, Europa*. München 1947.
[36] Ebd. S. 69.

Ein toter Mann steht vor dem Zelt,
er hebt die blassen Hände,
er will ins Zelt, bevor er fällt,
Vor seinem jähen Ende.

Er ist der Mann, der nach dir rief,
der immer, immer nach dir lief,
der an der Burg verblutend lag,
von Mitternacht zum hellen Tag
Und nach der Mutter schrie.
[...]

Nun sieht er draußen vor dem Zelt,
er will in deine neue Welt.
Er hebt die weißen Hände,
er will dich halten noch im Tod,
als gingen Kriegsgeschrei und Not
niemals für uns zu Ende.

Erinnerungen an tote Kameraden und Freunde sind auch in dieser Anthologie eines der Hauptthemen. Das Thema "Tod" kommt auch oft vor. Wir könnten von einigen parallelen Erscheinungen in der Thematik in den Gedichten der Heimkehrergeneration in beiden Ländern sprechen, konkreter gesagt, zwischen der "Trümmerlyrik" und "Gruppe 47" in Deutschland und der Gruppe "Arechi" oder "Kindai Bungaku" in Japan. Auch bei dieser Anthologie müßte man auf den Mangel an Schuldbewußtsein gegenüber ausländischen oder jüdischen Opfern hinweisen.

Es gibt doch eine Ausnahme, die das Thema Schuld als Hauptthema behandelt, aber wie? Aus dem Gedicht *Deutsches Soldatenlied*:

Wir sollen vor die Hunde gehn,
im schwarzen Buch der Menschheit stehn
für all den blutigen Schaden,
den wir den Völkern angetan!
wir stehn im Schuldbuch obenan –
u n d w a r e n n u r S o l d a t e n .

Soldaten! Wißt ihr, was das heißt?!
Was für ein unbarmherziger Geist
uns dazu abgerichtet?!
Verflucht sei diese harte Welt,
die uns in Reih und Glied gestellt
und uns zum Mord verpflichtet!
[...]
Wir leiden Hunger, Haß und Hohn,
wir sind mit unserer Nation
vors Weltgericht geladen
und tragen schweigend, mit Geduld,

die Schulden, aber nicht Schuld!
Wir waren nur Soldaten.[37]

Die deutschen Soldaten hätten Schuld, aber seien nicht schuld, d.h. Soldaten wären Opfer. Und diese Vorstellung, Soldaten als Opfer ist auch eines der Hauptthemen dieser Anthologie. Die meisten japanischen Soldaten fühlten sich auch so.

Wir könnten hier die Schwierigkeit oder Inkompetenz für die Heimkehrergeneration, ein eigenes Schuldproblem in der Lyrik zu thematisieren, feststellen. Aber es gibt natürlich Ausnahmen auch in Deutschland. Ein Gedicht von René Schwachhofer z.B.:

Ich sah
Die Mörder.

(Fallbeile...
Schreie!)

Ich
Schwieg.

Die Sonne
Bescheint mich.[38]

Das "Ich" ist hier sowohl Zeuge der Morde als auch Mitläufer, weil er sie verschwieg. Schwachhofer behandelt dasselbe Thema, d.h. Greueltat und Schweigen, auch in dem Gedicht *Massaker in V.* Und der Lyriker thematisiert implizit durch das Schweigen seine eigene Schuld. Dieser implizite Thematisierung begegnen wir auch bei Johannes Bobrowski in seinen Gedichten *Kaunas 1941*, *Kathedrale 1941*[39] usw. In *Kaunas* spricht er auch von "Mördern". Und darüber hinaus beschreibt er innere Schwäche und Blindheit der Soldaten, die "in der Wölfe Spur" "weich gehen", "um alles blind". Er war nicht blind, deswegen konnte er sein Gebrochensein als ein kraftloser Soldat erkennen. Die folgsamen Soldaten waren aber für die Opfer, für die ermordete jüdische Bevölkerung in Litauen, objektiv nichts anderes als Kameraden der "Wölfe." Und Bobrowski wußte es wohl. Aber er spricht nicht explizit von seinem eigenen Schuld- oder Mitschuldproblem,

[37] Ebd. S. 96-98. Der Dichter heißt Vitalis. Aber mir ist leider nicht bekannt, wer "Vitalis" ist oder wessen Pseudonym es ist.

[38] René Schwachhofer: Bekenntnis. In: Ursula Heukenkamp u.a. (Hrsg.): *Die eigene Stimme*. Berlin 1988. S. 60.

[39] Johannes Bobrowski: *Gesammelte Werke in 6 Bänden*. 1. Bd. Die Gedichte. Berlin 1987. S. 60f. und 130f. Diese Gedichte hat Sigfrid Hoefert auf der Konferenz "Schuld und Sühne" diskutiert. Vgl. seinen Beitrag: Kriegsgedichte von Bobrowski und Huchel.

sondern deutet nur mit seiner differenzierten Sprache sein Schuldbewußtsein an.

Franz Fühmann behandelt explizite sein eigenes Schuldproblem in seiner Dichtung *Die Fahrt nach Stalingrad.*[40] Die kritiklose Verherrlichung des sowjetischen Sozialismus im Todesjahr Stalins ist uns jetzt freilich fremd und stellt die deutliche Schwäche des Werks dar. Aber trotzdem kann man hier eine aufrichtige Auseinandersetzung mit der eigenen Schuld als ein Teil der "grauen Mechanismen der Vernichtung" sehen. Vor allem ist die Beschreibung der von den Eskortierenden brutal behandelten "Ostarbeiter und Konzentrationäre" im Schnee im Kapitel II beeindruckend. Und der junge deutsche Soldat, der noch nicht ganz von nationalistischen Kriegsparolen befreit worden war, fühlte nach dieser Szene in sich Widerspruch. Das ist der Anfang seines Schuldbewußtseins. In der Beschreibung dieses Prozesses der Veränderung können wir Spuren der persönlichen Auseinandersetzung mit dem Schuldproblem ablesen. Wir können auch Theo Pirkers Gedicht *Die Geißel* (1947) als ein Beispiel der aufrichtigen Auseinandersetzung aus der Soldatengeneration nennen.[41]

Als Beispiele der persönlichen Auseinandersetzung mit dem Krieg und dem Schuldproblem aus der jüngeren Generation, die in der letzten Phase als jüngste Generation an dem Krieg teilgenommen haben, können wir Gedichte von Inge Müller (1925-1966) (*33 war ich ein gläubiges Kind, Fremdarbeiterbaracken*), Dagmar Nick (1926-) (*Belsen 1954*) und Hans Magnus Enzensberger (1929-) (*Die Verschwundenen. Für Nelly Sachs*) nennen. Wie die noch jüngere Generation um Volker von Törne (1934-), Sarah Kirsch (1935-), Wolf Biermann (1936-), Kurt Bartsch (1937-) (*Adolf Hitler ganz allein* (1984)) und Volker Braun (1939-) usw., die fast keine eigenen Kriegserlebnisse haben, diese Schuldthematik behandelt, ist auch interessant, aber schon ein anderes Thema.

Trotz dieser wichtigen Ausnahmen müssen wir feststellen, daß deutsche Lyriker der Soldatengeneration ihre Kriegserlebnisse aus der Täterperspektive nicht genug behandeln konnten oder wollten. Wir sagen "nicht genug", weil die Zahl und die Qualität der Gedichte mit der Schuldthematik dem ungeheuren Ausmaß der Untaten in der NS-Zeit überhaupt nicht entspricht. Und diese Schwierigkeit oder besser Inkompetenz konnten wir in Japan auch feststellen.

[40] Franz Fühmann (1922-1984): *Die Fahrt nach Stalingrad. Eine Dichtung*. Berlin 1953. Vgl. W. Emmerich: *Kleine Literaturgeschichte der DDR*. Leipzig 1996. S. 168f.

[41] Vgl. Florian Vaßen: Politische Lyrik. In: *Literatur in der Bundesrepublik Deutschland bis 1967*. Hrsg. von L. Fischer. München 1986. S. 438. Vaßen schreibt: "Nur selten so entschieden wird die Mitschuld am faschistischen 'Raubkrieg' betont", wie in diesem Gedicht.

Zum Schluß: Weißer Fleck oder Ohnmacht der Lyrik?

Deshalb müssen wir unsere letzte Frage stellen: Warum konnte eigene Schuld oder Mitschuld nicht genug thematisiert werden, sowohl in Deutschland als auch in Japan? Konkreter: Warum konnten wenigstens einige der vielen SS-Wachmänner der KZ einige nennenswerte Gedichte über ihre Schuld nicht schreiben? Ist es überhaupt möglich, daß ein Eichmann ein Gedicht zum Thema "eigene Schuld" schriebe ? Oder wieso konnten sich so viele "normale" Japaner mit ihren Untaten in China und anderen asiatischen Ländern nicht auseinandersetzen und nennenswerte Gedichte aufgrund ihrer eigenen Erlebnissen nicht schreiben ?

Es kann dazu zwei Thesen geben: Erstens die Verschweigen-These oder, daß die Beteiligten an Greueltaten von eigenen Erlebnissen nicht sprechen wollten. Sie konnten ja besonders in Deutschland wegen solcher Eingeständnisse juristisch angeklagt werden. Außerdem wollten sie in beiden Ländern das Gesicht gegenüber der eigenen Familie und der Gesellschaft usw. wahren.

Zweitens die Ohnmacht-These oder, daß sie davon nicht sprechen konnten, denn, man könnte mit Eichmann sagen, sie folgten nur Befehlen, also konnten sie kein Schuldbewußtsein haben. Sie fühlen sich lieber als Opfer des Systems.

In Japan könnte man auf den Mangel des individualistischen Ich, Mangel der gesellschaftskritischen Einsicht der Lyriker und geistige Fesseln des Kaisertums etc. hinweisen. Wir haben einen interessanten Indizienbeweis dafür, daß die meisten japanischen Soldaten sich eigener Schuld nicht bewußt werden konnten. Es blieben in einem ehemaligen psychiatrischen Militärkrankenhaus in der Nähe von Tokio 8000 Krankenblätter erhalten. Und wir finden darunter nur zwei Fälle, die unter den Erinnerungen der eigener Greueltaten als Trauma gelitten haben.[42]

Auf unterschiedliche sozial-historische Hintergründe dieser Inkompetenz in Deutschland gehe ich hier nicht ein. Ich möchte nur darauf hinweisen, daß der weiße Fleck als Ergebnis dieser Ohnmacht in Deutschland mit Gedichten der Opfer und der Widerstandskämpfer bedeckt worden ist, also nicht ausgefüllt, so mit Paul Celan, Nelly Sachs und Haushofer u.a.m., aber der weiße Fleck an sich bleibt.

Japanischen Lyrikern ist der weiße Fleck weniger bewußt, und er ist auch mit den Gedichten aus der Opferperspektive wie mit den meisten Atombombengedichten bedeckt. Oder, was noch schlimmer ist, die Thematik an sich ist in der Gesellschaft zum Teil tabuisiert, wo heute noch die ultranationalistische Parolen zur Rechtfertigung der japanischen Kriegsführung als Befreiungskrieg der asiatischen Länder von westlichen Kolonialmächten salonfähig sind.

[42] Masaaki Noda: *Sensou to Zaiseki (Krieg und Schuld)*. Tokyo 1998. S. 340.

Die Aufgabe für die Soldatengeneration in beiden Ländern, ihre ungeheuren Kriegserlebnisse wie ihre Greueltaten in der Lyrik richtig zu thematisieren, ist natürlich schon nicht mehr zu erfüllen. Was jetzt für uns möglich ist, ist nur noch den weißen Fleck festzustellen und darüber nachzudenken.

Neben unterschiedlichen sozial-historischen Hintergründen in beiden Ländern müßten wir auch vielleicht über das grundsätzliche Problem der Lyrik als Genre nachdenken. Wir stehen vielleicht hier an einer Grenze der Lyrik überhaupt. Ist der Mangel der Nachkriegsgedichte mit dem Thema eigener Schuld notwendig oder nicht? Wie könnte man die Ohnmacht der Menschen überwinden, sich "lyrisch" mit der eigenen Kriegsschuld zu konfrontieren?

Ursula Heukenkamp

Gestörte Erinnerung. Erzählungen vom Luftkrieg

During the post-war period, the German discourse evaluating the aerial warfare of World War II was dominated by a striking contradiction. The official discourse on World War II focused exclusively on the military front and therefore completely denied the war experiences of those who had stayed 'at home'. The ruin and destruction experienced at the 'Heimatfront' *was not integrated into public memory. Their experience was treated as a mere private fate and was not transformed into any symbolic order of public commemoration but remained in a field of archaic metaphorical description. The reason for this surprising difference between the actual war experiences and the discourse has its roots in the gender dichotomy that characterises German society during and after World War II. The gender difference that was mirrored in the distinction between the war front as the male sphere of soldiers and the peaceful 'Heimat' as the female sphere of protected family life was integrated into the post-war period's discourse. This had a dual effect: women's experience of the bombings were excluded from the official discourse but also voluntarily denied as a true war experience by the women themselves.*

1. Sprachschwierigkeiten

Zweimal während der letzten fünf Jahre hatte das Thema Bombenkrieg in der deutschen Öffentlichkeit, besonders in den Medien, Konjunktur. 1995 wurde, wie Klaus Naumann dargestellt hat, die lebendige Erinnerung an den Luftkrieg aufgerufen.[1] Sie war, wie es schien, eine erkennbare Gemeinsamkeit der Deutschen und sollte daher ins Geschichtsbild des neuen Deutschlands aufgenommen werden. Die Trauer um zivile Opfer, die Ost und West und auch nachwachsende Generationen teilen konnten, schien geeignet, eine verbindliche Gedenkkultur zu konstituieren. Es war ein Risiko: Niemand wußte im voraus, welche Erinnerungen und welche Inhalte zu Tage treten würden. Denn eine Verständigung im öffentlichen Rahmen hatte es darüber noch nie gegeben. Erst der fünfzigste Jahrestag des Kriegsendes zeigte, daß auf keine verbürgte oder allgemein akzeptierte Konvention des Gedenkens zurückgegriffen werden konnte. Plötzlich wurde über den Luftkrieg, auch über die Gründe des langen Schweigens geredet.

[1] Vgl. Klaus Naumann: *Der Krieg als Text. Das Jahr 1945 im kulturellen Gedächtnis der Presse*. Hamburg 1998. S. 33-72.

1999, fünf Jahre später, anläßlich des Kosovo-Krieges, war wieder viel vom Luftkrieg die Rede. Aber jetzt erkundigte sich niemand nach den Erinnerungen der Bombenopfer. Nun galt es, den Luftkrieg als Werkzeug der Menschenrechte und der moralischen Werte darzustellen. In Abwandlung eines Wortes von Brecht ließe sich sagen, die neue Ethik zur neuen Weltlage wurde entwickelt. Der Krieg aus der Luft erschien nun als sauber, modern und auch ehrenhaft. Zum Selbstbild der westlichen Demokratien paßte der Blick von oben, der nur Effekte, aber nicht die Menschen wahrnahm. Unpassend waren dagegen die traumatischen Erlebnisse früherer Bombenopfer, weil sie den Luftkrieg von unten, aus Kellern oder von der platten Erde, gesehen hatten. Nunmehr wurden Ängste und Erinnerungen aus dem Zweiten Weltkrieg als anachronistisch qualifiziert.

Der Vergleich zeigt, daß der Bombenkrieg ein problematisches Kapitel deutscher Erinnerung ist. Denn was sind das für Erinnerungen, die sich derart aufrufen und verdrängen lassen und in wechselnde Konstellationen eingebaut werden können? Und was ist mit den Subjekten geschehen, daß sie bereit sind, widerstandslos ihre Erinnerung auszuliefern? Liegt es an der Beschaffenheit dieser Erinnerungen, daß an ihnen nicht festgehalten wird?

Geht man diesen Fragen nach, so zeigt sich schnell, daß niemals nur Definitionsmacht und Herrschaftsinteressen im Spiele waren. Zwar gab es bereits nach 1945 Versuche, die Kommunikation über die Schrecken des Krieges im Nachkriegsdeutschland politisch zu steuern, aber sie wirkten nie nachhaltig. Die Frontsoldaten und Heimkehrer waren nicht zum Schweigen zu bringen. Sie haben, anders als die Augenzeugen von Luftangriffen, nuancenreich und kontinuierlich von ihrem Kriegserlebnis und Lebensgefühl erzählt.[2] So entstand eine Leerstelle im Bilde des Zweiten Weltkrieges. Der Krieg blieb eine Angelegenheit männlich-soldatischer Erfahrung. Was Zivilisten mitangesehen hatten, wurde marginalisiert und übte keinen nennenswerten Einfluß auf die Überlieferung aus. Da die Lamentation unterblieb, kam es auch nicht zur Gegenreaktion einer kritischen Öffentlichkeit, so daß die neue Dimension von Krieg in Gestalt der Flächenbombardierungen verkannt wurde. Entsprechend blieb das Gedenken regionalen Erinnerungsgemeinschaften überlassen, wurde damit lokal fixiert und zugleich beschränkt.

Nicht Vergeßlichkeit, sondern mangelnde Expressivität der Betroffenen verursachte ihre Schweigsamkeit. Die vorhandenen Erzählversuche, ob literarisch oder biographisch, weisen symptomatische Ausdrucksschwierigkeiten auf wie die Häufigkeit von Zitaten aus wenigen, immer gleichen Quellen, Metaphern und Vergleichen, die übermäßige Verwendung von apokalyptischem Vokabular, vorzugsweise des Wortes 'Inferno'. Auch wiederholen sich Habitus und Positionierung der Erzähler, die Topographie, die Aus-

[2] Ausführlich dargestellt in: Ursula Heukenkamp. Der Zweite Weltkrieg in der Prosa der Nachkriegsjahre (1945-1960). In: Dies. (Hrsg.): *Deutsche Erinnerung. Berliner Prosa der Nachkriegsjahre 1945-1960*. Berlin 1999. S. 295ff.

lassungen und Leerstellen. Auffällig ist außerdem das Mißlingen von eigenständiger Symbolbildung. Es fehlt am originalen Ausdruck, daher das Reden in einer geliehenen Sprache, in Klischees. Das alles gilt für Autobiographien und Augenzeugenberichte ebenso wie für literarische Erzählungen. Ein Unterschied besteht allerdings darin, daß letztere genau datierbar sind und in der Regel aus den Nachkriegsjahren stammen. Die autobiographischen Texte entstanden dagegen später, häufig erst in den achtziger und neunziger Jahren. Ihre Veröffentlichung kam oft nicht spontan zustande, sondern als Resultat von Interviews und Gesprächen.

Diese Ausdrucksseite ist es, die hier interessiert. Aus ihr leitet sich die These ab, daß die Erzähler keine eigene Sprache fanden, weil der gesamte Erfahrungskomplex zu keiner Zeit einen Ort in der Gesellschaft besaß. Sogar die Betroffenen zögerten, ihren Erlebnissen Wesentlichkeit und gesellschaftliche Relevanz zuzuerkennen. Daher gelangen alle diese Erzählungen nicht zu einem Focus.

Klaus Theweleit kommt bei seiner Untersuchung der Kriegsbücher von Autoren des soldatischen Nationalismus in der Weimarer Republik zu dem Schluß, daß die Verfasser sich um die äußeren Ereignisse nicht kümmerten, selbst wenn sie ihre Kampfeinsätze beschrieben. Sie seien ununterbrochen beschäftigt, ihre eigenen Reaktionen zu notieren und könnten daher über die Außenwelt nichts mitteilen.[3] Dieser pathologische Befund läßt sich auch an den Erzählungen vom Bombenkrieg machen, allerdings in genau der entgegengesetzten Form. Hier liefern sich die Erzähler auch noch nachträglich bis hin zur Selbstverneinung an die äußeren Ereignisse aus oder versuchen mit Hilfe von Umschreibungen, ihnen auszuweichen. Während in den Front- und Kampferzählungen der Faden aber munter und flüssig läuft, kommen in den Bombenkriegstexten Konstruktionen einer persönlichen Erfahrung nicht zustande. Alles läuft auf Schilderungen von Abläufen hinaus. Häufig wird der Selbstverlust ausdrücklich konstatiert in Aussagen wie: „Ich wußte nicht, wer ich bin, wo ich war“ usw. Die Unmittelbarkeit des Erzählten wird außerdem durch die Einführung von Distanzen aller Art abgeschwächt.

Authentizität wird folglich nicht angestrebt. Das erscheint paradox, hängt aber mit der Erfahrung von Ohnmacht zusammen, deren realer Grund die Konfrontation mit der Absicht einer wenigstens temporären Zerstörung sämtlicher Strukturen der Zivilgesellschaft war. Diese richtete sich auf die Vernichtung der Personen, der Wohnungen, der Familien und wurde als Verlust der Identität adäquat erlebt und prägte sich als Selbstentfremdung, Panik oder Besinnungslosigkeit ein. Es ist folgerichtig, daß Berichte über solche zwanghaften oder unfreiwilligen Erinnerungen, in denen unmittelbare

[3] Klaus Theweleit: *Männerphantasien*. Bd. 2, Reinbeck bei Hamburg 1980. S. 191. „Kein spezifisches äußeres Objekt wird Gegenstand der Wahrnehmung. Die ‘Landschaft’ enttaucht dunkel der Erinnerung. Taumelt haarscharf vorbei oder es ist ihre ‘Magie’, die wahrgenommen zu werden scheint, nicht sie selbst.“

Sinneseindrücke von den Abwehrreaktionen nicht geschieden sind, im nachhinein als anstößig und unstatthaft erscheinen. Dafür steht das folgende Beispiel:

> Dann kam der zweite Angriff und wir gingen in den Keller. [...] ich weiß nicht, welche [...] Stunde mein Kind tot war, auch meine Mutti, ich war dann auch ohne Besinnung und als ich wieder zu mir kam, lagen die Leichen bis oben auf meinem Körper.[4]

Es liegt zwar nahe, die narrative Verfaßtheit des Textes auf die Wucht der Ereignisse zurückzuführen, ist aber unzutreffend. Nicht die Ereignisse an sich, sondern die verfügbaren Wahrnehmungsmuster verursachen das Chaos der Erzählung. Das läßt sich an jenen Berichten belegen, deren Verfassern die Beobachtung gelang. Einen 'kühlen Kopf' beim Anblick des Untergangs bewahrte zum Beispiel Victor Klemperer, der den Luftangriff auf Dresden vom Elbufer im Stadtzentrum mitansah.[5] Sein Bericht paßt so wenig ins stereotype Bild des 'unsäglichen' Grauens, daß F.G. Sebald in *Luftkrieg und Literatur* Klemperers Erinnerungen als „unwahrscheinlich" kritisiert und Zweifel „an der Authentizität der in ihnen aufgehobenen Erfahrung"[6] äußert. Welchen Sinn kann aber der Begriff der Authentizität angesichts jener Berichte ergeben, die die Wirkung von Schock und Verwirrung bezeugen? Offenkundig handelt es sich um verschiedene Anschauungen, die je andere Voraussetzungen haben. Klemperer lebte seit Jahren in akuter Lebensgefahr und hatte vom nationalsozialistischen Deutschland nichts mehr zu hoffen als dessen Untergang. Er sah die Zerstörung der Stadt als Chance, womöglich das Kriegsende zu erleben. Die gleiche Haltung drückt Elisabeth Langgässer aus, die in ihren Briefen viel von den Bombenangriffen auf Berlin berichtet und mit ihren Kindern ganze Nächte im Keller hockt. Aber die jüdische Schriftstellerin, die nur durch ihre Ehe vor einer Deportation geschützt war, schwerkrank, zur Zwangsarbeit verpflichtet, drei kleine Kinder zu versorgen hatte und um das Leben ihrer ältesten, nach Theresienstadt verschleppten Tochter fürchtete, auch Gewissensnöte ausstand, kannte schlimmere Ängste als die der Bombennächte:

> Wir haben augenblicklich wieder viel Alarm. Sicher kommt auch Berlin in der nächsten Zeit von neuem dran. Ach Gott – die Reihenfolge des Schreckens hat sich für mich wesentlich geändert, und die Luftangriffe rangieren beträchtlich am Ende.[7]

[4] Günter Jäckel: Der 13. Februar 1945. Erfahrungen und Reflexionen. In: *Dresdener Hefte* 41 (1995). S. 6.

[5] Victor Klemperer: *Ich will Zeugnis ablegen bis zum letzten. Tagebücher 1942-1945.* Hrsg. von Walter Nowojski und Hadwig Klemperer, Berlin 1995. S. 661-672.

[6] F.G. Sebald: *Luftkrieg und Literatur. Mit einem Essay zu Alfred Andersch.* München, Wien 1999. S. 35.

[7] Ebd. S. 491.

Einen 'kühlen Kopf' bewies auch der Maler Wilhelm Rudolph aus Dresden, der nach der Feuersbrunst „wie besessen gezeichnet"[8] hatte. Er war Zeuge der Leichenverbrennung auf dem Dresdner Altmarkt, versuchte, das zu zeichnen, was ihm aber untersagt wurde. Was diese Augen gesehen hatten, widersetzte sich weder der Sprache noch der Rationalisierung:

> Da sah man Gesichter! Ein Todernst in den Gesichtern; das war der Krieg bis auf die Knochen. Der totale Krieg! Wir wollen den totalen Krieg, hatten sie gebrüllt; das hatte man nicht erwartet.[9]

Die Beispiele zeigen, daß Ausdrucksunfähigkeit nicht aus der „unbegreifliche(n) Wirklichkeit der totalen Zerstörung"[10] resultiert. Zur wahrnehmungspsychologischen Deutung müssen vielmehr sozialgeschichtliche Komponenten hinzugenommen werden, um zu erklären, warum Fassungslosigkeit und Ablehnung der eigenen Erinnerung bei den Betroffenen noch Jahrzehnte andauerten.

2. Der Dualismus von 'Front' und 'Heimat'

Solange die Ruinen als Realmetaphern des 'Grauens' noch im Blickfeld waren, gab es wenig Bedürfnis nach Vergegenwärtigung des Vergangenen. Jedes Mal, wenn Besucher mit einer dieser zerstörten Städte konfrontiert wurden, war die Rede von Grauen und Hölle, während die Einwohner begonnen hatten, sich auf das Weiterleben in den Trümmern einzurichten. Hinzu kam die Notlage der Nachkriegsjahre. Es mußte ans bloße Überleben gedacht werden. Die Schulddiskussion, die in der deutschen Nachkriegsöffentlichkeit der vierziger Jahre intensiv geführt wurde, grenzte den Luftkrieg praktisch aus. Es gab zaghafte Versuche, ihn als Sinnbild der Folgen aller deutschen Expansionsabsichten zu behandeln. Aber das war zu unpopulär. Bis heute machen sich sogar in historischen Arbeiten Unsicherheiten bei wertenden Aussagen bemerkbar, auch wo die ideologischen oder moralischen Prämissen des jeweiligen Kriegsbildes feststehen. Es kam nach 1945 zu keiner verbindlichen Auffassung des Luftkriegs als eines Bestandteils des von Deutschland gegen Europa geführten Krieges.

Die Verbreitung und Dauer dieser Einstellung hatten wiederum eine Vorgeschichte. Sie liegt in den drei letzten Kriegsjahren begründet. Vom Luftkrieg wurde in der Nazizeit öffentlich wie auch privat nicht mehr gesprochen als unvermeidlich war. Dieses 'halbe Schweigen' lag nicht nur im erkennbaren Interesse der Nazis; auch die Bevölkerung übernahm die Auffassung, daß der Krieg an den Fronten geführt wurde. Dahinter stand die

[8] Wilhelm Rudolph: *Dresden 45. Holzschnitte und Zeichnungen. Mit einem Essay von Horst Drescher*. Leipzig 1983. S. 15.
[9] Ebd. S. 24.
[10] Sebald: *Luftkrieg und Literatur*. S. 34.

Anschauung, daß an der 'Front' die 'Heimat' geschützt würde. Die Kenntnis über deutsche Luftangriffe auf London und Gerüchte über die eigenen 'Wunderwaffen' änderten an diesem Deutungsmuster ebensowenig wie der Sachverhalt, daß Deutschland ausschließlich Angriffskriege führte. Denn der Dualismus von 'Front und Heimat' war ideologisch begründet, war zudem älter als dieser Krieg und beharrlich in der Abweisung der neueren Erfahrungen. Er hielt sich in der Anschauung von 'Heimat' bis weit in die fünfziger Jahre hinein.

Die Funktion in den Nachkriegsjahren sei an einem Beispiel belegt. 1950 wurde zum ersten Mal öffentlich an die Zerstörung Dresdens erinnert. Dabei artikulierten sich vorhandene pazifistische Positionen. Unter dem Motto *Das entsetzliche Morden, das Krieg heißt*[11] wurden schonungslose Bilder von Leichenhaufen, Leichenteilen, Müttern am Trümmergrab ihrer Kinder, aufsteigendem schwarzen Rauch usw. publiziert. Es waren Bilder, die an die aus dem KZ Buchenwald erinnerten. Nur waren diese mit eindeutigen Schulderklärungen verbunden und mit der Forderung nach Sühne. Im Falle Dresdens wäre die Schuldfrage nicht zulässig gewesen. Die Unbestimmtheit wurde mit bereitstehenden Metaphern aufgefüllt und die Unerträglichkeit der Fotos gemildert durch die direkte Verbindung von Ort und Ereignis. Was man sah, „überstieg alles Maß", war die „tobende Hölle",[12] aber es war lokalisiert. Wenn auch gänzlich ungewollt, wurde damit die Regionalisierung der Luftangriffe und ihrer Opfer aus der Nazizeit fortgeschrieben, außerdem aber jene Metaphorisierung eingeführt, die das Tatsächliche immer als das Unaussprechliche ausgab. Fotos wie die von 1950 waren später nur noch selten zu sehen. Aber bei der Rhetorik, die Tod, Leiden und Sinnlosigkeit zu einer Toposkette verschmolz, blieb es. Die Tonart variierte in den kommenden Jahrzehnten nicht wesentlich. Umschreibungen wurden gebraucht, waren sie doch das einzige Angebot, über das Betroffene und Außenstehende mit der Sicherheit verfügen konnten, keine politischen Verstöße zu begehen.

Die Metaphorik beeinflußte ihrerseits die Anschauung der Luftangriffe, wie sich an beiden Schichten des Textmaterials zeigt. Es setzte sich die Auffassung durch, die sie als Schicksalsschläge behandelte, die fraglos hinzunehmen waren. Das Ereignis hatte sich in dieser Darstellung seine Opfer gesucht, deren Status als unausweichlich erschien. Daher waren 'Handlung' und 'Verantwortung' ausgeklammert. Nach Ursachen und Urhebern wurde auch nach dem Krieg nicht gefragt. Das Gedenken war mit festen Figurationen besetzt wie den leidenden Müttern, sterbenden Kindern, Sex vor dem Tode usf.

Außerdem fuhr man fort, die entsprechenden Verhaltensmuster aus dem alten Dualismus abzuleiten, als es die 'Front' längst nicht mehr gab. Das

[11] *Mord an einer Stadt* In: *Sonntag*. 5 (1950) Nr. 7. S. 8.
[12] Ruth Kraft: *Insel ohne Leuchtfeuer*. Berlin 1958. S. 402.

verstärkte die Sprachschwierigkeiten der Betroffenen. Oft stehen die Erzählungen da wie erratische Blöcke, unbearbeitet, unverändert, wie zwei Beispiele aus dem Textkorpus über den Angriff auf Dresden zeigen. 1959 erzählt Ruth Kraft : "Der Große Garten, ein ausgedehnter Park [...] Plötzlich Krachen, Donnerschläge [...] Und schon regnete es aufs neue Feuer und Schwefel vom Himmel."[13] Fast die selben Worte verwendet die Augenzeugin Ilse Poppe 1995: "Auf der Straße war wahrlich die Hölle los. Und jetzt wurde mir plötzlich der furchtbare Sturm bewusst, [...] er blies uns im wahrsten Sinne des Wortes mit orkanartiger Stärke [...] dem Großen Garten zu."[14]

Vergleicht man diese Zitate mit Beschreibungen von Schlachten aus beiden Weltkriegen, in denen die Vernichtung nicht weniger total geplant und der Untergang oft ebenso unausweichlich war, so erweist sich das apokalyptische Deutungsmuster als eine Sprache der erstarrten Erfahrung. Hatte sich im Kriegsroman eine ganze Skala von Beschreibungsarten ausgebildet, die vom neusachlichen Stil bis zum metaphysischen Pathos reicht, so kam es hier lediglich zur Ritualisierung. Die Kriegsromane waren aber auch in der Weimarer Republik ebenso wie nach 1945 ein Bestandteil der Öffentlichkeit. Sie wirkten ein auf die Diskussionen über den Krieg als Erlebnis oder über die Schuld der Wehrmacht und beeinflußten das gesamte Kriegsbild. Erzählungen vom Bombenkrieg sprachen nur von der Zerstörung der 'Heimat', die gegen die 'Geschichte' abgegrenzt war und Refugium des Privaten blieb. Wenn die Schuldfrage überhaupt aufgenommen wurde, dann immer mit großem Abstand zu den Ereignissen. Ihre tendenzielle Geschichtslosigkeit nahm der Bombenkriegsliteratur weitgehend das kritische oder pazifistische Potential.

In beiden deutschen Nachkriegsgesellschaften ging man schnell dazu über, die 'Heimat', d.h. die traditionellen Geschlechterrollen, wiederherzustellen. Warum das funktionierte, wird sofort deutlich, wenn man eine perspektivische Verlängerung der mit 'Heimat' verbundenen Rollenzuschreibung im Falle des Luftkrieges vornimmt. Bis heute ist es dabei geblieben, daß die Opfer von Luftkriegen nur dann vor die Augen der Öffentlichkeit kommen, wenn es politisch zweckmäßig ist. Sonst sieht man nur die Waffe und den Waffenträger, das Flugzeug oder die Rakete. Dieselbe Technik dient allerorts auch zivilen Zwecken. Ihr Einsatz ist sachlich durch ihre Existenz gerechtfertigt, ihre Erscheinung ästhetisch akzeptabel. Gegen dieses Übermaß an Legitimierung waren die Opfer des Bombenkrieges sogar unmittelbar nach dem Krieg stimmlos. Immer nahmen Luftflotte und Luftfahrtforschung die Attribute des Fortschrittes, der Zweckmäßigkeit und des Glanzes für sich in Anspruch und sie wurden ihnen auch zugebilligt. Hierbei

[13] Ebd. S. 402.

[14] Das apokalyptische Jahr. Erinnerungsberichte. Ilse Poppe (24). In: *Dresdener Hefte* Nr. 41 (1995). S. 46.

wirkten auch antifaschistisch denkende Autoren mit, wie Carl Zuckmayer mit dem prekären Drama *Des Teufels General* oder Ruth Kraft, die im Roman *Insel ohne Leuchtfeuer* erzählt, wie 1942 im Raketenzentrum Peenemünde an der sogenannten V2 gearbeitet wurde und sich schließlich alle freuten, als die 'Pionierleistung der künftigen Weltraumfahrt' am blauen Himmel hoch über dem Meer flog.[15] Ganz zu schweigen von Heroisierung der deutschen Luftwaffen wie in Gerd Gaisers *Die sterbende Jagd*.[16] Die Gruppe der 'Frauen, Kinder und Greise' repräsentierte dagegen lediglich Angst und Hilflosigkeit vor einer anonymen Bedrohung. Wo sie auftauchten, erschienen sie in vormoderner Gestalt. Hier handelte es sich nicht um primär ideologisch motivierte Rückgriffe, sondern um eine kompensatorische Verwendung überlieferter Bildwelten, die jedoch zwangsläufig die Rationalität ausblendete, die der Strategie der Flächenbombardements zugrunde lag. Keine Rede davon, daß es sich um die Modernisierung der Materialschlacht handelt, zweckmäßig eingesetzt, um die deutsche Kapitulation zu beschleunigen. Statt dessen war ein wütendes Toben entfesselter Elemente, waren Feuersturm und schwarzer Regen zu sehen. Von spürbaren Leiden wie Verschüttung, Verbrennung, Angst und Panik wollte niemand hören.

3. Bombenkrieg als zivile Angelegenheit

Schock entsteht, nach Siegmund Freud, aus dem Fehlen von Angstbereitschaft. Von Dresden heißt es, die Bombenangriffe seien nicht vorhergesehen worden. Das ist mehrfach belegt, bei Victor Klemperer ebenso wie in Dieter Meichsners Roman *Studenten von Berlin*. Wilhelm Rudolph weist darauf hin, wie sicher die Flüchtlinge sich im Freien glaubten, und die Zeitschrift *Sonntag* erinnert 1950:

> Anfang Februar: Abzugbewegungen der Wehrmacht: Die Dresdner verfolgten dieses ungewohnte Spiel mit geteilten Gefühlen [...]. An die Möglichkeit eines Luftangriffes dachte keine Menschenseele.[17]

Das suggeriert jedes Mal, hilflose Menschen seien völlig unvorbereitet getroffen worden. Verhalten und Affekte werden auf die katastrophale Deutung zurückgeführt. Aber diese Ahnungslosigkeit ist Bestandteil der Legendenbildung. Von zahlreichen anderen Städten, ausdrücklich von Hamburg, Berlin und Breslau, wird ebenfalls übermittelt, daß die Angriffe die Bevölkerung unvermutet getroffen hätten. Andererseits erzählt Karl-Heinz Hagen

[15] Ruth Kraft: *Insel ohne Leuchtfeuer*. S. 386.
[16] Vgl. dazu den Beitrag von Reinhold Grimm in diesem Band: Gerd Gaisers *Reiter am Himmel* – Bemerkungen zu seinem Roman *Die sterbende Jagd*.
[17] *Mord an einer Stadt*. Ebd. S. 8f.

in seinem Roman *Der Du bist im Nebel*[18], daß vor dem Angriff auf Hamburg von der R.A.F. Flugblätter abgeworfen wurden, um die Bevölkerung zu warnen. Niemals wollten jedoch die Opfer hinterher wahrhaben, daß es genügend Vorzeichen gegeben hatte; ein Indiz für die allgemeine Realitätsverleugnung, in der die deutsche Gesellschaft wenigstens seit 1940 existiert hatte.

Die Selbsttäuschung war ein Propagandaeffekt. Längst war eingeübt worden, Vorwarnungen zu ignorieren und sich in trügerischer Sicherheit zu wähnen. Sie wurde von den Nazis als Maßnahme zur Disziplinierung der Stadtbewohner eingesetzt. Diese wiederum ließen sich gefallen, daß die Zahlen gefälscht wurden, der Luftschutz nur schleppend ausgebaut und das Ausmaß der Angriffe heruntergespielt wurden. Die NS-Führung organisierte das gänzliche Fehlen von Öffentlichkeit. Um ganze Stadtteile, die in Trümmern lagen, wurden Mauern gezogen und Wachposten aufgestellt, die Beobachter verjagten. Goebbels, der wie Olaf Groehler sagt, "sich gar nicht genug darauf zugute halten konnte, wie 'sein' Berlin unter 'seiner' Führung dem Luftkrieg trotzte",[19] konstatierte Ende 1943, daß dieses Kalkül aufging:

> Jedenfalls, wenn die Engländer am Morgen behaupten, daß in Berlin alles brenne, und daß die Stadt ein normales Leben nicht mehr gewährleiste, so bemerken die Berliner davon überhaupt nichts. Die Auswirkungen eines Luftangriffs sind am Morgen kaum noch zu sehen. Jedenfalls werden wir mit Leichtigkeit damit fertig.[20]

Im Jahre 1943 hat es in Berlin 7843 Bombenopfer und 648 095 Obdachlose gegeben. Die kalte Genugtuung von Goebbels galt aber nicht den Ausmaßen der Angriffe. Die Propaganda sprach von Terrorangriffen und unterstellte Unrechtmäßigkeit, vermied aber gänzlich die Riten des Opferkults. Die heroische und völkische Sprache war für die 'Front' reserviert. Wenn es um die 'Heimat' ging, setzte man auf Bagatellisierung und Regionalisierung der Luftkriegsfolgen. Die Opfer und Opfergruppen wurden tunlichst vereinzelt; es wurde immer von einzelnen Städten und Landstrichen gesprochen, eine Summierung der jeweils eingetretenen Zerstörung unterblieb. In dieses Komplott ließ sich die Mehrheit der Bevölkerung einbeziehen. Es wird berichtet, daß die Ausgebombten aus zerstörten Regionen kaum auf Hilfsbereitschaft trafen. Man war zufrieden, wenn es die Nachbarstadt traf, weil man hoffte, selber verschont zu bleiben; Reaktionen, die infantil oder magisch erscheinen, aber charakteristisch für die Festungsmentalität waren. Wenn die Alliierten rechneten, durch die Bombardements die Lage der 'Heimat' zu destabilisieren, um die Fronttruppen zur Kapitulation zu veranlassen, so konnte ihr Kalkül nicht aufgehen.

[18] Karl-Heinz Hagen: *Der Du bist im Nebel.* Berlin 1947.
[19] Olaf Groehler: *Berlin im Bombenvisier. Von London aus gesehen 1940-1945.* Berlin 1982. S. 26.
[20] Ebd.

Der Bombenkrieg wurde als zivile Angelegenheit inszeniert. Zum Löschen rückten keine Militärfahrzeuge an, sondern die zivile Feuerwehr, auch wenn es kein Wasser mehr gab. Bombenopfer galten offiziell als zivile Tote und wurden nicht selten in Massengräbern beigesetzt. Die Städte wurden zu Zwangsaufenthalten, was auch zu sozialen Umschichtungen führte. Wohlhabende Einwohner zogen aufs Land oder in Gebirgsdörfer, die politischen Eliten, Amtsträger und Mitarbeiter von Regierungsstellen, siedelten, wenn es irgend ging, aus. Kinder wurden teilweise evakuiert, die verbleibenden Frauen zur Fabrikarbeit in der Rüstungsindustrie zwangsverpflichtet. In den Städten lebten gegen Kriegsende sozial Unterprivilegierte, mehrheitlich Frauen. Hauptleidtragende des Luftkriegs waren die Bewohner der Innenstädte, besonders der Mietshäuser. Diese soziale Selektion erregte merkwürdigerweise nicht einmal Neid oder Mißgunst. Das Luftschutzregime erreichte, daß die Zivilbevölkerung stärker in die Angst vor dem Kriegsende und den Endsiegwahn eingebunden war als die Frontsoldaten nach dem Fall von Stalingrad.

Obwohl die Luftangriffe die 'Heimat' zum Kriegschauplatz gemacht hatten, blieb die 'Front' als Ikone unangetastet, die die Frauen zum Erleiden bestimmte, während der Krieg als öffentliche Angelegenheit Sache des Mannes war. Die Ideologie, derzufolge die 'Heimat' den Soldaten zu stützen hatte, wurde in den letzten Kriegsjahren rhetorisch verstärkt. Männlichkeitskult und tragische Verklärung von Kampf und Tod waren eine Säule des Kriegsbildes und hatten Motivierungsfunktion. Der Soldatentod wurde von der Propaganda ausgestellt als „Ereignis und Vollzug in jener Welt der Front, die Ihnen (der Frau, U.H.) verschlossen ist [...]. Hier starb er (der Mann, U.H.) im Rhythmus von Krieg und Geschichte, nicht in der kleinen Welt Ihres Hauses."[21]

Nicht zuletzt wurde auch von den Frauen an der traditionellen Rollenverteilung festgehalten, weil sie ein Reservoir an moralischer Entlastung bot. Sie erlaubte, weiter das zu glauben, was angesichts des Vernichtungskrieges im Osten längst nicht mehr zutraf, daß im Krieg gekämpft würde und nicht etwa gemordet und vernichtet. Nach 1945 stellte die exklusiv männliche Besetzung von 'Krieg' eine Lebenshilfe dar, sie nahm den Frauen ihren Teil der Verantwortung ab. Zwar war das ideologische Muster widerlegt, aber niemand sprach darüber, denn es bildete weiterhin die Grundlage der Legitimation des Kampfes, den der deutsche Soldat pflichtgemäß geführt hatte, so daß er mit Hitlers Verbrechen nichts gemein hatte.

Der Dualismus von 'Front und Heimat' wies nun den Frauen die Rolle der 'ernährenden Mutter' zu. Sie waren mit der Erwartung konfrontiert, daß sie die einfache Reproduktion, das Überleben der Familien, zu gewährleisten hatten. Weit entfernt von weiblicher Überlegenheit, sahen sie ihr Inter-

[21] Friedrich Wilhelm Hymmen: *Briefe an eine Trauernde. Vom Sinn des Soldatentodes*. Stuttgart 1942. S. 12.

esse darin, die Schwäche der Männer zu schonen, weil mit deren sozialer Genesung auf eine Rückkehr zur Normalität gehofft werden konnte. So blieb alles beim alten.

In dieser Phase wurde der gesamte Erinnerungskomplex dauerhaft privatisiert, zwar bei entsprechenden Anlässen öffentlich erwähnt, aber dann war selten von Bomben und mehr von Trümmern die Rede. Die Zerstörung lag in der Vergangenheit, war erledigt. Bei Architekten und in Zeitschriften, in Filmen, auf der Bühne und in Liedern wurde der Zustand der Städte als Ansporn und Appell zum Neubeginn dargestellt: “Fort mit den Trümmern und was Neues hingebaut!”[22]

So bürgerte sich jene Beliebigkeit beim Umgang mit den Opfern und ihren Erinnerungen, mit Gedenkstätten und Inschriften ein, deren Symptome noch zwischen 1995 und 1999 zu beobachten waren. Die Medien hatten sie nicht erfunden, vielmehr ist diese Beliebigkeit Indikator dafür, daß sich keine gemeinschaftliche Erinnerung gebildet hatte. In der gesamten Nachkriegsgeschichte ist keine Gruppe hervorgetreten, die dem Gebrauch oder Mißbrauch des Themas durch die Politik oder die Medien, wie etwa im Kalten Krieg, widersprochen hätte. Auch die Friedensbewegung der fünfziger Jahre kannte das Thema nicht. Vom August 1945 an drängten außerdem die Existenz der Atombombe und das atomare Wettrüsten, das Teststoppabkommen und die Begehrlichkeit nach atomarer Ausstattung der nationalen Heere den Bombenkrieg vollends in den Hintergrund.[23]

Der Einsatz der deutschen Schriftsteller der fünfziger Jahre im Kampf gegen die ‘Bombe’ dagegen kann als legendär gelten. Dieses Engagement hatte vermutlich auch eine Stellvertreterfunktion. Die Atombombe wurde angeklagt, um die Massenvernichtungswaffen im modernen Krieg insgesamt zu thematisieren, ohne gleichzeitig die Nazivergangenheit zu legitimieren. Es wäre wesentlich komplizierter gewesen, den Bombenkrieg mit der Schuldfrage zu verbinden, weil diese eine Doppelbindung aufwies, so daß sie sich dem spontanen Gerechtigkeitsgefühl verschloß. In seiner *Kriegsfibel* spricht Brecht angesichts eines Zeitungsfotos, das die Armseligkeit einer jungen ausgebombten Frau zeigt, in diesem Sinne von „der Völker unerklärlicher Geduld“.[24]

[22]Bertolt Brecht: Aufbaulied. In: *Große kommentierte Berliner und Frankfurter Ausgabe*. Berlin und Weimar, Frankfurt a.M. Bd. 15 (1993). S. 196.

[23] Die deutsche Wiederbewaffnungsdebatte der fünfziger Jahre stand im Zeichen der atomaren Rüstung.

[24] Bertolt Brecht: Kriegsfibel Nr. 67. In: *Große kommentierte Berliner und Frankfurter Ausgabe*. Berlin und Weimar, Frankfurt a.M. Bd. 12 (1988). S. 262f.

4. Symbolische Deutungen in der Literatur

Der Absturz des soldatischen Männlichkeitsideals hatte eine leere Oberfläche hinterlassen. Der weitaus größte Teil der literarischen Texte aus den Nachkriegsjahren über den Bombenkrieg ignorierte das und präsentierte Deutungen, anstatt Erinnerungen zu bearbeiten, so daß diese Texte höchstens annäherungsweise auf das Thema selbst zu sprechen kamen. Anfangs überwogen symbolisch angelegte Erzählversuche, die mit Hilfe konservativer Deutungsmuster der Sinnlosigkeit durch Sinnsubstitution beizukommen suchten. Anders als die autobiographischen Texte werden sie aufgrund der Kompaktheit ihrer Deutungen nicht von äußeren Ereignissen dominiert. Da das Faktische nur in ausgewählten Sequenzen dargestellt wird, treten reichlich Übertragungsmetaphern aus dem apokalyptischen Fundus auf. Zeitgemäße Reflexionen über das Anwachsen der Gewalt im Kriege oder die Entartung der deutschen Gesellschaft sind selten. Von der überfälligen Neubewertung der Geschlechterrollen ist höchstens nebenbei gesprochen worden.

Immerhin handelt es sich aber um Antikriegsliteratur, was keine Selbstverständlichkeit im Nachkriegsdeutschland war. Die Darstellungen bei Bernhard Kellermann und Elisabeth Langgässer sind ausdrücklich antifaschistisch orientiert. In Kellermanns Roman *Totentanz* wird eine Begebenheit erzählt, die nur in Fiktionen vorkommt.[25] Zwei Frauen, Mutter und Tochter, beobachten einen Luftangriff über ihrer eigenen Stadt und triumphieren, wenn die Bomben ein Ziel treffen, während sie zitternd zusehen, wenn ein englisches Flugzeug in das Zentrum sich kreuzender Scheinwerfer gerät. Sie erleben den Angriff als eine gerechte Bestrafung der Schuld ihres Volkes. Während der Angriffe sprechen sie englisch miteinander, weshalb sie später denunziert werden. Die Erzählstrategie sieht kein Mitleid mit den Bombenopfern vor. Es wird von Kontakten mit den Briten gesprochen, durch die nicht nur Informationen über Industrieanlagen zu ihnen gelangen, sondern auch Nachrichten über Luftschutzkeller und Zivilbunker, die umgehend zerstört werden. Die Bombenangriffe werden als „das Jüngste Gericht“[26] bezeichnet. Dieser säkularisierten Version des Strafgerichts liegt die Deutung zugrunde, daß die Deutschen dort geschlagen werden mußten, von wo ihre Untaten ausgegangen sind. Die Schilderungen einer Bombennacht, die ein ganzes Kapitel gegen Ende des Romans einnehmen, sind entsprechend modellhaft, denn das Sterben in Kellern und Bunkern ist vorab legitimiert. Der Untergang von Unschuldigen, einer Gruppe von Schülern etwa, die zum Brandschutz abkommandiert sind, wird in diesem Kontext als eine zusätzliche Schuld der Schuldigen, der Generation der Eltern, gewertet.

Das antifaschistische Deutungsmuster schließt den Luftkrieg ein, behandelt ihn aber als Mittel zum Zweck, nämlich als Instrument der Gerechtig-

[25] Es wird später in Uwe Johnsons Romanzyklus *Jahrestage* wiederaufgenommen.
[26] Bernhard Kellermann: *Totentanz*. Berlin 1947. S. 413.

keit. Das Realgeschehen muß dabei neutralisiert und seiner brutalen Realität entkleidet werden. Wenn die Schüler oder über tausend Menschen im Schutzbunker umkommen, so wird dieses nur über Botenberichte zur Sprache gebracht. Diese Version von einem gerechten Krieg thematisiert zwar die Schuldfrage, bagatellisiert aber den Krieg gegen die Zivilbevölkerung, gegen Frauen und Kinder. Die 'Front' ist sehr fern und die 'Heimat' wird bestraft.

Auch Langgässer behandelt das Thema Bombenkrieg nur als einen Teilaspekt der Schuldfrage. Wie Kellermann macht sie allen Deutschen den Vorwurf der Mitschuld. Aber die 'Gerechtigkeit' einer Bestrafung, die Opferung von Schutzbedürftigen, wie Kindern, ist eine derart ambivalente Konstellation, daß anstelle irgendeiner Lösung nur das Unsägliche der Luftangriffe zur Erscheinung gebracht wird, das jenseits aller moralischer Urteile liegt. Diese Annäherung an das Thema ist ansonsten nur bei Gert Ledig zu finden.

Langgässers Erzählung *Der Erstkommuniontag*[27] aus dem Zyklus *Der Torso*[28] ist eine Kindergeschichte. Sie basiert auf eine jener Episoden, die nach dem Krieg in Umlauf waren und deren Verbreitung in der mündlichen und familiären Überlieferung ein unterdrücktes Kommunikationsbedürfnis anzeigt. Am Erstkommuniontag des 'blassen Stadtkindes' kommen wie immer die Bombenflugzeuge, den trocknen Stimmen der Eltern ist die Angst anzuhören, während sie im Keller sitzen und das Haus über ihnen zusammenbricht . Nur der Küchenanbau ist stehengeblieben, wenn auch die Wand zur Straße hin zerstört ist. In der vom Brand hell erleuchteten elterlichen Küche steht, wie ein Wunder, unversehrt die Torte, die für das Kind das Sinnbild des Feiertags ist. „Man braucht nur den Staub abzublasen."[29] – Es bleibt offen, ob dieses Wunder den Affekt löst oder aber durch Wendung ins Groteske verschärft.

Der Einsturz der Wand, der den Blick ins Innere der Küche freigibt und das grelle Licht der Brände, das die 'stille' Lampe verblassen läßt, bezeichnen die Auslieferung des privaten Raums an die Drohungen der Außenwelt. Das 'Reich der Frau' ist entblößt, die 'Heimat' hat ihre Schutzfunktion eingebüßt. Hundert Jahre früher war dieser seinerzeit friedliche Eingriff in die familiale Sphäre bereits in der französischen Literatur registriert worden, als nämlich der 'Fortschritt' mit „Spitzhacke und Axt [...] die Sekretanatomie des bürgerlichen Foyers aufgerissen [...] und schamlos [...] profaniert" hatte.[30] Der Kontrast zwischen dem versehrten Glücksraum des Kindes und

[27] Ebd. S. 215-221.

[28] Elisabeth Langgässer: Der Torso. In: *Ausgewählte Erzählungen.* Mit einem Nachwort von Horst Krüger. Frankfurt a.M., Berlin, Wien 1980.

[29] Ebd. S. 222.

[30] Hans Robert Jauß hat ihren Untergang als Folge der Modernisierung im 19. Jahrhundert anhand der französischen Lyrik der fünfziger Jahre des 19. Jahr-

dem Wunder der unversehrten Gittertorte bezeichnet die Haltlosigkeit dieser einstigen 'Subsinnwelt'. Zwar ist da noch die liebende Mutter, welche die Erstkommunion zu einem Fest für das Kind machen will, aber sie kann sein Leben nicht mehr behüten. Das Haus fällt an diesem Tag zusammen. In seinem Keller spielen die hilflosen Eltern vergeblich und mit leeren Gesten die Beschützer des Kindes.

Auch in einer anderen Geschichte aus dem *Torso* werden Zerstörung der Familie und Bombenkrieg aufeinander bezogen. Eine Mutter sucht ihre auf dem Land wohnende Verwandtschaft auf, um ihre Kinder dort unterzubringen. Sie ist erfolglos. Die ‚Sippe auf dem Berg und im Tal' hat weder Platz noch Mitleid; die Bomben betreffen sie so wenig wie die Sorge um die Stadtkinder. Aber einer von ihnen verhält sich auffällig. Lauthals und ununterbrochen bezichtigt sich dieser, schuldig zu sein an den Bombenangriffen, weil er 1932 falsch gewählt habe. Alle wissen, der Mann ist nicht normal, sein Verhalten nicht ungefährlich. Während der ganzen Szene fliegen über die Köpfe und den Garten hinweg die Bombengeschwader zu den Städten. Die Aufschläge der Bomben, heißt es, hätten aus der Entfernung kaum lauter als das Poltern der eben herabfallenden Nüsse geklungen: „Doch für das Ohr der Gerechtigkeit sangen sie wohl sehr laut."[31]

Dieser sibyllinische Schlußsatz wird einer Figur in den Mund gelegt, die wie alle in diesem Garten, in diesem Dorf und in diesem Deutschland über den Krieg klagt, aber sich selber und den Kindern nicht zu helfen weiß. Ihr Versagen und die Vergeblichkeit der nachträglichen Schuldbekenntnisse des Mannes, denunzieren die Schicksalsergebenheit und strafbare Geduld aller anderen. Das Motiv ist später in Johannes Bobrowskis Erzählung *Der Mahner* aufgenommen worden. Bei Langgässer aber ist der Außenseiter nicht einmal ein virtueller Hoffnungsträger so wenig wie die tatenlose Mutter. Alle Figuren sind in ihre Privatheit und Isolierung hoffnungslos verwickelt. Die Implosion der Solidarstrukturen, durch die die Familie legitimiert war, ist die soziale Krankheit, aus der ihre gemeinsame Schuld hervorgeht. Um diesen Aspekt so kalt und präzise zu behandeln, wie es Langgässer in diesen Erzählungen tut, mußten aber wohl die zerfetzten Leiber der Bombenopfer aus dem Blickfeld geräumt werden, schon damit kein Mitleid die Einsicht überlagert.

In Hans Erich Nossacks Erzählung *Der Untergang* (1948), die von der Bombardierung Hamburgs im Sommer 1943 berichtet, sind gleich anfangs alle Symptome der substituierenden Deutung versammelt. Hier ist ein beobachtender Erzähler eingeführt, der aus räumlicher Distanz dem Angriff

hunderts beschrieben. Vgl. Hans Robert Jauß: La douceur du foyer – Lyrik des Jahres 1857 als Muster der Vermittlung sozialer Normen. In: Rainer Warning (Hrsg.): *Rezeptionsästhetik*. München 1975. S. 401-434.

[31] Elisabeth Langgässer: Die Sippe auf dem Berg und im Tal. In: *Ausgewählte Erzählungen*. Frankfurt a. M., Berlin, Wien 1980. S. 200.

zusieht, der insgesamt zweiundsiebzig Stunden dauerte, wobei alle zwölf Stunden eine neue Angriffswelle geflogen wurde. Die mit Phosphor völlig unbekannten Menschen brannten lichterloh. Bei Karl-Heinz Hagen ist zu lesen, daß die Feuerwehrleute leere Schläuche in die Luft hielten, weil es kein Wasser mehr gab. Mallaparte erzählt von Menschen, die in die Alster sprangen, um sich zu löschen. Das Wasser half aber nicht, und so gingen Polizisten umher und erschossen die an die Ufer Geklammerten.

Davon steht bei Nossack nichts: „Ich habe den Untergang als Zuschauer erlebt" lautet sein erster Satz.[32] Sein Erzähler ist außerhalb der Stadt auf einem Hügel plaziert, von wo er, wie einst Plinius der Jüngere, der den Ausbruch des Vesuvs und die Verschüttung Pompejis erlebte, ohne von Affekten überwältigt zu werden, den Gesamtanblick hat. In dieser komfortablen Position registriert er sorgsam alle Vorgänge, beschreibt die anfliegenden Staffeln und Bombeneinschläge, führt Zahlen und technische Daten ein und beschreibt sogar ein aufziehendes Gewitter. Bei anderen Augenzeugen heißt es, daß der Donner wegen der Detonationen nicht zu hören war und der Regen schwarz zur Erde kam und sofort verdampfte. Nossack dagegen benutzt auch das Gewitter, um den Gesamteindruck eines großen Naturereignisses und einer elementaren Katastrophe abzurunden. Ein Perspektivwechsel tritt erst ein, als der Erzähler von der unmittelbaren Begegnung mit der Stadt zu sprechen beginnt. Dieser Anblick und der des Zustands der Überlebenden verändern den Stil der Erzählung. Sie setzt sich nun aus Details zusammen und wird affektiv. Der Erzähler bekennt die eigene Verstörung und sucht nach einer angemessenen Sprache. Nossack ist jedoch der einzige Autor, der die Möglichkeit erprobt, ein Wir-Gefühl der Opfer zu konstituieren.

Die Zweiteilung der Erzählung selbst kann als Gleichnis gelten. Der 'kühlen Beobachtung' legt der Autor eine konservativ-kulturkritische Deutung der Vorgänge zugrunde. Das Unheil wird als 'lange erwartet' bezeichnet, als Preis des Fortschritts; der Untergang als Resultat einer Spätzeit bewertet, deren unausweichlicher Abstieg nunmehr eingeleitet sei. Die Schuld wird aus dem Zustand der gesamten Zivilisation hergeleitet. Diese Stadt, Hamburg, sei deren Sodom und Gomorrha, Zeichen der Strafe und des Anfangs einer Versöhnung zugleich. Ausdrücklich wird hervorgehoben, daß niemand auf den Gedanken gekommen sei, den Bomberpiloten einen Vorwurf zu machen. Wenn die Erzählung bei den Opfern anlangt, deren Augen flackern und die wie aus der Welt geworfen scheinen, dann wird nach Schuld oder Gerechtigkeit nicht mehr gefragt. Nun darf keinesfalls der Schock des Anblicks der verstreuten oder gestapelten Leichen, die wie Bretter, anderswo heißt es wie Puppen, aussahen, weil sie vollständig ausgetrocknet waren, unterschätzt werden. Die gezeichneten Menschen, ob lebendig oder tot, sind

[32] Hans Erich Nossack: Der Untergang. In: *Interview mit dem Tode.* Hamburg 1948. S. 205.

in allen Texten, die über den Hamburger Angriff berichten, als wehrlose Opfer gesehen worden. Unterschiede sind lediglich in der Intonation zu bemerken. Nossack wählte einen pathetischen Ton und faßt den Gesamteindruck zu einem feierlichen Bild zusammen. Aber er übersieht dabei völlig die grotesken Aspekte des Grauens. Gerade sie werden in Hagens Roman hervorgehoben. Dessen Hauptfigur, ein junger Mann mit der Maske eines Zynikers, dessen jüdischer Vater in Oranienburg ermordet worden war, sieht dem Untergang kalt und böse zu: "Hamburg soll sterben. Ich möchte dabei sein, wenn es stirbt."[33] Kein Deutungsmuster versperrt hier den Blick des Erzählers; sogar die Rollenverteilung wird hinterfragt, indem Frauen auftreten, die ihrer 'Häuslichkeit' entweder entledigt sind und ihr nicht nachweinen oder aber beraubt, um Bettzeug und Pelzmantel trauern. Aber bei dieser Erzählung aus der Nähe mißlingt wiederum, wie bei den autobiographischen Texten, die Fokussierung. Nach der Katastrophe hat der Erzähler nichts mehr darüber zu sagen.

In ihrer Novelle *Am Tor des Himmels* hat Gertrud von le Fort den Bombenkrieg mit dem Thema der Physiker und jenes Ethos' verbunden, das schließlich die Bombe aller Bomben ermöglichte. Das Deutungsmuster ist konservativ-kulturkritisch, was die Bewertung der Wissenschaften und der Modernisierung angeht; dagegen ist eine differenzierte Ansicht der Geschlechterrollen zu erkennen. Auf der Flucht durch die Feuerzone einer angegriffenen Stadt befindet sich ein ungleiches Paar. Der junge Mann ist Physiker, kennt die Wirkungen der Kampfstoffe und kann sich orientieren. Die ältere Frau dagegen stolpert blind und hilflos, wie alle erzählenden Frauen in ihrer ganzen Existenz erschüttert, durch die Brände. Später aber zieht sie daraus Folgerungen, er dagegen beabsichtigt, nach dem Krieg seine Forschungsarbeiten ungestört fortzusetzen, während sie aus der privaten Rolle heraustritt, als sie, wenn auch vorsichtig, Einspruch erhebt gegen das moralische Versagen, das in den Ergebnissen seiner Wissenschaft liegt. Dies ist ebenfalls der Rahmen einer Handlung, in der es um Galilei, seine Entdeckungen und den Inquisitionsprozess geht. Dort bleibt die Kontroverse zwischen Glauben und Wissen, einem alten Kardinal und den jungen Schülern Galileis, ohne abschließendes Urteil. Das Feuer, das vom Himmel fällt, eröffnet aber die Perspektive des Fortschritts, für den der junge Physiker einsteht. Der Nachkomme Galileis, welcher das 'Tor des Himmels' aufstieß, ist in der Sackgasse des Nihilismus gelandet, ein Weg, der mit dem Aufbruch in die Moderne begonnen hatte.

Das Fatum tritt in der christlich-reaktionären Deutung als Dämon der Entwicklung auf, eine Figuration, die in den fünfziger Jahren auch bei jüngeren Autoren vorkommt. Dagegen verschwinden archaische Symbolik, tragische Ansicht des Bombenkriegs als einem 'deutschen Schicksal' und auch das Syndrom 'Heimat'. Von nun an spielen sich die Erzählungen nicht

[33] Hagen: *Der Du bist im Nebel.* S. 125.

im düster dumpfen Raum der ewigen Machtlosigkeit der Opfer ab, sondern in historischen Zeiträumen. Der Bombenkrieg promoviert zum Anlaß für die Warnung vor der Selbstvernichtung einer zur um jeden Preis Freiheit entschlossenen Zivilisation. Es muß erinnert werden, daß die Gefahr eines weiteren Weltkrieges seinerzeit für derart akut gehalten wurde, daß der warnende Gestus keine ausschließlich konservative Gebärde mehr blieb. Auch die Protagonisten der Moderne überfielen apokalyptische Visionen. Die Linie, die Brecht von Galileis Entdeckungen zu den Vätern der Atombombe zieht, ist dem Konstrukt, das die konservativ-christliche Autorin von le Fort verwendet, überraschend nahe. Dies ist möglicherweise Ausdruck einer verbreiteten Hilflosigkeit vor dem rasanten Wachstum des Gewaltpotentials, das im Luftkrieg vor alle Augen getreten war.

5. Parabeln

In den fünfziger Jahren stand fest, daß der Zweite Weltkrieg nicht der letzte bleiben würde. Damit wurden in der Literatur wie auch in der Öffentlichkeit insgesamt die Erinnerungen abgeworfen wie Ballast. Der Bombenkrieg wird nun als Gleichnis für den totalen Krieg der Zukunft literarisch verarbeitet.

Der Serie der Dystopien eröffnet Arno Schmidts Erzählung *Leviathan*. Die Flucht vor Bomben und Granaten wird hier zu einem Modell, das überlieferten Moralismus, Sinngläubigkeit mithin, und die Tendenz zur Selbstzerstörung gegeneinander stellt. Neu ist ein Erzählertypus, der als Spielmeister die grotesken Effekte organisiert, ohne die die moderne Parabel nicht auskommt. Während einer gemeinsamen Fahrt ins Nichts führt er seine Mitpassagiere an den Gedanken der Gesetzmäßigkeit ihres Untergangs heran. Die Katastrophe hat hier greifbare Ursachen und Täter. Zwar wird sie im philosophischen Diskurs als notwendig und unvermeidlich bezeichnet, aber praktisch inszenieren die Betroffenen selbst das Unheil, indem sie ihr Fluchtfahrzeug auf eine von Bomben zerstörte Brücke bugsieren, nachdem einige unter ihnen auf der ganzen Fahrt die Schienen hinter sich mit einem sog. Schienenwolfs aufgerissen hatten. So stehen sie vor dem Abgrund einer zerstörten Brücke ohne die Möglichkeit zur Umkehr, während aus der Ferne „schweres erdbebengleiches Rollen“[34] kommt. Im blockierten Güterwagen wird gefroren, geliebt und gestorben, während gleichzeitig ein Häuflein Ausgebombter und Evakuierter vernimmt, daß der Weltwillen, ein Zustand des Universums, vorsehe, daß die Menschheit sich in 500 bis 800 Jahren „restlos vernichtet haben werde“[35]. Denn: „Gott spaziert auf Bombenteppichen“, ist zum Leviathan mutiert oder in ihn eingegangen. Dieses Gespräch über die Dämonie der Entwicklung wird in einer Situation geführt, in der niemand mehr vorwärts oder zurück kann. Endgültig ist der Untergang im

[34] Arno Schmidt: *Leviathan*. Frankfurt 1968. S. 35.
[35] Ebd.

Mai 1945 noch nicht, aber ein universeller Pessimismus macht sich geltend. Denn der Erzähler am Thema der Irreversibilität der in Gang geratenen Destruktionsprozesse oder eingetretenen Zerstörungen. Hier soll nichts erinnert oder bereut werden, vielmehr wird ein intellektuelles Experiment durchgespielt, das die vergeßliche Gesellschaft der Nachkriegsjahre mit rücksichtslosem Defätismus zu provozieren hatte.

In Wolfgang Weyrauchs Erzählung *Das Ende von Frankfurt* (1957) schwindet die Erinnerung im Erzählprozeß selbst. Ein hermetisch in seine Kanzel eingeschlossener Pilot wird Augenzeuge des Untergang einer Stadt, in der er früher einmal gelebt hatte. Gleichzeitig ist er einer der Verursacher der Katastrophe, die ihn dann selbst ereilt. Sein Auftrag besteht darin, das Resultat des Angriffs zu fotografieren und festzustellen, was unten allenfalls noch erkennbar ist. In dieser Funktion schickt er seine Unschuldsbehauptung gleich vorweg. Sie kann als Variante der Schuldfrage gelesen werden: "Frankfurt ist erledigt [...] Wir haben es kleingekriegt. Ich habe bloß fotografiert. [...] Aber, was geht's mich an. Ich mache bloß, was sie sagen. Sie. Die alles wissen und können."[36] Der Untergang Frankfurts ist hier enblematisch gesetzt und steht für die atomare Katastrophe und das Ende der Zivilisation. Mit historischen Begebenheiten soll er nicht identifiziert werden. Der Vernichtungsschlag erfolgte ohne Angabe von Gründen in irgendeiner nicht näher genannten Zeit "mitten im Frieden". Es ist zudem ein 'sauberer' Luftkrieg; keine Rede von Napalm und TNT, Detonationen und Qualmwolken. Ein weicher, klebrigen Stoff wurde versprüht und erstickte alles Leben am Erdboden.

So war es geplant, es kommt aber anders. Eine Stechmücke hat das Sprühmittel in ihre Nahrungskette eingebaut und vollzieht nun das Ende der Menschen. Das ist die Konstellation, die Ende der siebziger Jahre bei Günter Grass wieder Verwendung findet. Im gleichnamigen Roman belehrt die Rättin den Piloten über Hybris und Todesverfallenheit der Menschen. Weyrauchs Insekt sticht nur und leitet den Todeskampf des Piloten ein, der den allgemeinen Untergang vorweg nimmt. Die Parabel schließt zehn Jahre nach Kriegsende an ein neues Thema an. Der Luftkrieg wird als Zerwürfnis mit der Natur behandelt, das in der angemaßten Verfügung über Leben und Tod liegt. Zivilisationskritik, Vorstellungen von einer Rache der Natur und Untergangsprophetien entstammen der selben Quelle. Insofern sind diese Parabeln Ableger und Modifikationen der Bombenkriegsliteratur.

Gerd Ledigs lange verschollener Roman *Vergeltung,* der 1956, im Jahr der Einführung der Wehrpflicht, in der Bundesrepublik erschien, ist als ein Modell mit appellativer Funktion aufzufassen, als ein Lehrstück für seine Landsleute, wenn man will. Der Raum ist eine Konstruktion, die eine Menschengruppe einschließt, für die es keinen Ausweg gibt, gleichzeitig eine

[36] Wolfgang Weyrauch: *Das Ende von Frankfurt am Main. Erzählungen*. Mit einem Nachwort von Karl Krolow. Stuttgart 1973. S. 12.

Zone, in der alle persönlichen Eigenschaften der Menschen eingeebnet und alle privaten Räume aufgebrochen sind. Im Titel wird auf eine moderne Verwendung einer alttestamentarischen Metaphorik verwiesen, auf den Sprachgebrauch der Luftwaffe, in der sich die Philosophie der Kriegsführung von 1939 bis 1945 repräsentierte: Vergeltung hieß Vernichtung; auf diesen Doppelnamen ist auch die sog. Wunderwaffe V2 getauft worden.

Der erzählte Vorgang umfaßt 70 Minuten, genau den Zeitraum eines Bombenangriffes, bei dem Phosphor eingesetzt wird, um die getroffenen Stadtteile in eine brennende Fläche zu verwandeln, wie es der 1943 geltenden Strategie des „ausschließlichen Moralbombardements" entsprach.[37] Im allgemeinen Chaos halten sich mehrere Menschengruppen auf, Frauen, Kinder und Greise, aber auch die Besatzung eines Flakturms und Luftschutzhelfer sowie russische Zwangsarbeiter. Die einzelnen Handlungssegmente werden auf den immer gleichen Punkt zugeführt: Alle Menschen in diesem Raum sind wehrlos und sämtliche Vorgänge konterkarieren den Vergeltungsanspruch der kriegführenden Parteien. Der amerikanische Pilot, der abspringen muß und im Feuerkessel landet, entgeht der Rache der Deutschen und wird damit für den Bombentod aufbewahrt. Die russischen Kriegsgefangenen sind ihre Bewacher los, weil diese in ihren Unterständen verbrennen. Wahnsinnig vor Hunger und Durst irren die Gefangenen nun durch die brennenden Straßen und betteln schließlich darum, erschossen zu werden. Der Mann, der Frau und Kind zum Bahnhof geschickt hat, findet später die zerstörte Halle vor, aus der kein Zug mehr abgefahren ist. Er selbst wird als Deserteur aufgegriffen. (Und so geht es immer weiter)

Die Parabel besagt, daß es in Bombenhagel und Flächenbrand keine Unterschiede, auch keine Schuld oder Unschuld mehr gibt. Den Figuren fehlt jede Möglichkeit zu handeln, den Zivilisten ebenso wie den Piloten. Die Zusammensetzung der Figurengruppen demonstriert außerdem die Vertauschbarkeit der Plätze. Nur der Zufall bestimmt, wer Bomben abwirft und wen sie treffen. Der Raum stellt eine Arena der Sinnlosigkeit dar, einen Ort, der die NS-Propaganda ebenso widerlegt wie westliche Werte und Rechtsnormen. 'Draußen' residieren unsichtbare Befehlsinstanzen, Stimmen aus dem Off, die hart klingende Anweisungen zum Weitermachen und Durchhalten per Kopfhörer oder Telefone in die Todeszone hineingeben. Dort ist keine Zuflucht, die Ausweglosigkeit ist die einzige Lehre, die aus der Parabel resultiert. Trotzdem ist der Roman der einzige Versuch, den Toten des Bombenkrieges einen Platz unter den Opfern von Krieg und Gewalt zuzuweisen. Anhand der physischen Versehrbarkeit des Menschen, die gern vom kollektiven Gedenken zugedeckt wird, wird hier die Prognose künftiger Krieg aufgestellt.

[37] Vgl.: Luftangriffe auf die deutsche zivile Moral. Memorandum des Chief Of AIR STAFF 1.8.1944. Zitiert nach Olaf Gröhler: *Berlin im Bombenvisier*. Berlin 1982. S. 70.

6. Die "Sprache der Frauen"

Das Schweigen der Frauen während des Bombenkrieges und danach ist ein mentalitätsgeschichtliches Phänomen. "Alles, was Männer davon zu sagen wissen, ist Lüge. Nur in der Sprache der Frauen darf darüber geredet werden",[38] heißt es bei Nossack. Er meinte aber ihre Rolle als ihre Rolle als Dulderinnen und ewige Mütter. Von ihrer Leidensbereitschaft sollten sie reden, von den Lasten und der Verantwortung für andere, die ihnen in den Bombennächten auferlegt waren. Dieses Frauenbild hatte kein Pendant in der Realität, wie die Berichte und Tagebüchern belegen, die nach 1945 publiziert wurden.[39] Die Frauen der Kriegsgeneration dachten und sprachen nicht pathetisch. Sie glichen nicht den Archetypen, die bis heute das Erscheinungsbild von Frauen im Krieg besetzen. Vielmehr reden sie vom Kriegsalltag in lädierten Wohnungen, bei schlechter Versorgung und gestörtem Schlaf. Aber auch diese Generation der selbständigen Frauen kommt nicht ohne Selbststilisierung aus. Die Verfasserinnen der Aufzeichnungen und Tagebücher nehmen sämtlich für sich in Anspruch, unbeeindruckt und furchtlos dem Bombenkrieg standgehalten zu haben. Sie behandeln ihre Existenz als Zielscheibe wie eine Herausforderung, die es zu bestehen galt. Diese unbefragte Tapferkeit wird sogar dort demonstriert, wo Widerständigkeit erwartet werden könnte wie bei Ruth Andreas-Friedrich, die zu einer Berliner Widerstandsgruppe gehörte.[40] Auch zwei weitere Autorinnen aus Berlin, Ursula von Kardorff[41] und Margret Boveri[42], stellen ihr Verhältnis zum Nationalsozialismus als kritisch, sich selbst aber als Protagonistinnen der letzten Kriegsjahre dar. Die jüngste von vier Frauen, die ihr Erlebnis des Untergangs von Berlin aufzeichnete, Hannelore Holz, bekennt, daß sie erst nach 1945 mit dem Nachdenken begonnen habe.[43] Es macht jedoch keinen nennenswerten Unterschied in der Auffassung der eigenen Rolle.

Die Haltung ist so demonstrativ wie einheitlich und entspricht dem vorsichtig reformierten Bild von der berufstätigen Frau der Nachkriegsjahre.[44] Einmütig bekunden die Autorinnen, daß sie sich bewährt und bewahrt hatten, indem sie sich nicht einschüchtern ließen und vor keiner der permanenten Gewaltdrohungen erschraken. Das bedeutet auch, daß sie nach 1945

[38] Hans Erich Nossack: Der Untergang. In: *Interview mit dem Tode*. Berlin 1948. S. 240.

[39] Vgl. Susanne zur Nieden: *Alltag im Ausnahmezustand. Frauentagebücher im zerstörten Deutschland 1943-1945*. Berlin 1993.

[40] Ruth Andreas-Friedrich: *Der Schattenmann*. Berlin 1947.

[41] Ursula von Kardorff: *Berliner Aufzeichnungen*. Berlin 1947. Erweiterte Auflage München 1994.

[42] Margret Boveri: *Tage des Überlebens 1945*. Berlin 1964.

[43] Hannelore Holz: *Wir lebten in Berlin*. Berlin 1947.

[44] Vgl. Monika Melchert: *Mann und Frau nach dem Krieg. Wie die Heimkehr der Männer die Geschlechterverhältnisse verändert* in diesem Band.

wenig Anlaß sahen, ihre Ansichten zu korrigieren. Offensichtlich waren sie weitgehend immun gegen die Feindbilder der NS- Propaganda gewesen, das merkt man ihrer Sprache an, die generell keinen Anklang an ideologieträchtige Muster der Nazizeit aufweist. Sie benutzen die kühle Diktion der neusachlichen Autorinnen.

Trotzdem hat dieses Frauenbild mehr mit der Rollenzuschreibung der Kriegsgesellschaft zu tun, als auf den ersten Blick sichtbar wird. Das Problem liegt im 'Einverständnis' mit ihrer Situation, das Sprache und Erzählinhalte dokumentieren. Indem sie den Platz ausfüllten, der ins Konzept des kriegführenden Männerstaates paßte, waren die Frauen bis in ihr Selbstverständnis hinein vereinnahmt. Von ihnen wurde eben nicht unbedingt ideologische Übereinstimmung erwartet und gefordert. Es genügte, wenn sie die tapfere Haltung bewahrten, die in den zwanziger Jahren weibliches Selbstbewußtsein konstituiert hatte, jetzt aber zur Fremdbestimmung instrumentalisiert wurde. Unter den Bedingungen eines verbrecherisch verlängerten Krieges entsprach ihr Verhalten der deklarierten Rolle der 'Heimat', die durchhalten mußte. Es war eine Notlage für diese Frauen, sie funktionierten gezwungenermaßen in der zugeteilten Rolle und wurden dadurch integriert. Auf ihre faktische Rechtlosigkeit und ihre Auslieferung an die Gewalt reagierten sie mit der Schutzbehauptung ihrer persönlichen Integrität. In diesem Sinne argumentieren sie ebenfalls in ihren Rückblicken. Aber ihre protestantisch anmutende Haltung war zwar eine Abwendung von der terrorisierten Öffentlichkeit, aber im Effekt keine Verweigerung, vielmehr ein Rückzug ins Private. Ihre Distanz und Sachlichkeit wird man wohl auch als Ausdruck der extremen sozialen Kälte auffassen müssen, der sie ausgesetzt waren. Insofern sind ihre Nüchternheit und abgesenkte Emotionalität auch Varianten der 'Festungsmentalität'. Die Ausdrucksseite ihrer Texte belegt eine geradezu solipsistische Art der Wahrnehmung. Jede macht ihre Erfahrungen für sich machte; keine hält nach Strukturen weiblicher Solidarität Ausschau. Es reichte nur zur Kontrastrolle der vernünftigen Selbständigkeit, einer Imitation von Männlichkeit, die zuletzt Anpassung werden mußte. Denn im totalen Krieg spielten die 'feinen Unterschiede' keine Rolle mehr.

Fraglos ersetzten sie die Männer und erhielten dadurch jene irreale Normalität, auf deren Zerstörung die strategischen Planungen der Alliierten angelegt waren. Ihr Aufwand an Leistung und Haltung vereitelte letztlich den Effekt des sogenannten Moralbombardements. Diese 'Fehlleistung' war mit allgemeiner Anspannung, permanenter Hast und Nivellierung ihres Lebensanspruchs zu bezahlen. Allein schon die Selbstverständlichkeit, mit der die Autorinnen von ihrem täglichen Pensum berichten, macht stutzig. Sie erzählen gern, wie sie bei Beginn der Luftwarnung routiniert nach dem Handgepäck und der Schreibmaschine griffen und den Keller aufsuchten, wie sie die Alarme als störend ansahen, aber nicht aus der Fassung gerieten. Hatten sie die Nacht im Keller überstanden, brachen sie nach der Entwarnung auf, um die Wohnung zu säubern und zu reparieren. Kleinere Schäden behoben sie selbst. Die Unentwegten freuten sich dann, wenn es Gas oder Strom gab und sie auf ein warmes Getränk und das Radio hoffen durften. Ohne Murren brachen sie danach zur Arbeit auf.

Derart stellen die Frauen das Leben in den Städten als eine Sisyphusarbeit dar, reden aber über die Bombennächte selber wenig. Was sie zeigen, ist ihre Selbstbehauptung. Mit Vorliebe beschreiben sie Erfolge im Kampf gegen die Kriegswirtschaft wie Mahlzeiten 'zaubern', Kaffee 'verlängern', Zigaretten 'besorgen' usf. Sie meinen das symbolisch, soll heißen, sie setzten absichtsvoll geschickte Hände, Geduld und ihren klugen Kopf gegen das Versagen der 'Front', als dessen Folge die Rationalität der Technik über sie gekommen war. Es ist paradox genug, daß gerade damit das Rollenmuster von der ordnenden Wirkung der weiblichen Hand bestätigt wurde, das allen konservativen Gesellschaft gemäß ist und daher nach dem Krieg umgehend aufgerichtet wurde.

Die Realität der Rollenverteilung zwischen den Geschlechtern wird scharf beobachtet. Anders als im Ersten Weltkrieg waren die Frauen wachsender Aufsicht von Männern ausgeliefert. Denn die zivilen Luftschutzmaßnahmen waren ein perfekt ausgebildetes, ordnungspolitisches Instrument und gehörten zum nationalsozialistischen Überwachungssystem. Die Kontrollfunktion erstreckten sich von der Vorschriftsmäßigkeit der Verdunklungen bis zur Zählung der Personen im Schutzraum, vom Voralarm bis zur Entwarnung. Boveri berichtet, daß ihr drei Monate Gefängnis angedroht wurden, weil sie 28 Minuten zu spät im Keller eingetroffen war. In ihrer Wahrnehmung sahen sich die Frauen umstellt. Von den Kellern her konnte überprüft werden, wer aus welcher Wohnung kam, wer mit wem schlief, lebte und umging. Die Luftschutz- und Kellerpflicht war dann auch für untergetauchte Deserteure oder versteckt lebende Juden eine extreme Gefahr. Nur nach großen Angriffen war das Überwachungssystem zeitweise lahm gelegt. In der Regel zählte, bespitzelte und verfolgte der Staat ungestört durch die Luftangriffe die Bevölkerung.

Wenige Aussagen gibt es dagegen über das Bild, das die Frauen sich von den Angreifern machten. Sie sprechen nicht von 'Terrorangriffen', meiden auch hier die Sprache der Propaganda, wissen aber selbstverständlich, daß die Angriffe von Männern geflogen und geplant wurden, die für sie anonym blieben. Eine Ausnahme machen Tieffliegerangriffe, die besonders im Anschluß an den Abwurf von Napalm geflogen wurden. Dabei stießen die Maschinen so weit nach unten, daß Pilot und Opfer einander ins Gesicht sehen konnten. In diesen Beschreibungen ist dann auch der Himmel mit männlicher Gewalt besetzt und die Frauen sind eingekesselt, ein häufiges Schicksal im Zweiten Weltkrieg.

Schließlich waren die Frauen auch in die Riten der Heroisierung der 'Front' eingebaut. Ihr Anteil war die 'Feldpost'. Propagandaministerium und Wehrmachtsstellen maßen dem reibungslosen Ablauf des Feldpost-Verkehrs große Bedeutung für die Moral der Truppe bei.[45] Die Korrespondenz war eine regelrechte Schule der Disziplinierung. Selbstherrschung war gefordert und wurde verinnerlicht. Über Bombenangriffe wird brieflich kaum berichtet, wenn überhaupt, so werden sie bagatellisiert. Insgesamt reagierten die Soldaten gereizt auf Normverstöße aller Art. Die Zwangslage der Frauen wurde auch durch eine rigide Sexualmoral verschärft, deren Geschlechtsspezifik sie selber verinnerlicht hatten. Hinzu kam, daß Nachrichten über den Luftkrieg selbstredend der allgemeinen Zensur unterlagen.

Das böse Klima in den letzten Kriegsjahren bewirkte, daß Frauen nicht selten ihr kritisches Bewußtsein mit regressiven Sehnsüchten nach Geborgenheit vertauschten. Sie reklamierten den geschrumpften privaten Raum als 'eigentliche' Lebenssphäre. Die rudimentäre Weiblichkeit, die sie vorführten, kann als Mimikry verstanden werden. Sie reagierten damit auf die Überforderung und gleichzeitige Wehrlosigkeit. Insofern bestimmte ihr Sein unmittelbar das Bewußtsein. Denn da die Frauen den Luftkrieg ertrugen, indem sie ihn, soweit möglich, ignorierten, akzeptierten sie ihn eben auch als Fatum. So entstand nicht nur keine 'Sprache der Frauen', sondern diese verzichteten auch auf Mitsprache. Wo immer es später um Krieg ging, ließen die Frauen sich auf den Diskurs des sentimentalen Moralisierens abdrängen, der wie die Kopie ihrer Abwehrgebärden zwischen 1943 und 1945 zu lesen ist. Auch nach 1945, als sie daran gingen, ihre Aufzeichnungen zu veröffentlichen, beharrten sie darauf, ihre Kriegserfahrung nicht geltend zu machen. Mit der Folge, daß die deklarierte Inkompetenz die politische Wirkung ihrer Erfahrungen blockierte.

Gelegentlich läßt sich erkennen, daß die nahende militärische Niederlage als ein Versagen des 'Männerstaates' verstanden wurde. Margret Boveri beobachtete, daß die Männer ihren Habitus veränderten und zu Verlierern wurden. In der Regel schweigen die Aufzeichnungen über Staat, Nation, Sieger und Niederlage. Wie Frauen sich zu ihrer Auslieferung an kriegerische Gewalt verhalten, ist bisher kaum untersucht worden. Bis heute erfährt das Frauenbild in solchen Situation regelmäßig die Retusche der Propaganda. Die überlieferten Rollenklischees und Stereotypen tauchen dann wieder auf, ein Indiz dafür, daß nie ein Pendant zum männlichen Kriegserlebnis entstanden ist.[46]

Die ideologische Dominanz der 'Front' in der gesamten Gesellschaft kann kaum überschätzt werden; hier liegt die Ursache, warum die Frauen sich vor 1945 nicht zu erkennen gaben, sondern, sogar im Widerstand, den „tapferen kleinen Kameraden" spielen. Diese Art von Selbstverleugnung

[45] Vgl. Ortwin Buchbender, Reinhold Sterz: *Das andere Gesicht des Kriegs. Deutsche Feldpostbriefe 1939-1945*. München 1982.

[46] Malte Fuhrmann: Hexen, Madonnen und patriotische Jungfrauen. Vorurteile und Klischees. Kosovo-Berichterstatter orientieren sich in ihren Frauenbeschreibungen an Archetypen statt an der Realität. In: *Freitag* Nr. 3/2000, S. 18.

ging so weit, die Zerstörung Berlins durch die Bomben nicht wahrzunehmen. Ruth Andreas-Friedrich sieht keine Bombenangriffe. Auch Ursula von Kardorff bringt die Tragik des Widerstandes und die Erfahrungen ihrer männlichen Verwandtschaft an der Ostfront nicht in Verbindung mit dem grotesken Milieu der Berliner Innenstadt im Jahre 1944, obwohl sie ein wesentlicher Ort der Erzählung ist. Die äußerste Konsequenz dieser Haltung ist respektabel, aber letztlich doch verinnerlichte Duldung und somit fremdbestimmtes Verhalten.

Die Frauen, deren Aufzeichnung hier zugrunde gelegt wurden, ahnten mehr als sie wußten, daß die Modernisierung unter den Bedingungen des Krieges zu einem Dilemma für sie geworden war. Lange Zeit hatten sie auf Emanzipation durch Teilnahme am modernen Leben, Integration in die Arbeitswelt usf. gesetzt. Vielleicht war sogar die größere Selbständigkeit während der ersten Kriegsjahre noch in diesem Licht angesehen worden. Der Bombenkrieg aber warf sie zurück in den Status der Opfer und Dulderinnen. Ihre Versuche, auf diese Niederlage durch Rückzug ins Private zu reagieren, müssen als hilflos angesehen werden. Sie sind aber die Ursache dafür, daß nach 1945 die betreffenden Erinnerungen als privat behandelt, nicht bedacht, nicht in die gesellschaftliche Dimensionen übertragen wurden. Um das Erlebte zu kompensieren, schwiegen diese Frauen über den Bombenkrieg, auch wenn sie über die Nazizeit sprachen. Sie hatten die Erfahrung einer Ohnmacht und wußten, was es heißt, wenn der wehrlose Teil einer Bevölkerung zur Verfügungsmasse der kriegführenden Parteien wird. Noch der Schulderlaß, der ihnen stillschweigend gewährt wurde, solange sie selbst schweigsam blieben, spiegelt die Ordnung wider, der sich die symbolische Anordnung der Geschlechter nach 1945 fortschrieb.

Ingrid Pietrzynski

"Vergessen ist zu einfach. Begreifen muß man!" Der Zweite Weltkrieg in literarischen Sendereihen des DDR-Hörfunks in der zweiten Hälfte der fünfziger Jahre – Literaturauswahl und Lesartendeutungen

Literary programs on contemporary war literature concentrated on descriptions of the war, on National Socialist crimes, the main guilty figures and on resistance. At the same time individual, everyday memories and experiences of people during that period were widely excluded. The official state policy of commemoration dominated the literary programs on the Second World War, which proclaimed a so-called 'historical (but not individual) guilt' of all Germans and criticised West Germany for not having overcome its past in moral and personal terms. The paper illustrates this with several examples from broadcasting series.

Wenngleich das Fernsehen noch in den Anfängen steckte, hatten sich die elektronischen Medien in den fünfziger Jahre zu Massen-Medien im eigentlichen Sinne entwickelt. Der Hörfunk hatte eine enorme öffentliche Verbreitung erreicht und war zu einer wesentlichen Informations-, Unterhaltungs- und Bildungsquelle geworden.

Im Rundfunk der DDR war in dieser Zeit die 1952 begonnene Zentralisierung zum Staatsfunk weitestgehend vollendet. Formal dem Ministerrat der DDR und real dem Zentralkomitee der SED unterstellt, von wo die politische Anleitung und Kontrolle erfolgten, war der Hörfunk ein politisches Instrument "zur Erziehung und Beeinflussung der Massen" geworden, so die explizite Funktionszuweisung durch den 3. SED-Parteitag 1950. Die Literatursendungen entstanden in einem mehr und mehr politisch ausgerichteten Sende-Umfeld und waren deshalb auch keine Inseln literarisch-abgehobener Kontemplation, sondern hatten den Auftrag, die staatliche Literatur- und Kulturpolitik zu verbreiten. Dabei bedingten die in den propagierten Sozialismusvorstellungen enthaltenen egalitären Tendenzen ein volkspädagogisches Medienkonzept mit stark didaktischen Zügen, das von vereinfachten Vorstellungen über einen quasi voraussetzungslosen Umschlag medialer Botschaften in Wirkungen getragen war. Literatursendungen hatten keine Fachsendungen für ein bestimmtes Publikum zu sein. Zielgruppensendungen waren in diesen Jahren, auch auf Grund der technischen Verbreitungsmöglichkeiten, noch außerhalb der Vorstellungen der Programmverantwortlichen. Hinzu kommt ein weiteres, wesentliches Kennzeichen dieser Programme in der Hoch-Zeit des Kalten Krieges: Die permanente Konkurrenzsituation mit den Westmedien. Diese äußerte sich in einer starken Fixierung auf den anderen Teil Deutschlands und einem gesamtdeutschen Wirkungsanspruch, was die Programminhalte, auch der Literatursendungen, nachhaltig prägte und beeinflußte.[1]

Bei den vorzustellenden Sendungen handelt es sich also – ebenso wie bei den offiziellen Printmedien – um authentische Zeitzeugnisse für die staatliche Sicht, auch auf das Thema, Zweiter Weltkrieg, und wie die Schuldfrage im obwaltenden Ost-West-Konflikt staatlicherseits beurteilt wurde und welche Lösungen man sich dafür wünschte.

"Jedes Kriegsbuch, das bei uns erscheint, streift diese Frage." Die Behandlung der Schuldfrage in den Literatursendungen

Die Auswahl der gelesenen, rezensierten oder vorgestellten Romane und Erzählungen, die die Zeit des Nationalsozialismus behandeln, bezieht sich in der zweiten Hälfte der fünfziger Jahre zu zwei Dritteln auf Bücher, die den Widerstand und die damit im Zusammenhang stehenden nationalsozialistischen Verbrechen thematisieren: Literatur über den spanischen Bürgerkrieg, die Konzentrationslager, Illegalität und Widerstandsleistungen vornehmlich von Kommunisten dominierten die Sendungen. Auch an die jüdischen Opfer wurde erinnert. Ausführlich machte man die Hörer mit den im Exil entstandenen Werken der großen deutschen Emigranten bekannt. Hinzu kamen Vorstellungen von ausländischer Prosa und Lyrik, von Autoren aus den von Deutschland okkupierten Ländern, die das Grauen des Krieges aus ihrer nationalen Opfer- und dann Siegerperspektive schilderten, Geschichten über Partisanenkämpfe und Judenverfolgung. Auch westdeutsche Bücher wurden den Hörern präsentiert, insbesondere im Programm

[1] Literatursendungen im Radio – das sind Lesungen, Rezensionen, Betrachtungen, Gespräche und Interviews. Künstlerische Sendungen sind vordergründig keine Informationssendungen, sondern sprechen in erster Linie die Emotionen an, vermitteln Unterhaltung und Bildung. Zu den künstlerischen Wortangeboten gehören auch Hörspiele, eine von diesem Medium entwickelte spezifische Kunstgattung, auf die ich nicht eingehen kann, auch die in den Literatursendungen zum Thema vorgestellte Lyrik muß ich ausklammern. Diese Programmgattungen erfordern auf Grund ihrer Spezifik eine gesonderte Betrachtung. Entsprechende Autorengespräche und Interviews konnten ebenfalls nicht einbezogen werden: Hier liegen keine schriftliche Überlieferung und nur sehr spärliche Tondokumente vor. Zu den Kommentaren in Literatursendungen vgl. Ingrid Pietrzynski: "Die Gegenwart zwingt zur Besinnung!" Die Thematisierung von Kriegsschuld in Kommentaren und Betrachtungen des DDR-Rundfunks. In: *Rundfunk und Geschichte* (2000). H. 1. sowie allgemein hierzu Ingrid Pietrzynski: "Die Menschen und die Verhältnisse bessern...". Literaturvermittlung in Literatursendungen des DDR-Rundfunks. In: Monika Estermann und Edgar Lersch (Hrsg.): *Buch, Buchhandel und Rundfunk 1950 – 1960.* Wiesbaden 1999. S. 120-180.

des Deutschlandsenders, der – gemäß seinem explizit formulierten gesamtdeutschen Sendeauftrag – westdeutsche Hörer ansprechen sollte.

Eine erhebliche Informationsfülle, die auf den ersten Blick nichts mit Verschweigen und Verdrängen zu tun zu haben scheint, ja, das thematisch ähnlich ausgerichtete Sende-Umfeld anderer Programmsparten im Verein mit Schulbildung und sonstigen kulturellen Angeboten erlaubt von einem Informations-Überangebot über die nationalsozialistischen Verbrechen, von einer permanenten Thematisierung zu sprechen.[2] Dies war nicht neu, sondern schon seit der DDR-Gründung staatlich vorgegeben.[3]

Die Hörfunkangebote der endfünfziger Jahre waren also auf ein Publikum gerichtet, das zwar mehrheitlich Widerstand oder spanischen Bürgerkrieg aus eigenem Erleben nicht kannte, aber in den zurückliegenden Jahren vielfach darüber informiert worden war. Immer wieder wurden den Hörern Handlungen und Haltungen von Menschen vorgestellt, die ihnen wenig vertraut waren, die "eine zahlenmäßig geringe, disziplinierte und moralisch starke Vorhut" waren, "die besten Söhne unseres Volkes, deren Heldenmut wir bewundern, deren Opfergang uns beschämt".[4]

Erschütterung, Beschämung und Bewunderung war die Wirkungsabsicht solcher permanenten Projezierung des Erfahrungsgehaltes einer bestimmten, "zahlenmäßig geringen" Verfolgtengruppe, die nicht nur als Opfergruppe gesehen werden wollte, sondern als aktiv widerstehende Kämpfer, die durch ihr Handeln "den Ausweg zeigten".[5] Mit dieser Aufarbeitungsstrategie von NS-Vergangenheit einher ging die ständige Mahnung, nicht zu vergessen und sich von den nationalsozialistischen Verbrechen zu distanzieren.[6] "Rechenschaft über die Vergangenheit, Abrechnung mit dem Faschismus und der Mut, die deutsche Schuld einzugestehen",[7] waren gefordert und wurden

[2] Zu den Defiziten dieser Thematisierung vgl. u.a. Wilfried Schubarth und Thomas Schmidt: "Sieger der Geschichte". Verordneter Antifaschismus und die Folgen. In: *Der antifaschistische Staat entläßt seine Kinder. Jugend und Rechtsextremismus in Ostdeutschland.* Köln 1992. S. 12-28.

[3] Vgl. hierzu Ursula Heukenkamp: Das lautlose Deutschland. Widerstandsliteratur und ihre Rezeption. In: Dies. (Hrsg.): *Unterm Notdach. Nachkriegsliteratur in Berlin 1945-1949.* Berlin 1996. S. 267-316.

[4] Sendemanuskript: Antwort auf Hörerbriefe zu unserem Fortsetzungsroman *Die Patrioten* von Bodo Uhse, 19.7.1955. In: Deutsches Rundfunkarchiv Frankfurt a.M., Berlin; Standort Berlin (im folgenden DRA Berlin), Historisches Archiv, Schriftgutbestand Hörfunk (im folgenden HA HF). Berlin I 1955/386. S. 3.

[5] Ebd.

[6] Vgl. hierzu Jürgen Danyel: Die Opfer- und Verfolgtenperspektive als Gründungskonsens? Zum Umgang mit der Widerstandstradition und der Schuldfrage in der DDR. In: Jürgen Danyel (Hrsg.): *Die geteilte Vergangenheit. Zum Umgang mit Nationalsozialismus und Widerstand in beiden deutschen Staaten.* Berlin 1995. S. 31-46.

[7] Alfred Könner: Sendemanuskript *Blick in neue Bücher,* 24.10.1956. In: DRA Berlin, HA HF, BR 1956/1072. S. 3.

in den Sendungen zum Thema als "brennendste Problematik" ständig benannt: "Die immer wieder neu versuchte Antwort auf die Frage: Wie konnte es geschehen?"[8]

> daß sich der Soldat zu Verbrechen hinreißen oder diese, ohne zu reagieren, geschehen ließ und bei der Sache blieb bis zum Schluß? Jedes Kriegsbuch, das bei uns erscheint, streift diese Frage.[9]

Beantwortet wurde diese Frage – neben der durchaus konstatierten "Mitschuld der Soldaten", vor allem mit deren "weit verbreiteten Hilflosigkeit in politischen Fragen", die es den Deutschen nicht ermöglicht hätte, Konsequenzen zu ziehen. Insofern hätten sowohl die Soldaten als auch alle anderen, die sich dem Nationalsozialismus unterworfen hatten, eine geschichtliche Schuld, die es anzuerkennen gelte:

> Schuld fordert Sühne, das ist eine der ältesten Erkenntnisse der Menschheit. [...] Das deutsche Volk hat als ganzes sicherlich keine Schuld an den zwei Weltkriegen. Es wurde in sie hineingezwungen von einer verhältnismäßig kleinen Schicht. Das deutsche Volk als ganzes hat auch keine Schuld an den fürchterlichen Greueln der SS und Gestapo in den verschiedenen Ländern Europas. [...] Das deutsche Volk ist keine Verbrechernation. Aber trotzdem besteht eine Schuld geschichtlicher Natur. Deutsche unterwarfen sich dem Gangsterregime und von diesem verbrecherischen System ging der zweite Weltkrieg aus. Unsere geschichtliche Schuld liegt darin, daß wir längst nicht alle rechtzeitig auf die Warnungen von vor 1933 geachtet haben, daß viele Millionen weghörten, wenn Ernst Thälmann sagte: 'Hitler – das ist der Krieg!' Für diese historische Schuld mußten wir durch die Katastrophe von Krieg und Niederlage sühnen. Und diese Sühne war gewiß schwer. [...] In der DDR hat man sich mit der Frage der geschichtlichen Schuld klar und mutig auseinandergesetzt. Man hat erklärt, was geschehen ist, kann nicht ungeschehen gemacht werden, aber es darf niemals wieder geschehen! Und daraus hat man die politischen und wirtschaftlichen Konsequenzen gezogen. Aber diese Aufgabe ist erst halb vollbracht. In Westdeutschland redet man zwar viel von der sogenannten 'unbewältigten Vergangenheit'. Das ist ein schönes Schlagwort für Kongresse und Tagungen. Aber die führenden Schichten dachten und denken gar nicht daran, diese Vergangenheit zu 'bewältigen', sondern je mehr prominente und unbelehrbare Faschisten in Schlüsselstellungen kamen, desto mehr suchte man umgekehrt, diese Vergangenheit wiederherzustellen und die Schuldfrage einfach beiseite zu schieben. Statt die Wurzeln des Nazismus auszurotten, inszenierte man eine Hetze gerade gegen die schärfsten und unversöhnlichsten Bekämpfer des Faschismus: gegen die Kommunisten, gegen alle Antifaschisten, gegen die DDR, gegen die Volksdemokratien und vor allem gegen die Sowjetunion. [...] Solange man Kriegsverbrecher ihren Richtern

[8] Christa Wolf: Sendemanuskript *Bücher im Brennpunkt*, 20.9.1957. In: DRA Berlin, HA HF, DS 1957/829. S. 1.

[9] Alfred Könner: Sendemanuskript *Blick in neue Bücher*, 9.3.1957. In: DRA Berlin, HA HF, BR 1957/480. S. 1. Die ursprüngliche Formulierung des Autors "Wie kam es, daß der Deutsche sich so willig faschisieren ließ?" war von den Rundfunkverantwortlichen in o.g. Reduzierung auf die Soldaten abgeändert worden.

entzieht, ihre Bestrafung verhindert – und Mord bleibt Mord, ganz gleich, wer ihn beging, ob er nun hoch oder niedrig gestellt ist – solange bleibt auch die geschichtliche Schuld, die auf Deutschland ruht, in der Bundesrepublik ungesühnt.[10]

Diese Argumentation folgte den damals gängigen Erklärungsmustern zur Abwehr der Kollektivschuld-These: Dem nationalsozialistischen Staat und seinen Exponenten wird die Kriegsschuld zugeordnet, die Bevölkerung erscheint als Opfer und mißbraucht. Die individuelle Schuld ist in dem Konstrukt von der 'geschichtlichen Schuld' aufgehoben, woraus sich die Folgerung "Niemals wieder politische Orientierungslosigkeit!" ergibt. Man appellierte an das "untergründig schlechte Gewissen"[11] der Menschen und forderte von ihnen distanzierende Er- und Bekenntnisse über die "eigentlichen Schuldigen" und noch mehr die Bereitschaft ein, sich in die neuen Bedingungen und Verhältnisse als Sühnung der Schuld einzuordnen. Dabei ging die offizielle Erinnerungspolitik davon aus, daß im Westen Deutschlands offizielles, öffentliches und individuelles Verschweigen vorherrsche. Die gemeinsame nationalsozialistische Vergangenheit als zentrales Feld der deutsch-deutschen Auseinandersetzungen im Kalten Krieg wurde im DDR-Rundfunk durch Präsentation der bereits eingeschliffenen Feindbilder von der nicht bewältigten Vergangenheit im und der erneuten Weltkriegsgefahr aus dem Westen behandelt.

Ausgeblendet bei dieser Behandlung der Schuldfrage blieben die sich nicht nur in politischer Orientierungslosigkeit erschöpfenden ehemaligen Handlungsmotivationen der Menschen, die den Nationalsozialismus gestützt und sich für den Krieg begeistert hatten. Ihre Stellungnahme zum eigenen einstigen Verhalten, ihre persönlichen Erinnerungen und Erfahrungen blieben ihnen somit mehr oder weniger selbst überlassen, was auch Verdrängen und beim Radiohören im ganz wörtlichen Sinne Weghören und Abschalten ermöglichte.

Die Mehrheit der Bevölkerung und damit der erwachsenen Hörer dieser Jahre hatte persönliches Leid in erster Linie im Krieg und Nachkrieg erfahren. Literatursendungen, deren Inhalt mit diesem Erfahrungspotential korrespondierte, gab es im Vergleich mit der Widerstandsthematik sehr viel seltener. Gleichwohl griffen solche Programme, auf die ich mich im folgenden konzentriere, die literarischen Werke auf, in denen in dieser Zeit junge Autoren aus der Kriegsgeneration ihre Kriegserlebnisse verarbeiteten und einen für die DDR neuen Zugang zur Gestaltung von Massenerfahrun-

[10] Theodor Schulze-Walden: Sendemanuskript *Betrachtung am Karfreitag*, 15.4. 1960. In: DRA Berlin, HA HF, BR 1960/393. S. 1-3, 8-9. Dieser – nicht von der Literaturabteilung produzierte – Kommentar steht exemplarisch für die Argumentation zum Thema im Gesamt-Hörfunkprogramm.

[11] Vgl. Christa Wolf: *Reden im Herbst*. Berlin, Weimar 1990. S. 96: "Das untergründig schlechte Gewissen machte sie ungeeignet, sich den stalinistischen Strukturen und Denkweisen zu widersetzen."

gen fanden.[12] Diese Romane und Erzählungen einer sogenannten harten Schreibweise operierten sowohl mit dem Motiv der Schuld und der Wandlung der Kriegsteilnehmer als auch mit der Darstellung der Härten und zum Teil der Faszination der Kriegserfahrungen.[13]

"Wachsender Mut zu einem Neubeginn" und "Westdeutsche Restauration der Gewissenlosigkeit". Die Lesungen aus Kriegsliteratur

Lesungen waren eine schon in der Frühzeit des Radios in den zwanziger Jahren entstandene klassische Form der medialen Literaturvermittlung mit Unterhaltung, dienten der Bildung und Literaturförderung, wobei Autoren selbst, Rundfunksprecher oder Schauspieler lasen.[14]

Im DDR-Rundfunk stellte man die Literaturwerke dabei meist ausschnittsweise vor. In der Reihe *Roman in Fortsetzungen* kamen aber auch vollständig gelesene Bücher – oft über mehrere Wochen – zu Gehör, wie in diesen Jahren Franz Fühmanns *Kameraden* oder Karl Mundstocks *Bis zum letzten Mann*. Die bis weit in die sechziger Jahre im Programm befindliche Sendereihe beinhaltete allerdings nur 1955 diese neue, offiziell nicht unumstrittene Art von Kriegsliteratur.

Die vorgenommenen Lesartendeutungen scheinen vor allem in der Auswahl der Auszüge auf, die gesendet wurden: Man konzentrierte sich durchgehend auf die Szenen, in denen die Entscheidung der literarischen Helden hin zur Wandlung fällt. Oft wurden auch kürzere Texte, Erzählungen und Novellen, unter diesem Aspekt zusammengestrichen, sicher auch unter dem Diktat der begrenzten Sendezeit. Somit bot man den Hörern eine stark reduzierte Einsicht in einen in den Büchern oft ausführlicher oder differenzierter geschilderten Prozeß, der zu solchen Entscheidungen der lite-

[12] Vgl. hierzu u.a. Diskussionsbeitrag Ludwig Renns auf dem IV. Deutschen Schriftstellerkongreß 1956. In: *Beiträge zur Gegenwartsliteratur* (1956). H. 2. S. 103-106.

[13] Vgl. hierzu u.a. Olaf Lange: Wandlung oder Tod. Der zweite Weltkrieg in der Prosa der DDR (1949-1960). In: Ursula Heukenkamp (Hrsg.): *Unerwünschte Erfahrung. Kriegsliteratur und Zensur in der DDR*. Berlin, Weimar 1990. S. 100-134; Dieter Schiller: Alltag, Widerstand und jüdisches Schicksal. Aspekte der Auseinandersetzung mit dem Dritten Reich in der literarischen Öffentlichkeit der SBZ und frühen DDR. In: Werner Bergmann, Rainer Erb und Albert Lichtblau (Hrsg.): *Schwieriges Erbe. Der Umgang mit dem Nationalsozialismus und Antisemitismus in Österreich, der DDR und der Bundesrepublik Deutschland*. Frankfurt a.M., New York 1995. S. 393-407; Helmut Peitsch: Zur Geschichte von 'Vergangenheitsbewältigung'. BRD- und DDR-Kriegsromane in den fünfziger Jahren. In: *1945-1995. Fünfzig Jahre deutschsprachige Literatur in Aspekten*. Amsterdamer Beiträge zur neueren Germanistik 1995. Bd. 38/39. S. 89-117.

[14] Vgl. hierzu Theresia Wittenbrink: Rundfunk und literarische Tradition. In: Joachim-Felix Leonhard (Hrsg.): *Programmgeschichte des Hörfunks in der Weimarer Republik*. München 1997. Bd. 2. S. 996.

rarischen Helden geführt hatte. Eine Literatur-Vermittlungsstrategie, die wenig Raum ließ für eine realistische Darstellung des tatsächlich eher passiven Verhaltens der Mehrheit. Sie war auch in Schulbüchern üblich und förderte so vereinfachte Sichten auf Verhaltensdispositionen und wenig Verständnis für die Kompliziertheit der Entscheidungsfindung in Konfliktsituationen der Vergangenheit (und möglicherweise auch der Gegenwart). Auch die Kriegsgeneration selbst bekam auf diese Weise in erster Linie außergewöhnliche Kriegsereignisse, -schicksale und -situationen zu hören, die wohl nur bedingt mit ihren eigenen Erlebnissen und Leidenserfahrungen korrespondieren konnten.

Dennoch vermochten auch die gekürzten Texte ein gewisses eigenes Wirkungspotential in ihrer künstlerisch-ästhetischen Ausformung zu entfalten. Auf künstlerisch-ästhetische Gesichtspunkte gingen die Literaturredakteure in ihren stets knapp gehaltenen Ansagen und Begleittexten, die stark inhaltsbezogen waren, allerdings wenig ein. In der Ansage zur Lesung von Fühmanns Erzählung *Kapitulation* im Oktober 1957 zum Beispiel – sie war erst wenige Monate zuvor erschienen – gab die Redakteurin den Hörern überhaupt keine Hinweise darauf, was sie erwartete. Fühmann bot hier keine vordergründigen Lösungen für den schrecklichen Zwiespalt, in den ein junger Soldat gerät, als er zwischen der Furcht vor drohender Exekution durch ein fliegendes Standgericht und vor der nahenden russischen Kriegsgefangenschaft den Selbstmord wählt. Dies geschieht in Böhmen Stunden nach der Kapitulation in Berlin, die der literarische Held somit zu seiner eigenen macht.[15] Anlaß für die Lesung war die Verleihung des Nationalpreises an den Autor am Tag zuvor und diese Mitteilung beinhaltete die Ansage.[16] Auch der sogenannte Argu-Text[17] für die Sendung war eher allgemein-einsilbig gehalten und benannte das von Fühmann verhalten aufgegriffene Tabu der massenhaft verinnerlichten Furcht vor der Roten Armee

[15] Vgl. hierzu u.a. B. Brandt: Gottesgericht und Kapitulation. Neue Novellen von Franz Fühmann zum Thema des zweiten Weltkrieges. In: *Nationalzeitung* vom 19.7.1957.

[16] Vgl. Ansage zur Lesung, 8.10.1957. In: DRA Berlin, HA HF, BR 1957/850.

[17] Die Argu (=Argumentation) war auf den Freigabescheinen zu den Sendungen enthalten. In ihr hatten die Redakteure kurz Inhalt und politische Wirkungsabsicht zu beschreiben. Dabei bediente man sich oft, auch aus taktischen Gründen, um die Sendungsfreigabe zu erhalten, politischer und tagesaktueller Formulierungen. Diese Texte sind ein oft überdeutlicher Nachweis der politischen und didaktischen Wirkungsabsichten, geschrieben für die Chefs, denn in dieser Direktheit wurden sie nur selten in die Ansagen übernommen. Sie lassen Einblicke in die Wirkungswunschvorstellungen zu, die von den Programmverantwortlichen dann mitunter – entsprechend den damals gültigen vereinfachten Vorstellungen von quasi voraussetzungsloser Umsetzung medialer Botschaften in Wirkungen – mit der Wirklichkeit verwechselt wurden.

nicht, ebensowenig wie das vom Autor beschriebene Trauma der nicht nur militärischen Niederlage.[18]

Viel wortreicher dagegen war die Bearbeiterin, die mit ihren Kommentaren die Lesung von Mundstocks *Sonne in der Mitternacht* begleitete. Hier wurden mehrere Passagen der Erzählung gelesen, unterbrochen von kommentierenden Begleittexten: Eine anschauliche, dialogisch aufgebaute, der Funkspezifik entgegenkommende Vermittlung von Literatur, die die quälenden Konfliktsituationen, denen der literarische Held ausgesetzt ist, zudem spannend erzählt. Dieser Held allerdings ist, als er Wehrmachtssoldat wird, bereits ein "Wissender, Aufgeklärter, der in Opposition zu den faschistischen Verhältnissen stand", ein Widerstandskämpfer also, der schon im Konzentrationslager gewesen war. Er will und soll im KPD-Auftrag auch in der Wehrmacht Widerstand leisten und andere dafür gewinnen. In die realistische Darstellung seiner "zähen, tastenden und teilweise so ganz und gar resonanzlosen Aufklärungsarbeit unter den Kameraden", in die Rückschläge dabei und in seine "tiefe Resignation" konnte sich die Redakteurin offensichtlich tief einfühlen. Sie identifizierte sich mit der staatlich sanktionierten Siegerperspektive und vermittelte diese an die Hörer weiter. Auf diese Weise wurde wiederum ein differenziertes Bild von den Konflikten eines Menschen gezeichnet, der seine eigenen "subjektiven ethischen Prinzipien und Empfindungen, [...] seine positiven, bejahenswerten, oppositionellen Reaktionen unterdrücken" mußte. Dieser "unermüdliche Kämpfer gegen das Grauen des Krieges", dem die Vernichtung seiner ehemaligen deutschen Kameraden durch russische Partisanen nicht gleichgültig ist, "ging dennoch den einzigen richtigen Weg, [...] der schwer und vielleicht im Detail nicht immer gerecht war"[19]. Unüberseh- und -hörbar in dieser Sendung ist das Werben um Verständnis für das Verhalten, aber auch "die Stärke der antifaschistischen Kämpfer", um die Bejahung dieser Art von Kampf, auch als – vermeintlich – neue nationale Tradition.

Bei den Hörern sollte "aus der Erkenntnis, falschen Zielen gedient zu haben, der Mut zu einem Neubeginn wachsen"[20]. Hier taucht der Topos von der aufblühenden Zukunft auf. Wie dieser Neubeginn unter anderem aussehen konnte, eröffnete die 1958 gelesene, unveröffentlichte Erzählung *Die Entscheidung* von Manfred Magnus. Sie ist zwar keine Kriegserzählung im eigentlichen Sinne, nimmt aber stark Bezug auf die Schuld und nationalsozialistische Verstrickung breiter Bevölkerungsschichten. Der Autor schildert die Konflikte eines Ehepaares bei der Entscheidung für oder gegen die Teilnahme ihres Kindes an der Jugendweihe. Dabei erinnert der Mann an die Vergangenheit:

[18] Argu-Text siehe in Tabelle 1.
[19] Sendemanuskript: Lesung *Sonne in der Mitternacht* von Karl Mundstock, 12.2. 1960. In: DRA Berlin, HA HF, BR 1960/165. S. 1, 4, 8, 9.
[20] So die Formulierung des Argu-Textes zur Lesung von Margarete Neumanns *Am letzten Tag* vom 6.5.1959, vgl. Tabelle 1.

Er ist jetzt nahe daran, alles vorzubringen, was er schon immer sagen wollte. [...] "Es gab eine Zeit, da wußte ich nicht, was ich wollte, stimmt ...", sagt er leise, wie zur eigenen Orientierung. "Doch das Drumherum ändert sich, und man ändert sich mit... Aber ich wollte immer Ruhe im Haus haben und sagte nie etwas und jetzt sitze ich da...!" [...]
Da hatte er also jahrelang schwere körperliche Arbeit beim Straßenbau geleistet – er, der Buchhalter – zusammen mit anderen ehemaligen Pgs, von denen viele noch an die Vergangenheit glaubten, hatte mit sich gekämpft und einsehen müssen, daß alles Vorherige ungültig geworden und vertan war und hatte mit einem geringen Rest Hoffnung sein Leben von Neuem begonnen. [...]
"Ich war damals gläubiger Christ. Du weißt, wie mich meine Eltern erzogen haben. Und nun will ich dir etwas erzählen – du hast mich einmal gefragt, ob ich als Soldat Menschen getötet hätte. Ich habe gelogen. Ich wollte dich nicht unnötig belasten und hab nein gesagt..." Er glaubt, ihre entsetzten Blicke zu spüren. "Im Krieg kommt es manchmal darauf an – ich oder du. Ich sage dir auch ganz ehrlich, daß ich nicht viel dabei empfunden habe. Nur ein leichtes Staunen, daß man nicht viel empfindet. Man kann es sich heute kaum noch vorstellen ..."
Zum ersten Mal hört er wieder ihre Stimme. "Was hat das mit der Konfirmation zu tun", sagt sie tonlos.
"Das kommt jetzt", sagt er. "Wenn du den Jungen zur Konfirmation schickst, erzähle ich ihm, daß ich – Menschen getötet habe...!"
"Das kannst du nicht machen, nein!" Ihr Nein ist wie ein Hilferuf.
"Und ich sage ihm, daß die Waffen, durch die sie sterben mußten, von Geistlichen gesegnet wurden! Ich sehe noch das feiste Gesicht des Regimentspfarrers vor mir, als ich ihn voller Zweifel nach dem Sinn des fünften Gebots fragte und er antwortete mir, ich soll an das Koppelschloß denken! Jawohl! Gott mit uns! Mit Gott durfte man auf jeden anderen schießen, denn das waren nur lausige Russen, Saufranzosen und Dreckpolen, nicht wahr?! Aber der Krieg ist verloren gegangen, war Wahnsinn und ist lange vorbei – was denn nun? Wofür hat man getötet, wofür wurde krepiert? Für ein Nichts, wegen eines Irrtums – aber Mit Gott! – Pfui, Deibel...! Und heute? Schöne Pakete schicken und Waffen segnen, sogar Atomwaffen – dieselben Leute!" [...]
Ursprünglich hatte er sagen wollen, daß er seinem Jungen solche Konflikte ersparen wollte, aber er hatte es eigentümlicherweise nicht gesagt, sondern nur von sich gesprochen die ganze Zeit, als ginge es um die Klärung seines eigenen Lebens. Plötzlich wird ihm bewußt, daß tatsächlich noch vieles zu klären war und daß ihn seine Frau ja gar nicht begreifen kann, weil er noch nie so zu ihr gesprochen hat. [...] Er war selber schuld, wenn sie sich unnachgiebig auf seine Halbheiten stürzte. Es wird anders werden, denkt er und ahnt, daß er in Zukunft sehr konsequent bleiben muß.
"Was die Väter falsch machten, wollen sie bei ihren Kindern verhüten, das ist nun einmal so", sagt er ruhig. "Der Junge geht zur Jugendweihe!"[21]

Dies ist ein Musterbeispiel für die ungeschminkte und vordergründige Umsetzung der kulturpolitischen Forderungen: Sühne der Schuld durch Arbeit, politische Mitarbeit im und Bekenntnis zum Staat DDR. Damals gängige

[21] Sendemanuskript: Lesung *Die Entscheidung* von Manfred Magnus, 19.9.1958. In: DRA Berlin, HA HF, DDR 1958/919.

Feindbilder werden abgearbeitet: Die bereits wieder (Atom-)Waffen segnende Kirche, der mit Paketen lockende Westen. Es ist sicher kein Zufall, daß der DDR-Rundfunk dabei einem Laienautor Sendezeit zur Verfügung stellte, dessen Text "aus einer Vielzahl den Rundfunk erreichenden literarischen Arbeiten zu verschiedenen aktuellen Themen"[22] ausgewählt worden war und die Erwartungen an Agitationsliteratur aufs Beste erfüllte.

Die gelesenen Auszüge aus westdeutschen Büchern waren in den Ansagen stets mit dem Rückgriff auf die "Restauration der Gewissenlosigkeit in der Bundesrepublik" verbunden. So erklärte man den Hörern bei *Stern ohne Himmel* von der Mannheimerin Jo von Tiedemann, die ein Sujet über die sogenannte Heimatfront gewählt hatte, daß die darin geschilderte Entscheidungssituation, vor der Halbwüchsige bei der Entdeckung eines versteckten jüdischen Jungen stehen, über die bloße Besinnung auf die Ereignisse von damals hinaus an heute noch immer akute Probleme rühre:

> Denn wo, wenn nicht in der bundesdeutscherseits sanktionierten Ausklammerung eines Teils der Geschichte, in den Versäumnissen von Eltern und Erziehern, die ihren Kindern verschwiegen haben, was geschehen ist, liegt die Gefahr für die Wiederholung faschistischer Verbrechen?[23]

Mit Jürgen Beckelmanns unveröffentlichter Erzählung *Die Schuldlosen* strahlte der Rundfunk die Schilderung des verlogenen und opportunistischen Verhaltens von durchaus Mitschuldigen beim Einzug der Amerikaner in eine kleine süddeutsche Stadt aus. Vertraute Szenen sicher für viele Hörer, nur waren sie eindeutig lokalisiert: im Westen. In der Ansage apostrophierte man das Werk des Autors als "Anklage gegen den Krieg und [als] Aufklärung über die restaurative Nachkriegsentwicklung in der Bundesrepublik"[24].

"Nicht überall in Deutschland ein neuer Anfang ..." Rundfunk-Literaturkritiken zur Kriegsliteratur

Die Berichterstattung über die vom Deutschen Schriftstellerverband im Oktober 1957 veranstaltete Kriegsliteratur-Tagung, auf der junge Autoren wie Herbert Otto einer heftigen Kritik unterzogen worden waren, vermittelte den Hörern nur einen unzureichenden Eindruck von den Diskussionen. Man übertrug vorwiegend Redeausschnitte derjenigen, die die offiziellen kulturpolitischen Positionen vorgetragen hatten, wie Alfred Kurella, Johanna Rudolph, Hermann Kant oder Frank Wagner, die später auch publiziert wurden. Die Forderung, sich vom rein Autobiographischen zu lösen, da die

[22] Ansage ebd. S. 1.
[23] Ansage zur Lesung *Stern ohne Himmel* von Jo von Tiedemannn, 13.7.1960. In: DRA Berlin, HA HF, DS 1960/647. S. 1. (Jo von Tiedemann d.i. Leonie Ossowski)
[24] Ansage zur Lesung *Die Schuldlosen* von Jürgen Beckelmann, 27.1.1960. In: DRA Berlin, HA HF, DS 1960/094. S. 1.

Schilderung des eigenen Erlebens nur Teilwahrheiten transportieren könne, mündete in den begleitenden Ansagen und Kommentaren in der Aussage: "Der Einzelfall muß für das Ganze stehen, das Verhältnis von Wesen und Erscheinung des Krieges muß sichtbar gemacht werden!"[25] Die ungeheure Fülle und die Kompliziertheit des Stoffes hätten bestimmte Autoren wie Herbert Otto nur mit unglaubhaften Konstruktionen bewältigt, informierte die Redakteurin die Hörer, ließ aber den angegriffenen Autor nicht einmal ausschnittweise zu Wort kommen, sondern spielte Alfred Kurellas Bemerkungen hierzu ein.

Der Redakteur Werner Liersch berichtete in seinem Beitrag für den Deutschlandsender über Günther Cwojdraks Äußerung, "daß die 'ideologische Vorgabe' eine echte Schwäche unserer Kriegsliteratur sei, in der die Helden oft als Sprecher des Autors aufträten und damit den Kontakt zur Masse der Leser verlieren würden". Cwojdrak hatte recht deutlich sein Unbehagen über die kulturpolitisch geforderte Sprachrohr-Rolle der Autoren benannt, von denen Wandlungsschilderungen erwartet wurden, die sich in vielen Romanen und Erzählungen in forciert zugespitzten Entscheidungssituationen niederschlugen. Auch daß damit "unglaubwürdige literarische Handlungen" zustande gekommen seien und den Lesern nur wenig Identifikationsangebote gemacht werden konnten, kritisierte der Kriegsteilnehmer und Schriftsteller Cwojdrak an der neueren DDR-Kriegsliteratur. Auch hierzu wurden nicht Originalaussagen, sondern die bewährten, die offizielle Erinnerungspolitik bedienenden Rezepte von Alfred Kurella eingeblendet. Natürlich müsse sich der Leser in den Helden selbst auch wiedererkennen können, "um am gestalteten Wandlungsprozeß teilnehmen zu können", war das sibyllinische Fazit des Redakteurs.[26]

Bei den rezensierten Kriegsbüchern tauchen erheblich mehr Titel als bei den Lesungen auf und viele der damals bekannten Romane und Erzählungen. Nicht vorkommen jedoch Hans Pfeiffers *Höhle von Baby Doly* und Harry Thürks *Stunde der toten Augen*. Um beide Bücher hatte es in der Literaturzeitschrift *Neue deutsche Literatur* 1957/58 heftige Debatten gegeben. Die mehrheitlich keine Literaturzeitschriften lesenden Radiohörer konnten diese Debatten also nicht umfassend nachvollziehen. Die Rezensionen beschrieben ausführlich – oft in didaktischer Schulfunkmanier – den Inhalt der besprochenen Bücher. Literarische Qualitäten oder Mängel wurden kurz angemerkt, besonders wenn es sich um Erstlingswerke handelte, ging man mit den Autoren sanft um. Denjenigen, die eigenes Erleben geschildert hatten, wurde Ehrlichkeit und guter Willen bescheinigt. Oft werden die Beschreibungen von Unzulänglichkeiten und Korruption in der Wehrmacht als unzureichend für Darstellung der "Gefährlichkeit des faschistischen

[25] Eva Schnabel: Sendemanuskript *In diesen Tagen*, 4.10.1957. In: DRA Berlin, HA HF, BR 1957/833. S. 2.

[26] Werner Liersch: Sendemanuskript *Literarische Umschau*, 8.10.1957. In: DRA Berlin, HA HF, DS 1957/895. S. 2.

Militarismus" moniert. Auch die "Detailversessenheit" und das mitunter aufgefundene naturalistische Abenteuer- und Spannungselement bei manchen jungen Autoren fanden nicht die Anerkennung der Kritiker, weil dies als Kriegsverherrlichung mißverstanden werden könne. Aufklärungsliteratur war gefordert, auch wenn den Autoren das Gelingen spannungsgeladener Konfliktsituationen und kraftvoll geschilderter Szenen zugestanden wurde. Herrschender Bewertungsmaßstab war der Normenkanon des sozialistischen Realismus, der auf Wandlung, Einsicht und Umerziehung, auf Veränderung zum Positiven gerichtet war.

In ihren stets allgemeinverständlich gehaltenen und ohne Fachvokabular auskommenden Rundfunkkritiken konzentrierten sich die Rezensenten vor allem auf die Aussage der literarischen Werke, die "den Anforderungen unserer Zeit entsprechen" müsse, wie die Rundfunkverantwortlichen es in der Argu bündig-verkürzt formulierten.[27] Man maß den Wert eines Kriegsbuches daran, ob es "sich nicht damit begnügt, die Vergangenheit heraufzubeschwören, sondern die tieferen Zusammenhänge zu suchen und ein Urteil zu wagen", ob "in Einzelschicksalen und Ereignissen das Wesen unserer Zeit " gesehen und wiedergegeben wurde, oder ob die Buchhelden "bereit zu neuem und verantwortungsvollen Beginn" waren. Die geforderte Distanzierung vom Krieg und seinen führenden Schuldigen war, wie Gotthard Erler schreibt, "durch das politische Geschehen der Nachkriegszeit wesentlich beeinflußt und zwar durch die ständige Gefahr eines neuen Krieges und durch Bemühungen, dieser Bedrohung zu begegnen"[28]. Das Möglichwerden des Nationalsozialismus wurde als Argument gegen den Kapitalismus als Ganzes verwendet. Antikapitalistische Feindbilder, in denen antimilitaristische aufgehoben waren, waren gesetzt und wurden präsentiert. Im Krieg käme das "Wolfsgesetz dieser barbarischen Gesellschaft am deutlichsten zum Vorschein", so Gerhard Wolf 1958.[29] Wenn auch nicht immer so deutlich-vordergründig formuliert, die Schuldigen "sitzen unter dem Namen Oberländer, Globke und Schröder in Bonn, sie verspritzen als unverbesserliche Nazis ihr revanchistisches Gift in den Städten Westdeutschlands!"[30] So konnte ein Buch dann auch schon einmal "politisch genau zur rechten Zeit kommen"[31], wie es Ferdinand Mays *Die von U 189* bescheinigt wurde, der das Schicksal einer U-Bootbesatzung bis in die Gegenwart geführt und die schuldigen Kommandeure in verantwortlichen Posten in der Bundesrepublik positioniert hatte.

[27] Argu-Text zur Sendung *Blick in neue Bücher,* 12.9.1956, vgl. Tabelle 2.
[28] Gotthard Erler: Sendemanuskript *Blick in neue Bücher*, 3.10.1957. In: DRA Berlin, HA HF, BR 1957/825. S. 1.
[29] Gerhard Wolf: Sendemanuskript *Wer ist der Autor?,* 30.5.1958. In: DRA Berlin, HA HF, DDR 1958/483. S. 2.
[30] Gotthard Erler: Sendemanuskript *Neues für den Bücherschrank*, 1.2.1960. In: DRA Berlin, HA HF, BR 1960/123. S 3.
[31] Ebd.

In seinem Romanbericht *Krieg ohne Schlacht* hatte der ausgewiesene Kriegsautor und Remigrant Ludwig Renn ein durchschnittliches Soldatenschicksal an der Peripherie der blutigen Kriegsschauplätze auf den griechischen Inseln geschildert, wo keine Schlachten tobten und der Kriegsdienst auch unvergeßliche Reiseerlebnisse offerieren konnte. Die Landser-Devise *Man lernt sich drücken, wo es geht* wird von Renn bis in die auch erträgliche englische Kriegsgefangenschaft hinein anschaulich illustriert.[32] Mit dieser bereits 1951 entstandenen und erst 1957 zur Veröffentlichung freigegebenen Darstellung[33] hatte Renn nicht nur die weit verbreitete Landserpsyche und das übliche Wegsehen bei Konfliktsituationen zutreffend erfaßt, sondern kam auch der massenhaften Unfähigkeit nahe, solche Konflikte und das mit ihnen verbundene Unrecht überhaupt zu erkennen. Ein früher Versuch in der DDR-Literatur, die massenpsychologischen Ursachen von Verführbarkeit und Mitmachen, wenn nicht zu erklären, so doch in ihrem Ablauf zumindest nachzuzeichnen.

Christa Wolf, die in ihren *Kindheitsmustern* zwanzig Jahre später den Alltag im Nationalsozialismus differenziert beschrieb, bescheinigte in ihrer Rundfunkkritik dem Autor Ludwig Renn ein "echtes, milieugetreues, in jeder Einzelheit sorgfältig studiertes Bild vom Leben der Soldaten", warf ihm aber gleichzeitig vor, daß die Schilderungen

> Beschreibungen bleiben, sie dringen nicht ein, menschliche Seelenregungen werden konstatiert. […] Es fehlt Atmosphäre. [...] Mit den Figuren wird gehandelt! [...] Der chronikartige Ablauf der Ereignisse, der Verzicht auf Handlung – damit der Verzicht auf Höhepunkte – steht diesmal der unmittelbaren Wirkung des Buches auf den Leser im Wege. [... Der Autor] riskiert, daß der Leser, der sich bisher in seinem Gewissen von den Ereignissen der Gegenwart nicht betroffen gefühlt hat, aus der scheinbar von allem unberührten bis zum Schluß menschlich anständigen Existenz des Helden eine Rechtfertigung für sich selbst ableiten könnte! [... Der Leser müsse aber erkennen,] daß auch ein Krieg ohne Schlacht ohne direktes eigenes Eingreifen ein Mitschuldigwerden, ein Hineingezogenwerden in die Ereignisse zur Folge hat.[34]

Das Insistieren auf der Notwendigkeit, Schuld zu reflektieren und literarisch nicht Entlastungen zu konstruieren, entsprach dem gängigen Impetus der zeitgenössischen Literaturkritik. Dennoch hatte die junge Rezensentin schon damals ein (öffentlich nicht artikuliertes) Unbehagen gegenüber den oft künstlich wirkenden, unrealistischen Wandlungsgeschichten verspürt.[35]

[32] Vgl. hierzu u.a. Carl Andrießen: Rosinen aus Kreta. In: *Die Weltbühne* (1957). H. 50. S. 1578-1581.

[33] Vgl. hierzu Carsten Wurm: *Der frühe Aufbau-Verlag 1945-1961. Konzepte und Kontroversen.* Wiesbaden 1996.

[34] Christa Wolf: Sendemanuskript *Bücher im Brennpunkt*, 20.9.1957. wie Anm. 8, S. 8-9.

[35] "Bei allen sehr großen Verdiensten, die ich jenen Büchern über diese Zeit zuspreche, die bei uns erschienen sind – ich fand in nicht einem meine Erfahrungen

Kritischer gingen die Rezensenten mit den westdeutschen Autoren um, obwohl hier nur Werke von Autoren zur Kenntnis genommen wurden, die "saubere, menschlich anständige und konsequente" Kriegsromane und -erzählungen geschrieben hatten. Daß die Hörer in der DDR auf diese Weise auch über Bücher informiert wurden, die nicht in der DDR erschienen, während in vergleichbaren Sendungen bundesdeutscher ARD-Hörfunkstationen Literatur aus der DDR generell eine fast nicht vorhandene Größe war, bleibt anzumerken.

Zugebilligt wird den westdeutschen Verfassern von Kriegsliteratur ihre "subjektiv ehrliche Verurteilung von Krieg und Faschismus", die die Schriftsteller von hüben und drüben in eine Front zwinge. Dies wolle unter den gegebenen Umständen, den Versuchungen der Restauration, ihrem eitlen Gepränge und ihrer politischen Habsucht allerhand heißen. Allen in den Blick genommenen westdeutschen Autoren bescheinigte man literarisches Können, warf ihnen aber Psychologisierung, Verselbständigung des Details, Sprachspielereien und überflüssige Symbolismen vor, wovor auch die jüngeren DDR-Autoren eindringlich gewarnt wurden. Mit der Herauslösung von Einzelfakten aus gesellschaftlichen Zusammenhängen gehe die Rechnung nicht auf, rief Gerhard Wolf dem Autor Wolfdietrich Schnurre zu, dem er abspricht, auf diese Weise ein wahrhaftes Bild von Krieg und Nachkrieg zeichnen zu können.[36] Kritisiert wurde vor allem die aufgefundene vermeintliche Zeitlosigkeit der literarischen Schilderungen, das Motiv der ewigen Wiederkehr. Die Helden würden entweder untergehen oder in Meditationen versinken, in zweckloses Warten, in lähmende Todesstimmung.[37]

> Ewige Probleme werden auf unsere Zeit bezogen, vor den Hintergrund der Gegenwart gestellt, nicht aber eigentlich aus ihr heraus neu gefunden, modifiziert, unlösbar in sie hineinverwebt: Schuld und Sühne 'an sich'; dulden oder handeln als 'ewige Frage'.[...] Uns aber bleibt die Frage, ob man angesichts solcher Katastrophen auskommen kann mit einer Haltung reiner Menschlichkeit, ob nicht im Gegenteil gerade erst die Frage nach den Schuldigen eine menschliche

wieder. Sondern es war doch meist so: Irgendwann kam dann doch einer zu dem jungen Helden und sagte: Hör mal zu, Junge, jetzt gehst du aber wirklich ganz falsch. Und ich dachte: Ich muß ja wirklich ein ausgesprochenes Ausnahmewesen gewesen sein, daß mir nicht eine einzige solche Sache passiert ist. [...] Das war eine Frage, die ich überhaupt nicht verstand. Ich habe nur diese Frage behalten, und viel, viel später habe ich sie erst verstanden." Christa Wolf in: Erfahrungsmuster. Diskussion zu 'Kindheitsmuster'. In: Christa Wolf: *Die Dimension des Autors. Aufsätze, Essays, Gespräche und Reden 1959-1985*. Bd. II. Berlin, Weimar 1986. S. 386.

[36] Gerhard Wolf: Sendemanuskript *Bücher im Brennpunkt*, 26.2.1959. In: DRA Berlin, HA HF, DS 1959/219. S. 1. Vgl. hierzu auch: Jürgen Engler: Die 'Schizophrenie' des Anfangs. Wolfdietrich Schnurre – ein Autor der Trümmerliteratur. In: Heukenkamp (Hrsg.): *Unterm Notdach*. S. 387-438.

[37] Klaus Helbig: Sendemanuskript *Bücher – kritisch betrachtet*, 9.3.1957. In: DRA Berlin, HA HF, DS 1957/217. S. 5.

> Haltung aus dem Bereich der Utopie in den der Möglichkeit rückt. Aber die Frage stellen, heißt sie beantworten.[38]

Auch Gerhard Wolf wehrte sich gegen die gleichgewichtige Verteilung von Schuld und damit ihre Einebnung in den von ihm rezensierten westdeutschen Erzählungen. Das Menschliche sei nicht verschüttet, sondern bereit hervorzutreten. "Muß diese Möglichkeit westdeutschen Schriftstellern zwangsläufig versperrt sein?"[39] Die politisch Hauptschuldigen müßten deutlicher in den Blick genommen und nicht auch als Opfer eines tragischen Verstrickungszusammenhanges dargestellt werden. Richtungslosigkeit und politische Indifferenz nach der von Deutschland verursachten Katastrophe war in diesen Rezensionen ebensowenig gefragt wie Sinnkrisen oder Werteverlust, wenn sie nicht als Ausgangspunkt für neue Erkenntnisse geschildert wurden. Die bloße Verneinung des Krieges bewahre nicht vor weiterer, neuer Schuld, denn das Ende, das habe sich inzwischen herumgesprochen, sei nicht überall in Deutschland ein neuer Anfang gewesen. Deshalb müßten alle dafür sorgen, daß jungen Menschen erneut solche Kriegsschicksale erspart blieben.

Es fällt auf, daß die Rundfunkkritiken überwiegend nicht von den fest angestellten Literaturredakteuren stammen, sondern fast ausschließlich von schon damals oder später bekannten Literaturwissenschaftlern, Verlagslektoren oder Schriftstellern, u.a. Gerhard und Christa Wolf, Roland Links, Gotthard Erler, Rezensenten also, die sich in den literarischen Debatten der Zeit auskannten.[40] Sie gehörten oft selbst der Kriegsgeneration an oder hatten den Krieg als Halbwüchsige erlebt. Ihr eigenes "untergründiges schlechtes Gewissen" wirkte ebenso nach, wie ihre Weltsicht von den offiziellen Sinngebungsangeboten nach dem Krieg und von ihrem eigenen "Gläubigkeitsbedürfnis" (Franz Fühmann) nachhaltig geformt worden war. Dies verhinderte – zumindest in den für den Massenbedarf geschriebenen Rundfunkkritiken – eine differenziertere Herangehensweise an die in den Kriegsbüchern der 'harten Schreibweise' aufscheinenden, stärker als bisher üblichen Identifikations- und Erinnerungsangebote an den Hörer. Seinem passiven und fatalistischen Verhalten im Krieg galt es, nicht durch Mitleiden, sondern durch sinngebende politische Orientierung entgegenzutreten, was wenig individuell ausgeprägte Handschriften und Urteile zur Folge hatte. Die meisten dieser Kritiker übernahmen zudem die offizielle Sicht der Verführten- und damit Opferperspektive auf die Soldaten, die Helden der Kriegsbücher. Sie beschrieben diese als "in ein grausames, unerbittliches

[38] Christa Wolf: Sendemanuskript *Bücher im Brennpunkt*, 20.9.1957. Wie Anm. 8, S. 3 und 6.
[39] Gerhard Wolf: Sendemanuskript *Bücher im Brennpunkt*, 26.2.1959. wie Anm. 36, S. 5-6.
[40] Nicht ermittelt werden konnte, ob diese Rezensionen eine Art Zweitverwertung oder für den Rundfunk geschriebene Originale waren.

Schicksal hineingerissene Menschen, fernab jeder politischer Aktivität", als "leidende Kreaturen", die "den Schikanen von Landsknechten ausgeliefert" waren. Mitunter kam auch ein persönliches Bekenntnis vor, wenn sich ein Rezensent mit dem "Irrweg, den wir alle gegangen sind"[41], identifizierte.

Auch in den Literatursendungen zur zeitgenössischen Kriegsliteratur in den späten fünfziger Jahren erfüllte der DDR-Hörfunk seine staatstragende Funktion. Dies schloß permanentes Thematisieren der nationalsozialistischen Verbrechen und ständiges Benennen der Hauptschuldigen ebenso ein wie das weitestgehende Ausklammern der individuellen Erinnerungen der Menschen an diese Zeit. "Vergessen ist zu einfach. Begreifen muß man!", fordert der Kommunist Ernst Weiß von Alfred Haferkorn in Herbert Ottos *Die Lüge*. Diese Formel steht als genanntes und ungenanntes Motto über den untersuchten Literatursendungen, die zur Einordnung in die neuen gesellschaftlichen Verhältnisse als Sühne der propagierten 'geschichtlichen Schuld' aufforderten.

Bei Lesungen bot man durchgehend forciert zugespitzte Entscheidungssituationen während des Kriegsgeschehens an und somit eine stark verkürzte Sicht auf die Kompliziertheit solcher Konfliktsituationen – eine didaktische Vermittlung von Handlungsperspektiven. Die Rundfunk-Rezensionen zur Kriegsliteratur folgten den offiziellen kulturpolitischen Leitlinien bei der Bewertung der 'harten Schreibweise', das heißt, dem Normenkanon des sozialistischen Realismus. Die auch in den Literatursendungen nachweisbare staatliche Erinnerungspolitik konnte so nur sehr bedingt mit den individuellen, alltäglichen Erinnerungen und Erfahrungen der Menschen an den Krieg korrespondieren.

Diese Rezeptionssteuerung, die vielfachen Appelle zur Distanzierung vom Nationalsozialismus und die Überbetonung der Widerstandstradition orientierten weniger auf Erkennen von Mitverantwortung und emanzipatorischen Gehalt des Antifaschismus. Sie bewirkten mehrheitlich keine kritische Selbstbefragung, sondern erneute Anpassungshaltungen. Auch die in den Literatursendungen propagierten vereinfachenden Sichten auf den Umgang mit Krieg und Nationalsozialismus in der Bundesrepublik trugen dazu bei, den DDR-Bürgern die Verdrängung ihrer Mithaftung für die Verbrechen zu erleichtern und zu einer generell-abstrakten antifaschistischen Einstellung zu finden, was erhebliche Bindungen an den "antifaschistischen

[41] Roland Links: Sendemanuskript *Literaturjournal*, 19.9.1960. In: DRA Berlin, HA HF, DS 1960/864, S. 1. Dieses Bekenntnis wurde allerdings so nicht gesendet, die Literaturredaktion hatte es in "den Irrweg, den der größte Teil des deutschen Volkes gegangen war" abgeändert.

Staat" DDR verursacht hat. Auch wenn in den folgenden Jahrzehnten differenzierte Darstellungen in die Literatur und auch in den Hörfunk Eingang fanden, blieben die in den Anfangsjahren der DDR vermittelten Anschauungen Grundlage für dieses mehrheitliche Bekenntnis.

Tabelle 1: Lesungen aus Kriegsliteratur

Sende-datum	**Sen-der**	**Sendereihe**	**Bearbeiter/ Redakteur**	**Literarische Werke**	**Bemerkungen**
05.09.1955	Ber II	Literatur unserer Zeit	Helmut Baldauf	Herbert Otto *Die Lüge*	Der Autor liest einen Abschnitt a.d. unveröffentlichten Werk.
1955	BR	Roman in Fortsetzungen		Franz Fühmann *Kameraden*	
1957	BR	Roman in Fortsetzungen		Karl Mundstock *Bis auf den letzten Mann*	
23.01.1957	DS	Literatur unserer Zeit	Wolfgang Fabian	Heinrich Böll *Wo warst Du Adam*? (Ausschnitt)	Argu: H. B. setzt sich hier mit dem Krieg und den faschist. Gewaltmethoden gegenüber Juden auseinander. Es ist ein Appell an die Heutigen, die Verbrechen jener Jahre zu erkennen.
03.04.1957	DS	Literatur unserer Zeit	Gerhard Wolf	Herbert Otto *Die Lüge* (Ausschnitte) Reihe *Verboten, noch nicht verbrannt*	Argu: Der Autor zeigt an seinem Helden das Bewußtwerden der Ursache der faschist. Verbrechen i. d. Sowjetunion u. läßt gleichzeitig d. eigene Mitschuld erkennen u. beseitigen helfen.
08.10.1957	BR	Das Literaturstudio	Eva Schnabel	Franz Fühmann *Kapitulation* (Erzählung, gekürzte Fassung)	Argu: D. .Erzählung schildert d. Ende einer kleinen Gruppe versprengter Soldaten bei der Kapitulation in d. böhm. Wäldern.
07.05.1958	DDR	Wer ist der Autor?	Gerhard Wolf	Karl Mundstock *Bis auf den letzten Mann* (Ausschnitt)	
19.09.1958	DDR	Lit. Treffpunkt	Luise Fiebiger	Manfred Magnus *Die Entscheidung*	Unveröffentlichte Erzählung

06.05.1959	DS	Dichtung heute	Helmut Baldauf	Margarete Neumann *Am letzten Tag* (Erzählung)	Argu: Eine Erzählung, die Geschehnisse aus den letzten Kriegsmonaten des Jahres 1945 zur Grundlage hat. Sie zeigt, wie aus der Erkenntnis falschen Zielen gedient zu haben, der Mut zu einem Neubeginn wächst.
27.01.1960	DS	Dichtung heute	Helmut Baldauf	Jürgen Beckelmann *Die Schuldlosen* (ein Kapitel aus der unveröffentlichten Erzählung)	Argu: J.B., ein jüngerer Münchner Autor, bekannt durch Veröffentlichungen in ost- und westd. literarischen Zeitschriften u. als Autor d. "Deutschen Woche" und d. "Kultur" enthüllt in dieser Erzählung das moral. Antlitz jener, die es verstanden, 1945 sich v. ihren Verbrechen reinzuwaschen. Er trifft mitten hinein in die Sphäre von polit. Verführung u. Verbrechen, die heute in d. BRD bereits zu einer großen Gefahr geworden ist.
12.02.1960	BR	Literatur heute und morgen	Ursula Behse	Karl Mundstock *Sonne in der Mitter nacht* (kommentierte Ausschnitte)	
13.07.1960	DS	Dichtung heute	Renata Baldauf	Jo von Tiedemann *Stern ohne Himmel* (Erzählung)	

Tabelle 2: Rezensionen zur Kriegsliteratur

Sende-datum	Sen-der	Sendereihe	Rezensent	Literarische Werke	Bemerkungen
12.09.1956	BR	Blick in neue Bücher	Roland Links	Herbert Otto *Die Lüge*	Argu: In einer kritischen Untersuchung wollen wir feststellen, ob das Buch in seiner Aussage u. künstlerischen. Formgebung den Anforderungen unserer Zeit entspricht
24.10.1956	BR	Blick in neue Bücher	Alfred Könner	Hans Bender *Iljas Tauben* Kurt Stern *Der einsame Weg* Johann Christoph Hampe *Row v. Stojanowitz* Karl Mundstock *Bis auf den letzten Mann*	Argu: *Deutsche Stimmen,* eine Gemeinschaftsausgabe des Mitteldeutschen Verlages Halle und des Kreuz-Verlages Stuttgart, gibt uns einen guten Anlaß, Prosa und Lyrik aus beiden Teilen Deutschlands zu vergleichen und zu untersuchen.
09.03.1957	DS	Bücher krit. betracht.	Klaus Helbig	Gerd Gaiser *Einmal und oft,* Erzählungen	
14.06.1957	DS	Bücher i. Brennpunkt	Gerhard Wolf	Hans Bender *Wölfe und Tauben*, Erzählgen	
20.06.1957	BR	Blick in neue Bücher	Alfred Könner	Egon Günther *Der kretische Krieg* Karl Mundstock *Bis auf den letzten Mann* (und andere Kriegs-Erzählungen)	Argu: Das Kriegserlebnis steht im Mittelpunkt bd. Bücher. Abrechnung mit d. fasch. Militarismus wird hier in der Art vollzogen, daß sehr deutlich anklingt, was geschehen wird, wenn i. einem Teil Dtlds. d. alten Militärs i. verantw. Position. aufrücken.
06.08.1957	DDR	Gedanken um neue Bücher	Gerhard Stübe	Horst Beseler *Im Garten der Königin*	

20.09.1957	DS	Bücher im Brennpunkt	Christa Wolf	Karl Otten *Die Botschaft* Ernst Penzoldt *Zugänge* Ludwig Renn *Krieg ohne Schlacht* Willi Bredel *Auf den Heerstraßen der Zeit*	Titel: Untersuchung der Verarbeitung des 2. Weltkrieges in den Werken älterer Autoren
03.10.1957	BR	Blick in neue Bücher	Gotthard Erler	Artur Kirmse *Bad Kreuznach* Martin Müller *Zwölfender*	Argu: Wir stellen Bücher vor, in denen sich der Krieg u. der Nachkrieg widerspiegeln. Der Schwerpunkt ist d. Auseinandersetzung mit d. deutschen Militarismus.
04.02.1958	DDR	Gedanken um neue Bücher	Gerhard Stübe	Hanns Julius Wille *Nach verlorenen Jahren* Ulrich Komm *Im Frühlicht*	Manuskript nicht vorhanden
30.05.1958	DDR	Wer ist der Autor?	Gerhard Wolf	Karl Mundstock *Bis auf den letzten Mann*	
18.11.1958	DDR	Lesenswerte Bücher	G. Hartmann	Rudolf Bartsch *Geliebt bis ans bittere Ende*	Manuskript nicht vorhanden
15.01.1959	DS	Bücher im Brennpunkt	Klaus Hermsdorff	Stefan Heym *Der Fall Glasenapp* (anläßlich der deutschen Veröffentlichung)	Argu: Der Autor gestaltet an Hand eines kriminalistischen Falles Recht und Unrecht in der Klassengesellschaft.
26.02.1959	DS	Bücher im Brennpunkt	Gerhard Wolf	Wolfdietrich Schnurre *Eine Rechnung, die nicht aufgeht*, Erzählungen Klaus Röhler *Würde der Nacht*, Erzählungen Margarete Neumann *Der lange Weg*, Erzähl.	

02.07.1959	DS	Ein Blick ins Buch	Werner Liersch	Erich Kuby *Das Ende der Festung Brest*	Argu: Wir empfehlen den westdeutschen Hörern, sich an Hand des Tagebuches von Erich Kuby und der dokument. Materialien, die diesem bei Rowohlt erschienenen Band beigegeben sind, zu orientieren, wer der General der Fallschirmtruppe Ramcke war und wie seine Verteidigung ausgesehen hat. / Manuskript nicht vorhanden
03.01.1960	BW	Westdt. Bücher – kritisch betrachtet	Gotthard Erler	Wolfgang Weyrauch *Mein Schiff, das heißt Taifun,* Erzählungen Manfred Gregor *Die Brücke*	
01.02.1960	BR	N.f.d. Bücherschrank	Gotthard Erler	Ferdinand May *Die letzten von U 189*	
19.09.1960	DS	Literaturjournal	Roland Links	Eberhard Panitz *Die Feuer sinken* Dieter Noll *Die Abenteuer des Werner Holt*	

Susanne Lanwerd

Die Abwesenheit der Subjekte. Zur Konstruktion von Erinnerung in Anna Seghers' Epigramm der Mahn- und Gedenkstätte Ravensbrück

Since 1959 the abridged version of Anna Seghers' "Who are the women from Ravensbrück?" has been printed on a commemorative wall in the entrance area of the memorial. The epigram is analysed with regard to the following questions: What predestines this text for such a prominent placement in the context of the memorial's grounds? Which statements does the text make about the history of the concentration camp for women? Starting from the hypothesis that there is a connection between the interpretation of the past and conceptions of the sexes in the representation of National Socialist terror, the constructions of femininity in Anna Seghers' epigram need to be questioned.

Die Frage nach Schuld und Sühne hatte Anna Seghers bereits im Jahr 1944 im mexikanischen Exil aufgeworfen und – als "Aufgabe ihrer Generation für ein antifaschistisches Deutschland" – folgendermaßen formuliert:

> Die Länder und Völker sind heute von Hitlers Schuld zum Ersticken voll. Die Sühne ist noch dunkel. Wie die deutsche Jugend zum Bewußtsein von Schuld und Sühne gebracht wird, das ist vielleicht die schwerste Frage unserer Generation.[1]

Die Formulierung ist insofern aufschlußreich, als sie Parallelen zum hier zu diskutierenden Text und dem späteren Epigramm[2] zu erkennen gibt. Zum einen das Arbeiten mit klaren Direktiven: Von Hitlers Schuld ist die Rede und von der deutschen Jugend, der das Bewußtsein von Schuld und Sühne zu vermitteln sei; zum anderen die Benennung eines Kollektivs: Unsere Generation der Antifaschisten.

Beiden Momenten begegnet man, wenn auch leicht verschoben, im erstmals 1949 publizierten Text von Anna Seghers *Die Frauen von Ravensbrück.* Zur Geschichte dieses Textes einige Daten.

Eine stenographische Niederschrift der Tagung der Zentralen Arbeitsgemeinschaft Ravensbrück am 13. September 1948 in Berlin berichtet über

[1] Anna Seghers/Wieland Herzfelde: *Gewöhnliches und gefährliches Leben. Ein Briefwechsel aus der Zeit des Exils 1939-1946.* Hrsg. von Ursula Emmerich und Erika Pick. Darmstadt und Neuwied 1986. S. 26f.

[2] Der Begriff Epigramm bedeutet ursprünglich Aufschrift, meist an Gräbern; heute Umschreibung für kurzes Sinn- oder Spottgedicht. Ich folge in der Verwendung des Begriffs dem Sprachgebrauch der Quellen zu Ravensbrück.

den Plan, ein Buch mit Erinnerungen der ehemaligen Häftlinge Ravensbrücks herauszugeben; Anna Seghers habe sich bereit erklärt, das Vorwort und die Einleitung zu schreiben. Anläßlich eines "Internationalen Friedenstreffens der Frauen in Ravensbrück" erscheint schließlich ein Jahr später, am 10. September 1949, eine Broschüre, die fünfzehn kurze Erinnerungsberichte und Gedichte enthält. Auf das Eingangsgedicht *An die toten Kameradinnen von Ravensbrück* folgt der Seghers-Text.

Seit 1951 bildet ein Auszug dieses Textes den rechten Teil einer dreiflügeligen Tafel an der westlichen Lagermauer Ravensbrücks. Der linke Tafeltext lieferte eine Begründung für die Einrichtung des Frauenkonzentrationslagers, der mittlere nannte eine Zahl der im Lager umgekommenen Frauen und ihre Nationen. Seit 1959 steht die gekürzte Fassung des Seghers-Textes auf einer Gedenkwand im Eingangsbereich der Gedenkstätte. Sie lautet:

> Sie sind unser aller Mütter und Schwestern. Ihr könntet heute weder frei lernen, noch spielen, ja, ihr wäret vielleicht gar nicht geboren, wenn solche Frauen nicht ihre zarten, schmächtigen Körper wie stählerne Schutzschilder durch die ganze Zeit des faschistischen Terrors vor euch und eure Zukunft gestellt hätten.

Ich möchte im folgenden das Epigramm diskutieren und zwar in Hinblick auf die Fragen: Was prädestiniert gerade diesen Text zu einer solch prominenten Plazierung im Kontext der Gedenkstättenanlage? Welche Aussagen macht der Text über die Geschichte des Frauenkonzentrationslagers, welche Interpretationsmuster des nationalsozialistischen Lagersystems bietet er an? Ausgehend von der These, daß ein Zusammenhang von Vergangenheitsdeutung und Geschlechtervorstellungen in Thematisierungen des NS-Terrors besteht, wäre drittens nach den Weiblichkeitskonstruktionen in Seghers-Epigramm zu fragen.

Was also eignet dieses Epigramm zu einer solch prominenten Plazierung im Eingangsbereich der Gedenkstätte? Um diese Frage zu beantworten, ist es notwendig, sich einen Moment lang die Konzeption der Gedenkstättenanlage zu vergegenwärtigen. Die von 1954 bis 1959 für die Planung und Realisierung der Gedenkstättenanlage zuständigen Architekten sahen einen sogenannten "Weg des Erlebnisses" vor, den die Besucher beschreiten sollten. Durch drei Schwerpunkte wurde dieser Weg gestaltet: Erstens durch die Darstellung kinderschützender Frauen, gemeint ist hier das Seghers-Epigramm und eine Skulptur, die an dieser Stelle nicht ausgeführt wurde; zweitens durch die Motivierung und Darstellung der Trauer und drittens durch den Eindruck von Befreiung und Freiheit.[3]

Deutlich wird die Einbindung des Textes in das Ensemble der Anlage und das heißt zugleich, in das Gestaltungsprogramm der zahlreichen Gedenkver-

[3] Niederschrift über die Besprechung des wissenschaftlich-künstlerischen Beirats für die Gestaltung der Gedenkstätte Ravensbrück am 7. März 1958, Stiftung Brandenburgische Gedenkstätten, Mahn- und Gedenkstätte Ravensbrück (im folgenden StBG/MGR): RA I/ 4-3, Ordner 11.

anstaltungen. Noch 1985, anläßlich des 40. Jahrestages der "Befreiung des faschistischen Konzentrationslagers Ravensbrück" erklang zur Kranzniederlegung in mehreren Sprachen der Seghers-Spruch. Auch heute, 1999, gibt es immer wieder interessierte Anfragen der Besucher bezüglich des Epigramms. Es ist dies ein Hinweis auf die anhaltende Faszination, die von den Worten Anna Seghers' ausgeht.[4] Zu fragen ist also auch, welche Momente es sind, die zu dieser Faszination beitragen.

Das Epigramm[5] selbst beginnt mit einer klaren Bestimmung: "Sie sind unser aller Mütter und Schwestern." Die Umschreibung "unser aller" ist als Versuch zu interpretieren, eine Gemeinschaft, ein Kollektiv stiften zu wollen, das in diesem Fall als verwandtschaftlich organisiert vorgestellt wird. Die Tatsache, daß die "Repräsentanz sozialer Kollektivität" zumeist in "einer eigentümlichen Weise subjektlos"[6] bleibt, korrespondiert mit dem normativen Anspruch, der dem Eingangssatz zugrundeliegt. Etwas, das bezweifelbar ist – sind es tatsächlich die eigenen Mütter und Schwestern? – wird als Norm für alle gesetzt.[7] Diese Normsetzung transportiert zugleich ein Bild der Deutschen, das diese als Kinder verfolgter Frauen skizziert; mit Hilfe dieses Bildes aber wird die Möglichkeit von Mittäter- und Täterschaft zum Vergessen gebracht.[8]

[4] Vgl. zum Begriff der Faszinationsgeschichte: Klaus Heinrich: Das Floß der Medusa. In: Renate Schlesier (Hrsg.): *Faszination des Mythos.* Basel, Frankfurt a.M. 1991. S. 335-398, hier S. 340.

[5] Betrachtet man zunächst den ungekürzten Text, so wird ein Bogen gespannt von der Zukunft: "Was antwortet Ihr, wenn Euch die Kinder fragen?" zur Gegenwart: "Wer sind die Frauen von Ravensbrück?" und schließlich zur Vergangenheit: "Wer die Frauen von Ravensbrück waren". Mit Derrida könnte hier nach den Implikationen des skizzierten Verhältnisses von Zukunft und Vergangenheit gefragt werden, die in der Regel die Logik der Nachträglichkeit unberücksichtigt lassen. Vgl. Jacques Derrida: *Dem Archiv verschrieben. Eine Freudsche Impression.* Berlin 1997. S. 145.

[6] Thomas Rahe: Die Bedeutung der Zeitzeugenberichte für die historische Forschung zur Geschichte der Konzentrations- und Vernichtungslager. In: *Kriegsende und Befreiung.* Beiträge zur Geschichte der nationalsozialistischen Verfolgung in Norddeutschland. H. 2. Bremen 1995. S. 84-98, hier S. 91.

[7] Vgl. hierzu Maria Marchetta, in: *Möglichkeiten und Grenzen demokratischer Erinnerungspolitik am Beispiel der Mahn- und Gedenkstätte Ravensbrück oder Vom Handeln aus der Kraft der Erinnerung.* Auszug des Manuskripts der Dissertation. Berlin 1999. S. 203.

[8] Vgl. in diesem Zusammenhang auch die aus literaturwissenschaftlicher Sicht vorgetragene Überlegung Andreas Schrades: "Wenn Anna Seghers ihr Schaffen in der DDR auf dem Niveau von 'Transit' oder dem 'Siebten Kreuz' hätte fortsetzen wollen, hätte sie sich den geschichtlichen und politischen Erfahrungen der dreissiger und vierziger Jahre wirklich stellen müssen. Sie hat es nur punktuell getan und sich hinter dem utopischen Projekt, dem sie ihr Leben gewidmet hatte, verschanzt". Ders.: Biographie und Werkanalyse. In: *Argonautenschiff.* Jahrbuch der Anna Seghers Gesellschaft, Berlin 4/1995. S. 272-275, hier S. 275.

Im folgenden Satz der Textsequenz findet – statt in der Beschreibung der anvisierten Subjekte, der Frauen von Ravensbrück, fortzufahren –, eine sprachliche Bewegung auf andere Adressaten – “Ihr” – statt. Daß von ihnen und nicht von uns die Rede ist, die Angesprochenen eine Gruppe bilden, zu der die Sprecherin nicht gehört, verweist auf die Herstellung einer Distanz. Stammt schon die Skizzierung der Frauen als “Mütter und Schwestern” aus der familialen Sphäre, so präzisieren die Umschreibungen dessen, was “Ihr nicht könntet” das Distanzverhältnis. Frei zu lernen, zu spielen und überhaupt geboren zu sein sind Bedingungen, die gemeinhin mit dem Kinderleben assoziiert werden. Das aber heißt, daß mit dem Aufbau dieses spezifischen Distanzverhältnisses ein Eltern-Kind-Gefälle und damit auch ein Autoritätsverhältnis suggeriert wird.

Zugleich verpflichtet die Aufzählung dessen, was ohne die Leistung anderer nicht möglich gewesen wäre, zur Dankbarkeit. Doch nicht um bloße Dankbarkeit geht es. Die Einforderung von Dankbarkeit wird doppelt verschärft zu einer Einforderung von Schuld[9] und zwar sowohl durch die nahezu drohend vorgetragene Formulierung des vielleicht nicht Geboren-Seins, also der Infragestellung des Existenzrechts, als auch durch die genaue Angabe der Gründungsfigur dieses Rechts auf Existenz. Die zarten und schmächtigen Frauenkörper mußten sich in stählerne Schutzschilder verwandeln, um die Existenz und Zukunft der Kinder zu ermöglichen. Die im Lager tatsächlich erlittene Härte wird auf diese Weise dem weiblichen Körper eingeschrieben, die Last der Härte an die nachfolgenden Generationen weitergegeben.[10]

Dergestalt produzierte Gefühle von Kleinheit, Ohnmacht und Erniedrigung können, so das Fazit einer religionswissenschaftlichen Studie, “im Verlauf komplexer Rituale in ihr Gegenteil überführt werden: Erhebung, Schutz, Teilhabe an der Macht”[11]. Dieser Befund vermag gleich zweierlei zu erklären. Erstens die Entscheidung, gerade diese Sätze aus dem Text von Seghers zu wählen und als Epigramm im Eingangsbereich zu plazieren. Die gewählte Sequenz formuliert am prägnantesten das Gefälle von Sprecherin und Adressaten und enthält zugleich, wenn auch minimalistisch, eine Aussage über die eigentlich zu beschreibenden “Frauen von Ravensbrück”. Die

[9] Das Schuldbewußtsein, so Sigmund Freud, “war ursprünglich Angst vor der Strafe der Eltern, richtiger gesagt: vor dem Liebesverlust bei ihnen; an Stelle der Eltern ist später die unbestimmte Menge der Genossen getreten”. S. Freud: Zur Einführung des Narzißmus. In: *Gesammelte Werke,* Bd. 10. Frankfurt/M. 1946. S. 137-170. Hier S. 169.

[10] Vgl. hierzu auch die Resultate der Tagung der Arbeitsgemeinschaft für Psychoanalyse und Psychotherapie Berlin, in: “Die Wende – das war ein Prozess wie die Pubertät”, *Die Tageszeitung* vom 2.9.1999, S. 21.

[11] Hubert Cancik: Größe und Kolossalität als religiöse und ästhetische Kategorien. Versuch einer Begriffsbestimmung am Beispiel von Statius, Silve I 1: Ecus Maximus Domitiani Imperatoris. In: *Visible Religion.* Annual for Religious Iconography (Volume VII, 1990). S. 51-68, hier S. 58.

anderen Sätze des Textes richten sich entweder nur an die Adressaten (siehe die Eingangs- und Schlußsequenz) oder dienen der Beschreibung der "Frauen von Ravensbrück". Obwohl auch diese Beschreibung eine Reduktion der zahlreichen Häftlingsgruppen auf eine kleine, sehr spezifische Gruppe vornimmt (vgl. unten), wird ein diffuses Schuldgefühl am effektivsten über die Adressierung der Besucher als nicht selbständige, abhängige Subjekte erzeugt[12]. Vielleicht ließe sich hier von einer "verordneten Erschütterung"[13] sprechen, die im Zuge der jahrzehntelang und auch in der BRD praktizierten Pädagogisierung des Gedenkens ihren Sinn haben sollte.

Zweitens läßt der oben genannte Befund die Plazierung dieser Textsequenz im Eingangsbereich, – in der Funktion, den ersten Schwerpunkt des zu beschreitenden "Weges des Erlebnisses" abzudecken –, plausibel erscheinen. Den Besucher in die Situation eines Kindes vor einem Erwachsenen zu bringen, "das Mädchen macht den 'Knicks', der Knabe den 'Diener'", es sind diese produzierten Gefühle von Kleinheit und Demut, die im Verlauf komplexer Rituale in ihr Gegenteil überführt werden können[14]. Nun diskutiert die Psychoanalyse dieses Phänomen im Zusammenhang mit der narzißtischen Organisation der menschlichen Psyche, die das Leben jedes Individuums neben der ödipalen Organisation stets beeinflußt. Der hier zu beobachtende Mechanismus des Umschlagens von Ohnmachts- in Allmachtsphantasien könnte eine Entsprechung im abzuschreitenden "Weg des Erlebnisses" finden: Der Parcours endete nicht nur mit dem durch die Skulptur *Tragende* von Will Lammert vermittelten Eindruck von Freiheit und Sieg über den Tod, sondern zugleich an einem "Denkmal des Kampfes, den die Besten im Lager um das Leben ihrer Schwestern führten" und der den Sieg des Sozialismus begründete.[15]

Die Tatsache, daß Gedenkveranstaltungen am Ort des ehemaligen Frauenkonzentrationslagers Ravensbrück schon 1959 dokumentiert wurden mit

[12] Maria Marchetta kommt in ihrer Untersuchung der Anna-Seghers-Stele zu dem Resultat, daß der Text implizit Schuld und Verantwortung seitens der Besucher thematisiert. "Denn wenn sie nicht bereit sind, die Widerstandskämpferinnen als ihre Mütter und Schwestern anzuerkennen, dann vergehen sie sich und werden schuldig, schuldig am 'besseren Deutschland', schuldig an der DDR". In: *Möglichkeiten und Grenzen ...* (vgl. Anm. 6). Hier S. 218.

[13] Detlef Hoffmann: Erinnerungsarbeit der 'zweiten und dritten' Generation und 'Spurensuche' in der zeitgenössischen Kunst. In: *Kritische Berichte* 16 (1988). H. 2, S. 31-46, hier S. 35.

[14] Hubert Cancik: Größe und Kolossalität ... In: *Visible Religion* (Anm. 10).

[15] Kollektiv Buchenwald: Zur Gestaltung der Gedenkstätte Sachsenhausen. 1.18 Ravensbrück. In: *Von der Erinnerung zum Monument. Die Entstehungsgeschichte der Nationalen Mahn- und Gedenkstätte Sachsenhausen.* Hrsg. von Günther Morsch, Schriftenreihe der Stiftung Brandenburgische Gedenkstätten Band Nr. 8, Edition Hentrich, Berlin 1996, S. 164-216, hier S. 185.

dem Satz: “Die Träume der Opfer sind in der DDR verwirklicht”[16], verweist auf die Einbindung des Nationalsozialismus, mithin des nationalsozialistischen Lagersystems in die Gründungsgeschichte der DDR und des hier “Wirklichkeit” gewordenen Sozialismus. Auch die Vorstellung, daß es die “Besten” waren, die im Lager den antifaschistischen Kampf führten, transportiert ein bestimmtes Bild des Nationalsozialismus. Ich komme damit zu meiner zweiten Frage: Welche Aussagen macht der Text von Seghers über die Geschichte des Frauenkonzentrationslagers, welche Interpretationsmuster des nationalsozialistischen Lagersystems bietet er an?

In den Quellen zum Plan eines Buches und der schließlich 1949 erschienenen Broschüre finden sich einige prägnante Aussagen sowohl zur Wahl der Schriftstellerin Anna Seghers als auch zu den Inhalten der Berichte des Buches resp. Broschüre. Für ein Vorwort und eine Einleitung schien Anna Seghers besonders geeignet, da “wir [...] in den Büchern, die sie geschrieben hat, bisher wirklich den Ton gefunden [haben], der für diese Lagersprache richtig ist”[17]. Die Berichte selbst sollten “ganz markante Erlebnisse aus dem Lager schildern” und “die Solidarität und die Kameradschaft der Frauen im Lager” herausstellen.[18] Klingt hier schon die Exklusivität einer bestimmten Häftlingsgruppe an, so wird dieses Bild im ungekürzten Text von Anna Seghers präzisiert.

Die “Frauen von Ravensbrück” sind die “Frauen und Mädchen aus den Widerstandsgruppen der eroberten Völker und seines [Hitlers, S. L.] eigenen Volkes, Arbeiterinnen, Hausfrauen, Künstlerinnen, Mütter und Bräute”[19]. Ein kleines Rätsel, zumindest beim flüchtigen Lesen, gibt der Satz auf: “Darum zeigt jede Frau, die das Lager von Ravensbrück bis zur Befreiung durchlebt hat, jedem Kind in Deutschland, was die Gewalt des Faschismus bedeutet, wenn sie über Terror und Todesfurcht triumphiert.” Auf welches Subjekt bezieht sich die Angabe “sie” des letzten Nebensatzes? Wohl auf “jede Frau”, die das Lager durchlebt hat. Hier ist also die Rede von einzelnen Frauen und davon, daß sie über Terror und Todesfurcht triumphieren können. Die hiermit stattfindende Fokussierung auf die politischen Häftlinge, d.h. auf eine kleine, sehr spezifische Häftlingsgruppe aber leistet zugleich eine Reduktion der vielfältigen Wirklichkeit in den Lagern. Dies ist nicht nur ein Befund, der sich der historischen Analyse der nationalsoziali-

[16] *Nordeutsche Zeitung* Schwerin, 13.9.1959; so auch Rosa Thälmann in ihrer Rede zur Einweihungsfeier am 12.9.1959. Komitee der antifaschistischen Widerstandskämpfer (KAW): *Ravensbrück*. Berlin 1969, S. 17-19.

[17] Tagung der Zentralen Arbeitsgemeinschaft Ravensbrück am 13.9.1948, Niederschrift: StBG/MGR RA I/ 3-5, XXXVI 111.

[18] Ebd. und: Bericht von der Ravensbrück-Komitee Sitzung am 9.6.1949, geschrieben am 15.6.1949, StBG/MGR RA I/ 3-5, XXXVI 150.

[19] Ravensbrück-Komitee (Hrsg.): *Nur deshalb sind dem Tode wir entronnen, damit wir an dem Frieden bau'n.* Lizenznr. 497. VVN-Verlag Berlin-Potsdam 1949. S. 3.

stischen Konzentrationslager verdankt,[20] sondern er betrifft eine Kritik, die schon früh geäußert wurde. So schrieb beispielsweise Greta Kuckhoff 1957 an den Persönlichen Referenten des Ministerpräsidenten der Deutschen Demokratischen Republik (Herrn Tschorn):

> Die mir in unserer Deutschen Demokratischen Republik bisher bekannten Denkmale und Gedenkstätten entrücken unsere Widerstandskämpfer m. E. zu sehr aus dem Leben unseres Volkes. Außer für ihr Heldentum und ihre Qual bleibt in der Gestaltung kein Raum für die menschlichen Züge, die sie doch in so reicher Vielfalt besaßen, und die sie auch ganz nahe an die heranrücken, die nichts oder zu wenig taten.[21]

Spätestens mit der Nationalisierung des Gedenkens in den frühen fünfziger Jahren wurden solche Positionen obsolet. Die von Anna Seghers vorgenommene Heraushebung der politischen Häftlinge entspricht insofern einer "dem kommunistischen Narrativ zu Grunde liegenden Dichotomie von Unterdrückung und Widerstand, von Faschismus und Antifaschismus"[22]. Noch die kurzen Erinnerungsberichte und Gedichte der Broschüre, in der auch der Seghers-Text erstmalig publiziert wurde, belegen den Befund, daß die Vielzahl der Frauen, Kinder, schließlich auch Männer, die aus ganz unterschiedlichen Gründen durch das Lager Ravensbrück gingen oder dort starben, ausgeblendet werden. Von den fünfzehn kurzen Texten erwähnen beispielsweise nur zwei die Tatsache, daß jüdische Frauen in Ravensbrück waren. Auffallend ist auch, daß es sich in diesen Beschreibungen nicht um erwachsene Frauen, sondern um Mädchen handelt. Der Aufruf schließlich: "Ihr jüdischen Mädchen und Frauen! Wollt ihr angesichts dieser Zahlen – im Angesicht dieser Toten – noch weiterhin abseits stehenbleiben?"[23] läßt sich als eine deutliche Kritik an diesen Frauen verstehen.[24]

[20] Ulrich Herbert, Karin Orth u.a. (Hrsg.): *Die nationalsozialistischen Konzentrationslager. Entwicklung und Struktur.* Band 1. Göttingen 1998. S. 21. Vgl. auch ebd.: Bernhard Strebel: Ravensbrück – das zentrale Frauenkonzentrationslager. S. 215-258.

[21] Schreiben vom 14.5.1957. Stiftung Archiv der Parteien und Massenorganisationen der DDR im Bundesarchiv (im folgenden SAPMO/BA): Ministerium für Kultur (MfK) DR 1/ 7521. Den Hinweis auf diese Äußerung Greta Kuckhoffs verdanke ich Susanne zur Nieden.

[22] U. Herbert u.a. (Hrsg.): vgl. Anmerkung 19, S. 17-21. Deutlich wird ein weiteres Mal der "in der Deutschen Demokratischen Republik geltende Grundsatz, daß die Geschichte des Nationalsozialismus vor allem als Geschichte des antifaschistischen Widerstandskampfes zu thematisieren war", zit. n. Bernd Faulenbach: Fragen der Gedenkstätten-Gestaltung heute. Der 'Zellenbau' in Ravensbrück als Beispiel. In: Insa Eschebach, Sigrid Jacobeit und Susanne Lanwerd (Hrsg.): *Die Sprache des Gedenkens. Zur Geschichte der Gedenkstätte Ravensbrück (1945-1995).* Berlin 1999, S. 120-126, hier S. 121.

[23] Vgl. Anm. 18. Hier S. 14.

[24] Eine Ausnahme stellt vielleicht der Satz des ungekürzten Seghers-Textes dar: "In diesem Lager war eingesperrt, was Hitler am schwächsten vorkam und am einfachsten zu zerdrücken, was seine Trabanten, wie sie glaubten, ungestört quälen könnten"; hier-

Nun ist die Intention, die antifaschistischen Kämpfer und Kämpferinnen im Gedenken besonders hervorzuheben und ihren gegebenenfalls erlittenen Tod als scheinbar notwendiges Opfer zu deuten, aus mindestens drei Gründen verständlich. Um die Repräsentation der Deutschen Demokratischen Republik als das "andere, bessere Deutschland" zu gewährleisten, bot sich der Ort der ehemaligen Konzentrationslager insofern an, als die führenden Politiker ihren Herrschaftsanspruch auf dem im Exil oder im eigenen Land geführten Widerstandskampf begründeten.[25] Zweitens steht das Deutungsmuster – sie litten resp. starben für uns – in einer langen Tradition. Es kann zusammenfassend mit Reinhard Koselleck damit angegeben werden, daß der gewaltsame Tod seit der Neuzeit als Unterpfand dient, um die politische Handlungseinheit zu rechtfertigen.[26] Drittens ist auszugehen von dem verständlichen Wunsch, die Getöteten zu ehren. Dieser Wunsch äußert sich im Seghers-Epigramm, so die These Insa Eschebachs, in "Form einer Idealisierung der Frauen, einer Verklärung, einer Zeichnung idealtypischen Handelns"[27].

Die klassische, psychoanalytische Definition der Idealisierung lautet folgendermaßen: "Die Idealisierung ist ein Vorgang mit dem Objekt, durch welchen dieses ohne Änderung seiner Natur vergrößert und psychisch erhöht wird."[28] Jede Idealbildung, auch Skizzierung eines Vorbildes hat daher immer auch mit den narzißtischen Strebungen des Ich und in der Regel wenig mit den jeweils Adressierten zu tun. Hiermit mag ein weiteres Mal deutlich werden, warum das Epigramm eine eigentümliche Abwesenheit der Subjekte bezeugt.

Ausgehend von der Tatsache, daß Narrative notwendig sind, um Erfahrungen zu vermitteln,[29] zeigt die Analyse des Narrativs in Seghers' Epi-

mit könnten – wenn auch nicht expressis verbis – andere als die politischen Häftlinge angesprochen sein. Für diese Anregung in der Diskussion nach dem Vortrag danke ich Helmut Peitsch.

[25] Vgl. hierzu: Ulrike Köpp: Das Gedenken wird zur nationalen Aufgabe erklärt. Das Kuratorium für den Aufbau nationaler Gedenkstätten und die Gedenkstätte Sachsenhausen. In: Günter Morsch (Hrsg.): *Von der Erinnerung zum Monument. Die Entstehungsgeschichte der Nationalen Mahn- und Gedenkstätte Sachsenhausen.* Berlin 1996, S. 133-147.

[26] Reinhard Koselleck: Einleitung. In: Reinhard Koselleck und Michael Jeismann (Hrsg.): *Der politische Totenkult. Kriegerdenkmäler in der Moderne.* München 1994. S. 9-20.

[27] Insa Eschebach: Zur Formensprache der Totenehrung. Ravensbrück in der frühen Nachkriegszeit. In: *Die Sprache des Gedenkens.* Ebd. S. 13-38, hier S. 31.

[28] Sigmund Freud: Zur Einführung des Narzißmus. (Vgl. Fußnote 8). Hier S. 161. Als Instanz, die das Ich beobachtet und am Ideal mißt, gibt Freud das Gewissen an. Ebd. S. 162.

[29] Erika Schwarz und Simone Steppan konstruieren einen Zusammenhang zwischen dem Epigramm, der von Anna Seghers 1943 geschriebenen Erzählung *Der Ausflug der toten Mädchen* und dem Tod der Mutter Anna Seghers'. Dies.: Auf den Spuren zweier

gramm die Fokussierung der zahlreichen (Leid-)Erfahrungen im Lager auf eine ganz spezifische Erfahrung: Die des antifaschistischen Widerstandskampfes. Im Vergleich zur Auseinandersetzung mit dem Nationalsozialismus in Westdeutschland ist im Rahmen dieses Beitrages mindestens anzumerken, daß mit Hilfe der Fokussierung auf die politischen Häftlinge immerhin eine Weise der Auseinandersetzung mit dem Lagersystem stattfinden konnte und stattfand. In Westdeutschland war das Verhältnis zum Nationalsozialismus von einer Ambivalenz von Schuld und Selbstmitleid getragen, mithin, z.B. über eine christliche Metaphorik in Dachau, von einem Schuld- und Opferbegriff, der die Shoa mit dem Leiden des deutschen Volkes gleichzusetzen suchte und eine Thematisierung des NS verstellte.

Ich komme nun zur dritten und letzten Frage: Welche Weiblichkeitskonstruktionen entwirft Anna Seghers im Epigramm der Gedenkstätte und welche Vergangenheitsdeutungen transportieren sie?

Es handelt sich zunächst um ein stereotypes Bild[30] des weiblichen Körpers – schmächtig und zart zu sein –, das auf bemerkenswerte Weise gebrochen wird. Der weibliche Körper verwandelt sich in einen stählernen Schutzschild und stellt sich vor die Zukunft der Adressaten. Es ist aber diese Funktion: Schutz zu gewähren, die die scheinbare Brechung schnell zugunsten traditioneller Weiblichkeitsklischees zurücknimmt. Oder anders formuliert: Der Widerstand der Frauen wird im Bild der Fürsorge und des Beschützens repräsentiert. Kathrin Hoffmann-Curtius spricht hinsichtlich der Mahnmale von Ravensbrück, die oftmals im Sinne des Seghers-Epigramms diskutiert wurden, daher von der Darstellung des Kampfes der Frauen als Caritas.[31]

Auch die Skizzierung der "Frauen von Ravensbrück" als "Mütter und Schwestern" ist aufschlußreich. Beziehungen zu Schwestern und Müttern sind in der Regel qua Inzestschranke tabuisierte Beziehungen. Das heißt, daß das dergestalt entworfene Kollektiv: "unser aller Mütter und Schwestern" als ein verwandtschaftlich organisiertes vorgestellt wird.

Sätze in Stein. In: *Kontakte*. Informationsblatt des Fürstenberger Fördervereins – Gedenkstätte Ravensbrück e. V. 3 (1999), S. 6-8. Vgl. zur Entstehungsgeschichte der Erzählung *Der Ausflug der toten Mädchen* und den diesbezüglichen Intentionen der Schriftstellerin den Briefwechsel zwischen Anna Seghers und Wieland Herzfelde: Anm. 1, hier S. 27-160.

[30] Sowohl eurozentristische Klischees (z.B. S. 31 und S. 64) als auch antisemitische Stereotype (z.B. S. 14 ff.) finden sich, von den Weiblichkeitskonstruktionen einmal abgesehen, in der ebenfalls 1949 publizierten Novelle von Anna Seghers: *Die Hochzeit von Haiti.* Berlin 1949. Vgl. hierzu: Sigrid Weigel: *Bilder des kulturellen Gedächtnisses. Beiträge zur Gegenwartsliteratur.* Dülmen-Hiddingsel 1994 insbesondere S. 163-172.

[31] Kathrin Hoffmann-Curtius: Caritas und Kampf: die Mahnmale in Ravensbrück. In: *Die Sprache des Gedenkens.* Ebd. S. 55-68, hier S. 66. Vgl. auch Maria Marchetta: *Möglichkeiten und Grenzen ...* . S. 215f.

In ihrer Untersuchung über die Beziehung zwischen Familie und Politik in der Deutschen Demokratischen Republik konstatiert Dorothee Wierling sowohl eine Politisierung der Familie als auch eine Familialisierung der Politik. Sie diskutiert nicht nur, wie die politische Sprache an familiäre Gefühle von Kindern und Eltern appelliert, sondern auch, wie Kinder sich davon angesprochen fühlten. Einige ihrer Befunde sind gerade im Blick auf die breite Resonanz des Seghers-Epigramms von Interesse. So z.B. die Tatsache, daß die von ihr interviewten Frauen die materiellen und psychischen Belastungen ihrer Mütter insofern abbildeten, als sie implizit von einer Schuld der Mutter, explizit aber von der Schuld an der Mutter, ihrer Aufopferung etc. sprachen. Zugleich wird deutlich, daß die Sprache der Familialisierung der Politik immer auch eine Sprache der Infantilisierung der gesamten Gesellschaft ist.[32]

Eine Untersuchung, die sich einem anderen Gegenstandsbereich als der politischen Sprache in ihrer Auswirkung auf die Identifizierung mit dem Staat widmet, kommt zu dem Ergebnis, daß Bilder des Familialen zu den verstellenden Mechanismen der Erinnerungstätigkeit gehören können. Ich meine Sigrid Weigels Analyse literarischer Texte in Hinblick auf den deutschen Gedächtnisdiskurs. Zu ihren Befunden gehört, daß historische Erinnerungsbilder durch solche aus dem Feld des Familialen und der Geschlechterverhältnisse ersetzt werden.[33] Ein weiterer Befund betrifft die Verschiebung der Erinnerungstätigkeit vom öffentlichen zum intimen resp. privaten Bereich.

Beide Befunde sind für das Seghers-Epigramm zu bestätigen: Zunächst werden die Geschichte des Frauenkonzentrationslagers, die vielfältigen Lagererfahrungen, die heterogenen Häftlingsgruppen auf das Bild der Widerstandskämpferin eingeengt. In einem zweiten Schritt wird diese Häftlingsgruppe dann als ein verwandtschaftlich organisiertes Kollektiv, "unser aller Mütter und Schwestern" ausgewiesen.

Die Tatsache, daß auch im Seghers' Epigramm eine Ersetzung historischer Erinnerungsbilder durch Bilder des Familialen stattfindet, aber bedeutet zugleich, daß dieser Spruch kein singuläres Phänomen darstellt, sondern als Ausdruck des (gesamt-)deutschen Gedenk- und Erinnerungsdiskurses symptomatisch ist. In all diesen Formen einer verstellten Erinnerung wird Geschichte, mithin die sie gestaltenden und verändernden Subjekte, vergessen gemacht.

[32] Dorothee Wierling: Vater-Mutter-Politik. Zur Rekonstruktion deutscher Staatsbürgerlichkeit in der ersten Nachkriegsgeneration. In: *hypatia. Historische Frauenforschung in der Diskussion.* Zeitschrift des Netzwerkes historisch arbeitender Frauen der Heinrich-Böll-Stiftung (Dezember 1997). H. 9, S. 17-23, hier S. 18 und 22.

[33] Sigrid Weigel: Pathologie und Normalisierung im deutschen Gedächtnisdiskurs. Zur Dialektik von Erinnern und Vergessen. In: Gary Smith und Hinderk M. Emrich (Hrsg.): *Vom Nutzen des Vergessens.* Berlin 1996. S. 241-263, hier S. 246 und 262.

Olaf Hamann

Faschistische Literatur in deutschen Bibliotheken – über Aussonderungen und Neuorientierungen im Bestandsaufbau wissenschaftlicher Bibliotheken in der Zeit 1945-1949 am Beispiel der Öffentlichen Wissenschaftlichen Bibliothek Berlin (ÖWiBi)

During the period between 1933 and 1945, fascist ideology had a great influence on library collections in Germany. After unconditional surrender the Allied powers started a program of re-education. In this program libraries played an important role. With the help of the example of the Öffentliche Wissenschaftliche Bibliothek *in Berlin (the former Prussian State Library) the article examines how fascist literature was sorted out from library collections on the basis of order No. 4 of the Control Council for Germany. It also shows the main directions in the library's acquisition policy between 1945 and 1949.*

Der Nationalsozialismus in Deutschland hatte in relativ kurzer Zeit einen enormen Einfluß auf die Tätigkeit der deutschen Bibliotheken ausgeübt.[1] Schon kurz nach der faschistischen Machtergreifung begannen die Aktionen "Wider den undeutschen Geist". Zahlreiche Werke mißliebiger Autoren wurden aus den Beständen von Bibliotheken ausgesondert und am 10. Mai 1933 öffentlich verbrannt. Einer der Hauptschauplätze dieser Aktionen in Berlin liegt auf dem heutigen August-Bebel-Platz, gegenüber dem Hauptgebäude der Humboldt-Universität zu Berlin. Ein in die Erde gelassenes Mahnmal in Form eines Raumes mit leeren Regalen erinnert daran.

Den Bücherverbrennungen fielen in erster Linie Werke aus den Beständen öffentlicher und privater Bibliotheken zum Opfer. Jedoch gingen diese Maßnahmen auch an den wissenschaftlichen Bibliotheken nicht spurlos vorüber. Werke jüdischer Autoren, Literatur der politischen Gegner in Deutschland und auch Darstellungen über die Entwicklung beispielsweise in

[1] Vgl. dazu: Hans-Gerd Happel: *Das wissenschaftliche Bibliothekswesen im Nationalsozialismus unter besonderer Berücksichtigung der Universitätsbibliotheken.* München u.a. 1989 (Beiträge zur Bibliothekstheorie und Bibliotheksgeschichte 1); *Bibliotheken während des Nationalsozialismus.* Wiesbaden Bd. 1 (1989); Bd. 2 (1992) (Wolfenbütteler Schriften zur Geschichte des Buchwesens 16); Jan-Pieter Barbian: *Literaturpolitik im „Dritten Reich".* München 1995.

der Sowjetunion wurden mit Benutzungseinschränkungen belegt.[2] In den Katalogen der Preußischen Staatsbibliothek (PSB) erhielten diese Bücher im Katalog den Eintrag "SM" und kamen in ein sogenanntes Sondermagazin.

Durch die umfassende Zensur des faschistischen Regimes, die bereits im Moment der Produktion neuer Bücher einsetzte, wurde der Bestandsaufbau wissenschaftlicher Bibliotheken in der zweiten Hälfte der dreißiger Jahre zunehmend auch indirekt beeinflußt. Politisch nicht genehme Literatur wurde in Deutschland nicht produziert und konnte folglich auch nicht Eingang in die Bibliotheken finden. Die Erwerbung von Literatur aus dem Ausland wurde im Laufe der Jahre immer stärker kontrolliert und häufiger unterbunden. Selbst die großen Bibliotheken des Landes, wie die Preußische Staatsbibliothek in Berlin, die Bayerische Staatsbibliothek in München oder die Deutsche Bücherei Leipzig (in bezug auf die Exilveröffentlichungen deutscher Autoren), stießen bei der Beschaffung von im Ausland veröffentlichten Werken auf immer größere Probleme, die sich seit Beginn des Zweiten Weltkrieges weiter zuspitzten.

Der Krieg und insbesondere dessen Zurückschlagen auf das Territorium des Deutschen Reiches versetzte dann dem deutschen wissenschaftlichen Bibliothekswesen fast den Todesstoß. Die 1947 gezogene Bilanz war verheerend.[3] Durch den Bombenkrieg verloren einige Bibliotheken ihre Bestände ganz oder teilweise. Allein in der Staats- und Universitätsbibliothek Hamburg verbrannten 700.000 Bände. Zahlreiche Einrichtungen evakuierten nach solchen Meldungen ihre Bestände, um sie vor den Bombenangriffen in Sicherheit zu bringen. Doch selbst in den vermeintlich sicheren Verlagerungsorten waren die Bibliotheksbestände den Unbilden des Krieges ausgeliefert, teilweise vernichtet, als Kriegsbeute verbracht oder befanden sich durch die Grenzänderungen nach dem Krieg auf dem Staatsgebiet Polens.

Das Ende des Krieges am 8. Mai 1945 bedeutete auch für die damals größte deutsche Bibliothek – die Preußische Staatsbibliothek – nahezu das Ende. Ihre Bestände von über 3 Millionen Büchern (Zählung von 1942) waren auf etwa 30 Verlagerungsorte auf dem Territorium des gesamten damaligen Deutschen Reiches verteilt,[4] das Gebäude Unter den Linden zur

[2] Zur Geschichte der PSB während der NS-Zeit vergleiche: Wieland Schmidt: Von der Kurfürstlichen Bibliothek zur Preußischen Staatsbibliothek: Geschichtlicher Überblick von 1661-1945. In: *Staatsbibliothek <Berlin, West> Festgabe zur Eröffnung des Neubaus in Berlin Staatsbibliothek Preußischer Kulturbesitz.* Wiesbaden 1978. S. 1-94.; Werner Schochow: *Die Preußische Staatsbibliothek 1918-1945. Ein geschichtlicher Überblick mit einem Quellenteil.* Köln 1989. (Veröffentlichungen aus den Archiven Preußischer Kulturbesitz 29).

[3] Georg Leyh: *Die deutschen wissenschaftlichen Bibliotheken nach dem Krieg.* Tübingen 1947.

[4] Gudrun Voigt: *Die kriegsbedingte Auslagerung von Beständen der Preußischen Staatsbibliothek und ihre Rückführung.* Hannover 1995; Werner Schochow: Zur

Hälfte zerstört. Auch die Mitarbeiter waren in alle Himmelsrichtungen verstreut. Sie hatten häufig die Bücher in die Auslagerungsorte begleitet und bemühten sich nun dort um deren Schutz und Sicherstellung.

Daß die Bibliotheksarbeit im traditionsreichen Haus der Berliner Staatsbibliothek Unter den Linden fortgesetzt werden konnte, ist einem gemeinsamen Interesse der in Berlin verbliebenen deutschen Bibliothekare, der sich neu formierenden deutschen Behörden sowie der entstehenden Sowjetischen Militäradministration zu verdanken. Der Magistrat von Berlin beauftragte am 29. Mai 1945 Dr. Rudolf Hoecker[5] mit der kommissarischen Leitung der Staatsbibliothek sowie der Bibliotheken der Universität und der Technischen Hochschule in Berlin. Am 12. Juni gestattete Generaloberst Gorbatow der Preußischen Staatsbibliothek die Wiederaufnahme ihrer Tätigkeit.[6] Die offizielle Wiedereröffnung unter dem Namen Öffentliche Wissenschaftliche Bibliothek (ÖWiBi) fand am 1. Oktober 1946 statt. Neben der Wiederherstellung des Gebäudes war die Arbeit der Bibliothekare zunächst auf die Rückführung des verlagerten Bestandes, das Anlaufen des Ausleihbetriebes, die Bereinigung des Bestandes von faschistischer, chauvinistischer und rassistischer Literatur sowie die Wiederaufnahme der Erwerbungstätigkeit gerichtet. Auf die beiden letzten Punkte wird im folgenden genauer eingegangen.

Die Aussonderung von NS-Literatur aus Bibliotheksbeständen

Die Aussonderung nationalsozialistischer und militaristischer Literatur war Teil der alliierten Bemühungen zur Umerziehung des deutschen Volkes. Ein Fortleben der faschistischen Ideologie sollte dadurch verhindert werden. In den Bibliotheken der sowjetischen Besatzungszone begann dieser langwierige Prozeß bereits wenige Wochen nach Kriegsende. Am 24. Juli 1945 erhielt Dr. Hoecker ein Schreiben der Abteilung Volksbildung des Magistrats von Berlin, in dem er über die Bildung eines Säuberungsausschusses für das Büchereiwesen der Stadt informiert wurde. Die Staatsbibliothek erhielt den Auftrag, Räume sowie technische und bibliothekarische Hilfsmittel bereitzustellen.[7] Der Säuberungsausschuß sollte in Zusammenarbeit mit der Staatsbibliothek und der Universitätsbibliothek ein Verzeichnis der

Bücherverlagerung der Preußischen Staatsbibliothek im Zweiten Weltkrieg. In: *Mitteilungen. SBB (PK) N.F.* 7 (1998) S. 165-230.

[5] Zu Hoecker siehe: Friedhilde Krause: *"Auch Hoecker geht spazieren ..."*. Hannover 1997; Werner Schochow: Griff in die Geschichte der Staatsbibliothek. In: *SBPK: Mitteilungen.* (1986). S. 184-186.

[6] Siehe u.a.: Olaf Hamann: 12. Juli 1945 „Ich gestatte der Preußischen Staatsbibliothek zu arbeiten ...". In: *Jahrbuch Preußischer Kulturbesitz.* XXXIII (1996). S. 253-266.

[7] Registratur SBB, Akte "Aktion Shukow" 1945-46.

auszusondernden Literatur erstellen. Dieses erschien dann im Februar 1946[8] und diente als Richtschnur für die Bestandsüberprüfung der Bibliotheken in ganz Berlin.

Ob die Einrichtung dieses Ausschusses bereits auf eine Anordnung der SMAD zurückgeht, konnte aus den in Deutschland und Rußland bisher eingesehenen Akten nicht ermittelt werden. Die Sowjetische Militäradministration in Deutschland (SMAD) steckte mit dem Befehl Nr. 4 vom 15. September 1945 über die Aussonderung nazistischer und militaristischer Literatur jedoch den Rahmen für entsprechende Maßnahmen in ihrem Einflußgebiet ab. In dem Befehl wurden alle Besitzer von privaten Bibliotheken, Buchhandlungen und Verlagen sowie alle Privatpersonen aufgefordert, bis zum 1. Oktober 1945 "alle Bücher, Broschüren, Zeitschriften, Alben und andere Literatur, enthaltend faschistische Propaganda, Rassentheorie, Literatur über die gewaltsame Aneignung fremder Länder, ferner alle Art Literatur, die gegen die Sowjetunion und andere Vereinte Nationen gerichtet ist,"[9] an die Bezirkskommandanturen abzugeben. Die Leiter der Bibliotheken wurden verpflichtet, die erwähnte faschistische und Kriegsliteratur samt der dazugehörigen Karteien auszumerzen und den Vertretern der Militärkommandanturen zu übergeben.[10]

Die entsprechenden Aussonderungsarbeiten begannen in der zu diesem Zeitpunkt noch gemeinsam verwalteten Staats- und Universitätsbibliothek im September 1945. Kopfzerbrechen bereitete den Bibliothekaren jedoch die Ablieferungspflicht für diese Literatur. In einem Brief des Direktors der Staatsbibliothek an den Magistrat von Berlin, Amt für Volksbildung, Abteilung Büchereiwesen, vom 20. September 1945 heißt es diesbezüglich:

> "Die wissenschaftlichen Bibliotheken haben die Pflicht, das Schrifttum ihres Aufgabenkreises mit tunlichster Vollständigkeit zu sammeln. Dazu gehört auch die jetzt verbotene Literatur. Diese Literatur muß aber nicht nur der späteren wissenschaftlichen Forschung, sondern auch für behördliche Zwecke erhalten bleiben. Nach meinen bisherigen Erfahrungen verlangen gerade der Berliner Rundfunk, die Schriftleiter der Berliner Zeitungen, die Hochschullehrer und besonders auch die Mitglieder der Besatzungsmächte gerade diese jetzt abzuliefernde Literatur."[11]

Im Oktober berichtet Dr. Hoecker dann über ein Gespräch mit einem als Experten zugeteilten Bibliothekar aus Moskau. Darin einigte man sich darauf, daß die ausgeschiedenen Titel mit den aus den Katalogen entfernten Karteikarten gesondert in verschlossenen Zimmern zu deponieren und für

[8] *Verzeichnis der auszusondernden Literatur*. Hrsg. von der Abt. für Volksbildildung im Magistrat der Stadt Berlin (Berlin), Februar 1946.
[9] *Tägliche Rundschau* vom 16.9.1945.
[10] Ebd.
[11] Registratur SBB, Akte "Aktion Shukow" 1945-46.

die SMAD bereitzuhalten sind. Gleichzeitig wurde eine beschränkte Ausleihe in Aussicht gestellt.[12]

Mit dem Befehl Nr. 4 des Alliierten Kontrollrats vom 13. Mai 1946 wurden entsprechende Anstrengungen auf eine für alle Besatzungszonen verbindliche Grundlage gestellt. Im Punkt 5 heißt es: "Alle in diesem Befehl erwähnten Veröffentlichungen und Materialien sind den Zonenbefehlshabern zwecks Vernichtung zur Verfügung zu stellen."[13] Die wissenschaftlichen Bibliotheken des Landes reagierten jedoch kritisch auf die Pläne zur Vernichtung der einzuziehenden Literatur. Daher entschloß sich der Kontrollrat am 10. August 1946 zu einer Änderung seines Befehls.

> "Die Zonenbefehlshaber (in Berlin die Alliierte Kommandantura) können eine begrenzte Anzahl von Exemplaren der laut § 1 verbotenen Schriften für Forschungs- und Studienzwecke von der Vernichtung ausnehmen. Diese Schriften sind in besonderen Räumlichkeiten aufzubewahren, wo sie, jedoch unter strenger Aufsicht der Alliierten Kontrollbehörde, von deutschen Wissenschaftlern und anderen Deutschen, die die entsprechende Erlaubnis von den Alliierten erhalten haben, eingesehen werden können."[14]

Etwa zu dieser Zeit begannen auch in der Deutschen Bücherei die Arbeiten an der sogenannten Leipziger Liste, die mit ihren drei Nachträgen die verbindliche Grundlage für die Aussonderungsaktionen in der sowjetischen Besatzungszone und der 1949 gegründeten DDR bildete. Neben faschistischer, militaristischer und rassistischer Literatur verzeichnen aber insbesondere die Nachträge auch Titel, die Kritik an der Sowjetunion oder an ihrer Politik in Osteuropa enthielten. So waren auf der Grundlage des ersten Nachtrages zur Liste von 1947 auch sämtliche Schriften von Leo Trotzki auszusondern.[15]

In einer Schnellinformation der ÖWiBi-Direktion an die Sowjetische Militärverwaltung, Abt. Volksbildung (ONO[16]), über die praktische Durchführung des Kontrollratsbeschlusses wird Anfang 1947 berichtet, daß sich viele Bibliotheken in der amerikanischen und britischen Zone in Ermangelung eigener umfassender Verzeichnisse häufig an der Leipziger Liste orientierten. Allerdings legte man sie dort großzügiger aus als in der sowjetischen Zone.[17] Für eine allgemeingültige Regelung in allen Besatzungszonen setzte sich die ONO mehrfach auf den Treffen der Leiter der entsprechenden Dienststellen im Rahmen des Alliierten Kontrollrates ein. Als Grundlage sollte dabei die in der sowjetischen Besatzungszone erarbeitete Liste der

[12] Ebd.
[13] *Amtsblatt des Kontrollrats in Deutschland.* Nr. 7, 31. Mai 1946.
[14] Ebd. Nr. 10, 31. August 1946.
[15] *Liste der auszusondernden Literatur. Erster Nachtrag.* Berlin 1947. S. 153.
[16] Russisch ONO – Otdel′ Narodnogo Obrazovanija = Abteilung für Volksbildung.
[17] Registratur SBB, Akte "Aktion Shukow" 1947-49.

auszusondernden Literatur dienen. Ein einheitliches Handeln der Alliierten in dieser Frage wurde jedoch nicht erreicht.[18]

In der ÖWiBi wurde in der Folgezeit der gesamte Bestand nach betreffenden Titeln durchgesehen. Die Katalogeintragungen erhielten besondere Vermerke, die auf die Aussonderung hinweisen. Bis 1949 konnte dann auch die Benutzung dieser Literatur endgültig geklärt werden. Sie erforderte eine Genehmigung des Bibliotheksdirektors. Um Titel aus dem Haus zu entleihen, was wegen des Präsenzcharakters der Bibliothek ohnehin nur korporativen Benutzern gestattet war, bedurfte es einer Genehmigung der Deutschen Verwaltung für Volksbildung.[19]

Die Aussonderungsaktionen in den Bibliotheken wurden von deutschen Bibliothekaren durchgeführt. Die öffentlichen Volksbibliotheken erhielten ohne Ablieferung der NS-Literatur und eine entsprechende Kontrolle durch die SMAD gar nicht erst die Zustimmung zur Wiedereröffnung. Aber auch der Buchbestand der wissenschaftlichen Bibliotheken ist regelmäßig von Vertretern der SMAD auf noch vorhandene NS-Literatur untersucht worden. Im 1. Quartal 1947 fand eine entsprechende Untersuchung im Haus der ÖWiBi und der UB20 statt. Während die 16.000 ausgesonderten Bände der UB systematisch aufgestellt und katalogisiert waren, konstatiert der ONO-Bericht für die ÖWiBi eine große Unordnung der aussortierten Bestände. Weder über deren Menge noch Vollständigkeit waren Informationen erhältlich. Die Deutsche Verwaltung für Volksbildung, der die ÖWiBi zu dieser Zeit unterstand, wurde umgehend beauftragt, Abhilfe zu schaffen.[21]

Über den genauen Umfang der in den wissenschaftlichen, öffentlichen und privaten Bibliotheken sowie den Verlagen und Buchhandlungen der SBZ ausgesonderten Literatur kann nur gemutmaßt werden. Die ONO schätzt die Zahl der bis zum Februar 1946 ausgesonderten Werke auf etwa

[18] In der amerikanischen Zone sollte auf Anweisung von General Clay keine verbindliche Liste erstellt werden. In der englischen gab es eine Liste mit etwa 1000 Titeln. Die Vertreter für Volksbildung erklärten dem sowjetischen Delegierten auf den diesbezüglichen Beratungen im Rahmen des Alliierten Kontrollrates, sie hätten zahlreiche Exemplare der sowjetischen Liste an Bibliotheken in ihren Besatzungszonen übermittelt bzw. würden sie selbst als Arbeitsmaterial nutzen. (Vgl.: GARF, F. 7317, op. 54, d. 8, l. 150); s.a.: „Säuberung von Büchereien“: Katalog der gemäß Kontrollrats-Befehl Nr. 4 ab 1947 in Nordrhein-Westfalen eingezogenen politisch unerwünschten Literatur. Rekonstruktion des in den Jahren 1948 bis 1951 entstandenen Kataloges und aktuelle Nachweise der Bestände. o.O. 1987/1995.

[19] Ebd.

[20] UB – Universitätsbibliothek der Humboldt-Universität zu Berlin.

[21] Ebd. l. 140; Im Bericht für das 3. Quartal 1947 wird über eine Kontrolle der Aussortierung in 141 Bibliotheken – von der großen wissenschaftlichen bis zur dörflichen privaten – in der SBZ berichtet. Dabei haben 150 Mitarbeiter von Schulen, Parteien und Bibliotheken 3,5 Millionen Bände nochmals durchgesehen und weitere 275 in der Leipziger Liste erfaßte Bücher entnommen (Ebd. l. 203).

sieben Millionen Bände.[22] Im Januar 1947 verweist sie auf 15 Millionen Bände aussortierter NS-Literatur.[23] Der überwiegende Teil dieser Titel ist makuliert worden. Nur wenige wissenschaftliche Bibliotheken der SBZ erhielten die Genehmigung, diese Literatur für Forschungszwecke aufzubewahren. Aus dem Bericht der ONO für das 4. Quartal 1947 geht hervor, daß insgesamt fünf Exemplare jedes NS-Werkes von der Vernichtung ausgenommen wurden. Der Gesamtumfang dieser Werke beträgt 150.000 Bände. Die fünf Exemplare wurden auf drei Bibliotheken der SBZ und zwei in Moskau aufgeteilt. Die deutschen Einrichtungen waren die Zentralleitung der SED, die Deutsche Bücherei Leipzig und die ÖWiBi Berlin, in Rußland gingen die Bücher an die Leninbibliothek und die Bibliothek der Akademie der Wissenschaften.[24] Diese Übergabe der NS-Literatur wurde 1948 abgeschlossen. Ein Ende des Kapitels Aussonderung politisch verdächtiger Literatur war damit jedoch noch nicht erreicht. Die Erweiterung der Leipziger Listen erfolgte durch drei Nachträge bis in das Jahr 1953. Der Anteil von Werken, die sich kritisch mit der Entwicklung in der UdSSR, in der SBZ/DDR oder in den Staaten der sogenannten Volksdemokratien auseinandersetzten, stieg dabei an.

Wiederaufnahme der Erwerbungstätigkeit

Ein weiterer wichtiger Arbeitsbereich der Bibliothekare nach 1945 war die Wiederaufnahme der Erwerbungstätigkeit. Die bis Ende 1946 aus den Verlagerungsorten in das Bibliotheksgebäude Unter den Linden zurückgekehrten 800.000 Bände waren zwar ein brauchbarer Grundstock für die Bibliotheksarbeit. Dennoch fehlten vom ursprünglich verlagerten Bestand über zwei Millionen Bücher, die schmerzlich vermißt wurden. Ungeachtet dessen waren sich die Mitarbeiter bewußt, daß die Staatsbibliothek auf keinen Fall eine Lücke in der Erwerbungstätigkeit zulassen durfte. Nachdem ab Juli 1945 ein Teil der Kollegen von den Aufräumungs- und Instandsetzungsarbeiten am Gebäude befreit werden konnte, begann der Geschäftsbetrieb im Erwerbungsbereich. Zunächst wurden die Kaufstelle, die Pflichtexemplarstelle, die Amtliche Akzession und die Zeitschriftenstelle eingerichtet.

Die Kaufstelle stand dabei vor dem Problem, daß der Buchhandel und das Verlagswesen vollständig zusammengebrochen waren. Die Beziehungen zu ausländischen Anbietern waren durch den Krieg abgerissen. Selbst die Möglichkeiten, in anderen Besatzungszonen Bücher zu erwerben, waren durch den brachliegenden Postverkehr und einschränkende Festlegungen der jeweiligen Besatzungsmächte äußerst begrenzt. Die großen Bibliotheken in

[22] GARF, F. 7317, op. 54, d. 7, l. 8.
[23] GARF, F. 7317, op. 54, d. 8, l. 2. Bei den gemachten Angaben kann davon ausgegangen werden, daß jedes Zeitschriftenheft als Band gezählt worden ist.
[24] GARF, F. 7317, op. 54, d. 10, l. 13-14.

Deutschland bemühten sich jedoch in Zusammenarbeit mit dem Buchhandel mit viel Geschick um einen Ausweg. Man erwarb in der "eigenen" Besatzungszone mehrere Exemplare der verfügbaren Erstveröffentlichungen und stellte daraus Sendungen für einige Bibliotheken in anderen Besatzungszonen zusammen. Auf diese Weise unterstützten sich die Preußische Staatsbibliothek/ÖWiBi, die Bayerische Staatsbibliothek, die Landesbibliothek Stuttgart und die Universitätsbibliothek Hamburg gegenseitig bei der Beschaffung der deutschen Neuerscheinungen. Diese Art der Zusammenarbeit zwischen den Bibliotheken des Landes war eine wesentliche Voraussetzung dafür, "daß die Buch- und Zeitschriftenproduktion der nichtsowjetischen Besatzungszonen [in der ÖWiBi in Berlin – O.H.] recht weitgehend erfaßt und auch erworben werden konnte, so daß ein durchaus umfassender Überblick über die bisherige Nachkriegsproduktion [bis 1947 – O.H.] aus diesen Zonen in der Bibliothek geboten werden kann."[25]

Umfangreiche Zugänge erhielt die ÖWiBi auch durch das eingehende Pflichtexemplar. Man ging zunächst stillschweigend von einem Weiterbestand des alten Pflichtexemplaranspruches aus. Dies schloß entsprechende Ablieferungen der Verleger aus den westlichen Besatzungszonen ein. Doch war damit keine eindeutige und zufriedenstellende Lösung des Problems gegeben, die den veränderten Bedingungen entsprach. Daher wurden die direkten Kontakte zur sowjetischen Militäradministration genutzt, um neue verbindliche Regelungen zu erreichen. Mit dem Befehl Nr. 262 vom 2. September 1946[26] regelte die SMAD die Ablieferung von Pflichtexemplaren für ihr Besatzungsgebiet. Schon am 24. Dezember 1946 wurde dieser Befehl durch den Befehl Nr. 356, unterzeichnet von Generaloberst P. Kurotschkin, ersetzt.

> Darin wurde angeordnet, daß "[...] alle Personen, Organisationen und Unternehmen in der sowjetischen Besatzungszone Deutschlands, die Zeitungen, Zeitschriften, Bücher, Broschüren und andere Druckerzeugnisse herausgeben, folgenden Behörden und Bibliotheken Pflichtexemplare ihrer Produktion vom 9. Mai 1945 bis jetzt sowie in Zukunft sofort nach Erscheinen jeder Ausgabe einzusenden [hatten ...] 5. an die öffentliche wissenschaftliche Bibliothek, Berlin, Unter den Linden 8 [...] 1 Exemplar [...]."[27]

Der interne Jahresbericht der Bibliothek für 1948 enthält auch Hinweise auf einen Kontrollratsbeschluß, auf dessen Grundlage die Öffentliche Wissenschaftliche Bibliothek Empfängerin von Depotexemplaren aus den Westzonen ist.

Die Pflichtexemplare aus der sowjetischen Zone sowie aus dem sowjetischen Sektor von Berlin gingen nahezu problemlos ein. Aber "auch die Verleger der Berliner Westsektoren hielten sich unverändert an ihre im Jahre

[25] Registratur SBB, Generalakte G III/A/22-1, Bl. 28-29.
[26] *Verordnungsblatt der Provinz Sachsen.* 1946. S. 402.
[27] *Regierungsblatt Thüringen* III. (1947). S. 17.

1946 gegebene Zusage einer vollständigen Ablieferung ihrer Verlagserzeugnisse an die Bibliothek."[28] Selbst der an Schärfe zunehmende Kalte Krieg verhinderte die Bereitstellung dieser Veröffentlichungen nicht. Zahlreiche Verleger waren sogar bereit, erhöhte Unkosten und Unbequemlichkeiten auf sich zu nehmen, um ihre Bücher der ÖWiBi möglichst vollständig zukommen zu lassen.[29] Während der Berlin-Krise 1948 unterstützte die Bibliothek der Musikhochschule in Charlottenburg die ÖWiBi durch die Einrichtung einer Sammelstelle für die Westsektoren. Hier wurden die Pflichtexemplare Westberliner Verleger zunächst zwischengelagert, bis die Situation eine Überstellung nach Ostberlin möglich machte.[30] Als Reaktion auf Verluste auf dem Postwege durch Behinderung und Beschlagnahmungen an Kontrollstellen richtete die Direktion Ende 1949 eine Anfrage an das Ministerium für Post- und Fernmeldewesen zur Erhöhung der Sicherheit von Bücher- und Zeitschriftensendungen für die Bibliothek.[31] Das Ergebnis dieser Bemühungen klingt überzeugend: "Nach vorsichtigen Schätzungen werden 80 bis 85 v.H. der westdeutschen Produktion die Bibliothek erreicht haben."[32]

Werfen wir noch einen kurzen Blick auf die ausländischen Erwerbungen, gehörte es doch vor dem Zweiten Weltkrieg zu den Vorzügen der Preußischen Staatsbibliothek, in großem Umfang ausländische Veröffentlichungen für ihre Leser bereitzuhalten.

> "Die Beschaffung ausländischer Literatur aus der laufenden Produktion blieb trotz oder gerade wegen der fast unüberwindlichen Schwierigkeiten, die sich ihr in den ersten Jahren nach 1945 entgegenstellten, die wichtigste Aufgabe der Bibliothek."[33]

Interesse am Erwerb ausländischer Literatur durch die ÖWiBi bestand auch im Ausland. Insbesondere die Siegermächte wollten ihre Publikationen in Deutschland zugänglich und auswertbar wissen. Einerseits sollte damit die Information der eigenen Kräfte sichergestellt werden, andrerseits sollte diese Literatur eine nicht unwesentliche Rolle bei der Umerziehung der Deutschen und der Herausbildung demokratischer Überzeugungen als Ersatz für die immer noch weit verbreitete faschistische Ideologie spielen. Darüber hinaus gehörten die führenden Alliierten auch zu den großen buchproduzierenden Ländern, in denen wichtige Erfolge in der Wissenschaft erzielt und veröffentlicht wurden. Diese galt es, für den deutschen Wiederaufbau zu nutzen.

Literatur aus der Sowjetunion konnte in größerem Umfang über die Internationale Buchhandlung in Berlin (Meshdunarodnaja kniga) erworben wer-

[28] Registratur SBB, Generalakte G III/A/22-2. Bl. 30.
[29] Ebd. Bl. 30-31.
[30] Ebd. Bl. 31.
[31] Ebd.
[32] Registratur SBB, Generalakte G III/A/22-3. Bericht der Erwerbungsabteilung.
[33] *Zehn-Jahresbericht der Deutschen Staatsbibliothek: 1946-1955.* Berlin 1956. S. 6.

den. Dank einer Intervention der SMAD wurde der ÖWiBi im Jahre 1948 für russischsprachige Veröffentlichungen sogar ein Rabatt von bis zu 75 % gewährt.[34] Ein Preisnachlaß in dieser Höhe läßt ohne Frage politisches Interesse an der Verbreitung sowjetischer Schriften erkennen.

Schwieriger gestalteten sich die Erwerbungen aus anderen Ländern, da die westlichen Besatzungsmächte nicht über ähnliche Einrichtungen in der SBZ bzw. im sowjetischen Sektor von Berlin verfügten. Der Zugang französischer Veröffentlichungen ist besonders dem Kulturattaché Felix Lusset zu verdanken. Seine Bemühungen ermöglichten es der Bibliothek, seit Januar 1947 regelmäßig die *Bibliographie de la France* zu beziehen. Von US-amerikanischer Seite erreichten gelegentliche Überweisungen von Militärstellen die Bibliothek. Seit Januar 1946 wurde der *Publisher's Weekly* regelmäßig geführt. Damit waren für den englisch- und französischsprachigen Raum wichtige bibliographische Informationsquellen in der Bibliothek vorhanden, auf deren Grundlage sich die Mitarbeiter um Erwerbungen bemühen oder Desideratenkarteien erstellen konnten.[35]

1948 und 1949 vollzog sich dann endgültig ein Wandel bei den ausländischen Erwerbungen. Nicht der Kauf, sondern der Tausch entwickelte sich zur wichtigsten Erwerbungsart für ausländisches Schrifttum.[36] Für die Tauschstelle wurden 58.111,- DM aufgewandt, um Tauschexemplare zu erwerben. Dies war etwas mehr als ein Drittel des Erwerbungsfonds für 1949.[37] Auf diese Weise etablierte sich der dann lange Zeit intensiv betriebene "Kauf-Tausch".

Auch das Geschenk erhielt einen neuen Stellenwert beim Bezug ausländischer Literatur. Der Bericht der Staatsbibliothek für das Nachkriegsjahrzehnt weist eine Liste von 23 namentlich genannten Geschenkgebern nach. Unter ihnen waren die SMAD, zwei Einrichtungen aus der Sowjetunion (Akademie der Wissenschaften Leningrad, Leninbibliothek Moskau) und eine aus Ungarn (Magyar Tudományos Akadémia Könyvtar Budapest). Die anderen sandten ihre Dona aus Westeuropa und Amerika. Zu ihnen gehörten die Library of Congress, die Smithsonian Institution, die Rockefeller Foundation, die American Library Association, die Germanistic Society, die Schweizer Bücherhilfe (ab 1948), die Nobel-Bibliothek Stockholm, die Nationalbibliothek Buenos Aires, die Universitätsbibliotheken in Basel, Uppsala und Berkeley sowie der Stern-Verlag Wien.[38] Im Jahre 1949 kamen

[34] Registratur SBB, Generalakte G III/A/22-2, Bl. 32; GARF, F. 7317, op. 54, d. 10, l. 54: Dieser Rabatt wurde im ersten Halbjahr 1948 eingeführt. Für deutschsprachige Veröffentlichungen betrug er bis zu 35 % des Preises.
[35] Registratur SBB, Generalakte G III/A/22-1. Bl. 31-33.
[36] Registratur SBB, Generalakte G III/A/22-2. Bl. 55.
[37] Registratur SBB, Generalakte G III/A/22-3. Bericht der Erwerbungsabteilung.
[38] Registratur SBB, Generalakte G III/A/22-2. Bl. 32-33; *Zehn-Jahresbericht*. S. 47.

in nennenswertem Umfang auch Dona vom British Information Center Berlin.[39]

Insgesamt erreichten die Erwerbungen in den Jahren 1945-1949 einen Umfang von 97.251 Bänden.[40] Zum 31. Dezember 1949 wurde der Gesamtbestand der Öffentlichen Wissenschaftlichen Bibliothek mit 901.000 Bänden beziffert. Die von der Bibliothek selbst gesteckten Ziele, die deutschen Neuveröffentlichungen nach 1945 nahezu vollständig und die ausländischen Publikationen in großer Breite zu sammeln und damit die Tradition der Staatsbibliothek im Bestandsaufbau fortzuführen, scheinen also in den ersten Nachkriegsjahren erfüllt worden zu sein.

Kann eine Analyse des Bestandes diese allgemeinen Aussagen zur Erwerbungstätigkeit bestätigen? Untersucht wurden dazu einige Sachgebiete des Alten Realkataloges der Staatsbibliothek. Dieser verzeichnet die eingegangene Literatur bis zum Erscheinungsjahr 1955 innerhalb einzelner Sachgruppen immer nach dem Erscheinungsjahr der Erstausgabe. Somit können die in den Jahren 1945-1949 erstmals erschienenen Werke und deren Nachauflagen, andere Ausgaben oder Übersetzungen bis zum Erscheinungsjahr 1949 innerhalb der Sachgruppen gut analysiert werden. Außerdem ist auch das Erwerbungsjahr an der Signaturenvergabe erkennbar, so daß nach 1949 erworbene Werke bei der Auszählung unberücksichtigt bleiben konnten. Die Ergebnisse der Untersuchung werden am Beispiel der Sachgebiete "Deutsche Literatur, Romane, 1945-1949" und "Politik (Lehre von Staat, Gesellschaft, Wirtschaft), Verbandswesen/ Genossenschaften, 1945-1949" sowie anhand der fortlaufend geführten ausländischen Zeitschriften dargelegt.

Tabelle 1: Erwerbungen im Sachgebiet "Deutsche Literatur, Romane, 1945-1949", Angaben in bibliographischen Einheiten. [41]

Jahr	**SBZ/OB**	**OE**	**WD/WB**	**WE/Am.**
1945	4	–	6	20
1946	24	1	131	17
1947	27	1	299	18
1948	53	1	471	8
1949	74	–	422	10
Summe	182	3	1329	73

[39] Registratur SBB, Generalakte G III/A/22-3. Bericht der Erwerbungsabteilung.
[40] *Zehn-Jahresbericht*. S. 72.
[41] SBZ/OB: Sowjetische Besatzungszone/Ostberlin; OE: Osteuropa (Sowjetunion, Staaten der Volksdemokratien); WD/WB: Westdeutschland/Westberlin; WE/Am.: Westeuropa/Amerika.

Die Tabelle zeigt, daß die Erwerbungen der ÖWiBi mit der Entwicklung der Buchproduktion Schritt halten konnten. Die wachsende Zahl von Neuerscheinungen wird im Bestand der Bibliothek entsprechend repräsentiert. Auch das Verhältnis der Veröffentlichungen zwischen den sowjetischen und den westlichen Besatzungsgebieten dürfte dem Verhältnis der Neuveröffentlichungen entsprechen. Bei den in der SBZ/OB erschienenen Werken ist die Zahl der Wiederauflagen anteilmäßig höher als im westlichen Teil Deutschlands. Von den 182 dort aufgelegten Titeln sind 24 % Neuauflagen, während deren Anteil in WD/WB lediglich 6,7 % beträgt. Daß Osteuropa bei den deutschen Romanen nur mit drei Titeln zu Buche schlägt, verwundert nicht. Übersetzungen deutscher Werke in osteuropäische Sprachen waren kurz nach Ende der deutschen Besatzung die Ausnahme. Bei den 73 Titeln aus WE/Am. handelt es sich überwiegend um in der Schweiz verlegte deutschsprachige Bücher, die über das Geschenk der Schweizer Bücherhilfe in die ÖWiBi gelangt waren. Die Grafik 1 verdeutlicht, daß von einem im Verhältnis zur Buchproduktion ausgewogenen Bestand der Bibliothek bei den deutschen Romanen der Nachkriegszeit ausgegangen werden kann.

Grafik 1: Die Anteile der Regionen am Bestand von deutschen Romanen in der ÖWiBi, 1945-1949.

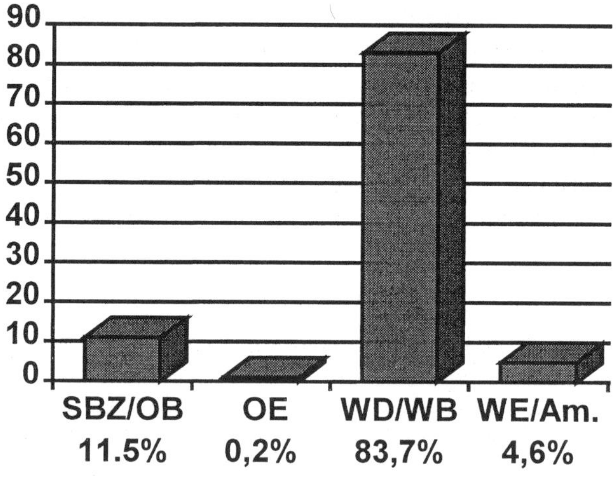

Tabelle 2: Erwerbungen im Sachgebiet "Politik (Lehre von Staat, Gesellschaft, Wirtschaft), Verbandswesen, 1945-1949", Angaben in bibliographischen Einheiten.

Jahr	SBZ/OB	OE	WD/WB	WE/Am.
1945	–	–	1	4
1946	9	–	6	3
1947	14	1	4	9
1948	13	1	12	5
1949	12	–	13	4
Summe	44	2	36	25

An dieser Sachstelle sind Schriften über das Genossenschaftswesen und über Gewerkschaften nachgewiesen. Die Veröffentlichungen aus der SBZ/OB sind überwiegend Publikationen des Freien Deutschen Gewerkschaftsbundes und des Deutschen Bauernverlages. Hierbei muß berücksichtigt werden, daß diese Schriften in erster Linie tagespolitischen Aufgaben gewidmet waren und als Pflichtexemplar eingeliefert wurden. Wenn dennoch nur ein Anteil der Veröffentlichungen aus dem sowjetischen Einflußbereich von deutlich weniger als der Hälfte der insgesamt an dieser Sachstelle nachgewiesenen Drucke entsteht, so kann auch hier nicht von einem politisch einseitigen Bestandsaufbau ausgegangen werden. Grafik 2 verdeutlicht diese Verteilung anschaulich.

Grafik 2: Die Anteile der Regionen am Bestand der Schriften zum Verbandswesen in der ÖWiBi, 1945-1949.

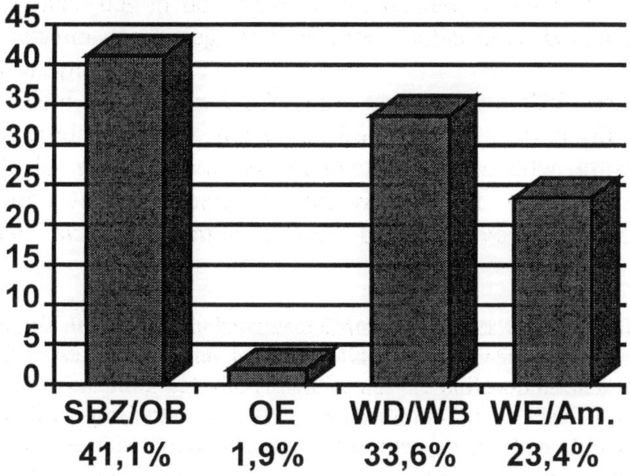

Vergleichbare Ergebnisse zeigt die Analyse des Bestandes ausländischer Zeitschriften in der Bibliothek. Relevante Daten konnten für den 1. April und den 31. Dezember 1949 ermittelt werden.

Tabelle 3: Entwicklung der Abonnements ausländischer Zeitschriften in der ÖWiBi, April-Dezember 1949.[42]

Datum	USA	Frankr.	Skand.	GB	Sonst.	UdSSR	Gesamt
01.04.1949	578	133	76	74	114	139	1114
31.12.1949	596	212	158	88	224	178	1456

Im Zeitraum April bis Dezember 1949 ist eine deutliche Zunahme der abonnierten Zeitschriften zu verzeichnen, die relativ gleichmäßig aus allen genannten Erscheinungsländern bzw. -regionen bezogen werden. Auch hinsichtlich der Wachstumsraten ist kein überproportionaler Anstieg der sowjetischen Zeitschriftenabonnements erkennbar. Die Grafik 3 macht deutlich, daß die Staatsbibliothek um einen ausgewogenen Zeitschriftenbestand ohne ideologische Präferenzen bemüht war.

Grafik 3: Verteilung der ausländischen Zeitschriften im Bestand der ÖWiBi zum 31.12.1949.

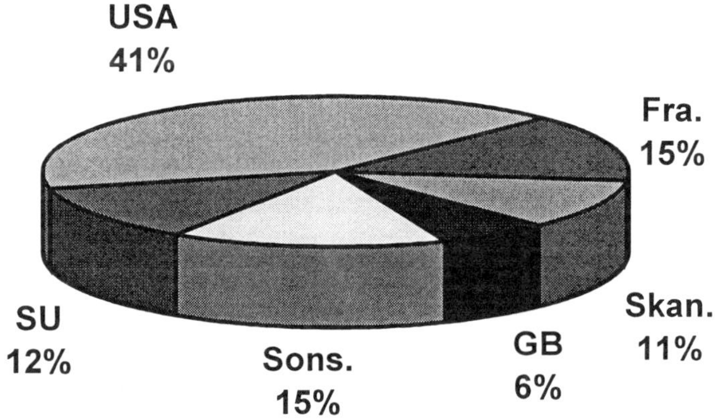

Bei den deutschen Zeitschriften ist für die Nachkriegszeit in der Statistik nicht zwischen den Besatzungszonen unterschieden worden. Wenn man jedoch berücksichtigt, daß die Lizenzvergabe für Veröffentlichungen in der SBZ von der SMAD strenger gehandhabt wurde als die der westlichen Besatzungsmächte in deren Zonen und daß Ende 1949 insgesamt schon 5016 deutsche Zeitschriften in der ÖWiBi laufend gehalten worden sind, ist auch hier ein höherer Anteil von in den westlichen Besatzungszonen erschienenen Zeitschriftentiteln zu erwarten. Eine detaillierte Untersuchung steht hier jedoch noch aus.

Die SMAD kümmerte sich in den ersten Jahren mit Ausnahme der Regelungen zum Pflichtexemplar kaum um die Neuerwerbungen der ÖWiBi. Erst

[42] Registratur SBB, Generalakte G III/A/22-2, Bl. 27. und G III/A/22-3. Bl. 1.

ab Ende 1947 wurde diesem Problem größere Aufmerksamkeit geschenkt. Anlaß dürften eigene Analysen der Situation in den Bibliotheken der Besatzungszone und Anregungen aus der Sowjetunion gewesen sein. So zeigte eine Untersuchung der Informationsabteilung der SMA Thüringen über marxistisch-leninistische Literatur in 1148 Bibliotheken der Provinz, daß in diesen lediglich 6143 Bände marxistisch-leninistischer Literatur vorhanden waren, also etwa 6 in jeder Bibliothek. Auch die Ausleihe der Werke ließ zu wünschen übrig. Lediglich in der Ernst-Abbe-Bibliothek Jena konnte ein größeres Interesse am *Kommunistischen Manifest* sowie am ersten Band des *Kapital* von Marx registriert werden. Um eine breite Versorgung der Bibliotheken zu gewährleisten, seien die Auflagen marxistisch-leninistischer Literatur zu gering und die Preise zu hoch. Außerdem würden die Bibliothekare das wenige vorhandene Geld nur selten für solche Werke ausgeben wollen und nicht die nötige agitatorische Arbeit leisten.[43] Auch die eigentlich für die Bibliotheken zuständige ONO konstatierte in ihrem Bericht für das letzte Quartal 1947, daß "wegen des Fehlens eines Büchertausches zwischen der SBZ und der UdSSR die Bestandserweiterung der deutschen Bibliotheken mit sowjetischer Literatur unbefriedigend verläuft".[44]

Einiges versprach man sich von der Einführung des bereits erwähnten Bibliotheksrabattes in der Buchhandlung "Meshdunarodnaja kniga". Auch sollten Maßnahmen zur Entwicklung von Tauschbeziehungen mit sowjetischen Bibliotheken eingeleitet werden.

Von nennenswertem Erfolg waren diese Schritte jedoch nicht gekrönt. Die Ursachen dafür sind nicht nur bei den deutschen Bibliotheken zu suchen. Auch in der UdSSR entwickelten sich Überlegungen zum Büchertausch mit deutschen Bibliotheken erst langsam. Der Kontakt zu Deutschland verlief im wesentlichen über die SMAD und nicht auf direktem Wege von Bibliothek zu Bibliothek. Die Leninbibliothek in Moskau bemühte sich beispielsweise erst nach Gründung der DDR um Tauschbeziehungen zu Partnern in der "Republik Ostdeutschland".[45]

Fazit

Die in Berlin verbliebenen Bibliothekare der Preußischen Staatsbibliothek begannen nach Kriegsende 1945 mit Unterstützung der Besatzungsbehörden einen Neuanfang. Aufbauend auf Teile des früheren Bestandes der Bibliothek, die bis Ende 1946 aus den Verlagerungsorten nach Berlin in das Haus Unter den Linden zurückgeführt worden waren, und die im Gebäude vorhandenen Bestände der Universitätsbibliothek gelang es innerhalb kurzer

[43] GARF, F. 7317, op. 55, d. 3, l. 199-202.
[44] GARF, F. 7317, op. 54, d. 10, l. 14.
[45] Archiv der Russischen Staatsbibliothek, op. 189, ed. chr. 121, l. 110.

Zeit, einen relativ normal funktionierenden Bibliotheksbetrieb wiederaufzubauen.

Hinsichtlich des Bestandsaufbaus konnte an die Traditionen aus der Zeit vor 1933 angeknüpft werden. Die Erwerbungspolitik orientierte auf eine breite repräsentative Sammlung der weltweit erscheinenden Publikationen unter Berücksichtigung der wissenschaftlichen und historischen Entwicklungen der Zeit. Die Bemühungen der sowjetischen Besatzungsmacht, den Aufbau des Bibliotheksbestandes im Sinne eigener politischer Ziele zu beeinflussen, zeigten bis Ende der vierziger Jahre nur äußerst geringe Ergebnisse.

Im Bereich der Aussonderung der NS-Literatur gelang es den Bibliothekaren im gemeinsamen Bemühen mit den Kollegen der wissenschaftlichen Bibliotheken in ganz Deutschland, eine Aufbewahrung dieser Werke für wissenschaftliche Zwecke zu sichern. Damit leisteten sie einen wesentlichen Beitrag, um eine wissenschaftliche Auseinandersetzung mit diesem Abschnitt der deutschen Vergangenheit zu ermöglichen.

Rainer Bendick

Zweierlei Entlastung des deutschen Volkes. Die Darstellung des Zweiten Weltkriegs in Schulgeschichtsbüchern der DDR und der BRD[1]

This paper focuses on school history books because they convey the view of history that is recognised by a society, forming a type of "national autobiography". Against the background of the stark contrast between the two German states, the similarities between their history books are rather surprising: in the early 1960s there was no longer any talk of a special responsibility for or blame of the German people for National Socialist crimes committed during World War II. Apparently, the behaviour of the parents could not be presented to the younger generation in the East and West as having been a problem without threatening the respective social consensus.

Schulgeschichtsbücher haben einen besonderen Quellenwert: Sie überliefern die Wahrnehmungs- und Deutungsmuster von Vergangenheit, die für eine Gesellschaft wesentlich sind. Die in den Lehrplänen definierten Inhalte und Ziele des Unterrichts werden von den Geschichtsbüchern didaktisch aufbereitet und vermittelt. Mit ihrer Hilfe soll die nachwachsende Generation eine Auffassung von Geschichte lernen, die sich mit dem Selbstverständnis der Gesellschaft deckt, in der sie als Erwachsene einst Verantwortung übernehmen werden. Schulgeschichtsbücher sind darum immer auch gesellschaftliche Selbstbilder, "nationale Autobiographien".[2] Die Darstellungen des Zweiten Weltkriegs in den Büchern der DDR und der BRD aus den fünfziger Jahre überliefern mithin die Wahrnehmungs- und Deutungsmuster der jüngsten Vergangenheit, die für die Konstituierung der beiden deutschen Staaten wesentlich waren.

[1] Wichtige Anregungen verdanke ich der von Prof. Dr. Peter Reichel im Sommersemester 1999 an der Hamburger Universität organisierten Ringvorlesung "Der Krieg in der Nachkriegszeit. Der Zweite Weltkrieg als Problem der politischen Ideen- und Kulturgeschichte der Bundesrepublik" sowie der Diskussion mit Frau Dr. Heike Mätzing (TU Braunschweig), die mir Einblick gewährte in das Manuskript ihrer Dissertation *Geschichte im Zeichen des historischen Materialismus. Untersuchungen zu Geschichtswissenschaft und Geschichtsunterricht in der DDR* (erschienen im Herbst 1999 als Band 96 in der Schriftenreihe des Georg-Eckert-Instituts für Internationale Schulbuchforschung).

[2] Wolfgang Jacobmeyer: Konditionierung von Geschichtsbewußtsein: Schulgeschichtsbücher als nationale Autobiographien. In: *Gruppendynamik* 23 (1992). S. 375-388. S. 375.

Das reichere Wissen späterer Generationen um Zusammenhänge und Erklärungen kann leicht dazu führen, daß diachrone Schulbuchanalysen in billige Schulbuchschelte, in besserwisserische Kritik umschlagen. Für die Analyse der Darstellungen des Zweiten Weltkriegs gilt diese Einschränkung aber nicht. Das Urteil im Nürnberger Kriegsverbrecherprozeß von 1946 dokumentierte die deutschen Kriegsvorbereitungen und Kriegsverbrechen.[3] Ihr Verschweigen kann darum nicht mit Unwissenheit entschuldigt werden. Es handelt sich vielmehr um eine signifikante und erklärungsbedürftige Ausblendung.

Auf dieser Grundlage werden im Folgenden zunächst die didaktischen Konzepte der unmittelbaren Nachkriegszeit für einen neuen Geschichtsunterricht untersucht, um dann näher auf die Lehrplanvorgaben in Ost- und Westdeutschland einzugehen. Die anschließende Analyse der Lehrwerke betrifft die Darstellung der Kriegsursachen, der Kriegsverbrechen im Osten und der Zukunftserwartungen, die mit dem Kriegsende verbunden wurden.

1. Der pazifistische Reflex: Die Ablehnung der Kriegsgeschichte – ein Faktor für die Ausblendung des Zweiten Weltkrieges

Nach 1945 erklang der Ruf, die Kriegsgeschichte künftig aus dem Unterricht zu verbannen, um die Jugend nicht mehr in einem militaristischen und nationalistischen Geist zu erziehen.[4] Schon nach 1918 waren solche Forderungen erhoben worden. Sie stießen damals aber auf heftigen Widerstand. Geschichtsdidaktiker warnten davor, auf Kriegs- und Schlachtengeschichte zu verzichten, denn sie seien "eine so stark strömende Quelle sittlicher Erhebung".[5] Derartige Stellungnahmen sind in der didaktischen Literatur nach 1945 nicht mehr zu finden. Der totale Krieg und die totale Niederlage hatten das positive Bild vom Krieg in Deutschland so sehr erschüttert, daß auch die Landesverfassungen eine konsequente Erziehung zum Frieden verlangten.[6]

[3] *Das Urteil von Nürnberg. Grundlage eines neuen Völkerrechts. Vollständiger Text.* München 1946. S. 26ff., 67ff.

[4] Vgl. Ulrich Mayer: *Neue Wege im Geschichtsunterricht? Studien zur Entwicklung der Geschichtsdidaktik und des Geschichtsunterrichts in den westlichen Besatzungszonen und in der Bundesrepublik Deutschland 1945-1953.* Köln und Wien 1987. Dieter Gebhardt: *Militär und Krieg im Geschichtsunterricht nach 1945 (1945-1969). Ein Beitrag zur historischen Bildungsforschung.* Bielefeld (Phil. Diss.) 1987.

[5] Friedrich Neubauer: Zur Neuordnung des Geschichtsunterrichts. In: *Vergangenheit und Gegenwart* 11 (1921). S. 49-65. S. 57 sowie Rainer Bendick: *Kriegserwartung und Kriegserfahrung. Die Darstellung des Ersten Weltkrieges in deutschen und französischen Schulgeschichtsbüchern. 1900-1939/45.* Pfaffenweiler 1999. S. 247ff.

[6] Dazu: Gebhard: *Militär und Krieg.* S. 54ff. Exemplarisch ist die Forderung in Artikel 56,5 der Hessischen Landesverfassung von 1947: "Der Geschichtsunterricht muß auf die getreue, unverfälschte Darstellung der Vergangenheit gerichtet sein. Dabei sind in den Vordergrund zu stellen die großen Wohltäter der Menschheit, die

Krieg war keine sittliche Instanz mehr, sondern eine Katastrophe. Der im Dezember 1946 von Georg Eckert, dem Gründer des Internationalen Schulbuchinstituts in Braunschweig, verfaßte Lehrplanentwurf des geschichtspädagogischen Arbeitskreises im Allgemeinen Deutschen Lehrerverband liefert dafür ein Beispiel: "Nicht der Krieg – ein Ausnahme- und Krisenzustand der Gesellschaft – ist das Bemerkenswerte und Interessante, sondern der Friede. Die Behandlung kriegsgeschichtlicher Tatsachen ist nach diesem Maßstab einzuschränken". Dem Schüler müsse gezeigt werden, "wie oft gerade stille, an äußeren Geschehen arme Zeiten mit einer kulturellen Blüte verbunden sind."[7] Eckert ging es um eine grundlegende Veränderung des Geschichtsunterrichts. Er plädierte für eine Neuverteilung des Stoffes zugunsten der Kultur- und Sozialgeschichte, weil "die damit verbundene Verlagerung der Wertakzente zu einer spürbaren Milderung traditioneller Ressentiments und Spannungen zwischen den Nationen beitragen kann."[8]

Eckerts Ansatz schloß im Interesse der Völkerversöhnung die Thematisierung militärischer Konflikte weitgehend aus. Zwar wurde auf Tagungen des geschichtspädagogischen Arbeitskreises vor einer "falschen Umkehrung" des Stoffes gewarnt, denn "ohne die großen politischen und geistigen Ereignisse, zu denen auch die Kriege gehören, läßt sich auch die geistige und wirtschaftliche Entwicklung nicht verstehen."[9] Wie Krieg im allgemeinen und der Zweite Weltkrieg im besonderen zu unterrichten sei, wurde aber nicht diskutiert. In der unmittelbaren Nachkriegszeit verfügten selbst die Kräfte, die an einer grundsätzlichen Neuorientierung des Geschichtsunterrichts arbeiteten, über kein Konzept, wie der Vernichtungskrieg vermittelt werden sollte. Die pazifistische Intention verstellte ihnen den Zugang zum Thema.[10]

Entwicklung von Staat, Wirtschaft, Zivilisation und Kultur, nicht aber Feldherrn, Krieg und Schlachten."

[7] Zit. nach: Meyer: *Neue Wege im Geschichtsunterricht?* S. 226, 229.

[8] Georg Eckert: Geschichtsunterricht und Völkerversöhnung. Zum Problem der internationalen Schulbuchverbesserung. In: *Geschichtsunterricht in unserer Zeit. Grundfragen und Methoden.* Hrsg. von der Arbeitsgemeinschaft deutscher Lehrerverbände. Braunschweig 1951. S. 140-146. S. 146.

[9] Wilhelm Mommsen: Zur Stoffauswahl im Geschichtsunterricht. In: *Geschichtsunterricht in unserer Zeit.* S. 54-59. S. 57.

[10] Jan Philipp Reemtsmas Hypothese (Jan Philipp Reemtsma: Trauma und Moral. Einige Überlegungen zum Krieg als Zustand einer kriegführenden Gesellschaft und zum pazifistischen Affekt. In: *Kursbuch 126*, Dezember 1996. S. 95-111. S. 108f.), das "kollektive Schweigen über die Wirklichkeit des Zweiten Weltkrieges in der Sowjetunion und auf dem Balkan" stehe in Zusammenhang mit der "Barbarisierung der deutschen Bevölkerung" während der nationalsozialistischen Diktatur, wird von Eckert falsifiziert. Eckerts Biographie vor 1945, insbesondere sein Übertritt zu griechischen Partisanen, und seine Leistungen nach 1945 beim Aufbau des Internationalen Schulbuchinstitutes in Braunschweig zeigen, daß er von der "Barbarisierung"

2. Die Lehrpläne: Instrumentalisierung der Geschichte und Entlastung des deutschen Volkes

Die Richtlinien in Ost und West verlangten, daß die politische Entwicklung bis zur unmittelbaren Gegenwart behandelt werden sollte. Die Zeit ab 1933 und der Zweite Weltkrieg hatten also Gegenstand des Geschichtsunterrichts zu sein.

Krieg war für die Lehrplanautoren der BRD ein transhistorisches Phänomen, das immer große Leiden über die Menschheit gebracht hatte und im Unterricht nur am Rande zu behandeln sei. Typisch sind die Vorgaben in Bremen von 1950: "Bei Kriegen im 19. und 20. Jahrhundert ist nicht der militärische Verlauf im einzelnen, sondern nur der allgemeine politische Zusammenhang zu besprechen. Das Grauenhafte solcher Völkerkatastrophen ist an einzelnen klaren Beispielen zu verdeutlichen: z.B. Solferino und das Genfer Rote Kreuz, Verdun, Stalingrad, Flüchtlingselend u.a."[11] Die Begrenzung von militärischen Konflikten auf die politischen Zusammenhänge von Ursachen und Folgen einerseits und das fanalhafte, partielle Thematisieren von Gewalt andererseits nivellierte die Kriege des 19. und 20. Jahrhunderts und verhinderte die Thematisierung der Besonderheit des nationalsozialistischen Vernichtungskrieges. So lauteten die Bremer Vorgaben für die Zeit nach 1933: "Die Diktatur des Nationalsozialismus. Die innen- und außenpolitische Gewaltherrschaft Hitlers. Der Weg in die Katastrophe des zweiten Weltkrieges. Der Wiederaufbau Deutschlands."[12]

Alle westdeutschen Lehrpläne lehnten monokausale Erklärungsversuche ausdrücklich ab. Sie betonten die Kontingenz jeder historischen Situation und die Probleme bei der Entscheidungsfindung der Zeitgenossen. Drastische Urteile über Verantwortung und Schuld waren mit diesem Ansatz unvereinbar. In der Logik der Lehrpläne offenbarte sich hier der besondere pädagogische Wert des Geschichtsunterrichts: Die "Erziehung zur Objektivität und Nüchternheit" bewahre "den jungen Menschen davor, daß er Ideologien und Ressentiments zum Opfer" falle.[13] Das Plädoyer für Sachlichkeit und Zurückhaltung im Urteil war ein deutlicher Bruch mit den Prinzipien des nationalsozialistischen Geschichtsunterrichts – und gleichzeitig die Ursache einer wohlfeilen Selbsttäuschung: Es verstellte den Zugang zu der kaum faßbaren verbrecherischen Realität des Krieges im Osten. Es bedingte die euphemistischen Formulierungen bei der Aufzählung der Stationen des Zweiten Weltkrieges und ging mit einer selektiven Wahrnehmung der Lei-

nicht betroffen war – und dennoch 1946/49 einen "differenzierenden Blick auf die Kriege dieses Jahrhunderts" verweigerte.

[11] *Volksoberschule Bremen. Lehrpläne.* Hrsg. vom Senator für Schulen und Erziehung. Bremen 1950. S. 67.

[12] Ebd.

[13] *Bildungsplan für die allgemeinbildenden Schulen im Lande Hessen. Das Bildungsgut des Gymnasiums.* Wiesbaden 1957. S. 465.

den der Menschen einher: Während die Lehrpläne das Schicksal der nach Deutschland verschleppten Kriegsgefangenen und Zwangsarbeiter nicht ansprachen, verlangten sie, die Vertreibung der Deutschen aus den Ostgebieten zu behandeln.

Der Beschluß der Kultusministerkonferenz von 1953 über die "Grundsätze zum Geschichtsunterricht"[14] thematisierte den Nationalsozialismus gemäß der Totalitarismustheorie nicht an sich, sondern nur unter dem Stichwort "die Diktaturen". Ein Zusammenhang mit der deutschen Geschichte oder die Verantwortung des deutschen Volkes kamen so nicht in den Blick. Die Realität des Zweiten Weltkrieges wurde gar nicht angesprochen. Die "Richtlinien für die Behandlung des Totalitarismus" von 1962 behandelten zwar die Kriegsverbrechen mit Stichworten wie: "Der Überfall auf Polen – Angriff gegen die Sowjetunion – der 'totale Krieg' – Terror in den besetzten Gebieten". Die Kriegszeit stand aber im Kapitel zur Sowjetunion unter der Überschrift: "Die sowjetische Außenpolitik im Dienste der Machtausbreitung des Bolschewismus". Unter anderem sollten hier besprochen werden: "Imperialistische Politik während des 'Großen Vaterländischen Kriegs' (Eroberungen in Ost- und Ostmitteleuropa und Ostasien) – gewaltsame Umsiedlung ganzer Bevölkerungsgruppen; Massenvertreibungen."[15] Die Kriegführung der Sowjetunion wurde nicht als Verteidigungskampf gedeutet, sondern als Expansion, die – nach dem Zusammenbruch des Nationalsozialismus – als weiterhin drohende Gefahr erschien. Die Richtlinien warnten nämlich vor der "Doppelzüngigkeit der 'Koexistenz'", vor der "Zersetzungsarbeit der kommunistischen Parteien und Tarnorganisationen in den nichtkommunistischen Ländern" und mahnten, "die Tatsache, daß die beiden Systeme [Nationalsozialismus und Bolschewismus] einander bekämpft haben, darf nicht über ihre enge Verwandtschaft hinwegtäuschen".

Die Lehrpläne für den Geschichtsunterricht in der DDR sprachen die deutschen Kriegsverbrechen deutlich an,[16] ohne allerdings die rassistische, antisemitische Dimension zu akzentuieren. Die "Rassenhetze" erschien nicht als Kern des Nationalsozialismus, sondern als ein Instrument für weiterreichende Pläne, als "ideologische Kriegsvorbereitungen".[17] Der Zweite Weltkrieg sollte nämlich in erster Linie als ein antisowjetischer Feldzug verstanden werden, den die kapitalistischen Westmächte – aus "Haß gegen die friedliebende sozialistische Sowjetunion" – mit vorzubereiten halfen.

[14] Grundsätze zum Geschichtsunterricht. Beschluß der Kultusministerkonferenz vom 17.12.1953, Nr. 550. In: *Sammlung der Beschlüsse der ständigen Konferenz der Kultusminister der Länder in der Bundesrepublik Deutschland.* Neuwied o.J.

[15] Richtlinien für die Behandlung des Totalitarismus im Unterricht. Beschluß der Kultusministerkonferenz vom 5.7.1962, Nr. 552. In: *Sammlung der Beschlüsse der ständigen Konferenz.*

[16] *Lehrplan für Grundschulen. 1. bis 8. Schuljahr.* Hrsg. vom Ministerium für Volksbildung der Deutschen Demokratischen Republik. Berlin, Leipzig 1951. S. 83.

[17] Ebd. S. 81.

Der Überfall auf die Sowjetunion wog besonders schwer. Die Sowjetunion war in der Logik des Lehrplans der Hort eschatologischer Hoffnungen, denn "mit der Großen Sozialistischen Oktoberrevolution 1917" habe "ein neuer Abschnitt in der Entwicklung der Menschheit" begonnen.[18] Aus dieser Perspektive bestand nun – entsprechend "der Gesetzmäßigkeit im gesellschaftlichen Entwicklungsprozeß"[19] – die Möglichkeit, den Kapitalismus zu überwinden und die Menschheit von Unterdrückung und Ausbeutung zu befreien. Ein Krieg gegen "den ersten sozialistischen Staat der Welt" erschien daher wie ein Verbrechen gegen den historischen Fortschritt, den die "imperialistischen Mächte" aufhalten wollten. Diese universalgeschichtliche Einordnung des Nationalsozialismus und des Zweiten Weltkrieges bedeutete 1951 noch keine Entlastung des deutschen Volkes. Als "Unterrichtsergebnis" verlangte der Lehrplan: "Die klare Erkenntnis des unzulänglichen Widerstandes des deutschen Volkes gegen die nazistische Barbarei und der daraus resultierenden Mitschuld des deutschen Volkes an den Naziverbrechen, die zur Wiedergutmachung verpflichtet."[20]

Der 1959 in Kraft getretene Lehrplan für die Polytechnische Oberschule setzte andere Akzente. Jeder auch nur implizite Hinweis auf die "Schuld des deutschen Volkes" war verschwunden. Die Schüler sollten nun "erkennen, daß in der Deutschen Demokratischen Republik die Lehren der deutschen Geschichte verwirklicht wurden."[21] Statt der Erkenntnis von "Schuld" ging es jetzt um die Mobilisierung für die Fortsetzung des antiimperialistischen Kampfes im Rahmen des Kalten Krieges. Der Lehrplan verlangte, die Schüler "zu der Schlußfolgerung zu führen, daß das ganze deutsche Volk vor der historischen Aufgabe steht, den deutschen Imperialismus und Militarismus, der bereits zwei Weltkriege entfacht hat und einen Atomkrieg vorbereitet, auch in Westdeutschland zu entmachten, den Frieden zu sichern und die nationale Wiedergeburt Deutschlands als friedliebenden und demokratischen Staat zu verwirklichen."[22]

In der Logik des Lehrplans hatte die DDR als deutscher Staat die Seiten gewechselt von den "aggressiven imperialistischen Mächten" in das Lager der "friedliebenden sozialistischen Staaten" und sich damit gleichsam von der militaristischen deutschen Vergangenheit abgelöst, für die sie darum keine Schuld mehr empfinden müsse. Die Veränderungen der Lehrpläne zeigen, wie mit dem Selbstverständnis der DDR als sozialistischer Staat die Vorstellung von einer besonderen "Schuld" des deutschen Volkes verschwand und in den Westen exportiert wurde.

[18] Ebd. S. 68.
[19] Ebd. S. 3.
[20] Ebd. S. 95-96.
[21] *Lehrplan der zehnklassigen allgemeinbildenden polytechnischen Oberschule. Geschichte*. Hrsg. vom Ministerium für Volksbildung. Berlin 1959. S. 2.
[22] Ebd. S. 33.

Die Lehrpläne der beiden deutschen Staaten sahen zu Beginn der sechziger Jahre trotz aller ideologischer Unterschiede einen ähnlichen Umgang mit der Geschichte des Nationalsozialismus und des Zweiten Weltkrieges vor: Sie war ein Instrument im Kalten Krieg, sie legitimierte die eigene politische Ordnung und diskreditierte den jeweils anderen deutschen Staat als Fortsetzung des nationalsozialistischen Regimes, als Ausgangspunkt neuer alter Bedrohungen. Neben der Funktionalität im Kalten Krieg bestand die fundamentale, systemüberschreitende Gemeinsamkeit jedoch darin, daß das deutsche Volk in keinem Fall mehr mit der Vergangenheit belastet wurde. Jede deutsche Schuld war verschwunden.

3. Die Darstellungen in den Schulgeschichtsbüchern: Apologie der Deutschen in Ost und West

Für die Regelschule der DDR in den fünfziger Jahren, die achtklassige Grundschule, gab es ein Einheitsbuch. Es kam 1951 heraus und wurde bis 1954 leicht überarbeitet, bevor 1960 das Einheitsbuch für die neue Regelschule der DDR, die zehnklassige Polytechnische Oberschule, eingeführt wurde.[23] In der BRD herrschte auf Grund des Bildungsföderalismus bald große Vielfalt auf dem Schulbuchmarkt, die durch die Angebote für das dreigliedrige Schulsystem – Volksschule, Realschule, Gymnasium – noch differenziert wurde. Um einen Vergleich der verschiedenen Schultypen zu ermöglichen und ein möglichst breites Spektrum der Schulbuchproduktion zu erfassen, basieren die folgenden Ausführungen auf Lehrwerken der Sekundarstufe I.[24]

3.1. Die Kriegsursachen

Die DDR-Bücher führten die Ursachen des Zweiten Weltkrieges auf die Bestrebungen der “imperialistischen Staaten” zurück, “die Neuaufteilung der Welt und der Interessengebiete durch einen Krieg zu erzwingen.”[25] Das Verhalten des deutschen Volkes stand nicht zur Diskussion: Es “wollte keinen neuen Krieg.” Um die Versklavung anderer Völker vorzubereiten, hätten die Nazis “die Klassengegensätze [...] in den nicht existierenden Rassengegensatz” umgelogen und die “Lüge vom Lebensraum” erfunden. Bis 1952 bedauerte das Geschichtsbuch: “Die Masse des deutschen Volkes durch-

[23] Vgl. Mätzing: *Geschichte im Zeichen des historischen Materialismus*. S. 245f.

[24] Um den Anmerkungsapparat nicht zu überlasten, werden die Schulbücher in Abkürzungen zitiert, die im Anhang aufgelöst werden.

[25] DDR 1, S. 219. 1960 wurde die Deutung aktualisiert: “Eine ähnliche Politik betreibt die gegenwärtige westdeutsche Regierung in Bonn unter Adenauer und seinem Kriegsminister Strauß.” (DDR 2, S. 3-4).

schaute leider den Betrug und die Lügen Hitlers nicht."[26] Solche Ausführungen zu Schuld und Versagen waren 1960 ganz verschwunden.

Die internationale Politik der dreißiger Jahre reduzierte sich auf einen antisowjetischen Feldzug der kapitalistischen Staaten. Die Westmächte hätten dem Faschismus Vorschub geleistet, weil sie sich "von ihm die Vernichtung der Sowjetunion und die gleichzeitige Schwächung Deutschlands" erhofften.[27] Deutschland war zum Opfer und zum Instrument der "imperialistischen Kräfte" geworden. Indessen habe die Sowjetunion versucht, "die Völker zu einer gemeinsamen Abwehrfront gegen den Faschismus zusammenzuführen".[28] Die Politik der kollektiven Sicherheit sei aber während der Sudetenkrise von den Westmächten zurückgewiesen worden. Diese Sichtweise erklärt auch die Deutung des Hitler-Stalin-Paktes als geniale Durchbrechung der antisowjetischen Einheitsfront der kapitalistischen Mächte.[29]

Die westdeutschen Lehrbücher postulierten ebenfalls die Unschuld des deutschen Volkes am Kriegsausbruch. Grundlage und Ausgangspunkt ihrer Darstellungen waren einerseits der als unerträglich hart beurteilte Friedensvertrag von Versailles und andererseits die Weigerung der Siegermächte in den zwanziger Jahren, auf die deutschen Forderungen nach einer grundsätzlichen Revision des Vertragswerkes einzugehen.[30] In dieser Argumentation lebte die Anti-Versailles-Stimmung der deutschen Schulbücher aus den zwanziger Jahren fort. Damals hatten die Lehrwerke gewarnt, daß ohne Revision des Friedensvertrages der Frieden in Europa bedroht sei.[31] Diese Sichtweise bestimmte nach 1949 wie eine Matrix die Darstellungen der NS-Außenpolitik in den westdeutschen Geschichtsbüchern. Sie vermittelten das Gefühl, Deutschland sei ungerecht behandelt worden. Die NS-Gewaltpolitik erschien wie die Quittung für die vermeintlichen Versäumnisse der Versailler Friedensordnung und ihrer Protagonisten.

Neben der Politik der Westmächte wurde Hitler bei der Erklärung der Kriegsursachen eine herausragende Bedeutung zugeschrieben. Er allein erschien als Initiator und Exekutor der nationalsozialistischen Revisions- und Expansionspolitik. Die Fokussierung auf Hitler wurde von Hinweisen darauf begleitet, daß wesentliche Bestimmungen des Versailler Vertrages zu Beginn der dreißiger Jahre aufgehoben worden waren. Hitlers außenpolitische "Erfolge" sollten dadurch in ihrer Bedeutung relativiert werden. Gleichzeitig kritisierten alle Bücher seine Außenpolitik als dilettantisch, als ein Vabanquespiel mit Krieg und Frieden. Hitler wurde nicht nur für den

[26] DDR 1, S. 233.
[27] DDR 1, S. 237.
[28] DDR 1, S. 247.
[29] DDR 1, S. 251f. DDR 2, S. 6.
[30] BRD 1a, S. 95. BRD 1b, S. 169. BRD 2a, S. 165, 169. BRD 2b, S. 166, 169. BRD 3a, 3b, 3c, S. 144. BRD 4a, 4b, S. 110. BRD 5b, S. 128. BRD 5c, S. 134. BRD 6, S. 293-294. BRD 7, S. 165-166. BRD 8, S. 125-126. BRD 9a, S. 129. BRD 9b, S. 230.
[31] Vgl. Bendick: *Kriegserwartung und Kriegserfahrung.* S. 394ff., 444ff.

Ausbruch des Krieges und damit für die Gefährdung aller "Erfolge" bei der Revision des Versailler Vertrages verantwortlich gemacht, sondern auch – unter Hinweis auf den Hitler-Stalin-Pakt – für die Ausdehnung der Sowjetunion. Im Kontext der traditionellen Anti-Versailles-Stimmung und der aktuellen Bedrohungsängste des Kalten Krieges war Hitler damit völlig diskreditiert. Er erschien als Bankrotteur und Hasardeur.

Die Verurteilung Hitlers und die Denunzierung seines Kriegskurses in den westdeutschen Schulbuchdarstellungen der fünfziger Jahren erscheint im Lichte der damaligen demoskopischen Untersuchungen über Hitlers Ansehen in der Öffentlichkeit[32] auch als pädagogischer Versuch, den Mythos Hitler und die verbreitete Sympathie für das "Dritte Reich" zu zerstören, um Loyalität zur jungen Bundesrepublik aufzubauen, ohne das Verhalten der breiten Masse zwischen 1933 und 1945 thematisieren zu müssen.

3.2. Die Kriegsverbrechen

Die DDR-Bücher dokumentierten ausführlich die verbrecherische Kriegführung in der Sowjetunion. Die "Schuld" traf während der fünfziger Jahre den "räuberische[n] deutsche[n] Imperialismus und die nazistische Verbrecherbande [...] und auch das deutsche Volk, das sich mißbrauchen ließ."[33] Die Schuldanklage hatte eine besondere Funktion: Sie war der Ausgangspunkt eines Plädoyers für den Sozialismus und für Loyalität gegenüber der Sowjetunion.[34] Aus dem neuen Lehrbuch von 1960 – inzwischen hatte sich die DDR als sozialistischer Staat im "sozialistischen Weltsystem" etabliert – waren alle Schuldanklagen verschwunden, die das deutsche Volk belasteten. Die grausame Realität des deutschen Besatzungsregimes wurde indessen umfangreicher dokumentiert. Beeindruckende Fotos zeigten die Schrecken der Kriegführung in Rußland. Die Bildunterschriften – "Sowjetbürgerinnen werden von faschistischen Soldaten gezwungen, der Ermordung ihrer Angehörigen zuzusehen", "faschistische Mordkommandos töten sowjetische Bürger"[35] – entnationalisierten jedoch die Täter und machten so aus der Doku-

[32] *Jahrbuch der öffentlichen Meinung 1947-1955*. Hrsg. von Elisabeth Noelle und Erich Peter Neumann. Allenbach 1956, S. 135-136. *Jahrbuch der öffentlichen Meinung 1958-1964*. Hrsg. von Elisabeth Noelle und Erich Peter Neumann. Allenbach 1965, S. 233. Vgl. Werner Bergmann, Rainer Erb: *Antisemitismus in der Bundesrepublik Deutschland. Ergebnisse der empirischen Forschung von 1946-1989*. Opladen 1991. S. 250ff.

[33] DDR 1, S. 264.

[34] Es folgte nämlich der Hinweis: "Wenn wir bedenken, daß Stalin während des Krieges das deutsche Volk nicht in seiner Gesamtheit für die Schandtaten der deutschen Imperialisten verantwortlich machte und daß die Sowjetunion nach der deutschen Niederlage der beste Freund des deutschen Volkes in seinem Kampf für Einheit und Frieden ist, dann lernen wir begreifen, was sozialistische Außenpolitik ist."

[35] DDR 2, S. 36-37.

mentation der Verbrechen auch eine Entlastung der Deutschen. Desweiteren wurden die verbrecherischen Befehle zur Kriegführung in Rußland zitiert.[36] Direkte Aktualisierungen prangerten die Karrieren von Wehrmachtsoffizieren in der Bundeswehr und der Nato an und schrieben die Vernichtungspläne der Nationalsozialisten als potentielle Gefahr aus dem Westen in die Gegenwart fort.[37] Die Stigmatisierung der Verbrechen der Wehrmacht war zu einer Funktion des Kalten Krieges geworden.

Die westdeutschen Bücher verschwiegen z.T. die deutschen Verbrechen oder beschrieben sie im Rahmen apologetischer Erklärungen. Exemplarisch ist die Darstellung des deutschen Besatzungsregimes in Polen. Die Verbrechen wurden während der fünfziger Jahre in den sukzessiven Auflagen der Lehrbücher zwar immer ausführlicher dargestellt. Aber sie erschienen als "Vergeltung" für polnische "Bluttaten" an der deutschen Minderheit.[38] Schuldzuweisungen trafen nur Hitler und die SS und entlasteten nach folgendem Muster ausdrücklich die Wehrmacht: "Hitler wußte, daß er der deutschen Armee und seinem Offizierkorps derartige Menschvernichtsbefehle [zur Ausrottung der polnischen Oberschicht und der Juden] nicht zumuten durfte. Deshalb ließ er Sondertruppen aufstellen, die diese entwürdigenden Henkersarbeiten zu verrichten hatten."[39] In dem Maße, wie das Schweigen über die Realität der deutschen Besatzungspolitik im Laufe der fünfziger Jahre gebrochen wurde, wurde die Legende von der "sauberen Wehrmacht" aufgebaut. Die Wehrmachtsführung erschien schließlich als Hort des Widerstandes gegen die Verbrechen, denn "die eingesetzte SS und Polizei begann mit der Ausrottung der geistigen Führungsschicht und der Juden, obwohl etliche Generale dagegen protestierten."[40]

Der deutsche Angriff auf die Sowjetunion wurde in Auseinandersetzung mit der Präventivkriegsthese diskutiert, ohne daß die Autoren eindeutig Position bezogen. Der Angriff resultierte aus der Dynamik des Mißtrauens zwischen Stalin und Hitler, so daß die Frage nach der Verantwortung unerheblich wurde.[41] Alle westdeutschen Bücher betonten, daß beide Seiten den Krieg im Osten mit "beispielloser Härte" führten, und machten dafür die "gegenseitige Verhetzung" oder die Umstände des Krieges verantwortlich. Hunderttausende Kriegsgefangene seien auf beiden Seiten verhungert, weil die schlechten Verkehrsverhältnisse keine genügenden Lebensmitteltrans-

[36] DDR 2, S. 29.
[37] DDR 2, S. 56: "Die verbrecherische Kriegführung in der UdSSR wurde u.a. von Heusinger und Speidel ausgearbeitet, die heute hohe Kommandostelle bei den NATO-Streitkräften innehaben und neue Verbrechen vorbereiten." Ebenso: S. 22.
[38] BRD 2a, S. 177. BRD 2b, S. 177. BRD 3a, S. 160. BRD 3b, S. 163.
[39] BRD 4a, 4b, S. 119. Ebenso: BRD 5c, S. 149. BRD 7, S. 169.
[40] BRD 5c, S. 149. Ebenso: BRD 10, S. 59.
[41] Exemplarisch: BRD 3b, 3c, S. 168: "Hitler fühlte sich ebensowenig [wie Stalin] an die Verträge gebunden und spielte schon bald ganz ernsthaft mit dem Gedanken, die Sowjetunion zu überfallen."

porte zuließen.[42] Der "planmäßig vom sowjetischen Generalstab vorbereitete Partisanenkrieg" habe angeblich "erst die grausame Härte, die unmenschliche Brutalität, die dann auf beiden Seiten zu beobachten war", erzeugt.[43] Die Verbrechen an der Zivilbevölkerung wurden in nebulösen Formulierungen angedeutet. Die Kritik reduzierte sich jedoch auf den Vorwurf, daß Hitler den Krieg falsch – und darum erfolglos – geführt habe, daß er keine "großzügige Befreiungspolitik" betrieben habe: "Als die Balkanvölker und Ukrainer, aber auch viele Russen, die den Bolschewismus hassen, mitkämpfen wollen, stößt Hitler sie zurück."[44] Die Verluste unter der sowjetischen Zivilbevölkerung zählten nicht zu den Opfern der deutschen Kriegführung.

3.3. Die Nachkriegszeit

Die Deutschen erschienen in den Darstellungen der BRD-Bücher als die Hauptleidtragenden des Krieges und seiner Folgen. Die Zerstörung der deutschen Städte, die Besetzung durch fremde Truppen, die Demontagen, die Entnazifizierung, vor allem aber die Vertreibung der Deutschen aus den Ostgebieten wurden so dargestellt, als sei dem deutschen Volk Unrecht geschehen. Breiten Raum nahm auch die Darstellung des sogenannten "Wirtschaftswunders" ein. Es erschien wie die Überwindung der Vergangenheit. Ausdrücklich hieß es: "In harten Prüfungsjahren hat das deutsche Volk das Wirtschaftswunder der Erneuerung geleistet."[45] Solche Gegenwartsbeschreibungen wirken wie didaktische Varianten des Ausspruchs, der Franz Josef Strauß zugeschrieben wird: "Ein Volk, das diese wirtschaftliche Leistung vollbracht hat, hat ein Recht darauf, von Auschwitz nichts mehr zu hören!"[46]

Die Deutung der Nachkriegszeit, derzufolge die Deutschen 1945 ungerecht behandelt worden seien und dann einen beispiellosen wirtschaftlichen Aufschwung erarbeitet hätten, scheint stärker als die Bedrohungsängste des Kalten Krieges für die euphemistischen und apologetischen Darstellungen des Zweiten Weltkrieges verantwortlich zu sein. Die Bewertungen des "Wirtschaftswunders" zeigen, daß es in der Tat als eine Art Überwindung der NS-Zeit verstanden wurde: "Diese Leistungen stellten die der Hitlerzeit

[42] BRD 4a, 4b, S. 124. Das DDR-Lehrbuch von 1960 zitierte dagegen die Planungen des OKW, die den Hungertod der russischen Kriegsgefangenen bewußt hinnahmen (DDR 2, S. 29).

[43] BRD 9a, S. 138.

[44] BRD 2a, 2b, S. 185. Ebenso: BRD 3a, S. 168. BRD 3b, 3c, S. 169. BRD 4a, 4b, S. 124. BRD 11, S. 51.

[45] BRD 7, S. 179.

[46] *Schwarzbuch: Franz Josef Strauß*. Hrsg. von Wolfgang Roth, Ingrid Matthäus, Dieter Lasse, Walter Hass. Köln 1972. S. 102.

bei weitem in den Schatten. Sie wurden trotz wesentlich schlechterer Startbedingungen vollbracht."[47]

Auch die Geschichtsbücher der DDR wiesen auf die Erfolge beim wirtschaftlichen Wiederaufbau hin – allerdings zunächst auf die Erfolge der Sowjetunion. Ihre wachsende Industrieproduktion wurde als Plädoyer für den Sozialismus verstanden: "Die großen Erfolge der Sowjetunion lassen ahnen, zu welcher Höhe sich die Gesellschaft im Kommunismus entwickeln wird."[48] Diesem Zukunftsoptimismus stand ein Bedrohungsszenario gegenüber, das die Frontstellungen des Zweiten Weltkrieges – viel expliziter und existentieller als in den BRD-Büchern – in die Gegenwart verlängerte.[49] Die Gegensätze und die Bedrohungen der Kriegszeit hatten sich nicht verändert – allerdings stand die DDR nun auf der Seite des Friedens. Beschrieben die Bücher der fünfziger Jahre die sozialen und ökonomischen Veränderungen, die Entmachung der "Monopolherren" und "Imperialisten",[50] als Voraussetzungen für den Seitenwechsel, kam 1960 ein weiteres Argument hinzu: der Bewußtseinswandel der Bürger der DDR. Nicht mehr die persönlichen Interessen ständen bei ihnen im Vordergrund, sondern die gemeinsame Sache des Sozialismus.[51] Die DDR hatte sich ihrem Selbstverständnis zufolge vollständig von der Vergangenheit gelöst.

Die Unterschiede der Geschichtsbücher der beiden deutschen Staaten in der Deutung des Zweiten Weltkriegs resultierten letztlich aus der jeweils spezifischen Wahrnehmung der Gegenwart. Während in der BRD die allzu kritische Erinnerung an die deutschen Verbrechen vom wirtschaftlichen Aufstieg getilgt wurde, waren die Abgrenzung zur NS-Vergangenheit und die Fortschreibung der Bedrohungsszenarien der Kriegszeit die raisons d´être der DDR.

Gerade wegen dieser Unterschiede überrascht die Gemeinsamkeit der Geschichtsbücher aus Ost und West: Von einer Schuld des deutschen Volkes war am Ende der fünfziger Jahre auch in der DDR nicht mehr die Rede. Vor dem Hintergrund der sonst schroffen Gegensätze der beiden deutschen Staaten ist diese Gemeinsamkeit ein Zeichen dafür, wie schwer es den Deutschen in Ost und West fiel, sich ihrer NS-Vergangenheit zu stellen. Der

47 BRD 3c, S. 190.

48 DDR 1, S. 268. Ebenso: DDR 2, S. 99ff.

49 "Die amerikanischen Imperialisten hoffen, in einem dritten Weltkrieg das Land des Sozialismus, die Sowjetunion, und die Länder des friedlichen Aufbaus, die Volksdemokratien und China, unterwerfen und ausplündern zu können. Sie wollen nicht, daß durch das große Beispiel dieser Länder die Werktätigen erkennen, daß es friedlichen Aufbau und ständig steigenden Wohlstand nur dann geben kann, wenn die imperialistischen Machthaber verjagt sind und ihren Einfluß verloren haben." (DDR 1, S. 288. Ebenso: DDR 2, S. 193).

50 DDR 1, S. 194ff.

51 DDR 2, S. 303f.

Nationalsozialismus war offensichtlich so tief in ihre Vorstellungen eingedrungen, daß gegenüber der jungen Generation das Verhalten der Eltern nicht problematisiert werden konnte, ohne den jeweiligen gesellschaftlichen Konsens zu gefährden.

Anhang: Die analysierten Schulbücher

DDR 1 = *Lehrbuch für den Geschichtsunterricht 8. Schuljahr*. Berlin (Volk & Wissen) 1952.
DDR 2 = *Lehrbuch für Geschichte der 10. Klasse. Berlin* (Volk & Wissen) 1960.
BRD 1a = *Erbe des Abendlandes. Lehrbuch der Geschichte für höhere Schulen. Mittelstufe. Teil IV. Die Neuzeit 2. Halbband von Bismarck bis zur Bundesrepublik.* Hrsg. von Jakob Erdmann und Hans Schäfer. Düsseldorf (Schwann) 1951.
BRD 1b = 4. Auflage 1959.
BRD 2a = *Kletts Geschichtliches Unterrichtswerk für die Mittelklassen. Ausgabe B. Band IV. Um Volksstaat und Völkergemeinschaft.* Bearbeitet von Hermann Pinnow und Fritz Textor. Stuttgart (Klett) 1956.
BRD 2b = 6. Auflage 1961.
BRD 3a = *Kletts Geschichtliches Unterrichtswerk für Mittelklassen. Ausgabe A. Band IV. Geschichte der Neuesten Zeit von der Mitte des 19. Jahrhunderts bis zur Gegenwart.* Bearbeitet von Hermann Pinnow und Fritz Textor. Stuttgart (Klett) 1951.
BRD 3b = 7. Auflage 1956.
BRD 3c = 8. Auflage 1959.
BRD 4a = *Geschichtliches Unterrichtswerk. Ausgabe B. Band IV. Europa weitet sich zur Welt. Europa in der Krise.* Hrsg. von Hans Tenbrock. Paderborn (Schöningh) 1952.
BRD 4b = 5. Auflage 1956.
BRD 5a = *Grundzüge der Geschichte. Band IV. Vom Wiener Kongreß bis zum Ausbruch des Zweiten Weltkrieges*. Bearbeitet von H. Deißler, Frankfurt a.M. (Diesterweg) 1950.
BRD 5b = 6. Auflage 1955.
BRD 5c = 13. Auflage 1961.
BRD 6 = *Wege der Völker. Geschichtsbuch für deutsche Schulen. Ausgabe A. Band IV. Demokratie im Werden. Geschichte der neuesten Zeit von 1849 bis in die Gegenwart.* Hrsg. von Fritz Wuessing. Berlin/Hannover/Frankfurt a.M. (Schulz) 1950.
BRD 7 = *Geschichtliches Werden. Mittelstufe. Band IV. Geschichte der neuesten Zeit 1815-1850.* Bearbeitet von Josef Habisreutinger und Walter Krick. Bamberg (Buchner) 1955.
BRD 8 = *Maier-Schirmeyer Lehrbuch der Geschichte für die Mittelstufe höherer Schulen. Band 4. Geschichte der neuesten Zeit von 1852 bis 1952.* Bearbeitet von Theodor Traber, Bonn (Borgmeyer) 1952.

BRD 9a = Hans Ebeling: *Deutsche Geschichte. Ausgabe A. 5. Band Weltgeschichte der neuesten Zeit II.* Braunschweig (Westermann) 1952.

BRD 9b = Hans Ebeling: *Die Reise in die Vergangenheit. Bd. IV. Unser Zeitalter der Revolutionen und Weltkriege.* Braunschweig (Westermann) 1961.

BRD 10 = *Deutsche Außenpolitik 1933-1945. Dokumente mit verbindendem Text.* Hrsg. von Karl Mielcke. Braunschweig (Limbach – Beiträge zum Geschichtsunterricht, Heft 28) 4. Auflage 1957.

BRD 11 = *Wehrmacht und Politik 1933-1945. Dokumente mit verbindendem Text.* Hrsg. von Grünther Frede und Otto-Ernst Schüddekopf. Braunschweig (Limbach – Beiträge zum Geschichtsunterricht, Heft 29) 1953.

Christine Bartlitz

Der Nürnberger Prozeß in Reportagen und Kommentaren des Berliner Rundfunks 1945/46

*The Nuremberg War Crime Trials were the media event in the post war years from 1945 to 1946. Hundreds of journalists from over twenty countries were responsible for the world-wide press and radio publicity. How did the post-war "*Berliner Rundfunk*" – the first German radio broadcasting facility, maintained by the Soviet authorities in Berlin – report on the Nuremberg Trials? How did these reports and commentaries deal with the guilt, atonement and individual responsibility of the German people? How were the defendants portrayed by their contemporaries? And finally, what influence did this have on the German listener?*

Mit folgenden Worten begann Arthur Mannbar, Redakteur des Berliner Rundfunks und späterer Sonderberichterstatter aus Nürnberg, im Oktober 1945 seinen wöchentlichen Überblick über die wichtigsten internationalen Ereignisse.

> Hier spricht Berlin! Verehrte Hörer!
> Am 20. November beginnt in Nürnberg der Prozeß gegen die Hauptkriegsverbrecher. Diese Nachricht hat zusammen mit der Veröffentlichung der Anklageschrift durch den internationalen Gerichtshof in der gesamten friedliebenden Welt und bei allen denjenigen, die in der Ausrottung des Faschismus den wichtigsten Schritt zu einer friedlichen und demokratischen Neuordnung unseres gesellschaftlichen Lebens sehen, tiefe Genugtuung und auch ein Gefühl der Erleichterung hervorgerufen."[1]

Das war der Auftakt zu einer ausführlichen Berichterstattung über den Nürnberger Prozeß gegen die Hauptkriegsverbrecher im Berliner Rundfunk. Bereits am 13. Mai 1945 hatte dieser Rundfunksender mit einer kleinen Gruppe deutscher – hauptsächlich aus dem Moskauer Exil zurückgekehrter – Emigranten, zu denen auch Hans Mahle und Markus Wolf gehörten, den Sendebetrieb für die sowjetische Besatzungszone und Berlin aufgenommen. Von den mehr als 4300 Programmstunden des Berliner Rundfunks allein in den Monaten Mai bis Dezember 1945 sind nur wenige Wort-Tonüberlieferungen der Nachwelt erhalten geblieben.[2] Trotzdem hat das Deutsche Rundfunkarchiv in Berlin – für dessen Unterstützung ich mich

[1] Deutsches Rundfunkarchiv (DRA) Berlin, Bestand Hörfunk B 202-00-10/0022 vom 27.10.1945.

[2] Vgl. Deutsches Rundfunkarchiv (Hrsg.): *"Hier spricht Berlin... " Der Neubeginn des Rundfunks in Berlin 1945*. Potsdam 1995. S. 37.

besonders bei Frau Dr. Ingrid Pietrzynski bedanken möchte – eine umfangreiche Sammlung von Sendemanuskripten des Berliner Rundfunks zum Nürnberger Prozeß. Mehr als einhundert vergilbte Originalmanuskripte und einige Tondokumente sind heute zeitgeschichtliche Quellen für Inhalte und Zielsetzung der Reportagen und Kommentare vom Nürnberger Prozeß.

Obwohl dieser "Jahrhundertprozeß" das Thema unzähliger Publikationen war und ist, fehlt es bis heute an medienhistorischen Untersuchungen über die Bedeutung des Nürnberger Prozesses als herausragendem "Medien-Ereignis" in der frühen Nachkriegszeit.[3] Hunderte von Journalisten aus über zwanzig Ländern sorgten für eine weltweite Publizität in Presse und Radio. Diese inszenierte Form von Öffentlichkeit entsprach den medienpolitischen Zielsetzungen der Alliierten: Gerade das deutsche Volk sollte über die letzten zwölf Jahre der nationalsozialistischen Diktatur aufgeklärt und umerzogen werden.[4]

Der Forderung, "Öffentlichkeit als zentrale gesellschaftliche Kategorie verstärkt zum Gegenstand historischer Analyse zu machen,"[5] stehen bislang weder erprobte methodische Verfahren noch neue theoretische Ansätze zur Verfügung, um mit der Vielzahl der Quellen umzugehen und die Wechselbeziehung von Medien und Öffentlichkeit zu erfassen.[6] Öffentliche Meinungen und gesellschaftliche Prozesse werden von den Massenmedien nicht einfach widergespiegelt, sondern auch geformt, interpretiert und manchmal auch konstruiert. Bei der historischen Erforschung der Massenkommunikation müssen die Parteilichkeit, die subjektive Konstruktion der Wirklichkeit durch Journalisten und Institutionen auf der einen Seite und die Frage nach der Aneignung von Massenmedien durch das Publikum auf der anderen Seite berücksichtigt werden. Erst durch die Einordnung in den gesellschaftlichen und politischen Kontext wird die Mediengeschichte zur Sozialgeschichte.[7] Die Erweiterung der Sozial- und Kulturgeschichte ist notwendig, da die Medien mittlerweile im Zentrum gesellschaftlicher und politischer Entwicklungen stehen und diese mitgestalten.

[3] Vgl. Ansgar Diller, Wolfgang Mühl-Benninghaus (Hrsg.): *Berichterstattung über den Nürnberger Prozeß gegen die Hauptkriegsverbrecher 1945/46. Edition und Dokumentation ausgewählter Rundfunkquellen*. Potsdam 1998. S. 13.

[4] Vgl. Gilbert Schomaker: *Die Inszenierung von Öffentlichkeit für den Nürnberger Hauptkriegsverbrecherprozeß 1945-1946 in der amerikanischen Besatzungszone Deutschlands*. MA Münster 1995.

[5] Jörg Requate: Öffentlichkeit und Medien als Gegenstände historischer Analyse. In: *Geschichte und Gesellschaft* 25 (1999). H. 1. S. 5-32, hier S. 8.

[6] Erste programmatische Ansätze bei: Manfred Bobrowsky, Wolfgang R. Langenbucher (Hrsg.): *Wege zur Kommunikationsgeschichte*. München 1987.

[7] Vgl. Inge Marßolek, Adelheid von Saldern (Hrsg.): *Zuhören und Gehörtwerden* I. Tübingen 1998. S. 38-41.

1. "Das Lachen wird ihnen vergehen" Die Berichterstattung des Berliner Rundfunks über den Nürnberger Prozeß

In den ersten Monaten nach Kriegsende war es das Ziel des Berliner Rundfunks, der deutschen Bevölkerung ihre Verantwortung und Mitschuld an Naziherrschaft und Krieg klar vor Augen zu führen. Besonders hervorgehoben wurde dabei, daß das Volk die Herrschaft der Nationalsozialisten nicht nur geduldet hatte, sondern sie im Laufe von vielen Jahren auch aktiv unterstützte. Daher – so die Schlußfolgerung – könne das Volk auch nicht "die Verantwortung für den Krieg und seine Folgen ganz und gar auf die Führung, auf die Naziclique schieben".[8]

Die Frage von Schuld und Verantwortung wurde zu diesem Zeitpunkt nicht nur den Hauptkriegsverbrechern, sondern dem gesamten deutschen Volk gestellt. Der damalige Intendant, Hans Mahle, machte seinen Hörerinnen und Hörern in einem Radiovortrag im Juni 1945 deutlich, daß mit der Bestrafung der führenden Nationalsozialisten der Nazismus noch keineswegs ausgerottet sei. "Der Nazismus hat tiefe Wurzeln in unser Volk geschlagen. Er hat, und das muß offen ausgesprochen werden, ausnahmslos alle Schichten angefressen, alle Altersklassen erfaßt."[9]

Auch die Schuld der Arbeiterschaft wurde offen angesprochen. Ein Sendebeitrag warf den Arbeitern Passivität, mangelnden Widerstand, Begeisterung für den "falschen Führer" und produktive Arbeit in den Rüstungsbetrieben vor. Selbst die Beteiligung von "Arbeiter[n] im Soldatenrock" am Krieg gegen die Sowjetunion, wobei sie sich teilweise auch für die Verbrechen im Osten "mißbrauchen" ließen, wurde nicht ausgeklammert.[10]

Bei der Frage von Mittäter- und Mitläuferschaft trat der Berliner Rundfunk in eine Form von Dialog mit seinen deutschen Hörern. Die Schutzbehauptung, von all dem nichts gewußt oder geahnt zu haben, wurde in den Berichten aufgegriffen und als Angst vor der Mitverantwortung interpretiert. Als wahren Grund für die begeisterten Mitläufer führte der Redakteur aber die deutsche Überheblichkeit an: Die Vorstellung von der Überlegenheit des deutschen Volkes in Kunst, Wissenschaft, Technik, dem Militärischen, der Ordnung, des Fleißes und der Sauberkeit endete letztendlich mit dem Trugschluß der rassischen Überlegenheit in Auschwitz.[11]

Ziel all dieser Beiträge war es, die deutsche Bevölkerung über die nationalsozialistische Diktatur und ihre Folgen aufzuklären und das Eingeständnis von Mitschuld und Verantwortung als Voraussetzung für die Wiedergutmachung und den nationalen Neuanfang einzufordern. Mit Beginn des Nürnberger Prozesses änderte sich der Tenor der Berichterstattung. Hatten die Rundfunksendungen im Sommer 1945 noch den Schwerpunkt auf die

[8] DRA Berlin, Bestand Hörfunk B 202-00-06/0041 vom 31.5.1945.
[9] DRA Berlin, Bestand Hörfunk B 202-00-06/0415 vom 15.6.1945.
[10] DRA Berlin, Bestand Hörfunk B 202-00-07/0022 vom 19.6.1945.
[11] DRA Berlin, Bestand Hörfunk B 202-00-02/0025 vom 17.8.1945.

innere Selbstreinigung des Volkes gelegt, so erfolgte nun die Konzentration auf die hauptverantwortlichen Kriegsverbrecher. Die Verschiebung der Akzente führte mit Beginn des Nürnberger Prozesses von der Schuld des Volkes zur Schuld der Hauptkriegsverbrecher am deutschen Volk. Der Nürnberger Prozeß als "heilsames Exempel" sollte, wie es Markus Wolf in einem Tageskommentar beschrieb, "den Schlußstrich mit der Vergangenheit ziehen und gleichzeitig die erste große Lehre auf dem neuen Weg sein".[12] Im Namen des Volkes wurde daher auch die Todesstrafe für alle Angeklagten im Berliner Rundfunk gefordert.[13] An die Stelle der Selbstreinigung trat eine Verlagerung der Schuld auf die verantwortlichen Kriegsverbrecher. Diese Trennung von Volk und "Führern" zeichnete sich schon in den ersten Reportagen des Berliner Rundfunks aus dem Nürnberger Gerichtssaal ab. Obwohl die Berichte noch immer die Mitschuld der deutschen Bevölkerung thematisierten, trat nun die Vorstellung vom "mißbrauchten", "vergewaltigten" und "irregeleiteten" Volk in den Vordergrund.[14] Die Formel vom verführten Volk löste die kollektiven Schuldzuweisungen ab, was sich auch in den entworfenen Sprachbildern offenbarte. Der Nationalsozialismus wurde zum "Opium fürs Volk", der die Deutschen in einen jahrelangen, verderblichen "Rauschzustand" versetzt hatte.[15]

Schuld und Verantwortung der deutschen Bevölkerung wurden im weiteren Verlauf des Prozesses nur noch im Zusammenhang mit dem Krieg gegen die Sowjetunion thematisiert. In Hinblick auf die bereits erfolgten und weiter durchgeführten Demontagen von Industrieanlagen und Entnahmen von industriellen Konsumgütern aus der laufenden Produktion in der Sowjetischen Besatzungszone, die großen Unmut in der Bevölkerung hervorriefen, war es sicherlich hilfreich, den Deutschen noch einmal die unermeßlichen Zerstörungen in der Sowjetunion vor Augen zu führen.

Die veränderte Berichterstattung deckte sich mit den Vorgaben des alliierten Gerichtshofes. Der Modus der Gerichtsverhandlung begünstigte die Personalisierung des Nationalsozialismus und führte damit auch zu einer Entlastung der deutschen Bevölkerung. Der amerikanische Hauptankläger Jackson betonte in seinem Eröffnungsplädoyer vom 21. November 1945 ausdrücklich, daß nicht das gesamte deutsche Volk beschuldigt werden sollte. Denn auch die "Deutschen – nicht weniger als die Welt draußen – haben

[12] DRA Berlin, Bestand Hörfunk B 202-00-06/0443 vom 13.12.1945.

[13] DRA Berlin, Bestand Hörfunk B 202-00-07/0031 vom 21.8.1945.

[14] DRA Berlin, Bestand Hörfunk B 202-00-06/0599 vom 21.11.1945, B 202-00-06/0456 vom 4.12.1945, B 202-00-06/0565 vom 31.12.1945, B 203-01-01/0184 vom 29.9.1946.

[15] DRA Berlin, Bestand Hörfunk B 202-00-06/0457 v. 14.12.1945, B 202-00-06/0184 vom 28.11.1945.

mit den Angeklagten eine Rechnung zu begleichen".[16] Ebenso resümierte Markus Wolf in späteren Jahren über seine Erfahrungen als Rundfunkreporter:

> Große Teile des deutschen Volkes fühlten sich in Nürnberg mitangeklagt, fühlten sich vielfach zu Recht oder Unrecht mitschuldig. Es kam also darauf an, bei der Berichterstattung zu klären, daß der Prozeß von Nürnberg kein Prozeß gegen das ganze deutsche Volk war.[17]

Folgerichtig wurde im Laufe des Prozesses vom Berliner Rundfunk unterstrichen, daß die Verhandlung auch im Namen des deutschen Volkes geführt wurde, das gleichzeitig "Ankläger und Richter" war.[18] Hieß es im Oktober 1945 noch, "das deutsche Volk hat durch seine Haltung den Anspruch verwirkt, über diese skrupellosen Verbrecher selber Recht zu sprechen",[19] so wurde gegen Ende des Prozesses und besonders bei der Kommentierung des Urteils die Einsetzung von deutschen Gerichtshöfen immer vehementer gefordert, um "Deutschland endlich von den Nazi-Banditen zu befreien" und die Bestrafung weiterer Führer des Nationalsozialismus für die Verbrechen gegenüber dem deutschen Volk zu gewährleisten.[20]

Dieser Tendenz entsprach auch die Darstellung der Angeklagten. Nicht die Personen im Gerichtssaal, sondern die Repräsentanten des verbrecherischen Systems standen im Mittelpunkt der Rundfunkberichte. Es ging "nicht um das Leben dieser 21 Wegelagerer an der großen Straße der Weltpolitik" – wie Markus Wolf es ausdrückte –, sondern nur darum, dem deutschen Volk klar zu machen, "von welchen Verbrechern, die zum größten Teil einfache Gauner ohne Format waren, es sich mißbrauchen ließ".[21] In den meisten Sendebeiträgen wurde daher der Nachweis geführt, daß die Angeklagten nur ganz gewöhnliche Ganoven und Hochstapler waren. Das Muster von persönlicher Bereicherung, einem ausschweifenden, luxuriösen Leben mit Drogen und Alkohol, die enge Verbindung zur Großindustrie und der rücksichtslose eigene Machterhalt auf Kosten des deutschen Volkes findet sich in vielen Rundfunk-Porträts und Kurzbiographien über die verantwortlichen Männer des Dritten Reiches wieder. Göring war der "fette, genußsüchtige Schmarotzer am deutschen Volk", Schacht der "Räuber" mit den "Gentleman-Manieren", Ribbentrops Eigenschaften als "Blender" und "Abenteurer"

[16] Internationaler Militärgerichtshof Nürnberg: *Der Nürnberger Prozeß gegen die Hauptkriegsverbrecher*. Nürnberg 1947, Nachdruck München 1984. Bd. 2. S. 120-121.

[17] Markus Wolf: Nürnberg bleibt aktuell! In: *Erinnerungen sozialistischer Rundfunkpioniere*. Berlin 1975. Bd. 1. S. 50-56, hier S. 52.

[18] DRA Berlin, Bestand Hörfunk B 202-00-10/0030 vom 17.11.1945, B 20200-06/0107 vom 22.11.1945.

[19] DRA Berlin, Bestand Hörfunk B 202-00-06/0500 vom 27.10.1945.

[20] DRA Berlin, Bestand Hörfunk B 203-01-01/0085 vom 2.8.1946, B 203-01-01/0184 vom 29.9.1946, B 203-01-01/0186 vom 6.10.1946.

[21] DRA Berlin, Bestand Hörfunk B 202-00-06/0565 vom 31.12.1945.

ermöglichten ihm erst die Laufbahn in der NSDAP und die "schmierige Unterweltstype" Funk hatte durch die gut dotierten Ämter hinreichend Gelegenheit, "seinen alkoholischen Bohèmeallüren zu frönen".[22] Der Begriff des "Unmenschen" und der "menschlich Unterwertigen" wurde ebenso zur Charakterisierung benutzt wie der Vergleich der Angeklagten mit "Tiere[n]" als ein Sinnbild ihrer verbrecherischen Natur.[23]

Abgesehen von der Übernahme nationalsozialistischer Sprachmuster, was zu diesem Zeitpunkt aber nicht ungewöhnlich war, entstand durch die entworfenen Bilder der nichtmenschlichen Kreaturen und schmierigen Unterweltgangster ein tiefer Graben zwischen den unmenschlichen Kriminellen und dem deutschen Volk, so daß die Frage nach der eigenen Verantwortung entfallen mußte.

Schon zu diesem Zeitpunkt kristallisierten sich Deutungsmuster heraus, die besonders in der Bundesrepublik erfolgreich weitergeführt worden sind. Die Geschichtsbilder der bundesdeutschen Gesellschaft der fünfziger Jahre zeichneten sich durch die Dämonisierung und Pathologisierung des nationalsozialistischen Führungspersonals aus. "Ganz im Sinne von Outlaw- und Totalitarismustheorie terrorisiert eine kleine Clique von Kriminellen bzw. Wahnsinnigen ein ganzes Volk."[24]

Das zweite Moment in der Berichterstattung des Berliner Rundfunks war neben der Beschreibung der Täter der Verweis auf die Rolle des Monopolkapitals. Der "Geist von Potsdam" und der Einfluß von Großindustrie und junkerlich-großbürgerlichen Kreisen galten als Voraussetzung für den Nationalsozialismus, eine Geschichtsvorstellung, die sich dann in der DDR manifestierte.[25] Auffällig ist, daß in der frühen Nachkriegszeit noch beide Geschichtsbilder, die Kriminalisierung der nationalsozialistischen Vertreter sowie die verhängnisvolle Rolle des Kapitals, in den Berichten des Berliner Rundfunks vertreten waren. In den folgenden Jahren erfolgte dann eine klare, jeweils dem politischen System entsprechende Aufspaltung in beiden deutschen Staaten.

[22] DRA Berlin, Bestand Hörfunk B 202-00-06/0200 vom 6.9.1945, B 202-00-06/0057 vom 30.11.1945, B 202-00-06/0456 vom 4.12.1945, B 202-00-06/0453 vom 6.12.1945.

[23] DRA Berlin, Bestand Hörfunk B 202-00-02/0025 vom 17.8.1945, B 202-00-06/0457 vom 14.12.1945.

[24] Hartmut Berghoff: Zwischen Verdrängung und Aufarbeitung. Die bundesdeutsche Gesellschaft und ihre nationalsozialistische Vergangenheit in den fünfziger Jahren. In: *Geschichte in Wissenschaft und Unterricht* 1 (1998). S. 96-114, hier S. 108.

[25] Der Faschismus ist die "offene terroristische Diktatur der reaktionärsten, am meisten chauvinistischen, am meisten imperialistischen Elemente des Finanzkapitals". Georgi Dimitroff. In: *Wörterbuch zum sozialistischen Staat.* Berlin 1974. S. 94.

2. "Hier spricht Berlin"
Der Berliner Rundfunk und seine Mitarbeiter

Unter dem Schlagwort "Kader ins Land"[26] hatten bereits seit 1944 Schulungen von deutschen Kommunisten in der Sowjetunion stattgefunden, in denen Vorstellungen und Ziele der Rundfunk- und Pressearbeit im Nachkriegsdeutschland festgelegt worden waren. Die KPD meldete damit den Anspruch an, mit politisch zuverlässigen, geschulten deutschen Kommunisten den sowjetischen Besatzungsorganen behilflich zu sein und sich aktiv am Wiederaufbau in Deutschland zu beteiligen.

Die Schlüsselpositionen im Berliner Rundfunk wurden mit zuverlässigen Genossen besetzt. Hans Mahle – ein Mitglied der Gruppe Ulbricht – erhielt vom Stadtkommandanten Bersarin den Auftrag, den Rundfunk in Berlin aufzubauen. Programmatisch sollte sich die Rundfunkpolitik an den Vorstellungen des Nationalkomitees Freies Deutschland orientieren.[27] Diese Zielsetzung, die auch für die gesamte Programmatik der KPD in der frühen Nachkriegszeit galt, wich erheblich vom Kurs der Partei vor 1933 ab und knüpfte an die 1935 auf dem VII. Kongreß der Kommunistischen Internationale beschlossene "Volksfrontpolitik" an.[28] Die anhaltende Diskussion darüber, wie ernst es der KPD mit dieser Neuorientierung war, soll hier nicht aufgenommen werden. Entscheidend für die Rundfunkpolitik in dieser Zeit war die Ausstrahlung eines Programms auf breiter antifaschistisch-demokratischer Grundlage, das große Teile der deutschen Bevölkerung ansprechen konnte.

Neben den parteipolitischen Vorgaben sollten die individuellen Biographien und Lebenserfahrungen der zuständigen Redakteure berücksichtigt werden. Jedes heute gelesene Sendemanuskript gibt auch etwas von der Persönlichkeit seines Verfassers preis. Leider fehlen bislang biographische Studien, da sich die Historiographie bei der Erforschung der Kommunikatoren des Mediums Rundfunk sehr zurückgehalten hat.[29]

[26] Wilhelm Pieck an Georgi Dimitroff am 13. Juli 1944. In: Gerhard Keiderling (Hrsg.): *"Gruppe Ulbricht" in Berlin, April bis Juni 1945*. Berlin 1993. S. 28.

[27] Zitiert nach einem Interview mit Hans Mahle, geführt von Frau Regina Stahnke 1994. Das Nationalkomitee Freies Deutschland war 1943 in der Sowjetunion als Vereinigung aller antifaschistischen Kräfte gegründet worden und setzte sich aus Mitgliedern der KPD, deutschen Soldaten, Offizieren und anderen Exilanten zusammen.

[28] Vgl. dazu auch den Aufruf des Zentralkomitees der KPD vom 11. Juni 1945. In: *Dokumente zur Geschichte der kommunistischen Bewegung in Deutschland*. München 1993. Bd. 1. S. 227-233.

[29] Erste Ansätze liefern Marita Biller: Der Einfluß des Exils auf den Nachkriegsrundfunk. In: *Mitteilungen des Studienkreises Rundfunk und Geschichte*. 21 Jg. (1995). S. 210-223. Und Arnulf Kutsch: Deutsche Rundfunkjournalisten nach dem Krieg. In: *Mitteilungen des Studienkreises Rundfunk und Geschichte*. 12. Jg. (1986). S. 191-214.

Alle leitenden Mitarbeiter der 'ersten Stunde' waren überzeugte Kommunisten. Die meisten von ihnen kamen aus der Emigration, aus den Zuchthäusern, den Konzentrationslagern und aus den Kriegsgefangenenlagern in der Sowjetunion. Dieser Blick von außen, die fehlende Verstrickung in den nationalsozialistischen Alltag prägten sicherlich entscheidend die Berichterstattung während des Nürnberger Prozesses. Rundfunkgeschichte läßt sich nicht von Politik- und Herrschaftsgeschichte trennen. Persönliche Lebenserfahrungen und politische Vorstellungen der Mitarbeiter waren mit den institutionellen und politischen Bedingungen eng verknüpft. Trotzdem läßt sich für die Jahre 1945/46 nicht von starrer Parteidoktrin im Rundfunk sprechen. Die zuverlässigen Genossen machten nicht nur Parteipolitik, sondern handelten auch aus der eigenen Lebensgeschichte, aus der persönlichen Überzeugung heraus.

Allerdings agierten die deutschen "Rundfunkpioniere" nicht ganz allein; ab Juni 1945 unterlag das Programm der inhaltlichen und stilistischen (!) Zensur durch sowjetische Kontrolloffiziere.[30] Grundsätzlich zeugte das Verhältnis von den sowjetischen Instanzen und den leitenden deutschen Mitarbeitern von gegenseitigem Vertrauen. Besondere Bedeutung wurde dem Radio als Erziehungsinstrument beigemessen. So hieß es in einem Bericht der Sowjetischen Militäradministration aus dem November 1945: "Neben der Presse ist der Rundfunk eine mächtige Waffe im Kampf um die Beeinflussung des deutschen Volkes".[31] Diese Einschätzung war keineswegs neu. Der Rundfunk war von Anfang an eng mit den Interessen des Militärs, der Wirtschaft und ganz besonders mit denen des Staates verbunden gewesen und hatte als Instrument zur Erziehung und Beeinflussung der Massen gedient.

Die Berichterstattung des Berliner Rundfunks über den Nürnberger Prozeß nahm bei der behutsamen Umerziehung des deutschen Volkes einen besonderen Stellenwert ein. Bereits im Moskauer Exil waren in Zusammenarbeit von KPD und KPdSU die Inhalte der politischen Aufklärungsarbeit im Nachkriegsdeutschland festgelegt worden.[32] Entsprechend der Rundfunkberichterstattung in den ersten Monaten nach Kriegsende wurde in den programmatischen Schriften die moralische Mitverantwortung des deut-

[30] Von den 104 überlieferten Sendemanuskripten lassen sich in 17 Fällen Zensureingriffe in unterschiedlichem Umfang nachweisen. Neben den inhaltlichen Veränderungen führten die perfekt deutsch sprechenden sowjetischen Kontrolloffiziere in mindestens drei Fällen auch stilistische Korrekturen durch.

[31] Bericht des Informationsbüros der SMAD "Über die politische Lage in Deutschland" vom 3. November 1945. In: Bernd Bonwetsch u.a. (Hrsg.): *Sowjetische Politik in der SBZ 1945-1949. Dokumente zur Tätigkeit der Propagandaverwaltung (Informationsverwaltung) der SMAD unter Sergej Tjul'panov*. Bonn 1998. S. 20-30, hier S. 28.

[32] Vgl. ebd. S. 3-7. Ebenso Keiderling: *"Gruppe Ulbricht" in Berlin, April bis Juni 1945*. S. 216-222, S. 236-254, S. 260-265.

schen Volkes an der nationalsozialistischen Diktatur und am Zweiten Weltkrieg klar hervorgehoben. Die Tendenzwende zu Beginn des Nürnberger Prozesses ergibt sich aus dem Protokoll einer Besprechung mit "Propaganda-Fachleuten anläßlich des Nürnberger Kriegsverbrecherprozesses" der Abteilung Allgemeine Volksbildung, unter deren Zuständigkeit der Rundfunk fiel, vom Dezember 1945, in dem es hieß:

> Der allgemeine Gesichtspunkt, unter dem die Propaganda anläßlich des Nürnberger Prozesses geführt werden soll, ist die Anklage des deutschen Volkes gegen die Nazikriegsverbrecher als die schlimmsten Feinde Deutschlands. Das Ziel ist die Entfaltung einer breiten ideologischen Offensive gegen den Nazismus und die Urheber des deutschen Unglücks.[33]

Die Schuldverlagerung auf die Hauptkriegsverbrecher muß in engem Zusammenhang mit der gesamtgesellschaftlichen Entwicklung gesehen werden. Anders als in den Monaten nach der Kapitulation stand im Winter 1945 der Aufbau des neuen Deutschlands im Vordergrund. Die Bodenreform war in der Sowjetischen Besatzungszone durchgeführt worden, die Vereinigung von KPD und SPD wurde vorbereitet und den kleinen Parteigenossen, den "Pg's", war die Hand zur Integration in den neuen Staat schon entgegengestreckt worden. Das Informationsbüro der SMAD analysierte die "politische Lage in Deutschland" im November 1945 und deren Auswirkungen auf die Kommunistische Partei in der Sowjetischen Besatzungszone und Berlin sehr treffend:

> "Die Kommunisten sprechen offen und ohne jede Einschränkung davon, daß das deutsche Volk die Verantwortung für den Hitlerschen Krieg trägt und seine Schuld wiedergutmachen muß. [...] Millionen Deutschen gefällt das verständlicherweise nicht. Diese Thesen treffen auf passiven und sogar offenen Widerstand." [34]

Dieser massive Widerstand gegenüber der "Kollektivschuldthese" prägte auch die öffentliche Kommunikation des Berliner Rundfunks mit seinen deutschen Hörerinnen und Hörern.

3. "Verehrte Hörer"
Medienrealität und soziale Realität

Durch die Analyse von Rundfunksendungen wird die mediale Wirklichkeit rekonstruiert. Welche Sinnzuschreibungen die Hörerinnen und Hörer des Berliner Rundfunks damals bei der Rezeption tatsächlich vorgenommen haben, kann nur vage aus den Medientexten entnommen werden.[35] Aller-

[33] Bundesarchiv (BArch) DR 2/756 Ministerium für Volksbildung.
[34] Aus dem Bericht des Informationsbüros der SMAD vom 3. November 1945. Vgl. Bonwetsch: *Sowjetische Politik in der SBZ 1945-1949.* S. 21.
[35] Vgl. Marßolek, von Saldern: *Zuhören und Gehörtwerden I.* S. 39.

dings bezogen sich die Berichterstatter immer wieder auf vorherrschende öffentliche Meinungen, die mit den Sendebeiträgen unterstützt bzw. widerlegt werden sollten. Da Oral-History-Projekte nach über fünfzig Jahren nicht mehr erfolgreich durchgeführt werden können und eine umfangreiche Hörer- und Wirkungsforschung in den Jahren 1945/46 nicht stattgefunden hat,[36] bietet die Erforschung von Kommunikationsstrukturen auch die Möglichkeit, auf diesem Wege die öffentliche Meinung genauer zu bestimmen.

Im November 1945 ergab eine Umfrage der Amerikaner, daß fünfundsechzig Prozent der Bevölkerung Groß-Berlins Radiosendungen hörten, siebzig Prozent davon empfingen den Berliner Rundfunk, wobei die große Mehrheit mit dem Rundfunkprogramm zufrieden war.[37] Die große Akzeptanz hing sicherlich auch mit der besonderen Situation in Berlin zusammen: Bis weit in das Jahr 1946 hinein sendete der Berliner Rundfunk ohne Konkurrenz in der Stadt und konnte weit über Berlin hinaus empfangen werden.[38] Obwohl Stromsperren und schlechte Übertragungsqualität den Empfang beeinträchtigten, erreichte die "Zeitung ohne Papier und 'ohne Entfer-

[36] Die einzigen Meinungsumfragen zur Haltung der Deutschen gegenüber dem Nürnberger Prozeß wurden vom Office of Military Government (OMGUS) in der Abteilung für Umfrageforschung "Opinion Survey Section" in der amerikanischen Besatzungszone durchgeführt. Die knapp 3000 Befragten hatten von dem Verfahren gehört und beurteilten es positiv. Allerdings lehnten zweiundneunzig Prozent den Gedanken einer Kollektivschuld des deutschen Volkes ab. Vgl. Anna Meritt, Richard C. Merritt (Hrsg.): *Public Opinion in Occupied Germany. The OMGUS Surveys, 1945- 1949.* Chicago, London 1970. S. 93-94 und S. 121-123. Zu den Anfängen der Meinungsforschung in den westlichen Besatzungszonen vgl. auch Arnulf Kutsch: Einstellungen zum Nationalsozialismus in der Nachkriegszeit. In: *Publizistik* 40 (1995). S. 415f.

[37] Fast ein Drittel der Befragten hatte nur einen "Volksempfänger" und konnte daher keine anderen Sender empfangen. Vgl. Harald Hurwitz: *Die Eintracht der Siegermächte und die Orientierungsnot der Deutschen 1945-1946.* Köln 1984. S. 105. Dazu kam, daß der Befehl Nr. 78 vom 27.9.1945 der SMAD der allgemeinen Bevölkerung in der SBZ nur erlaubte, Radiogeräte der 3. Klasse (1 bis 3 Lampen), die nur für den Ortsempfang zu gebrauchen waren, zu benutzen. Erst im April 1946 (Befehl Nr. 132 vom 29.4.1946) wurde die Erlaubnis zum Besitz von Radio-Empfangsgeräten ohne Begrenzung der Röhrenzahl der Bevölkerung gegeben. (Die wichtigsten Befehle der SMAD über den Radioempfang waren die Befehle Nr. 1. In: Befehle des Obersten Chefs der Sowjetischen Militärverwaltung in Deutschland, Sammelheft 1, 1945. Berlin 1946. S. 9. Und die Befehle Nr. 78 und 132. In: Brandenburgisches Landeshauptarchiv (BLHA), Ld. Br. Rep. 202A Büro des Ministerpräsidenten Nr. 61 und 64.)

[38] Der Drahtfunksender DIAS konnte ab Februar 1946 empfangen werden, der RIAS sendete erst ab September 1946. Neben dem Berliner Rundfunk konnten allerdings einige Hörer auch die britisch kontrollierte Radiostation (NWDR) in Hamburg und den deutschsprachigen Dienst der BBC empfangen. Im August 1946 gründete der NWDR eine Redaktion in Berlin.

nungen'"[39] viel schneller einen größeren Personenkreis als die einzelnen Presseorgane, deren Verbreitung durch die Papierknappheit und den erst langsam entstehenden Vertriebsapparat stark eingeschränkt war.

Leider sind die Hörerzuschriften aus den Jahren 1945/46 – zeitgenössische Berichte sprechen von "Hunderten und Tausenden von Zuschriften"[40] – nicht überliefert worden. Viele der Sendebeiträge bezogen sich aber auf diese Briefe, so daß sich besonders bei der Frage von Schuld und Sühne Rückschlüsse auf vorherrschende Dispositionen der deutschen Bevölkerung im Umgang mit ihrer nationalsozialistischen Vergangenheit ziehen lassen. Fraglich bleibt dagegen, ob gewisse Muster des Umgangs mit der Vergangenheit – als Beispiel sei hier die Schuldverlagerung genannt – von den Medien erzeugt wurden oder ob diese nur auf bereits bestehende Stimmungen in der Bevölkerung reagierten. Das Wechselverhältnis von öffentlicher Meinung und medial gelenkter Berichterstattung ist ein miteinander verwobener Prozeß, der sich nicht nachträglich entwirren läßt.

Die durchgehend geführte Kommunikation mit den nicht schuldeinsichtigen Hörern bestätigt die These, daß die Aufforderung zur Übernahme von Schuld und Verantwortung von den meisten Deutschen abgelehnt wurde. Der Berliner Rundfunk berichtete von täglich eintreffenden Briefen, in denen es hieß:

> Man empfindet es als beleidigend und erniedrigend, daß täglich von allen möglichen Stellen in Zeitung und Rundfunk behauptet wird, das deutsche Volk sei schuldig an dieser größten Katastrophe der Weltgeschichte, weil es die Verbrechen und Gemeinheiten der Nazis wissentlich geduldet hat.[41]

Das Entsetzen, das durch täglich neue Meldungen über die Verfolgungs- und Ausrottungspolitik ausgelöst wurde, konnte von vielen nicht artikuliert und schon gar nicht mitverantwortet werden. Der tägliche Überlebenskampf in der Besatzungszeit führte ebenso wie der Nürnberger Prozeß gegen die hauptverantwortlichen Kriegsverbrecher zur Verdrängung. Sehr aufschlußreich dazu ist der Sonntagskommentar des damaligen Intendanten Max Seydewitz zur bevorstehenden Urteilsverkündung im September 1946:

> Wenn wir jedoch ehrlich sind, müssen wir leider eingestehen, daß die meisten Deutschen die große politische und geschichtliche Bedeutung des Nürnberger Prozesses noch nicht erkannt haben und sich für den Prozeß und seine Ergebnisse viel zu wenig interessieren. In allen öffentlichen Verkehrsmitteln oder wo sonst Menschen zusammenkommen, wurde in den vergangenen Monaten über alle möglichen Fragen unendlich viel mehr diskutiert, als über den Nürnberger Prozeß. Das allgemeine Gesprächsthema sind die bedrückenden Alltagssorgen, der

[39] W.I. Lenin: An M.A. Bontsch-Brujewitsch. In: W.I. Lenin: *Über Agitation und Propaganda*. Berlin 1974. S. 235.

[40] "Hörer schreiben an den Berliner Rundfunk: Heute stellen wir Berlin ein." In: *Der Rundfunk* 24 (1946). S. 16.

[41] DRA Berlin, Bestand Hörfunk B 202-00-06/0459 vom 22.7.1945.

> Mangel an allem Lebensnotwendigen und die Auswirkungen der Besatzung. Man spricht anklagend über die schweren Lasten, die wir heute zu tragen haben, und man bezeichnet es als bitteres Unrecht, daß man vom deutschen Volk Wiedergutmachung fordert.[42]

Der Blick auf die Sendemanuskripte zeigt, daß der Quellenwert von Rundfunkberichten nicht in der Darstellung von historischen Sachverhalten liegt, sondern Auskunft über Themen, Inhalte und Formen der gesellschaftlichen Kommunikation gibt. Die für den Berliner Rundfunk vorgestellten Entwicklungen und Tendenzen in der Berichterstattung über den Nürnberger Prozeß wurden zum einen von der kommunistisch geprägten Institution Berliner Rundfunk medial gelenkt. Zum anderen geben die Reportagen und Kommentare aber auch Auskunft über kollektive Befindlichkeiten der deutschen Nachkriegsgesellschaft, was sie zu einer ergiebigen Quelle für die Alltags- und Mentalitätsgeschichte werden läßt.

Die Auseinandersetzung mit der nationalsozialistischen Vergangenheit hat sich in den Jahrzehnten zwar verändert, aber nichts von ihrer Aktualität eingebüßt. Die Frage nach Schuld und Verantwortung ist noch immer ein Teil der deutschen Identität,[43] was durch die jahrelange Debatte über das Holocaust-Mahnmal eindrucksvoll bestätigt wird.

Hartmut Berghoff weist zurecht darauf hin, daß alle neueren zeithistorischen Untersuchungen, die aus "kollektiven Bewußtseinsstrukturen geronnene öffentliche Meinung als Schlüsselfaktor der Vergangenheitspolitik" benennen, ohne diese jedoch anhand der vorliegenden Quellen zu analysieren.[44] Daher ist es notwendig, die zeitgenössischen Bilder und Vorstellungen in den Medien und hier ganz besonders in den Funkmedien der frühen Nachkriegszeit stärker als bisher in der historischen Forschung zu berücksichtigen, um so vielleicht zu den Ursprüngen von Verdrängung oder auch Aufarbeitung im Osten wie im Westen Deutschlands zu gelangen.

[42] DRA Berlin, Bestand Hörfunk B 203-01-01/0184 vom 29.9.1946.
[43] Vgl. dazu Peter Steinbach: "Seit 1945 waren Schuld und Verpflichtung ein Teil der deutschen Identität: Nation war nicht mehr nur Sprach- und Kultur oder abstrakte Geschichts-, sondern auch Schuldgemeinschaft." In: Jürgen Weber, Peter Steinbach: *Vergangenheitsbewältigung durch Strafverfahren?* München 1984. S. 14.
[44] Berghoff: *Zwischen Verdrängung und Aufarbeitung.* S. 99.

Horst S. Daemmrich

Die Vergangenheit bewahren oder kritisch reflektieren. Gegensätzliche Positionen in der Auseinandersetzung mit dem Krieg

Contemporary German literature reveals a primary thematic constellation: characters struggling with identity crises feel compelled to revalidate the German past and the actions and omissions of persons (parents, grandparents, relatives and their friends) who directly experienced the years of fascist rule and World War II. The inquiries raise significant questions of guilt and atonement, individual responsibility and ethical behaviour under extreme circumstances. The works portray the past as an unfinished chapter that demands constant critical examination. Such evaluation holds the promise of gaining both an increased awareness of one's own identity and of the historical forces that have shaped German history.

In Texten der Gegenwartsliteratur, in denen der Zweite Weltkrieg entweder das Geschehen maßgebend bestimmt oder in direkten und verhüllten Hinweisen anklingt, bestehen weiterhin gravierende Unterschiede, da diese von ehrenden Erinnerungen bis zu kritischen Abrechnungen mit der Vergangenheit reichen. Zu unterscheiden ist: 1) zwischen der Erinnerungsliteratur zum Zweiten Weltkrieg, in der Kriegsteilnehmer die Ereignisse berichten, 2) zwischen literarischen Werken, in denen Autoren und Autorinnen direkt zum Krieg und zum Leben im Dritten Reich Stellung nehmen, und 3) Texten der Gegenwartsliteratur, in denen die Orientierungssuche einzelner Figuren zu einer grundsätzlichen Auseinandersetzung mit der deutschen Geschichte im 20. Jahrhundert führt.

Rolf Düsterberg hat in seiner eingehenden und überzeugenden Untersuchung von Themen und Motiven in der militärischen Erinnerungsliteratur[1] eine primäre Denkform nachgewiesen, die, zuweilen offen ausgesprochen, zuweilen verhüllt, die Schilderung der Ereignisse maßgebend beeinflußt. Sie wurzelt in zeitbedingten positiven Anschauungen von Vaterland, Heimat, Treue, Gehorsam, Entsagung, Kameradschaft, Opfer und Verteidigung der Nation. Die Begriffe sind umwoben von einer Aura zeitloser Werte. Der Krieg erscheint als Ausnahmesituation der menschlichen Bewährung unter extremen Bedingungen. Das Dreigestirn Dasein als Opfer und Pflichterfüllung, mißbrauchter Idealismus und ehrende Bewahrung steht von Anfang an über der militärischen Erinnerungsliteratur. Selbst Texte, die ein distanziertes Verhältnis zum Nazi-Terror anstreben, geben der Überzeugung Raum,

[1] Rolf Düsterberg: *Soldat und Kriegserlebnis. Deutsche militärische Erinnerungsliteratur <1945-1961> zum Zweiten Weltkrieg.* (Dissertation) Osnabrück 1998.

man dürfe die positiven Aspekte der deutschen Vergangenheit nicht übersehen.

Diese Grundform des Denkens wird in der Nachkriegsliteratur sofort als irrationaler Mythos entlarvt und gezielt angeprangert. Nicht nur der Krieg, sondern die gesamten Jahre der Naziherrschaft erscheinen als Ausnahmesituation. Das Leben in dieser Zeit wird zum Grenzerlebnis, das alle tradierten Vorstellungen sprengt. Menschen sind physisch und geistig gefährdet. Die existentielle Bedrohung ist allumfassend. Und wie Dieter Wellershoff 1995 in *Der Ernstfall* feststellt,[2] konnte sich der einzelne unter diesen Bedingungen nie wirklich bewähren. Menschen, die kritisch dachten, konnten eigentlich nur ihre weltanschauliche Obdachlosigkeit erkennen. Die Stellungnahme der Autoren von Aichinger und Borchert bis zu Böll und dem jungen Grass steht unter dem Leitgedanken des moralischen Versagens einer Generation, der zwischen 1890 und 1920 geborenen und des Orientierungsverlusts der im Weimarer Staat und im Dritten Reich aufgewachsenen Jugend. Häufig charakterisieren Beschuldigungen der für die Terrorherrschaft der Nazis und für den Krieg Verantwortlichen, massive Schulderlebnisse, und exzessive Selbstanklagen die Erzählhaltung. In Auseinandersetzungen mit Hitlers willigen und halbwilligen Helfern treten Fragen der individuellen Verantwortung und des Gewissens in den Vordergrund. Das schlechte Gewissen breitet sich aus, nachdem der volle Umfang der Verbrechen öffentlich bekannt wird. Es schärft den Blick und bestimmt die Fixierung auf die Vergangenheit. Diese erscheint unverständlich. Die während der Naziherrschaft begangenen Verbrechen stehen im Licht des vorausgegangenen Anspruchs des deutschen Geisteslebens einzigartig da. Die Erbschaft deutscher Schande und Schuld verdrängt das Erbe deutscher Denker. Der Holocaust und Auschwitz werden zum negativen Gegenbild des idealistischen Denkens.

In der Gegenwartsliteratur zeichnet sich eine grundsätzliche Umdeutung in der Thematisierung von Schuld, Sühne und Verantwortung ab. Darüber hinaus läßt sich in den Werken in der Annäherung an die Vergangenheit ein Prozeß des historischen Bewußtwerdens nachweisen. Ich werde die Entwicklung in meinem Aufsatz kurz skizzieren und an einigen Beispielen die wichtigsten Gesichtspunkte erläutern.

Sicherlich erscheinen heute täglich repräsentative Zeugnisse deutscher Literatur, die sich auf die Gegenwart konzentrieren und die Vergangenheit ausklammern. Was nachdenklich stimmt, ist der Umstand, daß viele Autoren und Autorinnen in direkten Hinweisen und Anspielungen die Zeit der Naziherrschaft und des Krieges aufgreifen. Die Vergangenheit lebt auf, sobald in den Texten Figuren über sich nachdenken und ihr persönliches Selbstverständnis entwickeln, das sich nicht von dem nationalen Selbstverständnis trennen läßt. Diese Vergegenwärtigungen haben eine gemeinsame histori-

[2] Dieter Wellershoff: *Der Ernstfall. Innenansichten des Krieges*. Köln 1995.

sche Substanz. Sie sind einerseits individualisiert, da Erzählungen die Ereignisse aus der Perspektive und Erlebnissphäre einzelner gestalten. Andererseits erhalten sie eine Abstraktion des Allgemeinen oder Typischen durch die unterschiedlichen Erzählverfahren, durch eingeflochtene Kommentare und Fragen an die vorausgegangene Generation, die manchmal zu Familienzerwürfnissen führen. Fragen, Dialoge und Selbstgespräche erweitern die historische Sicht, in der sich dann ein mögliches Verstehen der Geschichte anbahnt. Darüber hinaus stoßen die Vergegenwärtigungen auf schwer zu beantwortende Fragen, die die nationalsozialistische Vergangenheit betreffen. Die gegenwärtigen politischen Debatten über Schuld, Verbrechen, Nazi-Opfer, Holocaust, aber auch Schlußstrich, einseitige Stilisierung und die Leiden einer verführten Generation wiederholen sich in den Erzählungen. Die Befragung der Vergangenheit nimmt vielfältige Formen an. Sie kann direkt erfolgen, indem die Handlung in die Vergangenheit verlegt wird; sie ist integriert in Generationskonflikte, die ihren Ursprung in der Sensibilisierung für die politische Vergangenheit haben; sie kann im Mittelpunkt von Identitätskrisen stehen oder den Rahmen für autobiographische Darstellungen bilden, die das Verhältnis einzelner zum historischen Geschehen thematisieren; sie ist oft verknüpft mit primären Themen und Motiven (Aggression, Anpassung, Entwicklungsthematik, Generationskonflikte, Holocaust, Reifung, Selbst- und Welterkenntnis). Die erstaunliche Sensibilität für die politische Vergangenheit ist nicht auf deutsche Autoren und Autorinnen begrenzt, sondern gehört zum Gesamtbild der deutschsprachigen Literatur. Diese Züge sind ein Zeichen dafür, daß die heutige Generation ein neues, reflektiertes und normales Verhältnis zur deutschen Vergangenheit sucht. Monika Maron spricht für ihre Generation, wenn sie in dem Essay *Nach Maßgabe meiner Begreifungskraft* feststellt: "Während die einen von ihren Eltern Antworten auf Auschwitz und Buchenwald verlangten, waren für uns die Fragen nach dem Archipel Gulag und Bautzen schon hinzugekommen"[3]. In der literarischen Aufarbeitung der Vergangenheit lassen sich wie auch in historischen Schriften gegensätzliche Beurteilungen nachweisen. Verbindlich für die Literatur ist eine Denkform, der die Überzeugung zu Grunde liegt, daß die existentielle Gefährdung der Menschen im NS-Staat das zeitlose und damit heute gegenwärtige Problem menschlicher Verantwortlichkeit besonders scharf hervortreten läßt. Historisches Bewußtwerden wird zum Ausgangspunkt der Kritik der Gegenwart. Ortungen der Vergangenheit vertiefen die gegenwärtige Bestandsaufnahme.

Welche allgemeinen Züge charakterisieren das Verhältnis zur Geschichte? Die Geschichte erscheint als ein Erinnerungsbild, an dem die Gegenwart genauso beteiligt ist wie die Vergangenheit. Jurek Becker, Horst Bienek, Günter Grass, Hanns-Josef Ortheil, Dieter Wellershoff und Christa Wolf

[3] Monika Maron: *Nach Maßgabe meiner Begreifungskraft*. Frankfurt a.M. 1993. S. 21.

forschen in Archiven und lesen alte Zeitungen, um die Zeitzeugen zu hören. Einzelne Texte greifen Fragen und Antworten auf, die bereits in der Nachkriegsliteratur in Familiendebatten und Gesprächen zwischen Kindern und Eltern zu Wort kamen. Sie problematisieren jedoch die negative Fixierung in der frühen Nachkriegsliteratur. Sorgfältig nuancierte Überlegungen erweitern den ursprünglichen prägnanten Gegensatz zwischen anklagenden Fragen – "Was habt ihr gesehen, gewußt, gemacht, verschwiegen?" – und verteidigenden Antworten – "Darüber kann man nicht sprechen. Ihr könnt das nicht verstehen. Man muß das selbst nicht mitgemacht haben". Die Texte versuchen die Voraussetzungen zu begreifen, die zu einer Situation führten, in der Menschen sich anpaßten, keine Fragen stellten und schwiegen. Christa Wolf untersucht in *Kindheitsmuster* wiederholt das Entstehen einer allgemeinen Verfassung, in der Menschen nicht nur gleichgültig wurden, sondern auch niemals die richtigen Fragen stellen konnten.[4] Sie kommt zu dem Schluß, daß der allgemeine Orientierungsverlust einsetzte als Menschen keine sinnvollen Vergleich ziehen konnten, weil feste Normen fehlten. Besonders die Kriegsjahre verstärken das Gefühl, jeder sei einem unerkennbaren Prozeß ausgeliefert. Man war dann und später zum Schweigen verurteilt, weil man nichts wissen wollte und sich den Verlust des freien Willens nicht eingestehen konnte. Horst Bienek kommt in *Reise in die Kindheit* zu vergleichbaren Feststellungen.[5] Er beobachtet, Vater, Mutter und Schwester wollten 'unpolitisch' sein, wollten "sich raushalten" und stellt anschließend fest:

> Heute wissen wir alles besser. Heute wissen wir alles ein wenig genauer. Ihr habt euch herausgehalten, damals. Ihr wart keine Täter. Aber vielleicht doch Mitahner, Mitwisser, Mittäter? Zu den Kindern habt ihr nicht darüber gesprochen. Aber habt ihr euch selbst auch mal Fragen gestellt? Oder kamen die Fragen erst auf, als ihr, nur mit einem Koffer in der Hand, euch in einem Flüchtlingslager im Westen wiederfandet? Auch ich frage ja nur. (RK S. 116f.)

Auseinandersetzungen dieser Art entsprechen den Erwartungen der Leser in autobiographisch eingefärbten Kindheitserinnerungen, in historisch oder gesellschaftskritisch entworfenen Romanen, wie etwa Grass' *Ein weites Feld* oder Erzählungen, die die persönliche Entwicklung einzelner nach 1945 schildern.[6] Sie wirken dagegen überraschend und geben den Texten ein besonderes Kolorit, wenn sie entweder unvermittelt auftreten oder gegenwärtige Familienverhältnisse und Gesellschaftsstrukturen beleuchten, deren besondere Eigenart darin besteht, daß sie – wie etwa in Jurek Beckers

[4] Christa Wolf: *Kindheitsmuster*. Berlin 1976. Im folgenden mit der Sigle K abgekürzt.

[5] Horst Bienek: *Reise in die Kindheit. Wiedersehen mit Schlesien*. München 1988. Im folgenden mit der Sigle RK abgekürzt.

[6] Günter Grass: *Ein weites Feld*. Göttingen 1995.

Amanda herzlos,[7] Herta Müllers *Der Fuchs war damals schon Jäger*[8] oder *Herztier,*[9] Gerlind Reinshagens *Zwölf Nächte*[10] oder *Jäger am Rand der Nacht*[11] und selbst Birgit Vanderbekes *Das Muschelessen*[12] – von der deutschen Vergangenheit geprägt wurden.

Ich gebe einige Beispiele für drei besonders markante Tendenzen: 1) Scharfe, zuweilen einseitig anmutende Abrechnungen mit der Einstellung von Figuren, deren Verblendung (Heiner Müller, *Das Eiserne Kreuz*, *Der Vater*)[13] oder Ethos der Pflichterfüllung letztlich zu menschenfeindlicher Geisteshaltung führt, konzentrieren sich auf das Versagen einzelner Personen, nicht die Schuld einer Generation. Die Kritik richtet sich gegen Figuren, deren Leben scheinbar nahtlos aus der Vergangenheit in die Gegenwart übergeht und die nichts aus der Katastrophe gelernt haben. Siegfried Lenz schildert diese Haltung in der *Deutschstunde* im Lebensabriß des Landpolizisten Jens Ole Jepsen.[14] Thomas Bernhard erfaßt in *Die Ursache* den im Schulleiter Grünkranz verkörperten Geist brutaler Erziehungsmethoden und die inhumane Form der Anpassungsethik, die zuerst das Leben im nationalsozialistischen und später im katholischen Schülerheim bestimmt.[15] Die scharfe Abrechnung mit dem Geist der Erziehung Jugendlicher dehnt sich auf die gesamte Atmosphäre in Salzburg aus. Hinter der anheimelnden Fassade der Gebäude herrscht der bösartige, tödliche Geist der Gleichschaltung, der von Vertretern der Staatsräson wie Grünkranz oder dem katholischen Präfekten weiter aufrecht gehalten wird.

Die eindeutige Verurteilung des Ewig-Gestrigen erstreckt sich besonders auf Figuren, die überzeugt sind oder waren, daß sie nur ihre Pflicht erfüllten, und auf Figuren, die nicht an die Vergangenheit erinnert werden wollen und sich abschotten. Personen, die diese Geisteshaltung repräsentieren, erfüllen Funktionen des Appells an die Vernunft und der Kontrastierung mit anderen, die aus der Vergangenheit gelernt haben. Gezielte Charakterstudien dieser Art sind beispielsweise der ehemalige Lageraufseher Arnold Heppner in Beckers *Bronsteins Kinder,*[16] die Schweizer Polizisten, die Karel Neruda und Heinrich Zinn zusammenschlagen, Neruda an die Deutschen ausliefern

[7] Jurek Becker: *Amanda herzlos*. Frankfurt a.M. 1992.
[8] Herta Müller: *Der Fuchs war damals schon Jäger*. Reinbek bei Hamburg 1992.
[9] Herta Müller: *Herztier*. Reinbek bei Hamburg 1994.
[10] Gerlind Reinshagen: *Zwölf Nächte*. Frankfurt a.M. 1989.
[11] Gerlind Reinshagen: *Jäger am Rand der Nacht*. Frankfurt a.M. 1993.
[12] Birgit Vanderbeke: *Das Muschelessen*. Berlin 1990.
[13] Heiner Müller: Das Eiserne Kreuz. In: *Germania Tod in Berlin*. Berlin 1977 und Heiner Müller: Der Vater. Ebd.
[14] Siegfried Lenz: *Deutschstunde*. Hamburg 1968.
[15] Thomas Bernhard: *Die Ursache: eine Andeutung*. Salzburg 1975.
[16] Jurek Becker: *Bronsteins Kinder*. Frankfurt a.M. 1986.

und nach Kriegsende Zinn festnehmen, weil sein Haus enteignet wird,[17] der Bürgermeister und die Leiterin des Jugendamts von Steyr,[18] Skodlerrak, Sozialist, SS-Mitglied, Schwarzhändler, Anpassungskünstler,[19] Eduard Nemec,[20] die Mutter Anitas und der Fotograf.[21] Eng verknüpft mit Kontrastierungen dieser Art ist der Kunstgriff im Erzählverfahren, zwei Welten zu konfrontieren, die in knapper Chiffrierung Fotos zeitlos schöner Landschaften mit eingestreuten Dörfern und Schlössern dem Leben im Dorf gegenüberstellen, das alle Merkmale des Daseins in einer Diktatur hat.

2) In einer Reihe bedeutender Texte der Gegenwartsliteratur, in denen die Aufarbeitung der Vergangenheit im Mittelpunkt der Handlung steht, zeichnet sich eine zunehmend distanzierte Haltung ab. Die Befragungen versuchen Einzelschicksale im Zusammenspiel mit allgemeinen Zeitsymptomen zu deuten. Verbindlich für diese literarischen Zeugnisse zu denen unter anderen Beckers *Bronsteins Kinder*, Bieneks Romane *Zeit ohne Glocken* und *Erde und Feuer*, Grass' *Ein weites Feld* und Ortheils *Hecke* und *Abschied von den Kriegsteilnehmern* gehören, ist die engagierte, aber dennoch sachliche, skeptische Einstellung zur Vergangenheit.[22] Die Haltung hebt sich deutlich ab von Rückblenden in Texten, in denen die Figuren mit Fragen des Selbstverständnisses ringen, aber keinen Zugang zur Gegenwart finden, weil die Zwangsfixierung auf die Vergangenheit das Leben untergräbt. In Wolfgang Bächlers Erzählung *Im Schlaf. Traumprosa* greifen beispielsweise Entsetzen und Angst vor dem Terror auf die Gegenwart über und werden zur permanenten Bewußtseinslage.[23] Die Vergangenheit wird zum Bild des Schreckens, das sich zeitlos wiederholt.

Demgegenüber ist bereits für Becker die Vorstellung verbindlich, daß die Vergangenheit weder vergessen werden noch den Blick auf die Gegenwart und Zukunft verstellen soll. In *Bronsteins Kinder* entwickelt Hans ein zurückhaltendes, zuweilen mißtrauisches Verhältnis zu den Geschichten seines Vaters, zu seiner jüdischen Abstammung und zur Vergangenheit. Hans kämpft gegen die Unvernunft und gegen Gefühlsausbrüche, aber auch gegen alle Versuche, die Vergangenheit einfach beiseite zu schieben. Sein Handeln basiert auf der Überzeugung, daß in einem Rechtsstaat auch jüdische Opfer kein Recht haben, sich über das Gesetz zu stellen. In anderen Romanen und Erzählungen wird eine Einstellung deutlich, die auch Wellershoffs *Der*

[17] Siehe Silvio Blatter: *Das blaue Haus*. Frankfurt a.M. 1990.
[18] Siehe Erich Hackl: *Abschied von Sidonie*. Zürich 1989.
[19] Siehe Peter Härtling: *Eine Frau*. Darmstadt 1974.
[20] Siehe Peter Härtling: *Nachgetragene Liebe*. Darmstadt 1980.
[21] Siehe Botho Strauß: *Schlußchor*. München 1991.
[22] Horst Bienek: *Zeit ohne Glocken*. München 1979; Ders.: *Erde und Feuer*. München 1982; Hanns-Josef Ortheil: *Hecke*. Frankfurt a.M. 1987 und Ders.: *Abschied von den Kriegsteilnehmern*. München, Zürich 1992 (im folgenden mit der Sigle AK abgekürzt).
[23] Wolfgang Bächler: *Im Schlaf. Traumprosa*. Frankfurt a.M. 1988.

Ernstfall und Wolfs *Kindheitsmuster* auszeichnet. Die Vergangenheit soll weder einseitig angeprangert noch glorifiziert, sondern aus distanzierter Sicht aufgearbeitet und gedeutet werden. Dieses Anliegen bedingt ein Erzählverfahren, in dem das Unfaßbare zu Wort kommt. Darüber hinaus verlangt die literarische Gestaltung der Vergangenheit eine Auseinandersetzung sowohl mit den Gefühlen der Generation Jugendlicher, die das Dritte Reich noch miterlebt haben, aber überzeugt sind, persönlich unschuldig zu sein, als auch mit der Einstellung der nach dem Krieg geborenen Menschen, die sich gegen den Generalverdacht wenden, daß sie als Deutsche mitverantwortlich für die Vergangenheit sind und den zuweilen geäußerten Vorwurf der Schande ablehnen. Von wesentlicher Bedeutung ist die charakteristische Nuancierung in den Erzählungen, die bei allen Gemeinsamkeiten unterschiedliche Deutungen zuläßt. Vergleicht man beispielsweise die Darstellung der Vergangenheit in Schneiders neuesten Roman *Eduards Heimkehr* mit Ortheils *Hecke* und *Abschied von den Kriegsteilnehmern*, so ergeben sich bei allen Gemeinsamkeiten erhebliche Unterschiede.[24]

Schneider wählt Berlin als Handlungsort. Der Ort, Hauptstadt des Dritten Reiches und der DDR, zehnjährige Wiederkehr des Mauerfalls, neue Hauptstadt Deutschlands, bietet die Voraussetzung für eine Fixierung auf die deutsche Vergangenheit. Der Handlungskern ist jedoch eine alltägliche, fast banale Geschichte. Eduard erhält eine Stellung in Berlin, kehrt aus den USA heim, muß seine Frau und Kinder nachholen und eine Wohnung für die Familie finden. Die Erzählung schildert häufig erörterte alltägliche Probleme moderner Ehen, die im konkreten Fall durch die Umsiedlung profiliert werden. Von zentraler Bedeutung ist Eduards Verhältnis zu seiner deutsch-jüdischen Frau. Dieses wird maßgebend bestimmt von seinem Beziehungswahn, der ihn zwingt, die alltäglichsten Ereignisse aus der Sicht seines Deutschtums und dadurch im Licht seiner deutschen Vergangenheit zu sehen. Eduards Erinnerungen führen zu ständigen Beziehungskrisen und vermitteln den Eindruck, daß die Vergangenheit nicht bewältigt ist. Auch die Menschen, denen Eduard begegnet, neue Kollegen und alte Bekannte, leben in einer "ewigen Nach-der-Wende-Zeit und Nachkriegszeit". Dieser Sachverhalt tritt deutlich hervor in ständigen Debatten und Reibungen zwischen Ossis und Wessis, Ossis, die dageblieben sind und Ossis, die in den Westen abwanderten, und zwischen all den Gruppen, die sich in der DDR gebildet hatten. Der versöhnliche Schluß des Romans kann nicht darüber hinwegtäuschen, daß die Vergangenheit in alles hineinredet, die Grundlage quälender Erinnerungen bleibt und ein unabgeschlossenes Kapitel darstellt.

Ortheil bemerkt in seinem Essay *Das Element des Elephanten. Wie mein Schreiben begann.*

> Schon sehr früh, schon in den ersten Kindheitsjahren habe ich fest geglaubt, daß die Gegenwart trügerisch sei und, gemessen an der Vergangenheit, nicht zählt.

[24] Peter Schneider: *Eduards Heimkehr*. Berlin 1999.

> Dieses Empfinden gründete in der Vorstellung, daß sich meine Eltern nur auf glückliche Weise und durch unglaubliche Zufälle hinübergerettet hätten in die Gegenwart. Ich hatte den Eindruck, sie seien dem Krieg, von dem auch fast ein Jahrzehnt nach seinem Ende noch fast täglich die Rede war, nur notdürftig entkommen, insgeheim aber steckte der Krieg noch in ihren Leibern, er machte ihnen Angst und ließ sie vorsichtig auftreten, als könnten sie jederzeit auf eine Mine treten, die hochgehen und uns alle in einen Schlund reißen würde.[25]

Er stellt dann fest, er habe in seinen Romanen versucht, "jenen Stimmen einen Raum" zu geben, "denen der Krieg die Sprache genommen hat." (EE, 108)

Ortheils Bestandsaufnahme der Vergangenheit in *Hecke* und *Abschied von den Kriegsteilnehmern* beleuchtet in der Auseinandersetzung mit dem Schweigen der Eltern die Bewußtseinsbildung der Nachkriegsgeneration. *Hecke* konzentriert sich auf das Bestreben eines Sohnes, die Erfahrungen seiner Mutter während der Vor- und Kriegsjahre aufzuzeichnen. Die Erzählung ist gegliedert in sieben Abende, in denen der Erzähler seine Beobachtungen festhält, über sich und seine Mutter nachdenkt und versucht, zum inneren Kern ihrer Geschichte vorzudringen. Der Vorgang zwingt den Erzähler, sein Verhältnis zur Vergangenheit und sein Verständnis historischer Prozesse zu überprüfen. Die Erzählung verfolgt die wesentlichen Abschnitte in der Entwicklung der Mutter von der Kindheit und dem Leben im Elternhaus über Heirat und Kriegsjahre bis in die Nachkriegszeit. Die Betonung der Entwicklungsthematik ermöglicht eine umfassende Bestandsaufnahme aus der Sicht der bürgerlichen und bäuerlichen Welt. Die Ortung vermittelt Einblicke in die unterschiedlichen Reaktionen der Bevölkerung zur Zeit der Machtübernahme, erfaßt Formen der Anpassung und des heimlichen Widerstands und beleuchtet das auf seine Art typische Leben des Vaters. Der Vater vertraut dem maßlosen Versprechen der völligen und positiven Umgestaltung der Welt durch den NS-Staat und teilt die Hoffnung aller, die an die wirtschaftliche, gesellschaftliche und politische Reform glauben. Er wird Mitglied eines NS-Studentenbundes, tritt sowohl aus Überzeugung als auch Interesse an der eigenen Karriere der Partei bei und enthält sich jeder offenen Kritik in den Kriegsjahren. Aus der Sicht des Erzählers kommt das Schweigen des Vaters einem Schuldgeständnis gleich.

Diese Deutung wird vertieft und differenziert durch das Vaterbild in *Abschied von den Kriegsteilnehmern*. Im Mittelpunkt der Handlung stehen zwei Lebensläufe: Das Leben des Vaters verläuft in auf- und dann absteigender Linie und mündet ein in das Schweigen einer Generation und den Tod. Die Entwicklung des Erzählers setzt ein mit dem Begräbnis des Vaters, führt ihn nach seinen Erkundungen der Vergangenheit im Elternhaus ins Ausland und abschließend zurück nach Europa. Der Roman endet mit der

[25] Hanns-Josef Ortheil: *Das Element des Elephanten. Wie mein Schreiben begann.* München, Zürich 1994. S. 80. Im folgenden mit der Sigle EE abgekürzt.

Öffnung der Grenze und der beginnenden Wiedervereinigung Deutschlands. Der Ausblick ist zugleich das Signal der Befreiung des Erzählers von seiner langen Pflichtarbeit der Auseinandersetzung mit der Vergangenheit. Die Ablösung vollzieht sich langsam während einer Reise in die USA, Aufenthalten in St. Louis und New Orleans, einem Ausflug nach St. Domingo und der Rückfahrt nach Wien. Der Kunstgriff der Erzählung besteht darin, die zwischen emotionaler Befangenheit, schmerzlichen Erinnerungen und zunehmender Reflexion wechselnden Gefühle des Erzählers als repräsentativen Vorgang der Vergangenheitsbewältigung zu gestalten, die aus Befangenheit zur Klärung führt.

Das Erzählverfahren in den Romanen verknüpft Ortungen der Vergangenheit mit der Identitätssuche des Erzählers, der im Verlauf seiner Aufzeichnungen Mutter und Vater verstehen lernt. Die Haltung des Erzählers ist die eines Forschers, der sich bemüht, die Bruchstücke aus dem Leben der Eltern zu ordnen und nach neuen Anhaltspunkten sucht, um die Vergangenheit zu entwirren (AK 51) und die Erfahrungen zu verstehen, die für das Handeln und die Unterlassungen während der NS-Zeit ausschlaggebend waren. Der Erzähler folgt den Spuren der Mutter und des Vaters. Er denkt über die von der Mutter erzählten Geschichten nach, hört den Berichten anderer zu und liest alte Briefe und Feldpostkarten. In den Berichten und Rückblicken der Figuren, die in den Romanen selbst zu Erzählern werden, zeichnen sich Veränderungen ab, die ihrer wachsenden Erkenntnisfähigkeit entsprechen. Sie durchlaufen unterschiedliche Phasen. Sie sind zuweilen hilflos, verspüren Scham, wollen nicht erinnert werden und sind zuweilen verärgert darüber, immer belehrt zu werden, wie man über die Vergangenheit denken soll.

Was der Erzähler schließlich findet und gestaltet ist ein Mosaik der Erfahrungen, Gefühle und Selbstdeutungen. Die Skala der Verhaltensweisen schließt unterschiedliche, oft widersprüchliche Empfindungen ein und präzisiert Erklärungen, die eigentlich Rechtfertigungen darstellen. Die Menschen sehen sich im Rückblick als Verführte, die an eine bessere Zukunft glaubten, als Opfer, die schuldlos leiden mußten, als ahnungslose Mitläufer und als Gefangene in einem undurchschaubaren und unkontrollierbar ablaufenden Prozeß (AK 66). Die Erzählungen schildern den Zustand der Lebensangst und Sorge, der die Menschen bereits vor dem Krieg zum Verstummen brachte. Sie wußten vieles nicht, wollten anderes nicht wissen und wurden schließlich zu freiwilligen oder unfreiwilligen Mitläufern. Sie waren weder überzeugte Anhänger des Regimes noch dessen kompromißlose Gegner, wie etwa der Großvater oder der Maler Hacker. Sie verlieren jede Illusion, sind wie der Vater leicht verletzlich und verstummen endgültig im Krieg, in dem sie zu sinnlosen Tätigkeiten verurteilt werden (AK 111f.).

Diese Vielfalt wechselnder Haltungen schafft die Voraussetzung für ein künstlerisch überzeugendes Bild der Krise in der Begegnung mit der Vergangenheit. Aus der mit der Niederschrift verbundenen Selbstreflexion entsteht eine fortwährende Bewertung und Neubewertung der Vergangenheit und dadurch eine kritische Erkundung des Werdens historischer Prozesse. Jede Mitteilung bedingt Überlegungen, die zu neuen, schärfer präzisierten Fragen führen. Jede Wahrnehmung wird überprüft und mit gegenwärtigen Erkenntnissen verglichen. Der Erzähler distanziert sich von seiner ursprünglichen Haltung, in der er als Richter und Anwalt auftrat. Er "tobt" weder gegen die Geschichte, noch sieht er in ihr ein Phantom, das ihn zum Leiden verurteilt. Er befreit sich und kommt zu der Überzeugung, daß die Nachkriegsgeneration nicht dazu verpflichtet ist, weiterhin die Schuld der Eltern zu tragen. Er erkennt, daß sich die scheinbar unverständlichen Verhaltensweisen nicht auf eine schlüssige Antwort reduzieren ließen, da sie die vielfältigsten Reaktionen einschlossen.

Die Erzählungen straffen Aspekte, die auch in Erzählungen anderer Autoren zu Wort kommen. Sie berühren Fragen des Verstummens, der Bewahrung und kritischen Befragung der Geschichte, der persönlichen Verantwortung und des Verantwortungsbewußtseins der heutigen Generation. Die besondere Leistung der Romane beruht auf ihrer Eigenart, die Gespräche mit Vertretern der vorausgegangenen Generation zu einem lebendigen Dialog mit der Vergangenheit umzugestalten.

3) Am schärfsten ausgeprägt in der Befragung der Vergangenheit ist die Thematisierung des Schweigens und Verstummens der Kriegsgeneration. Die Fragen berühren einerseits das Selbstverständnis der Figuren,[26] andererseits oft das Schicksal der jüdischen Bevölkerung im Dritten Reich. Aus der Befragung entstehen sensitive Schilderungen des Leidens jüdischer Menschen und Darstellungen eindrucksvoller Reaktionen einzelner auf deren Vernichtung.[27] Nachdenklicher stimmen jedoch unvermittelte Ausbrüche, Klagen, Anklagen und das eigene Verstummen der Autoren und Autorinnen angesichts der Erinnerung an den Holocaust. Auschwitz wird Chiffre für alle Vernichtungslager und die instrumentalisierte Schuld, aber auch zu einem Zeichen, das nichts deuten kann, weil sich das hinter dem Begriff verborgene Geschehen nicht verstehen läßt. Hinter der Chiffre steht etwas Unfaßbares, letztlich so Ungeheures und Unvergleichbares, daß die konventionelle

[26] Siehe z.B. Bernward Vesper: *Die Reise: Romanessay*. Jossa 1977; Ruth Rehmann: *Der Mann auf der Kanzel. Fragen an einen Vater*. München 1979; Alfred Andersch: *Der Vater eines Mörders*. Zürich 1980; Christoph Meckel: *Suchbild. Über meinen Vater*. Düsseldorf 1980; Helga Schubert: *Judasfrauen*. Frankfurt a.M. 1990; Sibylle Knauss: *Die Nacht mit Paul*. Hamburg 1994.

[27] Siehe die Figur des Onkel Davids in Härtlings *Eine Frau* sowie Peter Härtling: Jerschel singt. In: *Der wiederholte Unfall*. Stuttgart 1980 und Ders.: Für Ottla. In: *Der wiederholte Unfall*. Stuttgart 1980; der Schriftsteller Arthur Silbergleit und Abscheu und Entsetzen des Lokomotivführers Franz, als es ihm zu Bewußtsein kommt, daß er die Juden ins Vernichtungslager Birkenau fährt, in Bienek: *Zeit ohne Glocken* oder Hackl: *Abschied von Sidonie*.

Sprache und selbst die literarischen Ausdrucksmöglichkeiten versagen. Alle Versuche scheitern, dem Geschehen etwa im Bild von der Dunkelheit ins Licht, vom Chaos zur Ordnung eine eindeutige ethische Deutung zu geben: Die Sprache versagt.

Christoph Ransmayr geht auf diese Situation in *Morbus Kithahara* ein.[28] Krieg, Holocaust, Leiden, ungeheuerliche Aggression, ein Morgenthau-Plan für das KZ, Untergang der Stimme und Verlust der Fähigkeit zu sehen werden zum permanenten Weltzustand. Matthias Zschokke nähert sich dem Problem, indem er die Sprache dem Alltag, Pressenachrichten, Fernsehdebatten und vorausgegangenen literarischen Auseinandersetzungen ablauscht. In der Erzählung *ErSieEs* stolpert beispielsweise Ersiës über die Schwelle eines Süßwarengeschäfts und muß deshalb an den stolpernden Großvater denken.[29] Die Vergangenheit infiziert den Sprecher. Der elliptische Abriß der Vergangenheit mündet in ein eigenes Schuldgefühl, in dem nur die Parodie helfen kann.

> Großvater hat trübe Augen Großvater war im Widerstand Großvater furzt bei jedem Schritt Großvater braucht zwei Stöcke zum Gehen So ein vierfüßiger Schritt braucht seine Zeit Großvater war Oberarzt im Untergrund Großvater hat noch Paul Lincke kennengelernt Großvater ist ein Original Großvater besitzt ein Original Großvater fährt einen Thunderbird Großvater war ein Arbeiter Ich stamme aus richtigem Arbeitermilieu Großvater hat sich beinahe verschworen Großmütterlein ward umgebracht von eurer bösen Nazimacht damit verdien ich Geld denn ich erzähl's der Welt [...]. / Hoppla. / Eben wollte sie 'ihrer Betroffenheit Ausdruck verleihen bezüglich Kollektivwahnsinn, geknechtetgefoltertgekettetgegeißeltgedemüdigt, Auflehnung, Empörung, Verzweiflung, Anklage'. (E 29)

Zschokke fährt fort mit der Feststellung, daß immer Dolmetscher zur Stelle sind, Journalisten und Historiker, die ihre Geschwätzigkeit zur Kunst entwickelt haben, die "übersetzen und verzeihen" werden. Ortheil dagegen beendet seine Befragung in *Abschied* mit der endgültigen Beerdigung des Vaters. Vater und die verstorbenen Brüder, Kriegs- und Nachkriegsjahre glitten vom Rücken und fielen "in das offene Grab." (AK 412) Das Bild des Begrabens erfaßt, was viele Texte feststellen. Diese einzigartige deutsche Vergangenheit soll immer neu reflektiert werden. Die Zeitzeugen aber sollen zur Ruhe kommen.

Das Fazit: Im Handeln, Zögern und Unterlassen einzelner Figuren und in ihrer Krisensensibilität, Erfahrungssuche und Selbstanalyse zeichnet sich die konsequente Umdeutung der Einstellung ab, die in der frühen Nachkriegsliteratur zu Wort kommt. Die ursprüngliche Haltung, die häufig in den Fragen den Tonfall und die Form einer Anklage annahmen, ändert sich. Die Beto-

[28] Christoph Ransmayr: *Morbus Kitahara*. Frankfurt a.M. 1995.

[29] Matthias Zschokke: *ErSieEs*. München 1986. Im folgenden mit der Sigle E abgekürzt.

nung verschiebt sich von der scharfen Abrechnung zur Frage: "Unter welchen Bedingungen kommt die eigene Verantwortlichkeit ins Wanken?" Die Erkenntnis setzt sich durch, daß die existentielle Gefährdung der Menschen immer gegeben ist. Sie wird durch die Terrorherrschaft scharf profiliert. Die Autoren und Autorinnen betrachten nicht nur den Zweiten Weltkrieg, sondern die deutsche Vergangenheit als ein unabgeschlossenes Kapitel, eine im Entstehen begriffene Akte. In den Bemühungen zeichnen sich neue Ansatzpunkte, ein verändertes Geschichtsverständnis und ein Prozeß des historischen Bewußtwerdens ab. Die Texte selbst tragen zu einer historischen Neubewertung der deutschen Vergangenheit bei. Fragen von Schuld und Sühne, von Gewissensnöten, die dem Handeln und Unterlassungen entspringen, erscheinen weitgehend unter den Vorzeichen individueller Verantwortlichkeit im Leben. Die Bewußtseinslage kann man als eine Forderung des Tages bezeichnen. Sie heißt, man muß sich auch weiterhin mit der Vergangenheit auseinandersetzen.

Barbara Stelzl-Marx

Der *Liebenauer Prozeß*: NS-Gewaltverbrechen im Spiegel der Steirischen Nachkriegspresse

*Shortly before the end of World War II, thousands of Hungarian Jews were marched across Austria to Mauthausen. During these death marches, a group of severely ill and weak prisoners remained in a camp in Styria's capital Graz, where they were mistreated or even killed. After the official discovery of their mass graves in 1947, a British General Military Court brought the former camp commander and three of his assistants to trial, two of whom were sentenced to death. The following analysis of three newspapers focuses on the way their articles dealing with the so-called "*Liebenau *trial" reflect the different positions of the three Austrian post-war parties.*

Nach jedem Zusammenbruch politischer Systeme, die eine diktatorische, totalitäre Ordnung begründeten und die ihnen ausgelieferten Menschen in Unrecht verstrickten, stellt sich das Problem der politischen Säuberung, der ‚Vergangenheitsbewältigung', der Frage nach individueller Schuld und Sühne, aber auch die Notwendigkeit von Integration, Versöhnung und Wiedergutmachung. Somit beinhaltet die Bestrafung von NS-Gewaltverbrechen nach 1945 nicht nur eine Durchsetzung des Strafrechts, sondern immer auch eine Auseinandersetzung mit der individuellen bzw. kollektiven Schuld, wodurch der Bewertung der öffentlichen Wirkung von NS-Prozessen besondere Gewichtung zukommt.

Am Beispiel des im Zusammenhang mit dem Todesmarsch ungarischer Juden durch die Steiermark ab Ende März 1945 abgehandelten *Liebenauer Prozesses* soll die Resonanz von NS-Prozessen in der steirischen Nachkriegspresse bewertet werden. Im Mittelpunkt stehen hierbei die je nach parteilicher Ausrichtung differenziert geschilderten Vorfälle des in Graz gelegenen Lagers Liebenau – einer Zwischenstation der Todesmärsche – sowie der Prozeß vor Oberen Britischen Militärgerichten im September 1947, die zwei der Angeklagten zum Tode verurteilten. Eine Analyse der relevanten Zeitungsberichte soll ein Bild davon geben, welche Bedeutung die einzelnen steirischen Parteien dem Umgang mit der NS-Vergangenheit in der ersten Nachkriegszeit beimaßen.

'Südostwall' und Todesmärsche ungarischer Juden

Im Zuge des unaufhaltsamen Vormarsches der Roten Armee verfügte Hitler im Sommer 1944 die Umsetzung einer 'festen' Abwehrstrategie mit einem Netz von mehreren Festungslinien, die von der Kurischen Nehrung bis zur Adria reichen sollten. Als Teil des östlichen Schutzschirms der 'Festung Europa' entstand an der reichsdeutsch-(österreichisch-)ungarischen Grenzzone der – später offiziell als 'Reichsschutzstellung' bezeichnete –'Ostwall' beziehungsweise 'Südostwall'[1], bestehend aus Verteidigungsstellungen für die zurückweichenden deutschen Truppen und vor allem Panzergräben in offenen Geländeteilen.[2] Seine nördliche Festungslinie, die Linie Niederdonau, zog sich von der slowakischen Hauptstadt Bratislava (Preßburg) südlich bis zum Gipfel des Geschriebenstein nahe der ungarischen Stadt Köszeg (Güns).[3] Vom Geschriebenstein setzte sich der 'Ostwall' im Festungsabschnitt Steiermark fort, wobei vom Südende des Burgenlandes bis zur Adria nur mehr einige stützpunktartige Stellungen errichtet wurden.[4]

[1] Leopold Banny: 'Der Südostwall' im Bereich des Burgenlandes 1944/45. In Stefan Karner (Hrsg.): *Das Burgenland im Jahr 1945. Beiträge zur Landes-Sonderausstellung 1985*. Eisenstadt 1985. S. 111-118, hier S. 111; Leopold Banny: *Schild im Osten. Der Südostwall zwischen Donau und Untersteiermark 1944/45*. Lackenbach 1985; Szabolcz Szita: *Verschleppt. Verhungert. Vernichtet. Die Deportation von ungarischen Juden auf das Gebiet des annektierten Österreich 1944-1945*. Mit einem Vorwort von György Konrád. Wien 1999. S. 193f.; Hermann Hagspiel: *Die 'Ostmark'. Österreich im Großdeutschen Reich 1938 bis 1945*. Wien 1995. S. 252f.
Ich danke der Abteilung Wissenschaft und Forschung der Steiermärkischen Landesregierung für die Förderung des Forschungsprojektes Der *Liebenauer Prozeß*: NS-Gewaltverbrechen im Spiegel der steirischen Nachkriegspresse.
[2] Manfried Rauchensteiner: Das militärische Kriegsende im Burgenland 1945. In: Karner: *Das Burgenland im Jahr 1945*. S. 97-110, hier S. 99.
[3] Die Festungslinie Niederdonau war in den Abschnitt Nord (beginnend mit Preßburg bis südlich von Weiden am Nordrand des Neusiedlersees), den Abschnitt Mitte (vom Nordrand des Neusiedlersees bis zur Höhe von Ödenburg) und den Abschnitt Süd (vom Südende des Neusiedlersees bis zum Geschriebenstein) unterteilt. Vgl. Eva Holpfer: *Der Umgang der burgenländischen Nachkriegsgesellschaft mit NS-Verbrechen bis 1955 am Beispiel der wegen der Massaker von Deutsch-Schützen und Rechnitz geführten Volksgerichtsprozesse*. Phil. DA. Wien 1998. S. 17.
[4] Manfried Rauchensteiner: *Vom Limes zum 'Ostwall'*. Wien 1972. S. 26ff. Die Festungslinie Steiermark war in folgende Abschnitte unterteilt: Abschnitt I Trifail, Abschnitt II Rann, Abschnitt III Rohitsch-Sauerbrunn, Abschnitt IV Luttenberg-Pettau, Abschnitt V Feldbach-Radkersburg und Abschnitt VI Oberwart-Fürstenfeld. Im Februar 1945 kamen zudem die Abschnitte Mur- und Mürztal sowie Graz-Stadt/Land hinzu. Vgl. Manfried Rauchensteier: *Der Krieg in Österreich 1945*. 2. neu bearb. Auflage Wien 1984. S. 87. Vgl. dazu: Michael Aschenbach, Dieter Szorger: *Der Einsatz der ungarischen Juden am Südostwall im Abschnitt Niederdonau 1944/45*. Ungedr. DA. Wien 1996. Weitere Diplomarbeiten sind in Arbeit. Vgl.

Für die vorgesehenen ausgiebigen Schanzarbeiten kamen neben 'reichsdeutschen' Arbeitskräften Deportierte und Kriegsgefangene aus mindestens zwölf Nationen zum Einsatz, darunter etwa 50000 ungarische Juden.[5] Diese sogenannten 'Arbeitsdienstler' der ungarischen Armee hatten, als sie im November 1944 der SS übergeben wurden,[6] bereits jahrelange Strapazen an der ungarischen Ostfront bzw. in ungarischen Arbeitslagern hinter sich.[7] Die unmenschlichen Lebens- und Arbeitsbedingungen beim Festungsbau führten zu weiterer Entkräftung und zum Ausbruch von Krankheiten wie Flecktyphus. Bis März 1945 verstarben rund 15000 Personen an den Folgen von Unterernährung, Krankheiten und der brutalen Behandlung.[8]

Mit dem Herannahen der sowjetischen Truppen setzte ab Ende März 1945 die Evakuierung der ungarischen Zwangsarbeiter nach Westen ein, nachdem SA- und SS-Trupps Gehunfähige ermordet hatten. Auf den sogenannten Todesmärschen, die zum Teil durch das südliche Burgenland (Oberwart), die Steiermark (Hartberg, Weiz, Graz, Bruck an der Mur, Leoben, Trofaiach, Eisenerz, Hieflau, Liezen, St. Gallen) und Oberösterreich (Steyr, Enns) bis in die Konzentrationslager Mauthausen und Gunskirchen führten,[9] waren Angehörige des örtlichen Volkssturms, der Hitlerjugend

Claudia Kuretsidis-Haider: Forschungsergebnisse und -desiderata zum Umgang mit NS-Verbrechen in Österreich. In: Gertraud Diendorfer, Gerhard Jagschitz, Oliver Rathkolb (Hrsg.): *Zeitgeschichte im Wandel. 3. Österreichischer Zeitgeschichtetag 1997*. Innsbruck, Wien 1998. S. 299-307, hier S. 305.

[5] Banny: *Der 'Südostwall'*. S. 113f.; Szita: *Verschleppt*. S. 194; Niels Hansen: Die Katastrophe der Juden in Ungarn. Eine kritische Untersuchung der Haltung des IKRK in Genf. In: *TRIBÜNE. Zeitschrift zum Verständnis des Judentums 111* (1989). S. 126-134, hier S. 128ff.

[6] Szita spricht von 15000 bis 17500 ungarischen Juden, die vom 2. November an innerhalb einer Woche bei Hegyeshalom der SS übergeben wurden. Vgl. Szita: *Verschleppt*. S. 194.

[7] Eleonore Lappin: Die Ahndung von NS-Gewaltverbrechen im Zuge der Todesmärsche ungarischer Juden durch die Steiermark. In: Claudia Kuretsidis-Haider, Winfried R. Garscha (Hrsg.): *Keine 'Abrechnung': NS-Verbrechen, Justiz und Gesellschaft in Europa nach 1945*. Wien 1998. S. 32-53, hier S. 32.

[8] Szabolcs Szita: Die Todesmärsche der Budapester Juden im November 1944 nach Hegyeshalom-Nickelsdorf. In: *Zeitgeschichte 3/4* (März/April 1995) S. 124-137, hier S. 124. Während Szita auf S. 124 von 13500 bis 15000 ungarischen Juden spricht, die bis März 1945 in der SS-Gefangenschaft ums Leben kamen, verweist der Verfasser auf S. 136 auf die Zahl von 15500 bis 18000 Personen. Vgl. zu den Mißhandlungen und Morden an ungarischen Juden beim 'Südostwallbau' etwa: Karl Marschall: *Volksgerichtsbarkeit und Verfolgung von nationalsozialistischen Gewaltverbrechen in Österreich. Eine Dokumentation*. 2. Auflage Wien 1987. S. 51ff.

[9] Weitere Evakuierungsrouten ungarischer Jüdinnen und Juden durch die Steiermark – etwa über das Gaberl und Trieben – sind bisher so gut wie gar nicht erforscht. Vgl. Judentransport als Beerdigungskommando. In: *Die Wahrheit vom* 16.9.1947. Nr. 213 S. 3; Erst Grab schaufeln, dann Genickschuß. Auch Puchner auf freien Fuß

oder der Gendarmerie für jeweils etwa zwanzig Kilometer als Wachmannschaften eingesetzt. Zusätzlich begleitete jede der aus durchschnittlich 500 bis 2000 Zwangsarbeitern bestehenden Marschgruppen eine fixe Wachmannschaft sowie eine Transportleitung, die in den Händen der SS oder Gestapo lag.[10]

Während der Evakuierungsmärsche hatten die Wachmannschaften den Befehl, Marschunfähige zu erschießen. Auch Fluchtversuche, Betteln um Essen oder unerlaubtes Trinken zogen häufig Erschießungen nach sich. Neben diesen 'routinemäßigen' Ermordungen kam es zu regelrechten Massakern, wie etwa am Präbichlpaß bei Eisenerz, wo Eisenerzer SA-Männer in die Marschgruppe hineinschossen und dabei etwa 200 Menschen töteten.[11] Tausende ungarische Jüdinnen und Juden erfroren oder verhungerten vor den Augen der örtlichen Bevölkerung. Augenzeugenberichte sprechen aber auch von Übergriffen seitens der Zivilbevölkerung, die zum Teil äußerst aggressiv auf die vorüberziehenden Kolonnen reagierte.[12] Die Opfer dieser Todesmärsche wurden meist in Wäldern, auf Wiesen bzw. einfach am Straßenrand verscharrt oder bisweilen auf nahen Ortsfriedhöfen begraben.[13] Nach Angaben von Franz Ziereis, dem ehemaligen Lagerkommandanten von Mauthausen, kam somit nur ein Bruchteil der erwarteten 60000 Juden

gesetzt. In: *Die Wahrheit* Nr. 214 vom 17.9.1947. S. 3; Drei Todesurteile im Judenmordprozeß. In: *Die Wahrheit* Nr. 215 vom 18.9.1947. S. 3.

[10] Lappin: *Die Ahndung*. S. 32; Holpfer: *Burgenländische Nachkriegsgesellschaft*. S. 19f.; Szita: *Verschleppt*. S. 225ff.

[11] Lappin: *Die Ahndung*. S. 32. Vgl. dazu auch: Benedikt Friedmann: *"Iwan, hau die Juden!". Die Todesmärsche ungarischer Juden durch Österreich nach Mauthausen im April 1945*. St. Pölten 1989. Hrsg. vom Institut für Geschichte der Juden in Österreich. S. 22ff.; Otto Rendi: Geschichte der Juden in Graz und in der Steiermark. In: *Zeitschrift des historischen Vereins für Steiermark* 62 (1971). S. 157-177, hier S. 170. Vgl. dazu weiters Österreichische Phonothek, Wien, Michael Zuzanek, Gudrun Waltenstorfer: *Alles Schweigen. TV-Dokumentation mit Opfern, Tätern und anonymen Helden*, 45 min Farbe. Graz-Wien 1993.

[12] Friedmann: *Hau die Juden!*; Dieter A. Binder: Spurensuche zur steirisch-jüdischen Geschichte 1945-1955. Ein Zwischenbericht. In: Siegfried Beer (Hrsg.): *Die 'britische' Steiermark*. Graz 1995. S. 435-446, hier S. 441.

[13] Zu den nach Kriegsende errichteten Erinnerungszeichen für die Opfer der Todesmärsche vgl. Dietmar Seiler: Im Labyrinth der Geschichtspolitik. Die Erinnerung an die Shoa im öffentlichen österreichischen Gedächtnis. In: *Zeitgeschichte* (9/10. September/Oktober 1997). S. 281-301, hier S. 282; Heidemarie Uhl: Erinnern und Vergessen. Denkmäler zur Erinnerung an die Opfer der nationalsozialistischen Gewaltherrschaft und an die Gefallenen des Zweiten Weltkriegs in Graz und in der Steiermark. In: Stefan Riesenfellner, Heidemarie Uhl (Hrsg.): *Todeszeichen. Zeitgeschichtliche Denkmalkultur in Graz und in der Steiermark vom Ende des 19. Jahrhunderts bis zur Gegenwart*. Wien, Köln, Weimar 1994. S. 111-195, hier S. 123ff.

tatsächlich im Zeltlager des Konzentrationslagers an.[14] Von Mauthausen aus wurden die Überlebenden nochmals in das fünfzig Kilometer weiter westlich gelegene Konzentrationslager Gunskirchen in Marsch gesetzt,[15] wo amerikanische Truppen am 4.5.1945 etwa 15000 bis 18000 Personen befreiten.[16]

Das Lager Liebenau – eine Zwischenstation der Todesmärsche

Eine Zwischenstation eines Teils der Todesmärsche ungarischer Juden durch die Steiermark bildete das in der Ulrich Lichtensteingasse, südlich der Kirchner-Kaserne zwischen Kasernstraße und linkem Murufer gelegene Lager Liebenau in Graz.[17] Ursprünglich als 'Lager V' für umgesiedelte Volksdeutsche im Jahre 1940 gegründet,[18] diente es während des Zweiten Weltkrieges als Unterkunft für ausländische Zivilarbeiter und Kriegsgefangene.[19]

Auf dem Weg nach Mauthausen kam im April 1945 eine Kolonne von etwa 400, vollkommen erschöpften Juden ins Lager Liebenau. Viele von ihnen waren an Flecktyphus erkrankt und im höchsten Grade unterernährt. Aufgrund ihres Gesundheitszustandes verblieben mehr als fünfzig Prozent, nämlich rund 220 Personen, im Lager – davon 170 mit Flecktyphus Infizierte. Obwohl die notwendigen Medikamente vorhanden waren, durften diese auf Anordnung der Lagerleitung nicht ausgegeben werden. Zwischen 35[20]

[14] Peter Kammerstätter: *Der Todesmarsch ungarischer Juden von Mauthausen nach Gunskirchen im April 1945. Eine Materialsammlung nach 25 Jahren.* Linz 1971. S. 8.

[15] Ebd. S. 28ff.

[16] Die genannte Zahl beinhaltete auch Häftlinge, die aus dem Konzentrationslager Auschwitz nach Österreich gekommen waren. Vgl. Eleonore Lappin: Rechnitz gedenkt der Opfer der NS-Herrschaft. In: *Dokumentationsarchiv des österreichischen Widerstandes. Jahrbuch 1992.* Wien 1992. S. 50-70, hier S. 49; Eleonore Lappin: Das Schicksal der ungarisch-jüdischen Zwangsarbeiter in Österreich. In: *Sommerakademie-News. Institut für Geschichte der Juden in Österreich* 6 (1996). S. 18-21, hier S. 20; Thomas Albrich: *Exodus durch Österreich. Die jüdischen Flüchtlinge 1945-1948.* Innsbruck 1987. S. 18f.

[17] Stadtarchiv Graz (StA), Liebenauer Hauptstraße 2, 1060/1942.

[18] Gabriela Stieber: Displaced Persons – Ausländerlager in Graz. In: *Graz 1945. Historisches Jahrbuch der Stadt Graz 25.* Hrsg. von F. Bouvier, H. Valentinitsch. Graz 1994. S. 235-250, hier S. 245.

[19] Barbara Stelzl: Lager in Graz: Zur Unterbringung ausländischer Zivilarbeiter, Kriegsgefangener und KL-Häftlinge 1938-1945. In: Stefan Karner (Hrsg.): *Graz in der NS-Zeit 1938-1945.* Graz 1998. S. 347-363, hier S. 357f.

[20] Christin Haider (Hrsg.): *Kriegsende 1945: NS-Terror, Befreiung und Republiksgründung in den Akten des DÖW.* Kataloge des DÖW, Neue Reihe 1, Wien 1996. S. 75.

und 40 der ungarischen Juden sollen im Auftrage des Lagerleiters, Nikolaus Pichler, erschossen worden sein, fünf von ihnen von Pichlers unmittelbaren Untergebenen, dem Lagerführer Alois Frühwirt.[21]

Zwei Jahre später, am 8.5.1947, kam es zur 'Entdeckung' eines Massengrabes auf dem Lagerareal.[22] Dem Kommando der Polizei Graz lag allerdings bereits im Oktober 1945 folgende Meldung vor: "Paul Schwetz, Werkzeugdreher, Alte Trieserterstraße 15 wohnh., erstattete am Polizeiposten 5 die Anzeige, daß vor dem Einmarsch der Roten Armee, im Lager Liebenau zirka 120 ungarische Juden von Pfeilkreuzlern erschossen und gleich im dortigen Splittergraben verscharrt worden seien."[23] Wie sich im Zuge der erst vom 2. bis 20.5.1947 stattgefundenen Exhumierungen zeigte, wiesen etwa 35 der 53 Leichen tödliche Schußverletzungen auf.[24] Davon waren 26 Personen durch Genickschuß getötet worden, wobei acht bereits am Boden gelegen sein mußten. Ein Häftling war durch Kopfhiebe gestorben, bei den übrigen blieb die Todesursache unbestimmt.[25]

Am 6.6.1946 erfolgte die Beisetzung von 46 in Liebenau exhumierten ungarischen Juden am Israelitischen Friedhof in Graz.[26] In der Nähe ihrer Gräber erinnert heute ein Gedenkstein an die Opfer der Evakuierungsmärsche.[27]

[21] Ebd.; Judengemetzel als 'Spaß'. Beginn des Prozesses gegen die Mörder im Lager Liebenau. In: *Die Wahrheit* Nr. 207 (9.9.1947). S. 3.

[22] Massengrab im Lager Liebenau aufgefunden. In: *Die Wahrheit* Nr. 110 vom 14.5.1947. S. 3.

[23] Archiv der Bundespolizeidirektion Graz (ABPdG), Tagesrapport des Kommandos der Polizei Graz. 15.10.1945. S. 1. Herrn Mag. Harald Knoll, Graz, danke ich für seinen Hinweis auf diese Quelle.

[24] Judengemetzel. In: *Die Wahrheit*. Nr. 207.

[25] Fünf Judenmörder der Lager Liebenau und Steinfeld vor Gericht. Für Fleckfieberkranke nur Morphium oder Erschießen – Morde im Luftschutzkeller – 60 Zeugen geladen. In: *Das Steirerblatt* 3/207s vom 9.9.1945. S. 3; "Ob Recht, ob Unrecht, ich habe nie geprüft". Der Liebenauer Mordprozeß – Pichler erweitert sein Geständnis. In: *Das Steirerblatt* 3/209s vom 11.9.1947. S. 3.

[26] Archiv der Israeltischten Kultusgemeinde Graz, Gräberverzeichnis des Israelitischen Friedhofs in Graz, S. 23.

[27] Insgesamt befinden sich auf dem Israelitischen Friedhof in Graz zwei Grabsteine an den Massengräbern ungarischer Juden, die beide folgende Inschrift tragen: "Zur ewigen Erinnerung an die hier ruhenden unbekannten ungarischen jüdischen Opfer aus den Verfolgungsjahren 1938-1945". Vgl. dazu: Dieter A. Binder: Provinz ohne Juden oder das dumpfe Schweigen der Provinz. In: *Graz 1945. Historisches Jahrbuch der Stadt Graz* 25. Hrsg. von F. Bouvier, H. Valentinitsch. Graz 1994. S. 541-556, hier S. 546f. Die aus dem Lager Liebenau exhumierten Leichen wurden beim größeren der beiden Mahnmale bestattet.

Der Liebenauer Prozeß

Nach Kriegsende fand eine erhebliche Anzahl von Prozessen wegen Morden an und Mißhandlungen von ungarischen Juden im Zuge der Evakuierungsmärsche statt, darunter auch der *Liebenauer Prozeß* in Graz. Diese Verfahren handelten in der ab 23./24.7.1945 von Briten besetzten Steiermark entweder Gerichte der britischen Militärregierung, Volksgerichte oder Schwurgerichte ab.[28] Den 'Liebenauer Prozeß' führte ein Oberes Britisches Militärgericht, das auch für sogenannte 'war atrocities' (Kriegsgreuel) zuständig war. In der Mehrzahl der von März 1946 bis Mai 1948 vor Oberen Britischen Militärgerichten geführten Prozesse lautete die Anklage auf Mord von ungarisch-jüdischen Zwangsarbeitern während der Todesmärsche durch Gebiete der späteren britischen Besatzungsmacht.[29] In diesem Zusammenhang wurde bei den insgesamt etwa 25 Verfahren mit etwas unter hundert Angeklagten der weitaus größte Anteil an Todesurteilen ausgesprochen: 30 von insgesamt 53 Todesurteilen wurden im Zusammenhang mit den Evakuierungsmärschen ungarischen Juden gefällt.[30] Die Briten hatten sich durch

[28] Lappin: *Die Ahndung*. S. 33; Martin F. Polaschek: *Im Namen der Republik! Die Volksgerichte in der Steiermark 1945 bis 1955*. Graz 1998. S. 163ff. Zu den im Zusammenhang mit den 'Todesmärschen' ungarischer Juden geführten Verfahren im allgemeinen vgl. auch Eleonore Lappin: Opfer als Zeugen in Gerichtsverfahren wegen nationalsozialistischer Gewaltverbrechen: Ein unterbliebener Opfer-Täter-Diskurs. In: Gertraud Diendorfer, Gerhard Jagschitz, Oliver Rathkolb (Hrsg.): *Zeitgeschichte im Wandel. 3. Österreichischer Zeitgeschichtetag 1997*. Innsbruck-Wien 1998. S. 330-336; Eleonore Lappin: Ungarisch-jüdische Zwangsarbeit in Wien 1944/45. In: *Studien zur Geschichte der Juden in Österreich*. Reihe B, Bd. 2. Hrsg. von Martha Keil, Klaus Lehmann. Wien, Köln, Weimar 1994. S. 140-165; Hellmut Butterweck: Österreich und seine NS-Prozesse nach 1945. Politischer Opportunismus war Mörder und Mitläufer in einen Topf. In: Peter Bettelheim, Robert Streibel (Hrsg.): *Tabu und Geschichte. Zur Kultur des kollektiven Erinnerns*. S. 45-67, hier S. 50f.

[29] In der Steiermark hielten Militärgerichte vierzehn Prozesse wegen Morden an ungarischen Juden ab. Von den dabei gefällten dreißig Todesurteilen wurden 24 vollstreckt und sechs in Gefängnisstrafen von zehn bis fünfzehn Jahren umgewandelt. Vgl. Eleonore Lappin: Prozesse der britischen Militärgerichte wegen nationalsozialistischer Gewaltverbrechen an ungarisch-jüdischen Zwangsarbeitern in der Steiermark. In: Rudolf G. Ardelt, Christian Gerbel (Hrsg.): *Österreichischer Zeitgeschichtetag 1995. Österreich – 50 Jahre Zweite Republik*. Innsbruck, Wien 1997. S. 345-350.

[30] Siegfried Beer: Aspekte der britischen Militärgerichtsbarkeit in Österreich 1945-1950. In: Claudia Kuretsidis-Haider, Winfried R. Garscha (Hrsg.): *Keine "Abrechnung": NS-Verbrechen, Justiz und Gesellschaft in Europa nach 1945*. Wien 1998. S. 54-65, hier S. 60ff.; Siegfried Beer: Die Briten und der Wiederaufbau des Justizwesens in der Steiermark 1945-1950. In: Dies. (Hrsg.): *Die 'britische' Steiermark*. Graz 1995. S. 111-140, hier S. 122f.; Siegfried Beer: "Let right be done". Die Briten und der Wiederaufbau der steirischen Justiz im Jahre 1945. In: F. Bouvier,

diese rigorose Bestrafung von NS-Gewaltverbrechen eine Stärkung des durch die NS-Herrschaft getrübten demokratischen Rechtsempfindens der österreichischen Bevölkerung erhofft. Dieser erzieherische Erfolg blieb nicht zuletzt aufgrund des fehlenden Interesses in der Öffentlichkeit aus.[31]

Der Prozeß gegen vier ehemalige Mitglieder des Liebenauer Lagerpersonals begann am 8.9.1947 vor einem Oberen Britischen Militärgericht unter Vorsitz von Sir Douglas Young. Angeklagt waren der Lagerleiter Nikolaus Pichler, dessen unmittelbarer Untergebener, der Lagerführer Alois Frühwirt, Franz Edder, Frühwirts Vorgänger als Lagerführer, sowie der Lagerpolizist Josef Thorbauer wegen Massaker an ungarischen Juden im Liebenauer Ausländerlager.[32] Die Anklagen lauteten auf Mord nach §134 des österreichischen Strafgesetzbuches[33] sowie auf Verbrechen gegen die Menschlichkeit nach dem österreichischen Kriegsverbrechergesetz vom 26.6.1945 (StGBl. Nr. 32).[34]

Bereits am zweiten Verhandlungstag, dem 9.9.1947, wurde Franz Edder von der gegen ihn erhobenen Anklage freigesprochen und auf freien Fuß gesetzt. Mehrere Zeugen hatten ausgesagt, daß Edder zum Zeitpunkt der Ankunft der Juden aus dem Lager bereits ausgeschieden war.[35] Nikolaus Pichler sowie Alois Frühwirt wurden am fünften und letzten Verhandlungstag, dem 12. September, für schuldig gesprochen und zum Tode durch den Strang verurteilt.[36] Wie in der Urteilsbegündung festgehalten, hatte Pichler nicht nur die Ausgabe von Medikamenten an die Kranken verweigert, sondern den Befehl zu ihrer Erschießung gegeben.[37] Frühwirt gestand, mehrere

H. Valentinitsch (Hrsg.): *Graz 1945. Historisches Jahrbuch der Stadt Graz 25*. Graz 1994. S. 183-241, hier S. 202.

[31] Schreiben von Lord Schuster, Director, Legal Division, an Major General C. D. Packard, Chief of Staff am 18.9.1946, Public Record Office (PRO) Foreign Office (FO) 1020/347. In: Lappin: *Die Ahndung*. S. 41.

[32] Judengemetzel. In: *Die Wahrheit*. Nr. 207. Zum Prozeß siehe auch die Photographie in: Steiermärkisches Landesmuseum Joanneum, Bild- und Tonarchiv, KB 22696, Der Liebenauer Kriegsverbrecherprozeß; Blick in den Gerichtssaal.

[33] Winfried R. Garscha, Claudia Kuretsidis-Haider: *Die Verfahren vor dem Volksgericht Wien (1945-1955) als Geschichtsquelle: Projektbeschreibung*. Wien 1993. S. 39.

[34] 35 Morde im Lager Liebenau. Marschunfähige erschossen – Die Verhandlung vor dem Militärgericht. In: *Neue Zeit* Nr. 207 vom 9.9.1947. S. 3; Fünf Judenmörder. In: *Das Steirerblatt*. 3/207s. Zum Kriegsverbrechergesetz vgl. etwa Dieter Stiefel: *Entnazifizierung in Österreich*. Wien, München, Zürich 1981. S. 81ff.

[35] "Für Zigaretten leg' ich noch mehr um." Der Liebenauer-Prozeß – Edder auf freien Fuß gesetzt. In: *Die Wahrheit* Nr. 208 vom 10.9.1947. S. 3.

[36] Zwei Todesurteile im Liebenauer Prozeß. Dramatische Urteilsverkündung im Schwurgerichtssaal – Drei Jahre Gefängnis für Thorbauer. In: *Neue Zeit* Nr. 211 vom 13.9.1947. S. 3.

[37] Pichler war wegen Mordes bzw. Mordbefehles nicht nur im Lager Liebenau, sondern auch im Lager Steinfeld angeklagt, wo er dem Hilfsarbeiter Josef Pammer

Juden selbst erschossen zu haben.[38] Im Falle des vierten Angeklagten, Josef Thorbauer, waren nicht genug Beweise vorhanden, um ihn des Mordes zu überführen. In Punkt zwei der Anklage (Verletzung der Menschlichkeit und Menschenwürde) wurde der von Zeugen wiederholt als äußerst brutaler Mensch bezeichnete Thorbauer jedoch für schuldig befunden und zu drei Jahren Gefängnis verurteilt.[39]

Die Berichterstattung

Die NS-Prozesse rückten eine Vergangenheit vor das Auge der Menschen im Land der Täter und begründeten zugleich die Verantwortung für ein 'Bild' der Vergangenheit, die man nicht allein den Opfern übertrug. Diese "große Chance für die deutsche Nachkriegsdemokratie" – so Peter Steinbach – bestand insbesondere in einer bewußten Auseinandersetzung mit der vergangenen Wirklichkeit, in dem damit verbundenen Prozeß, diese vor einer Verzeichnung durch Verharmlosung, Verdrängung, bewußte Leugnung oder durch Selbstbetrug zu bewahren.[40] Eine besondere Bedeutung kam somit der Berichterstattung in den Zeitungen zu, welche Verbrechen und Strafe für eine breite Öffentlichkeit thematisierten. Vorweg sei darauf verwiesen, daß Lord Schuster, als Director der Legal Division der oberste britische Justizbeamte in Österreich, überaus großen Wert darauf legte, daß die Presseberichte über Prozesse vor britischen Militärgerichten die Wah-

befohlen hatte, einen sowjetischen Zwangsarbeiter zu erschießen. Vorerst kamen jedoch nur die Fälle in Liebenau zur Verhandlung. Vgl. Fünf Judenmörder. In: *Das Steirerblatt*. 3/207s.; Stelzl: *Lager in Graz*. S. 357f. Aufgrund der im *Liebenauer Prozeß* über Pichler gefällten Todesstrafe, wurde gegen ihn im Falle des Ausländerlagers Steinfeld kein Strafantrag mehr gefällt. Vgl. Pichler und Frühwirt. In: *Das Steirerblatt*. 3/210s. S. 3. Pichler wurde frei gesprochen. Vgl. Stelzl: *Lager in Graz*. S. 357f.; Fremdarbeiter unter Zwang ermordet. Der Angeklagte bekennt sich des Mordes schuldig – Ein sensationeller Freispruch. In: *Neue Zeit* 211 vom 13.9.1947. S. 4.

[38] Pichler und Frühwirt zum Tode durch den Strang verurteilt. Drei Jahre Gefängnis für Thorbauer. In: *Die Wahrheit* Nr. 211 vom 13.9.1947. S. 3. Summary of Cases Tried in British Military Courts – October 1945 to 31 August 1948. Particulars of Persons Sentenced to Death. In: PRO FO 1020/228. In: Beer: *Militärgerichtsbarkeit*. S. 62.

[39] Pichler und Frühwirt. In: *Die Wahrheit*; Pichler und Frühwirt zum Tode verurteilt. Thorbauer drei Jahre Kerker – Zwangsarbeiter auf dem Steinfeld erschossen. In: *Das Steirerblatt* 3/210s (13.9.1947). S. 3.

[40] Peter Steinbach: NS-Prozesse in der Öffentlichkeit. In: Kuretsidis-Haider, Garscha (Hrsg.): *Keine "Abrechnung"*. S. 397-420, hier 400. Vgl. dazu weiter Adalbert Rückerl (Hrsg.): *NS-Prozesse – nach 25 Jahren Strafverfolgung: Möglichkeiten, Grenzen, Ergebnisse*. Karlsruhe 1971; Peter Reichel: *Erinnern an das Vergessen*. München 1995.

rung der Rechte der Angeklagten sowie die Basis einer demokratischen Rechtsprechung hervorstrichen. Dadurch sollte das Ansehen der britischen Rechtsprechung erhöht werden.[41]

Im Jahre 1947 dominierten die drei von den zugelassenen demokratischen Parteien Österreichs – SPÖ, ÖVP und KPÖ – herausgegebenen Tageszeitungen *Das Steiererblatt* (ÖVP), *Neue Zeit* (SPÖ) sowie *Die Wahrheit* (KPÖ) die steirische Medienlandschaft.[42] Ihre den *Liebenauer Prozeß* begleitende Berichterstattung soll im folgenden näher analysiert werden.

Die Wahrheit

Analog zur Zeitung der kommunistischen Partei des Burgenlandes, *Freies Burgenland*, welche insgesamt fünfzehn Beiträgen einem im Zusammenhang mit Massakern an ungarischen Juden in Rechnitz geführten Volksgerichtsprozeß widmete,[43] veröffentlichte auch *Die Wahrheit* die größte Anzahl an Artikeln zu den Vorfällen im Lager Liebenau. Bereits am 14.5.1947 machte die kommunistische Tageszeitung auf die Entdeckung eines Massengrabes im Lager Liebenau "am zweiten Festtag der Befreiung, am 8. Mai"[44] aufmerksam und schildert einige Szenen aus dem "Todeslager". Der Artikel schließt mit der Kritik: "Unverständlich ist es, warum die Erhebungen und die Aussagen der Zeugen, die von diesen Morden wußten, so spät erfolgten. Wir werden über das Ergebnis der weiteren Untersuchung berichten."[45]

Der folgende als *Mörder bekam Zigaretten als Belohnung* betitelte Bericht konzentriert sich auf Ergebnisse von Recherchen eines Reporters, der ehemalige Angehörige des Lagerpersonals zu den 'Massenmorden' befragte. Diese beschuldigten unter anderem den Lagerführer Frühwirt, Volkssturmleute zur Tötung von Gefangenen aufgefordert zu haben. Wiederum übt die Zeitung Kritik am Umgang mit der Causa:

> Der ehemalige Lagerführer Frühwirt befand sich zumindest noch vor einigen Wochen auf freiem Fuß. [...] Es ist erstaunlich, daß bei der Fülle der Details, die von diesem Massenmorden in der Bevölkerung bekannt sind, von den Behörden

[41] Lappin: *Prozesse der britischen Militärgerichte*. S. 346ff.

[42] Fritz Csoklich: Massenmedien. In: Erika Weinzierl, Kurt Skalnik (Hrsg.): *Das neue Österreich. Geschichte der Zweiten Republik*. Graz, Wien, Köln 1975. S. 259-276, hier S. 260f.; Elke Hammer: Das Grazer Pressewesen im Jahre 1945. In: F. Bouvier, H. Valentinitsch (Hrsg.): *Graz 1945. Historisches Jahrbuch der Stadt Graz 25*. Graz 1994. S. 559-586, hier S. 578ff.

[43] Holpfer: *Burgenländische Nachkriegsgesellschaft*.

[44] Massengrab. In: *Die Wahrheit*.

[45] Ebd.

> keine umfassende Aktion eingeleitet wird und das furchtbare Geschehen verheimlicht wurde. Die ganze Angelegenheit wird noch viel Staub aufwirbeln.[46]

Am 29.5.1947 berichtet *Die Wahrheit* über "weitere Exhumierungen im Lager Liebenau" und betonte zugleich die Exklusivität ihrer Berichterstattung:

> Bisher hatte keine offizielle Stelle zu den Enthüllungen der *Wahrheit* über die Massenmorde im Lager Liebenau Stellung genommen. Nun teilt die Austria-Presse-Agentur in einer Verlautbarung mit, "daß der Verdacht, innerhalb des Lagerbereiches des ehemaligen Ausländerlagers Liebenau im Südteil von Graz befände sich ein Massengrab, sich bestätigt hat." Der APA-Bericht spricht von der Auffindung von 39 Leichen.[47]

Bezeichnend für die ausschließlich in der kommunistischen Tageszeitung gestellte Forderung nach "schonungsloser Abrechnung" mit NS-Verbrechern sowie die Kritik an der Polizei, die Greueltaten in Liebenau monatelang geheim gehalten zu haben, ist der folgende Leserbrief vom 25.5.1947. Wie der erwähnte Tagesrapport des Polizeikommandos Graz dokumentiert, wußte die Polizei de facto spätestens ab Oktober 1945 über ein Massengrab mit ungarischen Juden im Lager Liebenau Bescheid.[48]

> Das Lager Liebenau
>
> Zwei Jahre sind seit der Beendigung des Krieges vergangen, und jetzt erst habe ich durch die *Wahrheit* von dem Mordgeschehen im Lager Liebenau erfahren. Aber noch furchtbarer als diese Nachricht wirkte auf mich die Tatsache, daß ganze zwei Jahre kein Wort von diesen gräßlichen Morden in die Öffentlichkeit drang, obwohl die Polizei davon Kenntnis hatte. Ich habe mit mehreren Leuten darüber gesprochen und war entsetzt, welche Ansichten manche Leute haben. Man geht einer Diskussion über die Frage der Verantwortung, der Schuld und die Verpflichtung, diese Morde soweit es in unserer Macht steht, zu sühnen, geflissentlich aus dem Wege. Eine Frau sagte zu mir: "Es hilft nichts, wenn man Vorfälle der braunen Schreckenszeit in Erinnerung bringt, dadurch wird nur zu beweisen versucht, daß wir Österreicher mitschuldig sind am Kriege, der Tag unserer endgültigen Befreiung wird verzögert und letzten Endes kann man die Toten sowieso nicht mehr lebendig machen." Diese Denkungsart ist dumm und unmenschlich und schuld daran, daß in Österreich der entscheidende Schritt, der uns von einem besseren Leben trennt, nicht gemacht wird. Wir müssen der ganzen Welt beweisen, daß die Verbrecher in unserem Volk ganz dünn gesät waren und daß wir gewillt sind, mit ihnen schonungslos abzurechnen. Darauf warten alle

[46] Mörder bekam Zigaretten als Belohnung. In: *Die Wahrheit* Nr. 112 vom 17.5.1947. S. 3.

[47] Weitere Exhumierungen im Lager Liebenau. In: *Die Wahrheit* Nr. 121 vom 29.5.1947. S. 3.

[48] ABPdG, Tagesrapport (siehe Nachweis 23).

> ehrlichen, anständigen Leute. Dann werden wir auch im Ausland Vertrauen gewinnen. Dora Z.[49]

Eine Serie von insgesamt fünf Artikeln, die den Tathergang schildern und Zeugenaussagen wiedergeben, begleitete ab 9.9.1947 jeden der Verhandlungstage.[50] Neben dem Prozeßverlauf kam auch die Stimmung im großen Schwurgerichtssaal des Grazer Landesgerichts zur Sprache:

> Die Zeugin Susanne Geiger, die in der Lagerverwaltung arbeitete, sagte aus, sie sei mit Frühwirt, einem gewissen Schroeder und einem Gestapomann zum Murufer gegangen, "um zu sehen, ob die 60 Juden, die in einer Sandgrube lagen, ahnten, ob sie erschossen werden sollten". Den zur Erschießung bestimmten Lagerinsassen wurde gesagt, sie seien zwecks Entlausung in die Grube geschafft worden. Frühwirt stieß einen Mann, der aus der Grube stieg und um sein Leben bat, wieder zurück. Bald darauf wurden alle erschossen.[51] [...]
> Staatsanwalt: "Wußten Sie [Pichler], daß die Juden wenig zu essen bekamen?"
> Angeklagter: "Es war nicht wenig, ich habe jetzt auch nicht mehr." (Gelächter im Zuhörerraum.) [...]
> Die Aussagen des als Zeugen vernommenen Angeklagten Frühwirt erregten großes Aufsehen. Er gab zu, einen Mord begangen zu haben sowie bei Massenerschießungen dabei gewesen zu sein. Über die Verpflegung im Lager sagte er, daß es gleich nach der Ankunft des Transports Gulasch gegeben hätte. (Gelächter im Zuhörerraum.)[52]

Die Berichte über den *Liebenauer Prozeß* in *Die Wahrheit* schließen mit einem Artikel über die Plädoyers der Verteidiger[53] und die Urteilsverkündung,[54] der die Ankündigung über weitere Prozesse im Zusammenhang mit den Todesmärschen ungarischer Juden durch die Steiermark angeschlossen ist.[55]

[49] Das Lager Liebenau. In: *Die Wahrheit* Nr. 119 vom 25.5.1947. S. 6.
[50] Judengemetzel. In: *Die Wahrheit* Nr. 207; 'Für Zigaretten'. In: *Die Wahrheit*, Nr. 208; Todesursache – Genickschuß. Frühwirt gesteht – Ein Zeuge unter Mordverdacht. In: *Die Wahrheit* Nr. 209 vom 11.9.1947. S. 3; Der Liebenauer Prozeß. In: *Die Wahrheit* Nr. 210 vom 12.9.1947. S. 3; Pichler und Frühwirt. In: *Die Wahrheit* Nr. 211.
[51] 'Für Zigaretten'. Ebd.
[52] Todesursache. In: *Die Wahrheit* Nr. 209.
[53] Liebenauer-Prozeß. Ebd.
[54] Pichler und Frühwirt. Ebd.
[55] Die Ankündigung bezieht sich auf den Prozeß vor dem Obersten britischen Militärgericht gegen Franz Lindenbaum, Fritz Winkler, Josef Egger, Albin Großmann, Karl Leitenmüller und Franz Puchner, die des Mordes und der Verletzung der Menschenwürde im Zuge des Evakuierungsmarsches ungarischer Juden vom Gaberl nach Trieben beschuldigt wurden. Vgl. dazu etwa: Judentransport als Beerdigungskommando. In: *Die Wahrheit* Nr. 213; Erst Grab schaufeln. In: *Die Wahrheit* Nr. 214; Drei Todesurteile. In: *Die Wahrheit* Nr. 215.

Das Steirerblatt

Im Gegensatz zu *Die Wahrheit* widmete die Parteizeitung der ÖVP der Entdeckung eines Massengrabes im Lager Liebenau lediglich eine Kurzmeldung, die sich auf einen Bericht der österreichischen Presseagentur APA bezieht. Vorsichtig formuliert heißt es darin:

> Man vermutet, daß es sich um die Leichen ehemaliger ausländischer Arbeiter, zum Teil wahrscheinlich ungarischer Juden, handelt. Bisher konnte jedoch noch keine Leiche identifiziert werden. Gerüchteweise verlautet, daß knapp vor Kriegsende in diesem Lager eine Reihe von Exekutionen stattgefunden haben soll.[56]

Anfang September 1947 kündigt *Das Steirerblatt* eine "nächste Serie politischer Prozesse", allen voran die "große [...] Militärgerichtsverhandlung wegen der Judenmorde in Liebenau"[57] an. Wie in den Zeitungen der kommunistischen und sozialdemokratischen Parteien Österreichs erscheint auch hier zu jedem der insgesamt fünf Verhandlungstage ein eigener Artikel.[58] Der erste als 'Fünf Judenmörder der *Lager Liebenau* und Steinfeld vor Gericht' betitelte Bericht bezieht sich neben einer Vorstellung der Angeklagten auf die Anklagerede des Staatsanwaltes 'Mr. Rawlins', die "grauenhaften Exhumierungsergebnisse" sowie den Beginn der Verhöre von etwa sechzig geladenen Zeugen. Ausführlich werden auch hier Gewaltverbrechen des ehemaligen Lagerleiters, Nikolaus Pichler, sowie des Lagerführers, Alois Frühwirt, geschildert:

> Den Leuten wurde täglich nur etwas wässrige Suppe und eine Scheibe Brot verabfolgt. Pichler erklärte, an die "jüdischen Schweine" dürften keine Medikamente ausgefolgt werden und befahl dem Krankenwärter Fugger, für die Kranken Morphium bereitzuhalten, "man werde die Juden nicht länger füttern"; Fugger verweigerte aber die Vergiftung. Nun ließ Pichler eine Anzahl der Kranken mit den Worten "Jetzt geht der Spaß los", in die Luftschutzbunker tragen, wo die Leute erschossen wurden. Einige Tage später ließ Pichler wiederum zahlreiche Juden erschießen. [...]
> In einem bereitgestellten Grabe waren noch etwa 20 Juden lebend, die um Gnade baten, aber Frühwirt stieß sie in die Grube zurück. Pichler erpreßte Juden Ge-

[56] Massengrab im Lager 'Liebenau'. In: *Das Steirerblatt* 3/121a vom 29.5.1947. S. 3.
[57] Nächste Woche Serie politischer Prozesse. In: *Das Steirerblatt* 3/206s vom 7.9.1943. S. 3.
[58] Fünf Judenmörder. In: *Das Steirerblatt* Nr. 3/207s; "Heil Hitler, Mordbefehl ausgeführt!" Lebendig begraben – Zweiter Verhandlungstag im Liebenauer Judenmordprozeß. In: *Das Steirerblatt* 3/208s vom 10.9.1947. S. 3; Ob Recht. In: *Das Steirerblatt* Nr. 3/209s; Er wird stets nach der Schrift leben. Frühwirt gesteht vier Morde ein – Thorbauer leugnet alles – Heute Urteil. In: *Das Steirerblatt* 3/210s vom 12.9.1947. S. 3; Pichler und Frühwirt. In: *Das Steirerblatt* 3/210s.

ständnisse über Deckendiebstähle, erschoß dann einen, während Frühwirt auf Pichlers Befehl einen anderen ins Gesicht schoß.[59]

Während sich der Bericht über den zweiten Verhandlungstag auf Zeugenaussagen und Edders Freispruch bezieht,[60] konzentriert sich der dritte Artikel auf die Obduktionsergebnisse von Dozenten Dr. Fossel sowie Frühwirts und Pichlers Einvernahmen als Zeugen. Letzterer will Recht oder Unrecht seiner Handlungen nie geprüft, sondern nur seine Pflicht getan haben.[61] Auffallend ist der Verweis auf Thorbauers Erklärung, "als Bibelforscher und Adventist keinerlei Rassenhaß zu hegen und mit dem Nationalsozialismus nie sympathisiert zu haben"[62]. Wie in der Überschrift des Artikels *Er wird stets nach der Schrift leben* bereits hervorgehoben, erwähnte Thorbauer während seiner Einvernahme, "er liebe die Juden und werde 'stets nach der Schrift leben'"[63]. Wie weit Thorbauer tatsächlich Mitglied der im Nationalsozialismus verfolgten Adventisten und 'Bibelforscher' war, bzw. inwiefern diese Aussage lediglich seiner Verteidigungslinie und Betonung seiner Opferrolle entsprach, läßt sich vor der Einsichtnahme der Prozeßakten nicht feststellen. Die Meldung über Thorbauers am nächsten Tage erfolgte Verurteilung zu drei Jahren Gefängnis nach dem Kriegsverbrechergesetz führt seine Aussage auf jeden Fall ad absurdum.

Die den *Liebenauer Prozeß* begleitende Artikelserie in *Das Steirerblatt* endet mit einem verhältnismäßig kurzen Bericht über die Verurteilung der drei Angeklagten, welcher beinahe nahtlos in eine Schilderung des *Steinfeld Prozesses* übergeht.[64] Bereits eine Woche später publizierte die Zeitung eine neue Folge von Artikeln über weitere Prozesse im Zusammenhang mit den Todesmärschen ungarischer Jüdinnen und Juden durch die Steiermark.[65]

Neue Zeit

Auch die *Neue Zeit*, Parteiblatt der Steirischen Sozialdemokratischen Partei, berichtete ausführlich über den *Liebenauer Prozeß*. Den Startschuß dazu gab

[59] Fünf Judenmörder. In: *Das Steirerblatt* 3/207s.
[60] Heil Hitler. In: *Das Steirerblatt* 3/208s.
[61] Ob Recht. In: *Das Steirerblatt* 3/209s.
[62] Er wird stets nach der Schrift leben. Ebd.
[63] Ebd.
[64] Pichler und Frühwirt. Ebd.
[65] Vgl. dazu etwa: Der Judentodesmarsch über Gaberl und Tauern. Volkssturmmänner vor dem Bitischen Gericht – Gnadenschuß für den Selbstmörder. In: *Das Steirerblatt* 3/213s vom 16.9.1947. S. 3; 'Himmelfahrtskommando' Gaberl-Trieben. Ein zweiter Freispruch – Die restlichen Angeklagten als Zeugen. In: *Das Steirerblatt* 3/214s vom 17.9.1947. S. 3; Drei Todesurteile des britischen Gerichtes. Tod durch den Strang für Lindenbaum, Winkler und Egger – 10 Jahre für Großmann. In: *Das Steirerblatt* 3/215s vom 18.9.1947. S. 3.

eine Kurzmeldung über die im Mai 1947 stattgefundenen Exhumierungen im Lager Liebenau, deren Form und Inhalt sich vom Bericht im *Steirerblatt* kaum unterscheiden.[66] Im September desselben Jahres publizierte die *Neue Zeit* analog zu den Zeitungen der ÖVP und KPÖ jeweils einen Artikel über jeden der insgesamt fünf Prozeßtage.[67]

Wenngleich die Berichterstattung allein aufgrund des Prozeßverlaufs in groben Zügen jener der *Wahrheit* und des *Steirerblatts* ähnelt, stechen doch einige Spezifika der *Neuen Zeit* ins Auge. Abgesehen von einem formalen Fehler, der in der Zuteilung des im *Steinfeld-Prozeß* angeklagten Josef Pammer zum *Liebenauer Prozeß* besteht,[68] fällt – analog zu *Das Steirerblatt* – zunächst die Emphase auf Thorbauers Eigenschaft als 'Bibelforscher' auf. Neben der Überschrift "'Bibelforscher' unter Mordanklage" ist dieses in der *Der Wahrheit* vollkommen ausgesparten Thema Gegenstand eines eigenen Absatzes:

> In pathetischen Worten bezeichnet Thorbauer, der sich seit 1920 mit der Erforschung der Bibel befaßt, in der Zeugenbank alle gegen ihn gerichteten Aussagen als Lügen und die Zeugen als Meineidige und ruft mit erhobenen Armen pathetisch aus: "Ich habe immer nach der Heiligen Schrift gelebt und werde immer nach ihr leben!" (Gelächter im Zuschauerraum. Der Vorsitzende droht mit der Räumung des Saales.)[69]

Der markanteste Unterschied zu den beiden anderen Tageszeitungen besteht in der dramatischen Schilderung der Reaktionen der Angeklagten sowie der Zuhörer auf die Verlautbarung der Todesstrafe:

> Um 10.50 Uhr betritt Pichler den Saal. Er wurde des Mordes für schuldig befunden, da er sich, um der Mühe zu entgehen, der Juden auf bequeme Weise entledigen wollte. Er wurde daher zum Tode durch den Strang verurteilt.
> Totenstill ist es im Saal geworden. Beinahe wagt niemand zu atmen. Bei der Verkündung des Urteils schien es, als zucke Pichler einem Moment mit den Augen. Er bewahrt jedoch Fassung, verneigt sich vor dem Gerichtshof, wendet dann sein Haupt den Zuhörern zu und grüßt ein letztes Mal durch ein leichtes Senken desselben. Unter den Zuhörern ist unterdrücktes Schluchzen zu vernehmen.
> Aber schon wird die Aufmerksamkeit auf den nächsten Angeklagten Frühwirt gelenkt, der nun hereingeführt wird. Auch dieser Mann wurde des Mordes an vier Juden für schuldig befunden und zum Tode durch den Strang verurteilt.

[66] 39 Leichen in Liebenau exhumiert. In: *Neue Zeit* Nr. 121 vom 29.5.1947. S. 3.
[67] 35 Morde. In: *Neue Zeit* Nr. 207. Ein lebender Häftling im Massengrab. Massenmorde des Personals vom Fremdarbeiterlager Liebenau – Ein Freispruch. In: *Neue Zeit* Nr. 208 vom 10.9.1947. S. 3; Ein Geständnis im Liebenauer Prozeß. Pichler spielt 'Menschlichkeitsapostel' – Zeuge Wolfsgruber im Etiekt schwer belastet. In: *Neue Zeit* Nr. 209 vom 11.9.1947. S. 3; "Bibelforscher" unter Mordanklage. Heute voraussichtlich Urteil im Liebenau-Prozeß – Bewegte Szenen im Gerichtssaal. In: *Neue Zeit* Nr. 210 vom 12.9.1947. S. 3; Zwei Todesurteile. In: *Neue Zeit* Nr. 211.
[68] 35 Morde. In: *Neue Zeit* Nr. 207.
[69] Bibelforscher. In: *Neue Zeit* Nr. 210.

> Auch Frühwirt verläßt, zwar etwas bleich, aber in guter Haltung den Saal. In den Augen einiger Menschen stehen Tränen. Ja sogar Zeugen, die belastend für die beiden Angeklagten aussagten, konnten sich der Rührung nicht erwehren. Nur in den Gesichtern von zwei Zeugen ist eine gewisse Genugtuung darüber zu lesen, daß das Todesurteil verhängt wurde.[70]

Bemerkenswert an dieser Passage ist die Schilderung der guten [sic!], gleichsam heroischen Haltung der Angeklagten bei der Bekanntgabe ihrer Verurteilung zum Tode, der nicht zuletzt aufgrund des pathetischen Stils eine durchaus positive Bewertung zukommt. Diese wird durch die Beschreibung einerseits des Mitgefühls der Zuhörer und andererseits der "gewissen Genugtuung" zweier nicht näher definierter Zeugen unterstrichen. Dies legt die Vermutung nahe, daß beim Leser Sympathien für die Verurteilten erweckt werden sollen. Beinahe entsteht der Eindruck, als wären die Täter zu den eigentlichen Opfern geworden – ein Rollentausch, der ab 1947 österreichweit die Auseinandersetzung von ÖVP und SPÖ mit der nationalsozialistischen Vergangenheit verstärkt prägen sollte.[71]

Resümee

Wie das Beispiel des *Liebenauer Prozesses* illustriert, kommt heute den zeitgenössischen Presseberichten als Aufbereitung des Prozeßgeschehens für ein breites Publikum eine mehrfache (Informations-)funktion zu: Als gestraffte, lesbare Fallschilderungen überliefern sie neben dem historischen Kontext den Prozeßverlauf, vielfach die Atmosphäre im Gerichtssaal sowie die Emotionen der Verfasser, bzw. lassen sie auch Annahmen über Rezeptionserwartungen zu.[72] Damit fungieren sie als sensibler Seismograph für den Umgang der Nachkriegsparteien und auch der Öffentlichkeit mit der NS-Vergangenheit.[73]

Trotz der – im Vergleich zu den Schilderungen burgenländischer Parteiblätter von Verfahren rund um Massaker an ungarischen Juden[74] – zahlreichen Ähnlichkeiten in der Berichterstattung der drei steirischen Zeitungen, lassen sich zugleich signifikante parteispezifische Unterschiede feststellen. Zu den auffallendsten zählt sicherlich die allein von der kommunistischen *Die Wahrheit* erhobene Forderung nach 'schonungsloser Abrechnung' mit

[70] Zwei Todesurteile. Ebd.
[71] Holpfer: *Der Umgang*. 149.
[72] Hellmut Butterweck: Der Gerichtssaalbericht als den Akt ergänzende Primärquelle. In: Kuretsidis-Haider, Garscha (Hrsg.): *Keine "Abrechnung"*. S. 314-318.
[73] Vgl. dazu etwa J. Wilke, B. Schenk, A.A. Cohen, T. Zemach: *Holocaust und NS-Prozesse. Die Presseberichterstattung in Israel und Deutschland zwischen Aneignung und Abwehr*. Köln, Weimar, Wien 1995.
[74] Holpfer: *Der Umgang*. S. 136ff.

den NS-Verbrechern sowie deren Kritik an den Behörden, die Vorfälle im Lager Liebenau beinahe zwei Jahre lang verheimlicht zu haben.

Aufgrund der nahezu identischen Berichterstattung der *Neuen Zeit* und des *Steirerblatts* fällt eine Differenzierung zwischen diesen beiden Zeitungen nicht leicht. Themen, denen in *Die Wahrheit* eine deutlich verschiedene Gewichtung zukommt – allen voran den Ergebnissen der Exhumierungen sowie der implizierten Zugehörigkeit eines der Angeklagten zu einer Sekte – behandeln die Blätter der ÖVP und SPÖ auf ähnliche Weise. Tendenzen zu einer Umkehrung der Opfer-Täter-Dichotomie, wie im abschließenden Artikel über die Verhängung der Todesstrafe angedeutet, treten jedoch ausschließlich in der *Neuen Zeit* zutage.

Die Vermutung liegt nahe, daß sich mit dem heraufziehenden Kalten Krieg und dem damit verbundenen Antikommunismus, dem sukzessiv stärker werdenden Werben um die Stimmen der ehemaligen NSdAP-Mitglieder[75] sowie dem vermehrten Durchsetzen der "Opfertheorie"[76] der Umgang der einzelnen steirischen Parteiblätter mit NS-Gewaltverbrechen

[75] Spätestens ab 1947/48 lag es nicht im Interesse von ÖVP und SPÖ, das Potential ehemaliger Nationalsozialisten im Hinblick auf die Wahlen 1949 und folgende mit einer entsprechenden Berichterstattung zu 'vergrämen'. Vgl. dazu: Dieter A. Binder: Provinz ohne Juden. Anmerkungen zur Restauration in 'Innerösterreich'. In: Ingrid Böhler, Rolf Steininger (Hrsg.): *Österreichischer Zeitgeschichtetag 1993. 24. bis 27. Mai 1993 in Innsbruck*. Innsbruck 1995. S. 66-78, hier S. 72.

[76] Zentraler Angelpunkt des Argumentationskonstrukts der Zweiten Republik war die in die Unabhängigkeitserklärung Österreichs vom 27.4.1945 aufgenommene "Tatsache, daß der Anschluß des Jahres 1938 nicht, wie dies zwischen zwei souveränen Staaten selbstverständlich ist, zur Wahrung aller Interessen durch Verhandlungen von Staat zu Staat vereinbart und durch Staatsverträge abgeschlossen, sondern durch militärische Bedrohung von außen und den hochverräterischen Terror einer nazifaschistischen Minderheit eingeleitet, einer wehrlosen Staatsleitung abgelistet und abgepreßt, endlich durch militärische und kriegsmäßige Besetzung des Landes dem hilflos gewordenen Volke Österreichs aufgezwungen worden ist." In: Unabhängigkeitserklärung Österreichs. Proklamation vom 27.4.1945. In: Staatsgesetzblatt Nr. 1. Zit. nach: Walter Manoschek: Verschmähte Erbschaft. Österreichs Umgang mit dem Nationalsozialismus 1945 bis 1955. In: Reinhard Sieder, Heinz Steinert, Emmerich Tálos (Hrsg.): *Österreich 1945-1955. Gesellschaft. Gesellschaft. Politik. Kultur*. S. 94-106, hier S. 96. Mit Hilfe dieser völkerrechtlichen Okkupationstheorie und natürlich der von den Alliierten in der Moskauer Deklaration von 1943 'angebotenen' Opfertheorie konnte sich Österreich fortan als "erstes Opfer der nationalsozialistischen Expansionspolitik" darstellen und somit Schuld und Mitverantwortung an den NS-Verbrechen externalisieren. Vgl. Manoschek: *Verschmähte Erbschaft*. S. 97; Brigitte Bailer: Kriegsschuld und NS-Gewaltverbrechen in der österreichischen Nachkriegsdiskussion. In: Gertraud Diendorfer, Gerhard Jagschitz, Oliver Rathkolb (Hrsg.): *Zeitgeschichte im Wandel. 3. Österreichischer Zeitgeschichtstag 1997*. Innsbruck, Wien 1998. S. 122-129, hier S. 122f.; Meinrad Ziegler,Waltraud Kannonier-Finster: *Österreichs Gedächtnis. Über Erinnern und Vergessen der NS-Vergangenheit*. Wien 1993.

und deren Ahndung bei weitem deutlicher voneinander differenziert als dies noch im Falle des *Liebenauer Prozesses* vom September 1947 geschah. Eine konkrete Untersuchung zu diesem emotional hochbesetzten und politisch virulenten Themenfeld steht bisher weitgehend noch aus.

Lothar Bluhm

"Nur die Erfahrung kann den Menschen zwingen, das Notwendige zu tun" – Nietzsche-Revisionen im Zeichen des Krieges bei Thomas Mann und Ernst Jünger

The post-war years are influenced above all by the gesture of looking back at a past era, that of modernism. What is particularly noticeable here is the return to Friedrich Nietzsche as the central formative influence of the period. At the same time this is the era of Nietzsche revisionism. Taking Thomas Mann and Ernst Jünger as models, the common features and differences in this reassessment as exemplified in the discourse of the period are outlined, in addition to the range, but also the limits of these reassessments.

Die Jahre nach dem Zweiten Weltkrieg sind nicht zuletzt durch den Gestus des Rückblicks geprägt. Meist politisch akzentuiert, ist es auch der Rückblick auf eine abgelaufene Epoche. Durchaus auffällig begegnet dabei der Rekurs auf Friedrich Nietzsche als Erinnerung an eine der zentralen Bildungserlebnisse der Zeit: Das "größte Ausstrahlungsphänomen der Geistesgeschichte" nannte ihn etwa Gottfried Benn 1950,[1] er habe "nahezu 50 Jahre lang fast alle deutschen Geisteserscheinungen aufs tiefste und erschreckendste beeinflußt", klagte 1952 vice versa und doch vergleichbar Johannes R. Becher.[2]

Zu den Autoren, die dem "Ausstrahlungsphänomen" Nietzsche sicherlich in besonderer Weise verpflichtet waren, gehören Thomas Mann und Ernst Jünger. Beide haben sich zeitlebens und unabhängig voneinander mit Nietzsche und seinem Werk auseinandergesetzt und markieren in ihrer parallelen Rezeption eine jener "unheimlichen Nachbarschaften", die die literarische Topographie der Klassischen Moderne kennzeichnen.[3] So ist es auch kein Zufall, daß die Nietzsche-Rezeption dieser ungleichen Zeitgenossen in den letzten Jahren in der Literaturwissenschaft ein verstärktes Interesse gefunden hat. Herausgehoben seien vor allem Christoph Schmidts umfassende Untersuchung zu Thomas Mann und Reinhard Wilczeks Arbeit zu Ernst Jünger.

[1] Gottfried Benn: Nietzsche nach 50 Jahren. In: Ders.: *Gesammelte Werke in 4 Bänden*. Bd. 1. Wiesbaden 1958. S. 484.

[2] Johannes R. Becher: Erziehung zur Freiheit. In: Ders.: *Auswahl in sechs Bänden*. Bd. 5: *Vom Anderswerden. Reden. Aufsätze. Briefe*. Berlin (Ost) 1952. S. 69.

[3] Dazu Helmut Lethen: Unheimliche Nachbarschaften. Neues vom neusachlichen Jahrzehnt. In: Sabina Becker u.a. (Hrsg.): *Jahrbuch zur Literatur der Weimarer Republik*. St. Ingbert 1995. S.76-92.

Beiden Studien ist der detailgenaue Blick auf das jeweilige Gesamtwerk eigen, und beide schließen – wohl nicht zufällig – mit der frühen Nachkriegszeit: Schmidt grenzt seine Studie explizit auf den Zeitraum bis 1947 ein, und Wilczeks Werk-Betrachtungen enden 1951. Sie markieren damit in etwa den engeren Zeitabschnitt, in dem es bei beiden Autoren zu einer jeweils eigenen Revision ihres Nietzsche-Bildes kam. In dieser Revision spiegelt sich nicht zuletzt die jeweils eigene Erfahrung von Drittem Reich und Krieg.

Die Bedeutung Nietzsches für Thomas Mann ist unbestritten und schon vom Autor selbst immer wieder hervorgehoben worden[4]. Insbesondere mit Blick auf Manns politische Entwicklung seit dem Ersten Weltkrieg kommt der Auseinandersetzung mit dem Philosophen dabei "eine kaum zu überschätzende Schlüsselfunktion"[5] zu. Thomas Mann sah sich in seiner Auseinandersetzung mit dem politischen und gesellschaftlichen Zeitgeschehen in der Nachfolge Nietzsches, wobei seine durchaus selbststilisierende 'Imitatio' in ein ironisch-distanzierendes Spiel eingebunden war. Nietzsches Ambivalenzen als scharfsichtiger und scharfzüngiger Zeitdiagnostiker, als pessimistischer 'Unzeitgemäßer' und Prophet einer Zeitenwende dienten Mann zur Fixierung seiner eigenen Umbrucherfahrungen während des Ersten Weltkriegs bis in die frühen zwanziger Jahre. Seine eigene Annäherung an die Republik seit 1922 wurde entsprechend auf die Folie des modellhaften Bruches Nietzsches mit Wagner und das Vorbild des 'Selbstüberwinders' Nietzsche projiziert. Und so wie Nietzsche dem 'Leitstern' Wagner bei aller Polemik insgeheim weiter verpflichtet geblieben ist, blieb dem neuen politischen Bekenntnis Manns zur Demokratie ein ästhetischer Romantizismus unterlegt. In den dreißiger Jahren wurde dieser indes in dem Maße revisionsbedürftig, wie der Nationalsozialismus – wenn auch in pervertierter Form – auf dieselbe Kulturtradition zu rekurrieren begann. Vor dem Hintergrund einer zunehmenden Instrumentalisierung Nietzsches im Dritten Reich[6] sah sich Thomas Mann veranlaßt, sein eigenes und bei allen Brüchen positives Nietzsche-Bild einer eingehenden Prüfung zu unterziehen. Nach ersten Versuchen, lediglich eine Abgrenzung von der nazistischen Nietzsche-Vereinnahmung vorzunehmen, setzte seit seinem öffentlichen Auftreten gegen das Dritte Reich 1936 eine gründliche Umwertung ein, die ab 1943 in eine Befragung Nietzsches nach dessen Wegbereiterschaft für Na-

[4] Einen kritisch reflektierenden Überblick über die jüngere Forschung vermitteln Franz Orlik und Anja Schonlau: Von Thomas Manns "höherem Abschreiben" bei Nietzsche. Ein Überblick über die neuere Forschung. In: *Wirkendes Wort* 49 (1999). H. 2. S. 303-309.

[5] So zusammenfassend Christoph Schmidt: *"Ehrfurcht und Erbarmen". Thomas Manns Nietzsche-Rezeption 1914 bis 1947*. Trier 1997. S. 303.

[6] Siehe insbesondere Bernhard Taureck: *Nietzsche und der Faschismus*. Hamburg 1989; Giorgio Penzo: *Der Mythos vom Übermenschen. Nietzsche und der Nationalsozialismus*. Frankfurt a.M. 1992.

tionalsozialismus und Drittes Reich einmündete. Literarischer Ausdruck dieser in eins damit auch selbstkritischen Generalrevision war die Arbeit am *Doktor Faustus*. Seine gültige Form fand diese Auseinandersetzung schließlich im Essay *Nietzsche's Philosophie im Lichte unserer Erfahrung* von 1947, mit dem Mann schon vor dem Abschluß des *Doktor Faustus* begonnen hatte. Der Essay ist – wie Klaus Harpprecht bemerkte – nicht zuletzt der Versuch, "die intellektuelle Substanz des *Faustus* in eine Abhandlung zu übersetzen"[7]. Diese Substanz zeigt sich vor allem in einer veränderten Perspektive Manns, die in der durch die Erfahrung des Nationalsozialismus gewachsenen Überzeugung von einer "unzweifelhaften Entartung" des Nietzscheschen Denkens kulminiert: "Von Anfang an", umreißt Mann seine kritische Neubewertung 1946 in einem Brief, "sei Nietzsches Idee von der alleinigen Rechtfertigung des Lebens als eines ästhetischen Phänomens und von seinem notwendig perspektivischen, illusionären Charakter bestimmend, die den ganzen späteren Anti-Moralismus in sich schließt [...]."[8] Die im Februar/März 1947 ausgearbeitete Schrift führt diesen Gedanken im Rahmen einer bio-monographischen Skizze detailliert aus, wobei wie im Roman Nietzsches "Krankheit" (NP 59)[9], die Syphilisinfektion und ihre Auswirkungen, zum eigentlichen Movens der schöpferischen wie der destruktiven Elemente erhoben werden. Zur Mannschen Kritik gehört die Fixierung der aus seiner Sicht "zwei Irrtümer, die das Denken Nietzsches verstören und ihm verhängnisvoll werden" (NP 76): Zum einen sei es die "geflissentliche Verkennung des Machtverhältnisses zwischen Instinkt und Intellekt". Nietzsches Überzeugung, "man müsse den Intellekt überwinden durch den Instinkt", erscheint Mann vor dem Hintergrund der sich gerade in der jüngeren deutschen Geschichte manifestierenden Geistfeindlichkeit als "etwas Absurdes" (NP 76). Als zweiten Irrtum Nietzsches verweist Mann auf das – in seinen Augen – "ganz und gar falsche Verhältnis, in das er Leben und Moral zu einander bringt, wenn er sie als Gegensätze behandelt" (NP 77). Ethik – so Mann dagegen – sei vielmehr "Lebensstütze" (NP 77) und für eine gesellschaftliche Verfassung lebensnotwendig. Als "wahre[n] Gegensatz" macht Mann – mit scharfem Seitenblick auf Nietzsche – den von "Ethik und Ästhetik" (NP 77) aus. Mit dem "Ästhetizismus", kritisiert der Autor in der Folge, sei "eine rasende Verleugnung des Geistes [...] zu-

[7] Klaus Harpprecht: *Thomas Mann. Eine Biographie*. Hamburg 1995. S. 1601.

[8] Brief vom 14.3.1946 an Ernst Heimeran: *Dichter über ihre Dichtungen*. Bd. 3. Hrsg. von Hans Wysling unter Mitwirkung von Marianne Fischer. München 1981. S. 331.

[9] Der Nietzsche-Essay wird zitiert nach: Thomas Mann: Essays. Bd. 6: *Meine Zeit. 1945-1955*. Frankfurt a.M. 1997. S. 56-92. Im folgenden abgekürzt mit der Sigle NP.

gunsten des schönen, starken und ruchlosen Lebens" (NP 88) in Nietzsches Denken eingetreten, was dieses Denken der 'Barbarei' geöffnet habe.[10]

Damit ist auch die Nähe zum Nazismus markiert – ein Vorwurf, der im weiteren Argumentationsgang allerdings erhebliche Relativierungen erfährt: Nietzsche habe, konstatiert Mann zwar, "Geschichte gemacht, fürchterliche Geschichte" (NP 90), steht damit aber auch schon an einer Umschlag- und Scharnierstelle seiner Kritik: Mann wendet sich zugleich nämlich betont gegen die Nietzsche-kritische Auffassung, der Philosoph sei "mit seinem ganzen Philosophieren ein Schrittmacher, Mitschöpfer und Ideensouffleur des europäischen –, des Welt-Fascismus gewesen" (NP 82); er wendet sich damit gegen einen zu dieser Zeit gängigen Anti-Nietzscheanismus, der im Ideal des "Übermenschen" eine "Idealisierung des fascistischen Führers" (NP 82) erblickte. Tatsächlich, so wendet Mann ein, habe nicht Nietzsche "den Fascismus gemacht [...], sondern der Fascismus ihn" (NP 82). Der Philosoph habe allein "als zitternde Nadel" die heraufsteigende Katastrophe des Abendlandes vorempfunden und "angekündigt" (NP 82).[11] Daß "das deutsche Bürgertum den Nazi-Einbruch mit Nietzsches Träumen von kulturerneuernder Barbarei verwechselte, war", erläutert Mann schließlich, "das plumpste aller Mißverständnisse" (NP 83f.).

Der Autor bezeichnet in seinem Essay sicherlich sehr genau die durch die Erfahrung der historischen Entwicklung zutage getretenen Schwächen und Gefahren der nietzscheanischen Philosophie, ihre "Tendenz zum intellektuellen Abgrund"[12], wie er schon 1941 schrieb; er fängt seine Kritik dann aber durch eine Historisierung auf halber Strecke ab. So völlig zu überraschen vermag das allerdings nicht: Die Behauptung einer Wegbereiterschaft und Verantwortlichkeit Nietzsches für den Nazismus mußte ihm natürlich allein deshalb problematisch sein, weil er mit seiner eigenen früheren 'Imitatio Nietzsches' selbst in den Ruch eines wie auch immer gearteten 'Präfaschismus' hätte geraten müssen. In dieser Rolle sah er indes einen Ästhetizismus und Nietzscheanismus, wie er von Ernst Jünger vertreten wurde – einem in seinen Augen eben tatsächlich "geistige[n] Wegbereiter und eiskalte[n] Wollüstling der Barbarei"[13], wie er 1945 verschiedentlich verlautbaren ließ. In seiner Entgegensetzung zu Nietzsche bleibt Mann ambivalent. Die 'Auf-

[10] So spricht Mann betont von der "Nachbarschaft eben von Ästhetizismus und Barbarei" (NP 87).

[11] Schmidt weist hier zu Recht auf die durchaus bemerkenswerte Parallelität zu Ernst Jünger hin: *"Ehrfurcht und Erbarmen"*. S. 298-300.

[12] Thomas Mann: Denken und Leben. In: *Gesammelte Werke in dreizehn Bänden*. Bd. 10. Frankfurt a.M. 1990. S. 364.

[13] Thomas Manns Brief vom 4.11.1945: *Thomas Mann – Agnes E. Meyer. Briefwechsel 1937-1955*. Hrsg. von Rudolf Vaget. Frankfurt a.M. 1952. S. 645. – Siehe dazu Lothar Bluhm: "ein geistiger Wegbereiter und eiskalter Wollüstling der Barbarei". Thomas Mann über Ernst Jünger. Eine Studie zu Manns politisch-literarischer Urteilsbildung. In: *Wirkendes Wort* 46 (1996). H. 3. S. 424-445.

hebung' Nietzsches bleibt ein dialektisches Spiel, bei dem der Künstler Mann gegenüber dem politischen Zeitgenossen die Oberhand gewinnt: Selbst wenn Mann Nietzsche als Philosophen verwirft, bewahrt er ihn als "ästhetisches Phänomen" – wofür nicht zuletzt der *Doktor Faustus* steht. Damit läßt Mann sich indes auf genau die Perspektive ein, die er bei Nietzsche selbst kritisch moniert. Und er erhält ihn für sich damit in der Form, in der er ihm letztlich immer relevant war, nämlich als tragische Märtyrergestalt der Moderne, als 'Selbstüberwinder' in der Nachfolge Christi – allerdings ohne Erlöserfunktion.

So ist die Gestalt Nietzsches für Mann zweifach besetzt: Sie ist Paradigma für eine Verfallsgeschichte der Moderne, die schließlich im Nationalsozialismus und im Dritten Reich kulminierte, und sie ist künstlerische Lebensform, in der Thomas Mann sich selbst ironisch gebrochen widerspiegelte. In diesem Sinne muß auch das vielzitierte Diktum zu Nietzsche gelesen werden:

> Was er bietet, ist nicht nur Kunst, – eine Kunst ist es auch, ihn zu lesen, und keinerlei Plumpheit und Geradheit ist zulässig, jederlei Verschlagenheit, Ironie, Reserve erforderlich bei seiner Lektüre. Wer Nietzsche »eigentlich« nimmt, wörtlich nimmt, wer ihm glaubt, ist verloren. (NP 88)

Ähnlich wie Thomas Manns Gesamtwerk zeugt auch das von Ernst Jünger von einer kontinuierlichen und intensiven Nietzsche-Rezeption. Während das Frühwerk durch die primär topische Verwendung Nietzschescher Phraseologie und die entsprechende Ausgestaltung einzelner Erzählfiguren geprägt ist und insgesamt eine - wie Reinhard Wilczek zusammenfaßt – "eher ungefilterte Adaption der vitalistischen Grundzüge"[14] zeigt, erlangt um 1930 die Nihilismuskritik für die Jüngersche Zeitdiagnose eine zentrale Bedeutung. Ähnlich wie Mann, der während der Arbeit an seinen *Betrachtungen eines Unpolitischen* maßgeblich durch den befreundeten Ernst Bertram beeinflußt wurde, gelangt auch Jünger eine Dekade später erst durch den Austausch mit einem ihm befreundeten Nietzschespezialisten, den Privatdozenten für Philosophie Hugo Fischer,[15] zu einer reflektierten Arbeit an und mit Nietzsche. Dessen Willensmetaphysik wird im Essay *Der Arbeiter* von 1932 zur Grundlage seines eigenen visionären Gesellschaftskonstrukts. Im Zentrum rangiert die der Fischerschen Perspektive nachgezeichnete "Gestalt" des "Arbeiters"[16], eines neuen Menschentypus, der als organischer Teil der beherrschenden Technik, den – aus der Sicht Jüngers – zeitspezifischen

[14] Reinhard Wilczek: *Nihilistische Lektüre des Zeitalters. Ernst Jüngers Nietzsche-Rezeption*. Trier 1999. S. 12.

[15] Zum Verhältnis Jünger – Fischer siehe allgemein Bernhard Gajek: Magister – Nigromontan – Schwarzenberg. Ernst Jünger und Hugo Fischer. In: *Revue de Littérature Comparée* 4 (1997). S. 479-500.

[16] Wilczek verweist vor allem auf Fischers Monographie *Nietzsche Apostata* von 1931; vgl. Wilczek: *Nihilistische Lektüre des Zeitalters*. S. 83f.

Nihilismus der Moderne gleichermaßen vollendet wie er ihn im Rahmen einer neuen Wertsetzung auch überwindet. Der neue Sinngehalt bleibt allerdings unscharf und erschöpft sich letztlich in der emphatischen Bejahung der technischen Entwicklung. Der Glaube an die produktiven Möglichkeiten des Arbeiter-Typus verliert sich in den dreißiger Jahren indes schon bald. Die Wende schlägt sich Ende der dreißiger Jahre und in den frühen vierziger Jahren mehr oder minder verdeckt in den entsprechenden Prosaarbeiten auch nieder.[17] Neben der unmittelbaren Erfahrung des Dritten Reichs dürfte sich bei dieser Kehre vor allem der Einfluß des jüngeren Bruders Friedrich Georg Jünger bemerkbar gemacht haben, dessen 1946 erschienene, aber bereits 1939 konzipierte und mit dem Bruder eingehend diskutierte Studie *Die Perfektion der Technik* sich als erklärte Wendung gegen den Nietzscheschen 'Willen zur Macht' verstand.

Die wohl klarste Formulierung der Wende nimmt Ernst Jünger im Essay *Der Friede* vor, in dem der Krieg und die Frage von Schuld, Sühne und Nachkriegsordnung verhandelt werden. Ein erster Entwurf entstand bereits 1941; nach wiederholter Unterbrechung wurde der Essay 1943 schließlich fertiggestellt. Er fand bald, nachdem er anfänglich allein ausgesuchten Vertrauten zur Lektüre überlassen worden war, in einer Reihe von Abschriften und hektographierten Vervielfältigungen, sogar illegalen Drucken weitere Verbreitung. Nach Kriegsende wurde die Schrift als erste selbständige Nachkriegspublikation des Autors wohl schon 1945 im Amsterdamer Erasmus-Verlag veröffentlicht.

Nietzsche und sein Werk sind auf den ersten Blick gar nicht präsent im Essay. In einer in sechs Abschnitte gegliederten Einführung, *Die Saat*, fragt der Verfasser vielmehr nach den Voraussetzungen für einen umfassenden Frieden, der – wie er schreibt – "für alle Segen bringen soll" (F 195).[18] Die Grundlagen für einen Neubeginn müßten aus einem Gemeinsamen der am Krieg Beteiligten, könnten nicht aus Trennendem entstehen. Das relevante Gemeinsame erkennt Jünger in der Erinnerung an das Leid und die von allen Seiten erbrachten Opfer und im Versuch, die positive Substanz, die dem jeweiligen Leid zugrunde lag, als gemeinsames Erbe anzusehen. Gedacht ist an die ganze Spannbreite von Mitleid und Menschlichkeit bis hin zu Opfermut und soldatischen Tugenden. Aus dieser 'Saat' könne jene 'Frucht' – so der Titel des Hauptteils – entstehen, die den Frieden in eine zukunftsträchtige neue Ordnung jenseits der "Nationalstaaten alten Stils" (F 208) einmünden ließe. Jüngers Konzeption läuft letztlich auf das Modell eines europäischen Bundesstaats mit kultureller Autonomie der historisch gewachsenen Einheiten hinaus.

[17] Auf die entsprechenden Kapitel bei Wilczek sei explizit verwiesen.

[18] Zitiert wird nach Ernst Jünger: *Sämtliche Werke*. Band 7: *Essays I. Betrachtungen zur Zeit*. Stuttgart 1980. Im folgenden abgekürzt mit der Sigle F.

Die angestrebte neue Ordnung, spezifiziert Jünger, sei nicht zuletzt eine solche "geistiger Natur" (F 212), getragen von einem "neue[n] Mensch[en]" und einer von ihm realisierten "frischen Sinngebung" (F 222), die allein dem Nihilismus als der "tiefste[n] Quelle des Übels" (F 225) entgegenwirken könnte. An dieser markanten Passage des Essays schließlich kommt auch der Name Nietzsche zum Tragen: "Es ist kein Zufall", resümiert Jünger,

> daß der Nihilismus philosophisch von Nietzsche und im Roman von Dostojewski geschildert wurde, denn wenn er auch in allen Ländern Schule machte, schlug er doch in Deutschland und in Rußland die Residenzen auf. So waren hier auch die Verwandlungen am tiefsten, die Zerstörungen am furchtbarsten. Und damit fand auch zwischen diesen beiden Völkern der Krieg die reinste Darstellung. (F 226)

In dieser Jüngerschen Einschätzung schlägt sich unverkennbar noch der konservativ-revolutionäre Topos von den 'jungen Völkern' nieder, die, zu spät gekommen im Konzert der imperialen Mächte, im Zuge eines durch die Krise bedingten Modernisierungssprungs gleichwohl zu den zukunftsträchtigsten Nationen zu zählen seien. Der Optimismus aus den Hochzeiten der Konservativen Revolution ist vor dem Hintergrund der aktuellen Entwicklung und wohl auch der Kriegserfahrung verloren gegangen. Der Modernisierungssprung, wie er im Totalitarismus Gestalt angenommen habe, wird vielmehr zum Inbegriff des alles umfassenden und zerstörenden Nihilismus. Wo Jünger im *Arbeiter* die Überwindung des Nihilismus noch im Nietzscheschen Sinne an dessen Radikalisierung gebunden sah, die ihrerseits in einer totalen Technisierung und Kollektivierung vorgestellt wurde, erfolgt nun die Kehrtwende: Als Gegengewicht zur Technik mit ihren destruktiven Tendenzen sei es nötig, so Jünger nun, daß "die Menschen sich metaphysisch stärken in dem Maße, in dem die Technik wächst." (F 229). Mit dieser Wende hin zu einer Metaphysik, die dem Jüngerschen Denken mehr oder weniger verdeckt immer schon implizit war, wird eine scharfe, anders als bei Mann tatsächlich aber nie explizit gemachte Entgegensetzung zum früheren Nietzscheanismus vollzogen. Seine faßbarste Form findet die Revision in einer proklamierten "Rückkehr zur Bibel" (F 233) und der Rede von einer "Neuen Theologie" (F 229): "Die wahre Besiegung des Nihilismus", faßt Jünger schließlich zusammen, "und damit der Friede wird nur mit Hilfe der Kirchen möglich sein." (F 230). Bezeichnenderweise läuft auch Thomas Manns Nietzsche-Essay auf die Beschwörung einer "überkonfessionelle[n] Religiosität", den Gedanken an "einen religiös fundierten und getönten Humanismus" (NP 91) hinaus, den Mann aber im Unterschied zu Jünger nicht gegen, sondern durch Nietzsche gewinnt.

Anders als der Philosoph – und hierin Thomas Mann nun durchaus nahe – schreibt Jünger der Erkenntnis des 'Nichts' eben doch das Vermögen zu, das 'Nichts' überwinden zu können und die den Menschen auszeichnenden metaphysischen Kräfte – in *Der Waldgang* spricht Jünger von der "Quelle" oder den "alten Bilder[n]"[19] – zurückzuerlangen. An dieser Stelle wird schließlich die spätere Essayistik, werden insbesondere die Schriften *Über die Linie* von 1950 und *Der Waldgang* von 1951 einsetzen. Aber schon in der Friedensschrift realisiert sich jene gedankliche "Wende" von der Überzeugung einer notwendigen Radikalisierung des Nihilismus hin zu der "metaphysischen Anthropologie" des Nachkriegswerks.[20]

Thomas Mann erfuhr von der Schrift übrigens aus der Zeitung. In seinem Tagebuch notiert er die Kenntnisnahme mit unverkennbar negativer Akzentuierung:

> Zeitungsnotiz über die in Deutschland kursierende, E. Jünger zugeschriebene Broschüre »Der Friede. Ein Wort an die deutsche und europäische Jugend.« Schönheit des Krieges, Größe des deutschen Soldaten, deutscher Lebensraum. Rückkehr des deutschen Ehrgefühls.[21]

Der eher wegwerfende Gestus spiegelt sicherlich zuerst die bekannte Aversion Manns gegenüber dem ungeliebten Zeitgenossen wider, doch weist die Reaktion auch darüber hinaus: Die Friedensschrift blieb nach ihrer Veröffentlichung nämlich nahezu ohne jede Wirkung: "[...] die Jugend, an die Jünger sich wandte, hörte ihn nicht mehr", resümierte Paul Noack jüngst zu Recht: Jünger war "der Autor einer vergangenen Zeit geworden"[22]. Dies hatte ohne Zweifel mit seinem "allzu hoch angesetzten Ton" zu tun, wie Peter Wapnewski den schriftstellerischen Stil später zutreffend nannte[23], ebenso mit einer gewissen Überschätzung der von der Friedensschrift beschworenen "starke[n] Reserven" (F 227) der Deutschen im Moralischen. Es hatte zu tun mit einer wohl als nicht angemessen empfundenen Jüngerschen Entrüstung über die vorgebliche oder tatsächliche "künstliche Entrüstung" (F 203) der Sieger über die Untaten der Besiegten und die mindestens ebenso unangemessene Gleichsetzung von Naziverbrechen und der später oft so genannten 'Siegerjustiz'.[24] Der Hauptgrund für die nur geringe Resonanz der vom Verfasser mit vielerlei Hoffnung begleiteten Schrift wird aber darin gelegen haben, daß sie – wie Martin Meyer ein wenig spitz anmerkte – "der Zeitgeschichte auf eine besondere Weise enthoben scheint"[25].

Die Differenzen zwischen Manns und Jüngers Arbeit an und mit Nietzsche dürften deutlich geworden sein; sie sind nicht allein Merkmal differie-

[19] Jünger: *Der Waldgang*: In: *Sämtliche Werke*. Bd. 7. S. 370.
[20] Wilczek: *Nihilistische Lektüre des Zeitalters*. S. 179.
[21] Thomas Mann. *Tagebücher 1944 - 1.4.1946*. Hrsg. von Inge Jens. Frankfurt a.M. 1986. S. 299 (Notat vom 13.1.1946).
[22] Paul Noack: *Ernst Jünger. Eine Biographie*. Berlin 1998. S. 199.
[23] Peter Wapnewski: Ernst Jünger. Der Sprachdenker, der Stilist und das Maß. In: *Zumutungen. Essays zur Literatur des 20. Jahrhunderts*. München 1982. S. 212.
[24] Siehe vor allem: "Die spielten die Kläger nur, um daraus für sich das Recht zu niederer Rache abzuleiten, die sie dann in den gleichen Orgien befriedigten. Auf diese Weise lösten sich die Metzeleien endlos im niederen Kreise ab" (F 203).
[25] Martin Meyer: *Ernst Jünger*. München, Wien 1990. S. 350.

render politisch-ideologischer Positionen, sondern auch Zeugnis eines unterschiedlichen generationenabhängigen Zugriffs. Der Stellenwert, den Nietzsche und seine Philosophie für den in den 1870er Jahren Geborenen innehatte, resultierte aus dem noch authentischen Erlebnis einer geistigen Revolution, während sie für den in den 1890er Jahren Geborenen bereits Topik und das gültige Beschreibungsmodell einer im Zeichen der 'Krise' gedeuteten Gegenwart geworden waren. So blieb Nietzsche für Jünger über alle Bewertungsveränderungen hinaus stets der maßgebliche Diagnostiker der modernen nihilistischen Gesellschaft. Gegenüber dieser vergleichsweise flächigen Nietzsche-Rezeption erweist sich Manns Blick auf den Philosophen als ohne Zweifel komplexer; allein in seinem Biographismus zeigt er sich als ausgesprochen beengt.

Die Gemeinsamkeiten der Jüngerschen und der Mannschen Nietzsche-Rezeption in den vierziger Jahren finden sich vor allem in der Hervorhebung der historischen Kategorie 'Erfahrung'. Thomas Mann spricht bereits in seinen Titeln davon, und Ernst Jünger benennt diesen Bezugspunkt expressis verbis im Einleitungsteil seiner Schrift: "Nur die Erfahrung kann den Menschen zwingen, das Notwendige zu tun" (F 209). In beiden Fällen kommt mit Blick auf Nietzsche eine Revision zustande, die bei aller Entgegensetzung im Einzelnen den markanten Bruch mit den eigenen geistigen Wurzeln in Nietzsche indes vermeidet.

Eine letzte Anmerkung sei hintangestellt: Das einleitend angesprochene 'Ausstrahlungsphänomen' Nietzsche war eine Erscheinung primär der ersten Jahrhunderthälfte, der oft so genannten 'Klassischen Moderne'. Nach dem Zweiten Weltkrieg verlor der Philosoph seine 'Ausstrahlungsmacht', und erst im Horizont der sogenannten Postmoderne sollte er wieder eine gewisse Renaissance erfahren. Wenn man Klassische Moderne – sehr verkürzt – als eine Epoche zu verstehen gewillt ist, in der die Modernisierung der bürgerlichen Gesellschaft an ihre Grenzen gestoßen ist, was als Bewußtsein von 'Krise' zum eigentlichen Movens der Kunst werden sollte, so dürfte Nietzsche in der Tat als der Philosoph dieser Epoche gewertet werden. Und die Nietzsche-Revisionen im Zeichen des Krieges wären in diesem Sinne dann manifeste Dokumente eines Epochenausklangs und -umschlags.

Tomasz G. Pszczółkowski

Wandlungen des Deutschlandbildes in der polnischen Publizistik der Nachkriegszeit

The article shows an evolution of the image of Germany in Polish publications from 1945 to 1956 which was dominated by the following problems: German war and occupation crimes; misgivings connected with the future of Germany in the context of the safety of the Polish nation; the creation of two German states and the recognition of the Oder *and the* Neisse *border. The author shows various attitudes to these problems in the period of relative pluralism of opinions in the years between 1945 and 1948 as well as a unified picture of the Polish neighbour between 1948 and 1956.*

Das Deutschlandbild der Polen ist von der Einstellung gegenüber dem deutschen Volk als Ganzem und seinen einzelnen Vertretern nicht zu trennen. Der Spruch eines Denkers, sie seien groß im Einzelnen, aber miserabel im Ganzen, ist in der polnischen Öffentlichkeit kaum bekannt, aber er klingt plausibel.

Im vorliegenden Beitrag möchte ich mich auf das Denken der Polen über Deutschland konzentrieren. Dabei geht es speziell um die Widerspiegelung dieses Denkens in der polnischen Publizistik nach dem Zweiten Weltkrieg. Unter dem Begriff der Publizistik verstehe ich das nicht zur schönen Literatur oder zur wissenschaftlichen Literatur gehörende Schrifttum über Deutschland in Zeitungen und Zeitschriften, aber auch die non-fiction- oder Tatsachenliteratur. Man könnte dazu auch die Radio- und Fernsehpublizistik rechnen. Ich klammere sie aber aus, da sie nur selten schriftlich vorliegt.

Eine Vorbemerkung scheint mir hier noch wichtig. Trotz heutigem Mißtrauen gegenüber der Mehrheit der polnischen Publizisten in der Zeit vor dem Untergang des real existierenden Sozialismus – gehörten sie doch als Stützen der kommunistischen Propaganda zu den Nutznießern des Systems – waren sich sowohl die Publizisten als auch die überwiegende Mehrheit der polnischen Bevölkerung in ihrem negativen Verhältnis gegenüber den Deutschen einig. Das hat eine lange Tradition, weil die Deutschen in der polnischen Öffentlichkeit nur selten einen guten Ruf hatten.

Das Deutschlandbild der Polen wurde in der polnischen Publizistik der frühen Nachkriegszeit, d.h. bis Ende der fünfziger Jahre, von folgenden Themen besonders geprägt.

1. die deutschen Kriegs- und Besatzungsverbrechen;
2. die Zukunft Deutschlands vor dem Hintergrund des Sicherheitsinteresses der polnischen Nation;
3. die Entstehung der beiden deutschen Staaten und die Anerkennung der Oder-Neiße-Grenze.

Die Behandlung dieser Fragen ist von der jeweiligen politischen Situation abhängig. Man kann einige Phasen in der Einstellung gegenüber Deutschland unterscheiden:

1. die Phase von 1945 bis etwa 1948, als die politische Szene in Polen noch pluralistisch war und wegen des Fehlens einer Zensurbehörde unterschiedliche politische Anschauungen in der Öffentlichkeit zur Sprache kommen konnten;
2. die Phase von 1948 bis 1956, als in Polen das Einparteiensystem eingeführt wurde und die Presse eine offizielle, von den Kommunisten bestimmte Linie vertreten mußte.

Die Anerkennung der Oder-Neiße-Linie als der deutsch-polnischen Grenze im Görlitzer Vertrag vom 6.7.1950 und der am 7.12.1970 in Warschau unterzeichnete Vertrag zwischen der VR Polen und der Bundesrepublik Deutschland über die Normalisierung ihrer Beziehungen bildeten zwei wichtige Wendepunkt in der Wahrnehmung der Deutschen durch die polnische Öffentlichkeit. Die Anerkennung der deutsch-polnischen Staatsgrenze und mit ihr auch der nach dem Zweiten Weltkrieg an Polen gefallenen ehemaligen deutschen Ostgebiete war in der Nachkriegszeit immer ein Gradmesser der deutsch-polnischen Beziehungen. Mit der Anerkennung dieser Grenze durch die DDR vollzog sich eine Differenzierung des Deutschlandbildes in Polen. Von da an unterschied man, den in staatlichen Propagandadiensten stehenden Publizisten folgend, zwischen den 'guten Deutschen' in der DDR und den 'Militaristen', 'Revisionisten' und 'Revanchisten' in der BRD. Außerdem schlossen der Kalte Krieg und der bis 1989 anhaltende Ost-West-Konflikt eine objektive Darstellung vor allem der westdeutschen Wirklichkeit in Polen aus. Erst die Einführung des Kriegsrechts, das die Freiheitsbestrebungen der Polen für einige Jahre aufhalten sollte, und die deutschen Hilfsleistungen als ein Ausdruck der Solidarität der Deutschen mit der polnischen Bevölkerung bedeuteten einen positiven Umbruch in der Wahrnehmung speziell des westdeutschen Nachbarn. Der Sturz des Kommunismus und die Perspektive eines Beitritts Polens zur NATO und zur Europäischen Union tragen zu einem optimistischeren und auch sympathieerfüllten Deutschlandbild in der polnischen Publizistik wie auch in der breiten Öffentlichkeit bei. Dabei spielt nicht zuletzt die Unterstützung der europäischen Integrationsbestrebungen Polens durch die Bundesrepublik eine große Rolle.

Eine einschneidende Zäsur bildet das Jahr 1989, d.h. der Untergang des real existierenden Sozialismus und mit ihm auch der Zensur, die die Publizistik kontrollierte. Damals wurden zwei neue Fragen thematisiert: die Frage der deutschen Minderheit in Polen und die Frage der Vertreibung bzw. im offiziellen polnischen Sprachgebrauch: der Umsiedlung der Deutschen aus ihren ehemaligen Ostgebieten. Diese Fragen konnten nun offen diskutiert werden. Vorher wurde die Existenz einer deutschen Minderheit entweder verschwiegen oder bagatellisiert. Die Frage der in Polen nach 1945 an Deutschen begangenen Verbrechen durfte erst in den neunziger Jahren thematisiert werden.

1. Die deutschen Kriegs- und Besatzungsverbrechen in der polnischen Publizistik

Die Erfahrung des Zweiten Weltkrieges, insbesondere die durch deutsche Besatzer in Polen verübten Verbrechen, haben das Deutschlandbild entscheidend geprägt.

Trotz der bis 1948 bestehenden Meinungsvielfalt in der Publizistik waren sich so gut wie alle darüber einig, daß die deutschen Verbrechen ein Ausfluß des deutschen Nationalcharakters gewesen seien. In der polnischen Publizistik der frühen Nachkriegszeit dominierte prinzipiell ein negatives Deutschlandbild: Man prangerte zunächst die Verbrechen der Nazibesatzer als die 'der Deutschen' an. Man differenzierte nicht, sah keine 'anständigen' Deutschen, die trotz des Krieges ihre Menschlichkeit unter Beweis stellten. Für die Naziverbrechen wurden nicht nur die Nazipartei und die SS, sondern das ganze deutsche Volk verantwortlich gemacht, das Hitler zur Machtübernahme verholfen hatte. Die Sprache war haßerfüllt. Man schrieb sogar das Wort Deutscher klein, und es gehörte schon viel Mut dazu, in der Öffentlichkeit Deutsch zu sprechen.

Die politische Publizistik spiegelte die Überzeugungen der überwiegenden Mehrheit der polnischen Öffentlichkeit wider. In den ersten Nachkriegsjahren waren sie vom Vergeltungsdrang und von Pauschalurteilen gekennzeichnet. Erst allmählich entwickelte sich das realistischere Kalkül, daß eine Zusammenarbeit mit Deutschland in absehbarer Zeit unumgänglich sein würde.

Die Tendenz zur Vergeltung vertraten Publikationen, die wie etwa der vielsagende Titel *Verbrechernation – Die Verbrechen des Nazismus und das deutsche Volk* von Emil Stanisław Rappaport[1] keineswegs vereinzelt, sondern weit verbreitet waren. Andrzej Jan Kamiński präsentierte Konzepte à la

[1] E.S. Rappaport: *Naród–Zbrodniarz – przestępstwa hitleryzmu a naród niemiecki*. zit. nach M. Tomala: *Patrząc na Niemcy. Od wrogości do porozumienia 1945-1991* (Wenn man auf Deutschland blickt. Von der Feindschaft zur Verständigung 1945-1991). Warszawa 1997. S. 31.

Henry Morgenthau jr., und Grzegorz Jaszuński visierte eine eigenartige "Endlösung der Deutschenfrage" an. Der zuletzt genannte forderte den Galgen als "Strafe für Mörder, Verbrecher, Henker aus den Todesfabriken oder Konzentrationslagern, eine Strafe für Sadisten und ausgeartete Wesen, die gestern Gefallen daran fanden, auf kleine Kinder zu schießen, oder an dem Schauspiel sich ergötzten, wie der Ehemann seine Frau und der Vater seinen Sohn erhängt".[2] Während Andrzej J. Kamiński insgesamt etwa 15 Mill. Deutsche hängen lassen wollte, war Antoni Dobrowolski in der Zeitschrift *Kuźnica* großzügiger, denn einen Teil der NSDAP-Mitglieder, SA- und SS-Leute wollte er mit Arbeitslagern bestrafen. Grzegorz Jaszuński forderte auch, daß Deutschland in ein großes Arbeitslager mit "ausländischen Abteilungen" verwandelt werden sollte.[3] Diese Beispiele zeigen, daß die Verrohung der menschlichen Gefühle durch den Krieg überall um sich griff und die einstigen Opfer davon nicht verschont blieben. Mit dieser Feststellung soll jedoch das Problem nicht relativiert werden.

Stanisław Nahlik wollte ein negatives Entnazifizierungsprogramm eingeführt wissen. Es sah unter anderem die Inhaftierung der Nazifunktionäre, die Förderung des Alkoholismus, die Verschickung von Deutschen zu ausländischen Arbeitseinsätzen, die Unterstützung der Abtreibung und Verschärfung der Empfängnisverhütung vor;[4] der Soziologe Julian Hochfeld meinte: "Psyche und die Geschichte des deutschen Volkes sind ein geeigneter Nährboden für die Züchtung deutscher Bakterien."[5]

Von Seiten der katholischen Kirche konnte erwartet werden, daß sie sich von der Nächstenliebe leiten lassen würde. Daß dem nicht so war, bezeugt die Tatsache, daß selbst die katholischen Publikationsorgane nicht vor verallgemeinernden Urteilen in der Art: "alle Deutschen waren Nazis" zurückschreckten.

Über die Nürnberger Kriegsverbrecherprozesse und die in Polen laufenden Prozesse gegen Naziverbrecher wurde in der polnischen Publizistik ausführlich berichtet. Die Berichterstatter analysierten die Mechanismen des Nationalsozialismus und die Einstellungen seiner Führer. Man war aber nicht besonders daran interessiert, denn die Menschen hatten ihre negativen Erlebnisse noch nicht vergessen. Vielmehr machte man sich Gedanken darüber, welche Lehren die Deutschen aus diesen Prozessen ziehen würden. Der katholische Schriftsteller und Publizist Jan Dobraczyński sprach aus,

[2] G. Jaszuński: Socjalista w Niemczech (Der Sozialist in Deutschland). In: *Robotnik* vom 25.6.1945, zit. nach Tomala: *Patrząc na Niemcy*. S. 33.
[3] Ebd.
[4] Archiv des polnischen Außenministeriums, zit. nach Tomala: *Patrząc na Niemcy*. S. 33.
[5] J. Hochfeld: O sprawie socjalistów niemieckich (Über den Fall der deutschen Sozialisten). In: *Przegląd Socjalistyczny* Nr. 12/ 1946, zit. nach Tomala: *Patrząc na Niemcy*. S. 34.

was die meisten dachten, daß die Deutschen nämlich nicht erziehbar seien. In der Zeitschrift *Dziś i Jutro* vom 21.7.1946 schrieb er:

> Für uns stellt sich die deutsche Frage ganz anders [...] Es geht nicht um den Glauben an die 'guten' Deutschen. Der beste Deutsche, der in einer jahrhundertealten kreuzritterlich-preußischen Schule erzogen wurde, ist jemand, den man schwer ändert [...] Etwas anderes ist der Haß, und etwas anderes ein hartes, strenges, aber gerechtes Urteil. Wir hassen nicht. Jeder von uns verlor einen Nächsten aus der Hand der Deutschen. Das ist aber kein Grund, seinen Zorn auszuleben an einer dummen Deutschen oder an einem deutschen Kind.[6]

Man sah auch die Kriecherei der Deutschen gegenüber den Siegermächten. Dobraczyński schrieb darüber folgendes:

> Wer Deutschland und die Deutschen kennt, weiß, daß sie heute auf dem Boden kniend den Siegern ihre Schuhe lecken können und demütig versichern werden, Hitler sei der einzige, der die Schuld für die Verbrechen trage. Heute winselt selbst Frank (der Generalgouverneur – T.P.) [...] elend, den englischen Soldaten zu Füßen, man möge ihm bis zu seinem Lebensende ins Gesicht spucken, nur solle man ihn am Leben lassen.[7]

Edmund J. Osmańczyk knüpfte an diese Ehrlosigkeit der besiegten Deutschen an und schrieb:

> Der künftige Geschichtsschreiber wird, wenn die Rehumanisierung des Volkes von Beethoven erfolgreich sein wird, in Erinnerung an jenen für die Deutschen tragischen Mai von 1945 vor Scham erröten über die moralische Erniedrigung seines Volkes. In der Niederlage darf man zwar den Verstand verlieren, aber nicht die menschliche Würde.[8]

In der Presse gab es aber außer seriösen Berichten, unter anderem von den Nürnberger Kriegsverbrecherprozessen, auch mehrere hundert Folgen zählende Reihen, z.B. in dem in Łódź erscheinenden *Express* die Serie *Eva und Adolf*, wobei es sich natürlich um Eva Braun und Adolf Hitler handelte. Man versuchte durch humoristische Darstellungen in satirischen Zeitschriften und durch Kabarettvorstellungen, in denen die Naziprominenz auftrat, die grauenhaften Erlebnisse abzureagieren. Das war nach den Greueln der Kriegs- und Besatzungszeit natürlich. Über diese Stimmung schreibt der hervorragende Kenner der deutschen Frage, Professor Mieczysław Tomala, folgende beeindruckende Worte:

> Der polnische Leser, für den in der Zeit der Nazibesatzung die Worte 'für Polen verboten' ein Synonym der Verachtung waren, erlebte eine private Genugtuung

[6] Zit. nach Tomala: *Patrząc na Niemcy.* S. 60.
[7] Ebd.
[8] Zit. nach Tomala: *Patrząc na Niemcy.* S. 30f.

und eine private Rache. Er konnte über die Tragödie eines Clowns lachen, der Millionen von Menschenleben den Tod brachte.[9]

2. Die Zukunft Deutschlands vor dem Hintergrund des Sicherheitsinteresses der polnischen Nation

Die moralische Dimension der Verbrechen und der Einstellung vieler Deutschen gegenüber ihren Besatzern rückte bald in den Hintergrund, als Berichte über den deutschen Wiederaufbau nach Polen drangen. Die Polen wurden von dem raschen Wiederaufbau in Deutschland überrascht. Wer gedacht hatte, die Deutschen würden jahrzehntelang einer internationalen Aufsicht unterstellt, gedemütigt und ausgebeutet werden, mußte sich enttäuscht fühlen. Zunächst gab es Überlegungen, wie das Nachkriegsdeutschland politisch organisiert werden sollte. Publizisten von *Tygodnik Powszechny* und *Zielony Sztandar* nahmen die künftige Entwicklung gewissermaßen vorweg, indem sie über die Aufteilung Deutschlands in mehrere Staaten spekulierten. Es gab aber auch Anhänger eines ungeteilten Deutschlands, wobei eine langjährige Besatzung dieses Staates erwogen wurde. Einer der Realisten, der solche Spekulationen nüchtern verwarf, war der schon genannte Edmund J. Osmańczyk, der in einem seiner publizistischen Hauptwerke, *Sprawy Polaków* [Angelegenheiten der Polen], aus dem Jahre 1946, zukunftsträchtige Gedanken äußerte. Darin mahnte er seine Landsleute, ihre Verluste und ihre Tapferkeit im Kampf gegen die Deutschen nicht zu überschätzen, denn sie würden auf immer weniger Verständnis im Westen stoßen. Vor allem aber sollten die Polen über die Zukunft ihres Landes nachdenken und sich am Fleiß, am Arbeitseifer und an der Organisation des Lebens der Deutschen ein Beispiel nehmen. Osmańczyk schrieb:

> Wenn wir ein Jahr nach dem Kriege in die Zukunft schauen, sagen wir ehrlich: In zwanzig Jahren werden wir, wenn der deutsche Arbeitseifer unseren eigenen übertrifft, ob es uns gefällt oder nicht, von unserem westlichen Nachbarn abhängig sein.[10]

Osmańczyk nannte es einen Selbstbetrug, darauf zu setzen, daß die Deutschen schwach und zerschlagen bleiben würden. Die Katastrophe Deutschlands benutzte er eigentlich als einen Vorwand, sich mit den polnischen Tugenden wie Mut, Tapferkeit, Ehre, im Vergleich mit den deutschen Tugenden, wie Arbeitsamkeit, Ordnungsliebe, Organisationstalent, auseinanderzusetzen. Es war eine völlig neue Betrachtungsweise des polnischen Feindes im Westen, von dem man noch viel lernen und mit dem man sogar auch zusammenarbeiten konnte. Polen sollten von den Deutschen lernen,

[9] Ebd. S. 31.
[10] E. J. Osmańczyk: *Sprawy Polaków*. Katowice 1983. S. 69.

wie man eine Kriegsniederlage in einen Sieg in Zeiten des Friedens ummünzt.

Das Buch löste eine heftige Debatte aus. Man sah in dem Aufruf Osmańczyks eine allzu große Herausforderung, ja eine Zumutung für ein ausgeblutetes Volk. Der heute in Deutschland sehr gefeierte Schriftsteller Andrzej Szczypiorski unterzog Osmańczyks Forderungen in dem Artikel *Wir müssen weiterhin auf unserem Posten ausharren* einer scharfen Kritik.[11] Darin präsentierte er auch seine eigenen Auffassungen über die Deutschen: Sie seien ein Volk, das ewig Kriege wolle, der [der Krieg, I.P.] geradezu ein Fundament seiner [des Volkes, I.P.] Existenz bildete. Er lehnte jegliche Verständigung mit den Deutschen ab und verwies auf Publizisten, die die "angloamerikanische Denkart über die künftigen Deutschen" teilten. Indem sie der "westlichen Orientierung" huldigen, würden sie zu Feinden der polnischen Interessen. Es gab aber auch andere 'realpolitische' Stimmen. So schrieb der spätere Soziologieprofessor Jan Szczepański, man könne nicht ewig in Emotionen der Zeit nach der deutschen Besatzung befangen bleiben, sondern müsse bei der Betrachtung der deutsch-polnischen Beziehungen Verstand zeigen, denn die Politik sei eine Sache des nüchternen Kalküls und der Voraussicht.[12] Auch der Publizist Ryszard Wojna äußerte im Februar 1948 die Überzeugung, die Polen wären über Jahrhunderte hinweg nicht in der Lage, ein nüchternes, rationales Programm der Politik gegenüber Deutschland zu entwickeln:

> Das politische Programm der Polen gegenüber den Deutschen war nach jedem Krieg ein blinder Haß, und wenn eine längere Zeit des Friedens zwischen zwei Kriegen verstrich, wurde uns das deutsche Problem gleichgültig, und wir hörten auf, es gebührend einzuschätzen, bis es erneut als Kriegsbrand an unseren westlichen Grenzen ausbrach. Sämtliche Versuche, die polnische Staatsräson zu formulieren, wurden unter dem Einfluß von Niederlagen und Siegen aus unlanger Zeit unternommen [...] Die Normalisierung der Beziehungen zwischen den zwei Nationen ist unumgänglich, wenn ein neuer Krieg künftig vermieden werden soll. Zuerst laßt uns den Deutschen unsere Kultur zeigen, wodurch man das für diese Nation charakteristische Gefühl der kulturellen Überlegenheit mildern kann, auf dem ihr Haß gegen die Polen basiert. Dadurch kann man in der deutschen Seele die Ressentiments schneller heilen lassen, die durch unsere Grenze an der Oder und Neiße entstanden sind.[13]

Die Kirche war es auch, die die Ansprüche auf die an Polen gefallenen ehemaligen deutschen Ostgebiete stark unterstützte. Damit ist das zweite Pro-

[11] A. Szczypiorski: Musimy trwać nadal na posterunku. In: *Polska Zachodnia* Nr. 2/ 1947, zit. nach Tomala: *Patrząc na Niemcy.* S. 63.

[12] J. Szczepański: Cele i klęski niemieckiej polityki w Polsce (Ziele und Niederlagen der deutschen Politik in Polen). In: *Kuźnica* Nr. 29/ 1946, zit. nach Tomala: *Patrząc na Niemcy*. S. 63.

[13] R. Wojna: Pokój z Niemcami (Der Friede mit Deutschland). In: *Robotnik* vom 26.2.1948, zit. nach Tomala: *Patrząc na Niemcy.* S. 78.

blem in der Publizistik der Nachkriegszeit angesprochen. Der Verlust der deutschen Ostgebiete an Polen wurde nicht nur als eine gerechte Strafe für die Naziverbrechen und als Entschädigung für den Verlust polnischer Ostgebiete an die Sowjetunion verstanden. Das besiegte Deutschland sollte damit auch materiell geschwächt werden. Außerdem dachten einige Politiker an die Schaffung neuer slawischer Staaten auf dem Territorium Deutschlands, etwa eines selbständigen sorbischen Staates, um einen künftigen dritten Weltkrieg zu verhindern. Karol Stojanowski schrieb 1946 von einer Reslawisierung Ostdeutschlands.[14] Politische Publizisten verglichen die Bedeutung der Entstehung eines sorbischen Staates für Polen sogar mit den Ansprüchen Frankreichs auf das Rheinland. In der Zeitschrift *Polska Zachodnia* fand sich die Formulierung, die Lausitz habe einen weitaus größeren Anspruch auf Selbständigkeit als das Rheinland.[15] Es wurde auch erwogen, die Insel Rügen und den mittleren Teil der deutschen Gebiete an der Oder einige Kilometer westwärts an das Territorium Polens anzuschließen.[16] Unter den namhaften Publizisten jener Zeit, die die Gebietsveränderungen nach dem Zweiten Weltkrieg rechtfertigten und ebenfalls eine Westerweiterung Polens forderten, war auch Edmund J. Osmańczyk. Wie er forderten auch die Mitarbeiter des Westinstituts in Posen, einer u.a. zur Begründung polnischer Ansprüche auf ehemalige deutsche Gebiete berufenen Institution, das linke Oderufer für Polen. Wenn man bedenkt, daß in den achtziger Jahren die DDR bei den Polen für Aufregung sorgte, weil sie den Zugang zum Stettiner Hafen erschwerte, indem sie die Gewässer des Stettiner Haffs zu ihrem Hoheitsgebiet erklärte, dann kann man den polnischen Publizisten ihre Weitsichtigkeit bei der Einschätzung des Grenzverlaufs an der Oder nicht absprechen.

3. Die Entstehung der beiden deutschen Staaten und die Anerkennung der Oder-Neiße-Grenze

Die Entstehung zweier deutscher Staaten im Jahre 1949 hatte für die breite Öffentlichkeit in Polen so gut wie keine Bedeutung: Es waren zwei Staaten, die einen gemeinsamen Ursprung hatten, und deshalb traute man ihnen nicht. Als in der sowjetischen Besatzungszone die SED neue Mitglieder warb – Wilhelm Pieck forderte einfache NSDAP-Mitglieder auf, in die SED einzutreten – schrieb ein Publizist des *Tygodnik Powszechny*:

[14] K. Stojanowski: *O reslawizację wschodnich Niemiec* (Für die Reslawisierung Ostdeutschlands). Wrocław 1946.

[15] Łużyce a sprawa Nadrenii (Die Lausitz und die Frage des Rheinlandes). In: *Polska Zachodnia* vom 27.1.1946.

[16] Z. Wojciechowski (Hrsg.): *O lewy brzeg Odry* (Für das linke Oderufer). Poznań 1946. S. 15, zit. nach Tomala: *Patrząc na Niemcy*. S. 45.

> Daß sich das 'Herrenvolk' rot färbt, macht auf mich den Eindruck, als würde man die Hakenkreuze auf dem seit der Okkupationszeit bekannten roten Banner mit dem gebrochenen Kreuz verdecken. Was übrig bleibt, ist das Rot. [...] Deshalb sollte man heute, wo immer mehr Deutsche mit roten Armbinden auftauchen, die die Polen, Russen, Amerikaner oder Engländer täuschen sollen, Vorbehalte gegen diesen "Nationalkommunismus" haben und vorsichtig handeln.[17]

Die territorialen Veränderungen nach dem Zweiten Weltkrieg wurden als eine gerechte Entschädigung für die Gebietsverluste im Osten Polens und für die Raubpolitik der Nazibesatzer gewertet. In der historischen Publizistik betonte man, daß im Namen des Friedens und der Sicherheit in der Welt die Macht Preußens, des eigentlichen Zentrums der deutschen und faschistischen Expansion, gebrochen werden müsse. Preußen müsse bis zu seiner ursprüngliche Wiege – bis nach Brandenburg – zurückgedrängt werden. Die Gebiete bis zur Oder und zur Lausitzer Neiße müßten zu einem Territorium der friedlichen Arbeit für den Frieden in ganz Europa werden.[18]

Damals zeichneten sich zwei Einstellungen gegenüber dem geteilten Deutschland und den deutsch-polnischen Beziehungen ab: Einige Publizisten, vor allem aus dem Lager der polnischen Marxisten, verbanden mit der Politik der SED in der sowjetischen Besatzungszone Hoffnungen auf eine friedliche Politik Deutschlands gegenüber Polen. Andere kritisierten die gesellschaftspolitische Entwicklung in Westdeutschland, vor allem die Politik der SPD und Kurt Schumachers, wobei unter seinen Kritikern sowohl Kommunisten als auch Sozialisten und Publizisten der Bauernpartei waren.

Nachdem die Oppositionsparteien ausgeschaltet und deren Publikationsorgane geschlossen worden waren, herrschte ein Standpunkt in der Einschätzung der deutsch-polnischen Beziehungen vor, und zwar der kommunistische, der vom Zentralkomitee der PPR (Polnische Arbeiterpartei) und später der PZPR (Polnische Vereinigte Arbeiterpartei, PVAP) ausgearbeitet worden war. Von nun an sollten die 'guten', Polen gegenüber freundschaftlich gesinnten Deutschen in der DDR und die 'schlechten' in der Bundesrepublik leben. Dabei war die Anerkennung der Oder-Neiße-Linie als deutsch-polnische Grenze das zentrale Kriterium der Einschätzung der deutschen Nachbarn. Schon die Ankündigung der Anerkennung der Oder-Neiße-Grenze durch Wilhelm Pieck im Januar 1948 auf dem Parteitag der SED löste positive Reaktionen aus. Ein Publizist schrieb:

> Auch wir meinen, daß die nachbarschaftliche Eintracht mit Deutschen, die die Grenze an der Oder und Neiße als ewige Friedensgrenze anerkennen, im Interes-

[17] A. Woycicki: Nowe Niemcy (Das neue Deutschland). In: *Tygodnik Powszechny* vom 3.2.1946, zit. nach Tomala: *Patrząc na Niemcy.* S. 73.

[18] Vgl. B. Pasierb: *Polska myśl polityczna w okresie II wojny światowej wobec Niemiec* (Das politische Denken über Deutschland in der Zeit des 2. Weltkrieges). Poznań 1990. S. 419-420.

se der polnischen Nation liegt, denn sie ist die sicherste Friedensgarantie inmitten Europas.[19]

In der Publizistik der PVAP fanden sich nun völlig neue Töne: Die SED galt nun als Garant des Friedens, des Fortschritts und der Einheit Deutschlands; ein Artikel im PVAP-Organ *Trybuna Ludu* war überschrieben: "Immer weniger Feinde Polens". Oder ein Zitat: "Die (klassen)bewußten polnischen Arbeiter haben den Hitlerfaschismus nie mit dem deutschen Volk assoziiert", oder noch stärker: "Der Faschismus ist nichts spezifisch rassisch Deutsches. Schließlich hat der englische Imperialismus während des Burenkrieges die Konzentrationslager erfunden."[20]

In der offiziellen polnischen Politik und natürlich auch in der Publizistik betrachtete man also die DDR nach deren Anerkennung der deutsch-polnischen Grenze an der Oder und Neiße als einen freundschaftlich gesinnten Staat. Die Bemühungen um eine Normalisierung der Beziehungen zur BRD waren in der Nachkriegszeit lange Zeit erfolglos. Somit sind die Teilung Deutschlands und Europas, die Veränderungen der Grenzen und die neue Völkerwanderungszeit, die durch Vertreibung und Zwangsumsiedlung ausgelöst wurden, die gravierendsten Folgen des Zweiten Weltkrieges.

Zusammenfassend kann gesagt werden, daß sich die Publizisten wie die breite Öffentlichkeit in Polen in der frühen Nachkriegszeit in ihrer negativen Sicht des deutschen Volkes einig waren. Ein differenziertes Bild der Deutschen wurde erst im Zuge der Annäherung auf der Basis der gemeinsamen kommunistischen Ideologie lanciert, wobei zwischen einer offiziell positiven und einer inoffiziell skeptischen Einstellung der Öffentlichkeit gegenüber den Deutschen, auch gegenüber denen in der DDR, unterschieden werden muß. Zwar hat die völkerrechtliche Anerkennung der Oder-Neiße-Grenze die Angst der Polen vor neuen territorialpolitischen Veränderungen gemildert. Aber dadurch, daß das andere Deutschland, die Bundesrepublik, diese Grenze nicht anerkannte, blieb die Skepsis der Polen gegenüber den Deutschen erhalten.

[19] *Kurier Codzienny* – Organ der Demokratischen Partei – einige Wochen vor der Gründung der DDR; zit. nach Tomala: *Patrząc na Niemcy*. S. 75.
[20] Zit. nach Tomala: *Patrząc na Niemcy*. S. 89.

Marion George

Zur Nachkriegs-Rezeption deutschsprachiger Literatur in französischen Zeitschriften (1945-1960)

This essay addresses the problem of the appreciation of German literature in France after the Second World War. Public opinion, which is strongly influenced by antifascist sentiment, is split, given the development in the eastern and the western part of Germany. Thus, the aesthetic and intellectual discourse is influenced but not determined by political discussions. Thus, German Studies in France continue to be independent from German Studies in Germany and develop their own questions and a method which is inherited from the indigenous cultural tradition.

"Frankreich und der deutsche Geist" – dies ist eine Fragestellung, die seit der Französischen Revolution und der Napoleonischen Besetzung auf die Formung komplementärer Fremd- und Identitätsbilder fixiert ist. Über 150 Jahre haben sich historische Erfahrungsmuster, Vor-Urteile und Klischees gebildet, die mit der Zäsur des Kriegsendes eine neue Dimension gewannen. Der Beginn nach 1945 stellte all dies erneut auf eine Probe, denn nach den Jahren der Besatzung und der teilweisen Kollaboration und im Angesicht der politischen Neuordnung Europas durch die Siegermächte bedurfte es durchaus einer intellektuellen Auseinandersetzung, einer Um- und Neubewertung der tradierten Deutschlandbilder. Zwischen kritischer Distanz zum faschistischen Deutschland und der Suche nach Anknüpfungspunkten für eine künftige Zusammenarbeit in Europa profilierte sich wiederum französische Identität, die sich in drei deutschsprachigen Kultursphären: den beiden Teilen Deutschlands und Österreich, Bezugspunkte für ihr Bild deutschsprachiger Kultur suchte.[1]

Die ersten Berichte der Nachkriegstage nehmen zunächst die materielle Situation der Deutschen wahr, die als Besiegte eher in der Objektrolle im Diskurs der Sieger erscheinen. "Berlin ohne Deutsche" lautet der symbolische Titel einer zweiteiligen Reportage von Pierre Abraham vom März 1946 und eine Korrespondentin aus Baden-Baden, Antonina Vallentin, teilt mit, daß es bald mehr Franzosen im August 1945 dort gäbe als Deutsche.[2]

Auf der Suche nach Erklärungsmustern für den deutschen Faschismus wird zunächst auf die tradierten Vorkriegsbilder zurückgegriffen. Es ist

[1] Die Schweiz als neutrales Land steht weniger im Mittelpunkt der Aufmerksamkeit.
[2] Pierre Abraham: Berlin sans les allemands. In: *L'Europe*. März 1946. Teil I. S. 23-38. Mai 1946. Teil II. S. 56-63. Antonina Vallentin: Lettres d'Allemagne. In: *L'Europe*. August 1946. S. 134.

auffällig, daß es kaum historische, ökonomische oder politische Analysen gibt, sondern eine völkerpsychologische Sicht auf die deutsche Kultur dominiert. *L'Europe* edierte im Juli 1947 Auszüge aus dem 1875 erschienen Buch Edgar Quinets über die Beziehungen zwischen Frankreich und Deutschland; und Lucien Scheler stellt in einer kleinen Vorrede eine direkte Beziehung zwischen der Reichsgründung und dem Nationalsozialismus her:

> Was man aus einem Aufsatz lernen kann, der genau in der Stunde der Bildung der deutschen Einheit verfaßt wurde, das sind einerseits die Motive, die die liberalen Parteien dazu geführt haben, sich an die Seite einer starken Regierung zu stellen, sich ihr zu unterwerfen, und andererseits – und das ist besonders wichtig – die Analyse der herrschenden Ideen und der Macht der Ideen, die der preußische Despotismus in sich barg. Darin wird der Ursprung des Nationalsozialismus evident.[3]

In einem Aufsatz vom Dezember über die rheinischen Industriellen wird der Bourgeoisie vorgeworfen, die Ideen der französischen Demokratie, die bis zur Mitte des 19. Jahrhunderts präsent gewesen seien, um den Preis der Gewinne aus der ökonomischen Ausbeutung des Ruhrgebietes aufgegeben und vor Preußen kapituliert zu haben. Der am Ende des 18. Jahrhunderts entstandene Antagonismus zwischen dem rationalistischen Westen und dem romantisch-irrationalen Deutschland gerät zum Vorwurf Robert Minders, der sich dabei auf Edmond Vermeil beruft, an die rheinischen Industriellen, "in deren Geistern (eine Mischung) aus praktischem und hellsichtigem amerikanischem Realismus und einem alten Fond deutscher Romantik, irreell und ohne Grenzen"[4] wirksam gewesen sei und sie für Hitlers Ziele empfänglich gemacht habe. Als Kulturkampf interpretiert, ist es folgerichtig, daß der Autor also die historischen Handlungmotivationen im intellektuellen Leben sucht und mit einer fundamentalen Kritik an Stefan George, den "Kulturphilosophen", d.i. Friedrich Gundolf, Ernst Bertram, Wilhelm Dilthey, Arthur Möller van den Bruck, Oswald Spengler und Ernst Jünger und den Poeten des Nyland-Bundes fortsetzt. Robert d'Hacourt unterstreicht in seinen fortlaufenden Berichten zur deutschen Frage in der *Revue de Paris* noch den völkerpsychologischen Hintergrund dieser Kulturkampfsicht. 1947 versucht er das deutsche Politikmuster als Ausdruck einer "ganzheitlichen moralischen Position" zu erklären. Die Deutschen hätten "eine natürliche Abscheu" gegen alle Formen der Revolte und des Widerstandes gegen die legale Machtausübung. Respekt vor "Obrigkeit" und "Behörde" seien Tugenden des Luthertums. Gehorsamkeit und Befehlsausführung erscheinen als oberste Gebote. Demokratische Öffentlichkeit sei zugunsten der privaten Familiensphäre aufgegeben. Der Deutsche verstehe sich zuerst als Familienvater und dann als Staatsbürger, worauf dann die faschistische Ideologie aufge-

[3] Lucien Scheler: France et Allemagne. In: *L'Europe*. Juli 1947. S. 40.
[4] Robert Minder: Industriels et littérateurs rhénans. In: *L'Europe*. Dezember 1947. S. 39.

baut habe. Himmler als Typus des deutschen Faschisten habe nichts von der dämonischen Ausstrahlung eines "schönen Räuberhauptmanns der Renaissance", sondern sei "ein Krimineller in Pantoffeln".[5] Im Dezember 1949 bringt die *Revue de Paris* einen Auszug aus den Memoiren von Alexandre Arnoux (Contacts Allemands), der sein Leben an den Zäsuren deutsch-französischer Konfrontationen ordnet, angefangen von den kindlichen Kriegsspielen um die Revanche für Elsaß und Lothringen, über die "ansteckende Krankheit" des Wagnerismus, die Anziehung, die von Goethe, Schopenhauer, Nietzsche und der deutschen Musik ausging, bis hin zur schließlichen Genesung von der deutschen Krankheit durch die Musik von Debussy.[6]

All diese Erklärungsmuster haben ihren Ursprung im 19. Jahrhundert und scheinen durch den Zweiten Weltkrieg bruchlos bestätigt. Demonstrativ blickt der französische Germanistenverband, der sich sofort nach 1945 neu formierte, auf seinen Gründer Charles Andler zurück.[7] Er kann es mit gutem Gewissen tun, denn die französische Germanistik hatte sich niemals als Vertreterin der deutschen Muttersprachgermanistik gesehen, sondern eher als Vermittlerin zwischen zwei grundsätzlich verschiedenen Kulturen und – im Falle kriegerischer Auseinandersetzung – sogar als "Wissenschaft vom Feind" im Dienste des Patriotismus.

So erscheint zunächst die französische Öffentlichkeit in der Deutschlandfrage geeint durch den gemeinsamen Antifaschismus. Fragen nach der Kollaboration werden nicht gestellt, sondern die Résistance und die Exilregierung unter de Gaulle als ausreichende Legitimation des Alliiertenstatus betrachtet. Die völkerpsychologische Sicht ermöglichte eine klare moralische Distanzierung des Faschismus als Problem des deutschen Geistes, was umgekehrt eine Stärkung der französischen Identität als Hüterin der Freiheit und Demokratie bedeutete. Die "Stunde null", die Deutschland auf den langsamen und mühevollen Weg der ökonomischen wie sozialen Modernisierung verwies, erschien aus französischer Perspektive als Stunde des konservierenden Wiederanknüpfens an die überkommene republikanische Tradition einer selbstgewissen nationalen Identität.

Doch die Nachkriegsdiskussion beginnt sich bald – auch vor dem Hintergrund der Wiederbewaffnung Deutschlands – zu differenzieren. So betrachtet Louis de Villefosse 1950 in einer Rezension zu Arnoux' Buch und zu Henri Berrs *Allemagne, le Contre et le Pour* diese Art der Vergangenheits-

[5] Robert d'Harcourt: Horizons allemands. In: *Revue de Paris*. Februar 1947. S. 3-13.
[6] Alexandre Arnoux: Allemagne. In: *Revue de Paris*. Dezember 1949. S. 39-53.
[7] Historique de la Société des études germaniques; E. Tonnelat: Statuts de la Société, des études germaniques; J.-F. Angelloz: La Société, des études germaniques. In: *Etudes germaniques. Allemagne – Autriche – Pays scandinaves. Revue de la Société, des études germaniques*, Heft 1. Januar-März 1946. Zum besonderen Status der französischen Germanistik siehe auch M. Espagne und M. Werner: Introduction. In: *Les études germaniques en France 1900-1970*. Hrsg. v. M. Espagne und M. Werner. Paris 1994. S. 7-16.

sicht durchaus kritisch. Der Rezensent teilt mit Arnoux und Berr den antifaschistischen Gestus, aber er problematisiert auch die Motivationen beider. Die romanhafte Darstellung Arnoux' sei aus der Perspektive der "verlorenen" Generation geschrieben, die eine "dunkle historische Fatalität" dazu verurteilt habe, die "abendländische" Verantwortungsgemeinschaft zugunsten nationaler Rivalitätskämpfe aufs Spiel gesetzt zu haben.

> Eine Art Melancholie und Orientierungslosigkeit durchdringt diese Seiten verbunden mit einer nur vage formulierten Furcht: nämlich die große Bedrohung, die auf der 'christlichen Zivilisation', auf dem guten alten französisch-deutschen Westen lastet. Diese beiden schlechten Nachbarn [...] erleben sie nicht gemeinsam die gleiche bittere Desillusionierung[8].

Aus deutlicher Distanz erscheint dem Rezensenten der Darstellungsgestus als Ausdruck eines "halbbewußten Gefühls eines frustrierten Nationalismus", der offensichtlich kein zureichendes Ordnungsmuster für die Gegenwart zur Verfügung stellt.

Deutlich stellt der Rezensent anhand des Buches von Berr heraus, daß die völkerpsychologische Deutung des Faschismus auch ganz aktuelle Interessen bedient: nämlich die Integration Westdeutschlands in das atlantische Bündnis. Er zitiert Berr, der behauptet, daß "das deutsche Volk anormal" und Gewalt, Grausamkeit und Sadismus "in seiner Natur prädisponiert" seien, und deshalb sei die Westintegration das einzige Mittel, diese destruktiven Kräfte zu humanisieren. Villefosse formuliert hier anhand der deutschen Frage auch eine spezielle französische Sicht, die sich von der der anderen Westalliierten deutlich unterscheidet, wobei er ihnen gegenüber sogar den Vorwurf der Mitschuld an Hitlers Machtantritt äußert.

> Wotan, die teutonische Ordnung, Friedrich II., Wagner, Nietzsche, Spengler zu zitieren ist sicher gut, aber genügt nicht. Man muß auch die bedeutende Rolle herausarbeiten, die die angelsächsischen Industrie- und Finanzmächte gespielt haben, die Hitlers Machtübernahme favorisiert und diese Macht unterstützt haben.[9]

Er konstatiert, daß sich die einheitliche Front der Résistance aufzuspalten beginnt:

> Man sieht, warum ich mich so lange bei diesen beiden Büchern aufgehalten habe. Sie sind außerordentlich repräsentativ für die geistige Lage einer ganzen Klasse von Franzosen. Ich denke an die rechtschaffene Bourgeoisie und die wahrhaften Patrioten, die die Idee einer Zusammenarbeit mit dem geschworenen Feind zurückschrecken läßt. Sie haben sich gespalten. Von einer massiven Propaganda vergiftet, die den antibolschewistischen Slogans von Goebbels alle Ehre machen würde, laufen die Widerstandskämpfer von gestern in das Lager derjenigen über, die den Weg des Desasters und der Unehre gehen [...] Man ruft die bedrohte

[8] Louis de Villefosse: Chroniques. Culpabilité allemande et responsabilités collectives. In: *L'Europe*. Juni 1950. S. 88.
[9] Ebd. S. 91.

> christliche Zivilisation auf, dann zündet man die Hochöfen von Thyssen wieder an und mobilisiert – mehr oder weniger geheim – die Offiziere Hitlers, die listiger- oder zynischerweise andernorts rehabilitiert wurden.[10]

Was an dieser Argumentation auffällt, ist die Tatsache, daß einerseits konstatiert wird, daß die tradierte deutsch-französische Konfrontation durch die Entwicklung zweier Blocksysteme in der Tendenz ihre nationale Formulierung verliert. Andererseits wird an einem spezifisch französischen nationalen Standpunkt festgehalten. Damit richtet sich das Interesse fast zwangsläufig auf die sowjetische Besatzungszone, die im logischen Kalkül als ideale Projektionsfläche für diese französische Sicht erscheint. Der Rezensent hebelt die völkerpsychologische und moralisierende Kritik an Deutschland aus, indem er beweist, daß für die Befürworter der Westintegration Ostdeutschland ein Schreckbild ist, obwohl die immer wieder kritisierten Mentalitätseigenschaften dort viel radikaler ausgemerzt wurden.

> Es ist auch sehr seltsam, daß ein Buch, das sich so lange bei der Verpreußung Deutschlands aufhält, nicht im mindesten die Entpreußung erwähnt, die die Sowjets in ihrer Zone durchführen. Henri Berr betrachtet die Bolschewisierung des östlichen Deutschlands als große Gefahr und verhehlt, daß diese Bolschewisierung vor allem darin bestand, die Wurzeln des Militarismus auszurotten... Und zur gleichen Zeit, in der er die Augen vor diesem historischen Ereignis erster Ordnung schließt, öffnet er sie wohlwollend für die Auferstehung dieser rheinischen Schwerindustrie, die zwei Mal Frankreich besiegt, ruiniert und bluten hat lassen.[11]

In Ansätzen wird hier deutlich, daß der völkerpsychologische Argumentationsszusammenhang, der den nationalen Aspekt als Ordnungsmuster zugrundelegt, zumindest ergänzt werden mußte durch eine Analyse der beiden einander gegenüberstehenden Blöcke, daß die moralisierende Geschichtsbetrachtung zu kurz greift, sogar ins unlogische umschlägt, wenn es um die eigenen aktuellen Interessen geht.

Der Rezensent geht noch einen Schritt weiter. Wenn man einer moralischen Betrachtung der Geschichte folgte, müßte man die gleichen Beurteilungskriterien an die eigene Geschichte anlegen. Ohne an der Schuld der Deutschen zu rütteln, stellt Villefosse die provokatorische Frage: “wenn die Deutschen sicherlich einen Balken im Auge hatten, hatten wir Franzosen nicht auch zumindest einen Strohhalm in unserem.”[12] Und er berichtet Szenen voller Gewalt aus den französischen Kolonien, die denen ähneln, die die beiden rezensierten Buchautoren aus Deutschland berichteten. Seine Argumentation zielt eher darauf ab, daß die historische Logik nicht in der Mentalität einer Nation, sondern im jeweiligen System zu suchen ist, was die deutsche Schuld nicht aufhebt, aber den Franzosen eine weitaus selbstkritischere

[10] Ebd. S. 93.
[11] Ebd. S. 92.
[12] Ebd. S. 93.

Sicht auf ihre eigene Geschichte abverlangen würde. Vor diesem spezifisch französischen Hintergrund profiliert er auch sein Verhältnis zu den beiden Teilen Deutschlands:

> Das ist auch die Haltung dieses wohlmeinenden Journalisten, der zu Ungunsten der Regierung Ostdeutschlands die Tatsache geltend machte, daß ihr Präsident, Wilhelm Pieck, ein Deserteur ist. Und wirklich ist Herr Wilhelm Pieck 1914 dem Aufruf von Jaurès gefolgt, ist unter Wilhelm II. ins Gefängnis geworfen worden, ist ins Exil gegangen und war in Hitlerschen Konzentrationslagern. Wie sollte man ihn nicht dem Präsidenten der Bonner Republik, Theodor Heuss, vorziehen, der für die totale Machtergreifung Hitlers gestimmt und Artikel zum Lob der Naziarmee geschrieben hat? Es gibt also in Frankreich wie in allen Ländern des Westens eine Klasse von Leuten, die weit vom Gefühl der Schuld und der kollektiven Verantwortung entfernt sind. Sie meinen, daß man ohne Gewissensbisse allem gehorchen muß, was die übergeordnete Autorität befiehlt.[13]

Diejenigen Franzosen also, die dem Wiedererstarken Westdeutschlands zumindest skeptisch gegenüberstanden, zeigten ein eher wohlwollendes Interesse an der Entwicklung im Ostteil. So berichtet die Zeitschrift des germanistischen Fachverbandes *Etudes germaniques* 1946 durchaus positiv von der Gründung des Kulturbundes und der Zeitschrift *Aufbau*, von der Diskussion um die Nürnberger Prozesse und von der Auseinandersetzung zwischen den Exilschriftstellern und denen, die in der inneren Emigration verblieben waren, denen gegenüber Becher eine Position des Ausgleichs einnahm, ohne daß kritische Einwände gegen den Einfluß der Sowjetunion, gegen den "Dirigismus" und literarischen "Totalitarismus" unterschlagen wurden.[14] Vereinzelte positive Stimmen, wie die Rezension zu Jacques Nicolles *Naissance d'une Allemagne Démocratique* (1951)[15] unterstreichen den Eindruck, daß Ostdeutschland von den Skeptikern der Westintegration zur Kenntnis genommen wurde, ohne daß eine eindeutige Parteinahme sichtbar geworden wäre.[16] Auch in bezug auf die beiden Teile Deutschlands ging man von einer einzigen nationalen Identität aus, wie ein Beitrag zur Heine-Ehrung aus dem Jahre 1956 belegt. Wieder wird das besondere französische Interesse im Gegensatz zum anglo-amerikanischen aufgerufen, das offensichtlich die besondere Sympathie für Ostdeutschland hervorruft. Nachdem sich Pierre Abraham kritisch mit der Nichtachtung Heines im

[13] Ebd. S. 96.

[14] Jean Neveux: Les artisans du renouvellement spirituel de l'Allemagne: premières étapes du "Kulturbund" et de l'"Aufbau". In: *Etudes germaniques*. H. 2 (1946). S. 301ff.

[15] Jean Baumier: Notes de lecture. In: *L'Europe*. Juni 1951. S. 129.

[16] So unterstreicht Gilbert Badia, daß die DDR-Literatur im geistigen Leben Frankreichs erst in den sechziger Jahren eine Rolle spielte. Gilbert Badia: Traduire la RDA – traduire en RDA. In: Walter Lenschen (Hrsg.): *Literatur übersetzen in der DDR*. Berlin 1998. S. 125.

Westen auseinandergesetzt und den Osten entsprechend hervorgehoben hatte, führte er aus:

> Es gibt nur ein deutsches Volk. Es gibt nur eine deutsche Literatur. Wenn die politische Spannung – deren Ursprung auf die anglo-amerikanische, also einseitige Entscheidung zurückgeht, eine neue Währung in Westdeutschland einzuführen – auch vorübergehend zur Existenz zweier Regierungen geführt hat, so stellt das nicht die nationale Realität des deutschen Volkes als Ganzen in Frage. Das führt nicht dazu, daß die deutsche Literatur mehr oder weniger deutsch ist, je nachdem, ob sie im Osten oder Westen erscheint.[17]

Aber der Autor läßt auch keinen Zweifel daran, daß seine Meinung nur die einer Minderheit ist, während die offizielle Politik den Weg der Westintegration und damit der Teilung Deutschlands geht:

> Es ist nicht überflüssig, hier daran zu erinnern, daß die Regierung der DDR – deren Existenz die französische Regierung paradoxerweise immer noch nicht zur Kenntnis nimmt [...] – unterstrichen hat, daß ihr Volk niemals die Waffen gegen das französische Volk erheben würde. Wir würden gerne, nicht wahr, eine solche Versicherung von der Regierung der BRD entgegennehmen.[18]

Die offizielle Regierungspolitik bedient sich vielmehr der völkerpsychologischen Klischees, jetzt bereichert um das Bild der slawischen Bedrohung der abendländischen Zivilisation, um die Westintegration voranzutreiben. Paul Reynaud sieht nun die Schuld Mussolinis und Hitlers nicht mehr in ihren moralischen Positionen oder in ihren Verbrechen gegen die Menschlichkeit, sondern darin, daß sie ihren eigenen Nationalstaaten erhebliche territoriale Verluste beschert hätten, vor allem aber, daß sie den Westen in gefährliche Nähe zu den Slawen gebracht hätten.

> Hitler und Mussolini haben Krieg geführt, um Lebensraum zu erobern. Die Resultate sind die folgenden: Letzterer hat die Kolonien seines Landes verloren, von Triest ganz zu schweigen. Hitler hat Ostpreußen, den größten Teil Pommerns, einen wichtigen Teil Brandenburgs und Schlesien verloren. Das ist nicht alles. Die slawische Welle hat den Westen überschwemmt und löst die westliche Zivilisation bis hin zum Weimar Goethes auf.[19]

Seinen deutschen Gesprächspartnern im Westberliner Rathaus zeichnete er folgendes Bild von der slawischen Bedrohung:

> Wenn sie das Verbrechen begehen, wie man uns berichtet, uns mit den Slawen zu vereinen, die ihnen niemals verzeihen werden, aus ihrem Namen das Synonym zu

[17] Pierre Abraham: Pourquoi Heine? In: *L'Europe*. Mai-Juni 1956. S. 7. Der DDR-Literatur wird also nicht der Status einer Nationalliteratur zugesprochen. *L'Europe* veröffentlicht relativ viel übersetzte Auszüge von Schriftstellern aus der DDR, aber ein Sonderheft, wie z.B. für die sowjetische, katalanische, polnische, tschechische und slowakische Literatur, erscheint nicht.
[18] Ebd. S. 9.
[19] Paul Reynaud: Les deux Allemagne. In: *Revue de Paris*. Juli 1950. S. 1.

> "Sklave" gemacht zu haben, dann wird eine slawische Armee – und hinter ihr die Horden Asiens – sie daran erinnern, daß Berlin ein slawischer Name ist. Nachdem sie die deutschen Frauen und Mädchen vergewaltigt haben, werden sie sie mit ihren Männern, Söhnen und Brüdern, die nicht getötet wurden, mit zurücknehmen. 9 Millionen Menschen, gejagt von ihnen oder vor ihnen fliehend, sind in den Westen gegangen. Noch heute überschreiten jeden Monat mehr als 10000 Deutsche den eisernen Vorhang. Welche Volksabstimmung![20]

Diese Stellungnahme macht deutlich, wie weit das einst geeinte Feld der Antifaschisten und der Rèsistance bei der Deutschlandfrage auseinandergetriftet waren. Während der eine Teil zumindest eine gewisse Sympathie für den Ostteil entwickelte, ohne sich jemals mit ihm zu identifizieren, suchte die Gegenpartei ebenfalls nach einem "guten" Deutschland und "guten" Deutschen.

Ein tradiertes Vorkriegsparadigma einer deutschsprachigen, aber nichtpreußischen Kultur bot Österreich an. Die Moskauer Deklaration von 1943 hatte Österreich von Seiten der Alliierten den Opferstatus zugesprochen, so daß hier ein Brückenschlag durchaus möglich war. Schon 1948 druckte die *Revue de Paris* eine Übersetzung von Stefan Zweigs *Erinnerungen an Wien* ab, die eine nostalgische Idealisierung Wiens vor 1914 anbieten. Bekannte Klischees erscheinen: Wien als Stadt der Kunst, des Theaters und der Musik, eine Monarchie, die keinerlei politische Ambitionen mehr habe, jeder Religion und insbesondere den Juden gegenüber aufgeschlossen agiert, europäische Hauptstadt des Kosmopolitismus, in der sich viele Nationen vermischten, mit dem Motto: leben und leben lassen – kurz: ganz und gar antipreußisch.[21] Dies deckt sich dann vollständig mit den *Erinnerungen an Wien* von Saint-Aulaire, die 1953 in der *Revue de Paris* erscheinen und ausdrücklich auf Zweig – als Exilschriftsteller eine unantastbare Autorität – Bezug nehmen, und die mit der Formel "Wien war die Hauptstadt der Musik und der Legitimität" dem Habsburg-Mythos folgen. "Da, wo die Untertanen den gleichen Glauben wie der Souverän haben, hebt der Glaube alle Diskussionen über die Begründung der Macht und jeden Vorwand zur Revolution auf."[22] Er bestätigt der österreichischen Aristokratie Liberalismus und Toleranz in der Judenfrage. "Aber die Juden wurden in dieser absoluten Monarchie sehr gut behandelt, die toleranter als die meisten unserer Demokratien war."[23]

Mit dem heiteren Bild von Wien als "alter Hauptstadt der Lebenslust" beginnt auch der Artikel *Österreich und Europa* von Gabriel Puaux, der als französischer Botschafter zeichnet. Doch auch hier ist das Kulturbild verbunden mit dem Blockdenken des Kalten Krieges. Den Autor treibt die Angst um, Österreich könnte einen "Pakt mit dem Teufel", dem "russischen

[20] Ebd. S. 1f.
[21] Stefan Zweig: Souvenirs de Vienne. In: *Revue de Paris*. Januar 1948. S. 66ff.
[22] Saint Aulaire: Souvenirs de Vienne. In: *Revue de Paris*. September 1953. S. 26.
[23] Ebd. S. 30.

Satan", schließen. Für ihn sind die deutsche und die österreichische Frage unmittelbar miteinander verbunden.

> Werden wir eines Tages den Rückgang der russischen Flut erleben? Ist es Berlin oder Wien, das zuerst frei sein wird? Das österreichische und das deutsche Problem können nicht voneinander getrennt werden. Von der Zukunft des großen Deutschlands hängt das der kleinen Republik ab. Wenn das Reich in eine westeuropäische Gemeinschaft eingebunden ist, wird das Gespenst des Anschlusses ausgetrieben sein [...] Wenn Deutschland neutralisiert werden sollte, wie es die Russen wollen, kein Zweifel, daß sie früher oder später Österreich absorbieren werden, das in der gleichen geographischen Situation zwischen der Sowjetunion und dem Westen ist. Wenn das wiederbewaffnete Deutschland dazu bestimmt ist, sowjetisiert zu werden, dann wird nur wenig Zeit verstreichen bis zum Tag, an dem ein gutorganisierter Putsch aus Wien die Hauptstadt einer Volksdemokratie macht. Das Scheitern oder der Erfolg des Projektes Europa [...] wird vom Schicksal Österreichs abhängen, seinem Überleben oder seinem Tod. Kann Österreich in einer Welt, wo die Kunst zu leben zu verschwinden droht, aufgerufen werden, manche Werte des Ausgleichs, der Anmut und der lächelnden Ironie zu verteidigen, deren Charme die Franzosen mehr als andere zu schätzen wissen.[24]

Bei dieser Festschreibung des Österreich-Bildes auf die Vorkriegszeit, sogar auf die Zeit vor dem Ersten Weltkrieg ist es verständlich, daß den Nachkriegsautoren wenig Aufmerksamkeit geschenkt wurde. Wie ein Überblick über die übersetzte österreichische Literatur nach 1945 zeigt, dominieren bis in die sechziger Jahre die österreichischen Klassiker: Rilke, Hofmannsthal, Schnitzler, Kafka und vor allem Stefan Zweig.[25] Wenn Arnoux am Schluß seiner Memoiren bemerkt, daß er durch Debussy Mozart besser verstehen gelernt habe, so ist dies ein symbolisches Bekenntnis zu einer deutschsprachigen Kultur, die keine deutsche ist.[26] Andererseits scheint es vor dem skizzierten Hintergrund auch nicht zufällig, daß Claude David in einem Artikel ausführlich die Zuweisung Hofmannsthals als Repräsentanten des Österreich-Mythos zumindest problematisiert.

> Weil Hofmannsthal weder eindeutig Ästhet noch Romantiker, noch barock war, hat man versucht, ihn geographisch einzugrenzen. Hofmannsthal wurde der Österreicher par excellence und der Vertreter einer sterbenden Zivilisation... Hofmannsthal konnte Österreich nur durch Vergleich definieren, der nächstliegende Bezugspunkt war Deutschland [...], der Österreicher Hofmannsthal hatte als engsten Freund Baron von Bodenhausen, der in Deutschland die Krupp-Werke leitete. Und am 10. Januar 1915 schrieb er in der *Vossischen Zeitung*: "Österreich muß als Aufgabe Deutschlands in Europa gesehen werden. Denn Österreich braucht einen ununterbrochenen Zufluß an deutschem Geist."

[24] Gabriel Puaux: L'Autriche et l'Europe. In: *Revue de Paris*. Mai 1952. S. 36.
[25] Siehe zum statistischen Überblick: Christiane et Gilbert Ravy: *Ecrivains autrichiens traduits en français. Bibliographie*. Centre d'études et de recherches autrichiennes. Collection dirigée par Felix Kreissler. Publications de l'université de Rouen Nr. 216. Rouen 1996.
[26] Alexandre Arnoux: Allemagne. In: *Revue de Paris*. Dezember 1949. S. 53.

Die einigende Formel stammt auch hier aus dem nationalen Kultur-Reservoir Frankreichs: Hofmannsthal als "homme de lettres": "Man beschreibt so zugleich seine Bescheidenheit, seine Urbanität, seinen Humanismus, seine Menschlichkeit."[27]

Doch auch in der deutschen Kultur selbst und ihren Repräsentanten wird nach Anknüpfungsmöglichkeiten für eine künftige Zusammenarbeit gesucht. So veröffentlicht *L'Europe* im Februar 1947 Erinnerungen Georges Navals an Bernard Groethuysen, einen Schüler Wilhelm Diltheys und Mitherausgeber der *Gesammelten Schriften*, der 1937 die französische Staatsbürgerschaft angenommen hatte.[28] Und Antonina Vallentin berichtet, daß sie für den *Lancelot. Le Messager de France* in deutscher Sprache in Baden-Baden den Kontakt mit Ernst Robert Curtius suchte. Doch dieser habe die Bitte um eine Übersetzung von Aragons *Cantique ... Elsa* abgelehnt, weil er – wie die Korrespondentin berichtet – etwas gegen den kommunistischen Standpunkt Aragons habe. Dieser "Antikommunismus" Curtius' und seine Weigerung, mit den französischen Siegern zusammenzuarbeiten, rückten ihn in den Augen der Verfasserin sogar in die Nähe des Faschismus: "Die Augen von Curtius leuchteten hinter seiner Brille und hatten irgendetwas, was mich an die Augen von Jutkun, den Leutnant der Gestapo erinnerte..., als er mich verhörte und mich fragte: 'Arierin oder Nichtarierin?'"[29]

An einem ganz anderen deutschen Autor der Nachkriegszeit schieden sich die französischen Geister: nämlich an Ernst Jünger. Eine erste Reaktion auf den Essay *Der Frieden. Ein Wort an die Jugend Europas. Ein Wort an die Jugend der Welt*, in dem Jünger einen neuen Anfang im Dialog zwischen dem "geläuterten" Deutschland und den Siegermächten wagt, findet sich schon 1946 in der *Etudes germaniques*. Jean-François Angelloz beginnt seine Rezension mit der Beschreibung der politischen Position des Autors: "Der Autor war, wie man uns sagt [...] zunächst auf der Liste der Kriegsverbrecher, dann auf der schwarzen Liste der verbotenen Schriftsteller, und er ist, in wenigen Monaten, der Sprecher eines leidenden und nicht reumütigen Deutschlands geworden." Mit einem deutlichen Seitenhieb auf die englische Besatzungsregierung, die den Druck des Werkes genehmigte, und die dem Argumentationsmuster zu folgen scheint, daß schon Villefosse nutzte, um einen besonderen französischen Standpunkt zu artikulieren, führt Angelloz aus: "Wir sind mit Recht erstaunt, daß die englische Zensur den Druck eines solchen Manifestes zuließ, in dem so viele Sätze das menschliche Gewissen schockieren und abschrecken." Für Angelloz ist Jünger einer der repräsentativsten Vertreter der Vorkriegsliteratur, die mit zu Nationalsozialismus und

[27] Claude David: Le dernier homme des lettres. In: *Critique. Revue générale des publications françaises et étrangères*. Hrsg. v. Georges Bataille. Bd. 11. Nr. 96. Mai 1955. S. 402ff.

[28] Georges Naval: Avec Bernard Groethuysen. In: *L'Europe*. Februar 1947. S. 102-107.

[29] Antonina Vallentin: Lettres d'Allmagne. In: *L'Europe*. August 1946. S. 136.

Weltkrieg geführt habe. Für ihn ist der Wandel von Saulus zu Paulus nicht glaubwürdig: "Wir werfen ihm nicht vor, daß er so schnell Pazifist und Christ geworden ist, aber diese plötzliche 'Konversion' beruht wohl mehr auf Opportunismus, denn auf Überzeugung."[30]

Eine ähnlich strikte politische Zurückweisung erfährt Ernst von Salomons *Fragebogen* noch 1951 in der *Revue de Paris*. Harcourt sieht Salomon und seine Freunde, zu denen er auch Jünger zählt, als geschworene Feinde jeder Demokratie, mit einer gemeinsamen Vergangenheit in den Freikorps der Kapp-Putsch-Zeit, als bonvivants in der Zeit des dritten Reichs und als Hasser der amerikanischen Besatzungsmacht. Die freundlichere Sichtweise Frankreichs – von Salomon berichtet über ein erotisches Abenteuer mit einer Französin – wird patriotisch zurückgewiesen.[31] 1953 finden wir in der gleichen Revue Auszüge aus Jüngers Kriegstagebüchern. Hier wird er eingeführt als Adept Nietzsches, als Autor des *Stahlgewitters*, das André Gide – eine unverdächtige Empfehlung für jeden Franzosen – als bestes Buch über den Ersten Weltkrieg gelobt habe, und über die Kriegszeit heißt es lakonisch: "Im letzten Krieg lebte Jünger nach einem kurzen Aufenthalt an der russischen Front in Frankreich"[32]. Ein ausführlicher Aufsatz von Eugène Jolas widmet auf sehr ausgewogene Weise eine ausführliche Passage der politischen Entwicklung Jüngers: "Als ein sehr begabter und geschickter Schriftsteller hat Jünger, der sich auf die 60 zubewegt, alle Entwicklungsstadien des deutschen Denkens seit 1918 durchlaufen, vom militaristischen Imperialismus und Pangermanismus, über den Nihilismus bis zum antihitlerschen Pazifismus."[33] Er äußert ebenfalls große Zweifel an der antifaschistischen Einstellung Jüngers und unterstreicht, daß die große Bewunderung Jüngers für Frankreich immerhin aus der Perspektive des Okkupanten heraus gezeichnet ist.

Doch in einem Aufsatz von 1960 sind alle politischen Bedenken angesichts Jüngers geschwunden, der für Marcel Schneider seit dem Tod von Thomas Mann den ersten Platz in der deutschen Literatur und einen der ersten in Europa einnimmt. Er zählt ihn unter Autoren wie Verlaine, Proust, Trakl, Rilke, Lautreamont, Nietzsche, Rimbaud und Barrès, und unterstreicht den Gedankenreichtum, den Hellenismus, das Christentum und die existentielle Radikalität von Jüngers Denken.[34]

[30] Jean-François Angelloz: Ernst Jünger apôtre de la paix. In: *Etudes germaniques*. Heft 3. Juli-September 1946. S. 280ff.

[31] Robert d'Harcourt: Ernst von Salomon ou la confession du cynisme. In: *Revue de Paris*. November 1951. S. 1ff.

[32] Ernst Jünger: Journal tenu pendant la guerre. In: *Revue de Paris*. Oktober 1953, S. 61.

[33] Eugène Jolas: Ernst Jünger et le crépuscule du nihilisme. In: *Critique*. Bd. 8. Nr. 54. November 1951. S. 938.

[34] Marcel Schneider: Ernest Jünger. In: *Revue de Paris*. Januar 1960. S. 64-69.

Diese Tendenz, den politisch-zeitgeschichtlichen Kontext der deutschen Literatur zurücktreten zu lassen, um die existentielle Radikalität der deutschen Nachkriegsliteratur herauszustellen, ist nicht nur bei Jünger spürbar.

Pierre Garnier widmet in seinem Aufsatz über Gottfried Benn ein eigenständiges Kapitel dem Verhältnis Benns zum Faschismus. Ohne moralisierende oder psychologisierende Attitüde analysiert der Autor den Zusammenhang zwischen der apolitischen und kulturkritischen Weltanschauung von Autoren wie Nietzsche, Benn, George oder Spengler und der faschistischen Ideologie, ohne beide auf platte Weise miteinander zu identifizieren. Er hebt die Möglichkeit des Exils oder gar des Widerstandes als denkbare Verhaltensalternativen hervor, um Benns Wandel vom Befürworter des Regimes zu einem Kritiker, der gleichwohl keine Position aktiver Gegenwehr einnahm, als typische Verhaltensweise vieler Deutscher verständlich zu machen. Aber gerade dort, nicht in erster Linie bei den Exilschriftstellern und den Gegnern des Regimes, sucht der Autor das Bindeglied zwischen dem alten und dem modernen Deutschland. Wie Jünger auf die 60 zugehend, erscheint Benns Erfolg in der Nachkriegszeit als Rechtfertigung und Triumph seiner stillen Teilhabe an der deutschen Geschichte.

> Gottfried Benn repräsentierte plötzlich dieses Deutschland, das das Hitlerregime mit Sympathie aufgenommen hatte, weil es ihm eine sofortige Erneuerung versprach, dann war er langsam in Schweigen versunken[...] Unter denen, die emigriert waren, und den Jüngeren, die aktiv am Widerstand teilgenommen hatten, wie Weisenborn und Holthusen, blieb Gottfried Benn derjenige, der sich einen Moment lang irren konnte, der aber zumindest immer seinem Denken, seinem Gewissen und Deutschland treu geblieben war.[35]

In der französischen Sichtweise sind Autoren wie Benn und Jünger, gerade weil sie, ohne auf militante Weise mit dem faschistischen Regime kollaboriert zu haben, Deutschland treu geblieben sind, die Bindeglieder in der neuzudefinierenden Identität nationaler deutscher Kultur. Der "moderne Humanismus" Benns kann als existentielle Suche, Verirrung und Neuorientierung des deutschen Geistes interpretiert werden:

> [...] wir müssen zurückkommen auf diesen großen Weg des modernen Menschen auf der Suche nach Gott. Mehr als alle anderen hat der Deutsche unter der spirituellen Auflösung gelitten, unter dem Tod Gottes, auf den der Tod der gesamten Kultur folgte. Er befand sich plötzlich inmitten des Nichts dieser letzten nietzscheanischen Menschen unter dem Regime eines totalitären Staates, von Beamten und Soldaten umgeben, in einem Universum, das Kafka beschrieben hat, und geleitet von den frechen politischen Lügen, die die Regierung in Umlauf setzte.[36]

Man kann sich des Eindrucks nicht ganz erwehren, daß diese Trennung zwischen Staat und Staatsbürger, die Harcourt in seinem Aufsatz als eine der

[35] Pierre Garnier: Un demi-siècle allemand vécu par un intellectuel. In: *Critique*. Bd. 10. Nr. 89. Oktober 1954. S. 860f.
[36] Ebd. S. 862.

Vorbedingungen für den Erfolg des Faschismus herausgestellt hatte, hier eine späte Rechtfertigung erfährt. Günter Grass' Polemik gegen Heidegger in den *Hundejahren* (1963) illustriert das Unbehagen der nachfolgenden Schriftstellergeneration an dieser Geschichtssicht. Pierre Garnier scheint es jedoch ausgemacht, daß die westdeutsche Nachkriegsliteratur ohne diese Reduktion der real-politischen Dimension deutscher Literatur auf einen "existentiellen Humanismus" nicht denkbar sei.

> Dieses Denken, das Gottfried Benn wieder zur Geltung gebracht hat, scheint heute den jungen deutschen Schriftstellern neues Leben und Kraft zu verleihen, die sie für einen Skeptizismus und erschreckenden Nihilismus verlassen hatten; es befreit sie nach und nach von der Last der Geschichte, die am Tage nach der Niederlage dem daran verzweifelnden und doch befreienden Wolfgang Borchert einen so großen menschlichen Wert gegeben hatte. Durch seine "Aktion" zugunsten des Gedankens, die ihn zu einem der großen Humanisten des 20. Jahrhunderts macht, und durch seinen Versuch, den Menschen wieder an diesen Gedanken zu binden, verdient Gottfried Benn die Anerkennung der Welt, die die Menschen denjenigen reservieren sollte, die dafür gekämpft haben, sie zu erleuchten und sie zur Wahrheit zu führen.[37]

Was sich in dieser Sichtweise abzeichnet, ist sicherlich auf den Einfluß einer allgemeinen Entwicklung hin zu einer existentiellen, die Modernität nicht mehr unter einem nationalen, sondern eher unter einem übergreifenden strukturellen und ideengeschichtlich synthetisierenden Gesichtspunkt zu betrachten, zurückzuführen. Unübersehbar ist aber auch hier ein tradiertes nationales Bewertungselement. Auch Claude David hatte Hofmannsthal aus dem politisch motivieren Diskurs um seine Stellung zwischen deutscher oder österreichischer Identität durch die "klassische" Zuordnung zum neutralen Bildungsmuster des humanistisch gesinnten "homme des lettres" neutralisierend gerettet. Eine ähnliche Neutralisierung durch Kanonisierung als Vertreter des "modernen Humanismus", der gleichnishaft der deutschen Suche nach der letzten Wahrheit über alle historischen Verirrungen hinaus eine menschheitlich "aufklärende" Dimension abgewinnen kann, wird auch Benn zuteil.

Auch die neueste westdeutsche Literatur wird aus diesem Blickwinkel betrachtet. Michel Habart beschäftigt sich 1953 mit den *Neuen Totenmasken und der zeitgenössischen deutschen Lyrik*, wobei neben Karl Krolow, Günter Eich, Hans von Savigny, Oda Schaefer, Hans Egon Holthusen und Stephan Hermlin vor allem die *Moabiter Sonette* (1948) von Albrecht Haushofer und *Die Ballade vom verschütteten Leben* (1952) von Rudolf Hagelstange im Mittelpunkt stehen. Das Thema des Todes wird als zentrales, typisch deutsches Motiv herausgearbeitet:

> Was aber das Gesicht der zeitgenössischen deutschen Lyrik vor allem prägt, ist die Präsenz des Todes[...] Der Tod, der alte Begleiter und das Hauptmotiv der

[37] Ebd. S. 863.

> deutschen Kunst in allen Jahrhunderten, der schon die Stichel und die Pinsel von Dürer, Grünewald leitete, und den man deutlicher als je im 20. Jahrhundert ebensosehr in den lyrischen Dramen Hofmannsthals wie in den Romanen Hermann Brochs oder den Elegien Rilkes wiederfindet.[38]

Ganz abgesehen davon, daß die österreichische Literatur ihrer nationalen Zuweisung beraubt ist, erscheint wiederum Ernst Jünger als Bindeglied zwischen der romantischen apokalyptischen Todessehnsucht der Vorkriegs- und Götterdämmerungsliteratur und der Nachkriegsliteratur, zu der hier der ausdrücklich als "Zonenautor" unterschiedene Hermlin gehört. "Diese Entwicklung der Ideen vom Leben und vom Tod findet sich auf frappierende Weise bei dem Chameleon-Autor Ernst Jünger... Es ist ein langer und eindrucksvoller Weg, der ihn von Nietzsche zu Lao Tse führt."[39] Im Spiegel einer zitierten französischen Autorität (Joubert) wird der existentiellen Sehnsucht der Deutschen nach dem Tode eine humanitäre Seite abgewonnen. Sogar die Schlachten des Ersten und Zweiten Weltkrieges werden, wenn auch nicht entschuldigt, so doch im metaphysischen Lichte erklärt und damit verständlich:

> Und mehr als jeder andere erkennt der Deutsche sich in den Worten Jouberts: "Die Hinwendung zur Destruktion ist eines der Mittel, die dazu dienen, die Welt zu bewahren." Das Opfer wird so zum inneren Erlebnis... und die aktuelle Nützlichkeit des Todes erst in zweiter Linie bedeutsam. Erklärt dies nicht z.T. warum die Deutschen fast einheitlich 1914 nach der Marne-Schlacht und 1942 nach Moskau und Stalingrad weiterkämpften[...][40]

Gerade Jünger und Benn sind für Michel Habart Garanten einer humanistischen Transformation der deutschen Todessehnsucht, da für sie der Tod, den schließlich nicht sie, sondern die Opfer des Dritten Reiches erlitten, nicht mehr Selbstzweck sei, sondern nur der Durchgang zur humanistischen Erneuerung.

> Auch darin liegt der Grund, aus dem heraus die Hoffnung auf eine bevorstehende Mutation des Menschen bei den deutschen Denkern besonders lebendig ist, und diese Mutation wird wie eine übergeordnete sokratische Hellsichtigkeit erlebt, wie der Widerschein der strukturellen Einheit des Universums (Ernst Jünger) oder wie eine Selbsterschaffung, die Zugang zu einer transzendenten formellen Vollkommenheit gibt (Gottfried Benn).[41]

Gleichwohl ist mit Bertolt Brecht ein Gegenwartsautor in der französischen Wahrnehmung deutscher Gegenwartsliteratur präsent, der scheinbar ganz

[38] Michel Harbart: Les nouveaux masques de la mort et le lyrisme allemand contemporain. In: *Critique*. Bd. 9. Nr. 77. Oktober 1953. S. 838.
[39] Ebd. S. 839: "Cette évolution dans le temps des idées de vie ou de mort se retrouve de façon frappante chez l'écrivain-caméléon qu'est Ernst Jünger... Long et passionnant parcours qui le mène de Nietzsche ... Lao-Tse."
[40] Ebd. S. 850.
[41] Ebd. S. 850f.

und gar nicht in das Bild von der existentiell-zeitlosen Suche nach Erleuchtung durch Tod paßt. René Wintzen kritisiert zunächst die Ignoranz Westdeutschlands, das diesen Autor totschweigt, und zeigt Verständnis für Brechts Entscheidung, in den Osten zu gehen, da dort das Terrain für die Aufnahme seiner Werke besser sei. Er sieht es vielmehr als Erfolg Brechts, daß er seine politische Unabhängigkeit bewahren und seine Werke in beiden Lagern durchsetzen konnte. Mit dem Verweis auf die in der *Temps modernes* veröffentlichten Protokolle der Befragung Brechts durch das Komitee für unamerikanische Aktivitäten, das teilweise übersetzt abgedruckt ist, unterstreicht er Brechts Antifaschismus und die Tatsache, daß er niemals Mitglied der Kommunistischen Partei war. Wintzen berichtet sogar von einem Gerücht, daß Brecht plane, in die Westzone überzulaufen, und daß er die österreichische Staatsbürgerschaft angenommen habe. Die positive Aufnahme Brechts in Frankreich, von der die zitierten Aufführungen ab 1947 zeugen, sind also keine Sympathiekundgebungen für die DDR.[42]

Auch Brecht erfährt eine Art politische Neutralisierung, indem er einen Platz im "klassischen" Kanon deutscher Gegenwartsliteratur von den Franzosen, ausdrücklich nicht von seinen westdeutschen Landsleuten, zugewiesen bekommt. In diese Richtung weist der Aufsatz von Michel Habart. "Wenn auch aus polemischen Gründen sein Werk in Westdeutschland vorsätzlich ignoriert wird, wo das Theater Carl Zuckmayers, Bruckners und Jahnns weiterhin dominiert, so bleibt Brecht gleichwohl der bedeutendste zeitgenössische Dramatiker."[43] Mit Augenmaß und außerordentlicher Sachlichkeit analysiert Habart die Brechtsche Theorie, der er jedoch keine tiefgreifende Wirkung auf Frankreich voraussagt. "Es ist nicht erstaunlich, daß das epische Theater nicht Schule in Frankreich gemacht hat. Die Verbreitung eines Volkstheaters fordert soziale Bedingungen und einen Zustand der Begeisterung und der Übereinstimmung, die hier schwer zu vereinen sind."[44] Trotzdem unterstreicht er, daß das Schicksal des epischen Theaters nicht von der Richtigkeit der politischen Theorien abhängt, die Brecht vertritt, denn für ihn ist Brecht "vor allem ein Poet", dem es gelungen sei, ein wirklich zeitgenössisches Theater zu entwickeln.

Ostdeutsche wie westdeutsche Autoren werden also gleichermaßen weitgehend von ihrem politisch-sozialen Kontext abgehoben und aus französischer Perspektive an ihren Texten gemessen. Die französischen Kritiker, in einer Tradition geschult, die den Text als Autorität nach dem Vorbild der klassischen Werke zunächst der Antike, dann der nationalen Klassik des 17. Jahrhunderts noch immer als Autorität betrachten, bewerten am Maßstab der formellen Bemeisterung eines "klassischen" menschheitlichen Grundpro-

[42] René Wintzen: Présence de Bertolt Brecht. In: Jean du Riveau (Hrsg.): *Documents. Revue mensuelle des questions allemandes*. Nr. 2. Februar 1952. S. 113-135.
[43] Michel Habart: Bertolt Brecht et le théâtre épique. In: *Critique*. Bd 9. Nr. 79. Dezember 1953. S. 1023.
[44] Ebd. S. 1037.

blems. Der historisch-politische Kontext wird im Auge behalten, wird aber niemals Teil der literarischen Auslegung an sich. 1962 liest ein französischer Kritiker Uwe Johnsons *Das dritte Buch über Achim* nicht als Werk der west- oder ostdeutschen Literatur, sondern als modernes Erzählwerk im rein ästhetischen Kontext des 'nouveau roman' oder des amerikanischen Romans der zwanziger Jahre: "Die DDR ist nur ein Vorwand. Der wirkliche Gegenstand ist 'das Limit, die Differenz, die Distanz [...] und der Versuch, sie zu beschreiben'".[45]

Diese kurze, sicherlich nicht umfassende und nur skizzierende Übersicht zeigt, wie sich anhand der deutschsprachigen Literatur in der Nachkriegszeit französisches Identitätsbewußtsein reibt und neukonstituiert. Tradierte völkerpsychologische Parallelisierungen dienen zunächst dazu, das faschistische Deutschland als solches zu beschreiben und kritisch abzuweisen. Doch den Transformationsprozeß zum modernen Nachkriegseuropa können sie in dieser Form nicht erklärend und ordnend begleiten. Die antifaschistische Identität erweist sich als nicht ausreichend, um neue Modelle der Zusammenarbeit zu entwerfen. Zunächst scheinen sich die Sichtweisen in Lager aufzuspalten, die scheinbar unvereinbar gegeneinander stehen. Mehr oder minder deutlich fungieren Österreich, Ostdeutschland und Westdeutschland als Sondierungs- und Projektionsflächen für ein neues Bild deutschsprachiger Kultur, das konsensfähig wäre. Bis 1960 – dem eher etwas zufälligen Ende des Untersuchungsrahmens dieser Studien – scheint ein solches gefunden zu sein. In der französischen Tradition wird ein Fundus an Textdeutungsmustern und -bewertungsstrategien mitgeführt, die – ohne den sozialhistorischen Kontext ganz und gar zu verleugnen – doch noch vom Werk als formellem Refugium humanen Denkens ausgehen. Die Autorität des Werkes und die Unantastbarkeit des "Dichters als Sehers der Menschheit", als hommes des lettres, als irrenden, aber ernsthaft suchenden Humanisten im Dienste der Menschheit gewinnt eine existentiellere Formulierung, führt aber doch den Gedanken weiter, daß "Klassizität", d.h. Vorbildlichkeit im formellen wie humanistischen Sinne ein sicheres Kriterium für die Qualität von Literatur abgibt. Damit gelingt es Frankreich, sich weitgehend aus den innerdeutschen Querelen um die nationale Repräsentanz entweder der ost- oder westdeutschen Literatur herauszuhalten und den "rechten" wie den "linken" Autoren gleichermaßen Aufmerksamkeit zu schenken. Und auch für die österreichische Literatur ist der Weg offen, da sich Frankreich gleichermaßen für die Definition Österreichs als Repräsentation des Habsburg-Mythos und dann später für das moderne Österreich als antipreußisches Refugium einer sprachkritischen und unheroischen Literaturidentität erwärmen kann. Das kann aus der Sicht der jeweiligen Muttersprachgermanistiken durchaus den Anstrich eines uninteressierten Relativismus haben, zeigt aber

[45] Jean Philippon: Le livre du mois. Das Dritte Buch über Achim. In: *Documents*. Nr. 2. März/April 1962. S. 238.

vor allem die große Integrationskraft einer nationalen Tradition, die trotz gravierender politischer und weltanschaulicher Meinungsverschiedenheit und nicht ohne Brüche und Widersprüche in großen historischen Umbruchssituationen den spezifisch französischen Standpunkt konstituiert, modifiziert und in die Zukunft weitervermittelt.

Insa Eschebach

Geschlechtsspezifische Symbolisierungen im Diskurs über Nationalsozialismus und Zweiten Weltkrieg

The subject of this article is a pattern of discourse reflecting National Socialism and the Second World War, perceived as the war which had been 'lost', with regard to this discourse's gender constellation. Concentrating on two speeches given by Ernst Wiechert and Wilhelm Pieck in 1945, the trope of the 'violated' German people whose honour has to be restored is discussed. The main argument is that Wiechert and Pieck, among others, use traditional gender imagery in order to portrait Germany as a victim and to claim continuity of a German national identity.

> Denn eben dieses war doch geschehen, daß in das Haus dieses Volkes, gefüllt mit den Schätzen einer tausendjährigen Kultur, eines Tages ein Landesfremder getreten war, ohne Kenntnisse, ohne Wissen, ohne Kultur, ohne Takt und Geschmack [...], besessen [...] von dem Haß des Primitiven gegen eine alte Rasse und begabt nur mit allen Fähigkeiten des Demagogen [...]. Was waren ihm Kinder und Familien, Stämme und Völker, Herzen und Hirne anderes als Stoff, den man kneten und verwenden konnte, Objekt und Material, das man zu dem Hebel schmiedet, mit dem die Welt aus den Angeln zu heben war?[1]

> Ward je ein Volk so tief geschändet und so tief zu Boden getreten wie das deutsche Volk durch Hitler? Er ist es, der unser Volk total versklavt und seine kräftigsten Teile ausgerottet hat.[2]

Die Zitate sind zwei Reden entnommen, die beide im Jahr 1945 gehalten wurden: Das erste stammt aus Ernst Wiecherts *Rede an die Deutsche Jugend*, die dieser im November 1945 im Münchener Schauspielhaus gehalten hat. Das zweite Zitat ist aus einer Rede Wilhelm Piecks, die der Moskauer Rundfunk in seinem deutschsprachigen Programm am 4. Mai 1945 sendete.

Daß es sich bei Pieck und Wiechert um zwei recht unterschiedliche Exponenten deutscher Kultur- und Politikgeschichte handelt, ist bekannt. Der Schriftsteller Ernst Wiechert, geboren 1887, zählt zu den Vertretern einer konservativen Kulturkritik; im Jahr 1938 war er für zwei Monate im Kon-

[1] Ernst Wiechert: *Rede an die Deutsche Jugend 1945*. München 1945. Vgl. die Replik von Alexander Parlach (d.i. Erich Kuby): Die erste und einzige Rede deutscher Jugend an ihren Dichter. In: *Der Ruf* 2 (1947). H. 25. S. 10.
[2] Wilhelm Pieck: Berlin von Hitler befreit! In: Ders.: *Im Kampf um den Frieden. Reden und Schriften 1918 – 1959*. Berlin 1985. S. 319-322.

zentrationslager Buchenwald inhaftiert.[3] Wilhelm Pieck, geboren 1876, gehörte zu den Gründern der Kommunistischen Partei Deutschlands, emigrierte 1933 zunächst nach Frankreich, dann in die Sowjetunion und wurde 1949 erstes Staatsoberhaupt der Deutschen Demokratischen Republik.

Auf den ersten Blick überraschend ist, daß es in den zitierten Reden von Pieck und Wiechert – trotz der augenfälligen Divergenzen in Leben und Werk beider Männer – eine ganze Reihe von Entsprechungen gibt. Diese Entsprechungen betreffen ein Diskursmuster, das den Nationalsozialismus und den "verlorenen" Zweiten Weltkrieg in Konstellationen des Geschlechterverhältnisses reflektiert. Darum, daß beide Reden dieses Diskursmuster auf unterschiedliche Weise bedienen, geht es mir im folgenden. In einem zweiten Schritt frage ich nach Geschichte und Funktion dieses Vorstellungskomplexes.

Auffällig ist die stringent durchgehaltene Dichotomie, die Wiecherts und Piecks Thematisierung des Nationalsozialismus strukturiert: Die Dichotomie von Volk und Führer. Bei Wiechert wird Hitler, wie eingangs zitiert, als ein "Landesfremder" beschrieben, der "mit schmutzigen Stiefeln", wie es heißt, das Haus des Volkes betritt. Das Volk ist ihm nichts anderes als Stoff, Objekt, knetbares Material.

"Beschmutzt", "versehrt", "versklavt", "geknebelt" und "unterjocht" ist das Volk auch bei Pieck – zwar nicht durch einen Landesfremden, sondern durch "die rasende Hitlerbestie", die "Hitlerbande" bzw. durch das "Nazigift" – mit der Folge, daß das Volk 1945 "ausgeblutet" ist, "krank an Leib und Seele", "tief geschändet" und "zu Boden getreten". Bei Wiechert "verdarb" das Volk, "verlor sein sittlich Gut" und ist nun, 1945, "so allein, wie niemals ein Volk allein war auf dieser Erde. So gebrandmarkt, wie nie ein Volk gebrandmarkt war."

Vor dem Hintergrund dieser Diagnose stellen Wiechert und Pieck die programmatische Frage, was mit einem derart geschändeten und gebrandmarkten Volk zu tun sei. Bei Wiechert zeigt sich "unter Tränen und Trümmern das Schmerzensgesicht, das den Urgrund unseres Volkes bildet, ein Gesicht trotz allem voller Güte und Gerechtigkeit, von Leid und Scham verdunkelt." Der Schriftsteller setzt auf die Jugend, der nunmehr die Aufgabe zukomme, "das Blut eines Volkes zu erneuern und die Schande von dem Gesicht eines ganzen Volkes abzuwaschen." "Ihr habt", so Wiecherts Appell

[3] Wiechert hatte am 16.4.1935 in seiner Münchner Universitätsrede *Der Dichter und seine Zeit* die Erziehungs- und Kulturpolitik der Nationalsozialisten kritisiert. Nachdem er Ende März 1938 gegen die Verhaftung Martin Niemöllers protestierte, wurde Wiechert am 6. Mai verhaftet und am 4. Juli als "Politischer" in das KZ Buchenwald (Nr. 7188, Block 17) vom Polizeigefängnis München eingeliefert. Am 24.8.1938 erfolgte die Entlassung aus Buchenwald. – Für diese Hinweise danke ich Sabine Stein, Archiv der Gedenkstätte Buchenwald.

an seine Hörer, "eine Saat zu säen und das Feld erwartet Euch. Ein verstörtes Volk erwartet euch."

Nicht die Jugend als solche, sondern "alle Hitlergegner, alle ehrlichen und anständigen Deutschen" sind es bei Pieck, die jetzt "den deutschen Namen wieder reinwaschen müssen von seiner Beschmutzung durch die Hitlerschande"; sie haben "die Pflicht, [...] unserem Volk zu helfen."

Die als 'Volk' angesprochene Öffentlichkeit erscheint in beiden Reden im Status größter Passivität. Das Volk handelt nicht selbst, die Schande, der Ehrverlust, der Mißbrauch werden ihm angetan durch handelnde Subjekte, die als 'der Landesfremde' bzw. als 'die Hitlerbande' angesprochen werden. Umgekehrt kann sich das einmal geschändete Volk auch nicht selbst helfen, es bedarf des aktiven Handelns einerseits der deutschen Jugend, andererseits der 'ehrlichen und anständigen Deutschen', die jetzt das Volk reinigen, säubern, bzw. ihm helfen sollen. Der 'allegorische Volkskörper' wird hier als gleichsam natürliche Substanz der Nation angesehen, deren handelndes Subjekt in der Regel der soldatische Mann ist.[4] Beide, Pieck und Wiechert, thematisieren das Verhältnis von Führer und Volk als ein Gewaltverhältnis, aus dem die Nation als tief geschändete hervorgeht.

Eine weitere Entsprechung ist die Triebkomponente, die Pieck und Wiechert auf der Seite der Verführer ausmachen: Bei Wiechert ist Hitler der kulturlose Primitive, "besessen [...] von dem Haß [...] gegen eine alte Rasse" – besessen und getrieben also, nicht kultiviert, unsittlich. Das Handeln des Landesfremden erscheint affektiv aufgeladen, enthemmt und umfaßt jene Komponenten, die in der Kultur des Volkes selbst nicht existieren; enthemmt ist die 'Hitlerbestie' auch bei Pieck: Sie rast, sie ist barbarisch, als Kraft der Finsternis, als Bestie steht ihr der Status 'Mensch' schon nicht mehr zu.

Häufiger noch als Pieck, bemüht Wiechert ein sexuell konnotiertes Vokabular, wenn er das "Dritte Reich" thematisiert: Beispielsweise ist von einer "Prostitution des Geistes" die Rede oder von den "Händen" der "Zuhälter" – in diesem Punkt neben anderen Kurt Hiller vergleichbar, der in einer 1947 erschienenen Schrift den Begriff einer "Nazizuhälterei" mehrfach verwendete.[5] Hier handelt es sich um Muster der Beschreibung, die, wie die Kunstwissenschaftlerin Silke Wenk bemerkt, dadurch bestimmt sind, "daß es etwas aufzudecken, zu entdecken gelte, das [...] in der 'Sexualität' begründet liegen müsse"[6]. Begriffe wie Prostitution, Zuhälterei, Schändung zur Be-

[4] Vgl. Victoria Schmidt-Linsenhoff: Kohl und Kollwitz. Staats- und Weiblichkeitsdiskurse in der Neuen Wache 1993. In: Annette Graczyk (Hrsg.): *Das Volk. Abbild, Konstruktion, Phantasma.* Berlin 1996. S. 185-206.

[5] Kurt Hiller: *Geistige Grundlagen eines schöpferischen Deutschlands der Zukunft.* Hamburg, Stuttgart 1947. S. 34. Zur Sexualisierung der Person Hitlers in der NS-Rezeption vgl. auch Alvin H. Rosenfeld: *Imagining Hitler*. Bloomington 1985.

[6] Silke Wenk: *Pornographisierung des Faschismus – Körperbilder in der "Vergangenheitsbewältigung"*. Unveröffent. Vortragsmanuskript Juli 1997.

schreibung historischer Vorgänge zu nutzen, dient hier dem Zweck einer "Selbstversicherung gegenüber dem ausgegrenzten, zu meisternden Anderen", auf das man aus einer vermeintlich sicheren Position blickt.[7] Auf diese Weise gelingt es, den Erfahrungen im "Dritten Reich" jede Spezifik zu nehmen. Der Nationalsozialismus erscheint in dieser Logik als eine naturhaft begründete Gewalterfahrung, deren Objekt und Opfer die Deutschen selber sind.

Die Frage stellt sich, warum sowohl ein Repräsentant der deutschen Linken wie Wilhelm Pieck als auch Ernst Wiechert als Vertreter eines rechten Nationalkonservatismus mit diesem Beschreibungsmuster arbeiten. Bei Wiechert liegt der Fall vergleichsweise einfach: Antimodernismus, ein am Bild der vorbürgerlichen Ständegesellschaft orientierter Volksbegriff, Elitarismus verbunden mit erheblichen Anteilen christlicher Motive sind Parameter, die Wiecherts schriftstellerisches Werk insgesamt strukturieren. So gesehen ist sein Versuch 1945, das "Dritte Reich" in das vormoderne Bild eines Tyrannen, der dem unterdrückten Volk Unrecht antut, zusammenzufassen, fast schon konsequent.[8] Piecks Rede vom tief geschändeten Volk hingegen ist einer anderen Interessenlage geschuldet. Man kann sie im Kontext des "kommunistischen Narrativs" verorten, für das auch Stalins zuerst 1942 propagierte Maxime beispielhaft ist: "Die geschichtliche Erfahrung zeigt, daß die Hitlers kommen und gehen, das deutsche Volk, der deutsche Staat" – hier als Synonym – "aber bleiben bestehen."[9] Wenn auch entehrt und tief geschändet, wenn auch so bleich wie Brechts "O Deutschland, bleiche Mutter! Wie sitzest du besudelt unter den Völkern" – so bleibt diese weiblich konnotierte, als Volk angesprochene Größe auch über den sogenannten Zusammenbruch hinaus existent.

Dieses Diskursmuster, das so explizit mit geschlechtsspezifischen Symbolisierungen arbeitet, dient dem Zweck, so meine These, eine Kontinuität des Nationalen zu behaupten. Auf die herausragende Bedeutung von Geschlechterbildern bei der Konstruktion nationaler Mythen ist schon ver-

[7] Ebd.

[8] Über deutsche Reaktionen auf Wiecherts Nachkriegsveröffentlichungen notiert Thomas Mann 1947 besorgt: "[...] weil er einmal, sehr mild und verschwiemelt, etwas von 'Schuld' gesäuselt hat, ist er als 'Landesverräter' beschimpft worden, man hat ihm die Fenster eingeworfen, ihn andauernd bedroht, er hat amerikanischen Schutz nachsuchen müssen, und eine Wache ist in sein Haus gelegt worden. Das ist Wiechert, der konservativ-nationale Mann. Und nun erst ich, der ich bei den Rettern und Rächern der deutschen Ehre so viel schlechter, röter angeschrieben bin." Thomas Mann, Brief an seinen Bruder Viktor vom 27.3.1947. In: Thomas Mann: *Fragile Republik. Thomas Mann und Nachkriegsdeutschland.* Hrsg. von Stephan Stachorski. Frankfurt a.M. 1999. S. 60ff.

[9] Vgl. Norman M. Naimark: *Die Russen in Deutschland. Die sowjetische Besatzungszone 1945 bis 1949.* Berlin 1997. S. 94.

schiedentlich hingewiesen worden.[10] Beispielsweise konstatiert die Literaturwissenschaftlerin Sigrid Weigel eine "Verdichtung von Bildern des Volkskörpers und der Nation mit Weiblichkeitsbildern"[11]; ein Befund, der keineswegs nur für den Nationaldiskurs der deutschen Rechten zutrifft, sondern ebenso für den der deutschen Linken. Sowohl in der Sowjetischen Besatzungszone als auch in der DDR der fünfziger und frühen sechziger Jahre ist das Bild vom geschändeten und entehrten Volk fester Bestandteil des öffentlichen Geschichtsbildes. Ich belasse es an dieser Stelle bei einem Beispiel und zitiere aus dem *Aufruf zum Aufbau nationaler Gedenkstätten*, der in der DDR im Jahr 1955 verbreitet wurde. Dort wie anderswo heißt es, daß "die Ehre des deutschen Volkes" – verloren gegangen im Faschismus – durch die antifaschistischen Widerstandskämpfer "gerettet" worden sei.[12]

In seiner kürzlich vorgelegten Studie zum Thema des Nationalsozialismus in den Debatten des deutschen Bundestages bemerkt der Soziologe Helmut Dubiel, es sei doch ein "eigentümlicher Gedanke, daß gerade die 'deutsche Ehre' den angemessenen Rahmen für die Schuldreflexion der Deutschen abgeben könnte"[13]. De facto war das Bild vom entehrten deutschen Volk nach 1945 in West- und Ostdeutschland ein zentraler Modus nationaler Selbstthematisierung. Ein besonders bizarres Beispiel dafür gibt eine Rede des Sozialdemokraten Kurt Schumacher des Jahres 1949, in der es

[10] Vgl. u.a. Sigrid Weigel: *Topographien der Geschlechter. Kulturgeschichtliche Studien zur Literatur*. Reinbek bei Hamburg 1990; Dies.: *Bilder des kulturellen Gedächtnisses. Beiträge zur Gegenwartsliteratur*. Dülmen-Hiddingsel 1994; Silke Wenk: *Versteinerte Weiblichkeit. Allegorien in der Skulptur der Moderne*. Köln, Weimar, Wien 1996; Dies.: Geschlechterdifferenz und visuelle Repräsentation des Politischen. In: *Frauen Kunst Wissenschaft* 27 (1999). S. 25-42; Schmidt-Linsenhoff: *Kohl und Kollwitz.*; Karen Hagemann: Heldenmütter, Kriegerbräute und Amazonen. Entwürfe "patriotischer" Weiblichkeit zur Zeit der Freiheitskriege. In: Ute Frevert (Hrsg.): *Militär und Gesellschaft im 19. und 20. Jahrhundert*. Stuttgart 1997. S. 174-200; Kathrin Hoffmann-Curtius: Feminisierung des Faschismus. In: Claudia Keller (Hrsg.): *Die Nacht hat zwölf Stunden, dann kommt schon der Tag. Antifaschismus, Geschichte und Neubewertung*. Berlin 1996. S. 45-69; Insa Eschebach: Geschlechtsspezifische Symbolisierungen im Gedenken. Zur Geschichte der Mahn- und Gedenkstätte Ravensbrück. In: *metis* 8 (1999) H. 15. S. 12-27.

[11] Sigrid Weigel: Zur nationalen Funktion des Geschlechterdiskurses im Gedächtnis des Nationalsozialismus – Alfred Andersch "Die Rote". In: Dies.: *Bilder des kulturellen Gedächtnisses*. S. 187.

[12] *Aufruf zum Aufbau nationaler Gedenkstätten*. Hrsg. vom Kuratorium für den Aufbau nationaler Gedenkstätten. Sammlungen der Gedenkstätte Ravensbrück/Stiftung Brandenburgische Gedenkstätten.

[13] Helmut Dubiel: *Niemand ist frei von der Geschichte. Die nationalsozialistische Herrschaft in den Debatten des Deutschen Bundestages*. München, Wien 1999. S. 44.

heißt: "Die Hitler-Barbarei hat das deutsche Volk durch die Ausrottung von sechs Millionen jüdischer Menschen entehrt."[14]

Deutlich wird, daß Wiecherts und Piecks Versuche, Nationalsozialismus und Zweiten Weltkrieg mit Hilfe von Bildern des Geschlechterverhältnisses zu thematisieren, bestenfalls symptomatisch sind. Der Topos von der geschändeten Nation war in der ersten Nachkriegszeit ungemein verbreitet, nicht nur in den Reden politischer Repräsentanten, sondern auch in den zahllosen Schriften, Broschüren und Traktaten jener Jahre. Gleichwohl bleibt die Frage, warum dieses Diskursmuster sich nach 1945 einer solch partei- wie grenzüberschreitenden Popularität erfreute. Verschiedene Erklärungsansätze sind denkbar:

Erstens dient das Bild von der geschändeten Nation im unsicheren Zustand zersprengter kultureller Ordnung der Nachkriegszeit als Orientierungsmuster, das alle Beteiligten entlastet. Wenn, wie in der oben zitierten Rede Kurt Schumachers, die Hitler-Barbarei mit dem Genozid an den Juden das deutsche Volk entehrte, steht dieses Volk zugleich im Zeichen völliger Unschuld. Das Problem sind jetzt nicht die Massentötungen, sondern die Frage, wie das Volk mit der ihm angetanen Schmach umgehen soll.

Zweitens fordert eine verlorene Ehre stets dazu auf, die Ehre wiederherzustellen. Diejenigen, die die Rede über das geschändete Volk führen, sind zugleich die, welche sich zur Wiederherstellung der Ehre berufen fühlen. In seiner *Rede an die deutsche Jugend* stellt Wiechert sich selbst als Mahner vor, als Gewissen der Nation; bei Pieck heißt es anklagend: "Ihr habt auf die Warnungen der Antifaschisten nicht gehört!" Insofern ist die Rede vom geschändeten Volk eine, die Anschlußhandlungen geradezu herausfordert. Jede politische Aktion, die mit dem Versprechen antritt, die verlorene Ehre wiederherzustellen, erscheint in dieser Logik folgerichtig, notwendig und legitim.

Einen etwas anders gelagerten Erklärungsansatz für die Popularität des Bildes hat die amerikanische Historikerin Elizabeth Heineman vorgelegt. Sie erinnert daran, daß es sich bei Entehrung, Schändung und Vergewaltigung zunächst einmal um Realerfahrungen deutscher Frauen mit Angehörigen der Sowjetischen Armee handelt. Der Rede von der tief geschändeten deutschen Nation lägen insofern Stereotypen eines explizit weiblichen Erfahrungskontextes zugrunde. Vor diesem Realhintergrund diagnostiziert Heineman einen Vorgang, den sie als "appropriation of the female rape experience by the nation" beschreibt.[15] Unversehens sind im Rahmen dieses Diskurses nun nicht mehr die Frauen, sondern die westliche Zivilisation durch die brutale sowjetische oder gar asiatische Kultur geschändet. Daß die Massenvergewaltigungen im April und Mai 1945 schon kurze Zeit später zu

[14] Ebd.

[15] Elizabeth Heineman: The Hour of the Women: Memories of Germany's "Crisis Years" and West German National Identity. In: *The American Historical Review*. Vol. 101 (1996). No. 2. S. 354-395, hier S. 368.

einem Tabuthema wurden, interpretiert Heineman als Voraussetzung dafür, daß sich nunmehr die gesamte deutsche Nation als geschändet betrachten konnte.

Gleichwohl bleibt bei dieser Analyse die Frage des Subjektwechsels offen: Weder Pieck, noch Wiechert, noch Schumacher beschreiben das deutsche Volk als durch die Sowjetunion geschändet, sondern durch Hitler bzw. die Hitler-Barbarei. Wenn auch der Vorgang der Vergewaltigung als Deutungsmuster bleibt, so differieren doch in den hier vorgestellten Argumentationen die Akteure, die für den Akt der Schändung verantwortlich zeichnen.

Nicht auszuschließen ist, daß die Popularität des Bildes von der geschändeten Nation sich gerade der Tatsache verdankt, daß die Rolle dessen, der die Entehrung durchführt, im Grunde von sekundärer Bedeutung ist. In Wiecherts Rede ist es so eindeutig nicht, daß der Landesfremde allein für die Schmach verantwortlich zeichnet. Man kann die Rede auch so verstehen, daß die Tatsache des verlorenen Krieges zumindest Teil der Schande ist, die das deutsche Volk zu erleiden hat. Auch in einer 1949 gehaltenen Rede des ersten Alterspräsidenten des deutschen Bundestages Paul Löbe litt "das deutsche Volk [...] unter zweifacher Geißelung. Es stöhnte unter den Fußtritten der deutschen Tyrannen und unter den Kriegs- und Vergeltungsmaßnahmen, welche die fremden Mächte zur Überwindung der Naziherrschaft ausgeführt haben."[16]

Tyrannen, fremde Mächte, die sowjetisch-asiatische Kultur, die Hitlerbestie – die Reihung macht deutlich, daß das Personal dieses Diskurses gewissermaßen auswechselbar ist, nicht hingegen der deutsche Volkskörper, um dessen beschädigte Ehre es geht. Die Popularität dieses Deutungsmusters ist nicht zuletzt dem Umstand geschuldet, daß es sich, gleich einem Passepartout, dazu eignet, unterschiedliche historische Vorgänge und Bedeutungskontexte auf einen – wenn auch verschobenen und verstellten – Begriff zu bringen. Zentral ist der Opferstatus des deutschen Volkes, der in der Rede von der Schändung stets erneut festgeschrieben und bekräftigt wird. Als Scharnier zwischen gestern und heute dient das Bild dem Zweck, den Nationalsozialismus, den "verlorenen" Krieg samt seinen Folgen mit dem Rehabilitationsbegehren der Gegenwart in einen plausiblen Zusammenhang zu bringen.

Hinzu kommt, das dieses Bild 1945 alles andere als ein Novum war. Die Rede von der dem deutschen Volk angetanenen Schmach und Schande war bereits seit Ende des Ersten Weltkrieges virulent; Hitler selbst war mit dem Versprechen angetreten, die deutsche Ehre wieder herzustellen. "Unserer aller Mutter ist Deutschland," ließ die Reichsfrauenführerin Gertrud Scholtz-Kling ihre Hörer in einer Rundfunkrede am 17. Mai 1942 wissen.[17]

[16] Dubiel: *Niemand ist frei von der Geschichte.* S. 39.

[17] Max Matter: Entpolitisierung durch Emotionalisierung. Deutscher Muttertag – Tag der deutschen Mutter – Muttertag. In: Rüdiger Voigt (Hrsg.): *Symbole der Politik. Politik der Symbole*. Opladen 1989. S. 123-135, hier S. 124.

Die Geschlechterrhetorik gehört, so die Kunsthistorikerin Victoria Schmidt-Linsenhoff, seit der Französischen Revolution zur Grundausstattung der europäischen Nationalikonographien.[18] Zu überlegen wäre, ob sich die Traditionsstränge im Bildgedächtnis auch noch weiter ziehen lassen – bis hin zur "Frau Germania", die seit der Tacitus-Rezeption im Humanismus immer wieder "zur Verkörperung Deutschlands oder des Reiches als politisches Gebilde" verwandt wurde. Insbesondere in Kriegszeiten gibt es, wie Gerhard Brunn bemerkt, "die Figur der alten, der abgerissenen, der geschändeten, der gemarterten Frau, der Frau Germania, deren Haus von anderen Nationen besetzt ist" – im Gegensatz und als Gegenbild zu der "wiederhergestellten, in neue Majestät gekleideten, auf den Thron gehobenen, friedensjauchzenden Germania."[19]

Um zu resümieren: Das Bild vom geschändeten Volk, dessen Ehre wiederhergestellt werden soll und muß, durchkreuzt ganz unterschiedliche gesellschaftspolitische Diskurse der frühen Nachkriegszeit. Für die Popularität dieses Deutungsmusters kommen verschiedene Gründe in Betracht:

Der als 'Volk' angesprochenen Öffentlichkeit diente es erstens als Entlastungsfigur par excellence und zwar insofern, als daß sich die deutsche Gesellschaft als Opfergemeinschaft imaginieren konnte. Zweitens ermöglichte das Bild Anschlußhandlungen; es eignete sich, sofern es um die Rettung oder Wiederherstellung der deutschen Ehre ging, zur Legitimation verschiedener politischer Aktivitäten. Die Popularität dieses Erklärungsmusters mag drittens auch dem Umstand geschuldet sein, daß es als Passepartout verschiedene, selbst differierende Bedeutungskontexte zu umfassen vermag: Wer in letzter Instanz das "deutsche Opfer" zu verantworten hat, Hitler oder die Siegermächte, changiert und wird je nach Bedarf unterschiedlich beantwortet. Viertens handelt es sich bei diesem Bild um ein bekanntes, weil tradiertes Repräsentationsmodell nationaler Identität: Daß Nationalikonographien mit Bildern der Geschlechterdifferenz arbeiten, ist Ausdruck politischer Praxis (mindestens) seit der Französischen Revolution. Das Bild von Deutschland als Mutter bzw. nunmehr geschändeter Frau erlaubt es, den Nationalsozialismus, den Genozid, den Zweiten Weltkrieg in die Kontinuität nationaler "Opfergeschichte" zu stellen. Zum einen wird dem "Dritten Reich" auf diese Weise jede Spezifik genommen. Zum anderen ist diese Form nationaler Selbstthematisierung die zentrale Voraussetzung dafür, sich nach der Rettung der Ehre erneut als nationale Einheit imaginieren zu können.

[18] Schmidt-Linsenhoff: *Kohl und Kollwitz*.

[19] Gerhard Brunn: Germania und die Entstehung des deutschen Nationalstaates. Zum Zusammenhang von Symbolen und Wir-Gefühl. In: Voigt: *Symbole der Politik*. S. 101-122, hier S. 105.

Wieńczysław A. Niemirowski

Die polnische Rezeption der deutschen Literatur über den Krieg und die NS-Zeit in den Jahren 1945 bis 1961[1]

The paper discusses the political background and the reception of German literature of the Nazi-period in Poland up to 1961. Until 1961 the reception of German Nazi-literature in Poland was influenced by both internal and external political factors such as the cultural policies of Communist Poland and the creation of the two German states. The article analyses selected items of German literature of this period and their Polish translations. It also attempts to propose a typology of the texts under examination, including German prose of the wartime period, literature on the anti-Nazi resistance movement and literature depicting everyday life in the Nazi era. Each category of texts in the typology presented is analysed with a view to isolating characteristic features of the originals as compared to the Polish translations.

Die Eckdaten im Titel dieses Beitrags finden eine Begründung in der neuesten Geschichte Polens. Die Zeit, die dem für die deutsche Teilung folgenträchtigen Jahr 1961 vorausging, bedeutete gleichzeitig das Ende der letzten von drei bis dahin deutlich zu unterscheidenden Entwicklungsphasen im politischen Leben des kommunistischen Polen, deren Spiegel auch das Kulturleben (inklusive der Aufnahme fremdsprachiger Titel in die Verlagsprogramme) bildete. Mit den Überlegungen über diese Stadien und ihre Auswirkung auf den Rezeptionsprozeß betrete ich kein Neuland. Das Wissen über das Vorhandensein dieser Entwicklungsphasen ist ein Teil des polnischen allgemeinen Bewußtseins, und die einschlägigen Zusammenhänge wurden seinerzeit auch dem deutschen Leser von Hubert Orłowski[2] dargestellt.

Als erster bietet sich der Abschnitt von 1945 bis 1948 an, eine Zeit, in der auf dem literarischen Markt noch das Prinzip der Nachfrage vorherrschte. Dieser Zeitabschnitt ist hier insofern irrelevant, als Titel deutscher Autoren

[1] Die Jahresangaben zu Buchpublikationen in polnischer Sprache erscheinen im Text in Kursivschrift. Wenn nicht anders angegeben (BRD), handelt es sich um Namen, deren Träger von mir der DDR-Literatur zugerechnet werden. Schwer klassifizierbar sind S. Andres, W. Bergengruen, A. Kantorowicz, A. Scharrer und Th. Plievier. Einige der in Betracht kommenden Autoren blieben nach dem Krieg im Ausland: L. Feuchtwanger, H. Mann, Th. Mann, E.M. Remarque.

[2] Vgl. Hubert Orłowski: Distributive Rezeption. Deutschsprachige Literatur in Polen 1945-1985. In: Heinz Kneip, Hubert Orłowski (Hrsg.): *Die Rezeption der polnischen Literatur im deutschsprachigen Raum und die der deutschsprachigen in Polen 1945-1985*. Darmstadt 1988. S. 270-286, hier S. 271-276.

nur in geringer Zahl und meist nur als Neuauflagen erschienen.[3] Diese ersten Nachkriegsjahre bildeten nur einen Auftakt zur Ausdehnung der staatlichen Alleinherrschaft auf alle Bereiche des gesellschaftlichen Lebens, einschließlich der Kultur, im Land.[4] In der Literatur wurde der "Sozrealismus" proklamiert und die Bücher, die in staatlichen bzw. verstaatlichten Verlagen erschienen, hatten nunmehr den gesellschaftlichen Auftrag zu erfüllen, als Waffe im Kampf der Ideologien zu dienen. In der Verlagspolitik, die eine Politik des Staates wurde, legte man großen Wert darauf, daß nur 'progressive' und 'friedliebende' zeitgenössische Autoren des Auslands im Druck erschienen. Man übersetzte keine Werke von Autoren aus der BRD. (Als erstes westdeutsches Buch erschien 1954 im katholischen PAX-Verlag *Die Tochter Farinatas* Gertrud von Le Forts). Viele Titel kamen hingegen aus der DDR, fast ausschließlich waren das Werke von Exilschriftstellern. Eine Auflockerung dieses Kurses brachte erst das nach den Ereignissen des 'polnischen Oktobers' und nach dem politischen Machtwechsel von 1956 rasch einbrechende politische 'Tauwetter'. Eine Folge war die Erweiterung des von der Obrigkeit geduldeten Literaturbegriffs und eine qualitative Verschiebung im Bereich der von den Verlagen übersetzten Titel. Eine privilegierte Stellung unter den Übersetzungen aus dem Deutschen genoß zwar weiterhin die in der DDR verlegte zeitgenössische Literatur, die Verlage öffneten sich jetzt aber auch für westdeutsche Schriftsteller. Zum ersten Mal in der polnischen Nachkriegsgeschichte erschienen 1957 mehr neue Titel zeitgenössischer Autoren aus der Bundesrepublik als von Autoren aus der DDR. Der politische Liberalismus sozialistischer Prägung endete zwar bald,[5] für die Geschichte der Rezeption der deutschen Literatur bedeuteten diese Jahre dennoch eine nachhaltige Wende: In den folgenden zwei Jahrzehnten seit 1957 (die weitere Entwicklung habe ich nicht verfolgt) hielten sich die Übersetzungen der Neudrucke aus der zeitgenössischen deutschen Literatur der DDR und der BRD auf dem polnischen Buchmarkt einander die Waage.[6]

[3] Vgl. Edyta Połczyńska: Einige Aspekte zur kritischen Aneignung der Literatur der Bundesrepublik Deutschland in Polen. In: *Studia Germanica Posnaniensia* 10 (1982). S. 149-165, hier S. 150; Stefan H. Kaszyński: Literarische Beziehungen zwischen Polen und der DDR. Mehr als ein Kapitel "sozialistischer Kulturpolitik"? In: *Deutsche Literatur in Polen nach dem Zweiten Weltkrieg. Zur Möglichkeit und Unmöglichkeit geistiger Brückenbildung*. Bearb. von Peter Mast. Bonn 1998. S. 43-53, hier S. 47.

[4] Vgl. Barbara Fijałkowska: *Polityka i twórcy* [Politik und Kulturschaffende]. Warszawa 1985. S. 59-65.

[5] Vgl. ebd. S. 494-497.

[6] Abgesehen wird hier allerdings von der Zahl und von der Höhe der Auflagen. Vgl. die Zusammenstellung für die Jahre 1949-1976 von Heinz Kneip: Die Rezeption der deutschen Literatur in Polen nach 1945. In: Erwin Wedel, Ivan Galabov, Herbert Schelesniker (Hrsg.): *Symposium Slavicum 1977. Referate der III. Tagung bayeri-*

Nachdrücklich hervorzuheben ist bezüglich der Literaturrezeption die innen- und außenpolitische Situation des Landes: Seit dem Ende der vierziger Jahre wurde der literarische Kommunikationsprozeß in Polen für mehrere Jahrzehnte in den Dienst des sozialistischen Staates gestellt. Möglich wurde das dank des damals durchgesetzten staatlichen Verlagsmonopols.[7] Die Verlage wurden ein Bestandteil des institutionalisierten Kulturapparats und verfolgten eine bewußtseinsbildende Literaturpolitik des Staates, bei der die Lesernachfrage keinen maßgebenden Faktor darstellte.[8] Die von den zuständigen Stellen bestellten und abberufenen Verlagsleiter sorgten selbst für eine interne Zensur der herausgegebenen Werke. Jedes Buch unterlag ansonsten einer Kontrolle der Zensurbehörde, die ungebrochen bis zur politischen Wende des Jahres 1989 bestand. Eine Folge davon war, daß ein Teil der repräsentativen Literatur des Auslands keinen bzw. einen verzögerten Zugang zum polnischen Leser fand. (So Günter Grass' Roman *Die Blechtrommel*,1959, der in einem offiziellen Verlag erst 25 Jahre nach seiner deutschen Erstveröffentlichung erschien). Grob formuliert, war es also in Polen der Staat, der die Rolle des Erstempfängers literarischer Stoffe einnahm, und der entmündigte Leser bekam nur die Texte in die Hand, die jener als eine ihm angemessene Lektüre befunden hatte.

Bestimmend für die Rezeption der deutschen Literatur war die Gründung von zwei deutschen Staaten 1949 und die im Sommer des nachfolgenden Jahres erfolgte Unterzeichnung des Görlitzer Grenzvertrages mit der DDR, (ein staatlicher Freundschaftsvertrag wurde erst 1967 geschlossen). Die im Sinne der polnischen Staatsräson erfolgte Anerkennung der Oder-Neiße-Grenze von einem deutschen Nachbarn war nicht unproblematisch. Die Regierenden in Polen waren damit vor die sich bereits seit dem Ende der vierziger Jahre ankündigende Aufgabe gestellt, einer mehrere Jahre lang von deutschen Besatzern geschundenen Nation nahezubringen, daß sie nunmehr westlich der Oder mehr als zehn Millionen neue Freunde gewonnen habe, denen es zu vergeben und mit denen es friedlich auszukommen gelte. In der

scher und österreichischer Slavisten am 22./23. Okbober 1977 in Innsbruck. Innsbruck 1980 (Innsbrucker Beiträge zur Kulturwissenschaft. Slavica Aenipontana 3). S. 83-92, hier S. 87.

[7] Vgl. Fijałkowska: *Polityka i twórcy*. S. 50f., 96f., 174-176. Eine größere Autonomie genoß lediglich das 1949 gegründete Verlagsinstitut "Pax", ein Unternehmen des staatlich konzessionierten Katholikenverbands desselben Namens (erst 1952 formell als Vereinigung eingetragen). Es war der einzige katholische Verlag, der im größeren Umfang belletristische Titel herausgeben durfte. Vgl. *Stowarzyszenie PAX 1945-1985. Informator* [Vereinigung PAX 1945-1985]. Warszawa 1985. S. 94-103; sonst: Zygmunt Lichniak: *Owocowanie książkami. Trzydzieści lat Instytutu Wydawniczego PAX* [Bücher als Ernte. Dreißig Jahre Verlagsinstitut PAX]. Warszawa 1981.

[8] Vgl. Kneip: *Die Rezeption der deutschen Literatur in Polen nach 1945*. S. 84f.; Orłowski: *Distributive Rezeption*. S. 279; Fijałkowska: *Polityka i twórcy*. S. 455f.

frühen Nachkriegszeit wiesen die Polen die Verantwortung für die NS-Verbrechen dem ganzen deutschen Volk zu. Die von unerhörten Greueln begleitete Zeit der deutschen Besatzung wurde im allgemeinen Bewußtsein als ein riesiges Trauma empfunden, und die Deutschen wurden als eine anonyme, gefährliche und Vernichtung bringende Masse betrachtet.[9] Dem kommunistischen Propagandaapparat lag es fern, den bei den Polen aufgestauten Haß- und Angstgefühlen entgegenzuwirken, im Gegenteil: Die Erinnerung an die 'Zeit der Verachtung' und die Furcht vor Revanche wurden stets wachgehalten. Man war aber bestrebt (einen wesentlichen Impuls gab dazu der Kalte Krieg), als Zielscheibe für die damit verbundene Abneigung nur den westdeutschen Staat hinzustellen.[10] Das geschah zuweilen mit Mitteln einer simplen Schwarz-Weiß-Malerei. Proben solcher Manipulation lieferte Marceli Ranicki, damals ein prominenter Literaturkritiker, in seinem 1955 erschienenen Buch über die zeitgenössische deutsche Literatur. Ranicki stellt die zwei deutschen Staaten einander gegenüber: Die Deutsche Demokratische Republik sei ein Teil Deutschlands, in dem die Naziverbrecher bestraft, die Großgrundbesitzer und das Großkapital enteignet und eine in den Dienst des Friedens gestellte Wirtschaftsordnung errichtet worden sei; an die Macht seien hier die fortschrittlichen und demokratischen Kräfte des deutschen Volkes gelangt. Einen Gegensatz dazu bilde der andere deutsche Staat:

> In den westlichen Zonen [...] wurde keine Demilitarisierung durchgeführt, die Naziverbrecher blieben unbestraft. [...] Die riesige Kriegsindustrie unterbrach nur vorübergehend ihre Wirksamkeit, um bald erneut Kanonen und Panzer zu produzieren. [...] Der Boden blieb in den Händen der Großgrundbesitzer, die Fabriken in den Händen der Kapitalisten. [...] An der Macht blieben in den westlichen Zonen reaktionäre und faschistische Elemente. [...] Man hat [diese Zonen] in eine amerikanische Kolonie umgewandelt, einen Stützpunkt des Imperialismus gegen die Frieden und Freiheit liebenden Völker. [...] Die überwiegende Mehrzahl der auf dem Gebiet Westdeutschlands herausgegebenen Werke sind eine direkte Fortsetzung der Naziliteratur. [...] Eine Veröffentlichung von Werken fortschritt-

[9] Vgl. Tomasz Kranz: Die Verbrechen des Nationalsozialismus als historische Erfahrung der Deutschen und Polen. In: T.K. Lublin (Hrsg.): *Die Verbrechen des Nationalsozialismus im Geschichtsbewußtsein und in der historischen Bildung in Deutschland und Polen*. 1988. S. 13-30, hier S. 23-27.

[10] Vgl. Jadwiga Kiwerska: Niemcy w polityce PPR/PZPR. W atmosferze wrogości (1945-1970) [Die Deutschen in der Politik der PAP/PVAP. In der Atmosphäre der Feindschaft 1945-1970]. In: *Polacy wobec Niemców. Z dziejów kultury politycznej Polski 1945-1989* [Die Polen gegenüber den Deutschen. Aus der Geschichte der politischen Kultur Polens 1945-1989]. Red. von Anna Wolff-Powęska. Poznań 1993. S. 45-93, hier S. 63-81.

licher und patriotischer Schriftsteller ist unter den Bedingungen des polizeilichen Adenauer-Regimes meist unmöglich.[11]

Verkörperung aller der Bundesrepublik zugeschriebenen Laster war ihr erster Kanzler. Starke Argumente dafür lieferte Konrad Adenauers unversöhnliche Ablehnung der polnischen Westgrenze.[12] Im Polen der fünfziger Jahre lieferten auch die höchsten staatlichen Stellen Muster unfeiner Abstempelungen Adenauers. Dies tat z.B. der Premierminister Józef Cyrankiewicz, der 1952 den deutschen Bundeskanzler als einen "vatikanisch-washingtoner Bastard, einen Erben Hitlers und Ribbentrops" anprangerte, in dessen Land im Rahmen "des sog. Schumann-Plans die Schlote im Ruhrgebiet und im Rheinland dazu rauchen sollen, damit [...] einst die Schornsteine der Krematorien im neuen Mauthausen und im neuen Auschwitz wieder rauchen können."[13]

Ich wende mich zunächst den polnischen Übersetzungen[14] deutscher Prosa[15] mit Kriegsthematik zu. Als Gruppe stellen diese Texte eine ziemlich bunte Mischung dar, in der sich wohl nur zwei hervorstechende inhaltliche Züge angeben lassen: Sie erfassen die Zeit der deutschen militärischen Niederlage, und es kommt in ihnen meist ein unterschiedlich motiviertes Aufbegehren gegen den Krieg zum Ausdruck. Den Untergang der zwischen Wolga und Don eingekesselten Armeen zeichnen die Romane *Stalingrad* von Theodor Plievier (1945; *1958*, *1961*) und *Die verratene Armee* von Heinrich Gerlach (BRD) (1957; *1960*) sowie Willi Bredels Erzählung *Der Sonderführer* (1943; *1950*, *1951*) nach. In Maria Langners *Die letzte Bastion* (1948;

[11] Marceli Ranicki: *Z dziejów literatury niemieckiej 1871-1954* [Aus der Geschichte der deutschen Literatur 1871-1954]. Warszawa 1955. S. 294f., 299, 301.

[12] Vgl. Hansjakob Stehle: Adenauer, Polen und die Deutsche Frage. In: Josef Foschepoth (Hrsg.): *Adenauer und die Deutsche Frage*. Göttingen 1988. S. 80-98.

[13] Ansprache bei einem Staatsakt anläßlich des 28. Todesjahres von W.I. Lenin. In der Parteizeitung *Trybuna Ludu*, Nr. 23 vom 23.1.1952.

[14] Als bibliographische Quellen sind u.a. zu empfehlen: *Literatura niemiecka w Polsce. Bibliografia 1945-1958* [Die deutsche Literatur in Polen. Eine Bibliographie 1945-1958]. Bearb. von Maria Wrzeciono. Poznań 1966 (Uniwersytet im. Adama Mickiewicza w Poznaniu. Prace Wydziału Filologicznego. Seria Filologia Germańska Nr 2); Norbert Honsza: *Z literatury niemieckiej. Doświadczenia – inspiracje – propozycje* [Aus der deutschen Literatur. Erfahrungen – Anregungen – Vorschläge]. Katowice 1970 (Bibliographie: S. 174-191); Jacek Buras: *Bibliographie deutscher Literatur in polnischer Übersetzung: vom 16. Jahrhundert bis 1994*. Wiesbaden 1996.

[15] Ausgelassen werden im Haupttext literarische Werke (meist Schlüsselromane) mit einem Bezug auf das Dritte Reich, die sich der von mir vorgenommenen Klassifizierung entziehen.

1951), Werner Steinbergs *Als die Uhren stehen blieben* (1957; *1960*, *1967*)[16] und Heinz Reins *Finale Berlin* (1947; *1951*) bilden die Belagerungen der "Festung Breslau" bzw. Berlins den Hintergrund. In Heinrich Bölls (BRD) *Wo warst du Adam?* (1951; *1957*, *1973*, *1989*),[17] Dieter Meichsners (BRD) *Weißt Du, warum?* (1952; *1958*), Erich Maria Remarques *Zeit zu leben und Zeit zu sterben* (1954; *1956*, *1959*, *1960*, *1975*, zwei Ausgaben *1991*, *1993*, *1996*) und Richard Gross' *Die Flucht* (1957; *1959*) wird auf die Verlassenheit einzelner Individuen eingegangen, die sich den Zwängen ihrer Lage als Soldat zu entziehen versuchen. Eine Bloßstellung des Nazisystems[18] ist Manfred Gregors (BRD) Roman *Die Brücke* (1958; *1960*), in dem mehrere Sechzehnjährige während der Endphase des Krieges in den sicheren Tod geschickt werden. Stefan Heyms in Englisch verfaßter Roman *Kreuzfahrer von heute* (1948 engl.; 1950 dt.; *1949*, *1950*) erschien früher in Polnisch als in Deutsch. Mit scharfen gesellschaftskritischen Akzenten schildert der Autor darin seine Erlebnisse an der Westfront als Offizier der US-Armee. Auch Bücher mit starken trivialen Zügen fanden in Polen ihren Verleger: Hans Hellmut Kirsts (BRD) Trilogie *08/15* (1954/55; *1956/57*, *1959*, *1987*, *1988*, *1991*, *1992*, *1995*) (vom Krieg handeln der 2. und der 3. Teil) und die Erzählungen von Karlludwig Opitz (BRD) *Der Barras* (1953; *1959*) und *Mein General* (1955; *1957*).[19] Eine besondere Kategorie bildeten die in Deutsch verfaßten Schilderungen des Kriegsgeschehens aus der Perspektive der Sowjetarmee in Willi Bredels Roman *Die Enkel* (Dritter Teil der Trilogie *Verwandte und Bekannte*, 1953; *1955*)[20] und Friedrich Wolfs Erzählungen *Sieben Kämpfer vor Moskau* (1941; *1951*).

Hinzu kommen mehrere Titel, die als repräsentativ für die westdeutsche Literatur der hier in Frage kommenden Periode gelten können, z.B. Gert Ledigs *Stalinorgel* (1955) und Willi Heinrichs *Das geduldige Fleisch* (1955). Drei übersetzte Werke, die Stalingrad-Romane von Plivier und Gerlach sowie die Kirstsche Beschreibung der Abenteuer des Soldaten Asch, mögen dennoch als Träger *einer* Tendenz für alle anderen großen Titelerfolge stehen. Wohl als unumstritten dürfte die von mir vertretene These gelten, daß diese Romane, die das wunde Thema des Krieges berührten, die kräftige

[16] Steinbergs Bericht über die Verstümmelung des Romans als Illustrierten-Fortsetzung in der BRD, *Der Prozeß um Jutta Münch* (1960), erschien in Polen 1963.

[17] Von kleinen Kriegsepisoden handeln auch H. Bölls Erzählungen *Damals in Odessa* und *Auch die Kinder sind Zivilisten* aus dem Band *Der Mann mit den Messern* (1959; *1959*, *1967*).

[18] Franz Fühmanns *Kameraden* wurden 1956 in zwei Zeitschriften abgedruckt: *Przyjaźń*, Nr. 19-26 und *Żołnierz Polski*, Nr. 21-23. Die Novelle erschien sonst in Sammelausgaben mit Fühmanns Erzählungen: 1963 und 1979.

[19] *Im Tornister – ein Marschallstab* (1959) desselben Autors erschien in Polen 1962.

[20] Übersetzt wurden auch die beiden anderen Teile der Trilogie: *Die Väter* (1941; *1950*, zwei Auflagen *1951*) und *Die Söhne* (1949; *1951*, *1952*).

Resonanz in Deutschland kaum erfahren hätten, wenn sie nicht auf eine ausgeprägte Identifikationsbasis[21] bei den literarischen Empfängern gestoßen wären. Mit anderen Worten: Die Schriftsteller schrieben die Texte für Leser ihrer Generation, die die gleichen Erfahrungen gemacht hatten und die in den Büchern demonstrierte Haltung nachempfinden konnten. Die Auseinandersetzung mit dem Dritten Reich kam in diesen Büchern nur am Rande vor und stand meist im Schatten des dargestellten Kriegsgemetzels. Dies geschah auch aus dem Grund, daß die aus ihr gezogenen Schlüsse als selbstverständlich empfunden und ebenso dargelegt wurden. Die Frage der Schuld erfuhr zwar nur eine knappe, aber um so prägnantere Behandlung. An dieser Stelle taucht ein Paradoxon auf: Weil die Auseinandersetzung mit der Schuld an der Katastrophe der NS-Zeit in diesen Büchern so wenig Raum einnimmt, konnte der mit einigem Scharfsinn begabte polnische Leser um so deutlicher nachvollziehen, wie die Deutschen der Kriegsgeneration zum "Dritten Reich" standen.[22] 'Einen' Maßstab für ihre Haltung gibt die Antwort auf die Frage, wen sie an dem ganzen "Unglück" (Alexander Kluge) für schuldig befanden. 'Den' Maßstab liefert allerdings eine konkrete Beantwortung der Frage, was sie als die Hauptschuld empfanden.

Die Kriegsromane sagen zunächst, wen der Vorwurf der Schuld am wenigsten treffe. Als bezeichnend zitiere ich hier eine Szene aus Pliviers *Stalingrad*, das letzte Selbstgespräch von Hauptmann Steiger, dessen Stellung trotz verzweifelten Widerstands von den angreifenden Russen überrollt wurde:

> Und der sterbende Steiger fragte sich und antwortete: "Habe ich ein Haus angezündet? – Nein! Habe ich einem Bauern die Kuh aus dem Stall genommen? – Nein! Habe ich die Wolga nötig gehabt? ... Nein, nein, nein! Doch andere haben sie nötig gehabt. Und Häuser sind angezündet, Kühe sind geraubt, Witwen ist das Brot aus dem Tischkasten genommen worden. Und Frauen und Kinder [...] sind verschleppt worden. Hauptmann Steiger, [...] du bist mitgegangen... [...] Du stirbst... [...] Nicht für Deutschland, für ein Stück Kalmückenerde."
> (Hier folgt ein Kommentar des Autors:) Das ist die Schuld![23]

[21] Wie stark die Bedeutung dieses Faktors für den Erfolg eines Kriegsromans war, schildert Thomas F. Schneider: "Und Befehl ist Befehl. Oder nicht?" Erich Maria Remarque: *Zeit zu leben und Zeit zu sterben* (1954). In: Hans Wagener (Hrsg.): *Von Böll bis Buchheim: Deutsche Kriegsprosa nach 1945*. Amsterdam, Atlanta 1997 (Amsterdamer Beiträge zur neueren Germanistik. Bd. 42). S. 231-247.

[22] Bittere Schlüsse lassen sich diesbezüglich aus der Erzählung *Das schweigende Dorf* (1949; zwei Auflagen *1951*) von Willi Bredel ziehen. Sie erzählt über die Mitbeteiligung von Bauern eines mecklenburgischen Dorfes am in den letzten Kriegstagen verübten Massenmord an 72 Frauen und Kindern aus Ravensbrück und über die 'Solidarität' des Dorfes mit den Tätern. Näheres zu dieser Erzählung bei: Henryk Zborowski: Willi Bredel und Polen. In: *Studia Germanica Posnaniensia* 8 (1979), S. 153-169, hier S. 159, 165-167.

[23] Theodor Plievier: *Stalingrad*. München (1952). S. 191.

Die Rechtfertigungen dafür, daß viele Millionen deutscher Soldaten gleich Hauptmann Steiger "mitgegangen" waren, sind in den Romanen etwa gleich: Die Männer machten mit, weil sie ihrem Fahneneid und der soldatischen Gehorsamspflicht folgten; nachdem sich das Kriegsglück gewendet hatte, kam noch das Gebot der Verteidigung des Vaterlandes hinzu, häufig auch ein Kampf ums nackte Überleben. Der deutsche Soldat ist – so betrachtet – ein "Betrogener", ein mißbrauchtes Opfer des Faschismus[24] und sühnt ansonsten mit seinem Leid und seinem Tod für alle.[25] Die Hauptschuld fällt indessen auf die Nazis, auf Adolf Hitler und seine Handlanger. Für den polnischen Leser der deutschen Romane stellte sich anschließend die Frage, worin denn diese Schuld nach deutscher Meinung bestehe?

Hilfreich beim Finden einer Antwort auf diese Frage scheint mir die außerliterarisch begründete Einsicht zu sein, daß eine Armee, deren Soldaten im Bewußtsein der Ungerechtigkeit ihres Raubzugs nicht kämpfen wollten, niemals bis an den Kaukasus vorgedrungen wäre. Vielsagend ist auch der Umstand, daß die übergreifende Welle der 'Desillusionierung' erst in dem Moment einsetzte, als statt von einem Sieg nur noch von einem 'Endsieg' die Rede war. Der deutsche Krieg begann seit dieser Stunde ein Krieg Adolf Hitlers zu werden. Nicht haltbar wäre also meines Erachtens die These, daß die Entfesselung eines barbarischen Krieges, der den europäischen Kontinent um Jahrzehnte seiner Entwicklung brachte, von der Generation, die in der Gesellschaft der NS-Herrschaft aktiv gelebt hatte, als 'die' Schuld Adolf Hitlers empfunden wurde. Will man bis zum nackten Kern der Wahrheit vordringen, kommt man zu einer Erkenntnis, die leider durchaus bedrückend ist: Als das größte, von Hitler verschuldete Unglück empfand man im Grunde lediglich die Tatsache, daß er diesen Krieg verloren hatte. Vertretern anderer Meinungen wäre hier paraphrasierend mit einem Satz Erich Kubys zu begegnen: "Das ist der billige Text einer tief verlogenen Komödie, von der ich glauben soll, es sei die *Götterdämmerung* von Wagner."[26]

[24] 'Betrogene' sind im Buch von H. H. Kirst u.a. Hauptmann Wedelmann und Major Hinrichsen. Reue bekundet General Luschke. (Einschlägige Äußerungen dieser Romangestalten behandelt der Autor mit einer merkbaren ironischen Distanz. Diese Ironie fällt dennoch nur wenig ins Gewicht, da sie im Buch eine permanente Erscheinung ist.) Vgl. H.H. Kirst: *Null-Acht-Fünfzehn. Der gefährliche Endsieg des Gefreiten Asch* (3. Band der Trilogie). Wien, München, Basel 1955. S. 64f., 313, 368f. und S. 363f. Im Roman Heinrich Gerlachs kämpft eine ganze Armee von 'Betrogenen' – so ist die Aussage der Schlußszene in *Die verratene Armee*, in der die letzten deutschen Einheiten kapitulieren; Kapitel 16.

[25] Vgl. Plievier: *Stalingrad*. S. 199.

[26] Erich Kuby: *Mein Krieg. Aufzeichnungen aus 2129 Tagen*. München 1975. S. 313. Zit. nach: Hans Wagener: Soldaten zwischen Gehorsam und Gewissen. Kriegsromane und -tagebücher. In: Ders. (Hrsg.): *Gegenwartsliteratur und Drittes Reich. Deutsche Autoren in der Auseinandersetzung mit der Vergangenheit*. Stuttgart 1977. S. 241-264, hier S. 255.

Die meisten Texte deutscher Autoren über den antifaschistischen Widerstand erschienen in Polen in den Jahren 1950-1953. Überwiegend gehörten sie in die Tradition der proletarisch-sozialistischen Literatur. An erster Stelle ist Jan Petersen zu erwähnen, dessen Chronik *Unsere Straße* (1936; *1949*, zwei Auflagen *1950*, *1951*)[27] und Erzählungen *Und ringsum Schweigen* (1940 engl.; 1949 dt.; *1950*, *1951*, *1951* als Auswahl) sind um 1950 wiederholt aufgelegt wurden.[28] Anna Seghers, deren Bücher neben jenen von Willi Bredel unter den Übersetzungen aus dem Deutschen bis 1955 die größten Auflagen erreichten, erzielte anhaltende Erfolge z.B. mit dem Roman *Das siebte Kreuz* (1942 engl.; 1946 dt.; *1950*, *1951*, zwei Auflagen *1953*, *1954*, *1959*, *1961*),[29] der Geschichte eines jungen Kommunisten, dem es nach der Flucht aus einem KZ dank der Hilfe einer Reihe mutiger Menschen gelingt, sich ins Ausland abzusetzen. Von 1950 bis 1984 wurde das Buch dreizehn Mal in über 300 000 Exemplaren verlegt. In Romanen von vier anderen Autoren wurde der Kampf der Kommunisten resp. der sog. einfachen Leute gegen die aufkommenden Nazis bzw. ihr Regime geschildert, es waren namentlich die Werke von Werner Eggerath *Die Stadt im Tal* (1952; *1955*), Willi Bredel *Dein unbekannter Bruder* (1937; zwei Auflagen *1951*, *1954* – 50 000 Ex.), Hans Fallada *Jeder stirbt für sich allein* (1947; *1950*, *1956*, *1989*) und Elfriede Brüning *...damit du weiterlebst* (1949; *1950*, *1952*). Eine besondere Erwähnung verdient Bodo Uhses unvollendeter Roman *Die Patrioten* (1954; *1957*), dessen Protagonisten, Mitglieder zweier kleiner Widerstandsgruppen, im Auftrag der Sowjetunion handeln,[30] und die für die

[27] Im Februar 1950 begann der Abdruck des Romans in der zentralen Zeitung *Życie Warszawy*.

[28] Jan Petersen war auch Herausgeber der – wie es im polnischen Vorwort heißt – "Erzählsammlung der deutschen antifaschistischen Schriftsteller" *Weg durch die Nacht* (1944, erw. 1949; *1951*, *1952*, *1953*), mit 20 kurzen Beiträgen bekannter und auch wenig bekannter Schriftsteller (die polnische Ausgabe deckte sich nur teilweise mit der Vorlage von Petersen). Andere einschlägige Sammelwerke waren: *Niemiecka satyra antyfaszystowska* [Die deutsche antifaschistische Satire]. Bearb. von Antoni Marianowicz und Edmund Osmańczyk. Warszawa 1951 (es enthielt kurze Beiträge von 29 deutschsprachigen Schriftstellern) und *Nieugięci. Listy niemieckich antyfaszystów* [Unbeugsame. Briefe von (54) deutschen Antifaschisten (geschrieben vor ihrer Hinrichtung)]. Vorw. Leon Kruczkowski. Warszawa 1951 und 1952 (Gesamtauflage: 75 000 Exemplare).

[29] Weitere Auflagen: *1963*, *1966*, *1970*, *1972*, *1976*, *1979*, *1984*. Ein Pendant zu diesem Roman ist Seghers' Erzählung aus dem Jahre 1946 *Die Saboteure*. In Polen erschien sie in den Bänden: *Za białym murem. Opowiadania* [Der Ausflug der toten Mädchen. Erzählungen] (*1953*) und *Opowiadania* [Erzählungen] (*1955*; hierin sonst u.a.: *Der Ausflug der toten Mädchen* und *Das Obdach*). Im Zentrum des Geschehens steht ein Sabotageakt der Munitionsarbeiter, eine spontane Reaktion auf den deutschen überfall auf die Sowjetunion.

[30] Im Vordergrund von Bodo Uhses Roman *Leutnant Bertram* (1944; *1951*) steht die Geschichte eines faschistischen Fluggeschwaders in den Jahren 1935 bis 1937. Ein

jüngsten Leser bestimmte Erzählung *Die Jagd nach dem Stiefel* (1932; *1955*) von Max Zimmering über die Mitwirkung von Jungpionieren beim Kampf gegen die Faschisten. Es erschienen ebenfalls zwei Romane über den antifaschistischen Kampf in deutschen Konzentrationslagern: Willi Bredels *Die Prüfung* (1935; *1954*) und Bruno Apitz' *Nackt unter Wölfen* (1958; *1960*, *1962*, *1963*, *1973*, *1976*) sowie Günther Weisenborns (BRD) Erinnerungsbuch über seine Zuchthauszeit *Memorial* (1948; *1959*).[31] Stephan Hermlins Buch *Die erste Reihe* (1951; zwei Auflagen *1952*, *1955*) setzte sich aus 30 poetisch-dokumentarischen Porträts junger deutscher Antifaschisten zusammen, die ihre Haltung mit dem Leben bezahlten. In der Titelerzählung des Bandes *Die Zeit der Gemeinsamkeit* (1949; *1953*) lieferte Hermlin ein Bild des Aufstandes im Warschauer Getto.[32] Im Zentrum der Romane *Der Fall Glasenapp* (1942 engl.; 1958 dt.; *1949*, *1961*) von Stefan Heym und *Wo Deutschland lag* (1947; *1952*, *1953*) von Harald Hauser steht die Widerstandsbewegung der Tschechen[33] bzw. Franzosen[34] gegen die deutschen Besatzer.

Viel leichter als im Falle des Kriegsromans lassen sich aus dieser Gruppe von Werken Gemeinsamkeiten herleiten. Mit Ausnahme von Hans Fallada war die Zeit des Dritten Reiches für die Autoren oft mit größten persönli-

Nebenstrang der Handlung ist im ersten Teil des Romans die Aufklärungsarbeit des Kommunisten Sommerwand unter Soldaten und Arbeitern, die die Insel Wyst zu einem militärischen Stützpunkt ausbauen. Im zweiten Teil wird das Geschehen nach Spanien verlegt.
Auch ein Teil von Erzählungen in Bodo Uhses Sammlung *Die heilige Kunigunde im Schnee* (1945; *1950*) schildert die NS-Zeit.

[31] Ebenfalls als ein Bericht ist Erwin Bartz' 'Roman' *999* (1950; *1951*) einzustufen. Es ist eine Schilderung des passiven Widerstandes einer Gruppe kommunistisch gesinnter Soldaten einer Strafeinheit der Wehrmacht im Zweiten Weltkrieg. Der Weg des Ich-Erzählers führt u.a. über Belgien und Rußland nach Griechenland, wo er fahnenflüchtig wird. Das Buch wirkt unauthentisch.

[32] In dem Buch sind auch drei andere Erzählungen veröffentlicht: *Die Zeit der Einsamkeit* (Exil in Frankreich), *Arkadien* (Kriegsende in Frankreich) und *Der Weg der Bolschewiki* (Flucht russischer Gefangener aus einem KZ).

[33] Auf tschechischem Boden, allerdings noch vor dem deutschen Einmarsch, spielt sich auch die Handlung des Romans *Zwei an der Grenze* (1938; *1951*) von Friedrich Wolf ab. Gegenstand ist der antifaschistische Kampf der KPD im Exil. Im Roman *Vor einem neuen Tag* (1942 engl.; 1947 dt.; *1951*) nahm Franz Carl Weiskopf den Ausbruch des Befreiungskampfes des slowakischen Volkes gegen die Deutschen voraus. In Polnisch erschienen auch Weiskopfs Romane *Lissy oder die Versuchung* (1937; *1963*) – Geschichte einer Ehe aus der Zeit der 'Machtergreifung' – und *Himmelfahrtskommando* (1944 engl.; 1945 dt.; *1963*, *1964*) – über den Widerstand in der Tschechoslowakei.

[34] Im Roman *Simone* (1944; *1958*) von Lion Feuchtwanger bildet das Schicksal der Protagonistin, Simone Planchard, die tatkräftig gegen die kollaborative Haltung ihrer Landsleute zum deutschen Besatzer auftritt, eine Parallele zu jenem von Jeanne d'Arc.

chen Opfern verbunden, sie erlebten die Entbehrungen des Lebens im Exil,[35] zogen als freiwillige Kämpfer nach Spanien (W. Bredel, S. Hermlin, B. Uhse)[36] oder waren Insassen faschistischer Zuchthäuser und Konzentrationslager. Für diese Schriftsteller (ausgenommen Weisenborn und Remarque) war eine ausgesprochen linke politische Gesinnung kennzeichnend, und sie alle wurden in den fünfziger Jahren Exponenten der DDR-Literatur und besetzten meist hohe Positionen im Kultur- und Staatsapparat. Ihre Bücher schildern zwar den Widerstand 'von unten', doch weisen diese Texte durchgehend den Makel der Einseitigkeit auf: Es wurde vor dem polnischen Leser das nicht der Wahrheit entsprechende Bild entfaltet, wonach der Kampf gegen die Nazis in Deutschland grundsätzlich von klassenbewußten Kommunisten oder von Personen aus proletarischen Kreisen ausgetragen worden wäre.

Diese selektive Darstellung ist indessen kaum auf eine parteiliche 'Fahrlässigkeit' der polnischen Verlage bei der Wahl der zu übersetzenden Titel zurückzuführen. Im Gegensatz zur DDR, deren Entstehung propagandistisch als Verwirklichung eines 'Vermächtnisses' des Widerstandes und der Opfer des NS-Systems stilisiert wurde und in der der 'Antifaschismus' – unter Vereinnahmung einer ursprünglich breit gefächerten Erinnerungskultur diverser Opfer- und Verfolgtengruppen durch die SED – zu einer staatlichen Bekenntnisideologie erhoben wurde,[37] hat man es in der BRD nur zu scheu-

[35] Die Erfahrungen aus dem Exil nach 1933 bilden den Inhalt bzw. ein Motiv in den folgenden übersetzten Büchern: Lion Feuchtwanger: *Exil* (Dritter Teil der Wartesaal-Trilogie) (1940; *1957*); Leonhard Frank: *Links, wo das Herz ist* (1952; *1957*); Hans Marchwitza: *In Frankreich* (1949; *1953*); Erich Maria Remarque: *Arc de Triomphe* (1946; *1947*, *1948*, *1957*, *1966*, *1973*, zwei Ausgaben *1990*, *1992*, *1994*, *1997*) und *Liebe deinen Nächsten* (1941, *1959*, *1996*); Anna Seghers: *Transit* (1944 span.; 1948 dt.; *1951*, *1965*, *1975*); Friedrich Wolf: *Lucie und der Angler aus Paris* (1946; *1950*).

[36] Übersetzt wurden mehrere Werke, die ein Niederschlag der Erfahrungen im spanischen Bürgerkrieg waren: Eduard Claudius: *Grüne Oliven und nackte Berge* (1945; *1958*); Walter Gorrish: *Um Spaniens Freiheit* (1946; *1951*); Alfred Kantorowicz: *Spanisches Tagebuch* (1948; *1951*, *1952*); Rudolf Leonhard: *Der Tod des Don Quijote* (Engl.) (1938; *1956*); Ludwig Renn: *Der spanische Krieg* (1955; *1957*); Friedrich Wolf: *So fing es an! Zwei Szenen* (1950; *1950*); Bodo Uhse: *Pierwsza bitwa* (*Die erste Schlacht* (Engl.)) (*1953*, *1954*). Außer der zunächst 1938 veröffentlichten Titelerzählung enthielt der Band die folgenden Texte: *Die Brücke* (hier irrelevant) und *Der Weg zum Rio Grande*. Auch die Mittelpunktsfigur in Willi Bredels *Die Enkel*, Walter Brenten (ein alter ego des Autors), kämpft in Spanien. Derselbe Autor schrieb die Reportage *Begegnung am Ebro* (1939; zwei Ausgaben *1950*, *1951*).

[37] Vgl. Jürgen Danyel: Die Opfer- und Verfolgtenperspektive als Gründungskonsens? Zum Umgang mit der Widerstandstradition und der Schuldfrage in der DDR. In: Ders. (Hrsg.): *Die geteilte Vergangenheit. Zum Umgang mit Nationalsozialismus und Widerstand in beiden deutschen Staaten*. Berlin 1995 (Zeithistorische Studien,

en Ansätzen von Tradition einer Widerstandsliteratur gebracht.[38] Im Westen Deutschlands begegnete man ansonsten dem im Osten hochgespielten proletarischen Widerstand mit Verleugnung oder gar Diffamierung. Die Ereignisse des 20. Juli hingegen, die man in der BRD als "Gipfel und Endpunkt" (K. Prümm) der Entwicklung des deutschen Widerstandes erachtete, haben wiederum östlich der innerdeutschen Grenze nur den Rang eines mißlungenen Attentats "einer Wehrmachtsclique"[39] auf Hitler genossen. Während im Osten *Das siebte Kreuz* von Anna Seghers in Massenauflagen erschien, feierte im Westen *Des Teufels General* (1946)[40] von Carl Zuckmayer einen Siegeszug über die Bühnen, ein Stück, in dem ein Lebemann von einem Fliegergeneral sich unverhofft in den 'Widerstand' verirrt und – da sein militärisches Ehrgefühl es nicht anders zuläßt – statt in der Flucht die Rettung zu suchen, sich zu einer ziemlich ausgesuchten Art des Freitodes aufrafft. Recht vage wäre dennoch die Vorstellung, daß die Bücher über den Widerstand wirklich zu den Lieblingslektüren in den ostdeutschen Häusern gehört haben. Vielmehr ist hier der nicht mehr besonders originellen These[41] Platz einzuräumen, daß diese Literatur auch im Osten Deutschlands zu keiner großen Ausprägung gelangt wäre, wenn sie sich auch dort unter privatwirtschaftlichen Rahmenbedingungen und ohne staatliche Fördermaßnahmen hätte behaupten müssen. Fragt man nach dem Grund dieser kargen Lesernachfrage, so ist zunächst darauf hinzuweisen, daß die in der NS-Zeit geprägten, persönlichen Erfahrungsbereiche der schreibenden Widerstandskämpfer und ihrer denkbaren Rezipienten in der Regel auseinanderklafften; des öfteren standen sich diese Menschen früher an zwei Fronten gegenüber.

Bd. 4). S. 31-46. Vgl. sonst daselbst (S. 47-60) Wolfgang Benz: Zum Umgang mit nationalsozialistischer Vergangenheit in der Bundesrepublik.

[38] Vgl. Karl Prümm: "Die Zukunft ist vergeßlich." Der antifaschistische Widerstand in der deutschen Literatur nach 1945. In: Wagener: *Gegenwartsliteratur und Drittes Reich.* S. 33-68, hier S. 36. Nicht ins Polnische übersetzt blieben auch die wenigen Werke dieser Art, die in der BRD literarisches Aufsehen erregten, wie etwa *Die Moorsoldaten. 13 Monate Konzentrationslager* von Wolfgang Langhoff (1946) und *Gefängnistagebuch* von Luise Rinser (1946).

[39] So eine Redaktionsnotiz in der polnischen Ausgabe der Erzählsammlung Karl Grünbergs *Es begann im Eden* (1951; *1951,* S. 186). In der Titelerzählung gilt die Ermordung von Rosa Luxemburg und Karl Liebknecht als Auftakt zur faschistischen Offensive in Deutschland. In der Erzählung *Hitlerjunge Burscheidt* wird exemplarisch eine Kindheit und Jugend im Nazideutschland dargestellt.

[40] Dieses Drama wurde nicht ins Polnische übersetzt. Übertragen wurden hingegen Friedrich Wolfs *Professor Mamlock* (1935; *1955*) und Bertolt Brechts *Der aufhaltsame Aufstieg des Arturo Ui* (1941; *1962*; zunächst in der Monatsschrift *Dialog* 1961. Nr. 11).

[41] Vgl. Jost Hermand: Der geteilte Himmel. Exilliteratur im Verlagsprogramm der vier Besatzungszonen (1945-1949). In: Klaus R. Scherpe, Lutz Winckler (Hrsg.): *Frühe DDR-Literatur. Traditionen, Institutionen, Tendenzen.* Berlin 1988 (Literatur im historischen Prozeß. N. F. 17). S. 11-32, hier S. 19.

Die Widerstandsliteratur konnte kaum auf interessierte Leser unter ehemaligen Nazianhängern rechnen und war auch eine unbequeme Lektüre für jene, denen die Barbarei des NS-Systems dereinst wohl einleuchtete und die sich dessen ungeachtet passiv verhielten: Ihnen gegenüber barg diese Literatur einen permanenten, stummen Vorwurf, und die Lektüre wäre einer Selbstkasteiung gleichgekommen. Die Aufnahmebereitschaft für die einschlägigen Lesestoffe läßt sich indirekt am Nachwort ablesen, das Jan Petersen der polnischen Ausgabe von *Unsere Straße* beigefügt hatte:

> Es steckt darin eine bittere historische Wahrheit, daß es den deutschen Antifaschisten nicht gelang, Hitler an der Übernahme der Macht und dann an der Entfesselung des mörderischen faschistischen Krieges zu hindern. Trotz ihres heldenhaften Kampfes, trotz Zehntausender bester Menschen, die in den nazistischen Konzentrationslagern oder infolge von Hinrichtungen den Tod fanden, blieb nämlich die deutsche antifaschistische Widerstandsbewegung eine verschwindende Minderheit im Volk.

Gegenstand einer Reihe von übersetzten Werken war die Schilderung des deutschen Alltagslebens am Vorabend und unter dem Faschismus. Die Handlung war grundsätzlich in einem bestimmten, homogenen Milieu angesiedelt. In einer proletarischen Umwelt wurde das Geschehen von Anna Seghers' *Die Rettung* (1937; *1950*, *1951*, *1954*) und Hans Marchwitzas *Die Heimkehr der Kumiaks* (1952; *1956*)[42] entwickelt. In Anna Seghers' *Der Kopflohn* (1933; *1951*, *1952*, *1953*, *1955*) und Adam Scharrers *Maulwürfe* (1934; *1953*) wurde das Leben auf dem Lande aufgezeigt. In den Kreisen des (Klein-)Bürgertums spielten sich die Vorgänge in Bernhard Kellermanns *Der Totentanz* (1948; *1950*, *1954*, *1956* jiddisch), Arnold Zweigs *Das Beil von Wandsbeck* (1943 hebr.; 1947 dt.; *1951*, *1953*, *1979*), Albrecht Goes' (BRD) *Das Brandopfer* (1954; *1955*)[43] und Lion Feuchtwangers *Die Geschwister Oppermann* (Zweiter Teil der Wartesaal-Trilogie) (1933; *1934*, *1957*)[44] ab. Als Sonderfälle kann man dieser Gruppe Friedrich Wolfs *Der*

[42] Übersetzt wurde sonst nur der erste Teil der Trilogie: *Die Kumiaks* (1934; *1951*).

[43] Es ist die Geschichte einer Frau aus einer süddeutschen Kleinstadt. Auf Befehl des Gauleiters durften die Juden ausschließlich in ihrem Laden ihre Fleischwaren einkaufen. In demselben Band erschien auch Goes' Erzählung *Unruhige Nacht* (1950), eine Wiedergabe von Erfahrungen eines Feldgeistlichen an der Ostfront im Jahre 1943. *Das Brandopfer* druckte sonst 1955 in Fortsetzungen die Zeitschrift *Tygodnik Powszechny* (Nr. 4-14, 16) ab.

[44] Feuchtwangers Roman *Die Brüder Lautensack* (1944), eine tragisch endende Geschichte eines in den Dienst der Nazipartei getretenen Hellsehers, erschien in Polen 1962.
Szenen aus dem deutschen Kriegsalltag findet man in Elisabeth Langgässers (BRD) Erzählband *Der Torso* (1947; *1958*). Den Alltag im Wien der Jahre 1937-1938 schilderte in ihrem Roman *Der graue Mensch* (1949; *1951*) die österreichische Autorin Maria Frischauf.

Russenpelz (1942; zwei Auflagen *1950*)[45] und *Heimkehr der Söhne* (1944; *1946*, *1950*) zurechnen, in denen zwei Kriegsepisoden im deutschen Hinterland beschrieben werden.[46]

An allen hier genannten Werken ist der Versuch abzulesen, den Wurzeln der Katastrophe des Faschismus in Deutschland nachzugehen, im Umfang ihrer Anlage blieben sie aber weit hinter Anna Seghers' Epochenroman *Die Toten bleiben jung* (1949; *1949*, *1953*, *1980*) zurück, in dem die Autorin die Jahre 1918-1945 mit all ihren relevanten Ereignissen erfaßt und aus dieser Periode eine politische Bilanz zu ziehen sucht. Das mehrere hundert Seiten starke Buch, dem in der DDR ein sehr hoher Rang zugemessen wurde,[47] erschien auf dem polnischen Buchmarkt in einer hohen Auflage bereits einige Monate vor der deutschen Erstveröffentlichung und wurde bald erneut verlegt (18 500 bzw. 20 000 Exemplare). Diesen editorischen Erfolg erklärt der Umstand, daß die von Seghers dargelegten historischen Mechanismen der Übertragung der Macht an die Nazi-Partei sich in ihrem Kern mit der offiziellen Auslegung dieses Phänomens im volksdemokratischen Polen deckten.[48] Für Anna Seghers ist der Mensch ein Produkt seiner sozialen Position, die Geschichte ist für sie ein Kampf der Gesellschaftsklassen um die Vormachtstellung und der Faschismus eines der Zwischenergebnisse dieses Kampfes. Die nazistische Ideologie findet ihre Massenbasis im weit aufgefaßten Mittelstand.[49] Im Zuge der Verschärfung ideologischer Fronten stellen sich dann als die eigentlichen Drahtzieher, im Namen enger Interessen ihrer Kaste, die im Buch klar personifizierten Kräfte des deutschen Militärs, Junkertums und Großbürgertums hinter sie. Nur das seinem Klassenbewußtsein treue Proletariat erweist sich in seiner überwiegenden Masse gegen die nazistischen Losungen gefeit und zu einem aktiven Widerstand

[45] Im Vordergrund steht das Leben einer Arbeiterfamilie im Rheinland. Agnes, die Tochter des Hauses, die zunächst das Geschehen rund um sie herum unreflektiert verfolgt, erlebt einen inneren Wandel, der sie zuletzt zu einer Ablehnung des Krieges und des Faschismus führt.

[46] Starke Rückbezüge auf die Zeit vor 1945 werden in der Erinnerungshandlung von Heinrich Bölls *Billard um halb zehn* (1959; *1961*, *1973*) gemacht. Eine Retrospektive der Jahre 1929-1947 war Luise Rinsers (BRD) Roman *Mitte des Lebens* (1950; *1961*). Rückblicke auf die Zeit vor 1945 gewährte auch das erste Buch von Willi Bredels Roman *Ein neues Kapitel* (1959; *1962*).

[47] Vgl. Geschichte der deutschen Literatur. Literatur der Deutschen Demokratischen Republik. Hrsg. von einem Autorenkollektiv. Berlin 1977 (Geschichte der deutschen Literatur von den Anfängen bis zur Gegenwart. Bd. 11). S. 173-177.

[48] Vgl. Edmund Dmitrów: *Niemcy i okupacja w oczach Polaków. Poglądy i opinie z lat 1945-1948* [Die Deutschen und die Besatzungszeit in den Augen der Polen. Meinungen und Urteile aus den Jahren 1945-1948]. Warszawa 1987. S. 58-61.

[49] Vgl. Peter Epp: *Die Darstellung des Nationalsozialismus in der Literatur. Bertolt Brecht: Der aufhaltsame Aufstieg des Arturo Ui. Anna Seghers: Die Toten bleiben jung. Thomas Mann: Doktor Faustus. Rolf Hochhuth: Der Stellvertreter*. Frankfurt a.M., Bern, New York 1985 (Europäische Hochschulschriften I/826). S. 85-87.

befähigt. (Der 20. Juli wird definitiv abgelehnt). Ein endgültiger 'Sieg' dieser Klasse (in Form eines Triumphes der kommunistischen Idee) wird von Anna Seghers zwar nicht klar vorweggenommen, fest steht allerdings, daß der revolutionäre Kampf fortgesetzt werden wird.[50] Der Roman führt zu einem bündigen geschichtlichen Fazit: Die einzige nennenswerte Gegenkraft zu den Faschisten bildete die deutsche Arbeiterklasse.[51]

Den polnischen Leser erreichte übrigens auch Anna Seghers' seinerzeit stark diskutierte Erzählung *Ein Mann und sein Name* (1952; *1953*, *1955*).[52] Im Vordergrund steht ein junger Mensch namens Walter Retzlow, der "im letzten Kriegsjahr gezwungenermaßen" in die Waffen-SS kam. Zur Vertuschung seiner Vergangenheit nimmt er später einen fremden Namen an und tritt als Spitzel der auf Zersetzung des Sozialismus bedachten alten SS-Garde in die SED ein. Er lehnt zunächst die neue Wirklichkeit ab, dann aber wächst er in sie hinein und erlebt eine innere Umkehr. (Bedeutend bei dieser Wandlung ist die erzieherische Rolle der Arbeit). In eine extreme Lage versetzt, wo es die Arbeit eines 'Schädlings' aufzudecken gilt, bekennt Retzlow vor zuständiger Stelle seine wahre Identität. Die Folge ist ein Ausschluß aus der Partei, der junge Mann bekommt aber eine Möglichkeit, sich neu zu bewähren. Der Leser gewinnt den Eindruck, daß er diese Chance wahrnehmen wird.

Im nichtliterarischen Bereich schuf die gesellschaftliche Entwicklung ein Pendant zu Anna Seghers' Erzählung. Als ein Schritt auf dem Wege zur Integration der DDR-Bevölkerung[53] erfolgte bereits 1949 eine Amnestie für ehemalige Mitglieder und Anhänger der Nazipartei. Ihre rechtliche Gleichstellung wurde 1952 durch ein Gesetz sanktioniert. Mit dem Tag ihrer Gründung (21./22.4.1946) stand die SED ehemaligen NSDAP-Mitgliedern offen.[54] Als Sühneleistung hatten die Eintretenden beim sozialistischen Aufbau mitzuwirken. Auf Geheiß der Partei erfolgte im Februar 1953 die Auflösung der Vereinigung der Verfolgten des Naziregimes, einer Organisation der antifaschistischen Widerstandskämpfer – das moralische Gewissen eines Volkes wurde so zum Verstummen gebracht.

[50] Vgl. Sigrid Bock: Erziehungsfunktion und Romanexperiment. Anna Seghers: "Die Toten bleiben jung". In: Sigrid Bock, Manfred Hahn (Hrsg.): *Erfahrung Exil. Antifaschistische Romane 1933-1945. Analysen.* Berlin, Weimar 1979. S. 394-431, hier S. 417f.

[51] Im Moment der 'Machtergreifung' im Jahr 1933 zählte die NSDAP 850 000 Mitglieder. Folgendermaßen sah die Gliederung der Partei nach Berufsgruppen aus: Arbeiter: 31,5%, Angestellte: 21,1%, Selbständige (Handwerker, Kaufleute, freie Berufe): 17,6%, Bauern: 12,6%, Beamte einschließlich Lehrer: 6,7%, Sonstige: 10,5%. Vgl. David Schoenbaum: *Die braune Revolution. Eine Sozialgeschichte des Dritten Reiches*. München 1980. S. 68f.

[52] In den Erzählsammlungen *Za białym murem* und *Opowiadania.*

[53] Vgl. Danyel: D*ie geteilte Vergangenheit*. S. 42-45.

[54] Vgl. Olaf Kappelt: *Braunbuch DDR. Nazis in der DDR.* Berlin 1981. S. 131-418.

Dagmar Barnouw

Zeitlichkeit und Erinnerung: Überlegungen zur Problematik der Schuldfrage

Inquiries into the cultural-political conditions under which the hypothesis of a German collective guilt was first established begin with the Allied photographic and verbal documentation of Nazi "atrocities" and the lively public discussion of German collective responsibility in the immediate post-war era. The cultural and political chaos of the first post-war years generated an instructive variety of attempts at understanding the historical phenomenon of the Nazi regime in its psychological, cultural, and political aspects. But these provisional explanatory models (outside the official denazification politics) were soon neutralised and then suppressed by an increasingly powerful Holocaust discourse that drew almost exclusively on the (unquestionable) authority of memory-stories of victimisation. The ensuing, nowadays routinely lamented but rarely analysed, monumentalization and ritualization of the Holocaust discourse is supported by a growing disregard for the temporal nature of memory processes – a disregard that has obscured the historicity of the victims as well as of the perpetrators. The supra-historical status of the Holocaust, that is, the status of the discourse of the historical persecution of Jews, has demanded the supra-historical status of the thesis of a collective guilt of the Germans, as evidenced in its repeated cultural affirmations over the last 55 years and the concomitantly intensified politics of remembrance: the debates surrounding the Berlin Mahnmal *issue, the* Wehrmachtsaustellung, *the Walser-Bubis-controversy, and the German involvement in Kosovo.*

Die Frage der deutschen Kriegsschuld kann nicht gestellt werden ohne eine kritische Suche nach den Orten und Zeiten der Erinnerung, denn sie wurde bei Kriegsende sofort in eine Zukunft projiziert, die unter dem Zeichen eines permanenten, kollektiven Nicht-Vergessens stand.[1] Das Konzept einer deutschen kollektiven Kriegsschuld betraf die Kriegführung an der Ostfront und die KZ's, und hier vorzüglich den Judeocid, trotz der Vernichtung zahlreicher anderer "Feind-Gruppen" des dystopischen "Dritten Reiches". Frauen und Kinder waren bei Kriegsende die überwältigende Majorität der deutschen Zivilbevölkerung. So erscheinen sie auch auf den bei der Öffnung der KZ's von den Fotografie-Einheiten des US Army Signal Corps aufgenommenen Bildern "der deutschen Zivilbevölkerung" in der Konfrontation mit den in ihrem Namen verübten Greueltaten (atrocities). Die viel gerügten "hölzernen" Gesichter der in diesen Situationen fotografierten Frauen reflek-

[1] Siehe hier Dagmar Barnouw: *Ansichten von Deutschland 1945*. Basel 1997; vor allem Kap. 2, "Sehen, Ansehen, Einsehen: Evidenz und Identität".

tierten auch die Perspektive der von den Anblicken entsetzten und moralisch entrüsteten, meist sehr jungen Armee-Fotografen. Ihnen war zudem auch sofort nach dem Bekanntwerden der ersten Fotografien der "atrocities" die Wichtigkeit der Dokumentation gerade dieser Aspekte deutscher Kriegsschuld eingeprägt worden, d.h. deren enorme Wirksamkeit für die politische Rechtfertigung des von den US geführten 'heiligen' Krieges gegen das existentiell Böse (evil) des Nazi-Regimes und der Umerziehung einer in ihrer Gesamtheit Nazi-verseuchten deutschen Zivilbevölkerung und Armee. Nach diesem kriminellen Krieg waren diese Frauen und Kinder ein ganz besonderer Fall, und die Anti-Fraternisierungs-Richtlinien, die schon im Sommer 1944 von der Civil Affairs Division (CAD) an die amerikanischen Oberkommandeure gingen, waren sehr deutlich. "Der deutschen Zivilbevölkerung" mußte, wie es da hieß, mit allem Nachdruck eingeprägt werden, daß sie in ihrer Gesamtheit für schuldig befunden und von der ganzen Welt verachtet war. Sie mußte ihre "Verirrungen" einsehen, und man mußte sie "sich vom Leibe halten,"[2] bis sie "ihre Lektion" gelernt hatte.[3] Im Herbst 1945 beruhigte die einflußreiche amerikanische Bildzeitschrift *Life* ihre Leser, sie brauchten sich von den schrecklichen Fotos der aus den östlichen Provinzen deportieren deutschen Frauen und Kinder nicht weiter stören zu lassen: "In den Augen der Welt haben diese Menschen sich selbst zu einem Grade erniedrigt, daß es der Welt angesichts ihres jetzigen Leidens schwerfällt, mit ihnen Mitleid zu haben."[4]

Bei der Öffnung der Lager wurden also deutsche Frauen, oft in der zwangsweisen Begleitung ihrer verstörten Kinder, auf sehr bildhafte Weise als Augen-Zeugen von Verbrechen verwendet, für die sie von vornherein kollektiv verantwortlich gemacht worden waren. Es wurde z.B. streng darauf geachtet, und dann auch fotografiert, daß sie und die Kinder nahe genug an die stark verwesten Leichen 'ihrer' Opfer herangingen, damit sie sich der Evidenz 'ihrer' Täterschaft nicht entzogen.[5] Dabei dienten solche Bilder auch gleich als Beweis der deutschen Unfähigkeit, Reue zu zeigen, der kollektiven "Unfähigkeit zu trauern."[6] Mit dieser kollektiven Verantwortlich-

[2] Das war wörtlich zu verstehen: Siehe die Beispiele bei Barnouw: *Ansichten von Deutschland 1945*. Kap. 4 und 5.

[3] Earl F. Ziemke: *The U.S. Army in the Occupation of Germany* 1944-1946. Washington 1975. S. 97.

[4] *Life* vom 15.10.1945. S. 107. *Life* hatte den Bildteil eines Photo-Essays über Flüchtlinge auf Berliner Bahnhöfen von dem britischen *Illustrated* übernommen und mit einem neuen Text versehen, der ihre seit dem Frühling 1945 energisch betriebene Propagierung der deutschen Kollektivschuld reflektierte: siehe Barnouw: *Ansichten von Deutschland 1945*. Kap. 3.

[5] Siehe die Photographien von Müttern, die ihre Kinder vor den grausigen Anblicken zu schützen suchten. In: Barnouw: *Ansichten von Deutschland 1945*. Kap. 1.

[6] Siehe die von britischen Armee-Photographen aufgenommene Bild-Serie von Zivilisten vor und in einem Kino in Bergen-Belsen, die sich zwangsweise einen

keit, also Schuld für die Kriegsführung *a priori*, wurde auch die zum großen Teil aus Kriegsunfreiwilligen rekrutierte Armee belegt.[7]

Die Dominanz moralischer Forderungen in den Diskussionen der Bedeutung der Schuldfrage war am Ende dieses Krieges zunächst durchaus verständlich, sollte sich aber im Verlauf der Zeit als hinderlich für historische Differenzierungen erweisen. Denn die explizite Moralisierung politischer Urteile und Entscheidungen, welche die Festlegung der Schuldfrage auf eine permanente, damit unveränderbare kollektive Erinnerung ermöglichte, hat die Gleichsetzung von Verstehensversuchen und Apologetik unterstützt, die noch heute so stereotyp wie mächtig alle Diskussionen auf diesem Gebiet zu beherrschen scheint.

1. Beobachtung als Verstehenssprozeß ist an zeitlich und räumlich definierte kulturelle Positionen gebunden. Wo Beobachtung sich auf Denkprozesse oder bewußtes Handeln bezieht, ist die Bewußtheit dieser Positionalität sowohl besonders wichtig als auch prekär. Trotz der jetzt selbstverständlichen Zugeständnisse an die perspektivische Unterwanderung dokumentarischer, historiographischer Objektivität erliegen Kultur-Historiker häufig der Versuchung, ihre Forschungsergebnisse für unabhängiger und damit allgemein gültiger zu halten, als sie sind, als sie sein können. Wo es um (gegenwärtiges oder vergangenes) sozial oder politisch problematisches Denken und Handeln geht, von dem sich der Beobachter zu distanzieren sucht, ist diese Versuchung noch größer. Wie wir hier heute und in den nächsten Tagen unsere Forschungsergebnisse diskutieren werden, ist durchaus nicht unabhängig von der Zeit und dem Ort der Konferenz. Wir sind in der altneuen deutschen Hauptstadt Berlin im Frühherbst 1999, zur Zeit der Mahnmal-, Walser-Bubis- und Kosovo-Debatten, in denen zum Abschluß unseres turbulenten Jahrhunderts noch einmal höchst komplizierte politische Machtfragen im Sinne moralischer Forderungen formuliert, damit vereinfacht wurden. Genau diese Vereinfachung wird von 'den' Deutschen seit dem Ende des Zweiten Weltkriegs erwartet. Und so reflektieren denn auch diese Debatten die dauernde Identifizierung aller Deutschen mit einer kollektiven Kriegschuld, die ihnen für alle Zukunft mit dem dauernden Verbot des indi-

Dokumentarfilm über die deutschen Greueltaten angesehen hatten. Eines der Bilder zeigt zwei halbwüchsige Mädchen, die von fünf grimmigen britischen Soldaten in den Kinosaal zurück eskortiert werden, um den Film ein zweites Mal zu sehen, denn beim ersten Mal hatten sie gekichert. Die Bildunterschrift verdammt das Verhalten der Kinder als sündiges Verleugnen von Greueltaten, für die sie, wie alle Deutschen, verantwortlich seien und die sie niemals vergessen dürften: Siehe Barnouw: *Ansichten von Deutschland 1945*. Kap. 2.

[7] Man denke an die Strafmaßnahmen in der unmittelbaren Nachkriegszeit gegen Offiziere aller Rangstufen und ihre Familien, gleichgültig wie sie sich im Krieg verhalten hatten, z.B. in bezug auf Lebensmittelszuteilung: Siehe Barnouw: *Ansichten von Deutschland 1945*. Kap. 5.

viduellen Vergessens das dauernde Gebot der kollektiven Erinnerung – des Gedenkens – als Sühne auferlegt. Hier bietet Moshe Zuckermanns neuerliche scharfe Kritik an Walser in *Gedenken und Kulturindustrie. Ein Essay zur neuen deutschen Normalität* besonders gute Beispiele: Als "prominenter Vertreter" der "deutschen Tätergeneration" kann Walser von Zuckermann keine 'normale', d.h. bis zu einem gewissen Grade offene, einräumende Diskussion seiner Argumente erwarten, sondern nur deren totale, durch Verweise auf die Judenverfolgungen prä-autorisierte Verwerfung.[8]

Nun hatte der Hauptankläger Justice Robert H. Jackson bei der Eröffnung des Nürnberger Tribunals im Spätherbst 1945 erklärt, es sei nicht dessen Absicht, "das ganze deutsche Volk zu beschuldigen," das in seiner Majorität nicht für die Nazi-Partei gestimmt hatte: "Nicht weniger als die Welt draußen" hätten auch die Deutschen "mit den Angeklagten eine Rechnung zu begleichen" – eine Erklärung, auf die sich Karl Jaspers in seiner für die Diskussionen der unmittelbaren Nachkriegszeit sehr wichtigen Schrift *Die Schuldfrage* berief.[9] Jaspers hob hier hervor, daß es zwar individuelle kriminelle Deutsche seien, die in Nürnberg vor dem Richter stünden. Trotzdem müßten alle von der "deutschen Frage" Betroffenen überlegen, in welchem Ausmaß und auf welche Weise deutsche politische und administrative, wissenschaftliche und humanistische Kultur zum "aufhaltsamen" Aufstieg eines kriminellen Regimes beitragen hatte, für dessen Greueltaten sie jetzt verantwortlich gehalten wurden.[10] Das Problem in der unmittelbaren Nachkriegszeit war nicht, daß 'die' Deutschen den Vorwurf zurückwiesen, sie hätten als Volk an den Nazi-Verbrechen teil gehabt. Eugene Davidson wies in *The Trial of the Germans* zurecht darauf hin, daß außerhalb der Gerichtshöfe, wo die Frage der Kollektivschuld vermieden wurde, viele Deutsche die Bürde dieser Schuld auf sich nahmen. Kollektivschuld "lastete auf Millionen von Deutschen, trotz der philosophischen Debatten, daß es sie gar nicht geben könne."[11] Bei aller Neigung zu Selbsttäuschung in der Nazi-Zeit, akzeptierten 'die Deutschen' ihre Teilhabe an der politischen und kulturellen Katastrophe des Dritten Reichs, und die "Schuldfrage" dominierte die Diskussion in der Publizistik der unmittelbaren Nachkriegszeit.

Diese Diskussionen, häufig bedeutend differenzierter und sozial intelligenter als es heute der Fall ist, waren aber auch von der Hoffnung geprägt, daß sich mit der Zeit bessere Antworten auf die "Schuldfrage" finden lassen

[8] Moshe Zuckermann: Von Erinnerungsnot und Ideologie. In: *Gedenken und Kulturindustrie. Ein Essay zur neuen deutschen Normalität*. Berlin 1999. S. 9-32.

[9] Karl Jaspers: *Die Schuldfrage. Ein Beitrag zur deutschen Frage*. Zürich 1946. S. 29f.; siehe dazu Barnouw: *Ansichten von Deutschland 1945*. S. 294-299.

[10] Arendt war sehr viel weniger optimistisch als Jaspers was die Chancen für eine ernsthafte Selbstbefragung anlangte, vor allem im Fall der akademischen Eliten. Siehe hier Dagmar Barnouw: *Visible Spaces Hannah Arendt and the German-Jewish Experience*. Baltimore 1990. S. 164-67.

[11] Eugene Davidson: *The Trial of the Germans*. New York 1966. S. 7.

würden. Die Intellektuellen, auch die Historiker, die am Ende dieses Jahrhunderts die Bedeutung der Vergangenheit für die Zukunft eines neuen Deutschland debattieren, zeigen relativ wenig konkretes Interesse an den Zeitgenossen dieser Vergangenheit. Deren Versuche, aus ihrer uns heute unvorstellbar schwierigen Gegenwart einen möglichen Weg in die Zukunft zu finden, werden aus der Distanz dieser Zukunft, unserer Gegenwart, meist zu einfach als Beginn der "unbewältigten Vergangenheit" abgetan: als die dauernde Unfähigkeit, mit den Fragen kollektiver Verantwortlichkeit, Schuld und Sühne auf eine Weise umzugehen, die die Opfer krimineller Handlungen in der Vergangenheit auf Dauer befriedigen, *befrieden*, könnte. Nun ist die über ein halbes Jahrhundert lang geforderte "ehrliche Konfrontation" mit der "unbewältigten" deutschen Vergangenheit schon darum problematisch, weil sie ein ganz bestimmtes unveränderbares Ergebnis voraussetzt, nämlich die Sühne an "den jüdischen Opfern" in der adäquaten kollektiven Erinnerung "der Deutschen" als "Täter". Solche Forderungen stehen in scharfem, wenn auch unter heutigen Bedingungen "unsäglichem," Widerspruch zur historischen Realität der Vergangenheit, die dauernd im Wandel, porös und vielschichtig ist. Gegenwärtige Ereignisse können konfrontiert werden; die Vergangenheit kann und muß immer wieder besucht werden – aber nicht ohne das kritische Bewußtsein des Besuchers aus der Gegenwart, daß er die Vergangenheit niemals unverändert zurücklassen, d.h. immer, wenn auch zu verschiedenem Grade, auf seine Weise entstellt haben wird.

Dieses Bewußtsein ist besonders rar, wo es sich um die Orte und Zeiten der Erinnerung an deutsche Kollektiv-Schuld handelt – Berlin 1999. Unter der Überschrift "Ghosts of Berlin" beschrieb kürzlich der amerikanische Literaturhistoriker Stephen Greenblatt in der *New York Times* sein Gefühl, in Berlin von Gespenstern umgeben zu sein – ein Gefühl das, wie er meint, viele Besucher der Stadt, sicherlich "alle Juden", teilten. Er scheint irritiert von der Widmung "Dem Deutschen Volke" auf der Fassade des neu eröffneten deutschen Reichstags und dem "triumphalen" Brandenburger Tor. Und so scheint es ihm beim Anblick des wüsten schlammigen Feldes des Mahnmal-Geländes das Beste zu sein, diesen Ort im Herzen Berlins, Deutschlands einfach der Natur zu überlassen. Die Leere des unkontrolliert, undifferenziert natürlich Wuchernden verlangte dann nur noch ein simples Schild mit der Aufschrift: "Trotz aller Versuche ist es dem deutschen Volk nicht gelungen, ein angemessenes Denkmal zu schaffen." Das Mahnmal als Denkmal kollektiven Versagens. In Greenblatts Perspektive sind die in der kulturellen, historischen Zeit möglichen Verwandlungen des "deutschen Volkes" rigoros und auf Dauer aufgehoben: der Anwuchs an historischem Wissen, an sozialer Einsichtigkeit, an politischer Vernunft. Mehr noch, diese Aufhebung betrifft die Verwandlungen der deutschen Vergangenheit 1945 bis 1999 sowohl wie die der deutschen Zukunft im neuen Millennium – auf immer.

Wer bestimmt in welcher Situation die "Angemessenheit" kollektiver Erinnerung? Die solipsistische Arroganz solcher Aufhebung der historischen Zeit sollte eigentlich erstaunen, hat aber die Diskussionen der deutschen "Schuldfrage" von Anfang an bestimmt und ist aus einer Reihe von Gründen von einem großen Teil der deutschen Eliten internalisiert worden. (Die Idee des Schilds, die dem amerikanischen Juden Greenblatt so zusagte, stammte, wie er mitteilt, von einem seiner "deutschen Bekannten".) Hier liegt der Grund für die Tatsache, daß am Ende des Jahrhunderts unsere Sicht der Kultur-Katastrophe des historischen Zweiten Weltkriegs fast ausschließlich von der Rückblicksperspektive des jüdischen "Holocaust" bestimmt ist, wie dann auch unsere Sicht der bereits historischen Repräsentationen dieses Krieges – in Romanen, Filmen, im Fernsehen, in der Publizistik. Dabei sind wir nicht mehr diejenigen, die den Krieg erlebten; wir sind auch nicht mehr die, die diese Erlebnisse aus ihrer jeweils späteren Sicht repräsentierten. Und der Fall der Mauer, der Zusammenbruch des Ostblocks, haben den Zeitfluß quasi beschleunigt und noch größere Unterschiede, Distanzen zwischen "uns" und "ihnen" geschaffen. Zudem waren die Erlebnisse des Kriegs wie auch ihre Repräsentationen ihrerseits bereits zeitlichen Wandlungen unterworfen, wie es auch unsere sich darauf beziehenden Interpretationen sind. Die zeitlich vielschichtige Verwobenheit unserer gegenwärtigen Sicht auf die für Zeitgenossen katastrophalen Ereignisse bringt mit sich spezifische Beobachtungs- und Erkenntnis-Schwierigkeiten, die aber oft nicht wahrgenommen werden, eben weil das Urteil über das Beobachtete, die "Tätergeneration," immer bereits festgestanden hat.

Diese Urteilsposition einer vor allem auf "den Holocaust" konzentrierten kollektiven Erinnerung ist auch weitgehend verantwortlich für das unaufhaltsame Wachstum der Produktion und des Konsums von Holocaust-Literatur und -Filmen. Die immer noch zunehmende "Monumentalisierung" und "Ritualisierung" der Judenverfolgung wird jetzt zwar häufig beklagt, aber diese Klagen tun der kulturpolitischen Macht des Holocaust als Diskurs der kollektiven Erinnerung keinen Abbruch. Im Gegenteil, dieser Diskurs scheint umso verführerischer je mehr er nicht nur alle anderen historischen Erfahrungen des Zweiten Weltkriegs ausschließt, sondern auch die historische Erfahrung der Judenverfolgung selbst zu einem Grade überwuchert, der sie der historischen Erinnerung zu entrücken droht. So konnte sich Hilary Clinton, da sie ja *Schindler's List* und *Sophy's Choice* gesehen hatte, ganz in "diese unschuldigen Opfer," die albanischen Flüchtlinge, einfühlen, was die Kosovo-Politik ihres Mannes voll rechtfertigte. Und warum auch nicht? *Schindler's List* wird in akademischen Holocaust Studies als Dokumentarfilm vorgeführt, und durchaus respektable Journalisten berufen sich auf seine dokumentarische Glaubwürdigkeit. So geschickt zubereitet ist die Vergangenheit bedeutend bekömmlicher, weil einfacher.

Diese Verführungskraft hat der Holocaust-Diskurs nicht nur für den populären Konsum, sondern auch für den der Eliten. Der Schauer, der diese

Ereignisse umgibt, ihre "Schauerlichkeit," hat von Anfang an, und zunächst durchaus verständlich, eine nüchterne, kritische "kalte" Befragung der Bedingungen gehemmt, die diese Entwicklungen ermöglichten. Das hat vor allem in Deutschland und den USA zu einer immer noch wachsenden allgemeinen Empfänglichkeit für prä-autorisierte Erinnerungs-Geschichten von Opfern der Verfolgungen geführt. Ein extremes, aber instruktives Beispiel sind hier Binjamin Wilkomirskis im wörtlichen Sinne "unglaubliche" Erinnerungen an seine Kindheit im KZ, *Fragmente*: Die zuerst grotesk anbetende Bewunderung der Rezensenten und Holocaust-Politiker (US Holocaust Museum) für den Mann und sein Buch und dann die ambivalente Mischung von Faszination und peinlicher Ernüchterung in Reaktion auf die immer ernsthafteren Zweifel an der Authentizität seiner Erinnerungen. Bezeichnenderweise sind Erinnerungs-Geschichten von jüdischen "child survivors" zur Zeit in den USA moralisch und kommerziell so besonders erfolgreich, weil damit eine weitere Generation von Opfer-Geschichten garantiert scheint. Was Millionen anderer Kinder in diesem grauenhaften Krieg widerfuhr, interessiert dagegen kaum – das liegt zu weit zurück in Zeit und Raum, wenn es denn je interessant war. In seinem kürzlich erschienenen Buch *The Holocaust in American Life*[12] analysiert der angesehene amerikanische Historiker Peter Novick die Faszination des Holocaust auf eine kritische, abgewogene Weise, die für den deutschen Kontext sehr wünschenswert, aber unwahrscheinlich ist. Denn im deutschen "Sonderfall" einer moralisch-politischen Symbiose von kollektiver Kriegs-Schuld und Kriegs-Erinnerung scheint solche rationale Kritik fast unmöglich.[13] Und doch sollte sie versucht

[12] Peter Novick: *The Holocaust in American Life*. New York 1999. Das erste Kapitel diskutiert das anfängliche Herunterspielen der Ernsthaftigkeit der Judenverfolgungen, das dann in sein Gegenteil umschlägt: Die zeitgenössischen, zunächst "unglaublichen" und deshalb nur zögernd verbreiteten Nachrichten von den Verfolgungen verwandelten sich unter veränderten politischen Umständen in die a priori glaubwürdigen Erinnerungsgeschichten der Opfer. Und statt der allgemeinen Feindschaft gegen die Nazis während und am Ende des Krieges, wurde nun der Status der Juden als jederman Opfer betont.

[13] Ein neuerliches Beispiel prä-autorisierter moralischer Forderungen an literarische Texte, statt ihrer historisch informierten, kritischen Analyse, bietet Ernestine Schlant: *The Language of Silence: West German Literature and the Holocaust*. New York 1999. Schlants Studie ist durchaus konform mit der gegenwärtigen Orthodoxie hinsichtlich 'der' deutschen Unfähigkeit, korrekt zu trauern, stellt aber darüber hinaus besonders anspruchsvolle Forderungen an westdeutsche Autoren, die dann auch alle – und ganz besonders Grass – ihre Erwartungen nicht erfüllen können. Da sie bei Schriftstellern generell eine literatur-spezifische "seismographische" Empfindlichkeit für die Bewegungen der deutschen Kollektivpsyche annimmt, erklärt sie die von ihr – ohne einsichtige Begründung – ausgewählten Autoren nicht nur einfach zu Stellvertretern für alle anderen Schriftsteller, sondern auch gleich für alle Deutschen. Alle sind – und auf die gleiche Weise – verantwortlich für 'das' deutsche moralische Versagen, denn was sie zum Holcaust zu sagen haben, genügt Schlant nicht. Für sie

werden; denn sie ist notwendig für ein besseres Verständnis der heute bereits unvorstellbar schrecklichen Ereignisse im letzten Stadium des Krieges, von denen Juden und Nicht-Juden betroffen waren.

Nichts scheidet unerbittlicher als die Zeit. Zwar ist unsere westliche Spätmoderne gegründet auf das Bewußtsein unserer Historizität, aber die Folgen des Zweiten Weltkriegs, und hier besonders die wachsende kulturpolitische Macht der Erinnerungs-Diskurse des Holocaust, haben dieses Bewußtsein auf spezifische Weise geschwächt. Moderne politische Differenzierungen aufgrund einer seit dem 18. Jahrhundert wachsenden Offenheit für die zentral wichtige Rolle, die Zufall, Zeitlichkeit und Veränderung in der Kultur spielen, scheinen in der zweiten Hälfte des 20. Jahrhunderts, wo es sich um bestimmte Verfolgungen handelt, prä-modern vereinfacht, auf manichäische Szenarios eines suprahistorisch Guten und Bösen regrediert.[14] Die Toten sprechen immer zögernder zu uns, denn wenn wir uns auf ihre Vergangenheit berufen, um unsere fragwürdigen Urteile in der Gegenwart zu rechtfertigen, berufen wir uns auf ihre monumentale Unschuld, unbefleckt von den Mehrdeutigkeiten, den Dunkelheiten ihres historischen Handelns. Es scheint, daß je größer der westliche "Respekt" für ethnische Unterschiede ist, desto geringer ist die Bereitschaft, sich einzulassen auf die mit der fließenden Zeit immer größeren kognitiven Differenzen und Entfernungen. Unsere politisch fromme Identität – demokratisch, guten Willens, mitfühlend, und (deshalb) global mächtig – ist oft nichts weiter als kulturelle Selbstgerechtigkeit. Wir sind immer schnell bereit, andere des Sexismus, Rassismus, Anti-Semitismus anzuklagen und lassen uns dabei selbst sehr leicht einschüchtern von solchen Anklagen. Denn wir neigen dazu, die Diskurse einer öffentlichen Erinnerung, von denen diese Anklagen gestützt werden, mit der oft noch nicht genügend verstandenen vergangenen Realität zu verwechseln, auf die sie sich beziehen. Zeitliche Diskriminierung ist wohl die einzige verbleibende, ideologisch fundierte und geschützte Diskriminierung in der westlichen Kultur, und sie hat es uns bedeutend schwerer

ist das ein bedeutsames Schweigen, mit dem sie sich (alle) automatisch selbst verurteilen. Offensichtlich erwartet Schlant keinerlei kritische Fragen von Lesern: wie genau stellt sie sich diese spezifisch literarische Seismographie vor? Und waren wir nicht eigentlich hinsichtlich der Kollektivschuld schon etwas vorsichtiger geworden? Schließlich geht es ihr um den Holocaust, und da ist sie natürlich nicht an spezifischen Urteilsbegründungen interessiert, sondern an genereller Verurteilung. Der Mangel an historischer Information und methodologischer Reflexion bei einer Autorin, die seit Jahrzehnten deutsche Literatur lehrt, ist beunruhigend. Noch beunruhigender ist das überwiegend positive, öffentliche amerikanische Interesse an dieser sehr problematischen akademischen germanistischen Studie: Schlant ist verheiratet mit Bill Bradley, dem erfolgreicheren der beiden demokratischen Kandidaten für das Amt des Präsidenten.

[14] In der amerikanischen Diskussion bei Kriegsende und in der unmittelbaren Nachkriegszeit wurde streng (und wörtlich) zwischen "Good" und "Bad" Germans geschieden. Siehe Barnouw: *Ansichten von Deutschland 1945*. Kap. 4.

gemacht, die Vergangenheit geduldig zu befragen, statt sie mit fertigen Urteilen von uns zu schieben.

Es mag sich in der Tat als nützlich erweisen, Erinnerungsmodelle teilweise aufzulösen und sich etwas weniger zu erinnern – zumindest weniger unbefragt monologisch. Denn nur so ist ein Gedenken möglich, das weniger ab- und ausgrenzt und deshalb vielstimmig und mitteilbar sein könnte. Private Erinnerung ist sowohl chaotisch als auch strukturiert, fließend und fixierend. Gerade die selektive und zeitlich verschwimmende Abfolge vergangener Vorfälle in der Erinnerung macht sie anfällig für die Verführungen der Fiktion. Nicht im Sinne einer bewußten Wahrheits-Entstellung, sondern im Sinne des Verfassens einer Erzählung, die einer vorgefaßten Bedeutung, einer bestimmten Gestalt der Vergangenheit entsprechen soll. Wenn nach Augustinus Erinnerung die Gegenwärtigkeit des Vergangenen ist, dann ist sie das unter den gegenwärtigen Bedingungen desjenigen, der sich erinnert. Und diese Bedingungen werden umso stärker Fiktionen fördern, je stärker und bleibender das Trauma der erinnerten Ereignisse ist. Wegen der extremen Natur der historischen jüdischen Verfolgung *und* ihrem damit verbundenen supra-historischen Status, können, brauchen, sollen Erinnerungsgeschichten, die sich auf diese Ereignisse beziehen, nicht korroberiert werden. Wie fiktionaler Diskurs ist der öffentliche Gedenkens-Diskurs des Holocaust als Konstrukt von Erinnerungsgeschichten der Opfer zum Diskurs aufgehobener Ungläubigkeit geworden, d.h. automatisch autorisiert. Aber wo fiktionaler Diskurs prinzipiell keine Wahrheitsbehauptungen in bezug auf eine mit anderen geteilte Lebenswelt macht, beansprucht der supra-historische Diskurs des Holocaust eine außerordentliche Autorität in bezug auf die allein wahrheitsgemäße Interpretation von vergangenen und gegenwärtigen Lebenswelten.

2. Je mehr die historische Einbildungskraft beschränkt ist, desto gespannter sind die Beziehungen zwischen privater und öffentlicher (kollektiver) Erinnerung, weil die Diskurse öffentlicher Erinnerung am besten gedeihen, wo sie historische Differenzierungen unterdrücken oder zumindest kontrollieren können. Das Erinnerungs-Konstrukt der “unbewältigten” deutschen Vergangenheit ist hier besonders aufschlußreich, denn in den Nachkriegsdebatten der Bedeutungen dieser Vergangenheit war die Zensur der privaten Erinnerungen, die nicht in das dominierende Modell der öffentlichen Erinnerung paßten, fast total. Schweigen ist oft die Folge der Spannungen zwischen privater und öffentlicher Erinnerung, und zwar im deutschen Kontext bis zu einem Grade, daß die Tatsache des Schweigens selbst unaussprechbar, “unsäglich,” Tabu geworden ist. Das hat über die Zeitspanne des letzten halben Jahrhunderts zu einer immer schärferen Scheidung zwischen privaten und öffentlichen Diskursen der Schuldfrage geführt. Und diese Scheidung wiederum ist zum großen Teil verantwortlich für die Redundanz, Ritualisierung und Zirkularität der Politik des Nicht-Vergessens, die für die deutsche politische Kultur seit Kriegsende so zentral gewesen ist und für die der Hi-

storiker-Streit, die Mahnmal-Debatte und die damit zusammenhängende Walser-Bubis-Kontroverse deutlichste Beispiele bieten.

Die Diskurse öffentlicher (kollektiver) Erinnerung haben ihre eigene machtvolle Dynamik. Öffentliche Erinnerung basiert auf privaten Erinnerungen, die sich in eine größere Geschichte von bleibender kultureller, politischer Bedeutung einpassen lassen und die deshalb das Konstrukt der öffentlichen Erinnerung eher bestätigen als befragen. Der Widerstand der öffentlichen Erinnerung gegen Veränderungen in der Zeit, die projizierte Gleichheit in die Zukunft, verläßt sich auf die Gleichheit oder Ähnlichkeit individueller Erinnerungsgeschichten über die Vergangenheit, die unter den Bedingungen der Gegenwart konstruiert wurden. Öffentliche Erinnerung verspricht nicht nur bleibendes Gedenken, sondern auch bleibende Identität aufgrund der prä-autorisierten Erinnerungsgeschichten, aus denen sie sich selbst konstruiert – hier die bleibende Identität des Opferstatus. Im Gegensatz dazu unterbinden die normalerweise fluiden und unzusammenhängenden, fragmentarischen privaten Erinnerungen, die nicht auf diese Weise prä-autorisiert sein können, die Konstruktion einer bleibenden Identität. Im Auftauchen und Versinken von Erinnerungsbildern, holt diese Art von privater (individueller) Erinnerung Fragmente einer vergangenen Aktualität herauf, welche die Vergangenheit von der Gegenwart so weit trennen, daß die Unterschiede stärker hervortreten als das Gleichbleibende. Gerade indem sie die Veränderungen in der Zeit und die vom Zeitfluß geschaffenen Entfernungen vermerken, entziehen sie sich dem dominierenden Diskurs der öffentlichen (kollektiven) Erinnerung.

Das geschieht z.B. in den spontanen, privaten Akten der Erinnerung, wie sie das Vietnam War Memorial in Washington ermöglicht, bei dem die Veränderungen in der Zeit, sogar der Rückzug in partielles Vergessen, bereits im Entwurf angelegt zu sein scheint. Denn die Menschen, die über die Jahre immer wieder kommen, um die Namen ihrer Toten zu finden, die unter denen anderer in der lang ausgezogenen, zur Berührung einladenden Horizontale der Mauer eingegraben sind, werden sich mit der Zeit verändern. So werden sich auch ihre Akte der Erinnerung und des Gedenkens wandeln und schließlich aufhören, wenn die, die sich erinnern konnten, tot, damit abwesend und nun selbst des Gedenkens bedürftig sein werden. Die Erfahrung der durch den Tod verursachten Trennung, das Eingeständnis der endgültigen Abwesenheit, ist wohl die kulturell grundlegendste Erfahrung der Moderne. Und so ist dieses Denkmal zur Erinnerung an die Toten auf merkwürdig bewegende und passende Weise zugleich ein Denkmal zur Erinnerung an die zeitliche Bedingtheit, die Vergänglichkeit von Erinnerung und Gedenken. Dagegen haben Diskurse des Holocaust, wo sie solcher Zeitlichkeit immer rigoroser entrückt, immer monumentaler geworden sind, ein Echo in Hitlers Lieblingsprojekt eines riesigen über Napoleons Arc de Triomph zu errichtenden neuen Triumphbogens, wie Speer es beschreibt. In die hochragenden Granitwände dieses Monuments von übermenschlichen, unmenschlichen Proportionen sollten die Namen all der im Ersten Weltkrieg gefallenen Soldaten eingegraben werden. Wer immer sie gewesen waren, wie immer sie gelebt hatten, sie sollten dem Schatz 'seiner' Toten einverleibt und damit ein für alle Mal den gefürchteten Verwandlungen des historischen Gedächtnisses in der Zeit entrückt werden.

Mehr als ein halbes Jahrhundert nach Kriegsende, ist die Gleichsetzung von Deutschen und Nazis, an der die amerikanische Besatzungspolitik in der unmittelbaren Nachkriegszeit mit ihren scharfen Anti-Fraternisierungs- und Entnazifierungsgeboten weitgehend gescheitert war,[15] immer noch virulent als die Gleichsetzung von deutsch und Täter. Mit ihrer kollektiven Verteilung des Schuldverdachts hat diese Gleichsetzung die Debatten einer deutschen kollektiven Erinnerung zurückversetzt in die Anfänge der Debatten einer deutschen Kollektivschuld nach dem Zusammenbruch des Dritten Reichs, jedoch ohne zu einer Klärung der Probleme aus der Rückblicksperspektive größeren historischen Wissens beizutragen. Im Gegenteil, die Frage einer deutschen Kollektivschuld erscheint heute nicht nur unlösbarer, sondern auch undiskutierbarer, weil anscheinend keiner Rückfrage bedürftig.[16] Was "gewöhnliche" Deutsche 1945 hörten und sahen, war so außergewöhnlich, daß es ihnen unglaublich schien. Aber in der Konfrontation mit den "atrocities" der Lager konnten sie den Bedeutungen des Gesehenen nicht entkommen. Die notorische deutsche kollektive "Unfähigkeit zu trauern" hatte ihre Quelle in den Schwierigkeiten individueller Deutscher, sich jetzt an etwas zu erinnern, von dem sie sich nicht erinnern konnten, es damals gewußt zu haben. Jetzt wußten sie es – sie sahen es; damals hatten sie es nicht gewußt, jedenfalls nicht auf die Weise, wie sie es jetzt wußten. Ob sie nun, in der Rückblicks-Perspektive der Sieger, alle alles gewußt haben mußten oder nicht – in den Augen der Welt 'waren' sie schuldige Täter: Sie hatten nicht die Autorität, ihr vergangenes Wissen von Akten schrecklicher Verfolgung und damit ihre Mittäterschaft zu verneinen. Die Autorität ihrer Erinnerung wurde ihnen kollektiv abgesprochen, so wie sie kollektiv den Opfern der Verfolgung zugesprochen wurde. Denn die unantastbare Reinheit des Opfer-Status, die deren Erinnerungs-Geschichten enthüllten, unterstrich am wirkungsvollsten die Reinheit des alliierten (amerikanischen) Sieges.

Das Ende des Zweiten Weltkriegs bedeutete absoluten alliierten Sieg und absolute deutsche Niederlage; absolute Unschuld der Opfer und absolute Schuld der Täter. Die Macht der öffentlichen Erinnerung an den Zweiten Weltkrieg als absolut moralisch gerechtfertigten, 'heiligen' Krieg hat sich

[15] Siehe Barnouw: *Ansichten von Deutschland 1945*. Kap. 3.

[16] Siehe stellvertretend Zuckermanns Analysen der Mahnmals- und Walser-Bubis-Debatten mit seinem Festhalten an der absoluten Singularität der Judenverfolgungen und der daraus folgenden Abwehr aller historischen Argumente als sündhafte "neue Zeichen" (Zuckermann: *Gedenken und Kulturindustrie.* S.110) eines sich vielleicht allmählich lösenden Tabus.

vor allem auf die Reinheit der Opfer des Feindes gestützt. In ihren Briefen an Karl Jaspers in der unmittelbaren Nachkriegszeit wies Hannah Arendt wiederholt darauf hin, daß das Ausmaß und die Natur der Juden-Verfolgung einen absolut reinen Opfer-Status geschaffen hatte, in dem alle Juden, gleichgültig wie sie vorher oder nachher handelten, in Permanenz unschuldig, von allen Nicht-Opfern auf die Dauer geschieden sein würden. In dieser Scheidung sah sie ein ernstes Problem für die deutsche und amerikanische Nachkriegskultur, weil sie alle Fragen an die Opfer als historisch Handelnde unterdrücken würde. Das wiederum sollte wichtige Folgen für die Historizität aller Nicht-Opfer bedeuten, die dann, wie die Debatten heute demonstrieren, auf Dauer zur "Generation der Täter" verallgemeinert werden konnten. Die "Politik der Unschuld," die 1999 das tragische Nato-Bombardement (unter amerikanischer Leitung) in Kosovo rechtfertigen sollte, hat sich denn auch ebenso nachdrücklich wie anachronistisch auf das Nazi-Regime bezogen und die absolut permanent unschuldigen jüdischen Opfer als Vorbild der albanischen Opfer angerufen: Tony Blairs Verweise auf den "racial genocide";[17] Clintons ständige Beschwörungen "dieser unschuldigen Opfer, die sich nicht selbst helfen können" und der im Zweiten Weltkrieg von den US gemachten Fehler: "we will not let it happen again". Die vom amerikanischen Fernsehen Stunde für Stunde ausgestrahlten Bilder der kollektiven Unschuld der Albaner und kollektiven Schuld der Serben[18] bezogen ihre Wirkungskraft nicht zuletzt aus der appellativen Macht des absoluten jüdischen Opfer-Status.

So ging es auch in der Walser-Bubis Debatte um nichts Geringeres als um die Historizität der deutsch-jüdischen Vergangenheit, damit auch der Schuldfrage, die Walser, wie ungeschickt auch immer, für die Deutschen zurecht einforderte, und die Bubis, vom Standpunkt des Supra-historischen jüdischen Holocaust, allen anderen zu Unrecht verweigerte. Walser beklagte die Monumentalisierung und Ritualisierung der deutschen kollektiven Erinnerung und plädierte für eine zumindest partielle und bedingte Legitimität der Erinnerungen individueller Deutscher nicht trotz, sondern wegen ihrer zeitlichen Fluidität. Unter halbwegs "normalen" Umständen – und es handelt sich hier eben nicht um das Plädoyer für eine normalisierte Vergangenheit, sondern eine aus Gründen besserer Verständigung relative Normalisierung gegenwärtiger Vergangenheits-Diskurse – wären seine Überlegungen zur zeitlichen Natur der Erinnerung selbstverständlich gewesen: Derjenige,

[17] Interview Public Broadcasting System, Lehrer-News-Hour, 23.4.1999. Siehe auch Clintons starke Betonung der Parallelität zwischen Kosovo und dem "Holocaust" in seiner Ansprache vor amerikanischen Veteranen (13.5.1999), nachdem die einflussreiche "American Legion" eindeutig den amerikanischen Rückzug aus Kosovo empfohlen hatte.

[18] Siehe hier die instruktiv unschlüssige Analyse von Michael Ignatieff: Balkan Physics Behind the Lines of Europe's Worst Conflict Since 1945. In: *The New Yorker* vom 10.5.1999. S. 68-80.

der sich jetzt an etwas erinnert, was damals passiert ist, ist nicht mehr der, dem es damals passiert ist. In der Vergangenheit getroffene Entscheidungen – und das ist die allen modernen Kulturen bewußte Tragödie der menschlichen Zeitlichkeit – sind nicht mehr zurückzunehmen. Andrerseits sind sie aber auch nur unter den Bedingungen des zukünftigen Rückblicks auf eine dann vergangene Gegenwart eindeutig richtig oder falsch und, da auch diese zukünftige Gegenwart vergehen wird, auch das nicht auf Dauer. In der Moderne gibt es keine "rein" moralischen Entscheidungen, da alle Entscheidungen zeitlich und intersubjektiv bedingt sind. Historische Rekonstruktionen der Bedeutungen solcher Entscheidungen sollten also die Gewissheiten der Rückblicks-Perspektive zeitweilig suspendieren, um der Historizität der Entscheidungen und Handlungen der Vergangenheit gerecht zu werden. Das banalste aller Zugeständnisse, daß man im Rückblick anders sieht, bedeutet in der deutschen Situation die problematische Synonymität von "anders" und "falsch": Jetzt weiß ich, daß mein Urteil damals falsch war: falsch von der Zukunft aus gesehen. Walsers Argument – und das ist das Zentrum der Kontroverse – deutete an, daß, wenn man damals dieses Falsche geahnt, sogar gefürchtet hätte, es immer noch eine andere Art von "falsch" gewesen wäre, nämlich anders, als man es jetzt sehen, verstehen könnte. Die Erkenntnis dieses Unterschieds ist in der deutschen Nachkriegs-Kultur einer vorzeitig verhärteten Urteilsfreudigkeit nahezu unmöglich gewesen. Es ist aber die wichtigste Herausforderung an die moderne Geschichtsschreibung, gerade wo es sich um historisch extreme Phänomene handelt wie eben die letzten Jahre des Nazi-Regimes.

Bubis sah Walsers Insistieren auf Differenzierungen selbst im stark tabuisierten Bereich der Schuldfrage als existenziell schockierenden Mangel an Respekt für die toten und überlebenden Opfer des Holocaust. Denn Walser hatte damit etwas infrage gestellt, was absolut unbefragbar bleiben sollte: Die permanente kollektive Erinnerungsgeschichte der Verfolgung, die alle anderen Erinnerungen dominiert, vor allem die der Nicht-Opfer. Walser, so Bubis, wollte den Holocaust im "Orkus der Geschichte" verschwinden lassen – eine Anklage, die noch merkwürdiger scheint als die des Rechtsradikalismus: schließlich hat sich die moderne Geschichtsschreibung seit Kriegsende vor allem im Falle der Judenverfolgung darum bemüht, daß so wenig wie möglich verschwindet. Aber Bubis wollte keine mit anderen geteilte Geschichte, wie auch keine mit anderen geteilte Erinnerung, prinzipiell, nicht nur im Falle des Mahnmals.[19] Im Szenario des suprahistorischen, singulären jüdischen Holocaust sind alle Verweise auf die Historizität, damit

[19] Besonders eindeutig in dieser Hinsicht war Bubis' problematische Rede zum 60. Jahrestag der "Kristallnacht" (Auszüge in *Süddeutsche Zeitung* vom 10.11.1998) mit ihren Routine-Anklagen einer allgemeinen deutschen Weigerung, sich mit ihrer schandhaften Geschichte auseinanderzusetzen, womit sie es den Juden in Deutschland überließen, gegen Rassismus, Anti-Semitismus und allgemeine "Fremdenfeindlichkeit" zu kämpfen.

Relationalität, von Erinnerungsprozessen einfach antisemitisch, "bösartig."[20] Von dieser Position aus war es leicht, zu übersehen, daß Walser nicht für Vergessen plädiert hatte, sondern für ein sich seiner Zeitlichkeit bewußteres, weniger ausschließendes Nicht-Vergessen. Dazu er stellte auch, wie er in der Diskussion mit Bubis sagte,[21] die permanente absolute Scheidung der Opfer von den Tätern infrage, d.h., er bezog seine Erfahrungen der Holocaust-Problematik auf die von Bubis. Darauf liegt in der gegenwärtigen Debatte das vielleicht mächtigste Tabu. Und so weist auch Moshe Zuckermann Walser als dem "exemplarischen Vertreter der Tätergeneration" ex cathedra einfach einen anderen existentiellen Erfahrungs-Status zu als dem Holocaust-Überlebenden Bubis: Walser scheine "nicht einmal zu ahnen," deklariert Zuckermann, daß es zwischen den "Befindlichkeiten" beider "keine Symmetrie gibt, keine geben kann, ja, aufs Allgemeine bezogen: Keine geben darf [...]."[22] Das heißt, Kommunikation zwischen Opfern und der "Tätergeneration" ist eo ipso unmöglich; alle Versuche in dieser Hinsicht sind aufs heftigste abzuwehren – so fand Bubis Dohnanyis Vorschlag "bösartig," daß jüdische Bürger in Deutschland sich individuell und ehrlich fragen sollten, "ob sie sich so viel tapferer als die meisten anderen Deutschen verhalten hätten, wenn nach 1933 'nur' die Behinderten, die Homosexuellen oder die Roma in die Vernichtungslager verschleppt worden wären." Zuckermann fand diese "apologetische" "Relativierung" eine zutiefst unmoralische Verleugnung der absolut klaren Unterscheidung zwischen historischen Opfern und Tätern.[23] Das gerade hatte Dohnanyi nicht gesagt, denn es ging ihm explizit um individuelle jüdische Bürger in einer Gegenwart, in der solche Fragen gestellt werden dürften, d.h. in der die Opfer der historischen

[20] Siehe dazu Zuckermann: *Gedenken und Kulturindustrie*. S. 27.

[21] *Frankfurter Allgemeine Zeitung* vom 14.12.1998. Siehe dazu die vernünftigen Bemerkungen bei Jan Ross: *Aus Auschwitz lernen?* Das Gedenken ist nicht deshalb wichtig, weil es für die politische Moral nützlich wäre. *Die Zeit* Nr. 26 (November 1998).

[22] Zuckermann: *Gedenken und Kulturindustrie*. S. 9f.

[23] "Wenn die historischen Opfer der abstrakten Austauschbarkeit der Opfer-Täter-Rollen ausgesetzt werden, dann werden auch das Gefühl der Schande, das Bewußtsein von Schuld und das plagende Gewissen zu Luxus-Instanzen der Psyche [...], wobei die Angehörigen des Opfer-Kollektivs und die des Täter-Kollektivs durch vermeintliche Symmetrien schon nicht mehr nur latent gleichgesetzt werden, sondern es wird eine offene Fungibilität der 'Rollen' (mithin der Schuld, der Schande und des Gewissens) suggeriert" (ebd. S. 26f.). Zuckermann befürchtet auch eine "Zeitenwende" im Vergangenheitsdiskurs der kollektiv schuldigen Deutschen bei dem "späten öffentlichen 'Großauftritt' der immer mehr im Schwinden begriffenen Opfer-Täter-Generation," am historisch signifikanten Beginn der "sogenannten 'Berliner Republik'" (29). Für ihn und Gleichdenkende ist die Tätergeneration sowohl im Schwinden begriffen als auch immer machtvoller – was eine halbwegs faire Einschätzung der Situation nicht gerade fördert.

Verfolgungen diese als vergangen ansehen und sich deshalb momentan in die Situation der Nicht-Opfer versetzen können.

Von 'den' Deutschen ist über ein halbes Jahrhundert verlangt worden, sich in die Situation der Opfer zu versetzen und dabei auch sogleich die Unmöglichkeit jedes Verständnisses, das absolut Inkommensurable dieser Erfahrung einzugestehen – die Substanz der deutschen Erinnerung als Sühne für die Kollektivschuld. Am Ende des Jahrhunderts sollten Akte der historischen Imagination möglich sein, in denen die Erfahrungen beider Gruppen gegenseitig bis zu einem gewissen Grad einsichtig gemacht und so der Stoff einer ihrer Zeitlichkeit bewußten Geschichtsschreibung werden können.

Gerd Steckel

"Erinnerung oder Gedächtnis": Walsers Auschwitz-Rede und die Rede über Stalingrad

For years Alexander Kluge worked at finding an adequate language with which to speak about the German past, without however finding any financial, moral or artistic support. When Martin Walser gave his "Sunday Speech", in which he too articulated the necessity for a "new language", there was a momentary chance for a public debate about changing the discourse of remembrance. But Walser mixed his demands with accusations against those who had criticised him and his work. As a result the participants in the debate spoke primarily about the accusations and ignored the more important question.

Im "*Nachricht* überschriebenen Vorwort zur letzten Ausgabe der *Schlachtbeschreibung*"[1] geht Alexander Kluge auf die Problematik ein, die sich ergibt beim "Lesen eines Textes, den die wirklichen Verhältnisse geschrieben haben."[2] Es heißt dort:

> Dies Buch hier über Stalingrad muß der Leser gegen den Strich lesen, in einem ganz *unpraktischen*, *inaktuellen*, von der BRD-Gegenwart abgewendeten, *zähen* Interesse, so antirealistisch wie die Wünsche und die Gewißheit, daß Realitäten, die Stalingrad hervorbringen, böse Fiktionen sind. Daß ich auf Stalingrad beharre, hat den Protestgrund, daß Erinnerungslosigkeit irreal ist.[3]

Es geht Kluge demnach einmal um die fortgesetzte Erinnerung an jene Ereignisse, die mit etwas Schrecklichem ("böse Fiktionen") in Verbindung stehen, und zum anderen darum, dieser Erinnerung zu ihrem Recht zu verhelfen, indem der Realität in der ihr angemessenen Art und Weise gedacht wird. Die Wahrnehmung der Realität beim Lesen solcher Texte geschieht durch Übersetzungsarbeit, die notwendig ist, da unmittelbar kein Zugang zur Realität besteht. Dieser fehlende Zugang ist bestimmt durch die Problematik um das Subjekt, das nicht länger als kontrollierende Instanz gelten kann. Kluge hat der Frage nach dem Subjekt bei der Entzifferung von Realität große Aufmerksamkeit gewidmet. So zitiert er im Hinblick auf Stalingrad im oben genannten Vorwort: "Ein Unglück wie Stalingrad hat den Vorteil, daß es unmög-

[1] Jörg Drews: Leseprozesse mit paradoxem Ausgang. In: Heinz Ludwig Arnold (Hrsg): *Text + Kritik. Heft 85/86 Alexander Kluge.* München 1985. S. 29.
[2] Vgl. Alexander Kluge: Das Lesen des Textes wirklicher Verhältnisse. In: Hans Dieter Müller: *Der Kopf in der Schlinge*. Frankfurt a.M. 1985. S. 175ff.
[3] Alexander Kluge: *Schlachtbeschreibung*. Frankfurt a.M. 1983. S. 7.

lich mit zwei Augen zu sehen ist. So sah keiner von uns alles [...].“[4] An anderer Stelle beschreibt er die zwei grundsätzlich verschiedenen Wahrnehmungen und vergleicht die eine, deren Prototyp er in der von Wilhelm Meister findet, der sich seine Welt idealistisch erschafft, mit der anderen, materialistisch gefaßten Wahrnehmung des Franz Biberkopf, der “gar nicht mehr sagen [könnte], was in seinem Kopf subjektiv und was darin frei-flottierende Objektpartikel sind”.[5] Schließlich übernimmt er die Problemstellung Brechts hinsichtlich der Wiedergabe von Realität, die jener darin gegeben sah, daß “die Realität [–] in die Funktion gerutscht [ist].”[6] Das alles faßt Kluge dahingehend zusammen, daß es von Seiten dessen, was gemeinhin als Subjekt gilt, keinen direkten Zugriff auf das gibt, was mit Realität gemeint ist. Er hebt diesen Gedanken im eingangs erwähntem Zitat hervor, wenn er von einer Lesehaltung spricht, die er als ‘unpraktisch’ und ‘inaktuell’ ausweist, als von der gegenwärtigen Erfahrung ‘abgewendet’. Statt solch einer aktiven, durch den Willen zum Direktzugriff bestimmten Haltung hat er immer wieder in seinen Arbeiten auf eine angestrebte Haltung verwiesen, die die Entzifferung von Realität zuläßt, sie aber nicht um jeden Preis zu erzwingen versucht. Verständnis soll dadurch realisiert werden, daß verstreute und in die Funktionale gerutschte Teile der Realität zueinander in Beziehung gesetzt werden und so zu einem Gesamtbild ausgebildet werden dürfen.[7]

Noch etwas hat Kluge zur Wahrnehmung von Realität gesagt: “Das Realismusproblem ist auch heute das Kernproblem des Umgangs mit Sprache, des Umgangs mit Literatur.”[8] Er sagte das in seiner Dankesrede anläßlich der Verleihung des Fontane-Preises. In dieser Rede sprach er fast ausschließlich über Sprache und Wahrnehmung von Realität. Er sprach über das Unzureichen unserer Sinne, über die Differenz zwischen sinnlich wahrnehmbarer Nahsicht und nichterfahrbarer Fernsicht. Er sprach über verschiedene Sprachen: die sinnliche Sprache der Lyrik und die unsinnliche Sprache der Statistik und wie die beiden Sprachen sich gegenseitig ausschließen und nicht zueinander finden. Er sprach über die “Werkzeuge der Wahrnehmung”[9] und sagte, daß wir über die adäquaten Werkzeuge nicht verfügen. Die Sprache ist eines dieser Werkzeuge, das wir ebenso wenig

[4] Ebd. S. 7.
[5] Alexander Kluge: *Gelegenheitsarbeit einer Sklavin. Zur realistischen Methode*. Frankfurt a.M. 1975. S. 205.
[6] Vgl. Thomas Böhm-Christl (Hrsg.): *Alexander Kluge*. Frankfurt a.M. 1983 S. 311f.
[7] Vgl. Kluge: *Das Lesen des Textes wirklicher Verhältnisse*. S. 177. Auch hier geht es um den von Kluge stets abgelehnten Direktzugriff. Denn dieser beinhaltet immer die Gefahr, daß keine eigentliche Übersetzungsarbeit geleistet wird: “Das Lesen eines Textes, den die wirklichen Verhältnisse geschrieben haben, wird verweigert und ein Realitätsbild, das vertraut ist, an dessen Stelle gesetzt - ist der Grundmechanismus der Bearbeitung.”
[8] Böhm-Christl: Al*exander Kluge*. S. 311.
[9] Ebd. S. 313.

besitzen. Folglich brauchen wir eine adäquate Sprache, eine nicht dingliche Sprache, man könnte auch sagen, eine neue Sprache. Seine Arbeit über Stalingrad ist bestimmt durch das Bemühen, sowohl Material für die Erinnerungsarbeit an der Realität Stalingrad anzubieten, als auch das Material für die Erarbeitung einer brauchbaren Sprache.

Als Martin Walser im Oktober 1998 seine Dankesrede anläßlich der Verleihung des Friedenspreises des Deutschen Buchhandels hielt und in dieser Rede die Forderung nach einer solchen neuen Sprache laut werden ließ, da ging es nicht allein um das Sprechen über Auschwitz, sondern zugleich auch um das über die andere 'böse Fiktion' Stalingrad.[10] Und als er die Rede verbockte, da bedeutete das nicht nur Schaden für den Umgang mit Auschwitz, es bedeutete allgemein eine vertane Chance, den Diskurs über verschuldete Katastrophen neu zu bestimmen.[11] Die Diskussion über die von ihm geforderte neue Sprache kam zunächst gar nicht und später nur in bedeutungsloser, vielleicht schon gleichgültiger Weise zustande. Die Aufmerksamkeit, die im lautstarken Protest[12] gezeigt wurde, galt nicht seinen Äußerungen zur Sprache, sie beschränkte sich auf die vermeintlich gehörte

[10] Ich beziehe mich in meiner Untersuchung auf die Rede Walsers, wie sie in einem Abdruck für das Internet vom Börsenverein des Deutschen Buchhandels herausgegeben wurde. Soweit nicht anders gekennzeichnet, sind sämtliche Walser-Zitate dieser Rede entnommen.

[11] Die Auffassung, daß sich die Bedingungen für das Reden über die deutsche Vergangenheit geändert hätten, wurde von den meisten Beteiligten an der folgenden Diskussion geteilt. Sie wurde damit begründet, daß die unmittelbar Betroffenen, Täter als auch Opfer, das Sterbealter erreicht hätten oder bereits gestorben seien. Für die Nachfolgenden stellten sich Fragen bezüglich des Krieges und der Schuld anders oder zunächst einmal gar nicht.

[12] Anders als in der unmittelbaren Reaktion auf die Rede in der Frankfurter Paulskirche, wo Walser großer Applaus zuteil wurde, gab es in den Zeitungen nur wenige zustimmende Berichte. Walter Jens hielt die Rede "für präzise und durchdacht" (*Der Tagesspiegel* vom 14.10.98); Norbert Bolz sprach von einer "grandiosen Rede" (*taz* vom 6.2.99). Die Tageszeitung *Die Welt* versuchte zunächst, sich neutral zu verhalten, am folgenden Tag konnte man dort von "einer ungewöhnlichen Rede" lesen. Daneben wurde ihr vom Seminar für Allgemeine Rhetorik der Universität Tübingen der Titel "Rede des Jahres 1998" verliehen. Ansonsten erhielt Walser für seine Rede Ablehnung. Die Rede wurde als "eine Ansammlung von Platitüden und Banalitäten" bezeichnet, als "intellektuelle Fehlleistung der Spitzenklasse" (Henryk M. Broder im *Der Tagesspiegel* vom 24.11.98). Er habe "das 'Maß des Erträglichen' überschritten", hieß es und er habe Dinge gesagt, "die zuvor nur in der *Deutschen Soldatenzeitung* genannt worden sind" (Leah Rosh in der *Frankfurter Rundschau* vom 6.2.99). Ihm wurde vorgeworfen, "die Verdrängung intellektuell sanktionieren zu wollen" (Ralph Giordano, zitiert bei Caroline Fetscher im *Der Tagesspiegel* vom 14.10.98). Wolfram Schütte schrieb, Walser sei "ein Trauerfall", und er folgerte, es "wäre besser, [...] er schwiege über Auschwitz" (*Frankfurter Rundschau* vom 14.12.98). Die Liste der ablehnenden Kommentare ließe sich lange fortsetzen.

Forderung, mit der Arbeit an der jüngeren deutschen Geschichte aufzuhören, weil sie unaushaltbare Schmerzen bereite.[13] Als Walser erklärte, das nicht gesagt oder zumindest nicht gemeint zu haben, spaltete sich die Kritik in zwei Lager: diejenigen, die ihm das nicht glaubten, fuhren fort in ihrer Polemik gegen die Ungehörigkeit seiner Gedanken zur deutschen Geschichte, während diejenigen, die es ihm glaubten, ihn aufforderten, sein Denken bzw. die Rede zu erklären.[14] In beiden Fällen ging es in der Diskussion wieder nicht um die Suche nach einer brauchbaren Sprache. Die Polemik gegen das Gesagte und die Forderung nach Erklärung dominierten nun die Debatte, begleitet von emphatischen Beteuerungen, die Erinnerung an den Holocaust aufrecht halten zu wollen. Walser aber erklärte kaum, zeigte sich trotzig und wiederholte lediglich, daß es bei der Rede nicht um Verdrängung der Vergangenheit gegangen sei. Wie er zu dieser Vergangenheit stehe, sei seinem Aufsatz *Unser Auschwitz* aus dem Jahre 1965 zu entnehmen, in dem er eine eindeutige Position bezogen habe, die er nie widerrufen habe. Dieser Aufsatz beweise die Unrichtigkeit der Angriffe gegen ihn[15] und nähme ihnen jegliche Legitimation. Den gegenwärtigen Konflikt verstand er als persönliche Attacke bzw. als Angriff auf seine schriftstellerische Arbeit.[16]

[13] Stellvertretend für viele sei Micha Brumlik genannt: "In seiner ironisch-zerquälten Sonntagsrede forderte der Preisträger nichts weniger als das Ende der öffentlichen Auseinandersetzung mit dem Holocaust." (*taz* vom 15.10.98)

[14] Aus der großen Zahl der Forderungen nach Klärung seien genannt: Elie Wiesel (*Der Tagesspiegel* vom 11.12.98); Israels Botschafter Avi Primor (*Frankfurter Rundschau* vom 7.12.98); Malte Lehming (*Der Tagesspiegel* vom 2.12.98); Iring Fetscher (*Frankfurter Rundschau* vom 17.12.98); Tilman Krause (*Die Welt* vom 23.11.98); Hans-Jochen Vogel, zitiert von Harry Nutt (*taz* vom 15.12.98). Die häufigst genannten Worte waren dabei "Klarstellung" oder "öffentliche Klarstellung", "präzise benennen" und "öffentlich sagen". Auch die routinierte Metapher von "Roß und Reiter nennen" fand häufige Verwendung.

[15] Martin Walser: Unser Auschwitz. In: Martin Walser: *Was zu bezweifeln war. Aufsätze und Reden 1958 – 1975.* Berlin und Weimar 1976. S. 7-21. In diesem Aufsatz wendet Walser sich explizit gegen die Reduktion der Schuld auf die unmittelbar für schuldig befundenen Angeklagten im Auschwitz-Prozeß, die SS-Chargen Kaduk, Boger u.a. Er beläßt es auch nicht dabei, Teile der Industrie in die Verantwortung mit einzubeziehen (er nennt Krupp und die I.G. Farben), sondern zieht einen Zusammenhang zwischen Auschwitz und der deutschen Geschichte: "Dann gehört jeder zu irgendeinem Teil zu der Ursache von Auschwitz." (S. 19)

[16] Vielleicht am schärfsten war die Zurückweisung der Anklage der Duisburger Professoren Dogal und Brocke, gegen die Walser sich in der in Duisburg gehaltenen Rede "Ein Zwischenruf" im November 1998 zur Wehr setzte (vgl. *Frankfurter Allgemeine Zeitung* vom 28.11.98). Aber Walsers Abwehr von Angriffen gegen ihn begann nicht erst mit der Debatte. Der Frankfurter Vortrag ist gefüllt mit Angriffen auf seine Kritiker, denen er vor allem die Fähigkeit zu literarischer Kritik abspricht: "Nie was gehört vom Urgesetz des Erzählens: der Perspektivität. Aber selbst wenn, Zeitgeist geht vor Ästhetik."

Walser hatte seinen Vortrag eine "kritische Sonntagsrede" genannt. In der Rede bekundete er sein Unbehagen beim Vortragen, weil er geplant hatte, von der "Instrumentalisierung des Holocausts" zu sprechen. Diese Befürchtung hätte er nicht haben müssen, denn dieser Ausdruck gehört seit langem zum Vokabular der Kritischen Theorie. Adorno hatte in seinem Vortrag *Was bedeutet: Aufarbeitung der Vergangenheit* schon 1959 von der Gefahr der Instrumentalisierung von Auschwitz gesprochen. Auch der Herausgeber der neueren Ausgaben der Arbeiten Adornos, Rolf Tiedemann, der ebenfalls in den Umkreis der Kritischen Theorie gehört, hatte in der Einleitung eines Bandes mit Aufsätzen Adornos erst vor wenigen Jahren sich ähnlich geäußert, als er nicht nur von der Instrumentalisierung, sondern gar von der Trivialisierung von Auschwitz schrieb.[17] Walser hätte dem Aufsatz aber noch mehr für seinen Vortrag entnehmen können,[18] denn Adorno hatte nicht allein vor der Instrumentalisierung gewarnt. Er hatte eingeräumt, daß es ein Recht gibt auf den Wunsch nach Distanz zu den geschehenen Greueln, "weil unter ihrem Schatten gar nicht sich leben läßt".[19] Diese Aussage klingt gar nicht so anders als Walsers Eingeständnis, das den Schwerpunkt der Kritik auf sich zog: "Unerträgliches muß ich nicht ertragen. Auch im Wegsehen bin ich geübt." Adorno hatte mit seiner Aussage nicht für das Wegsehen argumentiert, sondern er hatte die Notwendigkeit der Arbeit an Auschwitz betonte, "weil die Vergangenheit, [...], noch höchst lebendig ist".[20] Aber er hatte deutlich die Schwierigkeiten bei der Arbeit an der Vergangenheit gesehen und hatte gesagt, daß eine schlechte Aufklärung über die Greuel zu Ressentiments führen könnte. Er schloß seinen damaligen Vortrag mit einem Hinweis, den Walser für sein Anliegen unbedingt hätte produktiv machen müssen. Adorno sagte nämlich, daß "die Vergangenheit erst dann [aufgearbeitet wäre], wenn die Ursachen des Vergangenen beseitigt wären".[21] Eine der Ursachen hatte er im Mangel an individuellem Selbstbewußtsein gesehen. Folglich hieße eine brauchbare Vergangenheitsbewältigung eine "Wendung aufs Subjekt, Verstärkung von dessen Selbstbewußtsein und damit auch von dessen Selbst".[22] Mit der Beziehung auf ein starkes Selbstbewußtsein hatte Adorno sich schon damals ebenso distanziert über den Umgang mit Schuld geäußert, wie Walser es in seiner Rede forderte, indem er sich

[17] Rolf Tiedemann (Hrsg): *Theodor W. Adorno, >Ob nach Auschwitz noch sich leben lasse<*. Frankfurt a.M. 1997. Dort heißt es: "Holocaust und Shoah wurden durch die Kulturindustrie zu Bestandteilen des Fernsehalltags." (S. 7).

[18] Es ist naheliegend zu vermuten, daß Walser nicht nur Adornos Aufsatz kannte, sondern daß er beim Verfassen seiner Rede auch an diesen Aufsatz dachte. Selbst das Wort vom 'Sonntagsredner' im Zusammenhang mit dem Gespräch über Auschwitz geht auf Adornos Aufsatz zurück. (vgl. ebd. S. 36)

[19] Tiedemann: *Theodor W. Adorno*. S. 31.

[20] Ebd. S. 31.

[21] Ebd. S. 47.

[22] Ebd. S. 46.

gegen die pauschale Anklage wehrte, die er in dem Satz zusammengefaßt sah: Die Deutschen "haben das verdient". Walser hätte die Argumentation dieses Aufsatzes Adornos als Basis für seinen eigenen nehmen können und dazu eine Problematisierung des bei Adorno noch recht unbedarft erscheinenden Subjekts versuchen können. Das hat er in seiner Rede auch versucht, wie ich weiter unten zeigen werde. Statt aber sich hierauf zu konzentrieren und so das Berechtigte an seiner Kritik der Kritiker mit Hilfe einer ihrer großen Lehrer zu zeigen, verlief sich Walser zusehends, bis er sich in den nichtssagenden Satz steigerte, die Deutschen seien ein normales Volk. Es ist zu untersuchen, ob sich in Walsers Rede ein Grund für diese Fehlentwicklung erkennen läßt bzw. wie aus dem erkennbaren Ansatz ein anderer Vortrag möglich gewesen wäre.

Walser hatte von Schuld gesprochen, von der Schuld der Deutschen, die niemand abstreiten könne. Er hatte von Sühne gesprochen und davon, daß nicht alles gesühnt werden müsse. Er hatte davon gesprochen, daß einige Menschen anderen Menschen etwas vorhielten und daß dadurch Gefühle in schiefe Verhältnisse gerieten. Er hatte Goethe und Schiller erwähnt und dann seine Aufmerksamkeit Kleist zugewandt, insbesondere dessen Behandlung des Themas Schuld im Drama *Prinz von Homburg*. Er hatte von Eigenverantwortung gesprochen und der Überlegenheit der Erinnerung gegenüber dem Gedächtnis.[23] Und während er darüber sprach, hatte er Gewalt assoziierende Ausdrücke gebraucht, wie "Monumentalisierung der Schande", "Auschwitz-Instrumentalisierung", "Drohroutine" und "Moralkeule". Er hatte von "Scham" und "Schande" gesprochen, von "Gewissenswarte[n]", die jemandem "weh tun wollen" und schließlich hatte er gestanden, er habe "lernen müssen, wegzuschauen". Diese kraftvollen Ausdrücke dominierten dann die Rezeption der Rede, kaum jemand erwähnte Goethe, Schiller, Kleist und dessen *Prinz von Homburg*. Wurde die Rede in einigen Zeitungen verkürzt abgedruckt, so beschränkte man sich grundsätzlich auf die Wiedergabe der Aussagen zum Umgang mit der Erinnerung an den Holocaust. Die Passagen über die Klassiker des ausgehenden 18. Jahrhunderts und deren Gedanken fielen komplett den Kürzungen zum Opfer. Sie wurden als zum Wesentlichen nicht zugehörig befunden und einfach ignoriert.

Von der Rezeption wurde somit der Teil der Rede in den Vordergrund gerückt, der für Walser nicht im Zentrum gestanden hatte. Dies läßt sich aus der Frankfurter Rede selbst, als auch aus der kurze Zeit später in Duisburg unter dem Titel *Zwischenruf* gehaltenen Rede, sowie aus einigen Gesprächen, auf die Walser trotz allen Widerstandes sich einließ, rekonstruieren. Dagegen wurde vernachlässigt, was er wohl eigentlich in den Vordergrund

[23] Insofern war die Rede in der Tat "ein Walsersches Chaostraktat, in dem vier, fünf, sieben Reden auseinander hervorstürzen." Reinhard Baumgart in *Die Zeit* Nr. 51 vom 10.12.98.

hatte rücken wollen: Das Bedürfnis nach einer Sprache, die den Umgang erlaube mit Gedanken, die noch nicht zu Ende gedacht seien. Walser wollte auf diesen Zusammenhang hinaus in der Hoffnung, dieser würde ihm die Antwort an jene ermöglichen, deren Kritik er als unberechtigt zurückweisen wollte.[24] Sie alle hatte er in stark polemisierender Form der Besserwisserei bezichtigt. Besserwisserei bedarf als Voraussetzung, etwas immer schon gewußt zu haben. Sie basiert auf einem Wissen als verfügbarem und vorführbarem Produkt. Die Zurückweisung dieses Wissens sollte Walser die nötige Distanz zu seinen Kritikern schaffen. Sie sollte nicht nur sagen, daß er, aus wie auch immer gearteten moralisch höheren Motiven, nicht bereit sei, sein eigenes Wissen wie jene auszuspielen, sie sollte vielmehr sagen, daß er an solch einem Wissen aus sprachtheoretischen Überlegungen kein Interesse besitzen könne. Vom Gedanken des 'Noch-Nicht-Wissens' war es zum nächsten Schritt nicht mehr weit. In der Rede in Duisburg veränderte er es zur Aussage des 'In-Sich-Suchens': "Ich taste mich in meinen Bewußtseinszuständen herum, um mich kennenzulernen", sagte er dort.[25] Im Hinblick auf die Sprache haben beide, das In-Sich-Suchen wie das Noch-Nicht-Wissen, den gleichen Kern: sie wollen sprechen, ohne über das zu Sagende schon zu verfügen. Dieses Suchen will Walser für sich in Anspruch nehmen, für seine literarischen Arbeiten ebenso wie für seine Reden, damit auch für die "Sonntagsrede".[26]

Mit der Hinwendung auf das 'Suchen in sich selbst' scheint Walser seine Distanz zu den Besserwissern garantiert zu haben. Besserwisser spielen zum Gewissen für andere sich auf, sie reden anderen ins Gewissen, eine Haltung, die dem Suchenden, dessen Focus auf sich selbst gerichtet ist, unmöglich ist. "Mit seinem Gewissen ist jeder allein", diesen Satz hatte er in seiner Frankfurter Rede zum Kernsatz erhoben. Um für diesen Gedanken Unterstützung zu erhalten, greift Walser nun nach Kleist, aber er greift nach dem falschen Text. Sein Interesse gilt nach wie vor der 'Suche in sich selbst', und diese Suche findet statt innerhalb von Sprache, d.h. sein Interesse gilt dem lauten Denken. Aber statt sich weiterhin auf das Sprechen über noch nicht Gewußtes zu konzentrieren, oder auch: statt die Notwendigkeit des Alleinseins bei Gewissensfragen zu begründen, läßt er den Gedanken an das Gewissen

[24] Stellvertretend hatte er genannt "den Intellektuellen", "den Dichter", und "die maßgebliche Wochenzeitung". Gemeint waren damit in dieser Reihenfolge, Habermas, Grass und *Die Zeit*.

[25] Vgl. *Frankfurter Allgemeine Zeitung* vom 28.11.98.

[26] Als Walser die Rede in Frankfurt gehalten hatte, spendeten die meisten der Anwesenden ihm spontan großen Beifall. Ignaz Bubis war einer der wenigen, die der Rede jegliche Anerkennung verweigerten. Für diese peinliche Situation trägt Walser die Verantwortung. Nicht weil er sagte, was er sagte, sondern weil er scheinbar keinen Gedanken an die Differenz von gelesener und gehörter Rede verschwendete. Bubis hätte den Vortrag vielleicht anders verstehen können, wenn er ihn gelesen hätte. Seine Reaktion, auch die in der Folgezeit, erfolgte aber auf die gehörte Rede.

selbst in den Vordergrund treten, landet bei Kleists Drama *Prinz von Homburg* und lenkt damit die Aufmerksamkeit, sowohl der Rezipienten als auch seine eigene, auf einen Nebenschauplatz ab.

Das Traurige an diesem Fehlgriff auf Kleists Drama ist die Tatsache, daß Walser bis zu dem Moment, in dem er darauf eingeht, gar nicht in Richtung des Dramas, sondern auf Kleists Aufsatz *Über die allmähliche Verfertigung der Gedanken beim Reden* hingearbeitet hat. Seine ablehnende Haltung gegenüber dem Gedächtnis basiert auf seinem Verständnis, daß es auf Wissen, d.h. auf Daten, auf Fakten, begründet ist, und das heißt immer, es kann als Ding besessen werden. Im Gespräch mit Rudolf Augstein, noch vor der Frankfurter Rede, hatte er erklärt:

> Etwas ist in einen hineingefallen, wie es einem passiert ist, und man kann es dann später gerade so herausholen. Und dann klingt es, als hätte es sich nicht verändert, [...]. Das ist Gedächtnis.[27]

Im Gedächtnis erscheint kein Leben, denn nichts verändert sich. Erinnerung ist dagegen immer an die Gegenwart gebunden, sie ist lebendiges, nicht totes Wissen, ist Prozeß und nicht Resultat. Seine Forderung nach einer neuen Sprache, die es erlaubt, die Beschäftigung mit Auschwitz in einem nicht instrumentalisierten Sinne fortzusetzen, bildet er in Analogie zur Differenzierung zwischen Gedächtnis und Erinnerung. Walser folgt damit ganz nahe der Argumentation Kleists. Der hatte an einer Stelle im Aufsatz "von Dingen, die du bereits verstehst"[28] gesprochen, und er hatte dieses Verständnis abgewertet als abfragbares Wissen, mit dem man ein Examen bestehen könne: "gestern auswendig gelernt und morgen schon wieder vergessen".[29] Diese Sprache ist nicht leistungsfähig. Kleist geht soweit zu sagen, diese Sprache, die für so klar gehalten wird, sei im Grunde höchst verwirrend und begründet diese Auffassung mit einem Mangel an Energie. Im Aufsatz heißt es:

> Etwas ganz anderes ist es, wenn der Geist schon, vor aller Rede, mit dem Gedanken fertig ist. Denn dann muß er bei seiner bloßen Ausdrückung zurückbleiben, und dies Geschäft, weit entfernt ihn zu erregen, hat vielmehr keine andere Wirkung, als ihn von seiner Erregung abzuspannen. Wenn daher die Vorstellung verworren ausgedrückt wird, so folgt der Schluß noch gar nicht, daß sie auch verworren gedacht worden sei;
>
> ....
>
> Es ist wahrscheinlich, daß diese Leute etwas recht Treffendes gedacht und sehr deutlich gedacht haben.[30]

[27] *Der Spiegel* Nr. 45 (1998).
[28] Heinrich von Kleist: *Sämtliche Werke*. Leipzig 1920. S. 1045.
[29] Ebd. S. 1050.
[30] Ebd. S. 1049.

Wie Kleist sich hier über das Sprechen des bereits Gewußten abwertend äußert, so läßt sich auch Walser über die Äußerung von bereits Bekanntem aus. Dazu heißt es in der "Sonntagsrede":

> Mein Vertrauen in die Sprache hat sich gebildet durch die Erfahrung, daß sie mir hilft, wenn ich nicht glaube, ich wisse etwas schon. Sie hält sich zurück, erwacht sozusagen gar nicht, wenn ich meine, etwas schon zu wissen, was ich nur noch mit Hilfe der Sprache formulieren müsse.

Kleist hatte für die Reflexion über das um seinen Inhalt wissende und noch nicht wissende Denken auch den theoretischen Ansatz geliefert, über den Walser zwar nicht spricht, der aber doch auch für gelten müßte. Es ist der präzisierende Satz zum Agenten des Wissens, der allgemein Subjekt genannten Instanz des Denkens und des Sprechens:

> Denn nicht wir wissen, es ist allererst ein gewisser Zustand unserer, welcher weiß.[31]

Es ist ganz offensichtlich, daß Walser diesen Aufsatz Kleists kennt, wie auch den Aufsatz Adornos. Die Zusammenführung dieser beiden Aufsätze bildet den Inhalt und den Aufbau seiner Rede. Warum er sich an Kleists Aufsatz für seine Rede nicht orientiert hat, warum er statt dessen sich auf das unpassende Drama eingelassen hat, wird erkennbar, wenn man die verschiedenen Teile der 'Sonntagsrede' als ein Ganzes betrachtet. Walsers Anliegen ist das Plädoyer, für die Erinnerung an die Greuel eine geeignete Sprache zu finden. Aber gleichzeitig ist die Rede eine Gelegenheit, sich an denen schadlos zu halten, von denen er sich zu Unrecht angegriffen sieht. Dieser Gelegenheit kann er oder will er nicht widerstehen, und er geht zum frontalen Angriff, zum Direktzugriff, wie Kluge sagte, über. Dabei entgeht ihm, daß die Sprache, der er das Wort redet, die Sprache des Noch-Nicht-Gewußten, nicht eingeklagt werden kann. Niemand hat sich der Aufforderung, ihm zuzuhören und ihm in der gewünschten Weise zuzuhören, zu beugen, wie Walser in seiner Rede selbst sagt:

> Es soll ganz einfach gehofft werden dürfen, man könne einem anderen nicht nur dadurch entsprechen, daß man sein Wissen vermehrt, seinen Standpunkt stärkt, sondern, von Sprachmensch zu Sprachmensch, auch dadurch, daß man sein Dasein streift auf eine nicht kalkulierbare, aber vielleicht erlebbare Art. Das ist eine reine Hoffnung.

Wieder kontrastiert Walser hier die beiden Formen von Sprache. Während die eine, die wissensvermehrende Sprache als unproblematisch gezeigt wird, weil sie positiv ist und das Gewollte ausdrücken kann, zeigt er für die andere, die neue Sprache den hohen Grad an Anfälligkeit, sogar an Zartheit. Diese Form der Sprache ist nicht robust, sie ist im Gegenteil äußerst anfällig. Vor allem hält sie keine Konfrontation aus.

[31] Ebd. S. 1050.

Walser hat vor kurzem von einer belgischen Universität einen weiteren Ehrendoktortitel erhalten, nicht für seine Frankfurter Rede, sondern für seine Leistung in der Kafka-Forschung. Er hat über Kafka promoviert, er kennt dessen Werk. Vielleicht hat Walser den Ehren-Titel verdient, aber das Wissen um Kafkas Arbeit hat ihn in der Frankfurter Rede nicht vor Schaden bewahrt. Dabei bietet Kafkas Werk gerade große Hilfestellungen für das, was Walser in der Frankfurter Rede thematisiert hat. Eine der eindrucksvollsten Arbeiten Kafkas ist *Das Urteil*, und es ist möglich, die Geschichte ganz auf das Sprechen über das Noch-Nicht-Gewußte, das In-Sich-Suchen, zu lesen. Die Ausgangslage für den Konflikt wird gezeigt, wenn der Sohn zum Vater kommt und seine Anrede mit den Worten beginnt:

> Eigentlich wollte ich dir nur sagen, [...], daß ich nun doch nach Petersburg meine Verlobung angezeigt habe.[32]

"Eigentlich", sagt der Sohn und zeigt damit, daß er, in Kleists Worten, "doch irgendeine dunkle Vorstellung hat"[33] von dem, was er sagen möchte, aber noch nicht weiß, was es genau ist. Am Schluß der Geschichte, als er das Todesurteil verkündet, scheint der Vater mit diesem Unwissen ausdrükkenden Eingeständnis zu spielen, d.h. er legt seinem Urteil diesen Redebeginn zu Grunde:

> Ein unschuldiges Kind warst du ja eigentlich, aber noch eigentlicher warst du ein teuflischer Mensch![34]

An keiner Stelle in der Geschichte zeigt der Vater Verständnis darüber, daß der Sohn vielleicht nur gekommen ist, um überhaupt zu sprechen, vielleicht sogar allein in der Absicht der Selbstaufklärung, wie Kleist sie im Aufsatz beschrieben hatte. Es ist vorstellbar, daß der Sohn sich über seine Beziehung zur Verlobten und der zum Freund in Rußland klar zu werden wünscht, daß die Mitteilung an den Vater sekundär ist und daß er nur deshalb vor einem anderen Menschen zu sprechen wünscht, um sich selbst etwas zu verdeutlichen. Dem Vater soll dabei nur eine passive Funktion zukommen: Er dient nur dazu, dem Sprecher unklares Denken zu untersagen. Allein der Vater hält sich nicht an die ihm zugedachte Rolle, er greift aggressiv ins Gespräch ein und konfrontiert den Sohn. Die Schuld des Sohnes und die gerechte Verurteilung am Schluß sind dann in der Tatsache begründet, daß der Sohn die Konfrontation nicht bemerkt und sie annimmt.

Diese Geschichte ließe sich als Protest Kafkas gegen Kleists lautes Denken lesen. Es könnte als Aufforderung verstanden werden, nicht zu sprechen, wenn der Inhalt der Rede noch nicht deutlich ist. Das wäre aber nur vordergründig richtig. Denn in der Geschichte wird nie gesagt, daß der Sohn

[32] Franz Kafka: *Sämtliche Erzählungen*. Frankfurt a.M. 1970. S. 27.
[33] Kleist: *Sämtliche Werke*. S. 1045.
[34] Kafka: *Sämtliche Erzählungen*. S. 32.

etwas Falsches oder etwas Böses sagt, sondern immer nur, daß er falsch spricht. Er sagt das Richtige zur falschen Zeit, er antwortet zu schnell, er spricht, wenn er schweigen sollte. All dies sind Merkmale des Sprechens, sie gehören zur Form der Sprache. Das Wichtigste aber in Kafkas Geschichte für die Frage nach der Form ist das Problem des Sprechens im Kampf, in der Konfrontation. Was der Sohn sagen möchte und mit dem Wort "eigentlich" versteckt andeutet, läßt kein Streitgespräch zu. Indem er jedoch im Streit weiterspricht, macht er sich schuldig. Der Sohn kann nicht kontrollieren, was im Gespräch gesagt wird, weder von ihm selbst noch vom Vater; aber Kafka scheint ihm die Möglichkeit zu geben, Einfluß auszuüben darüber, ob oder ob nicht gesprochen wird.

Walser weiß um dieses Sprechen, er ist darauf eingegangen, wie das zuletzt angeführte Zitat aus seiner Rede zeigt. Das Sprechen, das nicht auf Wissensvermehrung zielt, dringt nicht in andere ein, es streift nur, und es streift 'auf eine nicht kalkulierbare [...] Art'. Daß dieser Vorgang des Sprechens gelingt, dafür gibt es keine Gewißheit, schon gar keine Garantie. Dafür gibt es allein Hoffnung.

Gegen diese Einsicht hat Walser in seiner Frankfurter Rede verstoßen. Sein Anliegen war es, über etwas Zerbrechliches zu sprechen und in dieses Sprechen mischte er die aggressive Sprache der Anklage. Insofern spielte er beide Rollen der Kafka-Geschichte zugleich. Das Resultat war, daß auch hier das Robustere (der Vater) sich gegenüber dem Zarteren (dem Sohn) durchsetzte. In der seiner Rede folgenden Debatte hat das dazu geführt, daß allein über das unmittelbar Politische gesprochen wurde. Mit Kafka könnte man hier sagen, daß wieder einmal über den Vater gesprochen wurde, während der Sohn schweigend zusehen mußte. Die Frage nach der Form des Sprechens erreichte nie den Status politischer Bedeutung, der ihr nach Kleist, Kafka und Kluge doch zukommt. Dabei hat es den Anschein, als wäre die Diskussion über das Politische an der Sprache möglich gewesen. Denn kaum je zuvor haben sich so viele Menschen öffentlich zur Form der Sprache und zugleich auch zur Form der Erinnerung geäußert. Als Walser erklärte, "daß die angemessene Sprache für den Umgang mit der deutschen Vergangenheit noch nicht gefunden sei"[35], zeigte sich eine große Bereitschaft, darüber öffentlich nachzudenken.[36] Leider scheint es, daß die meisten

[35] Auf diese Einschätzung einigten sich Walser und Bubis am Ende ihres Streitgesprächs auf Einladung der *Frankfurter Allgemeinen Zeitung*. (Vgl. *Frankfurter Rundschau* vom 13.12.98)

[36] Vgl. die Beiträge in *Frankfurter Allgemeine Zeitung* vom 16.12.98 (Siegfried Jüttner: "Die Suche nach einer neuen Sprache für die Erinnerung"); *Der Tagesspiegel* vom 2.12.98 (Malte Lehming: "Niemand kann von sich behaupten, eine der Erinnerung angemessene Sprache gefunden zu haben"); *Frankfurter Rundschau* vom 24.12.98 (Rita Süssmuth: "Es gibt nicht die abschließend zu findende richtige Form und Sprache. Die Suche bleibt unabgeschlossen."); *taz* vom 16.12.98 (Weizsäcker: "Gesucht war

der an diesem Aspekt der Debatte Beteiligten die Form des Sprechens mit inhaltlichen Aussagen verwechselten. Hier wäre ein klärender und aufklärender Eingriff von Seiten Walsers möglich und brauchbar gewesen. Er hat jedoch nie korrigierend eingegriffen, vielmehr scheint er selbst immer mehr vergessen zu haben, was er eigentlich beabsichtigt hatte. Es kann bei der geforderten neuen Sprache nicht darum gehen, den "meisten Deutschen aus dem Herzen zu sprechen", wie er mehrfach betonte, weil ja damit doch auch nur wieder ein besonderer Inhalt gemeint ist.

Die Kritik, die Walser an seinen Kritikern üben wollte, unternahm er im frontalen, direkten Angriff auf die erklärten Gegner. Dieser Angriff erweckte erneute Konfrontation. Damit wurde die Möglichkeit erstickt, dem Gedanken vom Reden über das Unfertige den benötigten Raum zu verschaffen, man kann auch sagen, die nötige Form zu geben. Dem gleichen Direktzugriff verfiel er, als er sich bei Kleist für das Drama und gegen den Aufsatz entschied, für die dort thematisierte Gewissensfreiheit, die ihm nun wiederum als "Moralkeule" gegen die Kritiker einsetzbar wurde. In seiner Kritik an den Besserwissern hatte Walser davon gesprochen, selbstkritisch immer sich selbst einzubeziehen. Das heißt, er fordert, sich selbst zuzuhören. Aber auch gegen diese Maxime verstößt er. Über die Schwierigkeiten der Sprache, schon Gewußtes zu formulieren, hatte er gesagt, die Sprache 'hält sich zurück, erwacht sozusagen gar nicht, wenn ich meine, etwas schon zu wissen, was ich nur noch mit Hilfe der Sprache formulieren müsse.' Im Angriff auf seine Kritiker versucht er zu formulieren, was er schon weiß und die Sprache erwacht gar nicht. Der in der Debatte gemachte Vorwurf, Walser höre seinen Kritikern nicht zu, wie jene auch ihm nicht zuhörten, ist zwar richtig, aber nicht entscheidend. Das Problem liegt in diesem Falle darin, daß Walser sich selbst nicht zuhört.

Aber auch die von Walser in der Rede Angegriffenen haben sich nicht klug verhalten. Sie haben in großer Zahl den erklärten Krieg angenommen und zurückgeschossen. So blieb der Gedanke aus Adornos Rede über eine brauchbare Vergangenheitsbewältigung wieder einmal unbeachtet. Aufarbeitung der Vergangenheit hieß dort, die Ursachen zu beseitigen und damit war der Mangel an Selbstbewußtsein gemeint. Die Trauerarbeit, die sich auf Anforderung ergibt, trägt zu diesem Selbstbewußtsein nichts bei. Wenn in der Kritik an Walser immer wieder zu hören war, daß er bestimmten Anforderungen nicht genügt, denn die Trauerarbeit sei eine Pflicht, dann ist in diesem Punkt Walser Adorno näher als seine Gegenspieler, die sich doch so gern auf ihn berufen.

Die "Sonntagsrede" muß als mißlungen gewertet werden, auf der Grundlage der rekonstruierbaren Absicht Walsers. Sie war, wie ihm vorgehalten wurde,

[und ist] also eine neue Kontrolle. Eine spezielle Grammatik für die Sprache des Erinnerns.")

unklar, irreführend und, Bubis gegenüber, wohl auch unaufrichtig. Aber das Inhaltliche seiner Rede war nicht das eigentliche Problem, das meiste war längst gesagt worden, anderes läßt sich rechtfertigen oder zumindest relativieren. Nicht rechtfertigen läßt sich hingegen die Naivität, die Walser gegenüber der Leistungsfähigkeit der Sprache zeigt, über die er doch so Relevantes sagen will. Die Kritik, nach der er ein "eminente[r] Sprachvirtuose" bzw. "ein sprachmächtiger Autor" sei, der über große "Sprachgewalt" verfüge, "dem die Brillanz unerwarteter, [...] fataler Wendungen der deutschen Sprache zu eigen ist",[37] sagt zu seiner Rede nichts aus. Sie ist allein auf den Inhalt von Sprechen ausgerichtet.

Walsers theoretische Schwäche hinsichtlich der Form der Sprache zeigt sich ebenso in seiner Annahme, er könne seinen Aufsatz über Auschwitz aus dem Jahre 1965 erwähnen und dies würde ihn vor allen Anschuldigungen schützen. Dieses Argument, das ein zeitloses "ein für allemal" beansprucht, entspricht nicht einer Haltung, die sich für die Vorläufigkeit, für die Anerkennung der Unsicherheit einer Sprache und eines Denkens stark machen will. Das "ein für allemal" reklamiert Wissen und Gewißheit und soll stets wie ein Instrument zur Verfügung stehen.

Mit dieser bei Walser ersichtlichen Haltung läßt sich dann der Bogen zurückspannen zu Alexander Kluge. Die Sprache, an der er arbeitet, ist keine, die in allen Situationen gleichermaßen funktioniert. Sie hat sich stets neu zu beweisen, wie sich das Denken, das sich nicht auf Positivismus berufen kann, sich stets neu beweisen muß. Als Walser seine "Sonntagsrede" auf die Form des Sprechens konzipierte, da war die Hoffnung, dem theoretischen Ansatz Kluges ein größeres Forum zu verschaffen. Daß diese Möglichkeit ungenutzt verpuffte, ist das eigentlich Traurige an der ganzen leidigen Affäre.

[37] Diese Auszeichnungen erhielt Walser in dieser Reihenfolge von Tilman Krause, Hans-Jochen Vogel, Theo Waigel und von einem nicht genannten Briefeschreiber an Bubis. (Vgl. *Die Welt* vom 28.11., 1.12. und 7.12.98).

Astrid von Chamier

Texturen des Unheils: Zur Konstellation Paul Celan und Martin Heidegger

Writing the disaster implies producing texts which refer to the catastrophic mass extermination in the concentration camps. The essay reads the constellation between Martin Heidegger and Paul Celan under the sign of disaster. Questioning why Heidegger could become such a crucial point of reference for Celan's attempt to situate poetry after Auschwitz, the reading focuses on Celan's "Meridian"-speech. Through confronting Heidegger's concept of technology with Celan's discussion of art and poetry, their shared assumption of the fundamentally technical character of art is revealed. The essay points out, though, how Celan differs and departs from Heidegger by introducing the time-spaces of poetry as the basis for the radically individualised remembrance each poem performs.

Texturen des Unheils – in Anlehnung an Maurice Blanchots *L'écriture du désastre* ist dieser Titel in den letzten Jahren in den USA zur Überschrift von Lektüren vor allem solcher Texte geworden, die von dem Unheil her geschrieben sind, der Katastrophe, dem Trauma, das die Massenvernichtung in den Konzentrationslagern war und ist, und das mit 'Auschwitz' nur unzureichend bezeichnet bleibt. Der Zustand des Unheils ist auch eine Verletztheit, eine Verwundung, die 'Schrift' oder 'das Schreiben' des 'Desasters' ist ein Schreiben von dem her, was mit Auschwitz "leiblich zu denken (auf) gegeben ist"[1]. 'Desaster', etymologisch 'getrennt sein vom Stern', verweist darauf, daß mit und nach Auschwitz das Verhältnis zu einem Kosmos, der Heil und Ganzheit verspricht, anders geworden ist: "Es ist der Verlust des bewohnten Himmels und des leitenden Sterns, ja das Ende der kantischen Erfahrung, wonach der Anblick des bestirnten Himmels von gleicher erhebender Wirkung sei wie die innerliche Empfindung des moralischen Gesetzes."[2] Der Himmel ist zum Abgrund geworden, das Vertrauen in die Haltbarkeit moralischer Gesetze mehr als zweifelhaft.

Nichtsdestotrotz beharrt Ingeborg Bachmann in ihren Frankfurter Poetik-Vorlesungen von 1959 mit Verweis auf die futuristische 'L'art pour l'art'-Kriegsästhetik "auf Schuldfragen in der Kunst"[3] und spricht von einem notwendigen moralischen Antrieb "vor aller Moral",[4] den sie als jenes Vorfeld bezeichnet, "in dem von jedem neuen Schriftsteller die Maßstäbe von Wahrheit und Lüge immer neu errichtet werden müssen"[5]. Es gilt, so Bach-

[1] Hans-Dieter Gondek: Ein Kind wird getötet. Einführung zu einem Auszug aus L'écriture du désastre von Maurice Blanchot. In: *FragMente* 39/40 (1992). S. 162.
[2] Ebd.
[3] Ingeborg Bachmann: *Frankfurter Vorlesungen: Probleme zeitgenössischer Dichtung*. München 1980. S. 30.
[4] Ebd. S. 16.
[5] Ebd. S. 30.

mann, "ein neues Rechtsverhältnis zwischen der Sprache und dem Menschen herzustellen"[6] in einer geschichtlichen Situation, in der der Fragwürdigkeit der dichterischen Existenz zum ersten Mal eine Unsicherheit der gesamten Verhältnisse gegenübersteht, die sie so beschreibt: "Die Realitäten von Raum und Zeit sind aufgelöst, die Wirklichkeit harrt ständig einer neuen Definition, weil die Wissenschaft sie gänzlich verformelt hat."[7] Und resümierend stellt sie fest:

> Die Literatur hinter uns, was ist denn das: von Herzwänden geschnittene Worte und tragisches Schweigen, und Brachfelder von zerredeten Worten und Tümpel von stinkendem, feigem Schweigen, immer ist alles beteiligt gewesen, Sprache und Schweigen, und von zweierlei Art. Und immer winkt und verlockt beides, unser Anteil am Irrtum, der ist ja gesichert, aber unser Anteil an einer neuen Wahrheit, wo beginnt der?[8]

Den Streifzug, den Bachmann daraufhin durch die zeitgenössische Lyrik unternimmt, beschließt sie mit Paul Celan, dem sie attestiert, durch strengste Einschränkung zu eben solchen neuen Definitionen von Wirklichkeit zu kommen. In dieser Hinsicht kann ihr Zitat aus den letzten Versen von Celans Gedicht *Engführung* als Ausdruck (auch) ihrer Hoffnung auf eine neue Sprache gelesen werden:

> … Ein
> Stern
> hat wohl noch Licht.
> Nichts,
> nichts ist verloren.[9]

Ein Stern – ein Wort. Ein anderes Gedicht Celans endet:

> – Ein Stern, tu ihn,
> tu den Stern in die Nacht. (GW I 191)

Die Sterne in Celans Versen seien also Worte der Dichtung? Wohl zu recht ist die zweite Vorlesung Bachmanns als ein Dialog-, Debatten- und Antwort-Text auf Celans Bremer Ansprache gelesen worden.[10] Ihr ausdrücklicher Verweis auf das Ende dieser Rede, wonach "Sterne für Paul Celan

[6] Ebd. S. 32.
[7] Ebd. S. 12.
[8] Ebd. S. 33.
[9] Paul Celan: *Gesammelte Werke I.* Frankfurt a.M. 1983. S. 204. Im folgenden zitiere ich Texte Celans mit der Sigle GW.
[10] Vgl. Holger Gehle: Poetologien nach Auschwitz. Bachmanns und Celans Sprechen über Dichtung zwischen 1958 und 1961. In: Bernhard Böschenstein, Sigrid Weigel (Hrsg.): *Ingeborg Bachmann und Paul Celan: Poetische Korrespondenzen.* Frankfurt a.M. 1997; Auch Sigrid Weigel geht auf den Dialog zwischen Celan und Bachmann ein: Vgl. Sigrid Weigel: *Ingeborg Bachmann: Hinterlassenschaften unter Wahrung des Briefgeheimnisses.* Wien 1999. S. 426ff.

'Menschenwerk'" sind, bestätigt dies. Aber mit der Befragung von Sprache und Schweigen, Wirklichkeit und Wahrheit als Determinanten eines Wegs von Gedichten ist auch das Echo Martin Heideggers zu hören, über den sie promoviert hat und dessen Einfluß auf die Nachkriegsgeneration Bachmann selbst nennt. Mehr noch und direkter gilt dies für Paul Celan, der schon in seiner Bremer Rede von 1958 ausdrücklich auf Heidegger Bezug nimmt.[11] Die abgrundtiefe Auseinandersetzung Paul Celans mit dem Denken Martin Heideggers ist inzwischen wohl unbestreitbar. Allerdings bleiben die Dimensionen dieser Auseinandersetzung noch weiterhin auszuloten, wie auch die Frage, wieso gerade Heidegger zum zentralen Bezugspunkt eines Verortungsversuchs von Dichter und Dichtung nach 'Auschwitz' werden kann.[12] Der Fragwürdigkeit dieser Konstellation im Zeichen des 'Des-asters' möchte ich im folgenden nachgehen. Ich versuche, mich darin leiten zu lassen von dem, was Celan und Heidegger jeweils als 'Des-aster' – oder Unheil – zu lesen geben. Da mir dies in diesem Rahmen nur sehr punktuell möglich ist, geht meine Frage vor allem darauf aus, den Horizont für weitere Fragen zu eröffnen, etwa: Was da heißt, die Sterne lesen.

Zu erinnern ist zunächst die Wegbeschreibung, die Celan mit der Ansprache in Bremen gab:

> Erreichbar, nah und unverloren blieb inmitten der Verluste dies eine: die Sprache. [...] Aber sie mußte nun hindurchgehen durch ihre eigenen Antwortlosigkeiten, hindurchgehen durch furchtbares Verstummen, hindurchgehen durch die tausend Finsternisse todbringender Rede. Sie ging hindurch und gab keine Worte her für das, was geschah; aber sie ging durch dieses Geschehen. Ging hindurch und durfte wieder zutage treten, 'angereichert' von all dem.
> In dieser Sprache habe ich, in jenen Jahren und in den Jahren nachher, Gedichte zu schreiben versucht: um zu sprechen, um mich zu orientieren, um zu erkunden,

[11] So berichtet Jean Firges kürzlich von einem Besuch im Juli 1958 bei Celan, der ihm auf die Frage nach einem Buch, das ihn, Firges, auf die Spur seiner gegenwärtigen Fragen und Probleme bringen könnte, antwortet: "Lesen Sie *Was heißt Denken?* von Heidegger." Jean Firges: *Den Acheron durchquert ich. Einführung in die Lyrik Paul Celans; Vier Motivkreise der Lyrik Paul Celans: die Reise, der Tod, der Traum, die Melancholie*. Tübingen 1998. S. 1.

[12] Erste Hinweise gab früh schon Otto Pöggeler: *Spur des Worts. Zur Lyrik Paul Celans*, Freiburg 1986; herausragend unter neueren Veröffentlichungen ist die Analyse von Philippe Lacoue-Labarthe: *Dichtung als Erfahrung*. Stuttgart 1991; vgl. u. a. auch Véronique M. Fóti: *Heidegger and the Poets: Poiesis/ Sophia/ Techne*. New Jersey, London 1992. S. 78-110; Dennis J. Schmidt: Between Meridians and other Lines: between Heidegger and Celan. In: Haskell M. Block (Hrsg.): *The Poetry of Paul Celan*. New York 1988. S. 30-37; Ders.: Black Milk and Blue: Celan and Heidegger on Pain and Language. In: Aris Fioretis (Hrsg.): *Word Traces. Readings of Paul Celan*. Baltimore 1994. S. 110-129; Christopher Fynsk: The Realities at Stake in a Poem: Celan's Bremen und Darmstadt Addresses. In: Fioretis: *Word Traces*. S. 159-184.

> wo ich mich befand und wohin es mit mir wollte, um mir Wirklichkeit zu entwerfen.
> Es war, Sie sehen es, Ereignis, Bewegung, Unterwegssein [...]. (GW III 185f.)

Der Weg durch das Verstummen findet statt noch in der Rede selbst, die – "Sie sehen es" – Ereignis ist, eine Anrede, die, wie die Gedichte, "auf ein ansprechbares Du vielleicht" gerichtet ist. Diese Ansprache ist eine Danksagung; von Celan gleich zu Beginn in den durch Heidegger aufgewiesenen Zusammenhang von Denken und Danken gestellt, ist die Ansprache zugleich "Andenken", ist eingedenk dessen, daß – mit anderen Worten Celans – "welches der Worte du sprichst – du dankst dem Verderben" (GW I 129). Darin noch eine Hoffnung auf ein gedenkendes Gespräch zu sehen, bezeichnet die tragische Un-Verschwiegenheit des Celanschen Sprechens, das er am Ende der Rede zu verorten versucht:

> Es sind die Bemühungen dessen, der, überflogen von Sternen, die Menschenwerk sind, der, zeltlos auch in diesem bisher ungeahnten Sinne und damit auf das unheimlichste im Freien, mit seinem Dasein zur Sprache geht, wirklichkeitswund und wirklichkeitssuchend. (GW III 186)

Die Anklänge an Heidegger sind unüberhörbar: Dem Dasein – von Heidegger als zeiträumliche Verfaßtheit des Menschen bestimmt – ist seine passive 'Geworfenheit' ins 'Sein' zu denken aufgegeben, und sie ist aktiv als 'Entwurf' zu übernehmen.[13] Celan – 'geworfen' in die Antwortlosigkeit der Sprache nach 'Auschwitz' – sucht sich Wirklichkeit zu entwerfen, die immer in Sprache wurzelt. Aber über den Bezug auf die Philosophie von *Sein und Zeit* hinaus spricht Celan in dieser Ortsbeschreibung vor allem auch mit dem späten Heidegger, dessen Bedenken der Welt der planetarischen Technik gilt und dem Verhältnis von Sprache, Dichtung und Geschichte. Denn wenn Celan von menschengemachten Sternen redet, ist damit nicht nur der von den Nazis verordnete Judenstern angesprochen, sondern wohl vor allem der erste künstliche Stern *Sputnik I*, der Satellit, der von der Sowjetunion am 4. Oktober 1957 in die Erdumlaufbahn gebracht wurde.[14] Nicht nur wurde damit das 'planetarische Zeitalter' ausgerufen, sondern vor allem war dies das technische Signal, das den kalten Krieg offiziell machte. War mit dem Sputnik zugleich auch die 'Space Race' der zweiten Hälfte dieses Jahrhunderts gestartet, die über Mond und Mars hinaus in weiterhin unermeßliche Dimensionen strebt, so geraten die Ursprünge doch mehr und mehr in Vergessenheit: Wesentliche Grundlage der amerikanischen und sowjetischen Raketenindustrie war die sogenannte 'Wunderwaffe' Hitlers, die V2-Rakete, die von Wernher von Braun und seinem Team in Peenemünde entwickelt, von Abertausenden KZ-Häftlingen unter grauenvollsten Bedingungen in

[13] Vgl. Martin Heidegger: *Sein und Zeit*. Tübingen 1986. S. 260f.
[14] Darauf hat, als eine der wenigen, Gudrun Kohn-Wächter hingewiesen: Dichtung als 'Flaschenpost' bei Paul Celan und Ingeborg Bachmann. In: Böschenstein und Weigel: *Ingeborg Bachmann und Paul Celan*. S. 211-230.

Mittelwerk Dora gebaut und noch September 1944 auf Paris und London abgeschossen wurde. Obwohl die Tatsache und die Umstände, unter denen die Gründe und Abgründe der Weltraum- und Raketentechnik im Dritten Reich eröffnet wurden, genauere Bedenken verdienen, weise ich hier vor allem auf sie hin, um sie in den Zusammenhang mit Heideggers Technikkritik zu stellen, die auch Celan wohlbekannt war.

Heidegger charakterisiert die moderne Technik im Zeichen des 'Gestells' als die Vollendung der 'Seinsvergessenheit' in vollkommener Instrumentalisierung, die Mensch und Welt auf das Unheimlichste nur noch als zu kalkulierenden Bestand nimmt. Dabei unterscheidet er allerdings die Technik und ihre Apparaturen von dem Wesen der Technik, das selbst nichts Technisches sei, sondern das er als eine Gestalt der Wahrheit des Seins, als seinsgeschichtliches Geschick begreift, das es erst noch denkend zu erfahren gälte. Techné im Sinne des Her-vor-bringens, des Offenbarmachens des Seienden ist die in der modernen Technik verschlossene Dimension. Von daher befindet Heidegger 1946 im *Brief über den Humanismus*, der schon alle Motive seiner Spätphilosophie versammelt: "Vielleicht besteht das Auszeichnende dieses Weltalters in der Verschlossenheit der Dimension des Heilen. Vielleicht ist dies das einzige Unheil."[15] Allein das (An)Denken vermag diese Dimension zu öffnen: "Das Denken bringt nämlich in seinem Sagen das ungesprochene Wort des Seins zur Sprache [...]. Das Sein kommt, sich lichtend, zur Sprache. Es ist stets unterwegs zu ihr."[16] Das Denken begegnet dem Schweigen des Seins, das sich gegenwärtig nur im Unheil zeigt. Im Technik-Aufsatz von 1953 heißt es dann:

> Das Unaufhaltsame des Bestellens und das Verhaltene des Rettenden ziehen aneinander vorbei wie im Gang der Gestirne die Bahn zweier Sterne. [...] Blicken wir in das zweideutige Wesen der Technik, dann erblicken wir die Konstellation, den Sternengang des Geheimnisses. Die Frage nach der Technik ist die Frage nach der Konstellation, in der sich Entbergung und Verbergung, in der sich das Wesende der Wahrheit ereignet.[17]

Der Bereich solchen Fragens, in dem sich das Rettende zeige, das Heidegger mit dem Dichter, mit Hölderlin, noch in der Gefahr sehen will, ist ihm zufolge die Kunst, "einerseits mit dem Wesen der Technik verwandt und andererseits von ihm doch grundverschieden"[18]. Die Kunst, für Heidegger in ihrem Wesen das Dichterische, ist der Ort der Besinnung auf das Wesen der Technik, es sei denn, sie verschließe sich der Konstellation der Wahrheit. Die Kunst ist – vielleicht – der Ort, an dem die Kehre stattfinden könnte, der

[15] Martin Heidegger: *Platons Lehre von der Wahrheit. Mit einem Brief über den 'Humanismus'.* Bern 1947. S. 103.
[16] Ebd. S. 116.
[17] Martin Heidegger: Die Frage nach der Technik. In: Ders.: *Vorträge und Aufsätze.* Stuttgart 1994. S. 37.
[18] Ebd. S. 39.

Ort, an dem sich die Zukehr zum Stern der Rettung ereignen könnte, der Ort wäre dieses Ereignis.

Heidegger bedenkt bzw. liest die moderne Technik im Zeichen des 'Desasters', der Abwendung von der Konstellation der Wahrheit des Seins.[19] In diesem Zusammenhang stehen auch seine einzigen direkten Äußerungen zur Massenvernichtung im Nationalsozialismus in seinen Bremer Reden von 1949, die allerdings erst vor wenigen Jahren veröffentlicht wurden.[20] Weil die gesprochenen Worte den 'ungesprochenen Worten des Seins' im Andenken ins Wort gefallen wären? In den Bremer Reden ordnet Heidegger die Menschenvernichtung bruchlos in die Verstellung des 'Seins' durch die Technik ein. Er setzt dabei die "Fabrikation von Leichen in Gaskammern und Vernichtungslagern" der "motorisierte[n] Agrarindustrie", der "Fabrikation von Wasserstoffbomben" oder der Aushungerung gleich.[21] Aber es bleibt die Hoffnung auf die Bewegung vom 'Gestell' zur 'Konstellation'. Nimmt Celan – der von diesen Äußerungen wohl nichts gewußt haben wird – an dieser Hoffnung teil?

Die Strukturen, die Heidegger aufmacht, finden sich radikal problematisiert in Paul Celans berühmter Büchnerpreisrede *Der Meridian*. Da mir eine genaue Lektüre jetzt versagt ist, möchte ich nur an die Bewegung erinnern, in der Celan Heidegger durchdenkt und überschreitet – dichtet. Die Rede kreist um das Verhältnis von Techné und Politik, Kunst und Dichtung, Ich und Anderem, um die Zeiträume des Gedichts. Mit Büchner befragt Celan die Kunst und wie sie sich präsentiert: Als 'ewiges' Problem, als Ort ältester Unheimlichkeit, als Zuhause der Automaten und Marionetten. Die Kunst ist der Bereich des 'Man' – eine Anspielung auf das 'Man' in seiner Seinsver-

[19] In dem nach seinem Tod veröffentlichten *SPIEGEL*-Gespräch von 1966 beschreibt Heidegger diese Situation so: "Es funktioniert alles. Das ist gerade das Unheimliche, daß es funktioniert und daß das Funktionieren immer weiter treibt zu einem weiteren Funktionieren und daß die Technik den Menschen immer mehr von der Erde losreißt und entwurzelt. Ich weiß nicht, ob Sie erschrocken sind, ich bin jedenfalls erschrocken, als ich jetzt die Aufnahmen vom Mond zur Erde sah. Wir brauchen gar keine Atombombe, die Entwurzelung des Menschen ist schon da. Wir haben nur noch rein technische Verhältnisse. Das ist keine Erde mehr, auf der der Mensch heute lebt." In: Günther Neske und Emil Kettering (Hrsg.): *Antwort: Martin Heidegger im Gespräch*. Pfullingen 1988. S. 98.

[20] Vgl. Martin Heidegger: Einblick in das, was ist: Bremer Vorträge 1949. In: Ders.: *Gesamtausgabe* Bd. 79. Frankfurt a.M. 1994. S. 3-77. Die berüchtigten Zitate sind hier zum ersten Mal im Kontext zu lesen. Die Debatte zu diesen Äußerungen und Heideggers Haltung zu Auschwitz und zum Nationalsozialismus ist inzwischen fast unüberschaubar geworden. Ich möchte hier nur verweisen auf das grundlegende Buch Philippe Lacoue-Labarthes: *Die Fiktion des Politischen: Heidegger, die Kunst und die Politik*. Stuttgart 1990; unter den neueren Erscheinungen wäre ein Sammelband zum Thema zu nennen: Alan Milchman and Alan Rosenberg (Hrsg.): *Martin Heidegger and the Holocaust*. New Jersey 1996.

[21] Vgl. Martin Heidegger: Das Gestell. In: Ders.: *Gesamtausgabe* Bd. 79. S. 27.

fallenheit, von Heidegger auch 'das Niemand' genannt[22] –, "ein Hinaustreten aus dem Menschlichen" (GW III 192). Gegen diese Kunst, die in *Dantons Tod* Politik wird, sieht Celan in der Gestalt Luciles Einspruch erhoben. Lucile nimmt Sprache wahr, Atem, das heißt für Celan: Richtung, Schicksal. Ihr Gegenwort, ihr Schritt, ihr Nicht zeugt für die Gegenwart des Menschlichen, für die Dichtung; diese Gegenwart – der "Akut des Heutigen" (GW III 190) ist der Akzent, den auch Celan setzt. Er setzt damit auch das 'Ich' gegen das 'Man'. Daß er 'heute' die Unheimlichkeit der Kunst weiterhin befragt, "liegt wohl in der Luft", so Celan, "in der Luft, die wir zu atmen haben" (GW III 192). Damit bindet er die Frage nach der allgemeinen Unheimlichkeit der Kunst, die schon in der Bremer Ansprache als Selbstentfremdung des Menschen in der modernen Technik anklang, an die Frage der Gegenwart eines spezifischen Menschen – Lucile, Lenz, er selbst – und situiert sie in einer spezifischen geschichtlichen Situation, die mit der Luft Atem und Richtung gibt. Was für Celan 'in der Luft liegt', sind Gräber und Asche. Hier ist an die Analyse Philippe Lacoue-Labarthes zu erinnern, der 'Auschwitz' als die Vollendung der Metaphysik sieht auf der Grundlage einer Techné, die im mimetischen Akt den 'natürlichen Volkskörper' als sich selbst repräsentiert und so in eine Ästhetisierung des Politischen mündet. Das Politische als Gesamtkunstwerk wurde von Lacoue-Labarthe als politisches Modell des Nationalsozialismus identifiziert, das nicht mehr nur unheimlich, sondern menschenvernichtend ist. In dieser Richtung fragt Celan weiter. Er stellt fest, daß die Kunst 'Ich-Ferne' schafft, Selbstvergessenheit, und wieder klingt Heidegger an, aber hier verschiebt Celan den Akzent abermals, wenn er vom 'Selbst' spricht, anstatt vom 'Sein'. Für Celan steht die Frage nach dem 'Wer?' der Kunst, der Dichtung, vor der Frage nach dem 'Was?' des Seins. Er kann sich darin allerdings auf *Sein und Zeit* beziehen, wo Heidegger von der "selbstvergessenen Verlorenheit" des 'Man' spricht und die Notwendigkeit betont, im "Ansprechen von Dasein [...] stets das Personalpronomen mit[zu]sagen: 'ich bin', 'du bist'"[23]. In den Worten Celans lautet diese Anrede:

> O einer, o keiner, o niemand, o du:
> Wohin ging's, da's nirgendhin ging?
> O du gräbst und ich grab, und ich grab mich dir zu,
> und am Finger erwacht uns der Ring. (GW I 211)

Es ist immer ein Dasein, das zur Sprache geht, und "um des Ortes der Dichtung, um der Freisetzung [willen]" (GW III 194) sucht Celan die Person Lenzens und findet ihn, "am 20. Jänner durchs Gebirg" gehend, auf dem Kopf, den Himmel als Abgrund unter sich. Mit dieser vielzitierten Lektüre markiert Celan den Ort *seiner* Dichtung: Einer Dichtung, die "ihrer Daten

[22] Heidegger: *Sein und Zeit*. S. 128.
[23] Ebd. S. 42.

eingedenk" ist, die Atemwende ist.[24] Während Heidegger nach dem *wesentlichen* Ort der Dichtung fragt, geht es Celan um das Gedicht, das in seiner "eigenen, allereigensten Sache" (GW III 196) spricht. Erst von dort aus, von einem "hier und solcherart freigesetzten befremdeten Ich" "wird [vielleicht] hier noch ein Anderes frei?" (GW III 196) Das Gedicht mit seiner starken "Neigung zum Verstummen" ist individuelles Sprechen, "aktualisierte Sprache" (GW III 197) eines einzelnen; es ist einsam und unterwegs zu einem Andern; es steht im Geheimnis der Begegnung. Ist dies die Bewegung, die Heidegger beim Blick in das zweideutige Wesen der Technik sieht? Ist dies der Sternengang des Geheimnisses? Celans Gedicht wendet sich dem Erscheinenden zu, "es wird Gespräch" (GW III 198). Der Raum dieses Gesprächs ist der Zeitraum der Dichtung: "diese Unendlichsprechung von lauter Sterblichkeit und Umsonst!" (GW III 200). Diese "eine, einmalige, punktuelle Gegenwart", in der das Gedicht des Andern Eigenstes mitsprechen läßt: "dessen Zeit". Die Zeit ist das Eigenste des Gedichts, das gesprochen ist "unter dem Neigungswinkel" eines Daseins; der Neigungswinkel – das ist auch der Aspekt, in dem zwei Sterne zueinander stehen – die, wie wir von Goethe wissen, sich zulächeln oder auch ganz gleichgültig sein können -, der Neigungswinkel bezeichnet auch die Stellung der Sonne zum Horizont, mit der der Meridian, der "Mittagsspruch", wandert, "angesogen von [...] sonnengesteuertem Schmerz" (GW I 290). Und ich sehe hier auch Walter Benjamins Sterne ins Bild wandern, der, nicht so weit entfernt von den Fragen Heideggers und Celans, sich in seiner kleinen Schrift *Lehre vom Ähnlichen* auf die Geschichte des mimetischen Vermögens besinnt, dessen höchste Verwendung die Sprache sei als Kanon 'unsinnlicher Ähnlichkeit':

> Die Wahrnehmung von Ähnlichkeiten scheint an ein Zeitmoment gebunden. Es ist wie das Dazukommen des Dritten, des Astrologen zu der Konjunktion von zwei Gestirnen, die im Augenblick erfaßt sein will. Im andern Fall kommt der Astronom trotz aller Schärfe seiner Beobachtungswerkzeuge hier um seinen Lohn.[25]

Und weiter heißt es: "Der Astrolog liest den Gestirnstand von den Sternen am Himmel ab; er liest zugleich aus ihm die Zukunft oder das Geschick heraus"[26]. Auch für Celan ist der Blick des Gedichts – in die Sterne? – an ein Zeitmoment gebunden: Das Gedicht ist "das Auge der Zeit" (GW I 127):

> Der blinde Stern fliegt es an
> und zerschmilzt an der heißeren Wimper:
> es wird warm in der Welt,
> und die Toten
> knospen und blühen.

[24] Vgl. Jacques Derrida: *Schibboleth*. Wien 1989.
[25] Walter Benjamin: Lehre vom Ähnlichen. In: Ders.: *Gesammelte Schriften* II.1. Frankfurt a.M. 1977. S. 207.
[26] Ebd. S. 209.

In diesem Gedicht aus dem Band *Von Schwelle zu Schwelle* schafft die Begegnung des weinenden Auges mit dem Stern Wärme, die Toten kommen zur Sprache. Celan verschiebt also die Frage nach dem wesentlichen Ort der Dichtung, indem er die Frage nach der Zeit des Gedichts eröffnet:

> Und was wären dann die Bilder? Das einmal, das immer wieder einmal und nur jetzt und nur hier Wahrgenommene und Wahrzunehmende. Und das Gedicht wäre somit der Ort, wo alle Tropen und Metaphern ad absurdum geführt werden wollen. (GW III 199)

Ad absurdum, das heißt ins Menschliche. Aber "die Kunst lebt fort" (GW III 200), die Automaten und das Medusenhaupt, und der Weg der Dichtung mag letzten Endes den Weg der Kunst bis zur Atemwende mitzugehen haben – mit dieser Frage läßt Celan offen, wovon Heidegger ausgeht und was dieser als Haltung der 'Gelassenheit' empfiehlt: Der Weg muß ein *Durch*denken der Technik sein. Für Celan ist dieser Weg auch ein Weg der Selbstbegegnung, "eine Art Heimkehr", wobei der Ort der Herkunft nicht mehr zu finden ist, sondern als "über sich und die Worte Hinauslauschendes" (GW III 202), als Versprechen einer An-Kunft stets vorausgeschickt bleibt: Toposforschung im Lichte der Utopie. Was da von Heideggers kommendem oder ausbleibendem Gott auch anklingen mag – Celan weiß, "sich hüten" zu müssen. Und die letzten Zeilen von *In der Luft*, des großen Abschlußgedichts der *Niemandsrose*, lauten dementsprechend:

> [...] in den Untiefen lagernd, die Leiber
> zu Schwellen getürmt, zu Dämmen, – die
> Furtenwesen, darüber
> der Klumpfuß der Götter herüber-
> gestolpert kommt – um
> wessen
> Sternzeit zu spät? (GWI 291)

Mit dem Klumpfuß der Götter, der gestolpert kommt – und stolpern ist in Celans Rede auch: sprechen – ist auf Hephaistos angespielt: eine dämonische Wesensart in der subterranen Sphäre tektonischer Gasbrände beheimatet und aus ihrer Urkraft schöpferisch-bildnerisch; später dann Gott der Schmiedekunst und technites, der bei Homer schließlich gleichrangig neben Athene das Kunsthandwerk schützt. Die Techné, die Technik, die Kunst findet statt in der Zeit. Daß das Gedicht in eines "ganz Anderen Sache" zu sprechen vermag, daß es dessen Zeit mitsprechen ließe, dies als Frage, als ein "Wer weiß?", dies ist, was Celan "den alten Hoffnungen von mir aus auch heute und hier hinzuzufügen vermag" (GW III 196). Und wenn es denn so wäre, daß Celans Auseinandersetzung mit dem Denken Heideggers in der geteilten Annahme des fundamental technischen Charakters der Kunst wurzelt, eröffnet doch Celan mit seinem Bestehen auf dem "Akut des Heutigen" womöglich ein Feld des An-Denkens, des Dichtens, das weniger nach *Sein und Zeit* als nach *Technik und Zeit* als den Koordinaten individueller Neigungswinkel fragt.

Mit Celan ist es “Zeit, umzukehren” (GW III 200). Am Anfang standen Ingeborg Bachmanns Überlegungen zur Fragwürdigkeit der dichterischen Existenz, die Rede war von zweierlei Sprache und zweierlei Schweigen. Ich möchte sie noch einmal zitieren: “Warum schreiben? Wozu? Und wozu, seit kein Auftrag mehr da ist von oben und überhaupt kein Auftrag mehr kommt. [...] Und ist der Auftrag, wenn er ihn sich selbst zu geben traut (und er kann ihn sich heute nur selbst geben!), nicht beliebig, befangen, bleibt er nicht, wie sehr er sich auch bemühen mag, der Wahrheit immer etwas schuldig?”[27] Im Zeichen des ‘Des-asters’, mit dem Himmel als Abgrund, hat Paul Celan wenig von Wahrheit gesprochen, aber von Wirklichkeit und Wunden, die durch die verstummte Sprache hindurch in seiner Lyrik zu neuen Worten gekommen sind. Martin Heidegger hat viel von Wahrheit gesprochen im Zeitalter der planetarischen Technik, für die ihm auch ‘Auschwitz’ Symptom ist, aber hat er sich seinem Denken “mitgegeben”? Heideggers vielkommentiertes und meines Erachtens noch nicht genug bedachtes Schweigen besteht nicht darin, daß er nichts gesagt hätte. In den Worten Rüdiger Safranskis: “Versteht man Heideggers Modernitätskritik auch als Philosophieren über Auschwitz, dann wird deutlich, daß das Problem des Heideggerschen Schweigens nicht darin liegt, daß er über Auschwitz geschwiegen hat. Philosophisch geschwiegen hat er über etwas anderes: über sich selbst [...]. Auch er stellt die eine Frage nicht: Wer bin ich eigentlich, wenn ich denke?”[28] Von daher lese ich Maurice Blanchots Fragment einer *L'écriture du désastre* als Kommentar zu Paul Celan und Martin Heidegger:

> Wenn ‘die Unverschwiegenheit in Anbetracht des Unsagbaren’ (E. L.) vielleicht die Aufgabe ist, so gelangt diese darin zur Aussage, daß dasselbe wiederholte Präfix ‘un’ mit der Ambiguität, die es vom Unendlichen erhält, in eine Beziehung gesetzt wird. Das Unsagbare wäre durch das zum Unendlichen erhobene Sagen einbeschrieben: was dem Sagen entgeht, ist nicht nur dieses, was gesagt werden muß, sondern dieses entgeht nur unter der Markierung und im Rückbehalt des Sagens. Desgleichen heißt Unverschwiegenheit mit Hilfe der Zurückhaltung gegen die Zurückhaltung verstoßen, indem man dagegen verstößt, indem man sich daran hält.[29]

[27] Bachmann: *Frankfurter Vorlesungen*. S. 11.

[28] Rudiger Safranski: *Ein Meister aus Deutschland: Heidegger und seine Zeit*. München 1994. S. 465.

[29] Maurice Blanchot: *L'écriture du désastre*. S. 166.

Kurt Pätzold

Die frühe Geschichtsschreibung in der DDR über den Zweiten Weltkrieg

Both the post war periods of World War I and of World War II were characterised by various attempts to mystify the past war experiences. The legends told about German warfare and those about is former enemies after the Second World War nevertheless never grew as strong as those told after World War I. The following article seeks to investigate the different manners in which war experiences were transformed into cultural legends and historical myths in East and West Germany after 1945. Beginning with the observation that East and West Germany's official history was dominated by a fundamental 'Ungleichzeitigkeit' *caused by the rather late attempts of East German historians to investigate their past, West German history was strongly influenced by autobiographical descriptions of former National Socialists and army members whereas East German historical research mostly concentrated on polemic counter attacks. It was not before the late fifties and early sixties that a new generation of East German historians carefully began to partly rewrite official historiography. Even though their work still suffered restrictions from various taboos, i.e. the unquestioned foreign policy of the Soviet Union between August 1939 and June 1941, they were able to develop new ways of interpreting the past.*

Mehr als ein halbes Jahrhundert nach dem Ende des Zweiten Weltkriegs bleibt das Ereignis noch immer von Legenden und Mythen umrankt. Jedoch die Reichweite der Legenden über Deutschland und die Deutschen erwies sich nach dem Jahre 1945 als ungleich kürzer als nach dem Jahre 1918. Das Ende dieses Zweiten Weltkriegs war legendenunfreundlich. An der totalen Niederlage gab es nichts zu deuteln. Auch die Aufdeckung der Verbrechen, die im Verlauf des Krieges begangen worden waren, hatte bereits vor der deutschen Kapitulation begonnen.

Zunächst besaß die Geschichtswissenschaft weder in Ost noch in West einen besonderen Anteil an der Aufhellung der Vergangenheit. Wer sich mit der Konstituierung der Geschichtswissenschaft in der DDR und namentlich mit der einsetzenden Beschäftigung mit der Geschichte des Zweiten Weltkriegs befaßt, stößt auf das Phänomen der Ungleichzeitigkeit. Als sich DDR-Historiker mit diesem Gegenstand zu befassen begannen, waren auf dem Feld, das sie betraten, Pflöcke bereits eingeschlagen. Die einen trugen das Zeichen von Hammer und Sichel, die anderen den Bundesadler.

Beginnen wir mit denen, die das Werk der westlichen Nachbarn waren. In der Bundesrepublik gab es zwar keine kritische Geschichtswissenschaft, wohl aber ein vollständig ausgearbeitetes Geschichtsbild über den Zweiten Weltkrieg. Bereits 1951 befanden sich auf dem Buchmarkt zwei umfängliche Darstellungen des Zweiten Weltkrieges.[1] Die eine hatte der frühere Ge-

[1] Bevor die erste von einem deutschen Autor verfaßte Weltkriegsgeschichte in der Bundesrepublik erschien, war eine Arbeit des englischen Militärschriftstellers übersetzt worden: J. F. C. Fuller: *Der zweite Weltkrieg 1939-1945*. Wien, Stuttgart 1950. Dann folgten: (General der Infanterie und Chef der Abteilung Fremde Heere im Generalstab des Heeres), Kurt von Tippelskirch: *Geschichte des Zweiten Weltkrieges*. Bonn 1951 (zweite, neubearbeitete Auflage 1956), und Walter Görlitz, der als Schriftsteller zwischen 1933 und 1945 vor allem mit Biographien historischer Persönlichkeiten hervorgetreten war, mit *Der zweite Weltkrieg 1939-1945*. 2 Bände. Stuttgart 1951, ein Jahr darauf bereits in zweiter Auflage. In einem Aufsatz, der in einem der ersten Hefte der seit 1953 erscheinenden *Zeitschrift für Geschichtswissenschaft* (fortan: ZfG) Berlin-Ost erschien, wurde eine in Einzelheiten gehenden Kritik der beiden Werke gegeben. Günter Paulus: Zur Verfälschung der Geschichte des zweiten Weltkrieges in der westdeutschen Geschichtsschreibung. In: *ZfG*, 1 (1953) 3. S. 445ff. Die Zeit des Krieges behandelten auch Hermann Mau und Helmut Krausnick: *Deutsche Geschichte der jüngsten Vergangenheit 1933-1945*. Mit einem Nachwort von Peter Rassow. Tübingen 1956.
Zum Vergleich: In der DDR wurde während der gesamten fünfziger Jahre kein Werk publiziert, das sich ausschließlich mit der Geschichte des Weltkriegs befaßt hätte. Es waren auch keine Berufshistoriker, sondern kommunistische Funktionäre, die sich zuerst an Überblicksdarstellungen zur Geschichte der faschistischen Herrschaft in Deutschland wagten, um einem dringenden Bedürfnis Rechnung zu tragen. Walter Bartel, Funktionär der KPD, Emigrant, Häftling in Buchenwald und dort Mitglied des illegalen Internationalen Lagerkomitees, veröffentlichte ein aus der Arbeit an Lehrbriefen hervorgegangenes Buch – *Deutschland in der Zeit der faschistischen Diktatur 1933-1945*. Berlin 1956 –, das auch in allgemeinbildenden Schulen verwendet wurde. Aus anderer Perspektive schrieb Otto Winzer, der Funktionär der KPD und Emigrant während der Jahre von 1949 bis 1956, als er als Chef der Privatkanzlei des Staatspräsidenten Wilhelm Pieck arbeitete – später wurde er Außenminister der DDR – über den gleichen Zeitraum – *Zwölf Jahre Kampf gegen Faschismus und Krieg. Ein Beitrag zur Geschichte der Kommunistischen Partei Deutschlands 1933-1945*. Berlin 1957. Das Buch war aus Vorlesungen an Bildungseinrichtungen der SED hervorgegangen und erschien 1957 in dritter Auflage. Zwei Jahre später wurde in deutscher Übersetzung die erste Gesamtdarstellung des Krieges veröffentlicht: G.A. Deborin: *Der zweite Weltkrieg*. Berlin 1959. (Die Aufnahme des Werkes läßt sich ablesen an der Rezension Helmut Schnitters in: *Militärwesen* 4 (1960) 4. S. 784ff. Sie bietet nichts als eine Inhaltsangabe und ist typisch für die Unmöglichkeit, die Arbeit einer sowjetischen Autorität kritisch zu besprechen.) Daran orientierten sich drei Jahre später Gerhard Förster, Heinz Helmert und Helmut Schnitter mit dem Taschenbuch *Der Zweite Weltkrieg. Militärischer Verlauf und Chronik*. Leipzig 1962. Die Autoren waren erst nach dem Kriege zu Historikern ausgebildet worden. Darauf fußend veröffentlichten die gleichen Autoren zehn Jahre später *Der zweite Weltkrieg. Militärhistorischer Abriß*. Berlin 1972. Im gleichen Jahr erschien eine Quellensammlung *Der zweite Weltkrieg. Dokumente. Ausgewählt und eingeleitet von Gerhard Förster und Olaf Groehler*. Berlin 1972. Schon davor

neral der Infanterie Kurt von Tippelskirch vorgelegt. Der Autor kannte für das Geschehene nur einen Verantwortlichen: Hitler. Er behauptete, 1939 sei ein Krieg begonnen worden, an dem "nur eine Macht wirklich interessiert sein konnte – die Sowjet-Union"[2].

Während der ersten zehn Jahre der Existenz des westdeutschen Staates erschienen die Memoiren des Reichsfinanzministers der Hitlerregierung,[3] des Reichswirtschaftsministers, Präsidenten der Reichsbank und Generalbevollmächtigten für die Aufrüstung,[4] des Staatssekretärs und Leiters der (Präsidial-)Kanzlei des "Führers"[5], des Staatssekretärs im Auswärtigen Amt,[6] des Pressechefs der Hitlerregierung,[7] des obersten Führers des Reichsarbeitsdienstes,[8] des Oberbefehlshabers der Kriegsmarine,[9] des von Kriegsbeginn bis 1942 amtierenden Generalstabschefs des Heeres,[10] des vorletzten Chefs des Generalstabs,[11] zweier Generalfeldmarschälle,[12] eines General-

war in der DDR die erste Publikation erschienen, die den Krieg in einen weiteren Betrachtungswinkel nahm: Wolfgang Bleyer, Karl Drechsler, Gerhard Förster, Gerhart Hass: *Deutschland von 1939 bis 1945 (Deutschland während des zweiten Weltkrieges*). Berlin 1967 (=Lehrbuch der deutschen Geschichte, Beiträge, Bd. 12). Eine überarbeitete zweite Auflage erschien 1975. Jedoch ließ auch diese die Bereiche von Ideologie und Kultur nahezu vollständig aus.

[2] Tippelskirch: *Geschichte des Zweiten Weltkrieges*. (zweite Auflage) S. 6, 605.

[3] Lutz Graf Schwerin von Krosigk: *Es geschah in Deutschland. Menschenbilder unseres Jahrhunderts*. Tübingen 1951.

[4] Hjalmar Schacht: *Abrechnung mit Hitler*. Hamburg 1949, Ders.: *76 Jahre meines Lebens*. Bad Wörishofen 1953.

[5] Otto Meissner: *Staatssekretär unter Ebert-Hindenburg-Hitler*. Hamburg 1950.

[6] Ernst von Weizsäcker: *Erinnerungen*. München 1950.

[7] Otto Dietrich: *Zwölf Jahre mit Hitler*. München 1955.

[8] (Reichsarbeitsführer) Konstantin Hierl: *Im Dienst für Deutschland 1918-1945*. Heidelberg 1954.

[9] (Generaladmiral) Erich Raeder: *Mein Leben*. 2 Bde. Tübingen 1956/57.

[10] (Generaloberst) Franz Halder: *Hitler als Feldherr. Der ehemalige Chef des Generalstabes berichtet die Wahrheit*. München 1949. (Dazu auch Peter Bor: *Gespräche mit Halder*. Wiesbaden 1950.) Bald nahmen sich Historiker und Publizisten der Biographien von Angehörigen der obersten militärischen Führungsgruppe an. Den Auftakt gab wiederum Walter Görlitz: *Generalfeldmarschall Wilhelm Keitel. Verbrecher oder Offizier? Erinnerungen, Briefe und Dokumente des Chefs OKW*. Göttingen 1961.

[11] (Generaloberst) Heinz Guderian: *Erinnerungen eines Soldaten*. Heidelberg 1951. Vordem: Ders.: *Kann Europa verteidigt werden?* Göttingen 1950. Nach Guderians Tode im Jahre 1954 erschien: *Panzer marsch! Aus dem Nachlaß des Schöpfers der deutschen Panzerwaffe*. Bearbeitet von Oskar Munzel. München 1956.

[12] Erich von Manstein: *Verlorene Siege*. Bonn 1955. Das Buch gehörte zu dem am weitesten verbreiteten und erlebte 1964 seine achte, 1991 seine zwölfte Auflage. Ders.: *Erinnerungen*. Bonn 1959. Albert Kesselring: *Soldat bis zum letzten Tag*. Bonn 1953. Ders.: *Gedanken zum zweiten Weltkrieg*. Bonn 1955.

oberst der Waffen-SS,[13] mehrerer Generale und Generalstabsoffiziere der Wehrmacht,[14] darunter die des Stabschefs der Feldmarschälle Erwin Rommel, Albert Kesselring und Gerd von Rundstedt,[15] des deutschen Generals

[13] Paul Hausser: *Waffen-SS im Einsatz*. Göttingen 1953 (im gleichen Jahr bereits in siebter Auflage).

[14] B. von Lossberg: *Im Wehrmachtsführungsstab. Bericht eines Generalstabsoffiziers*. Hamburg 1949, 1950 in zweiter Auflage. (Generaloberst) Lothar Rendulic: *Gekämpft, gesiegt, geschlagen*. Heidelberg 1952, Ders.: *Gefährliche Grenzen der Politik*. Salzburg 1954. Unter den Memoirenschreibern gab sich der promovierte Rendulic, einer der von Hitler bis zum Kriegsende hochgeschätzten und von Schlachtfeld zu Schlachtfeld kommandierten Heerführer, der besondere Verantwortung für das Aushalten bis 'fünf Minuten nach zwölf' trug, als Geschichtsphilosoph. Rendulic war auch ein maßgeblicher Mitarbeiter an dem Werk *Weltkrieg 1939-1945. Ehrenbuch der deutschen Wehrmacht. Den Gefallenen zur Ehre, den Lebenden zur Erinnerung. In Gemeinschaftsarbeit auf Grund persönlicher Kenntnis aller Kriegsschauplätze herausgegeben*. Stuttgart 1954. In dessen Einleitung schrieb er militärisch knapp: "Die Wurzeln des zweiten Weltkrieges liegen im Diktat von Versailles." (S. XV) und in dessen Nachwort benannte er als Ursachen für den verlorenen Krieg drei Faktoren: die Fehler der Obersten Führung, die falsche Entwicklung der Luftwaffe und die unrichtige Verwendung der Volkskraft. Unter letzteren verstand er die nach seiner Meinung ungenügende Konsequenz bei der Mobilisierung aller Männer für das Heer. (S. VII des Nachworts). (General) Hans Speidel: *Invasion 1944. Ein Beitrag zu Rommels und des Reiches Schicksal*. Tübingen 1949, 1950 bereits in dritter Auflage und wieder als Ullstein-Buch Frankfurt a.M. 1974, (General) Adolf Heusinger: *Befehl im Widerstreit. Schicksalsstunden der deutschen Armee 1923-1945*. Tübingen 1950, (General) Otto Lasch: *So fiel Königsberg. Kampf und Untergang von Ostpreußens Hauptstadt*. München 1958, 1961 in dritter Auflage. (Der Autor war der letzte Kommandant der zur Festung erklärten Stadt Königsberg gewesen und hatte am 9. April 1945 mit den Resten seiner Truppen kapituliert und sich in Gefangenschaft begeben. Daraufhin war er in Abwesenheit zum Tode verurteilt worden, was der Bericht des OKW bekanntgab. Zu tieferen Einsichten gelangte der General jedoch nicht. Er heroisierte in der Einleitung des Bandes die 1941 erreichten Anfangserfolge der Wehrmacht und insbesondere die Eroberung Rigas, an der er als Oberst teilgenommen hatte.)

[15] Siegfried Westphal: *Heer in Fesseln. Aus den Papieren des Stabschefs von Rommel, Kesselring und Rundstedt*. Bonn 1950. Das Buch des nach dem Kriege (1955) als Abteilungsleiter in der Ruhrstahl AG beschäftigten Autors erlebte englische, amerikanische und spanische Ausgaben. Westphal verfocht unter Berufung auf Thomas Carlyle die These, der Soldat hätte zu gehorchen und nicht zu fragen und verband sie mit einer Darstellung, derzufolge sich um die Wehrmacht "die Fesseln der Unfreiheit" eng gelegt hätten (S. 8). Er kam nicht umhin, Untaten der Wehrmacht, die er im einzelnen nicht benannte, zu erwähnen, schrieb sie jedoch Kriminellen zu, die unvermeidlich in ein derartiges Massenheer eindringen würden und dies nicht nur als einfache Soldaten. Es sei, hieß es in bezeichnender Wortwahl, die "dem Nationalsozialismus eigentümliche Rücksichtslosigkeit gegenüber anderen Völkern" nicht ohne Auswirkungen auf die deutsche Mentalität geblieben. Insgesamt aber habe der deutsche Soldat "seinen alten Ruf" behalten (S. 26).

beim italienischen Hauptquartier,[16] des deutsche Generals beim finnischen Oberkommando,[17] des Leiters der Kriegsgeschichtlichen Abteilung der Kriegsmarine,[18] des Chefadjutanten der Wehrmacht bei Hitler in den Vorkriegsjahren,[19] des Adjutanten der Kriegsmarine im "Führerhauptquartier"[20], des höchstdekorierten Offiziers der Wehrmacht,[21] eines zum Kriegshelden stilisierten und bis zum General beförderten Jagdfliegers,[22] des Leiters des Auslandsnachrichtendienstes des Reichssicherheitshauptamtes,[23] des Chefdolmetschers des Auswärtigen Amtes[24] und von Diplomaten, die unter ande-

[16] (General und Militärattaché in der Botschaft in Rom) Enno von Rintelen: *Mussolini als Bundesgenosse. Erinnerungen des deutschen Militärattachés in Rom 1936-1943*. Tübingen 1951.

[17] Waldemar Erfurth: *Die Geschichte des deutschen Generalstabes von 1918-1945*. Göttingen 1957. Die Publikation nimmt unter den hier aufgereihten eine Sonderstellung ein. Erfurth, der zeitweilig als Oberquartiermeister V Leiter der kriegsgeschichtlichen Abteilung gewesen war, schrieb keine Memoiren, sondern im eigentlichen Sinne als ein versierter Militärhistoriker. Zur Kritik von DDR-Seite siehe die Rezension von Helmut Schnitter in: *ZfG* VII (1959) 3. S. 687ff.

[18] (Vizeadmiral) Kurt Assmann: *Deutsche Schicksalsjahre. Historische Bilder aus dem zweiten Weltkrieg und seiner Vorgeschichte*. Wiesbaden 1950. Assmann hatte in den dreißiger und vierziger Jahren das Amtliche Seekriegswerk zur Geschichte des Ersten Weltkrieges (6 Bände) herausgegeben

[19] (General) Friedrich Hoßbach: *Zwischen Wehrmacht und Hitler 1934-1938*. Wolfenbüttel 1949, Göttingen 1965 in zweiter Auflage. Ders.: *Die Schlacht um Ostpreußen (1944-1945)*. Überlingen 1951, mit den Erinnerungen des Generals aus der Endphase des Krieges, als er die 4. Armee kommandiert hatte. Vor diesen Publikationen hatte der einstige Wehrmachtsadjutant bei Hitler das Rechtfertigungsbedürfnis der Militärführer in einer kleineren Schrift bereits auf den Punkt gebracht, der er den Titel gab: *Von der militärischen Verantwortlichkeit in der Zeit vor dem zweiten Weltkrieg*. Göttingen 1948. Der schmale Band war ein Vorabdruck von Hoßbachs Erinnerungen und lobte die Leistungen der deutschen Soldaten, die das Vaterland über alles gestellt und ihre Pflicht erfüllt hätten. Hoßbach bezeichnete es als seine Schuld, daß er den Grad der Meinungsverschiedenheiten, der am 5.11.1937 während der Besprechung der kriegerischen Vorhaben zwischen Hitler und Göring einerseits und den Führern des Heeres andererseits deutlich geworden sei, in der von ihm in seiner damaligen Eigenschaft als Wehrmachtsadjutant bei Hitler angefertigten Niederschrift nicht angemessen festgehalten habe. Diese von der Forschung nicht überprüfbare Darstellung lag selbstredend im Interesse der Beteiligten und unterbaute die These von den friedenswilligen Militärs.

[20] (Konteradmiral) Karl Jesko von Puttkammer: *Die unheimliche See. Hitler und die Kriegsmarine*. Wien 1952.

[21] (Oberst der Luftwaffe) Hans Ulrich Rudel: *Trotzdem*. Bad Ischl 1951.

[22] (General) Adolf Galland: *Die Ersten und die Letzten. Jagdflieger im Zweiten Weltkrieg*. Darmstadt 1953.

[23] (SS-Obersturmführer) Walter Schellenberg: *Memoiren*. Köln 1956.

[24] (Gesandter) Paul Otto Schmidt: *Statist auf diplomatischer Bühne 1923-1945. Erlebnisse des Chefdolmetschers im Auswärtigen Amt mit den Staatsmännern Europas*. Bonn 1949.

rem in London,[25] Rom,[26] der Schweiz,[27] im okkupierten Frankreich,[28] der Sowjetunion,[29] in Finnland,[30] in der Berliner Zentrale[31] des Auswärtigen Amtes und im Reichsministerium für die besetzten Ostgebiete[32] gewirkt hatten. Zudem lagen aus der Feder von Militärs der Wehrmacht mehr oder weniger stark autobiographisch gehaltene Darstellungen des U-Boot-

[25] Freiherr Geyr von Schweppenburg: *Erinnerungen eines Militärattachés London 1933-1937*. Stuttgart 1949. Als General kommandierte der Autor im Kriege unter anderem 1944 einen Panzerverband, der bei dem Versuch scheiterte, die aus ihrem Brückenkopf ins Landesinnere Frankreichs vordringenden Truppen der Alliierten zu stoppen.

[26] (Botschafter in Rom und Fasano/Oberitalien) Rudolf Rahn: *Ruheloses Leben*. Düsseldorf 1949. (General, Militärattaché und seit 1940 zugleich deutscher General im italienischen Hauptquartier) Enno von Rintelen: *Mussolini als Bundesgenosse. Erinnerungen des deutschen Militärattachés in Rom 1936-1943*. 1951.

[27] (Vizekonsul, Abwehrbeauftragter beim Deutschen Generalkonsulat in Zürich) Hans Bernd Gisevius: *Bis zum bitteren Ende*. 2 Bände. Hamburg 1946 und dann in weiteren Auflagen.

[28] (Beauftragter des Auswärtigen Amte beim Militärbefehlshaber in Paris u. Botschafter bei der Vichy-Regierung) Otto Abetz: *Das offene Problem. Ein Rückblick auf zwei Jahrzehnte deutscher Frankreichpolitik*. Köln 1951.

[29] (Legationsrat) Gustav Hilger: *Wir und der Kreml. Deutsch-sowjetische Beziehungen. Erinnerungen eines Diplomaten 1918-1941*. Frankfurt a.M. 1956. Hilger hatte seine Memoiren in den USA geschrieben. Dort: Ders. und Alfred G. Meyer: *The incompatible Allies. A Memory-History of German-Soviet Relations*. New York 1953.

[30] Wipert von Blücher: *Gesandter zwischen Diktatur und Demokratie, Erinnerungen aus den Jahren 1935-44*. Wiesbaden 1951.

[31] (Zuletzt im persönlichen Stab des Reichsaußenministers, vorher seit dessen Gründung im Reichsministerium für die besetzten Ostgebiete) Peter Kleist: *Zwischen Hitler und Stalin 1929-1945*. Bonn 1950 und (Legationsrat und Chef im Ministerbüro des Auswärtigen Amtes, dann 1941-1943 Gesandter in Tokio, anschließend bis 1945 in Nanking) Erich Kordt: *Wahn und Wirklichkeit. Die Außenpolitik des Dritten Reiches*. Hrsg. unter Mitwirkung von Karl Heinz Abshagen. Stuttgart 1947. 1948, zweite Auflage. Ders.: *Nicht aus den Akten. Die Wilhelmstraße in Frieden und Krieg. Erlebnisse, Begegnungen und Eindrücke 1928-1945*. Stuttgart 1950, (Sonderbeauftragte für die Wirtschaftsfragen im 'Südosten') Hermann Neubacher: *Sonderauftrag Südost 1940-1945. Bericht eines fliegenden Diplomaten*. Göttingen 1956.

[32] Otto Bräutigam: *Überblick über die besetzten Ostgebiete während des Zweiten Weltkriegs*. Tübingen 1954. Der Autor war im Range eines Hauptmanns Verbindungsoffizier des Auswärtigen Amtes im Oberkommando des Heeres und wechselte von da, nachdem weite Gebiete der UdSSR erobert worden waren, in das Reichsministerium unter Alfred Rosenbergs Leitung, wo er in der Hauptabteilung Politik die Abteilung Allgemeine Politik leitete. Die Darstellung wurde mit dem Anspruch vorgelegt, einen Überblick über Rolle und die Tätigkeit des Reichsministeriums für die besetzten Ostgebiete zu geben, gibt dessen Mitarbeiter aber vor allem als Gegner des mörderischen Terrors gegen die Bevölkerung aus. Das Wort 'Jude' taucht in den mehr als 150 Zwischenüberschriften nicht ein einziges Mal auf.

krieges,[33] des Krieges in Nordafrika,[34] des Krieges in Finnland,[35] der Geschichte der sogenannten Lapplandarmee,[36] des Luftkrieges, über den bereits mehrere Bücher vorlagen[37] und des Seekriegs[38] vor sowie Analysen einzelner Kriegshandlungen[39] und Feldzüge.[40] Diese Aufzählung ist unvollständig.[41]

Das Bild vom 'unbefleckten Schild' der Wehrmacht, schreibt ein Kenner der Materie, sei in der Bundesrepublik jahrzehntelang ungemein erfolgreich inszeniert worden.[42] Es lag auf diesem Wege, daß in einer Debatte des Deutschen Bundestages am 17. September 1952 gefordert wurde, "das Wort 'Kriegsverbrecher' allgemein zu vermeiden; es sind ja im Wesentlichen keine Verbrecher, sondern unschuldig Verurteilte."[43] 1954 erschien ein *Ehrenbuch der deutschen Wehrmacht*, dessen Grad von unverfrorenem Umgang mit der Geschichte schon an dessen Bebilderung erkennbar wird. Eine darin gedruckte Propaganda-Fotographie zeigt beispielsweise einen Wehrmachtssanitäter, der einem sowjetischen Kriegsgefangenen einen Verband anlegt.

Die Ungleichzeitigkeit der Herausbildung der Weltkrieg-II-Historiographie im west- und im ostdeutschen Staat war eine Ursache dafür, daß die DDR-Geschichtsschreibung an ihrem Beginn vor allem durch Polemik ge-

[33] Frank Wolfgang: *Die Wölfe und der Admiral. U-Boote im Kampfeinsatz. Triumph und Tragik*. Oldenburg 1953.

[34] Hans Gerd Freiherr von Esebeck: *Afrikanische Schicksalsjahre. Geschichte des deutschen Afrikakorps unter Rommel*. Wiesbaden 1949. Dessen Darstellung und die Glorifizierung der Rolle Rommels als des ritterlichen Generals schienen besonders geeignet, die massenhaften Tatsachen einer Kriegführung ohne Moral zu verstellen. Früh und dann alsbald in mehreren Auflagen erschien: Erwin Rommel und Lucie-Maria Rommel: *Krieg ohne Haß*. Heidenheim 1950, bereits in dritter Auflage.

[35] Waldemar, Erfurth: *Der finnische Krieg*. Wiesbaden 1950. Der Autor war als General bereits vor dem Beginn des Überfalls auf die UdSSR am 13. Juni 1941 zum finnischen Oberkommando abgeordnet worden.

[36] Hermann Hölter: *Armee in der Arktis. Die Operationen der deutschen Lappland-Armee*. Nauheim 1953.

[37] Werner Baumbach: *Zu spät? Aufstieg und Untergang der deutschen Luftwaffe*. München 1950 und Georg W. Feuchter: *Geschichte des Luftkrieges*. Bonn 1954.

[38] Friedrich Ruge: *Der Seekrieg 1939-1945*. Stuttgart 1954, 1962 in dritter erweiterter Auflage.

[39] Alfred Philippi: *Das Pripjetproblem*. Darmstadt 1956 (russ. Moskau 1959).

[40] Hans Doerr: *Der Feldzug nach Stalingrad*. Darmstadt 1955.

[41] S. auch Friedrich Gerstenberger: Strategische Erinnerungen. Die Memoiren deutscher Offiziere. In: Hannes Heer und Klaus Naumann (Hrsg.): *Vernichtungskrieg. Verbrechen der Wehrmacht 1941 bis 1944*. Hamburg 1995. S. 620ff.

[42] Wolfram Wette: Befreiung von der Wehrmacht. Die letzte große Legende der Nazizeit fällt. In: Helmut Donat und Arnst Strohmeyer (Hrsg.): *Befreiung von der Wehrmacht?* Bremen 1997. S. 21.

[43] *Verhandlungen des Deutschen Bundestages, I. Wahlperiode, Stenografische Berichte*. Bd. 13. S. 10505.

prägt wurde. Eigene detaillierte Forschungsresultate hatte sie diesem Geflecht aus Irrtümern, halben Wahrheiten und ganzen Lügen anfänglich kaum entgegenzusetzen. Die Phase der Kärrnerarbeit stand ihr noch bevor. Erst "seit den sechziger Jahren gewann im Zuge der Modernisierung der DDR-Gesellschaft ihre Geschichtswissenschaft an Professionalität und internationaler Anerkennung", so lautet das Urteil eines westdeutschen Historikers, abgegeben 1991 auf einer wissenschaftlichen Konferenz in den USA,[44] dem sich zustimmen läßt und dem allenfalls ein Hinweis auf wenige, in das Ende der fünfziger Jahre zu datierenden Vorläufer hinzuzufügen wäre.[45]

'Modernisierung' – das ließe sich freilich entschlüsseln. Sie war das Ergebnis des nun mit eigenen Forschungen hervortretenden Kreises junger Wissenschaftler, die ihre Ausbildung an den Universitäten erst nach 1945 und zumeist als Folge der Brechung des Bildungsprivilegs hatten beginnen können. Diese DDR-Historiker begaben sich gleichsam, das war auch ihr Selbstverständnis, auf ein Gefechtsfeld. Sie taten das in Gemeinschaft vor allem mit Historikern der UdSSR – und das führt zur zweiten ihrer Entstehungsbedingungen – mit Verbündeten also, die sich aus der dogmatischen Erstarrung des geschichtswissenschaftlichen Denkens nicht gelöst hatten. Auch diese Historiographie kannte eine Anzahl von Tabus,[46] die augenblick-

[44] Christoph Kleßmann: Das Problem der doppelten "Vergangenheitsbewältigung" in der früheren DDR. In: Rainer Eckart u.a. (Hrsg.): *Krise – Umbruch – Neubeginn. Eine kritische und selbstkritische Dokumentation der DDR-Geschichtswissenschaft 1989/90*. Stuttgart 1992. S. 277.

[45] Hingegen fehlte es den erfahrenen Historikern der älteren Generation in der Bundesrepublik nicht an Professionalität, aber an der Bereitschaft, sie für eine kritische (und in vielen Fällen hätte das auch bedeuten müssen: selbstkritische) Auseinandersetzung mit Faschismus und Krieg einzusetzen. Erst gegen Ende der fünfziger und am Beginn der sechziger Jahre begann eine jüngere Generation von Historikern, sich systematisch mit der Tatsachen zu befassen, Dokumente zu publizieren und zu kommentieren und – freilich ohne eine Aufsehen machende Konfrontation mit den Verfälschungen und deren Urhebern zu suchen – Prinzipien wissenschaftlicher Methodik auf die Weltkrieg-II-Forschung anzuwenden. Siehe bspw. Hans Adolf Jacobsen: *Der Zweite Weltkrieg. Chronik und Dokumente*. Darmstadt 1959. Über die gesellschaftliche Lang- und Kurzzeitwirkung dieser Forscherarbeit, die von vielen Beteiligten zu hohem internationalen Ansehen geführt wurde, ist ins Nachdenken gekommen, die Auseinandersetzungen um die Ausstellung *Vernichtungskrieg. Verbrechen der Wehrmacht 1941-1944* verfolgt hat. Es scheint, daß das in vier Jahrzehnten erreichte Niveau der wissenschaftlichen Erkenntnisse über Deutschland und die Deutschen im Zweiten Weltkrieg und das aktuelle allgemeine Geschichtsbild darüber erheblich weiter auseinanderklaffen, als auf jedem anderen Gebiet der neuesten Geschichte. Dazu dürfte beigetragen haben, daß über Jahrzehnte im Zeichen des 'Pluralismus' von Sichten, Meinungen und Urteilen das geschönte oder glatt verlogene Bild von Krieg und Wehrmacht mit einem zumindest partiell und dann zunehmend kritischen friedlich koexistierte.

[46] Da die Tabuisierung von Fragen an die Geschichte mitunter als ein Spezifikum der DDR – und generell der 'realsozialistischen' Gesellschaften – dargestellt wird,

lich und auf Jahrzehnte hinaus für die DDR-Historiker Verbindlichkeit gewannen. Sie betrafen vor allem die Außenpolitik der UdSSR zwischen August 1939 und Juni 1941 und viele Einzelheiten der Kriegsgeschichte. Nicht weniger wichtig wurden für die Geschichtswissenschaft der DDR Urteile, die sich insbesondere die in der UdSSR lebenden Exilpolitiker der Kommunistischen Partei Deutschlands über Faschismus und Krieg gebildet hatten. Sie galten nicht als überprüfungsbedürftig und diskussionsfähig. Jedoch – und heute meist vergessen – es existierten im Konstituierungsprozeß der DDR-Historiographie auch ihr Anliegen begünstigende Faktoren. Zu ihnen gehörte, daß an der Spitze von Staat und Gesellschaft Personen standen, die eine kritische Abrechnung mit der 'braunen' Vergangenheit anstrebten. Kräfte, die ihre verbrecherische Rolle leugneten, besaßen auf die Formulierung von Forschungsaufgaben keinen Einfluß. Das Klima wurde von dem Bestreben bestimmt, aus den Weltkriegserfahrungen alle irgend gewinnbaren Lehren für Friedenszwecke abzuleiten.

Die frühesten Anfänge der Arbeit über den Zweiten Weltkrieg und dessen Vorgeschichte verbinden sich mit zwei internationalen Konferenzen, die 1957 in Leipzig[47] und 1959 in Berlin[48] jeweils von der gemeinsamen Histo-

sei hier verwiesen auf: Klaus Naumann: *Wenn ein Tabu bricht. Die Wehrmachtausstellung in der Bundesrepublik.* In: *Mittelweg 36.* 1/ 1996. S. 11ff.

[47] Diese Konferenz befaßte sich mit zwei Themen. Das erste galt aus Anlaß ihres 40. Jahrestages der Oktoberrevolution und deren Wirkungen auf Deutschland. Dazu siehe die spätere, freilich ganz zeitverhaftete, den Forschungsstand im Detail referierende Bewertung durch Walter Schmidt: Der 40. Jahrestag der Großen Sozialistischen Oktoberrevolution und die Entwicklung der marxistisch-leninistischen Geschichtswissenschaft in der DDR. In: *Jahrbuch für Geschichte*. Bd. 20. Berlin 1979. S. 203ff. Das zweite Thema galt den "wichtigsten Richtungen der reaktionären Geschichtsschreibung über den zweiten Weltkrieg" und war mithin ausschließlich polemisch angelegt. Die Konferenzbeiträge wurden von der Kommission herausgegeben: *Probleme der Geschichte des zweiten Weltkrieges. Protokoll der wissenschaftlichen Tagung in Leipzig vom 25. bis 30. November 1957* in zwei Bänden, von denen der zweite unser Thema behandelte (Berlin 1958). Die drei Hauptreferate hielten Leo Stern: *Die Haupttendenzen der reaktionären Geschichtsschreibung über den zweiten Weltkrieg*, P.A. Shilin: *Die Rolle der Sowjetunion im zweiten Weltkrieg in der bürgerlichen Geschichtsschreibung* und D.J. Melnikow: *Die Ursachen für die Niederlage Hitlerdeutschlands im zweiten Weltkrieg in der westdeutschen Geschichtsliteratur.* Daran anschließend befaßten sich drei Arbeitskreise mit (1.) der Vorbereitung (2.) dem Verlauf und (3.) dem antifaschistischen Widerstand jeweils wiederum unter dem Gesichtspunkt der Auseinandersetzung mit der 'bürgerlichen Geschichtsschreibung'. Die drei Hauptreferate erschienen (mit leicht veränderten Titeln) gemeinsam mit weiteren Konferenzbeiträgen auch in der Ausgabe: *Der zweite Weltkrieg 1939-1945. Wirklichkeit und Fälschung*. Hrsg. von der deutsche Sektion der Kommission der Historiker der DDR und der UdSSR. Berlin 1959 im gleichen Jahr in mehreren Auflagen.

[48] Das Generalthema der Konferenz lautete *Der deutsche Imperialismus und der zweite Weltkrieg*. So auch der Titel des Protokolls (5 Bände. Berlin 1960-1962).

riker-Kommission der DDR und der UdSSR veranstaltet wurden. Bei der Gelegenheit betrat die ostdeutsche Geschichtswissenschaft sichtbar die Bühne nationaler und internationaler Auseinandersetzungen. Durchmustert man die Themen der Hauptbeiträge der Konferenzen, so springt sogleich ins Auge, daß die Art und Weise, mit welcher von Historikern in der UdSSR Fragen an die Geschichte gestellt wurden, prägend wirkte. Der Charakter eines Prozesses, die Rolle einer sozialen Klasse oder politischen Gruppe, die Periodisierung einer Entwicklung, die Bedeutung eines Ereignisses wurden in das Zentrum gestellt. Darstellung und Wertung bewegten sich häufig in krassem Mißverhältnis. Theoretische Erörterungen, welchen Tief- oder Flachgang sie auch immer besitzen mochten, überwucherten die ärmliche faktische Rekonstruktion. Spürbar waren das Mißverhältnis von Verallgemeinerung und Differenzierung, die erstarrte Sichtweise auf die Rolle der Führer und der Volksmassen, die vollständige Kritiklosigkeit gegenüber der Politik der KPdSU und des sowjetischen Staates, das jongleurartige Hantieren mit Begriffen wie Fortschritt und Reaktion, Gesetz und Gesetzmäßigkeit u.a. Vor allem aber litt diese Arbeit unter der – in die DDR nicht nur importierten – Selbstgewißheit, im Besitze der Wahrheit, zumindest aber aller Schlüssel zu ihrer Pforte zu sein.

Diese verkürzte Charakterisierung mündet in die Frage, ob die jungen und am Beginn ihrer wissenschaftlichen Arbeit stehenden Weltkrieg-II-Forscher

Doch waren seine acht Hauptreferate ihm nicht durchweg zugeordnet. E. A. Boltin befaßte sich mit Entstehungsgeschichte und 'politischem Charakter' des Krieges; siehe auch Ders.: Über den Stand und einige Probleme der Erforschung der Geschichte des zweiten Weltkrieges in der Sowjetunion. In: *ZfG* VI (1958) 5. S. 990f. Weitere sowjetische Beiträge galten der Rolle der UdSSR und der Bilanz des Krieges. Leo Stern referierte über die *Gesetzmäßigkeit der Niederlage des deutschen Imperialismus in den beiden Weltkriegen*. Dem eigentlichen Thema wandte sich von den sowjetischen Teilnehmern nur A.S. Jerusalimski zu, der über *Die Ideologie des deutschen Imperialismus – eine Ideologie des Krieges* sprach. (Zur Person des sowjetischen Gelehrten siehe Erika Stoecker: *Leben und Wirken A.S. Jerusasalimskis. Ein Beitrag zur Geschichte der Beziehungen zwischen den Historikern der Deutschen Demokratischen Republik und der Sowjetunion.* Diss.-Phil., Humboldt-Universität zu Berlin 1974, in erweiterter Fassung gedruckt unter *A.S. Jerusalimski, deutsche Geschichte im Leben eines sowjetischen Historikers und Kommunisten*). J. Zukertort, ehemals Wehrmachtsbefehlshaber im Generalsrang, setzte sich mit der *Legende vom Präventivkrieg* gegen die UdSSR auseinander. In den sich thematisch anschließenden Arbeitskreisen kamen mit quellenfundierten Beiträgen eine Reihe von jüngeren Historikern zu Wort, deren Namen sich später mit anerkannten Leistungen der Geschichtswissenschaft der DDR verbanden (Hans Radandt, Wolfgang Schumann, Joachim Petzold). Die Weltkrieg-II-Forschung blieb in der DDR weitgehend eine Sache von Forschern. In einschlägigen Publikationslisten finden sich Historikerinnen nur selten. In Berlin sprach 1959 Marion Einhorn, eine aus Großbritannien zurückgekehrte Emigrantin jüdischer Herkunft, über ihr spezielles Forschungsthema, die Rolle Spaniens bei der Aufrüstung der deutschen Kriegsflotte.

in der DDR nicht denkbar schlechte Lehrmeister hatten? Doch bei aller Vereinfachung und Vergröberung: Das Marxsche Erbe war nicht gänzlich verschüttet. Und es wirkten gegenüber der erwähnten Schulung korrigierende Einflüsse. Zum einen stammten die Hochschullehrer dieser Generation noch aus dem Kreis der bürgerlichen Historiker-Elite. Eine ganz andere Gruppe von Lehrern bildeten Nazigegner, die ihre wissenschaftlichen Erfahrungen, nachdem sie aus Deutschland vertrieben worden waren, in vieler Herren Länder angereichert hatten: Alfred Meusel[49] und Jürgen Kuczynski in Großbritannien, Albert Schreiner[50] in Frankreich und den USA, Hermann Dunker[51] in mehreren europäischen Staaten und in den USA, Ernst Engelberg in der Türkei usw.

Seit dem Ausgang der fünfziger Jahre zeichneten sich einige bevorzugte Felder der Forschung zum Zweiten Weltkrieg in der DDR-Historiographie ab. Erstens: Die Beschäftigung mit der Vorgeschichte des Krieges und insbesondere mit den Kräften, welche die Kapitulation des 11. November 1918 nur als einen Waffenstillstand betrachtet hatten. In diesem Zusammenhang wurden Kriegszielvorstellungen erforscht, die in strategischen Abteilungen von Reichsbehörden und in den Führungsetagen deutscher Konzerne und Industriellenverbände gehegt worden waren. Dem Thema sind mehrere Dokumentenbände gewidmet. In ihnen schlug sich der Ertrag von Forschungen zur Geschichte von Industrie- und Bankkonzernen nieder, des Mansfeldkonzerns,[52] des Zeisskonzerns,[53] des IG Farben[54] Trusts sowie von Konzernen der Zementindustrie.

[49] Horst Haun: Alfred Meusel: In: Heinz Heitzer u.a. (Hrsg.): *Wegbereiter der DDR-Geschichtswissenschaft. Biographien*. Berlin 1989. S. 149ff.

[50] Joachim Petzold: *Albert Schreiner*. In: Ebd. S. 280ff.

[51] Heinz Deutschland: *Hermann Duncker*. In: Ebd. S. 27ff.

[52] Hans Radandt: *Kriegsverbrecherkonzern Mansfeld*. Berlin 1957, Wolfgang Jonas: *Das Leben der Mansfeld-Arbeiter 1924-1945*. Berlin 1957 und Ders: *Erlebnisberichte der Mansfeld-Kumpel*. Berlin 1957. Es handelt sich um die ersten drei Bände der Reihe: *Geschichte der Fabriken und Werke*. Der letztgenannte Band wurde in einer Rezension mit den üblichen ideologischen Angriffen attackiert. Die Kritik ließ Schwierigkeiten erkennen, sich auf die Methode der oral history einzulassen und das Verhalten von Arbeitern in der kapitalistischen Gesellschaft vorurteilslos zu erfassen. Siehe *ZfG*, VII (1959) 2. S. 401ff.

[53] Wolfgang Schumanns Aufsatz: Die Beteiligung des Zeiß-Konzerns an der Vorbereitung und Durchführung des 2. Weltkrieges, in: *Wissenschaftliche Zeitschrift der Friedrich-Schiller-Universität Jena*. 2/3 1959. S. 305ff., war ein Vorbote der Gemeinschaftsarbeit, aus der eine Gesamtdarstellung der Geschichte des Zeiss-Werkes und des gleichnamigen transnationalen Großunternehmens hervorging: *Carl Zeiss Jena – einst und jetzt*. Von einem Autorenkollekiv unter Leitung von Wolfgang Schumann. Berlin 1962.

[54] S. Quilitzsch: *Zur verbrecherischen Rolle der IG-Farben während der faschistischen Aggression gegen die Sowjetunion. Am Beispiel der Filmfabrik Agfa-Wolfen*. Wolfen 1961.

Zweitens: Ein früh aufgenommenes Thema bildeten die während der Jahre der Okkupation begangenen Verbrechen an der Bevölkerung weitester Teile Europas. Dabei stand die Geschichte der unmittelbaren Nachbarn der DDR, der Tschechoslowakei und Polens anfänglich deutlich im Vordergrund.[55] Das unerschöpfliche Thema führte Jahrzehnte später zur einzigen DDR-Publikation zur neuesten Geschichte, die den Kahlschlag des Jahres 1990 überdauerte. Die achtbändige Dokumentenreihe *Europa unterm Hakenkreuz*, deren erster Band[56] 1988 erschien, wurde vom Bundesarchiv herausgegeben.[57] In diesen Zusammenhang gehört als ein Sonderfall der Konfrontation mit dem Antislawentum die früh einsetzende Arbeit des Instituts für sorbische Volksforschung in Bautzen.[58]

Unverwechselbar war die DDR-Geschichtsschreibung nicht minder im Unzulänglichen und Negativen. Vor allem gilt das für die Erforschung der Geschichte der Volksmassen. Es haperte schon bei der Beschreibung des Tatsächlichen; kritische Aussagen blieben allgemein. In ihrer Allgemeinheit entbehrten sie jeder Herausforderung. In die Verweigerung, das Thema aufzunehmen, spielten viele Gründe hinein. Die Marxisten waren über Georgi Plechanows Studien nicht hinausgelangt. Auch in diesem Punkte stagnierte das historisch-materialistische Denken nicht nur; es verkümmerte unter dem Diktat des Personenkultes bis zur Unkenntlichkeit. Rund ein Jahrzehnt nach dem Kriegsende entwickelte sich in der eben formierten Geschichtswissenschaft eine denkwürdige Diskussion, die sich auf das Verhältnis von imperialistischen Staatsmännern, sozialistischen Parteiführern und den Volksmassen bezog. Sie entzündete sich jedoch nicht an der Vorgeschichte des Zweiten, sondern an Ereignissen des unmittelbaren Vorabends des Ersten Weltkriegs. Nun folgte aus dem verlegenen Schweigen der Historiker in diesem Punkte nicht, daß von der Mehrheit der Deutschen – Arbeitern, Bauern und Angestellten – überhaupt nicht gehandelt worden wäre. Doch erschienen sie, wo sie erwähnt wurden, als Verführte, Irregeleitete, Mißbrauchte, freilich auch als Schuldige, das letzte in einer vollständig berech-

[55] In diesen geschichtspolitischen Kontext gehört auch R. Goguel, H. Pohl: *Oder-Neiße. Eine Dokumentation.* Berlin 1955.

[56] Wolfgang Schumann und Ludwig Nestler (Hrsg.): *Europa unterm Hakenkreuz. Die Okkupationspolitik des deutschen Faschismus (1938-1945).* Achtbändige Dokumentenedition. Bd. 1: Die faschistische Okkupationspolitik in Österreich und der Tschechoslowakei, Dokumentenauswahl und Einleitung von Helma Kaden u.a. Berlin 1988.

[57] *Europa unterm Hakenkreuz. Analysen, Quellen, Register.* Zusammengestellt und eingeleitet von Werner Röhr. Heidelberg 1996.

[58] Martin Kasper, Jan Solta: Dokumente zur faschistischen Unterdrückungspolitik gegenüber der sorbischen nationalen Minderheit, Aktenpublikationen. In: *Letopis, Jahresschrift des Instituts für sorbische Volksforschung.* Bd. 7. 1960 und Dies.: *Aus den Geheimakten nazistischer Wendenpolitik.* Bautzen 1960. Martin Kasper: Ein faschistischer Plan zur Aussiedlung sorbischer Lehrer. In: *Letopis.* 8 (1961). S 127ff.

tigten, aber auch überzeichneten Abstufung zu den Eliten in Politik, Wirtschaft, Kultur und Wissenschaft. Tatsächlich waren ja Millionen zwischen Memel und Saar Opfer geworden. Doch bevor sie Opfer wurden, waren sie doch zumeist begeistert, willig, skrupellos oder skrupelhaft, führend, vorangehend oder gehorsam mitlaufend Parteigänger dieses Regimes gewesen. Die Motive, die in der DDR rasch dazu führten, die Frageperspektive zu verengen und das offizielle Geschichtsbild auf Minderheiten (das Monopolkapital, den Großgrundbesitz, die Generalität, die Parteiführerschaft und – am anderen Ende der Skala – die Widerständler) zu verkürzen, bedürfen weiterer Untersuchung. Daß dabei politische Interessen wirkten, ist unbestritten, aber nicht zu verabsolutieren.

Zu den in der Forschung vernachlässigten Fragen an die Geschichte des Zweiten Weltkriegs gehörte der Mord an den europäischen Juden. Auch dafür liegen neuerdings rasch niedergeschriebene Erklärungen bereit. Wer historisch und nicht politisch-moralisch werten will, wird sich anhand der seinen wissenschaftlichen Lebensweg schildernden Memoiren Raul Hilbergs,[59] über die internationale Frühgeschichte der später allgemein 'Holocaustforschung' genannten Arbeit informieren können. Der Weg bis auf jenen Platz, den diese Forschung heute besetzt, war vielerorts lang. Gegen die Vermutung, daß die kaum nennenswerte Zahl eigener Publikationen aus früher DDR-Zeit für ideologische Vorbehalte und antisemitische Haltungen spricht, zeugen damals publizierte Übersetzungen. 1955 wurde das Buch des Lord Russel of Liverpool, *Geißel der Menschheit* herausgegeben. 1957 lag der Bericht von Bernard Mark, *Der Aufstand im Warschauer Ghetto* übersetzt vor.[60] 1958 erschien *Im Feuer vergangen*, eine Anthologie mit Berichten von Augenzeugen über das Warschauer Ghetto, ebenfalls eine Übersetzung aus dem Polnischen.[61] Aus gleicher, nämlich jüdischer Quelle in Warschau stammte die 1960 in deutscher Sprache zugängliche Quellensammlung über den Massenmord an den Juden in Polen und deren Widerstand.[62]

Die Produktion von DDR-Autoren war demgegenüber bescheiden. 1957 gab der an der Humboldt-Universität lehrende Rechtshistoriker Peter Alfons Steiniger eine zweibändige Sammlung von Dokumenten des Nürnberger

[59] Raul Hilberg: *Unerbetene Erinnerung. Der Weg eines Holocaust-Forscher*. Frankfurt a.M. 1994.

[60] Er war 1953 in Warschau in polnischer Sprache zuerst veröffentlicht worden. Bernard Mark: *Der Aufstand im Warschauer Ghetto Entstehung und Verlauf*. Berlin 1957, dritte, überarbeitete und erweiterte Auflage Berlin 1959. (Zuvor war erschienen: Z. Lubetkin: *Die letzten Tage des Warschauer Ghettos*. Berlin 1949).

[61] *Im Feuer vergangen. Tagebücher aus dem Warschauer Ghetto.* Vorwort von Arnold Zweig. Berlin 1958. S. 8f.

[62] *Faschismus-Ghetto-Massenmord. Dokumentation über Ausrottung und Widerstand der Juden in Polen während des zweiten Weltkriegs*. Hrsg. vom jüdischen Historischen Institut Warschau. Ausgewählt, bearbeitet und eingeleitet von Tatiana Berenstein u.a. Berlin 1960 und weitere Auflagen noch 1960.

Hauptkriegsverbrecher-Prozesses heraus.[63] Im gleichen Jahr erschien *SS im Einsatz*, ein Buch, das in den folgenden zehn Jahren acht Auflagen erlebte.[64] 1960 begann eine Reihe mit Quellensammlungen zu erscheinen, durch die Dokumente aus den 'Nachfolge'-Prozessen, die in Nürnberg vor Militärgerichtshöfen der USA stattgefunden hatten, zugänglich gemacht wurden. Der erste dieser Bände befaßte sich mit dem letzten der 12 Prozesse, dem sog. OKW-Prozeß.[65] Jedoch wurde in der zweiten Hälfte der fünfziger Jahre wohl nur an einer Dissertation zum Thema Judenverfolgung und Judenmord gearbeitet.[66] Ein Jahr zuvor hatte Siegbert Kahn[67] einige Dokumente publiziert, die unbekannte Stellungnahmen der KPD aus Exil und Illegalität gegen Judenverfolgungen lesbar machten.[68] Im selben Jahr war eine Quellensammlung erschienen, die ihre Entstehung dem Rabbiner der jüdischen Gemeinde Berlin verdankte.[69]

[63] *Der Nürnberger Prozeß. Aus den Protokollen, Dokumenten und Materialien des Prozesses gegen die Hauptkriegsverbrecher vor dem Internationalen Militärgerichtshof.* Ausgewählt und eingeleitet von Peter Alfons Steiniger, 2 Bde. Berlin 1957, bereits im folgenden Jahr in dritter Auflage. In der Einleitung bot Steiniger eine bis heute Aufmerksamkeit verdienende, geschliffene juristische Auseinandersetzung mit den Angriffen auf das Nürnberger Tribunal. Ein Jahr zuvor war erschienen: *Geheime Kommandosache. Aus den Dokumenten des Nürnberger Prozesses gegen die Hauptkriegsverbrecher*. Zusammengestellt von F. Köhler. Berlin 1956.

[64] *SS im Einsatz. Eine Dokumentation über die Verbrechen der SS.* Berlin 1957, dritte Auflage 1960, achte verbesserte Auflage 1967.

[65] *Fall 12. Das Urteil gegen das Oberkommando der Wehrmacht, gefällt am 28. Oktober 1948 in Nürnberg vom Militärgerichtshof V der Vereinigten Staaten von Amerika*. Berlin 1960. Darauf folgte zwischen 1963 und 1970 die Publikation von Dokumenten aus den 'Fällen' 3 (Juristen-Prozeß), 5 (Flick-Prozeß), 6 (IG Farben-Prozeß), 7 (Geiselmord-Prozeß), 9 (SS-Einsatzgruppen-Prozeß), die jeweils von kompetenten Fachleuten hrsg. und eingeleitet wurden.

[66] Henry Görschlers Arbeit wurde 1963 am Institut für Gesellschaftswissenschaften beim ZK der SED angenommen und verteidigt und trug den Titel: *Das soziale Wesen und die politisch theoretischen Voraussetzungen des faschistischen Rassenantisemitismus in Deutschland 1933-1945.* Eine detaillierte Kritik der Auffassungen Görschlers gibt Mario Keßler: *Die SED und die Juden – zwischen Repression und Toleranz. Politische Entwicklungen bis 1967.* Berlin 1995. S. 110ff. Keßler verdankt der Autor dieses Aufsatzes Hinweise auf frühe Arbeiten und Publikationen, die in der DDR in der Auseinandersetzung mit Antisemitismus und Judenverfolgung gedruckt wurden.

[67] Er hatte zuvor veröffentlicht: *Antisemitismus und Rassenhetze*. Berlin 1948. Im gleichen Jahr erschien: Stefan Heymann: *Marxismus und Rassenfrage*. Berlin 1948.

[68] Siegbert Kahn: *Dokumente des Kampfes der revolutionären deutschen Arbeiterbewegung gegen Antisemitismus und Judenverfolgung.* In: *Beiträge zur Geschichte der deutschen Arbeiterbewegung (Berlin)*. Nr. 31 (1960). S. 552ff.

[69] Martin Riesenburger: *Das Licht verlöschte nicht. Dokumente aus der Nacht des Nazismus*. Berlin 1960.

Als die Historiker der DDR 1955 das Projekt einer umfassenden Darstellung der deutschen Geschichte diskutierten, wurden auch die Haltung der Volksmassen und des Widerstands zu Juden und Judenverfolgung angesprochen. Es müsse gesagt werden, wurde verlangt, daß es den Machthabern gelungen sei, "sehr große Teile des deutschen Volkes mit der faschistischen Ideologie zu verseuchen"[70]. Eine andere Stimme verwies ganz ähnlich darauf, "daß sich mit den ersten Siegen, besonders gegenüber Frankreich, eine den Krieg bejahende Räuberideologie breit machte"[71]. Erwähnenswert sei, hieß es in einer Ausarbeitung, daß die in Konzentrationslagern eingekerkerten Kommunisten "die Juden vor den faschistischen Banditen schützten und ihnen halfen, soweit das in ihren Kräften stand"[72]. Albert Schreiner forderte, nicht zu vergessen, daß das deutsche Volk zu seinem eigenen Schaden der antisemitischen Vergiftung erlegen war. Das habe ihm die Hemmungen genommen, der Nazibarbarei, deren Opfer andere Völker wurden, Widerstand entgegenzusetzen. "Aus sachlichen und moralischen Gründen halte ich es für gerechtfertigt," erwidert er seinen Kritikern, "der Judenverfolgung in Deutschland den ihr gebührenden Platz einzuräumen."[73]

Daß Judenverfolgung und Judenmord in das Forschungsprogramm der DDR-Historiographie gehörten, ging auch aus einem Referat Leo Sterns auf einer Zusammenkunft von 60 Historikern am 17. Dezember 1958 hervor. Zu ihren Teilnehmern gehörten Walter Ulbricht und Kurt Hager. Stern sagte, nachdem er auf die Rolle der rassistischen und der sozialdarwinistischen Dogmen während der ideologischen Vorbereitung der Deutschen auf den Zweiten Weltkrieg eingegangen war: "Die übelste Rolle [...] spielte jedoch der brutale Antisemitismus." Er konstatierte:

> Von dieser massiven Judenhetze bis zur Ermordung und Vergasung von Millionen Juden und anderen sogenannten minderrassigen Völkern, zu denen die

[70] So die Formulierung von Walter Schmidt, Wilhelm Wehling: *ZfG* (1955) 2. S. 264.

[71] Aus der Stellungnahme des Marx-Engels-Lenin-Stalin-Institut beim Zentralkomitee der SED, zit. nach A. Schreiner: *ZfG* (1955) 3. S. 428. Vom Platz der Debatte in der Historiographie der DDR zeugte auch, daß sich am 23. und 24. Juni 1955 etwa 60 Historiker zur Diskussion der Disposition, der eingesandten Zuschriften und der Antwort Schreiners zusammenfanden. Dort wurde vor allem über die Novemberrevolution, die Frühgeschichte der KPD und über deren Verdienste und Fehler in den Jahren der Weimarer Republik und im Kampf gegen den Faschismus gesprochen. Siehe den Bericht Fritz Kleins, in dem wiederum auf die Bedeutung der Erforschung der Tatsachen verwiesen wurde, in: *ZfG* (1955) 5. S. 750. Zu den Teilnehmern der Diskussion gehörte auch der damals an der Berliner Humboldt-Universität lehrende sowjetische Gastprofessor W.G. Brjunin, dessen schriftliche Äußerung in: *ZfG* (1955) 2. S. 251.

[72] Karl Fugger (Direktor der Gewerkschaftshochschule Bernau bei Berlin): Ebd. S. 274.

[73] *ZfG* (1955) 3. S. 423.

> Slawen und die Zigeuner zählten, in den KZ und Nazi-Folterkammern ging ein gerader Weg.[74]

Wenn aber die Aufgabe mehrfach formuliert war und rechtens nicht angenommen werden kann, sie sei durch außerwissenschaftliche Einflüsse blokkiert gewesen wäre, dann muß nach anderen Gründen oder Einflüssen gefragt werden, die zu der nur schleppenden Inangriffnahme von Lösungen führten. Zu den gemeinhin vergessenen Hürden gehört der Schwierigkeitsgrad des Gegenstandes. Die unbestrittene, wenngleich unterschiedlich definierte 'Einmaligkeit' des Massenmords an den europäischen Juden allein bedeutet bereits, daß die Historiker in keinem Lande sich mit einem ausgefeilten theoretisch-methodischem Instrumentarium an die Aufgabe machen konnten, Voraussetzungen, Triebkräfte, Bedingungen, Verlauf und Ziele des sich gegen alle Vorstellungskraft sperrenden Verbrechens zu erforschen. Diejenigen von ihnen, die der historisch-materialistischen Richtung zugehörten, betraten das Forschungsfeld zudem mit einer eigenen Erblast, die sich in einer übertrieben starken Bindung von Antisemitismus und Judenverfolgung an zutage liegende wirtschaftliche Interessen und der nicht gemeisterten Schwierigkeit ausdrückte, das Gewicht und die relativ verselbständigte Wirkungsweise der Ideologie zu bemessen und zu bewerten. Ein Zugang zur Beantwortung der Frage nach dem 'Warum', auf die jede marxisti-

[74] Leo Stern: Die westdeutsche Geschichtsschreibung im Dienste der psychologischen Kriegführung. In: *Einheit* 14 (1959) 2. S. 250ff. hier S. 254. Diese Hervorhebung ergänzte jedenfalls die von Stern in seinem Referat auf der Konferenz 1957 gegebene Aufzählung der Forschungsaufgaben, in der die Erwähnung der Okkupation und der während der Besatzungszeit begangenen Verbrechen fehlte und die Konzentrationslager nur im Zusammenhang mit der Erforschung des Widerstands erwähnt worden waren. Leo Stern: Die Haupttendenzen der reaktionären Geschichtsschreibung über den zweiten Weltkrieg. In: *ZfG* (1958) 1. S. 89. Sterns Bilanz über den Stand der Weltkrieg-II-Forschung in der DDR fiel 1958 insgesamt kritisch aus. Mit der Thematik hätten sich bislang "vor allem Partei- und Staatsfunktionäre beschäftigt", von denen er Walter Ulbricht, Otto Winzer, Paul Wandel und Albert Norden nannte (S. 260). Von den Historikern wurde festgestellt, sie würden "zu sehr aus der Defensive" arbeiten (S. 259f.), ein erneuter Hinweis auf das weitgehende Fehlen eigener quellengestützter Forschungen. Dieser Zustand berechtigte Stern zu der Vorhersage, eine "umfassende Gesamtdarstellung" des Weltkriegs sei "noch nicht zu erwarten." (S. 261) Das erwies sich als richtig. Es verging noch ein Jahrzehnt bis das ins Auge gefaßte und von Schreiner zuerst konzipierte Vorhaben in Form des Hochschullehrbuchs verwirklicht worden war. Daß dessen Pionierarbeit keinerlei Erwähnung fand (siehe das Vorwort zu: Wolfgang Bleyer u.a.: *Deutschland von 1939 bis 1945*. Lehrbuch der deutschen Geschichte – Beiträge – Bd. 12. Berlin 1969) erscheint als Mißachtung eines denkwürdigen Verdienstes. In der ersten und zweiten Auflage (1975) erfolgte eine klare Kennzeichnung der Verbrechen, wenn deren Darstellung auch nicht auf angemessenem Raum erfolgte (siehe für 1975 den Abschnitt *Die faschistische Barbarei in Deutschland und in den okkupierten Ländern*. S. 201ff.)

sche Analyse obligatorisch zu zielen hat, war damit in der erforderlichen Breite und Tiefe noch nicht eröffnet. Auch die Faktoren, die zu der unbestreitbar verspäteten Hinwendung zur Erforschung von Judenverfolgung und Judenmord führten, bedürfen weiterer Aufklärung.

Der knappe und also lückenhafte Blick auf die Frühgeschichte der Weltkrieg-II-Forschung in der DDR zeigt uns eine Teildisziplin im Aufbruch, stärker gekennzeichnet durch Vorsätze und Vorhaben als durch Leistungen und Verdienste. Das Terrain der Forschungen wird eher abgesteckt als ausgeschritten. Der eigene geschichtspolitische Ort wird gerade erst bestimmt und mit ihm die Frontstellung gegenüber jenen, die als wirkliche oder vermeintliche Gegner wahrgenommen werden. Das Ziel hieß: Beitrag zur Überwindung der geistigen Hinterlassenschaft des Naziregimes und darüber hinaus Einleitung eines Prozesses, der die deutsche Geschichte namentlich seit der Reichsgründung in einem kritischen Licht erkennbar machen und ihr auch dadurch neue Wege öffnen sollten. Dieser Ansatz und sein Fortwirken bleiben denkwürdig. Aus ihm ist ein Beitrag zur Historiographie des Zweiten Weltkrieges erwachsen, der erst noch redlich zu bestimmen ist. Darauf läßt sich hoffen, wenn auch nicht kurzfristig. Noch gilt, was 1991 in einer österreichischen Zeitschrift gedruckt wurde: "Ergebnisse wie die sechs Bände der Geschichte Deutschlands im Zweiten Weltkrieg[75] [...] werden wohl einen Platz in der deutschen Geschichtswissenschaft behaupten, auch wenn sie zur Zeit kaum jemand lesen will [...]."[76]

[75] *Deutschland im Zweiten Weltkrieg*. von einem Autorenkollektiv unter der Leitung von Wolfgang Schumann und Gerhart Hass. 6 Bände. Berlin 1974-1985.

[76] Die Autorin des Beitrags arbeitete bis zu dessen Abwicklung am Institut für deutsche Geschichte der Akademie der Wissenschaften der DDR. Helga Schulz: Was bleibt von der Geschichtswissenschaft der DDR. In: *Österreichische Zeitschrift für Geschichte*. II (1991) 1. S. 22-40. Auch in Rainer Eckart u.a.: *Krise – Umbruch – Neubeginn*. S. 455.

Burckhard Dücker

Zur unverbrauchten Aktualität des Kriegsthemas im 'Offenen Brief'

Usually, open letters are the consequence of political or social conflict. As they are published in the mass media they offer individuals or groups the possibility to voice their opinion and make it an important factor within public discussions. In open letters since 1945 the subject of war appears as an omnipresent subtext of individual and collective experience. Here, the memory of war does not serve to illuminate history but has its value for solving contemporary problems and shaping the future.

Für die Zeit von 1945 bis in die Gegenwart bildet der 'Offene Brief' eine der produktivsten, nichtfiktionalen Textsorten, deren Themenvielfalt die allgemeine Zeit- und Literaturgeschichte ebenso wie Fach-, Regional- und Lokalgeschichten erschließt. Als Mittel zur öffentlichen Formulierung gesellschaftlich relevanter Interessen ist der 'Offene Brief' an Repräsentanten aus Politik und Kultur bei Intellektuellen und Schriftstellern ebenso beliebt wie beim Normalbürger. 'Offene Briefe' erscheinen in Massenmedien, Literatur- und Kulturzeitschriften und sind zumeist Ausdruck eines Konflikts. Sie stellen Reaktionen von Einzelpersonen oder Interessengruppen auf Dissenserfahrungen dar und bieten Gelegenheit, individuelle Erfahrungen und Minderheitenvoten zum Faktor öffentlicher Meinungsbildung zu machen, ihnen scheint eine "quasi basisdemokratische Vorstellung politischer Entscheidungsfindung"[1] zugrunde zu liegen. Sie gelten als Indikatoren einer intakten demokratischen Öffentlichkeitsstruktur und eines weiten Kulturbegriffs.[2]

Mindestens zwei Alternativen konkurrieren um die Lösung des Konflikts, weil der Gegenstand der Dissenserfahrung für das Selbstbild der Unterzeichner konstitutiv ist, öffentlich aber kontrovers diskutiert wird; entsprechend benennen 'Offene Briefe' grundsätzlich die Position und ihre Gegenposition(en), das Eigene und dessen Alterität(en) und sind als handlungsorien-

[1] Burckhard Dücker: Der offene Brief als Medium gesellschaftlicher Selbstverständigung. In: *Sprache und Literatur in Wissenschaft und Unterricht* 23 (1992). H. 69. S. 32-42, hier S. 38.

[2] Burckhard Dücker: Kultur. In: *Historisches Lexikon der Rhetorik*. Tübingen 1998. Bd. 4. Sp. 1384-1420.

tierte Texte nach den Regeln der klassischen Rhetorik aufgebaut.[3] Sie sollen terminlich fixierte Entscheidungen verhindern bzw. herbeiführen, sie zielen auf die Persuasion eines Entscheidungsgremiums. Neben dieser Gebrauchsfunktion kommt ihnen eine kulturwissenschaftlich kaum zu überschätzende Quellenfunktion zu; außerdem bestimmen sie die literaturgeschichtliche Geltung von Schriftstellern mit. Dem Forscher bieten 'Offene Briefe' daher die Möglichkeit, den Konstruktionsprozeß von Geschichte nachzuvollziehen, erschließen sie doch die je gegenwartsspezifischen Denkmöglichkeiten, Auslegungskonkurrenzen und -alternativen.

Allerdings stellt ein 'Offener Brief' zumeist keine spontane Reaktion dar, sondern ist das Ergebnis strategischer Abwägungen seiner möglichen Wirkungen, auch für die Geltung des Verfassers. Insofern kann es sich sogar um letzte Möglichkeiten zur Formulierung und Durchsetzung eines bestimmten Anspruchs handeln. Dies gilt z.B. für die Unterzeichner der 'Göttinger Erklärung' (1957) gegen eine Ausrüstung der Bundeswehr mit taktischen Atomwaffen.[4]

Der Wahrheitsbegriff 'Offener Briefe' ist das Ergebnis eines kommunikativen Prozesses; ihre aufklärerische Wirkung ist Folge ihrer operativen Ausrichtung, den Adressaten öffentlich mit einer abweichenden Deutung zu konfrontieren und so zur Stellungnahme aufzufordern. Reinhard Nickisch bezeichnet sie als die "wohl am meisten benutzte literarische Waffe", als "Waffe der Einmischung in öffentliche Angelegenheiten"[5].

Obwohl die Wirkung 'Offener Briefe' in der Regel nicht genau zu bestimmen ist, sind doch häufig Leserbriefe, Kommentare oder andere Anschlußtexte nachzuweisen, die dem 'Offenen Brief' und seinem Thema eine Aktualitäts- und Reflexionskontinuität sichern; daneben kann es auch zu Anschlußhandlungen wie Demonstrationen, Lichterketten und Straßenblokkaden kommen. Kritik am Medium des 'Offenen Briefs' scheint sich weniger gegen die Textsorte als vielmehr gegen die pluralistische Öffentlich-

[3] Dücker: *Der offene Brief.* S. 34: Sie informieren über das "Betroffenheitserlebnis als Schreibmotivation (narratio) in der Form eines Argumentationsverfahrens (argumentatio) mit Begründung des eigenen (probatio), Zurückweisung des gegnerischen Standpunkts (refutatio) und [einem] Appell (conclusio) an Adressat/en und Öffentlichkeit", die eigene Auslegung als Lösung des Konflikts zu akzeptieren.

[4] Nach einem Briefwechsel und einem Treffen mit dem damaligen Verteidungsminister Franz Josef Strauß sehen die betreffenden Wissenschaftler in der 'Öffentlichen Erklärung' die letzte Möglichkeit, um ihren Vorbehalten eine angemessene gesellschaftliche Beachtung und Wirkung zu verschaffen, die sich zu öffentlichem Bedenken und schließlicher Ablehnung des Rüstungsplans verdichten soll. Vgl. die Beiträge von Wissenschaft und Technik Special – 40 Jahre 'Göttinger Erklärung'. In: *Frankfurter Rundschau* vom 12.4.1997.

[5] Reinhard M.G. Nickisch: *Brief.* Stuttgart 1991. S. 102f. Vgl. Ders.: Schriftsteller auf Abwegen?: Über politische 'Offene Briefe' deutscher Autoren in Vergangenheit und Gegenwart. In: *Journal of English and Germanic Philology* (1994). S. 469-484.

keitsstruktur mit ihrer diskursiven Entscheidungsfindung zu richten, die jedem die Möglichkeit zu öffentlichem Räsonnement einräumt.[6]

An den Zweiten Weltkrieg erinnern 'Offene Briefe' im Zusammenhang mit gegenwartsspezifischen politischen und kulturpolitischen Konflikten; in erster Linie verfolgen sie kein historisches Erkenntnisinteresse, sondern benutzen Erinnerung als Argument für die Konfliktdiagnose und -lösung in der jeweiligen Gegenwart. Dabei bleibt die Erinnerung an den Weltkrieg in Deutschland bis 1999 ohne aktuellen Ernstfall. Nur wenige 'Offene Briefe' sind von Frauen verfaßt, geschlechtsspezifische Gewalt und Opferrolle werden erst anläßlich der Jugoslawienkriege thematisiert.

Wenn die atomare Bedrohung, 'Auschwitz' und 'Holocaust' in 'offenen Briefen' der frühen Nachkriegsjahre kaum programmatische Bedeutung gewinnen, dafür aber nach institutioneller, kollektiver und individueller Verantwortung und Schuld gefragt bzw. nicht gefragt wird, die in Deutschland Gebliebenen kollektiv be- oder entlastet, die Exilanten ebenso kollektiv als unzuständig für die Beurteilung der Kriegsereignisse in Deutschland bezeichnet werden, fremdes Leid gegenüber eigenem als geringer 'veranschlagt' wird, das Kriegsende als Zusammenbruch oder als Befreiung gedeutet wird, so geht es zwar auch darum, 'wie es wirklich war', im Vordergrund stehen aber drängende Gegenwartsprobleme, wie der Zugang zur neuen Funktionselite, die Legitimation zur Mitgestaltung des neuen Systems und die Akzeptanz oder Ablehnung von Identitätswandel und biographischen Wandlungen.[7]

Weil die Deutung des Kriegs in 'Offenen Briefen' erst im Sommer 1945 einsetzt, kann keine authentische Darstellung der Wirklichkeit des Kriegs als ein in Ablauf und Ergebnis offenes politisches und militärisches Konfliktge-

[6] Frank Thieß: *Das Gesicht des Jahrhunderts. Briefe an Zeitgenossen.* Stuttgart 1923. Offene Briefe haben "stets etwas widerlich Großspuriges: der Schreiber stellt sich auf ein Postament, damit ihn nur ja recht viele sehen können, und schreit mit voller Lunge an den Adressaten eine Sache hinüber, die entweder nicht der Rede wert oder aber sehr intim ist. Kurzum, je offener der Brief und je bedeutender die angeredete Persönlichkeit ist, umso unangenehmere Situationen entstehen." Ebd. S. 19. Vgl. dazu die ebenfalls in Briefform vorgelegte Rezension von Friedrich Muckermann, S.J.: An Frank Thieß. In: *Der Gral* 17 (1923). 12. S. 527-531. Mukkermann hebt die kulturpessimistische Orientierung besonders hervor: "Sie fußen auf Spenglers Untergang des Abendlandes und behaupten mit Recht, daß Hegel ihn eigentlich schon vorausgenommen [...]. Den Pessimismus der Untergangsstimmung wollen Sie dadurch überwinden, daß Sie in jedem Untergang nur den Übergang, wenn auch den tragischen, zu einem neuen Leben sehen." Ebd. S. 528.

[7] Vgl. Wilfried Loth, Bernd-A. Rusinek (Hrsg.): *Verwandlungspolitik. NS-Eliten in der westdeutschen Nachkriegsgesellschaft.* Frankfurt a.M. 1998; Ludwig Jäger: *Seitenwechsel. Der Fall Schneider/Schwerte und die Diskretion der Germanistik.* München 1998.

schehen erwartet werden, wie sie in Soldatenbriefen[8] und Kriegstagebüchern[9] zu finden ist. Ausgespart bleiben häufig Segmente wie Waffentechnik und -systeme, Gefechtsverläufe und Gewaltanwendung. Authentisch sind die Deutungen des Kriegs als Funktionen für die Konfliktwahrnehmung und -lösung ihrer jeweiligen Gegenwart. Aus der Konkurrenz von eigener und fremder Vergangenheitsauslegung gewinnt der 'Offene Brief' seinen normativen und präskriptiven Anspruch: Mit den impliziten Fragen 'Wie

[8] Klaus Latzels Behauptung, daß die Soldatenbriefe "ein weitgehend unverfälschtes Bild der Stimmungen, der Wechselbäder zwischen Hoffnung und Leid, die die Soldaten in den Kriegsjahren durchlebten", geben, werden in Leserbriefen mit dem Argument zurückgewiesen, daß Latzel "sich die Besonderheiten der Gattung Briefe, speziell der Soldatenbriefe, als historische Dokumente nicht genügend klargemacht" habe. Die von Latzel unterstellte Authentizität wird mit dem Hinweis auf die Stereotypie, Phrasen- und Klischeehaftigkeit vieler politischer Äußerungen wegen der Zensurbestimmungen bestritten. "Wer weiß schon, warum und zu welchem Zweck der Soldat schrieb, ob er wirklich meinte, was er sagte, ob er verklausuliert oder gar ironisch sprach? Die Phrasen [...] stammen zu offensichtlich aus Goebbels' Propagandaküche, als daß sie naiv als Gesinnungsäußerungen hingenommen werden könnten." Siehe: Leserbrief von Prof. Dr. Karl-Ernst Petzold, in: *Frankfurter Allgemeine Zeitung* vom 11.2.1999. Vgl. auch den Leserbrief von Gerald Reinhard. In: *Frankfurter Allgemeine Zeitung* vom 30.1.1999: Die "Verfasser waren gezwungen, die Vorschriften der Geheimhaltung zu befolgen und auf die Öffnung ihrer Briefe durch Kontrollbehörden eingestellt zu sein. So war es geboten, sich bestimmter Wahrheiten zu enthalten oder sie zumindest zu verhüllen. 'Der Führer weiß den richtigen Weg' – damit gesteht der Soldat die Lage ein, die eigenen Probleme oder die des Umfeldes nur noch höchst unzureichend erledigen zu können." (Klaus Latzel: Tote Erinnerung ohne letzte Instanz. Feldpostbriefe von der Ostfront: Die nationalsozialistische Propaganda formte Wahrnehmungen, aber keinen Sinn. In: *Frankfurter Allgemeine Zeitung* vom 23.1.1999)

[9] Bergs Kriegstagebücher "sind das unverfälschte Zeugnis – zum größten Teil aus dem unmittelbaren Erleben heraus notiert – eines Mannes, der in hervorragender Position den ganzen Krieg über 'an der Front' oder nicht weit davon entfernt gelebt und gewirkt hat." Einführung von Gerd Krumeich (S. IX) zu *Pro Fide et Patria! Die Kriegstagebücher von Ludwig Berg 1914/18. Katholischer Feldgeistlicher im Großen Hauptquartier Kaiser Wilhelms II.* Eingeleitet und hrsg. von Frank Betker und Almut Kriele. Köln u.a. 1998. Die Schwierigkeit, in bezug auf literarische Kriegsdarstellungen "Erlebtes und nachträgliche Korrektur in der Darstellung" zu unterscheiden, geht ebensowenig zu Lasten der Autoren wie der Befund, "viel Deutung und wenig Authentizität" zu finden. Anke Bennholdt-Thomsen, Ursula Heukenkamp: Abschiedsbriefe deutscher Soldaten und deutscher Widerstandskämpfer aus den Jahren 1939-1945 im Vergleich. In: *Weimarer Beiträge* 39 (1993). H. 2. S. 223-241, hier S. 224. Gemeinsam ist den nach 1945 veröffentlichten literarischen Kriegsdarstellungen, Erinnerungen und offenen Briefen, daß sie erstens den Krieg als geschichtliches Ereignis als Wirkung und Ursache, als Erzählstoff vor sich haben, und daß zweitens ihre Verwendung des Themas Krieg eine Antwort auf Anforderungen ihrer Gegenwart darstellt, daher authentisch nur im Kontext dieser Gegenwart sein kann.

sollen wir mit der Vergangenheit des Kriegs in der Gegenwart umgehen?' und 'Wie gehen wir damit um?' eröffnet er die ethische Polarität von Norm ('Wie sollen wir leben?') und Normalität ('Wie leben wir?'). Eine Deutungsgemeinschaft[10] veröffentlicht hier ihre Auffassung vom Wissens- und Wünschenswerten, d.h. davon, was und wozu etwas überliefert werden soll, indem sie ihre Auslegung eines für sie konstitutiven, öffentlich aber kontroversen, normativen Elements gesellschaftlich durchzusetzen versucht. Die Welt soll dadurch besser werden, daß das Fremde im Eigenen aufgeht. Daher ist die Zuordnung 'Offener Briefe' zur Protest- oder Gegenkultur nicht unumstritten, versteht sich doch die 'Botschaft' eines 'Offenen Briefs' als Element einer neuen Normativität. Das in 'Offenen Briefen' vermittelte Wissen ist kommunikativ, prozessual und perspektivisch, es richtet sich gegen institutionalisierte und dogmatische Wissensbestände und vermittelt die Perspektive einer Geschichte von unten.[11]

Daß in 'offenen Briefen' eine Struktur zeitlicher Antithetik nach dem Muster vorher-jetzt erwartet wird, die 1945 als Zäsur mit individueller und kollektiver Bedeutung reflektiert, belegen zahlreiche Texte mit ihrer Kritik sowohl an fehlender Distanz zum Vorher als auch an zu glatter, unproblematischer Einpassung ins Jetzt. Insofern scheinen 'Offene Briefe' bisweilen eine Gerichtsverhandlung oder ein Beratungsgespräch zur Erhebung der Anamnese zu inszenieren. Die Erinnerung an die Zäsur wird zur Sonde bzw. zum Filter für die Legitimation zur Mitarbeit im neuen System. Hier setzt ein Verfahren ein, das später als "ritualisierte Gedenk- und Erinnerungskultur" bezeichnet wird. "Und das bereits seit der Adenauer-Ära, die ist seitdem einfach nur fortentwickelt worden. Da gibt es so etwas wie einen Grundzug auf parlamentarische Demokratie, das Grundgesetz, den Rechtsstaat und die Verantwortung für die NS-Vergangenheit."[12]

Einer der ersten 'Offenen Briefe', die aufgrund der Kriegserfahrung einen neuen Anfang entwerfen, ist Walter von Molos Brief an seinen Kollegen

[10] Zum Konzept der Deutungsgemeinschaft vgl. Burckhard Dücker: Kanon. Rezensionsessay zu Maria Moog-Grünewald (Hrsg.): Kanon und Theorie. Heidelberg 1997. Renate von Heydebrand (Hrsg.): Kanon Macht Kultur. Theoretische, historische und soziale Aspekte ästhetischer Kanonbildungen. DFG-Symposion 1996. Stuttgart, Weimar 1998. In: *Zeitschrift für Ästhetik und allgemeine Kunstwissenschaft* 1/2000.

[11] Die Visualisierung von Wissen erfordert dessen Inszenierung. Zur Form des Offenen Briefs gehören der Briefkopf mit Anrede, Datum, Bezug/Betreff als Überschrift, evtl. Logo, Symbol, dann die Gestaltung des Textes durch Absätze, unterschiedliche Schrifttypen und -größe, Fett- und Normaldruck, Kursive, Unterstreichungen, hervorgehobene Mitteilung der Forderung als Schluß, Grußformel, Unterschrift, evtl. Einrahmung des gesamten offenen Briefs mit der Angabe 'Anzeige' zur Absetzung vom redaktionellen Teil.

[12] Protest gilt hierzulande eher als Makel. Gespräch mit Wolfgang Kraushaar. In: *Frankfurter Rundschau* vom 16.11.1998.

Thomas Mann vom 4.8.1945. Molo, der die während des 'Dritten Reichs' in Deutschland Gebliebenen repräsentiert, bittet den Exilanten und amerikanischen Staatsbürger Mann im Namen des deutschen Volkes, das "im innersten Kern nichts gemein [hat] mit den Missetaten und Verbrechern, den schmachvollen Greueln und Lügen, den furchtbaren Verirrungen Kranker"[13] nach Deutschland zurückzukehren und beim Aufbau eines neuen politisch-kulturellen Systems 'wie ein guter Arzt' mitzuhelfen. Die Krankheitsmetaphorik scheint einer historischen Analyse von Kriegsursachen und -interessen sowie der Suche nach Schuldigen und deren Bestrafung entgegenzustehen. Wie eine Krankheit können ein Krieg und seine Folgen nicht verhindert, nur ertragen werden. Daher spricht die von Molo repräsentierte Deutungsgemeinschaft in der Regel nur von anonymisierter Reue und Schuld.[14] Seine Konsenskonstruktion läßt globales Fehlverhalten zu, denn "wohl alle Menschen auf der ganzen Erde" haben es an "Wachsamkeit"[15] fehlen lassen. Allerdings führt Molo diesen kritischen Ansatz nicht aus, da er weder der versäumten 'Wachsamkeit' ein Objekt gibt, vor dem sie hätte schützen sollen, noch Personen, Interessen und Ideologeme benennt, denen in der Gegenwart mit Wachsamkeit zu begegnen wäre. So bleibt letztlich nichts anderes übrig, als – wie Frank Thiess es formuliert – "die Einsicht in das Unabwendbare und Schicksalhafte der deutschen Katastrophe"[16] zu akzeptieren.

Gegen diese 'naive Unmittelbarkeit des Wiederanknüpfens' an eine scheinbar unproblematische, gemeinsame Tradition von in Deutschland Gebliebenen und Emigranten, "so, als seien diese zwölf Jahre gar nicht gewesen",[17] deutet Thomas Mann den Krieg als Resultat einer bestimmten

[13] Walter von Molo an Thomas Mann. Offener Brief vom 4.8.1945. In: *Münchner Zeitung* vom 13.8.1945, hier zitiert nach: J.F.G. Grosser (Hrsg.): *Die große Kontroverse. Ein Briefwechsel um Deutschland.* Hamburg u.a. 1963. S. 20.

[14] Auch in anderen 'Offenen Briefen' findet sich diese Argumentationsfigur. "Heute, nachdem der deutsche Name Missetaten deckt, die in gleich grausiger Ballung sogar das Schuldbuch der Menschheit, die sogenannte Geschichte, nur selten verzeichnet [...]", sei ein Akt der Reinigung und Umkehr vonnöten, dessen Ergebnis in der Erkenntnis globaler Schuld besteht: "Nirgend in Raum und Zeit und Geschichte also stoßen wir auf unschuldige Völker, und nirgends auf schuldlose Einzelne." Leopold Ziegler: Offener Brief an einen Schweizer Freund. In: *Merkur* 1 (1947). S. 143-147, hier S. 143 u. 146.

[15] Molo in: Grosser: *Die große Kontroverse.* S. 21.

[16] Frank Thieß an J.R. Becher am 20.3.1946. In: Grosser: *Die große Kontroverse.* S. 104.

[17] Thomas Mann: Warum ich nicht zurückkehre. In: *Augsburger Anzeiger* vom 12.10.1945. Zitiert nach: Grosser: *Die große Kontroverse.* S. 31. In diesen Zusammenhang gehört auch eine in der Rubrik *Leserstimmen* im *Aufbau* (1948) brieflich ausgetragene Kontroverse zwischen Thiess und Alexander Abusch, der Thiess die Funktion als "Wortführer der deutschen Literatur für die Diskussion mit Thomas Mann" wegen angeblicher Nähe zum Nationalsozialismus abgesprochen hatte. Sie-

Ideologie, ihrer Traditionen, Mentalitäten und Interessen, für die konkrete Personen verantwortlich sind.

Molos und Manns Ausführungen stehen exemplarisch für unterschiedliche Deutungsgemeinschaften und deren Konzeptionen des Wissens- und Wünschenswerten. Molo spart die politische Dimension als Handlungsraum und Gegenstand von Erinnerungsarbeit und Vergangenheitspolitik aus. Während er die Unterscheidung von Täter- und Opferperspektive zugunsten einer gemeinsamen Zukunftsgestaltung vernachlässigt, was die Akzeptanz biographischer Kehren einschließt, hebt Mann diese Differenzierung gerade hervor. Zukunftsgestaltung kann demnach nur unbelastet von der Hypothek einer unaufgeklärten Vergangenheit gelingen. Von einer zeitlich und ideologisch nicht genau eingrenzbaren Vorkriegszeit unterscheidet er die Kriegszeit als deren Anwendungsphase und die Nachkriegszeit, in der die umfassende historisch-kulturelle Analyse und Deutung des Geschehenen zu leisten sei. Molos und Manns Deutungen des Kriegs, nämlich als Schicksal und als Ergebnis interessenbedingter Politik, sind Funktionen konfligierender Gegenwartsinteressen.

Eher Molos Position entspricht Karl Udes *Offener Brief an Robinson Crusoe*. Von einem Zeitgenossen, der die Erfahrung von Krieg und Zerstörung als Quelle von Selbstbestätigung und -aufwertung deutet. In der ‘Leid-

he: Alexander Abusch: Die Begegnung. Die innere und die äußere Emigration in der deutschen Literatur. In: *Aufbau*. (1947). H. 10. S. 223-226. Thiess seinerseits evoziert in seiner Zurückweisung dieser Kritik “die Form literarischer Kontroversen, wie sie unter Hitler üblich war”, um dann in einem autobiographisch-literaturgeschichtlichen Überblick und unter Angabe von Zeugen seine antifaschistische Haltung (z.B. keine Unterzeichnung von Ergebenheitsadressen an Hitler, Betroffener der Bücherverbrennung, Aufführungsverbot seiner Stücke, Akzeptanz seiner Bücher im Ausland nach dem Krieg) zu belegen. Frank Thieß an Johannes R. Becher. In: *Aufbau* 1948. S. 454f. Abusch beruft sich in seiner Entgegnung auf einen Artikel Ulrich Bechers im New Yorker *Aufbau* (1941) und bekräftigt erneut die Maxime politischer Legitimation, wonach in der Gegenwart Stimmrecht nur diejenigen haben dürfen, “in deren Haltung seit 1933 sich keinerlei geistige Kapitulation vor dem Nazismus ereignet” hatte. Alexander Abusch: Antwort an Frank Thieß. In: *Aufbau.* 1948. S. 455f. Vgl. weitere briefliche Anschlußtexte von Frank Thieß, R. Köster, Alexander Stenbock-Fermor, in: *Aufbau.* 1948. S. 729-731. Der *Offene Brief von Johannes R. Becher an die Unesco und an den internationalen Pen-Club* (*Aufbau* 1947. S. 373f.) kann als Hinweis auf den ‘Kalten Krieg’ gelten; als Präsident des Kulturbundes zur demokratischen Erneuerung Deutschlands weist Becher darauf hin, daß die Tatsache, “in Deutschland oder im Exil gekämpft” zu haben, womit er den Kulturbund unter dem Signum des Humanismus (“Tausende der besten und aktivsten deutschen Humanisten”, “demokratische Deutsche”, “Deutschland wieder in die Gemeinschaft der zivilisierten Nationen zurückzuführen”, “Bestreben zur moralischen und geistigen Erneuerung Deutschlands”) als Organisation für alle Gegner des Nationalsozialismus bestätigt, offenbar weniger zählt als die aktuelle politische Verwendbarkeit der ehemaligen Antifaschisten.

konkurrenz' mit Robinson, dem Repräsentanten der Exilanten, um das größere Maß an Entbehrungen siegen die in der zerstörten Heimat Gebliebenen, die als unpolitische, ordnungsliebende und obrigkeitsgehorsame 'ruhige Bürger' nur daran interessiert sind, "in Ruhe und mit Gleichmut [den] alltäglichen Pflichten nachkommen zu können",[18] während Robinson nach einer "verwegenen Flucht über den Ozean" in der idyllischen, fruchtbaren, friedlichen Fremde für alles entschädigt wird. Die Dagebliebenen haben Prüfungen bestanden, die sie für die Zukunft qualifizieren, sie sind nicht vor den Schwierigkeiten geflohen und werden von der Größe des Leids ausgezeichnet.

Theodor Plivier wendet sich mit einem 'Offenen Brief', der zugleich ein seltenes Beispiel für die Berücksichtigung der Gefechtswirklichkeit ist, gegen eine 'Beleidigungsklage' des ehemaligen, in Stalingrad eingesetzten Luftwaffengenerals Wolfgang Pickert gegen eine diesen betreffende Passage im Roman *Stalingrad*. Pickert, der aus dem Kessel ausfliegt, hinterläßt bei seinen dort zurückbleibenden Untergebenen ein "Gefühl des Verratenseins" und der Drückebergerei, so Pliviers auf einen Augenzeugen gestützte literarische Auslegung. Damit will Plivier auf Sinnangebote zur Akzeptanz des Kriegs wie 'der soldatische Ehrbegriff' und 'die Idee des unbedingten Gehorsams' kritisch hinweisen und zugleich "eine moralische Wende"[19] in der Gegenwart des Jahres 1947 herbeiführen. Gegenwartsbezogene Deutung der Erinnerung soll einen erneuten Krieg verhindern. Pickert sei auf keinen Fall zur Mitgestaltung des Neuanfangs legitimiert, weil er keine erkennbare biographische Wende vollzogen habe.

Gerade wegen einer allzu gelungenen lebensgeschichtlichen Wende zur demokratischen Normalität spricht Rolf Pabst 1947 im 'Offenen Brief' an Manfred Hausmann diesem die Legitimation ab, "als weiser Freund und Richter der heutigen Jugend" aufzutreten, die "keinen Opportunisten zum Freund" brauche. Pabst reagiert damit auf Hausmanns Kritik an den Emigranten, speziell Thomas Mann, und der Jugend, der er vorwirft, 'das Entsetzliche' der Kriegsvorbereitungen nicht rechtzeitig begriffen zu haben. Der Generationenkonflikt wird umgekehrt; die Väter klagen die Söhne an. Hausmanns Kritik sei aber unglaubhaft, da er in seinem Beitrag *Sport und Krieg* im April-Heft des *Deutschen Kulturwartes* (1940) den Krieg als höch-

[18] Karl Ude: Offener Brief an Robinson Crusoe. Von einem Zeitgenossen. In: *Das Karussel.* 1 (Nov. 1946). Folge 5. S. 57-62, hier S. 57. Wenn Crusoe sich von Gott verlassen fühlt, so heißt es von der Deutungsgemeinschaft der Bürger: "Wir hadern kaum noch mit unserem Geschick und stellen auch nur noch selten Ansprüche, wie es besser gehen könnte oder gar müßte. Vielmehr tragen wir wortlos, was uns auferlegt ist [...]". Ebd. S. 61.

[19] Theodor Plivier: Offener Brief an Wolfgang Pickert. In: *Aufbau.* (1947). S. 135-138, hier S. 136f.

ste Form männlicher Selbstverwirklichung verherrlicht habe,[20] was im Jahre 1947 für eine kulturpolitische und -pädagogische Aufgabe disqualifiziere. Worte und Handeln kongruieren nicht, Hausmann habe sich nicht von seinem Artikel distanziert, sondern diesen verdrängt.

Hausmann antwortet in einem sprachlich und inhaltlich an Heidegger ausgerichteten Leserbrief mit dem pauschalen Bekenntnis, "daß ich an den gegenwärtigen Verhältnissen mitschuldig bin. Ich habe das auch, entsprechend meinem öffentlichen Wirken, wiederholt öffentlich ausgesprochen". Zum 'Sachverhalt' seines Aufsatzes bekennt er sich noch immer; er habe einen "religiösen" Aufsatz über den Menschen in der existentiellen Krise geschrieben, die nur in der Grenzsituation des Kriegs bewußt werde. Mit dem Krieg als militärisch-politisches Phänomen befasse er sich nicht, nur mit der Lage des Menschen, "der ins Schicksal des Krieges geworfen ist"[21].

Daß auch in der neu gegründeten DDR der 'Offene Brief' als Medium politischer Konfliktaustragung dient, zeigt sich ausgerechnet an einem der wenigen Beispiele 'Offener Briefe' von Frauen, nämlich an Susanne Kerckhoffs Brief an Nico Rost, in dessen Buch über seine Haft im Konzentrationslager Dachau, *Goethe in Dachau* (1948), sie polenfeindliche Tendenzen ausmacht. Geradezu exemplarisch für die Textsorte 'Offener Brief' teilt Kerckhoff ihre gegenwartsspezifische persönliche Betroffenheit als Schreibanlaß mit, verallgemeinert diese aber sofort zur Erfahrung einer Deutungsgemeinschaft; ihr Brief erfüllt demnach Stellvertreterfunktion.[22]

Erst als die deutsch-polnische Freundschaft offizielles politisches Ziel der DDR ist, in Warschau eine offizielle Goethefeier ausgerichtet wird, fällt ihr bei der zweiten Lektüre des Buches auf, daß Rost viel mehr das individuell negative als das typische, positive, antifaschistische Verhalten polnischer

[20] Rolf Pabst: Brief an Manfred Hausmann. In: *Aufbau* (1947). S. 218-220, hier S. 219f. Vgl. das Zitat aus Hausmanns Artikel: "[...], während [...] vor dem Schöpfer aller Welten die Kriege auf dieser winzigen Erde nur wie Spiele sind. Ein grundsätzlicher Unterschied zwischen Sport und Krieg – beide als menschliche Haltung betrachtet – besteht jedenfalls nicht. Der Krieg ist lediglich eine Steigerung des sportlichen, des kämpferischen Lebens ins Äußerste. [Soldaten des Ersten Weltkriegs waren] Soldaten, die mit dem Teufel um Sein oder Nichtsein würfelten [...]. Damals waren sie frei. Damals hatten sie ein Schicksal. Damals waren sie ein Schicksal. – Dasselbe erleben die Soldaten des gegenwärtigen Weltkriegs." Ebd. S. 219.

[21] Manfred Hausmann: Antwort an Rolf Pabst. In: *Aufbau* (1947). S. 438f. Vgl. Arn Strohmeyer: *Der Mitläufer. Manfred Hausmann und der Nationalsozialismus*. Bremen 1999.

[22] "Jetzt aber ist mir etwas aufgefallen, eine Tendenz Ihres Buches, über die ich so heftig erschrocken bin, daß es mich zwingt, Sie öffentlich darüber zu befragen. Mein Anliegen ist nicht mein privates, es ist durchaus eine Sache der demokratischen Erneuerung in Deutschland, in der ganzen Welt wahrscheinlich, die hier der Klärung bedarf." Susanne Kerckhoff: Ein offener Brief an Nico Rost. Über polenfeindliche Tendenzen in dem Erlebnisbuch *Goethe in Dachau* / Verlag Volk und Welt. In: *Berliner Zeitung* vom 19.10.1949.

Mithäftlinge hervorhebe. Die Gegenwartsanforderung einer neuen politischen Normativität löst Kerckhoffs Reflexion darüber aus, wie an die Vergangenheit in der Gegenwart erinnert werden soll. Einerseits fordert sie von Rost, sein Polenbild den politischen Erfordernissen entsprechend zu präzisieren, andererseits verlangt sie aufgrund ihrer kritischen Rationalität, daß eine politisch akzeptable Haltung nicht automatisch als Qualitätsmerkmal auf die künstlerischen Hervorbringungen dieser Person zu übertragen sei, daß also nicht gelte, daß "Antifaschisten [...] unangreifbar sind, daß man ihr Werk unter ihre untadelige Person zu stellen habe; eine Auffassung, die unter Marxisten undiskutabel ist"[23].

Daß es gerade um diese Automatik zwischen politischer und künstlerischer Akzeptanz geht,[24] die literaturpolitisch offenbar als Voraussetzung für die 'richtige' Diagnose der Entwicklungsperspektive einer Gegenwart gilt, macht Stephan Hermlin in seinem Anschlußtext deutlich, in dem er die Verfasserin in herabsetzender Sprache angreift,[25] anstatt sich mit ihren Argumenten auseinanderzusetzen. Auch Rost selbst betont in seiner Antwort nur die Notwendigkeit, noch genauer zwischen politisch akzeptablen und mißliebigen Vertretern eines Volkes zu unterscheiden.[26] Eine Diskussion über die unterschiedlichen Wahrnehmungs- und Deutungsmuster, über die politische Ausrichtung der Literaturkritik wird zugunsten der Bestätigung der offiziellen Position vermieden. Unmittelbare Folgen hat der Brief allerdings für seine Verfasserin; sie erhält eine Parteirüge.[27]

Daß die Komplexität des Kriegs auf die biographische Dimension individuellen Verhaltens reduziert wird und dieses für die Übernahme demokrati-

[23] Susanne Kerckhoff: Zum Brief an Nico Rost. Über einen Beitrag von Stephan Hermlin in der *Täglichen Rundschau*. In: *Berliner Zeitung* vom 23.10.1949.

[24] Kerckhoff hat offensichtlich die Geltung Rosts und die offizielle Literaturpolitik falsch eingeschätzt. Am 3.11.1949 erhält er eine offizielle Ehrung im Rahmen eines Empfangs "im engeren Kreise", u.a. mit Ministerpräsident Otto Grotewohl, Oberst Meller von der Polnischen Militärmission, Friedrich Wolf, dem deutschen Botschafter in Warschau, Hanns Eisler. Vgl. *Berliner Zeitung* vom 5.11.1949. Auf derselben Seite findet sich ein überschwänglich positiver Bericht von Lilly Becher über die Goethefeier in Warschau.

[25] "Elaborat", "eine simple Dummheit", "infam", "ihren peinlichen Erguß", "sie muß nicht ganz bei sich gewesen sein", "eine halbe Zeitungsseite vollzuschmieren", "ihr miserables Produkt in einem denkbar ungünstigen Moment an die Öffentlichkeit zu bringen". Stephan Hermlin: Ein offener Brief an die falsche Adresse. In: *Tägliche Rundschau* vom 22.10.1949.

[26] Nico Rost: Für das Verständnis der Völker. Antwort auf einen offenen Brief. In: *Berliner Zeitung* vom 27.10.1949.

[27] Monika Melchert, der ich für den Hinweis auf den Brief Susanne Kerckhoffs ausdrücklich danke, weist auf dessen politische und persönliche Folgen für Kerckhoff hin. M. Melchert: "Mutter Berlin" und ihre Töchter. Weibliche Perspektiven in der Nachkriegsliteratur. In: Ursula Heukenkamp (Hrsg.): *Unterm Notdach. Nachkriegsliteratur in Berlin 1945-1949*. Berlin 1996. S. 355-386, bes. S. 382ff.

scher Verantwortung entscheidend bleibt, sei abschließend an einem Brief an den Frankfurter Ordinarius Theodor W. Adorno aus dem Jahr 1963 gezeigt. Darin geht es um dessen Legitimation "als einer der federführenden Kämpfer in der Bewegung gegen Totalitarismus, Faschismus und Antisemitismus aufzutreten",[28] angesichts der Tatsache, daß er in der Zeitschrift *Die Musik. Amtliches Mitteilungsblatt der Reichsjugendführung* vom Juni 1934 eine positive Rezension zeitgenössischer Chormusik veröffentlicht hat, zu deren Textvorlagen auch nationalsozialistisch orientierte Gedichte des Reichsjugendführers Baldur von Schirach gehören, wovon der Verfasser im 'Offenen Brief' eine 'Kostprobe' mitteilt. Kann Adorno, so die Frage des 'Offenen Briefs', noch glaubhaft demokratische Wissenschaft vertreten?

In seiner Antwort bedauert und bereut Adorno seine Kritik "aufs tiefste". Der zitierte Gedichttext Schirachs habe aber wohl nicht zu den vertonten Texten gehört, "sonst hätte ich fraglos die Chöre zurückgegeben." "Unvoreingenommener" Lektüre seiner Rezension müsse deutlich werden, daß es ihm damit ums "Überwintern" der neuen Musik "unterm Dritten Reich" gegangen sei, während schon "alles Derartige als kulturbolschewistisch verfemt war" und daß in der Gegenwart der sechziger Jahre anfechtbar erscheinende Wendungen "in der Situation von 1934 jedem vernünftigen Leser als captationes benevolentiae durchsichtig sein" mußten. Dann stellt er die entscheidende Frage, "ob die inkriminierten Sätze gegen mein œuvre und mein Leben ins Gewicht fallen", oder ob deren Kritik nicht einen ganz anderen Zweck verfolge, nämlich sein ganzes späteres antinationalsozialistisches, demokratisches Werk zu diskreditieren.

Die kollektive Erinnerungsarbeit der Gegenwart wirkt als Filter für die Legitimation zur Mitwirkung an der Zukunftsgestaltung. Adorno gibt zu bedenken, ob Handeln in der Gegenwart dasjenige vor der Zäsur 1945 ausgleichen könne, ob retrospektiv das Ursache-Wirkung-Verhältnis von Vergangenheit und Gegenwart aufgehoben werden könne. Für sich selbst scheint er davon überzeugt zu sein, wenn er auf die rhetorische Frage, ob er nun für den Rest seines Lebens zum Schweigen verurteilt sei, antwortet: "Mit der Sorge, die Ihr Brief bekundet, wäre das kaum vereinbar." Er entwirft die kollektive Erinnerung an den Krieg als Trauerarbeit, die als solche die Gegenwart füllt, nicht aber individuelle Zukunft verstellt.

Günther Anders, der hier stellvertretend für die Anti-Atom-Bewegung der fünziger Jahre erwähnt wird, geht es in seinem *Offenen Brief an Präsident*

[28] Claus Chr. Schroeder: Offener Brief an Theodor W. Adorno. Antwort Adornos. In: *Diskus. Frankfurter Studentenzeitschrift* 13 (1963). H. 1. Die gleiche Struktur bei Günter Grass: Offener Brief an Kurt Georg Kiesinger am 1.12.1966. In: Heinz Ludwig Arnold, Franz Josef Görtz (Hrsg.): *Günter Grass – Dokumente zur politischen Wirkung*. Stuttgart 1974. S. 65f. Bei Margarete Hannsmann: Offener Brief an einen Landesvorsitzenden des FDA, Akademischer Rat der Humboldt-Gesellschaft. In: *kürbiskern* (1977). H. 3. S. 108-112.

Kennedy über die Affäre Eatherly[29] um die Funktion der kollektiven Erinnerung für eine neue Ethik. Die öffentlichen Schuld- und Reuebekenntnisse des Hiroshima-Piloten, der bloß Befehlsempfänger war, werden von der amerikanischen Öffentlichkeit nicht akzeptiert, weil diese damit eine eigene Schuld eingestanden hätte. Eatherly wird amtlich für geisteskrank erklärt, was Anders als politische Manipulation deutet. Er erkennt die Gegenwartsrelevanz des Falls darin, daß der Pilot "im Zeitalter des Apparats das Gewissen lebendig zu erhalten" (S. 83) versucht, indem er sich zu *seiner* Tat bekennt; obwohl er nur auf Befehl gehandelt hat, hat dennoch *er* gehandelt. Damit mache er auf die Bedrohung des Gewissens, der Individualität und persönlichen Freiheit durch die Maschinerie aufmerksam. Daraus versucht Anders, eine global geltende Kombination von Individual- und Sozialethik abzuleiten, für die Erinnerungsarbeit eine politische und pädagogische Dimension besitzt. Wenn Reue und Schuld öffentlich nicht zugelassen werden, weil sie für die bloße Bedienung von Apparaten unangemessene Kategorien seien, dann ist für Anders der Weg zum moralfreien 'Techniker' offen, der mit dem Technikideal des unbegrenzten Funktionierens ernst macht, was die prinzipielle Ersetz- oder Austauschbarkeit des Menschen durch die Maschine und damit den Verlust der Täterperspektive aus der Geschichte zur Folge hätte.

Anders' Brief bestätigt die unverzichtbare Funktion der Erinnerung an den Krieg für das Verständnis von Gegenwartskrisen ebenso wie die 'Offenen Briefe', die anläßlich der Nachrüstung (1983), des Golfkriegs (1991), der deutsch-deutschen Vereinigung (1990-92), der Walser-Bubis-Debatte (1998/99), der Diskussion um ein Holocaust-Mahnmal[30] oder der Entschädigungsforderungen für kriegsbedingte Enteignungen durch die sowjetische Besatzung von 1945 bis 1949 erscheinen.[31] Ebenso ist hier der 'Offene Brief' prominenter amerikanischer Anhänger der Scientologen an Bundeskanzler Kohl zu nennen, in dem eine angebliche Diskriminierung der Scientologen im Deutschland der neunziger Jahre mit der Situation der Juden im Deutschland der dreißiger Jahre verglichen wird, um die Anerkennung der

[29] In: *Das Argument. Flugblatt-Sonderausgabe*. Nr. 2 (März 1961). S. 76-85.

[30] Z.B. Peter von Becker u.a.: Ein Ort eher der Ablenkung. Plädoyer gegen das Berliner Holocaust-Denkmal. In: *Fankfurter Rundschau* vom 5.2.1998. Ute Heimrod, Günter Schlusche, Horst Seferens (Hrsg.): *‹Der Denkmalstreit – das Denkmal?› Die Debatte um das ‹Denkmal für die ermordeten Juden Europas›. Eine Dokumentation.* Berlin 1999.

[31] Offener Brief an Herrn Bundeskanzler Dr. Helmut Kohl. Bitte um Gerechtigkeit für die Enteigneten 1945-1949. In: *Frankfurter Allgemeine Zeitung* vom 9.10.1997. Offener Brief an Bundeskanzler Gerhard Schröder. Deutscher Bundestag verletzt Menschenrechte. In: *Frankfurter Rundschau* vom 12.1.1999. Offener Brief an Roman Herzog. Wie fühlen Sie sich, Herr Bundespräsident? In: *Frankfurter Allgemeine Zeitung* vom 10.6.1999. Diese Briefe zeichnen sich durch die literarische Form der biographischen Beispielerzählung Betroffener aus.

Scientologen als Religionsgemeinschaft durchzusetzen.[32] Alle diese Texte wollen eine Dissenserfahrung in der Gegenwart durch die Erinnerung an ein scheinbar erfolgssicheres Segment des Zweiten Weltkriegs in eine Konsenserfahrung verwandeln. Für eine Gegenwart, die sich in der Krise befindet, soll der Krieg – zugespitzt formuliert – zum Ordnungsstifter werden.

Im Zusammenhang mit der Krise in Jugoslawien und dem Kosovo-Krieg gewinnt die Erinnerung an den Zweiten Weltkrieg in 'Offenen Briefen' eine neue Dimension: Erstmalig kann sie benutzt werden, um Krieg als Mittel der Politik zu legitimieren oder zu ächten. Zwei normative Handlungs- und Orientierungsmaximen drücken gemeinsam die Intention des Grundgesetzes nach Ächtung des Angriffskriegs und des Genozids aus: Nie wieder Auschwitz! Nie wieder Krieg! Beide Maximen einzuhalten, ist Aufgabe der Politik; kommt es zu einer aporetischen Situation, in der entweder die ethnische Säuberung zu akzeptieren oder der Angriffskrieg zu führen ist, hat die Politik versagt. Dieses Dilemma wird anläßlich des Bundeswehr-Einsatzes im Kosovo diagnostiziert und mit der Begründung des 'gerechten' Kriegs oder dem Appell zu verhandeln, anstatt zu bomben beantwortet. Daß beide Seiten nicht ohne Erinnerung an den Weltkrieg auskommen, bestätigt erneut dessen Prägung der kollektiven geschichtlichen Wahrnehmung seit 1945. So fordert der 'American Jewish Congress' im 'Offenen Brief' an Präsident Clinton vom 20.4.1993 ein wirksames Eingreifen "gegen die serbische Aggression und Unmenschlichkeit auf dem Balkan", um einen zweiten Holocaust zu verhindern und fragt: "Wenn das Gedenken an diese Opfer [des Holocaust] uns nicht dazu bewegt, auf das Leiden und die Verfolgung in unserer Zeit zu reagieren, welchen denkbaren Zweck soll diese Erinnerung haben?"[33] Sie soll als Individual- und Sozialethik operativ werden, zu deren Normen die Kongruenz von Sprechen und Handeln gehört. Aus der Geschichte wird gelernt, daß die Einzigartigkeit des Holocaust nur zu bestätigen ist, wenn ein zweiter verhindert wird, sei es auch durch militärische Maßnahmen.

Dagegen werden anläßlich der Nato-Angriffe auf serbische Stellungen 1999 "Äußerungen der Bundesregierung zu Parallelen Auschwitz/Kosovo" von 'Holocaust-Überlebenden' verurteilt. Es handele sich um eine "völkerrechtswidrige Aggression der Nato [...], an der die Bundeswehr in verfassungswidriger Weise teil nimmt", die deutschen Angriffe gegen Serbien im Ersten und Zweiten Weltkrieg werden erinnert, um dann die sofortige Einstellung der Kampfhandlungen und die Aufnahme von Verhandlungen zu

[32] An open letter to Helmut Kohl. Chancellor of the German Federal Republic. In: *International Herald Tribune* vom 9.1.1997. Abgedruckt in der Beilage Scientology – eine geheimnisvolle Organisation. In: *Frankfurter Allgemeine Zeitung* vom 18.1.1997.

[33] American Jewish Congress, New York: Sollen wir dafür beten, daß sie alle sterben, Herr Präsident? Offener Brief an Bill Clinton. In: *The New York Times* vom 20.4.1993. Zit. nach *Frankfurter Rundschau* vom 1993, ergänzt durch Briefe an Bundeskanzler Helmut Kohl und Bundespräsident von Weiszäcker.

verlangen. "Was Sie tun, ist eine aus Argumentationsnot für Ihre verhängnisvolle Politik geborene Verharmlosung des in der bisherigen Menschheitsgeschichte einmaligen Verbrechens. Diese, Ihre Vorgehensweise soll offenbar einen [...] Verstoß gegen die Charta der Vereinten Nationen rechtfertigen."[34] Die Unterzeichner wenden sich gegen die Funktionalisierung von 'Auschwitz' zur Begründung eines militärischen Eingreifens, das ein neues Auschwitz verhindern soll. Im 'Offenen Brief' geht es um die Geltungskontinuität des Geschichtsbilds von der Singularität des Holocaust, das konstitutiv für die Deutungsgemeinschaft der Unterzeichner ist. Auch wenn Geschichte sich nicht wiederholen kann, wenn historische Vergleiche stets unscharf bleiben, können sich zwischen historischen Konstellationen aufgrund der Wahrnehmungs- und Deutungsschemata strukturelle Ähnlichkeiten ergeben, ohne daß dabei die Singularität eines Ereignisses geopfert würde.[35]

Peter Handkes Voten für das Verständnis Serbiens und sein Vergleich der Nato-Angriffe mit denen Hitlers rufen erneut das Argumentationsmuster der Reduktion der Komplexität des Kriegs auf individuelles Verhalten hervor. Entsprechend geht es weniger um den Krieg als um Handkes Deutung des Kriegs, seine Wirklichkeitswahrnehmung und Urteilsbildung, mögliche literarische Einflüsse und Vorurteile, wobei die Statistenrolle der Menschen in Handkes Reiseberichten aus Serbien mit der der Menschen "auf den Wie-

[34] Esther Bejarano u.a.: Offener Brief an die Minister Fischer und Scharping. Gegen eine neue Art der Auschwitz-Lüge. Holocaust-Überlebende verurteilen Äußerungen der Bundesregierung zu Parallelen Auschwitz/Kosovo. In: *Frankfurter Rundschau* vom 23.4.1999. Allerdings bedienen sich die Unterzeichner selbst der Funktionalisierung eines historischen Ereignisses zur Deutung eines Ereignisses der Zeitgeschichte. "Soll vergessen sein, daß Jugoslawien mit dem Krieg zur Unterzeichnung eines Vertrages gezwungen werden soll, der nur mit dem Münchner Diktat von 1938 verglichen werden kann, mit dem die CSR zerstört wurde, wie heute Jugoslawien zerstört werden soll?" Vgl. Klaus Vack: Gefangene ihrer eigenen Drohung. Offener Brief an Bundeskanzler Gerhard Schröder. In: *Frankfurter Rundschau* vom 29.3.1999. Andreas Buro, Manfred Stenner: Friedenskräfte im Stich gelassen. Offener Brief an Bundeskanzler Gerhard Schröder. In: *Frankfurter Rundschau* vom 24.3.1999.

[35] So stellt Heribert Adam nach dem Hinweis, daß es "politisch nicht korrekt" sei, "Auschwitz mit Stalins Terror oder mit Ruanda zu vergleichen", fest: "Aber vergleichen heißt nicht gleichsetzen. Man kann durchaus eine vergleichende Geschichte menschlicher Genozide schreiben, ohne dabei die Nazi-Verbrechen zu relativieren. Im Gegenteil, das Spezifische der Nazi-Greuel – der industriell-bürokratische Mord an friedlichen Menschen ohne rationale Gründe wie Kriegsgewinn oder Landeroberung – kann gerade durch einen Vergleich mit anderen Ausrottungskampagnen in seiner Außergewöhnlichkeit deutlich werden." Heribert Adam: Wer von euch ohne Sünde ist, haftet dennoch für seinen Staat. Nationen in aller Welt haben Schuld auf sich geladen, doch sie fanden unterschiedliche Wege, damit umzugehen. In: *Frankfurter Allgemeine Zeitung* vom 24.7.1999.

ner Aquarellen des jungen Hitler" verglichen wird, nicht ohne "den ehrenrührigen Vergleich" sofort zurückzunehmen.[36] Die Isolierung und Sündenbockfunktion Handkes pariert Sepp Bierbichler mit der Thematisierung von Literatur und Politik.[37]

Der Vergleich mit Hitler gilt als stärkste, nicht mehr steigerungsfähige Abwertung, als neue Form des 'Unüberbietbarkeitstopos'. Umgekehrt wird erwartet, daß ein Vergleich mit der Judenverfolgung gegen Kritik immunisiert. 'Offene Briefe' weisen die Erinnerung an den Krieg als unverzichtbar für die Konfliktbewältigung der Gegenwart aus, sie integrieren ihn in deren politischen und kulturpolitischen Diskurs.[38] Betrachtet man die Funktionalisierung des Kriegs in 'Offenen Briefen', so ergibt sich der Befund vom Krieg als Subtext der individuellen und kollektiven Erinnerung. Nicht nur der Neuanfang 1945, auch andere politische Entscheidungen sind nicht ohne die prägende Erinnerungsfolie des Kriegs zu vollziehen. Anläßlich des Kriegsthemas halten 'Offene Briefe' das Normwissen und die utopische Dimension aktuell, daß die Welt so sein kann, wie sie sein soll.

[36] Hans Christoph Buch: Bitte nix kaputt! Ein offener Brief an den Schriftsteller Peter Handke. In: *Die Zeit*. Nr. 27 vom 1.7.1999. Vgl.: Neues Auschwitz. In: *Frankfurter Allgemeine Zeitung* vom 17.5.1999: Handke setzt "die Luftangriffe der Nato [mit der] Vernichtung der europäischen Juden durch die Nationalsozialisten in Beziehung". Günter Grass, der den Nato-Einsatz verteidigt hatte, wird im Kontext mit Hitlers Angriffen auf Polen und die Tschechoslowakei gesehen. Vgl. den Bericht über einen Offenen Brief des serbischen Schriftstellerverbands: Aroma des Krieges. In: *Süddeutsche Zeitung* vom 3./4./5.4.1999. Vgl. zum Offenen Brief des Londoner Exil-Pen an den Internationalen Pen: Verwerfung. In: *Frankfurter Allgemeine Zeitung* vom 29.5.1999.

[37] Sepp Bierbichler: Sehr geehrter Herr Peymann. Offener Brief. In: *Die Zei*t. Nr. 16 vom 15.4.1999.

[38] Daher scheint die These Jürgen Links, daß der Krieg "von der alltäglichen Lebenswirklichkeit der Bevölkerung der kriegführenden Länder" "vollständig" abgespalten sei, nur zuzutreffen, wenn man die Deutungs- und Auslegungsarbeit nicht zur Lebenswirklichkeit rechnet. Von "Apathie und Schweigen der Bevölkerung" kann angesichts der zahlreichen 'Offenen Briefe', wozu auch die Serie der 'Offenen Briefe' zum Kosovo-Krieg zwischen Egon Bahr und Erhard Eppler in *Die Zeit* gehört, und der noch zahlreicheren Anschlußtexte kaum die Rede sein. Jürgen Link: Der diskrete Krieg der Profis, der die Normalität nicht berührt. Der Konflikt auf dem Balkan braucht 'das Volk' nicht, sondern stellt seine Bestandteile selbst her. In: *Frankfurter Rundschau* vom 18.6.1999.

Michael Schornstheimer

"Die verschlagenen Augen der Polen" – Kriegserlebnisse und Kriegsdeutung in den Fortsetzungsromanen von *Quick* und *Stern* in den fünfziger Jahren

During the late 1950s, the war that had ended only a little more recently than a decade ago was one of the most favourite topics of popular German magazines like Der Stern *or* Quick. *These magazines used a language of military rhetoric to describe past battles. In the language of natural catastrophes on the one hand and the descriptions of war as a question of organisation, technology, fashion and sports on the other reactionary stereotypes of 'the German soldier' as a brave and unsullied victim of political manipulation were repeated again and again. The central topic of these series of articles is the question whether the army members of the German* Wehrmacht *were (bad) nazis or (good) loyal German soldiers. The answers given were always the same. They followed the classic stereotypes of ideological narrative constructions, confessing the obvious (that there were a few Nazis in the* Wehrmacht*), refusing any general conclusions (that this would not mean that all* Wehrmacht *soldiers were Nazis) and denying all responsibility and questions of guilt (altogether* Wehrmacht *soldiers were brave soldiers who kept their distance from the Nazis). The commanders and officers of the* Wehrmacht *in particular are pictured as warm-hearted human beings, loving husbands and fathers and convinced anti-Fascists, filled by the ardent desire to "lay there hands on Hitler". In these representations, the stereotypical images of a National Socialist ideology with its simple binary constructions of good and evil are not only repeated but accepted and implanted into the war discourse of post-war West Germany.*

Krieg: Ein Mordsspaß

In der Sprache der Siegesmeldungen des Oberkommandos der Wehrmacht schilderte die Illustrierte *Stern* gegen Ende der fünfziger Jahre den "Polenfeldzug".

> Schwere deutsche Bombenangriffe richteten sich auch gegen die polnische Armee und ihre Nachschubstrecken. Sie setzten die Eisenbahnlinien außer Betrieb, brachten den Straßenverkehr durcheinander und unterbrachen das Nachrichtennetz. [...] Die Heeresgruppen gehen an diese Linie heran, säubern das besetzte Gebiet und veranlassen das Zusammenschließen und Ordnen der Verbände. Heeresgruppe Süd bringt die Kämpfe an der Bzura zum Abschluß und schließt auch Warschau westlich der Weichsel ab, sie nimmt mit rechtem Flügel der 14. Armee

> das Ölgebiet bei Skole-Stryi in die Hand, Heeresgruppe Nord hält Warschau ostwärts der Weichsel abgeschlossen.[1]

In diesem Krieg fließt kein Blut. Angst, Elend, Leid und Tod kommen nicht vor. Feinde werden lediglich wie beim Räuberspielen "überwältigt", Infrastruktur ein bißchen "außer Betrieb gesetzt", Gebiete "gesäubert" und wenn nötig der Verkehr ein wenig "durcheinandergebracht". Eine saubere Sache. Krieg ist eine Frage von Organisation und Technik. Und auch von Mode und Sport, wie die *Quick*-Serie über den Hitlerjungen Hans unterstreicht:

> Der Major sah blendend aus. Kein Mensch konnte ihm ansehen, daß er eine schwere Verwundung gerade hinter sich hatte. Er würde immer so aussehen, als käme er gerade von der Front oder sei im Begriff, augenblicklich dorthin abzureisen. Er betrug sich wie ein Sportsmann, deshalb bekam ihm der Krieg. Er war undenkbar ohne Reitstiefel und Pistole. Von beiden trug er immer das neueste Modell. Hans dachte: was ist er für ein Kerl, für ein großartiger Kerl, so möchte ich auch sein [...].[2]

Ein allgemeinerer Blick auf den Krieg sieht ihn als Naturgewalt, wie schon das deutsche Wort vom 'Kriegs'ausbruch suggeriert. Wie ein Vulkan ausbricht oder wie ein wilder Sturm durch das Land fegt, Bäume entwurzelt, Häuser abdeckt und Menschen erschlägt, so tobt auch der Krieg durch die Lande und fordert seinen Tribut, seinen Blutzoll und wird auf diese Weise zum Subjekt, zum Schuldigen. Doch wenn der Krieg selbst zum Sündenbock erklärt wird, kann es nur, wir ahnen es, um eine "Quasi-Schuld" gehen, also um eine, die den Deutschen ungerechterweise in die Schuhe geschoben wird. Wie beispielsweise in einem Gerichtsprozeß. Auf der französischen Anklagebank sitzen Soldaten der Waffen-SS, von der Division Hitlerjugend, die angeklagt sind wegen der Erschießung von 77 Geiseln.

> Aber Werner Voigt und seine Kameraden sind unschuldig an diesem Leid. Will man sie bestrafen, weil man die Schuldigen nicht fand? Ist nicht am Ende der Krieg allein schuld, der Krieg, der auf beiden Seiten so viel Unrecht und Verbrechen häufte?[3]

Von echtem Unrecht und wirklichen Verbrechen kann erst dann die Rede sein, wenn Deutsche anfangen zu leiden. Dann wird der Bombenkrieg zum Terrorangriff. Kein Wort mehr vom Ausschalten, Säubern und Außer-Betrieb-Setzen:

> Am 22. Februar 1945 fielen 9.000 alliierte Bomber und Jäger über das deutsche Eisenbahnnetz zwischen Berlin-Leipzig-Kassel-Hamburg-Ludwigslust her, drei Tage später über die Strecken Leipzig-Regensburg-Stuttgart-Kassel. Sie schlugen

[1] In Europa gingen die Lichter aus. In: *Stern* 39/1959.
[2] So wahr mir Gott helfe. In: *Quick* 5/1958.
[3] Ein Todgeweihter bittet um Gerechtigkeit. In: *Stern* 16/1952.

> alles kurz und klein und verschonten selbst Kleinstädte, Dörfer und einzelne Gehöfte nicht.[4]

Die deutschen Bomben auf Rotterdam, London, Warschau und Kiew trafen einen anonymen Feind. Den alliierten Waffen fielen hingegen wehrlose deutsche Menschen zum Opfer. Und als "wehrlos" und "unbewaffnet" gelten dann sogar die aus dem Osten fliehenden deutschen Truppen, die – Flüchtlingen gleich – nur noch ihr nacktes Leben retten wollen. "Das nackte Leben" ist auch der Titel einer *Stern*-Serie Ende der fünfziger Jahre. Minutiös können wir dort verfolgen, was auf einem Schiff nach einem (russischen) Torpedotreffer passiert:

> "Minen", sagte Weller. "Ach wo – Torpedos!", rief Zahn. "Ein U-Boot muß hier auf der Lauer liegen, hoffentlich verpaßt es uns nicht noch den Fangschuß". [...] Schreie von Menschen drangen bis zur Brücke. [...] Tief unten im E-Deck gab es für die Marinehelferin Gertrud Agnesens ein fürchterliches Erwachen. Ein ohrenbetäubender Knall riß sie aus dem Schlaf, und es war, als ob die eisernen Wände über ihnen zusammenstürzen würden. Dann ein Rauschen und Bersten, und gleich noch zwei dumpfe Schläge. [...] Bestürzte, zu Tode erschrockene Mädchengesichter starrten einander an, bis das Streichholz verlöschte. "Laß brennen, ich finde meine Schwimmweste nicht", schrie ihr jemand ins Ohr. Draußen rief eine Stimme: "Schnell, um Himmels willen, schnell, das Wasser kommt! " Plötzlich prasselte ein armdicker Wasserstrahl von oben auf die Mädchen herab. Sie kreischten vor Schreck auf.[5]

Fanatische Nazis und anständige, saubere Soldaten

Die sogenannten Tatsachenberichte und Fortsetzungsromane der Illustrierten *Quick* und *Stern* beschäftigen sich in den fünfziger Jahren immer wieder mit der Frage, ob die Offiziere und Mannschaften der Wehrmacht nun eigentlich (böse) Nazis oder (gute) loyale Soldaten gewesen seien.

> Wer war er überhaupt? Nur ein harmloser Idealist und draufgängerischer Soldat? Oder einer jener fanatischen Nationalsozialisten, die im blinden Gehorsam Befehle ausführten, ohne nach ihrem politischen Sinn oder Unsinn zu fragen, und die damit den Krieg und das Massensterben sinnlos verlängerten?[6]

Natürlich ist diese Frage ziemlich verwirrend falsch gestellt. Denn die Pflicht jedes Soldaten ist, Befehle gehorsam auszuführen und nicht nach dem politischen Sinn oder Unsinn zu fragen. Draufgängerisch braucht er deshalb nicht zu sein. Nur gehorsam. Ein "fanatischer Nationalsozialist" hingegen dürfte für sich in Anspruch nehmen, ein "Idealist" zu sein, allerdings nicht "harmlos", falls er es ernst meint.

[4] In Europa gingen die Lichter aus. In: *Stern* 12/1960.
[5] Das nackte Leben. In: *Stern* 14/1959.
[6] Der gefährlichste Mann der Welt. In: *Quick* 14/1950.

Für die Beschäftigung mit der Führungselite der deutschen Wehrmacht ist eine grundlegende Dichotomie konstitutiv: Zunächst wird nicht geleugnet, daß es innerhalb des Militärs auch überzeugte Nazis gegeben habe. Doch die Mehrheit sei anständig gewesen. Das Prädikat "unanständig" gilt für einen deutschen Offizier nur, solange er anonym bleibt. Wird die Schilderung persönlich, stellt sich bei genauerer Betrachtung heraus, ist ein scheinbarer Nazi in Wirklichkeit ein anständiger Soldat. General von Falkenhausen beispielsweise, Befehlshaber von Belgien und Nordfrankreich, steht seiner Anklage als Kriegsverbrecher wegen 1950 im Mittelpunkt einer *Quick*-Serie: *Mein Gewissen ist mein Anwalt*:

> Es sind 240 Menschen in Belgien erschossen worden, während von Falkenhausen Militärbefehlshaber war. Alles spricht dafür, daß mehr, viel mehr Menschen umgekommen wären, wenn ein anderer auf seinem Posten gesessen hätte. Er ist viel mehr entsetzt darüber, was geschehen ist, was er geschehen lassen mußte.[7]

Selbst General von Reichenau, den, wie *Quick* weiß, der Führer einst mit Tränen in den Augen empfing, "weil 'Sie der einzige General des Heeres sind, den man als Nationalsozialisten bezeichnet und den ich aufrichtig schätze'",[8] wird als "General zwischen den Stühlen" bezeichnet und entsprechend geschildert, ein vom "Sport begeisterter Offizier", "mit einem Ruck zum Genialen":

> Ein sprühender Kopf, den die Einfälle jagen, der die halbe Welt bereist hat, ein halbes Dutzend Sprachen und die Literatur kennt, der Shakespeare übersetzt und Gedichte hersagt und zugleich doch so fest in der militärischen Wirklichkeit steht, so viel politische Kenntnisse hat und von so glühendem Ehrgeiz und brutalem Egoismus erfüllt ist.[9]

Alle oder doch zumindest fast alle deutschen Offiziere waren zuallererst Menschen und treu sorgende Familienväter, belehren uns die Illustrierten. Unrecht begehen wollte keiner von ihnen. Ein jeder trachtete, auf die ihm eigene Art, "die Hand auf Hitler zu legen".[10] Kameradenschinder, Sadisten, verbrecherische Mörder gab es allerdings auch. Jene nämlich, die Verräter wurden und im Nationalkomitee Freies Deutschland (NKFD) ihr jämmerliches Leben retten wollten.[11] Geächtet bleiben außerdem die engsten hingerichteten militärischen Mitarbeiter Hitlers: Feldmarschall Keitel und Generaloberst Jodl. Sündenböcke für den Rest.

Auf eine eigentümliche, schizophrene Art enthalten viele Passagen, welche einerseits die Legende von der "guten Wehrmacht" konstruieren und perpetuieren, zugleich deren Widerruf. Beispielhaft führt dies die Geschich-

[7] Mein Gewissen ist mein Anwalt. In: *Quick* 40/1950.
[8] Warum des Teufels General? In: *Quick* 41/1955.
[9] Warum des Teufels General? In: *Quick* 44/1955.
[10] Warum des Teufels General? In: *Quick* 45/1955.
[11] Vgl. z.B. Der umstrittene Heimkehrer. In: *Quick* 7/1955; oder Der große Schwindel. In: *Stern* 13/1952.

te der französischen Widerstandskämpferin Dina Vierny vor, die sich bereits seit Monaten im Gestapo-Gefängnis Fresnes befand. Sieben bestialische Folterungen hatte sie bereits hinter sich, da wurde sie erneut zum Verhör geholt:

> Diesmal wird sie nicht in eine jener modernen Folterkammern geführt, in der die roten Wände mit den vielen Steckkontakten dick abgepolstert sind, damit man die Schreie nicht hört. Diesmal darf sie sich in einem schönen, hellen Zimmer mit vielen großen Fenstern – es muß einmal ein Salon gewesen sein – sogar auf einen Stuhl setzen. Das ist neu. Sonst muß sie stundenlang stehen beim Verhör. Hinter dem Schreibtisch sitzt ein Hauptmann der Wehrmacht in Uniform. Kein Gestapo-Mann denkt Dina erleichtert. "Sie stehen unter Verdacht, englische Spionin zu sein", sagt er in fast akzentfreiem Französisch.[12]

Ganz unfreiwillig dokumentiert der gebildete Abwehroffizier mit dem schönen Büro im Gestapo-Haus die fruchtbare Zusammenarbeit zwischen bad-guy and good-guy, die unter einem Dach in effizienter Arbeitsteilung Vor-, Haupt- und Nachbehandlung der auszupressenden Gefangenen erledigen.

Die Mär von dem Krieg, "in dem der einfache deutsche Landser treu, tapfer und todesmutig, aber von Anfang an der Betrogene war"[13], zerstört ein Foto, das einen knienden Gefangenen vor deutschen Soldaten zeigt. Der Text dazu gibt unverhüllt zu:

> Makabre Spiele mit der Todesangst gefangener Partisanen trieben deutsche Landser in Rußland. Zu oft und zu schnell wurde aus solchem Spiel tödlicher Ernst. Unter der brutalen und kurzsichtigen Besatzungspolitik der Hitler-Satrapen Koch, Kube und Lohse gingen selbst die deutschfreundlichen Russen in die Wälder.[14]

Verantwortlich sollen zwar die Hitler-Satrapen sein, doch die "tödlichen Spiele", die niemals Spiele waren, sondern tödlicher Ernst, trieben unzweideutig die deutschen Landser.

Vorgesetzte, Führer: Halbgötter in Uniform

> Der Dieselmaschinist kam keuchend in die Zentrale: "Viel tiefer können wir nicht mehr gehen, Herr Kaleu, sonst ..." "Wer sind Sie?" "Was?" "Wer Sie sind, hab ich Sie gefragt, haben Sie Dreck in den Ohren?" "Obermaschinist Hübler meldet sich zur Stelle". "Hört sich schon anders an, was?" "Jawohl, Herr Kaleu." "Wenn Sie mir noch mal eine Falschmeldung machen, stell ich Sie vors Kriegsgericht." "Jawohl, Herr Kaleu!" "Vors Bordgericht. Ne halbe Stunde später sind Sie ne Leiche." "Jawohl, Herr Kaleu!" [...] Und diese ganze Kasernenhofszene fand statt, während oben jeden Augenblick neue Wasserbomben fallen konnten. Aber

[12] Modell in Fesseln. In: *Quick* 2/1951.
[13] Der Kriminalrat des Teufels. In: *Quick* 40/1958.
[14] PW Rossmeisl schlägt sich durch. In: *Quick* 26/1959.

> die, die zuhörten, wurden plötzlich ruhiger. Was konnte schon passieren, solange der Kommandant noch auf solch peinliche Ordnung hielt.[15]

Der U-Boot-Kommandant repräsentiert einen Typus. So oder ähnlich begegnen uns die meisten Protagonisten in der Rolle des Vorgesetzten. Dank ihrer bewundernswerten Souveränität vermag sie kaum eine Gefahr ernstlich aus dem Gleichgewicht zu bringen. Sie haben ihre Leute fest im Griff und werden dafür von ihren Untergebenen geliebt, wenn sich auch mitunter etwas Haß der Zuneigung beimischt. Niemals verlieren sie die Nerven. Ihre gelegentlich unverständliche Härte erweist sich im nachhinein als gut und menschenfreundlich, denn sie hat bei genauerer Betrachtung viele Opfer erspart. Fast immer verkörpern sie vollständig ausgereifte, innerlich abgeklärte Persönlichkeiten.

Äußerlich sind sie von schlanker Gestalt, hochgewachsen und blond. Ihr Gesicht wird als "klar" beschrieben, die Augen selbstverständlich blau, die Stimme fest und hell. Und natürlich tragen sie stets eine tadellose Uniform.

So sehen echte Führerpersönlichkeiten aus. In ihnen erweist sich, daß der Traum vom absoluten Führerstaat nicht die Fiktion eines Wahnsinnigen war, sondern reelle Chance. In den wenigen Fällen, in denen Vorgesetzte solche Eigenschaften vermissen lassen, erfahren sie im Laufe der Episode Läuterung und Reifung.

Feindbilder und das Bild der Feinde

> Jan Stepancyk ist der Kapitän dieses Schiffchens in britischen Diensten. Ein Pole. Schmutzig. Unrasiert – wie alle seine Leute. Mit den flackernden Augen des Fanatikers. Seine Mannschaft: eine Handvoll verwegener Gestalten. Zu allem bereit. Mitten unter ihnen [die Partisanin] Odette [...]. Ein knarrendes Geräusch schreckt Odette aus ihren Gedanken. [...]"Hallo...Odette..." grölt der Mann. Schwankend kommt er auf sie zugetorkelt. Es ist einer der Matrosen. "Komm her – mein kleines Frauchen... komm ssu mich...". Odette sieht die Augen des Polen gierig funkeln. Sie spürt schon den Schnapsdunst seines Atems. Jetzt streckt er seine mächtige Pranke nach ihr aus, packt sie am Handgelenk, will sie an sich zerren. [...] Ein breites Grinsen verzerrt das schweißtriefende, schmierige Gesicht des Mannes. "Schrei doch, Kätzchen... schrei...wird sich nix nichts hören."[16]

So sehen die bundesdeutschen Gazetten der fünfziger Jahre die polnischen Feinde. Egal, ob Frau oder Mann, natürlich können sie kein ordentliches Deutsch und wahrscheinlich auch kein Polnisch. Deshalb lassen die Autoren sie Ausländerdeutsch sprechen. Ausnahmslos werden sie beschrieben als häßlich und ungeschlacht: "Dumpfe Kreatur, stur, fast tierisch."[17] Den Männern weht dazu noch ständig eine Alkoholfahne aus dem ungewaschenen

[15] Haie und Kleine Fische. In: *Quick*, 46/1956.
[16] Madame Odette. In: *Quick* 6/1956.
[17] Das gibt's nur einmal. In: *Stern* 30/1957.

Mund. Sie sind verlogen, faul und dreckig. Ihre verschlagenen Augen funkeln böse, während deutsche Augen hell und freundlich blicken. Die Polen sind allzeit bereit zu Vergewaltigung, Totschlag und Mord. So erlebte es ausweislich in der *Stern*-Serie *Einer kam durch* der junge Oberleutnant Franz von Werra in englischer Gefangenschaft:

> Fremdartige Worte, höhnisches Gelächter klang dazwischen auf, einzelne haßerfüllte Schreie...und da – nein, er hatte sich nicht geirrt –, da rief einer gellend und in gebrochenem Deutsch: "Totschlagen – deutsches Schwein! Schlagt deutsches Schwein tot!" [...] "Los, gehen Sie!" zischte [der Engländer] – und seine Stimme klang auf einmal nervös, als ob er fürchtete, seinen Gefangenen gegen die Wut der Polen nicht schützen zu können.[18]

Dieser deutsche Blick auf die Polen gilt nicht nur für die Vergangenheit, also den Feind aus der Kriegszeit, sondern auch noch in den Nachkriegsjahren. Dann hießen sie "displaced persons": Ehemalige Zwangsarbeiter, vielleicht auch KZ-Häftlinge, die nach Kriegsende zunächst in Deutschland bleiben mußten. Zumeist waren sie wieder in Lagern untergebracht. Beispielsweise unweit der Werratalbrücke bei Laubach. Dort verunglückte ein Lastwagen mit dem Gepäck von deutschen Soldaten. Sofort war die Laubacher Bevölkerung zur Stelle, um das fremde Hab und Gut zu bewachen, denn "die Laubacher wissen nur zu gut, was sie von dem Polenlager, das sich ganz in der Nähe befindet, zu halten haben."[19] Selbst vor Leichenschändung schrecken diese Halbwilden nicht zurück:

> Einige der Toten haben bereits keine Schuhe mehr an ihren Füßen. Man hat sie ihnen in dem allgemeinen Durcheinander ausgezogen und geraubt. Wer das getan hat, will der empörte Offizier wissen. [...] Hauptmann Klausing zuckt die Schultern. Wer das war? Er will keinen Verdacht aussprechen. Das wäre gefährlich. [...] Da stehen sie in einiger Entfernung, die Polen aus dem früheren Arbeitslager. Ihre Gesichter sind verschlagen, ihre Augen tückisch. Die Engländer haben bereits ihre bösen Erfahrungen mit diesen "displaced persons" gemacht.[20]

Widerstand und Kollaboration

"Verschlagen und tückisch" treten uns auch die Angehörigen des Widerstandes in den besetzten Ländern gegenüber. Selten als "Partisanen", schon viel eher als "Kommunisten und Kriminelle".[21] "Glutäugig, aufbrausend, pathetisch, selbstherrlich".[22] "Agenten, Saboteure, Spione und Kriminelle".[23]

[18] Einer kam durch. In: *Stern* 10/1957.
[19] Lichter stürzen in der Nacht. In: *Stern* 7/1954.
[20] Lichter stürzen in der Nacht. In: *Stern* 8/1954.
[21] Geheimwaffe Violett. In: *Quick* 2/1957.
[22] Madame Odette. In: *Quick* 7/1956.
[23] Ebd.

Ihre Physiognomie scheint die Verbrechertypologie der NS-Rassentheoretiker zu bestätigen: "Ein Gesicht, das man so leicht nicht vergessen konnte: roh und abstoßend, mit breitgeschlagener Boxernase, verkrüppelten Ohren, brutalem Kinn und tiefliegenden, stechenden Augen."[24] Das bestätigte selbst die Erfahrung der Französin Florentine, die mit den Deutschen kollaborierte und deren Eltern von selbsternannten Antifaschisten erschossen worden waren:

> Plötzlich packte sie eine Hand in den Haaren, riß sie brutal zurück. Sie blickte in das schweißglänzende, schmierige Gesicht des Anführers. "Sieh mal einer an, die feine Dame!" zischte er höhnisch. "Ist das Töchterchen von diesen Schweinen... völlig klar, warum du ihre Unschuld bezeugen wolltest... Jetzt wollen wir mal sehen, wie es um deine eigene Unschuld bestellt ist!" Ein heiseres Lachen, zwei gierig glänzende Augen, dicht, ganz dicht über ihr. "Mörder!" schrie Florentine. "Bestien! Verbrecher!"[25]

Zu sympathischen Patrioten wandeln sich Partisanen erst dann, wenn sie als Kollaborateure auf die Seite der Deutschen wechseln, etwa, weil sie endlich zu der Ansicht gekommen sind, daß dem Töten ein Ende bereitet werden muß. Erst durch diesen Verrat werden aus den ehemaligen "Verrätern" anständige Bürger, "ein braver Patriot, ein aufrechter Soldat".[26]

Für Partisaninnen gibt es noch einen viel interessanteren und überzeugenderen Grund, die Seite zu wechseln: Nämlich die Geliebte eines gutaussehenden, sauberen, deutschen Soldaten zu werden. Fast alle Agentinnen der Illustrierten-Fortsetzungsromane verlieben sich irgendwann in den vormaligen Feind. Und erst in dessen Armen lernen sie, wie verräterisch und unrecht ihr Kampf gewesen ist:

> Denkt sie überhaupt noch daran, wie frech, mutig, rücksichtslos, wie fanatisch in ihrem Patriotismus sie die Deutschen bekämpft hatte? [...] Und jetzt liegt sie in den Armen eines "Boche", sehnt sich nach seinen Zärtlichkeiten.[27]

Der Widerstandskämpferin Lill begegnet bei ihrer Verhaftung ein Offizier, der direkt aus der deutschen Wochenschau entsprungen sein könnte:

> Sie sah seinen scharf profilierten, rassigen, männlich schönen Kopf. Sah seine nervigen, schlanken Hände. Sah in seine tiefen, ein wenig verträumten Augen. [...] War es etwa das Gesicht des Frontsoldaten?[28]

"Und schon is' se hin", würde Heinz Rühmann dazu singen. Die Agenten vom Sicherheitsdienst SD, SS und Wehrmacht scheinen allesamt charmante, bezaubernde Schwerenöter gewesen zu sein. Zumindest ausweislich der Fortsetzungsromane. Im großen und ganzen besiegen sie den feindlichen

[24] Die Katze. In: *Quick* 50/1955.
[25] Florentine. In: *Quick* 34/1956.
[26] Die Katze. In: *Quick* 40/1955.
[27] Die Katze. In: *Quick* 44/1955.
[28] Lill und der Walzertraum. In: *Quick* 21/1956.

Widerstand, indem sie die feindlichen Agentinnen verführen. Zunächst ein paar gute Argumente, dann ein paar Komplimente, und der Abend endet bei Kerzenlicht mit Champagner und knisternder Seide. Im Kontext der Partisanenbekämpfung spielt dann auch plötzlich der häufig konstruierte Widerspruch zwischen SS und Wehrmacht keine Rolle mehr, wie die *Stern*-Serie *Geld wie Heu* verrät. Auf dem finstren Balkan soll Oberleutnant Hartmann in eine geheime Mission eingeführt werden, von Obersturmbannführer Fröben. Oberleutnant Hartmann ist etwas mulmig zumute. Doch dann bittet ihn eine forsch-fröhliche Stimme in ein sonnendurchflutetes Zimmer, und ein hochgewachsener, blonder Mann im Bademantel, mit einem Gesicht, "das immer zum Lachen bereit schien" läßt ihm die Wahl zwischen einem milden Weißwein oder Sekt. "Wenn schon, dann Sekt, sagte Hartmann und lachte mit."[29]

Die Lust an der Pflicht

Viele Geschichten, die sich um die Partisanenbekämpfung ranken, räumen außerdem mit einer weiteren Legende auf, nämlich der, die deutschen Landser hätten nur nach dem Prinzip "Befehl ist Befehl" stur ihre Pflicht erfüllt. Nein, erzählen diese Romanfolgen, sie waren zum Bersten stolz darauf, diese Pflicht zu tun, sie waren so begeistert davon, daß ihnen allein beim Gedanken an den künftigen Frieden schon ganz mulmig wurde. All ihre Tatkraft und ihre ganze Fantasie setzten sie dafür ein. Und manche riskierten Kopf und Kragen, ignorierten Befehle, handelten ihnen sogar ausdrücklich zuwider, nur um noch effizienter und wirksamer den verschlagenen Feinden das schmutzige Handwerk zu legen. Dafür riskierte Sonderführer Ralph alias Rudolph Pohl sogar das Kriegsgericht. Er schlägt seinem vorgesetzten Major vor, zwei Widerstandskämpfer freizulassen, um so die "ganz Bande" in die Hand zu bekommen. Der Major sagt nein. Die Sache geht hoch bis zum Oberst. Doch auch der lehnt die Verantwortung ab:

> Aber schließlich sagt er doch: "Na schön. Mir soll's recht sein. Aber wenn [...] er entwischt, dann haften Sie mir mit ihre Kopf, lieber Ralph." "Ich bin gewohnt, meinen Kopf hinzuhalten, Herr Oberst", sagt Ralph und wendet sich zur Tür. Als Ralph fünf Minuten später an seinem Schreibtisch sitzt, ist ihm nicht wohl in der Haut. Er weiß genau: wenn etwas schief geht, wartet das Kriegsgericht auf ihn.[30]

Diese flammende Einsatzbereitschaft finden wir bei allen Waffengattungen und in allen Rängen, vom U-Boot-Kommandanten bis hinunter zum letzten Matrosen:

> Wenn man heimkam, zählten nur die Wimpel am Mast, aber er hatte nur ein Schiff versenkt. Ein Schiff, das war alles. [...] Er hatte seiner Besatzung kein

[29] Geld wie Heu. In: *Stern* 33/1959.
[30] Florentine. In: *Quick* 30/1956.

Glück gebracht. Und alles verzieh man einem Kommandanten, nur eines nicht – daß er kein Glück hatte. Am zweiten Abend, nachdem sie den Tanker verlassen hatten, sichteten die Ausgucks eine Rauchfahne. Czech war auf der Brücke und ohne zu zögern gab er den Befehl, die Torpedorohre Eins und Zwei klarzumachen. Die Männer waren plötzlich wie elektrisiert. Aber dann kamen Czech Bedenken, ob es richtig war, mit einem so schwer beschädigten Boot anzugreifen. [...] Er schüttelte den Gedanken ab, als er sah, wie die müden Gesichter um ihn plötzlich strahlten.[31]

[31] Verdammter Atlantik. In: *Quick* 39/1959.

Wolfgang Mühl-Benninghaus

Vergeßt es nie! Schuld sind sie! Zu Kriegsdeutungen in den audiovisuellen Medien beider deutscher Staaten in den vierziger und fünfziger Jahren

Clichés of the 1960s and 1970s influenced and practically determined the reflection on World War II in the German audio-visual media during the 1940s and 1950s. This paper questions the origins and use of these clichés, on the basis of examples from films of this period which depict no guilt at all, due to the political culture of the Cold War. In East Germany, the question of guilt was answered by Dimitrof's definition of fascism. He claims, in general, that financial, industrial capitalism carries all responsibility. In West Germany, the film market determined the films' contents. In conclusion one can say that the missing question of guilt was answered ideologically in the East, and economically in the West. Only the more modern media – television – has enabled a different perspective of Word War II in the East as well as the West.

1. Vorbemerkungen

Die wissenschaftliche Aufarbeitung von Reflexionen des Zweiten Weltkrieges in den audiovisuellen Medien im Nachkriegsdeutschland steht erst am Anfang. Für die relativ geringe Zahl der Fernseh- und Hörfunkproduktionen fehlen bis heute sorgfältige Analysen zum Thema. Das deutsche Dokumentarfilmschaffen blendete den Weltkrieg mit Ausnahme einiger Kompilationsfilme thematisch aus.[1] Den Spielfilm reflektiert die Filmgeschichte noch immer nahezu einhellig aus dem Blickwinkel der in den sechziger und siebziger Jahre entstandenen Klischeevorstellungen:[2] "Soziale Gleichgültigkeit

[1] Zu den wenigen Dokumentarfilmen die in den fünfziger Jahren entstanden, zählen in der DDR die beiden Produktionen der Thorndikes: *Du und mancher Kamerad* und *Unternehmen Teutonenschwert*. In der BRD entstanden: *Das war unser Rommel, Beiderseits der Rollbahn, Bis fünf nach zwölf, So war der deutsche Landser, Er ging an meiner Seite* und *Seit 5.45 Uhr wird zurückgeschossen*.

[2] Die einzige erkennbare Ausnahme bildet: Wolfgang Becker, Norbert Schöll: *In jenen Tagen ... Wie der deutsche Nachkriegsfilm die Vergangenheit bewältigte*. Opladen 1995.

und politische Borniertheit" sowie "Mangel an ästhetischer Phantasie"[3] sind bis heute gängige Typisierungen für die bundesdeutschen Spielfilme über Kriegs- und Nachkriegszeit. Die DDR-Filmgeschichtsschreibung, aber auch die der Bundesrepublik blickten dagegen übereinstimmend positiv auf die Anfänge des DEFA-Films zurück. Viele Filmemacher des Ostens griffen dieses positive Image in den siebziger und achtziger Jahren auf und stellten ihre Beiträge zur Sicht auf den Nationalsozialismus im allgemeinen und zum Weltkrieg im besonderen bewußt in die Traditionslinie der frühen DEFA-Filme.[4]

Unabhängig von der Haltbarkeit dieser Aussagen ist kennzeichnend für die Medienbetrachtung, daß sie ausschließlich das Produkt in den Mittelpunkt wissenschaftlicher Analysen stellte. Im Folgenden wird dagegen vor allem der Spielfilm als Kommunikationsmodell stellvertretend für die gesamte publizistische und künstlerische Öffentlichkeit betrachtet. Das heißt, die Entstehungs- und Rezeptionbedingungen der jeweiligen Produktionen werden in die Beobachtungen mit einbezogen. Zu letzteren zählen die sehr differenzierten Erfahrungen und Erlebnisse der Deutschen im Krieg. Von Kämpfen an der Front, Entbehrungen, Massenmord, Bombennächten, Flucht, Vertreibung, Hunger oder Angst um die nächsten Angehörigen war die Bevölkerung in sehr unterschiedlichem Maße betroffen. Nach dem Schweigen der Waffen war zwar für viele die unmittelbare Gefahr für das eigene Leben gebannt, geblieben war aber der tägliche Kampf um Essen und Trinken wie auch die Sorge um das Schicksal von Verwandten und Freunden. Die dieser Situation geschuldeten Folgen sowie der Kräfteverschleiß durch die ersten Aufräumarbeiten sind bis heute nicht untersucht. Die Problematik reicht von gesundheitlichen und psychischen Deformierungen bis in ästhetische Dimensionen infolge der bedrückenden alltäglichen Trümmerwelt. Zu den Entstehungsbedingungen zählt auch die von der überwiegenden Mehrheit der Deutschen geteilte Überzeugung, daß Medien erzieherische Wirkungen auf die Rezipienten ausüben sollen und können. Da sowohl die Alliierten als auch die deutschen Nachkriegspolitiker überzeugt

[3] Klaus Kreimeier: *Kino und Filmindustrie in der BRD. Ideologieproduktion und Klassenwirklichkeit nach 1945*. Kronberg 1973. S. 38; vgl. auch: Martin Osterland: *Gesellschaftsbilder in Filmen. Eine soziologische Untersuchung des Films angesichts der Jahre 1949-1964*. Stuttgart 1970; Margit Szöllösi-Janze: "Aussuchen und abschießen" – der Heimatfilm der fünfziger Jahre als historische Quelle. In: *GWU* Jg. 44 (1993). S. 308ff.

[4] Vgl. u.a.: Klaus Kreimeier, der den DEFA-Filmen bescheinigte, daß sie "das Programm der nationalenen Wiedergeburt auf hohem ideellem und künstlerischem Niveau verwirklichten". Kreimeier: *Kino und Filmindustrie in der BRD*. S. 66f. Für die DDR: Wolfgang Gersch: Filme in der antifaschistisch-demokratischen Periode, in: *Film- und Fernsehkunst der DDR. Traditionen – Beispiele – Tendenzen*. Hrsg. von der Hochschule für Film und Fernsehen der DDR. Berlin 1979. S. 90; Horst Knitzsch: *Filmgeschichte in Bildern*. Berlin 1984. S. 151f., 201f.

waren, daß die Deutschen einen staatspolitischen Bruch mit der Vergangenheit vornehmen müßten, wurde der erzieherischen Funktion durch öffentliche Kommunikation besondere Aufmerksamkeit geschenkt. Nicht zu unterschätzen sind schließlich auch die Auswirkungen der teilweise von den Alliierten erzwungenen Konfrontation der Deutschen mit dem Terror des Nationalsozialismus in Zuchthäusern, KZ's und Vernichtungslagern.[5]

Die westlichen Siegermächte identifizieren in der unmittelbaren Nachkriegszeit bei allen Differenzierungen im einzelnen Terror und Vernichtung von Juden und allen anderen Regimegegnern mit dem Dritten Reich als Ganzem. Infolge der Kollektivschuldthese mußte sich jedermann im Rahmen der Entnazifizierung durch Entscheidungen von Spruchkammern für den Wiederaufbau legitimieren.

Die Betroffenen konnten die von außen aufgezwungene Interpretation von Geschichte nur schwer verarbeiten,[6] weil die offiziellen Ansichten und die subjektiven Erinnerungen an die Vergangenheit zum Teil beträchtlich differierten.[7] Daher mußte die Sicht der westlichen Siegermächte auf die Vergangenheit bei den Betroffenen zwangsläufig auf Ablehnung stoßen. Diese These belegen beispielsweise die Reaktionen der Berliner Bevölkerung auf die ersten in der ehemaligen Reichshauptstadt aufgeführten amerikanischen Kinoprogramme. Sie enthielten eine Wochenschau und zwei Kurzfilme aus dem Reeducationprogramm.[8] Hierbei setzte die Besatzungsmacht vor allem darauf, daß die Bilder bei den Zuschauern eigene Vorstellungen und Schlußfolgerungen provozierten.[9] Innerhalb weniger Tage verzeichneten die vier mit diesem Programm bespielten Kinos einen Besucher-

[5] Vgl. u.a. Dagmar Barnouw: *Ansichten von Deutschland 1945. Krieg und Gewalt in der zeitgenössischen Photographie*. Basel, Frankfurt a.M. 1997.

[6] Vgl. Ulrich Brochhagen: *Nach Nürnberg. Vergangenheitsbewältigung und Westintegration in der Ära Adenauer*. Hamburg 1994.

[7] Auf die Anfang der fünfziger Jahre gestellte Frage "Wann in diesem Jahrhundert ist es – nach Ihrem Gefühl – Deutschland am schlechtesten gegangen?" erklärten nur 8 % der Befragten, es sei die Zeit während des Zweiten Weltkrieges gewesen. 44 % der Befragten gaben an, daß es Deutschland zwischen 1933 und 1945 im 20. Jahrhundert am besten gegangen sei. Axel Schildt: *Moderne Zeiten. Freizeit, Massenmedien und 'Zeitgeist' in der Bundesrepublik der 50er Jahre*. Hamburg 1995. S. 306f.

[8] RG 260 OMGBS 4 / 8-2/8 3 of 3; Die ersten amerikanischen Filme in Berlin. In: *Berliner Zeitung* vom 1.8.1945.

[9] Vergleichbare Entwicklungen sind auch im Hörfunk nachweisbar. So sendete Radio München im Januar 1946 eine Hörspieladaption des von Friedrich Wolf im Exil verfaßten Dramas *Was der Mensch sät* und im Mai des gleichen Jahres eine Hörspieladaption von Günter Weisenborns Stück *Die Illegalen*, das sich mit dem Widerstand beschäftigt. Vgl. Hans-Ulrich Wagner: Eng vernetzt. Das Hörspielprogramm von Radio München 1945 bis 1949. Eine Fallstudie. In: Monika Estermann, Edgar Lersch (Hrsg.): *Buch, Buchhandel, Rundfunk 1945-1949*. Wiesbaden 1997. S. 78f.

schwund von etwa 40%.[10] Ähnliche Reaktionen zeigten die Deutschen bei dem 1946 aufgeführten KZ-Film *Die Todesmühlen.*[11] Einen Besuch der Aufführung dieses Films ordneten sogar einige amerikanische Offiziere als Voraussetzung für den Empfang von Lebensmittelkarten an. Es wurde relativ schnell deutlich, daß sich die Deutschen diesen Zwangsmaßnahmen massiv zu widersetzen versuchten. Die Ablehnung der Deutschen gegen die ihres Erachtens aufgezwungene Sicht auf die Geschichte war schließlich so stark, daß von Washington für die Reeducation geeignet gehaltene Spielfilme wie *The great Dictator*[12] in Deutschland zunächst nur in einer geschlossenen Veranstaltung gezeigt wurden.[13]

Vor dem Hintergrund der Totalitarismus-Theorie änderte sich seit der zweiten Hälfte des Jahres 1946 im Zuge des Kalten Krieges die Haltung der Amerikaner und Briten gegenüber den Deutschen. In den von ihnen produzierten Reeducationfilmen diente die NS-Vergangenheit ebenso wie in den alliierten Wochenschauen *Welt im Film* nur noch als Folie für die Forderung, daß der Einzelne in der Zukunft die Verantwortung für seine Handlungen übernehmen solle. Zugleich sind die antikommunistischen Tendenzen dieser Streifen unübersehbar.[14] Die Gleichsetzung von Nationalsozialismus und Kommunismus erlaubte ihrerseits den Deutschen das Zeigen von Filmen wie *Weg ohne Umkehr* oder *Die Spur führt nach Berlin.* Sie demonstrieren, wie man die mit dem Kalten Krieg verbundene Ideologisierung der Bevölkerung nutzen konnte, um einerseits einer Auseinandersetzung mit dem eigenen Gestern auszuweichen und andererseits auf den antikommuni-

[10] Brewster S. Chamberlin: *Kultur auf Trümmern. Berliner Berichte der amerikanischen Information Control Section Juli-Dezember 1945.* Stuttgart 1979. S. 82.

[11] RG 260 OMGBS 4 / 8-2/8 3 of 3; vergleichbar reagierten viele Kinobesucher auch 1949, als der erste in einem KZ spielende Film *Morituri* (Regie: Eugen York) in die Kinos kam. Nachdem die Berliner Kinobetreiber den Film abgelehnt hatten, fand die Uraufführung in Hannover statt. Dort pfiff und johlte das Publikum bei allen Vorführungen und forderte teilweise sein Eintrittsgeld zurück. Bereits am zweiten Tag erschienen statt etwa 1 000 nur noch 70 Besucher. Darauf hin sah sich die Geschäftsleitung des größten Hannoveraner Kinos gezwungen, den Film am dritten Tag abzusetzen. Claudia Dillmann-Kühn: *Artur Brauner und die CCC. Filmgeschäft, Produktionsalltag, Studiogeschichte 1946-1990.* Frankfurt a.M. 1990. S. 36ff.

[12] Der deutsche Verleihtitel lautet: *Der große Diktator.*

[13] Friedrich Luft: "Der Diktator" – probeweise. Zu Charlie Chaplins letztem Film. In: *Der Tagesspiegel* vom 10.8.1946.

[14] Im Hörfunk ist diese Entwicklung bereits im Sommer 1946 erkennbar. Im Juli des Jahres entließ die amerikanische Besatzungsmacht den verantwortlichen Redakteur für das Hörspiel, Fritz Benscher, wegen kommunistischer Tendenzen. In der Folgezeit dominierten Hörspiele unterschiedlicher Genres, die vor allem für Toleranz und demokratische Verhaltensweisen warben. Aufführungen wie Brechts *Furcht und Elend des Dritten Reiches* im Jahr 1947 bildeten eher die Ausnahme. Vgl. Wagner: *Eng vernetzt.* S. 88ff.

stischen Ideologien der Vergangenheit aufbauen konnte. Diese These wird von mehreren Umfragen unterstrichen, nach deren Ergebnis am Beginn der fünfziger Jahre weitaus mehr Menschen in der Bundesrepublik angaben, lieber unter dem nationalsozialistischen als unter einem kommunistischen Regime leben zu wollen. Nur relativ wenige der Befragten lehnten beide Regierungsformen ab.[15]

In der sowjetischen Besatzungszone war der theoretische Ansatz im Umgang mit den Deutschen – nicht jedoch dessen praktische Durchführung[16] – ein grundsätzlich anderer. Im Anschluß an Lenins Imperialismustheorie hatte Dimitrow den Faschismus als letzte Stufe politischer Machtausübung des Monopol- und Finanzkapitals definiert. Der manichäische Dualismus, der Handlungen und Verantwortung nur in klassenmäßigen und damit jeweils bestimmte Interessen bedienenden Bezügen interpretierte, sprach die unterdrückten Klassen und Schichten von vornherein von Verantwortung frei. Dies galt um so mehr, als das vom VII. Weltkongreß der Kommunistischen Internationale geforderte Aktionsbündnis breitester Klassen und Schichten als Massenbasis gegen den Faschismus aufgebaut werden sollte. Diese Grundhaltung schloß von vornherein generalisierende Schuldzuweisungen wegen Verbrechen aus. Medial erkennbar praktiziert wurde diese Politik nach dem Überfall auf die Sowjetunion. Wesentliche Inhalte der von dort ausgestrahlten deutschsprachigen Rundfunkprogramme gipfelten in der Feststellung Stalins, daß die Völker der Sowjetunion niemals mit Hitler, wohl aber mit dem deutschen Volk Frieden schließen würden. Viele Kriegsgefangene, unter ihnen auch Generalfeldmarschall Friedrich Paulus, erklärten gegenüber ihren Vernehmungsoffizieren bereits 1943 diese Trennung für wirklichkeitsfremd[17]. Dennoch hielten die sowjetische Seite und in der Traditionslinie der Komintern auch die SED in der öffentlichen Kommunikation an diesen Prämissen fest. Sie bedeuteten in der Konsequenz einen Freispruch für alle, die den unterdrückten Klassen und Schichten zugerechnet wurden und sich nicht durch Mord oder vergleichbare Straftaten schuldig gemacht hatten. Im Film wurde die praktische Umsetzung dieser Politik erstmals in den regelmäßigen politisch-poetischen Kommentaren der DEFA-Wochenschau *Der Augenzeuge* vom Kriegsverbrechertribunal in Nürnberg erkennbar. Die jeweiligen politisch poetischen Kommentare wurden eingeleitet durch den Vorspann "Vergeßt es nie, schuld sind sie". Diese eindeutige Schuldzuweisung auf relativ wenige implizierte eine Art Generalamnestie

[15] Schildt: *Moderne Zeiten*. S. 317.

[16] Als Begründung für die Forderung nach Reparationszahlungen, die von der Sowjetunion geltend gemacht wurden, griff die Siegermacht auf die Kollektivschuldthese zurück, in dem man etwa im Rundfunkkommentaren und in der Presse immer wieder auf das Ausmaß der Zerstörungen durch die Wehrmacht verwies. Im Film ist diese Argumentationslinie nicht nachweisbar.

[17] Leonid Reschin: *Feldmarschall im Kreuzverhör. Friedrich Paulus in sowjetischer Gefangenschaft 1943-1953*. Berlin 1997. S. 59.

für Millionen Deutsche. Darüber hinaus rechtfertigte sie auch das Bestreben der KPD/SED, sich bei ihrer gezielten Suche nach Bündnispartnern für den Neuaufbau der Gesellschaft auf breite Teile der Bevölkerung zu stützen.

Vor dem Hintergrund beider inkompatibler Theorien werden die unterschiedlichen Auseinandersetzungen mit der NS-Herrschaft im allgemeinen und dem Zweiten Weltkrieg im besonderen in den Medien beider deutscher Staaten verständlich. Trotz aller Unterschiede verweisen bereits die ersten Spielfilme über den Weltkrieg, die DEFA-Produktion *Die Mörder sind unter uns* und der in den Westzonen gedrehte *Und finden dereinst uns wieder*, auch auf die grundlegende Gemeinsamkeit deutscher Geschichtsinterpretation hin. Basierend auf einem antifaschistischen Konsens, bestand sie in einer grundsätzlichen Ablehnung des NS-Regimes und des Krieges. Impliziertes Ziel aller über das jüngste Kapitel deutscher Vergangenheit erzählten Geschichten, die bis zum Ende des Untersuchungszeitraumes entstanden, war die eindringliche Warnung, daß sich das Geschehene nie wiederholen dürfe. Die beiden 1946 und 1947 gedrehten Spielfilme stimmten zudem darin überein, daß sie vor allem individualisierend und einfühlsam versuchten, Krieg und Nachkriegszeit zu bewältigen. Offensichtlich wirkte hier die Heimkehrerthematik noch desillusionierend. In den Spielfilmen der folgenden Jahre fanden die aus der Kriegsgefangenschaft Zurückkommenden alle ihr Glück in traditionellen Familienbeziehungen.

2. Zur medialen Reflexion des Weltkrieges in der SBZ/DDR

Im hier zur Diskussion stehenden Zeitraum sind in der SBZ und später in der DDR zwei deutlich unterscheidbare Phasen medialer Geschichtsinterpretation erkennbar. In der ersten zeigten alle Spielfilme bis zum Beginn der fünfziger Jahre den Krieg meist nur in Versatzstücken. Thematisiert werden die Opfer von Krieg und Naziherrschaft. In den Spielfilmen *Rotation* und *Die Buntkarrierten*, letzterer wurde gedreht nach dem Hörspiel *Während der Stromsperre* von Berta Waterstradt, wird deutsche Geschichte am Beispiel je einer Arbeiterfamilie dargestellt. Beide Familien werden wie das Schauspielerehepaar Wieland in dem erfolgreichsten deutschen Nachkriegsfilm *Ehe im Schatten*[18] ausschließlich und völlig undifferenziert als Leidende geschildert. Die Kamera blickte in den genannten Produktionen gleichsam über eine Mauer. Sie stellen – unter Verzicht auf alle grausamen oder gewalttätigen Szenen – Juden wie die Insassen von Gefängnissen aus. Im Sinne des verordneten Antifaschismus zeigen sie also Bilder in Form wiederkehrender humanistischer Appelle Menschen, die während der Zeit des NS-Regimes aus der Gesellschaft ausgeschlossen oder an deren Rand gedrängt waren. Fragen nach den Ursachen von Nationalsozialismus oder Weltkrieg werden

[18] Christiane Mückenberger: *Zur Geschichte des DEFA-Spielfilms, 1946-1949. Eine Dokumentation.* Potsdam 1976. S. 63.

in den Filmen ausgespart. Beide Phänomene erscheinen von außen gesetzt. Die Protagonisten können auf die jeweiligen Situationen nur reagieren, ohne eine Chance zu erhalten, Veränderungen zu bewirken. Insofern reduziert sich der Antifaschismus in den genannten Spielfilmen primär auf Appelle an die Zuschauer, das Vergangene nie wieder geschehen zu lassen.

Erklärungsansätze für nationalsozialistische Schreckensherrschaft und Weltkrieg liefern nicht die genannten, sondern andere Spielfilme, die im Umkreis dieser Produktionen gedreht wurden. So verweist *Affaire Blum* auf antisemitische Tendenzen in der Weimarer Beamtenschaft als eine Ursache für den Holocaust und *Grube Morgenrot* intendiert, daß das kapitalistische System als Ganzes für das Unglück der unterdrückten Klassen und Schichten verantwortlich sei.

In *Rat der Götter* werden in der Gestalt des Chefs der IG-Farben, Geheimrat Mauch, und des im Konzern beschäftigten Chemikers, Dr. Hans Scholz, erstmals die kapitalistischen Klassenstrukturen und deren internationale Verflechtungen als Ursachen für Nationalsozialismus und Krieg dargestellt. Scholz, ein kleines Rädchen im Getriebe der Firma, kann sich als Einzelner nicht gegen das Unrecht wehren, das Mauch in seinem Streben nach Profit und Macht verschuldet. Selbst die Produktion von Zyklon B wird ausschließlich aus der merkantilen Perspektive betrachtet. Da Scholz das herrschende System nicht beseitigen kann, muß er ohnmächtig zusehen, wie das Unrecht seinen Lauf nimmt. Dazu zählt vor allem, daß das von ihm mitentwickelte Gift tonnenweise produziert wurde. Über seinen Verwendungszweck war er von einem Nationalsozialisten informiert worden. Erst nach dem Krieg findet Scholz Kontakt zur Arbeiterklasse. Im Bündnis mit ihr gelingt es Scholz, Mauch und die übrigen Mitglieder des Aufsichtsrates des Chemieunternehmens unter Druck zu setzen. Insofern steht der Film *Rat der Götter* am Übergang zur zweiten Phase der medialen Auseinandersetzung mit dem Zweiten Weltkrieg. Hier tritt das Leiden zunehmend in den Hintergrund der jeweiligen Handlung, statt dessen tritt der antifaschistische Widerstandskampf zunehmend in das Zentrum des Geschehens.

Mit der 1954 und 1955 gedrehten Thälmann-Biographie, *Ernst Thälmann – Sohn seiner Klasse* und *Ernst Thälmann – Führer seiner Klasse*, endet endgültig die kontemplative Periode in der Darstellung des Arbeiters. An seine Stelle tritt zunächst der ehemalige Vorsitzende der KPD selbst, dargestellt als aktiver unbeirrbarer Widerstandskämpfer gegen Faschismus und Krieg. In der zweiten Hälfte der fünfziger Jahre sind es einfache Arbeiter, wie Hans Löning in *Stärker als die Nacht*, die unbeirrt gegen Faschismus und Krieg kämpfen. So bildet Löning nach sieben Jahren politischer Haft im KZ erneut eine Widerstandsgruppe, von der Aktionen gegen den Krieg ausgehen. Seinen Einsatz für eine bessere Welt bezahlt der Held mit dem Leben. Der 1956 von der DEFA in Koproduktion mit dem DDR-Fernsehen produzierte Spielfilm *Damals in Paris ...* erzählt die Geschichte französischer Widerstandskämpfer im Jahre 1944. Er lenkt damit die Perspektive auf den internationalen Klassenkampf gegen Krieg und Faschismus. In die gleiche Richtung zielte Konrad Wolf mit seinem Film *Sterne*,[19] an dessen Ende sich ein deutscher Unteroffizier, angewidert von den Greueltaten gegen die Juden, bereit erklärt, bulgarischen Partisanen in ihrem Kampf gegen die Okkupationstruppen zu helfen. Die antifaschistische Einstellung erscheint hier als Voraussetzung für den Aufbau eines neuen Deutschlands. Für diese Haltung wurde Konrad Wolf gemaßregelt, indem der Film im Archiv für mehrere Jahrzehnte verschwand. Der Kampf gegen den Faschismus oder das rechtzeitige Wechseln der Front als Ausdruck der Klassenzugehörigkeit und das daraus resultierende Bekenntnis zum Antifaschismus bot in *Leute mit Flügeln* die generelle Voraussetzung für ein Leben in einer neuen besseren Gesellschaft. In anderen Spielfilmen, so die Aussage von *Immer am Weg Dein Gesicht* und *Die heute über 40 sind*, eröffnet die Teilnahme am antifaschistischen Widerstandskampf als Moment des Klassenkampfes im ersten sozialistischen Staat persönliche Karrierechancen. In der Bundesrepublik halten dagegen, so der letztgenannte Film oder *Der Hauptmann von Köln*, viele alte Nazis auch weiterhin die Macht in ihren Händen. Auch Spielfilme, die den Krieg nicht oder nur partiell thematisieren, wie etwa der Kinderfilm *Sie nannten ihn Amigo* oder der Spielfilm *Vergeßt mir meine Traudel nicht*, vermittelten die Botschaft, daß die Führungselite, aber auch die gesamte Bevölkerung der DDR in der Traditionslinie des proletarischen antifaschistischen Widerstandskampfes stünden. Er bilde das Bindeglied zwischen Vergangenheit und Gegenwart.

Bei allen Überspitzungen und Einseitigkeiten in den Aussagen der Medienproduktionen kann der damals aktuelle Hintergrund der genannten und vergleichbarer Produktionen nicht übersehen werden. Der Personenkreis, der die Führungsspitze der DDR nach 1949 bildete, hatte zwischen 1933 bis 1945 dem Nationalsozialismus ablehnend gegenüber gestanden. Die DDR-Führung war in diesem Sinne politisch unbelastet und bot somit eine Art Garantie für eine antimilitaristische Politik der DDR. Mit dieser Haltung konnten sich Teile der Bevölkerung und auch der Re-Emigranten um so leichter identifizieren, als die Mehrheit der Deutschen den Krieg verabscheute.

Der in den ostdeutschen Medien dargestellte Dualismus von Ausbeutern und Ausgebeuteten rechtfertigte im Kalten Krieg die politischen Nachkriegsstrukturen und diente auch als Moment für eine nachträgliche Rechtfertigung der eigenen Staatsgründung. Darüber hinaus sollte bei der Bewertung des kommunistischen Widerstandes in den DDR-Medien nicht übersehen werden, daß der Widerstand gegen den Nationalsozialismus in den Westmedien in den fünfziger Jahren nur peripher erwähnt wurde. Darüber hinaus setzte die Totalitarismustheorie Nazis und Kommunisten gleich und

[19] *Damals in Paris* und *Sterne* sind die beiden einzigen Spielfilme bis zum Ende der fünfziger Jahre, die ausschließlich in der Zeit des Zweiten Weltkriegs spielen.

negierte somit bereits im Ansatz die kommunistischen Opfer im Kampf gegen das Hitler-Regime.

Die simplifizierenden Modelle von Gut und Böse einerseits, Fortschritt und Reaktion anderseits erstickten bereits im Ansatz alle weiteren Fragen nach einer allgemeinen Schuld oder der Bewertung des Verhaltens der überwiegenden Mehrheit der Deutschen, die Hitler bis zum Schluß gefolgt war. Es entsprach dabei durchaus der Logik der herrschenden Ideologie, daß diese Probleme innerhalb der audiovisuellen Medien nicht breiter diskutiert wurden. Die den medialen Produktionen zugrundeliegende Kommunikationstheorie ging von der wissenschaftlich nie hinterfragten Annahme aus, daß jede Form öffentlicher Kommunikation nur in klassenmäßigen und damit jeweils bestimmte Interessen bedienenden Bezügen interpretiert werden könne. Entsprechend seien die Massenkommunikationsmittel in der Hand der Arbeiter dem Kampf und dem Sieg ihrer Klasse und deren Verbündeten unterzuordnen. Unter dieser Prämisse konnten Autonomie- und Freiheitsvorstellungen als Grundvoraussetzung für differenziertere Darstellungen von Vergangenheit ebensowenig angedacht werden, wie die Berücksichtigung unterschiedlicher Individualitätsformen. Statt dessen forderte die SED Beschreibungen des Typischen und eine Perspektivgestaltung, die ihrerseits auch zur persönlichen Entlastung gegenüber der Vergangenheit genutzt werden konnte.

In den fünfziger Jahren verloren in der DDR viele Darstellungen von NS-Zeit und Weltkrieg ihre ehemalige Konkretheit. Statt dessen überwog, wie etwa in den Mehrteilern des Fernsehfunks, die Klassenperspektive und die sie implizierende Geschichtsphilosophie. Sie drängte selbst widersprüchliche Personen, wie den ehemaligen Kommandeur von Greifswald, Oberst Rudolf Petershagen in *Gewissen in Aufruhr*, nach vielen Irrungen und unter Mithilfe eines ihm dramaturgisch zur Seite gestellten Proletariers, sich für ein Leben in der DDR zu entscheiden. In dem Mitte der sechziger Jahre vom Deutschen Fernsehfunk ausgestrahlten Mehrteiler *Wege übers Land* wird schließlich mehrfach artikuliert, daß sich auch unter den sogenannten kleinen Leuten viele aktive Nazis befanden. Er steht damit am Beginn eines differenzierteren, in sich oft widersprüchlichen Umgangs mit Krieg und NS-Herrschaft in der DDR.

3. Zu medialen Reflexionen in der Bundesrepublik

Die überwiegende Mehrzahl aller Deutschen einte nach 1945 das Schweigen gegenüber den von außen gesetzten historischen Deutungsmustern. Die Betroffenen unterstrichen auf diese Weise ihre Distanz zu den Siegermächten. Die Berichterstattung von den Nürnberger Prozessen, die Veröffentlichungen über die Vernichtungslager und andere Publikationen zur NS-Herrschaft zwangen die Deutschen jedoch immer wieder, sich in der unmit-

telbaren Nachkriegszeit mehr oder weniger stark mit ihrer Vergangenheit auseinanderzusetzen. Vor diesem Hintergrund lassen sich die Spielfilme wie auch die überwiegende Mehrzahl anderer künstlerischer und publizistischer Äußerungen in Westdeutschland interpretieren. Sie beinhalten einerseits Rechtfertigungen für eigenes Verhalten in der NS-Zeit und andererseits Antwortversuche auf die auch in den fünfziger Jahren nicht verstummenden Vorwürfe vor allem von Opfergruppen aus dem Ausland.
Zugleich wurden die von Deutschen produzierten mediatisierten Kommunikationsangebote wesentlich bestimmt von den in Krieg und Nachkrieg ausgegangenen Prägungen. Diese mischten sich ihrerseits wiederum mit Erfahrungen aus Kaiserzeit und Weimarer Republik. Infolge von politischer Kontinuität und den unverkennbaren Differenzierungen in den Auffassungen[20] konnten die jeweiligen den Krieg betreffenden medialen Inhalte nur auf eine distanzierte Verständigung zielen. Da sich die Produktionen an ein breites Publikum wandten, konnten sie nur eine reduzierte wechselseitige Auslotung von Interessen bzw. Intentionen anstreben. Der überwiegende distanzierte Austausch von Meinungen konnte auch Nähe im weiteren Sinn des Wortes, was vielfach nichts anderes als Akzeptanz bedeutete, vermitteln. Diese wurde insbesondere von den Kinobesuchern verlangt. In ihrer überwiegenden Mehrheit gaben sie nur unter der Bedingung ihr Geld in den Lichtspielhäusern aus, daß die sogenannten Trümmerfilme sich auf die eigenen Bewußtseinsinhalte und Lebenspraxen zurückführen ließen. Diese Marktabhängigkeit implizierte, daß die Spielfilme den Rezipienten verschiedene individuelle Rollenangebote für die erlebte Zeit im Nationalsozialismus und vor allem im Nachkriegsdeutschland anbieten mußten. Um weitere Filme produzieren zu können, mußten die Produzenten in der Bundesrepublik unabhängig von ihren persönlichen Einstellungen auf diese Zusammenhänge Rücksicht nehmen. Im Gegensatz dazu konnte der gebührenfinanzierte öffentlich-rechtliche Rundfunk auch Inhalte verbreiten, die nicht auf eine vergleichbar breite Akzeptanz angewiesen waren. Das Fernsehprogramm bot bereits im Ansatz gegenüber dem Kino individualisiertere Massenproduktionen an. Insofern sind hier, insbesondere in den Fernsehmehrteilern, wie *Am grünen Strand der Spree*, der im ersten Teil u.a. Judenerschießungen in der Sowjetunion in einer langen Sequenz problematisierte, ein breiteres Meinungsspektrum erkennbar, als es bei den zeitgleichen Spielfilmen der Fall war. Dennoch mußte auch er, um für die Hörer und Zuschauer

[20] Der These, daß der Nationalsozialismus eine gute Idee wäre, die nur schlecht realisiert worden sei, stimmten in der amerikanischen Besatzungszone 1946 50% der Befragten zu, 1947 bis in die fünfziger Jahre lag die Zustimmung bei 55% der Befragten. vgl. Axel Schildt: Kontinuität und Neuanfang im Zusammenbruch. Zu den politischen, sozialen und kulturellen Ausgangsbedingungen der Nachkriegszeit. In: Monika Estermann, Edgar Lersch (Hrsg.): *Buch, Buchhandel, Rundfunk 1945-1949*. Wiesbaden 1997. S. 14.

annehmbar zu sein, den angedeuteten Grundansprüchen des Publikums gerecht werden. Insofern spiegeln sich in allen Medien, insbesondere aber in den westdeutschen Filmen, die Bewußtseinsänderungen der deutschen Kriegs- und Nachkriegsgeneration.

Alle sogenannten Trümmerfilme in der Bundesrepublik verband die abstrakte These einer Menschlichkeit, die wesentlich korrespondierte mit der Tradition von Innerlichkeit, wie sie auch in Teilen der deutschen Literatur vor 1945 nachweisbar ist. Dies bedeutete, daß für die Erklärung von NS-Herrschaft und Krieg nicht politische Interessen oder – wie im Osten – das ökonomische System herangezogen wurden. Statt dessen personalisierten die Spielfilme die Verbrechen der Vergangenheit und deren Relikte in der Gegenwart[21] mit dem Ergebnis, daß die Aussagen der hier zur Diskussion stehenden Zelluloidstreifen immer wieder darauf insistieren, daß man sich nichts vorzuwerfen und sich trotz aller widriger Umstände bewährt habe. Diese sich als roter Faden durch alle Spielfilme ziehende Feststellung gestattete mehrere Schlußfolgerungen. Eine offenbarte sich bereits im Brief von Walter von Molo vom Sommer 1945 an Thomas Mann. Der Absender deutete an, daß die im Land gebliebenen und durch alle Prüfungen gegangenen Deutschen Erfahrungen gesammelt hätten, die ihnen auch in der neuen Zeit nützlich sein könnten. Diesen Grundgedanken vollzieht in dem Film *Zwischen Gestern und Morgen* der Zeichner Michael Rott nach, als er 1947 aus dem Schweizer Exil ins zerbombte München zurückkehrt. Erst am Ende dieses Prozesses gelingt es ihm, sich in die Nachkriegsgesellschaft zu integrieren. Dieser Interpretationsversuch jüngster Vergangenheit bedeutet, daß die These einer Kollektivschuld, wie sie vor allem die Amerikaner 1945 öffentlich vertreten hatten, von deutscher Seite mit einer strengen Differenzierung zwischen Machtausübenden und Volk begegnet wurde. Die Frage nach funktionalen Unterschieden an der Machtbeteiligung ließen die Besiegten auch nicht andeutungsweise zu. In diesem Punkt unterscheiden sich die ost- und westdeutschen Spielfilme grundsätzlich. In *Rat der Götter* erfolgte eine weitgehende Gleichsetzung von Industrie und nationalsozialistischer Herrschaft, denen beide auch die Schuld für das Vergangene zugewiesen wurde. Auch der Spielfilm *Der Rest ist Schweigen* bildet mehrmals die persönliche Nähe zwischen Naziführung und Industriellen ab. Er problematisiert sie jedoch nicht. Im Mittelpunkt der Handlung stehen vielmehr die Bemühungen eines jungen Deutschen, der vor dem Krieg in die USA gegangen war, während seines ersten Aufenthaltes im Nachkriegsdeutschland den Tod seines Vaters, der Chef eines großen Stahlkonzerns war, zu rekonstruieren. Diese Aufgabe hatte ihm – in Anlehnung an *Hamlet* – der Geist des Vaters noch in den USA übertragen. Am Ende des Films gelingt es dem Protagonisten, seinen Onkel als Mörder des Vaters zu entlarven und damit die Voraussetzung für den Wiederaufbau des zerstörten Werkes zu schaffen.

[21] Becker/ Schöll: *In jenen Tagen*. S. 40.

Durch die im Spielfilm *Der Rest ist Schweigen* erkennbare Negierung des Nationalsozialismus als politische Herrschaftsform konnten sich die dargestellten Konflikte ausschließlich auf der Ebene der zwischenmenschlichen Beziehungen abspielen. Exemplarisch für diese These steht auch der Film *In jenen Tagen*. Im ersten Bild zeigt er den Mechaniker Willi, der zusammen mit seinem Freund Karl inmitten von Ruinen ein Auto ausschlachtet, das im Jahr von Hitlers Machtantritt vom Band gelaufen war. Auf die Frage von Willi "Was ist eigentlich ein Mensch?" schildert der Spielfilm in Episoden das Leben von Besitzern dieses Autos zwischen 1933 und 1945. Er idealisiert unpolitische, in den zwischenmenschlichen Beziehungen sich bewährende, weil uneigennützig agierende Menschen, die sich mit dem diktatorischen Regime abfinden. Alle dargestellten Personen hatten am Ende des Krieges allen Anfeindungen zum Trotz ihre Menschlichkeit gewahrt. Von daher gibt es auch keinen rückwärtsgewandten Zornesblick und in Folge dessen nicht eine einzige antifaschistische Bemerkung. Den entwickelten Grundgedanken unterstreicht die zeitgenössische Pressekritik. Es heißt dort u.a.: "Was hier abläuft, sind Privatschicksale und keine Heldenleben. Aber gerade diese unverletzt gebliebene Sphäre des Persönlichen, gerade dieses Herausheben des gewöhnlichen Alltagsmenschen aus der grauen Anonymität fast blind erduldeter Kollektiverlebnisse – das und die hieraus resultierende Akzentuierung des Tragischen [...] das ist die eigentliche Stärke dieses Films."[22] Ähnliche Tendenzen lassen sich auch in anderen Kriegsfilmen nachweisen. So hinterfragt der Spielfilm *Die letzte Brücke* nicht die Sinnlosigkeit und Grausamkeit im allgemeinen oder die deutsche Partisanenabwehr im speziellen, sondern stellt in den Mittelpunkt der in Bosnien 1943 angesiedelten Handlung das Berufsethos der jungen Kinderärztin Helga Reinbeck, dessen Sinn ausschließlich aus sich selbst heraus begründet wird.

Vor dem Hintergrund, daß der Mensch gut sei, so die Botschaft der genannten und einer Vielzahl weiterer Filme, wie etwa *Liebe 47*, einer Romanverfilmung von *Draußen vor der Tür*, gedreht aber mit einem glücklichen Ende, verbietet sich jede Resignation. Aus den erlittenen Schicksalsschlägen, so die Quintessenz aller Stories, gebe es nur die Konsequenz des Neuanfangs. Die Vergangenheit brauche vor diesem Hintergrund nicht kritisch hinterfragt zu werden, sondern müsse in die Gegenwart übernommen werden.

Dieses Moment kennzeichnete, wenn auch unterschiedlich, Filme wie *Es geschah am 20. Juli*, *Ein Leben für Deutschland – Admiral Canaris* und *Null 8/15*. Alle drei entstanden im zeitlichen Umfeld der Wiederaufrüstungsdebatte und verweisen auf die demokratischen Tendenzen in der Wehrmacht, deren ehemalige Mitglieder nun die Bundeswehr aufbauen sollten. So wehrt sich in den drei Teilen von *Null 8/15* der Soldat und spätere Wachtmeister Asch immer wieder erfolgreich gegen Überspitzungen des

[22] Wolfdietrich Schnurre: In jenen Tagen. In: *Der neue Film* vom 7.7.1947.

Kommißgeistes. Die Filme über den 20. Juli verweisen ihrerseits auf demokratische Traditionen in der Führungsspitze der Wehrmacht, die sich grundsätzlich anders als die SS verhalten habe. Diese Auffassung implizierte, daß eine verantwortungs- und skrupellos agierende Führungsclique um Hitler den Verlauf und den Ausgang des Krieges zu verantworten habe, während die Frontsoldaten und -offiziere ihrer Pflicht bis zum Schluß nachgekommen seien. Andere, wie der im März 1945 angesiedelte Spielfilm *Kinder, Mütter und ein General*, unterstreichen diese These. Hier kämpft ein General, der wie seine Soldaten längst von der Sinnlosigkeit einer Fortführung des Krieges überzeugt ist. Er bleibt nur deshalb noch auf seinem Posten, weil eine ihm übergeordnete Befehlsinstanz es von ihm verlangt und weil die Russen dabei sind, "alles niederzuwalzen". Die kämpfenden Hitlerjungen erscheinen hier, wie auch in *Wir Wunderkinder* als unschuldig, weil sie mit den falschen Idealen erzogen worden seien, für die sie nicht zur Verantwortung gezogen werden könnten. In dieser Tradition moralisiert auch noch der am Ende der fünfziger Jahre entstandene und mehrfach ausgezeichnete Spielfilm *Die Brücke*, ohne nach den Ursachen von Krieg und Zerstörung zu fragen. Die Darstellung von Krieg in den audiovisuellen Medien der Bundesrepublik in den fünfziger Jahren reduziert sich offensichtlich auf die Darstellung individueller Helden. Sie würdigen im nachhinein die Taten und Leistungen der Kriegsteilnehmer, ohne sie in soziale oder politische Zusammenhänge zu stellen.

Im Ergebnis seiner soziologischen Analysen der bundesdeutschen Gesellschaft am Beginn der sechziger Jahre stellte Rolf Dahrendorf fest, daß eine stark individualisierende, konsumorientierte und antimilitaristische Wertewelt die ehemals heroischen, gemeinschaftsorientierten und arbeitsbetonenden Werte ersetzt habe.[23] Die sich in der veränderten Werteskala auch ausdrückende Politikabstinenz weiter Teile der Bevölkerung war möglicherweise ein Grund, daß in der Bundesrepublik eine Reihe ehemals aktiver Nationalsozialisten wieder hohe Ämter in Politik, Rechtssystem und Bundeswehr bekleiden konnten, ohne daß es innerhalb der Bevölkerung zu massiveren Protesten kam.

Der grundlegende Einstellungs- und Wertewandel hatten am Beginn der sechziger Jahre noch keine Rückwirkungen auf die Inhalte der Medienproduktionen in bezug auf die Darstellung von NS-Regime und Zweitem Weltkrieg. So drehte Erwin Leiser seine ersten Filme noch in Schweden (*Den Blodiga*) und in der Schweiz (*Eichmann und das Dritte Reich*). Lediglich der Mitbegründer der englischen Dokumentarfilmschule, Paul Rotha, produzierte 1961 in Hamburg *Das Leben Adolf Hitlers*. Diese Dokumentarfilme versuchten, wie zeitgleiche polnische oder sowjetische Produktionen, sich mit neuen Bildern und Tönen an die Nazidiktatur heranzutasten. Die jewei-

[23] Ralf Dahrendorf: *Gesellschaft und Freiheit. Zur soziologischen Analyse der Gegenwart*. München 1961. S. 215, 470f.

ligen Ergebnisse verdeutlichen die bis heute immer wieder diskutierten Schwierigkeiten im Umgang mit dem historischen Material etwa in Hinblick auf das Verhältnis von Authentizität und Wirklichkeit. Der Eichmann-Prozeß in Jerusalem, der Frankfurter Ausschwitzprozeß und eine Fragen stellende Jugend führten in der zweiten Hälfte der sechziger Jahre in der Bundesrepublik zu veränderten Medieninhalten in bezug auf die jüngste Vergangenheit. In welchem Umfang diese veränderte Situation zu einer Kommunikation mit der betroffenen Kriegsgeneration führte, bedarf weiterer Untersuchungen.

4. Schlußbemerkungen

Die überblickshafte Darstellung verdeutlicht, daß letztlich in beiden deutschen Staaten die Beteiligten und Betroffenen lange schwiegen, um einer Entwertung der eigenen Biographien entgegenzuwirken. Diese Zurückhaltung ermöglichte ein temporäres Abarbeiten der Vergangenheit und damit eine Differenzierung der nach dem Krieg vorgelegten Komplexität der Problemstellungen. Vor dem Hintergrund wachsenden Wohlstandes und veränderter Wertvorstellungen war sie offensichtlich für den Einzelnen leichter zu bewältigen. Der hier gestreifte Teil der Mediengeschichte verweist demnach darauf, daß die Differenzen zwischen den eigenen Erfahrungen und den verbrecherischen Vorgängen im Dritten Reich, deren Ausmaß der Masse der Bevölkerung bedingt bekannt war, letztlich nur biographisch gelöst werden konnten. Da Biographien ihrerseits stets sequentiell aufgebaut sind und da auch das Bewußtsein entsprechend arbeitet, mußte also zwangsläufig ein gewisser Zeitraum verstreichen, um zu Problemlösungen zu kommen. Diese unterschieden sich unter zwei Aspekten in Ost und West deutlich. In den westlichen Besatzungszonen und in der Bundesrepublik können im Untersuchungszeitraum regelmäßig Kriegsdarstellungen nachgewiesen werden. Ihnen ist gemeinsam, daß die Bewährung der Helden im Krieg trotz aller Schwierigkeiten gelang. In der SBZ/DDR können zwei Phasen der Auseinandersetzung mit dem Krieg nachgewiesen werden. Eine erste, die die Leidtragenden des Krieges lediglich ausstellt. Sie endet 1950 mit *Rat der Götter*. In der zweiten Hälfte der fünfziger Jahre[24] steht die Entscheidungssituation der jeweiligen Helden im Zentrum der Spielhandlung. Die jeweiligen Unterschiede betreffen den Film ebenso wie das frühe Fernsehen.

Als weitere Gemeinsamkeiten kann in ost- und westdeutschen Nachkriegsfilmen festgestellt werden, daß ihre Interpretation von Weltkrieg und NS-Herrschaft einer Beförderung der Integration in den jeweiligen Staat diente, weil dessen Grundlagen und Eigenschaften sich stets positiv von der

[24] Die im Text angeführten Thälmann-Filme definieren zwar den Umbruch. Da der Zweite Weltkrieg nur im zweiten Film am Ende eine Rolle spielt, muß festgestellt werden, daß in der DDR etwa fünf Jahre lang keine Kriegsfilme gedreht wurden.

Vergangenheit abhoben. Darüber hinaus standen alle deutschen Drehbuchautoren und Regisseure in einer Filmtradition, die gewaltsame Darstellungen in den Medien ablehnte. Deswegen sehen wir in keinem der Filme grausame Szenen, sondern – wenn überhaupt – nur die Folgen von Gewalt und Zerstörung.

Knut Hickethier

Kriegserlebnis und Kriegsdeutung im bundesdeutschen Fernsehen der fünfziger Jahre

West German television made the Second World War a topic of its programmes in different ways: as an instrument of modernisation and democratisation of society. On the one hand, old values and norms connected with the war (e.g., performance of one's duties until death, self-sacrifice) were modified. On the other hand, new values were established (plurality of opinions and ways of life, flexibility). Various facets in these representations of war issues and the relationship between guilt and atonement from the era until 1965 are introduced and discussed here on the basis of selected television broadcasts. The article also looks at the way in which West German motion pictures represent the Second World War and which mental influences such representations of war in cinema and television had on the West German population.

Zum Fernsehen in der Bundesrepublik Deutschland nach 1945

Nach einer Zwangspause begann 1948 beim Nordwestdeutschen Rundfunk in Hamburg der Wiederaufbau des Fernsehens, etwa gleichzeitig auch in der Sowjetischen Besatzungszone, der späteren DDR, in Berlin-Adlershof. Im Westen gab es ab Ende 1952 ein regelmäßiges Programm, zwei Stunden am Abend und eine Stunde am Nachmittag. Ab 1953 wurde im Westen an einem – von allen Landesrundfunkanstalten getragenen – föderalen Programm gearbeitet, das am 1.11.1954 als "Deutsches Fernsehen" mit seinem Betrieb begann. Das Fernsehen hielt also einen gewissen zeitlichen Abstand zum Kriegsende, auch wenn es von 1935 bis 1944 bereits ein deutsches Fernsehprogramm von Berlin aus gegeben hatte. Der Programmbetrieb des Fernsehens setzte, anders als der des Hörfunks, erst zu einem Zeitpunkt ein, als der Kalte Krieg, die verschärfte Auseinandersetzung zwischen Ost und West, die gesellschaftliche Diskussion prägte. Das Fernsehen wurde damit offen und verdeckt zu einem publizistischen Instrument dieses Kalten Krieges, wurde zu einem Vermittler und Objekt im Systemwettbewerb und nicht zuletzt zu einem Transmissionsriemen der gesellschaftlichen Modernisierung, die die Entwicklung der Bundesrepublik bis in die Gegenwart hinein bestimmte.[1]

[1] Vgl. Knut Hickethier: *Die Geschichte des deutschen Fernsehens* (unter Mitarbeit von Peter Hoff). Stuttgart, Weimar 1998.

Institutioneller Aufbau und gesellschaftliche Ausbreitung des bundesdeutschen Fernsehens fanden seit 1953 relativ zügig statt, von 1957, als das Fernsehen die erste Teilnehmermillion erreichte, bis Ende der sechziger Jahre, als etwa 80 Prozent aller Haushalte mit einem Fernsehgerät ausgestattet waren, sogar in einem forcierten Tempo. Jedes Jahr kamen etwa eine bis anderthalb Mio. Teilnehmer hinzu, so daß es 1960 bereits etwa 4 Mio. Teilnehmer (ca. 12 Mio. Zuschauer) waren.

Fernsehen begann in den fünfziger Jahren als ein sehr vorsichtiges und zugleich gesellschaftlich umstrittenes Unternehmen. Sehr viel dominanter in der Informationsvermittlung und der Kulturvermittlung war das Radio, das die aktuellen Bedürfnisse befriedigte und etwa 95 Prozent aller Haushalte erreichte. Das Kino galt als die zentrale Unterhaltungseinrichtung. Bis 1956 stiegen dessen Besucherzahlen auf etwa 817 Mio. Zuschauer im Jahr, danach ging es jedoch rasant abwärts, 1960 waren es nur noch 596 Mio., also mehr als 200 Mio. Besucher weniger. 1962 brachen zahlreiche Kinounternehmen zusammen. Die Besucherzahlen waren auf 443 Mio. Zuschauer zurückgegangen. Niedergang des Kinos und Aufstieg des Fernsehens korrespondieren miteinander, beide Entwicklungen haben jeweils jedoch auch andere Ursachen, die in der veränderten Freizeitgestaltung, einer anderen Arbeits- und Lebensgestaltung insgesamt zu sehen sind, die mit den Stichworten der Steigerung der Mobilität und der Intensivierung des häuslichen Lebens benannt werden können.

Das Fernsehen war zunächst vor allem ein Unterhaltungsmedium mit stark pädagogischen Ambitionen.[2] Solche Zuschreibungen stellen natürlich starke Vereinfachungen dar, denn es wurde zu dieser Zeit noch erkundet, was denn Fernsehen überhaupt sein und welche Funktionen es für die Gesellschaft übernehmen könnte. Dessen war man sich noch nicht sicher.

Negativvorbild war das Fernsehen in den USA, das man hierzulande aber nur vom Hörensagen kannte und in seiner kommerziellen Form in der Bundesrepublik nicht haben wollte. Fernsehen, so entsprach es ein breites gesellschaftliches Selbstverständnis, sollte eine eher kulturell wertvolle, 'geistig' aufbauende Einrichtung werden. Die Erinnerung an das Fernsehen im Dritten Reich, ohnehin nie stark ausgebildet, verblaßte ebenso wie die Erinnerung an seinen Kriegseinsatz völlig.

1957/58 geriet das Fernsehen in heftige politische Auseinandersetzung zwischen der Bundesregierung, die ein staatliches und gleichzeitig kommerziell produziertes zweites Programm propagierte, und den Bundesländern, die auf ihrer Kulturhoheit bestanden, zu der sie auch das Fernsehen zählten. In diesem Zusammenhang und im Kontext der Erfahrung der wachsenden Ausbreitung und Bedeutung des Mediums, entdeckten die Fernsehanstalten

[2] Vgl. auch Mühl-Benninghaus: *Vergeßt es nie! Schuld sind sie! Zu Kriegsdeutungen in den audiovisuellen Medien beider deutscher Staaten in den vierziger und fünfziger Jahren*. In diesem Band.

und die Politiker, daß das Fernsehen auch selbst Bedeutung in der Vermittlung politischer Inhalte und Meinungen und der Erzeugung eines politischen Bewußtseins gewinnen konnte. Das Fernsehen wandte sich in der zweiten Hälfte der fünfziger Jahren verstärkt politischen Themen zu.

Aufgaben im Modernisierungsprozeß zu übernehmen bedeutete nun auch, ohne daß dies in umfangreicher Weise zu dieser Zeit diskutiert worden wäre, ständig wieder neu und in verschiedenen Aspektierungen und Variationen die zentralen gesellschaftlichen Probleme zu thematisieren und damit langfristig zu einem neuen Bewußtsein der Menschen beizutragen. Das Fernsehen wurde sich damit seiner Funktion als öffentliches Forum bewußt und entwickelte sich zu einer 'Diskursmaschine', eine, die sich jedoch erst noch ihre Themen suchen sowie ihre Diskursformen entwickeln und standardisieren mußte und damit den Fernsehdiskurs innerhalb der Gesellschaft erst noch dauerhaft als Institution und Instanz zu verankern hatte. Aus heutiger Sicht liegt die zentrale Funktion des Fernsehens jedoch vor allem darin, daß es trotz (oder wegen) aller Diskurs- und Forumsaufgaben wesentlich zu einer nachhaltigen Entideologisierung der Diskurse und einer Neuformulierung gesellschaftlicher Werte beigetragen hat.

Krieg als Thema in Kino und Fernsehen

Vor diesem Hintergrund wird nun die Behandlung des Krieges im Fernsehen relevant. Es geht dabei nicht um den strukturellen Zusammenhang von Fernsehtechnik und Kriegstechnologie, wie sie Virilio u.a. immer wieder hervorgehoben haben,[3] sondern um die Thematisierung des Krieges im Fernsehprogramm, die durch die Programmgeschichtsschreibung zu untersuchen ist.[4]

Die Thematisierung des Krieges wurde auf explizit thematische Weise quantitativ zunächst äußerst marginal wahrgenommen. Eine Programmuntersuchung von Christoph Classen für die Jahre 1955-1966 ergab für die fünfziger Jahre, daß die NS-Zeit und der Zweite Weltkrieg in selbständigen und in den Programmzeitschriften ausgewiesenen Sendungen in nur ganz geringem Umfang vorkommen.[5] Vor allem im nichtfiktionalen Bereich blieben größere Dokumentationssendungen in den fünfziger Jahren noch aus, sie

[3] Paul Virilio: *Krieg und Fernsehen*. München 1993.

[4] Vgl. zu anderen Aspekten der TV-Kriegsdarstellung in dieser Zeit auch Knut Hickethier: Der Zweite Weltkrieg und der Holocaust im Fernsehen der fünfziger und frühen sechziger Jahre. In: Michael Th. Greven, Oliver von Wrochem (Hrsg.): *Der Krieg in der Nachkriegszeit. Der Zweite Weltkrieg in Politik und Gesellschaft der Bundesrepublik*. Opladen 2000.

[5] Vgl. Christoph Classen: *Die nationalsozialistische Vergangenheit in den Fernsehprogrammen von ARD und ZDF 1955-1966*. Hamburg (Magisterarbeit); veröffentlich als ders.: *Bilder der Vergangenheit: Die Zeit des Nationalsozialismus im Fernsehen der Bundesrepublik Deutschland 1955-1966*. Köln u.a. 1995.

wurden erst in den sechziger Jahren, vor allem dann im Umfeld des Jahres 1965, produziert und gesendet.

Die geringe Thematisierung hat unterschiedliche Gründe. Zum einen in der noch unzulänglichen Technik der Liveproduktion, den mangelnden technischen Konservierungsmöglichkeiten von Sendungen sowie den finanziell geringen Mitteln der Sender, die technisch und personell aufwendige Inszenierungen, wie sie der Kriegsfilm nun einmal erfordert, nicht erlaubten. Zum anderen liegen sie auch im mangelnden Bewußtsein der Programm-Macher und Kritiker von den politischen Potenzen des Fernsehens sowie in einer von den Fernsehverantwortlichen betriebenen Anpassung des Mediums an den bestehenden Kulturbetrieb, der eher auf Verklärung, Verharmlosung und Umdeutung des Krieges, seiner Voraussetzungen im NS-System und seiner Schrecken setzte. Hier lassen sich natürlich auch mentalitätsgeschichtliche Überlegungen darüber anstellen, daß das Medium, das in den Augen vieler erst in den fünfziger Jahren entstanden war, als ein weitgehend ungeschichtliches und mit Geschichtsthemen auch nicht zu belastendes Medium galt.

Die Frage von Schuld und Sühne wurde auf eine implizite Weise jedoch im Fernsehen der fünfziger Jahre thematisiert. Sie entkleidete die Frage nach Schuld und Sühne im Kontext des Zweiten Weltkriegs ihres konkreten historischen Anlasses und formte sie zu einer allgemein menschlichen von Macht und Widerstand um und verhandelte sie in Geschichten über zwischenmenschlichen Verstrickungen. Das entsprach zum einen der kulturellen Praxis in der Literatur, dem Theater und dem Hörspiel, es ist zum anderen eine Art von Camouflage, die dazu dient, eine schnelle Rezeptionsabwehr zu verhindern und das Publikum indirekt mit den Fragen nach Schuld und Sühne in Verbindung zu bringen. Dies geschah vor allem in Literaturbearbeitungen, wobei hier zahlreiche Werke auf eine allgemeine Weise, aber mit deutlichen Anspielungen auf Machtübernahme, Exil, Krieg und Kriegsgefangenschaft das Thema verhandelten. Dabei handelte es sich häufig um Bearbeitungen der antiken Literatur, etwa in Claus Hubaleks *Die Stunde der Antigone* (ARD 1960), in der die antike Tragödie als zeitgenössisches Geschehen gespielt wird, dann auch um Adaptionen der Texte moderner 'Klassiker' und Autoren, wie Graham Greenes Stücke, in denen von totalitären Regimen meist in Südamerika die Rede ist, wobei der südamerikanische Rahmen nur Dekor bleibt. Man kann davon ausgehen, daß die Diskurselemente von Schuld und Sühne in vielen Fernsehspielen der Zeit latent vorhanden waren und oft indirekt angesprochen wurden.

"Einer von sieben"

Zeitgenössische Autoren wie Gerd Oelschlegel thematisierten häufig das Verhältnis von Schuld und Sühne als ein individuelles Problem, das als Kriegsproblematik die Bundesdeutschen spät einholte. Da ist z.B. der Fremde, der aus Amerika zurückkommt und die Daheimgebliebenen an frühe Schuld erinnert, oder ein älterer Steinmetz, der nach einem kriegsvermißten Bruder sucht. In *Einer von sieben* (ARD 1960) stößt dieser Steinmetz auf die sechs Überlebenden eines Kommandos und nach und nach erfährt er, daß sein Bruder sich als einziger geweigert hatte, an der Erschießung von Zwangsarbeitern mitzuwirken und deshalb selbst erschossen wurde. Die sechs Übriggebliebenen, inzwischen zumeist situierte Bundesbürger, wollen diese Geschichte mit allen Mitteln vertuschen und berufen sich auf einen Befehlsnotstand.

Einer von sieben stellt nicht selbst den Krieg dar, sondern ist ein Recherchestück, das ganz in der Gegenwart der Zuschauer angesiedelt ist. Krieg und Nachkrieg sind in allem, was die Figuren denken und tun, präsent, aber sie werden selbst nicht inszeniert und dokumentiert. Sie bestimmen die Menschen als Unaufgearbeitetes, Verdrängtes, das aber, so will es die Dramaturgie dieser Stücke, dann doch ans Tageslicht drängt und nicht wirklich verborgen bleibt. Die Vergangenheit holt die Menschen ein, das Vertuschen der Schuld wird offenbar und läßt nach der Aufdeckung nur beschämt Schweigende zurück. Es wird weiter geschwiegen, aber die Schuld ist nun öffentlich und benennbar, aber eine Sühne, die Reue voraussetzt, wird es dennoch nicht geben.

Krieg im Kino der Bundesrepublik – mentale Stabilisierungen

Um einschätzen zu können, welche Bedeutung Schuld und Sühne sowie der Krieg im Fernsehen der fünfziger Jahre hatten, bedarf es eines Blicks auf einen anderen Kontext. Auszugehen ist von einer Arbeitsteilung in der Thematisierung des Krieges in den Medien: Während Schuld und Sühne einerseits als Aufgabe des Staates (z.B. durch die Verabschiedung von Wiedergutmachungsgesetzen) und damit Gegenstand der Politik war und dementsprechend in den politischen Diskursen (z.B. in der Debatte über die Kollektivschuld) erörtert wurde, hatten die audiovisuellen Medien – vor allem mit ihren fiktionalen Programmsparten – andere Aufgaben: Sie dienten dazu, eine individuelle Auseinandersetzung mit dem Krieg und seinen Folgen zu ermöglichen.

Krieg war in der Bundesrepublik der fünfziger Jahre vor allem im Kino ein zentrales Thema. Anfang der sechziger Jahren wurde bereits mit einem kritischen Impetus die These vorgetragen, daß in keinem Jahrzehnt sonst der Krieg so häufig Thema, Gegenstand oder auch Hintergrund im deutschen Kino gewesen sei wie in den fünfziger Jahren. Zwischen 1945 bis 1960 wurden nach einer Darstellung der sechziger Jahre 275 aufgeführte Kriegs- und Antikriegsfilme gezählt, der Filmpublizist Eckart Schmidt kam 1964 in einer Untersuchung allein für die Jahre 1953 bis 1958 auf die Zahl von 600

Kriegs- und Militärfilmen im bundesdeutschen Kino.[6] Andere Zahlen liegen noch höher. Krieg war also ein durchaus akzeptiertes Sujet innerhalb der Kinounterhaltung der Zeit. Dabei galten die meisten Filme als sogenannte "Antikriegsfilme", wobei dieses Etikett in den sechziger Jahren zu heftigen Kontroversen über das Verhältnis von Kriegsfilm und Antikriegsfilm führte.[7]

Der Krieg als Thema war also medial in starkem Maße besetzt, als das Fernsehen an gesellschaftlicher Bedeutung gewann. Das Kino hatte die Gestaltungsweisen des Themas in dominanter Weise geprägt, so daß das Fernsehen als ein seine Formen noch suchendes Medium sich diesem Vorbild nur schwer entziehen konnte, wenn es sich ebenfalls mit diesem Thema auseinandersetzen wollte. Gleichzeitig gab es jedoch bei den Fernsehmachern aus ganz unterschiedlichen Gründen eine starke Abneigung gegen den Kinofilm als ästhetischen Maßstab. Von daher ist vielleicht die Enthaltsamkeit im Fernsehen in den ersten Jahren, sich mit dem Krieg zu beschäftigen, auch als ein Reflex auf dessen Überthematisierung im Kino zu verstehen. Sicherlich war es auch das Ergebnis eines entstehenden Fernseh-Selbstverständnisses, das – mit seiner ausgestellten Familienbezogenheit – den privaten Raum, in den das Fernsehen eindrang, als nicht angemessen für derartige Themen ansah.

Sieht man sich die bundesdeutschen Kinoproduktionen der Zeit genauer an, die vor allem ab Mitte der fünfziger Jahre entstanden sind (*Kapitänleutnant Prien*, *Stern von Afrika*, *Haie und kleine Fische* u.a.), so wird der Krieg vor allem als eine Bewährungsprobe für junge Männer dargestellt, die – auch wenn sie gegen den Krieg an sich sind – hier lernen, ihren Mann zu stehen, durchzuhalten, sich zu bewähren, Kameradschaft zu üben, füreinander da zu sein usf. Die Unmenschlichkeit des Krieges, die Verbrechen der Wehrmacht, die Vernichtungsmaschinerie des NS-Staates, der Holocaust – alles das wird nicht erwähnt und schon gar nicht gezeigt.

Das beginnt sich erst am Ende des Jahrzehnts langsam zu ändern, z.B. mit einem Film wie Bernhard Wickis *Die Brücke*, in dem die Topoi des Durchhaltens und Bewährens ins Absurde getrieben und damit als falsch und verlogen decouvriert werden. Die deutlich kritischere Erörterung des Krieges zum Jahrzehntwechsel hin ist die Folge mentaler Verschiebungen sowie einer Umorientierung der medialen Öffentlichkeiten. Sie ist auch als Reflex auf die nun auch im Fernsehen entstehenden neuen Kriegsdarstellungen zu verstehen.

Ausnahmen von der Regel der auf Bestätigung und Bewährung ausgerichteten Kriegsfilme hatte es natürlich vereinzelt auch schon vorher ge-

[6] Eckhart Schmidt: Der Krieg im Kino. Zur Typologie einer Filmgattung. In: *Film* H. 7 und H. 8. 1964.

[7] Vgl. Knut Hickethier: Krieg im Film – nicht nur ein Genre. In: *Zeitschrift für Literaturwissenschaft und Linguistik* (1989) H. 75. ("Weltkrieg in Literatur und Film"). S. 39-53; hier S. 41ff.

geben, etwa die Verfilmung von Hans Hellmut Kirsts Erfolgsbuch *08/15*, die zum einen als ungeschminkte Darstellung des 'Barras' gesehen wurde, heftige Proteste der Soldatenverbände nach sich zog und zu einem anhaltenden juristischen Streit zwischen dem damaligen Bundesverteidigungsministers Franz Josef Strauß und Kirst führte.[8] Zum anderen bediente sich *08/15* – und das zeigt sich in der historischen Distanz – der Tradition der Militärkomödie, die letztlich eine unterhaltenden Bestätigung des Militärs und damit auch des Krieges betrieb.[9]

Für das männliches Publikum der Zeit, das den Krieg weitgehend aktiv miterlebt hatte, bot der Kriegsfilm im Kino vor allem bis Mitte der fünfziger Jahre eine Legitimation der eigenen Kriegsteilnahme. Es ging für ein großes Publikum nicht um die Frage von allgemeiner Schuld und Sühne, die zu erörtern war, sondern darum, daß die drängende Frage nach der Sinnhaftigkeit der eigenen Kriegsteilhabe und des eigenen Handelns in diesem Krieg beantwortet wurde. Denn dieser Krieg hatte viele Männer Jahre ihres Lebens gekostet, viele Frauen und Kinder einer starken Belastung ausgesetzt und diese schließlich zu großen Teilen in Elend und Verzweiflung gestürzt. Dabei war er ideologisch stark aufgeladen gewesen, so daß sich bei vielen das Gefühl von Pflichterfüllung, Ehrenhaftigkeit und Opferbereitschaft als Habitus verfestigt hatte. Spätestens mit Kriegsende und der Zerschlagung des nationalsozialistischen Regimes waren diese Werte jedoch obsolet geworden, hatten sich die Leitbilder als falsch und verlogen erwiesen, so daß sich für viele die Sinnfrage nachhaltig stellte. Man füllte sich selbst als Opfer, nicht als Täter und suchte deshalb auch nach offenen oder versteckten Rechtfertigungen. Dieser mentale Konflikt, der die biografische Selbstvergewisserung vieler erwachsener Bundesbürger in den fünfziger Jahren prägte, wurde zwar durch die Sorge um Lebenserhalt, neue Situierung in der entstehenden neuen Gesellschaft und soziales Fortkommen überlagert und verdrängt, bedurfte jedoch langfristig der kulturellen Bearbeitung, wozu sich insbesondere die 'Traummaschine' des Kinos anbot.

Die Filme bedienten sich nun einer im einzelnen zwar differenzierten Argumentationsweise, die jedoch einige Konstanten enthielt, die hier von besonderen Bedeutung sind. Die Filme stellten den Einsatz der meist jungen Männer als letztlich sinnlos dar, weil die Ziele des Krieges unmenschlich und verwerflich waren und weil der gesamte Rahmen des NS-Regimes verurteilt wurde. Das individuelle Handeln der einzelnen Soldaten aber – meist wurden Geschichten von Offizieren und Offiziersanwärtern erzählt – folgte

[8] Vgl. Knut Hickethier: Krieg und Militär. "08/15". In: Werner Faulstich, Helmut Korte (Hrsg.): *Fischer Filmgeschichte Bd. 3: 1945-1960*. Frankfurt a.M. S. 222-251.

[9] Vgl. Knut Hickethier, Marcus Bier: Das Unterhaltungskino I: Militärschwänke im Kino der zwanziger Jahre. In: Harro Segeberg (Hrsg.): *Die Perfektionierung des Scheins. Das Kino der Weimarer Republik im Kontext der Künste*. München. 1999 S. 67-94.

den Prinzipien der Pflichterfüllung und der mannhaften Bewährung, und dieses Verhalten wurde positiv bewertet.

Die zentrale, immer wiederkehrende Botschaft dieser Filme war, daß man den Krieg dennoch durchgestanden hatte, nicht davon gelaufen war und sich für das Vaterland, die Gemeinschaft, das Volk etc. eingesetzt hatte – so wie es nun auch im Kalten Krieg gegenüber dem Kommunismus wieder notwendig war. Damit bestätigten die Kinokriegsfilme letztlich die alten Handlungsideale und Handlungsqualitäten, die in der Bundesrepublik der fünfziger Jahren, vor allem nach dem Natobeitritt und dem Aufbau der Bundeswehr, wieder gefragt waren.

Damit hatte man bei den Zuschauern die habituell verankerten Werte, die bei den älteren Zuschauern auch schon in der Weimarer Zeit und davor verankert worden waren, bestätigt und zur Stabilisierung ihres Selbstbewußtseins beigetragen. Die Differenz zwischen abzulehnendem Krieg als Gesamtheit und positiv zu bewertendem heldenhaften Einsatz einzelner Soldaten wurde mit der Formel des 'Mißbrauchs' der Soldaten durch das Regime überbrückt. Die Zuschauer konnten sich damit letztlich auch als Opfer fühlen. Schuld und Sühne brauchte, angesichts einer solchen Haltung, ihre Sache nicht zu sein.

Das Kino war zu dieser Zeit vom zahlenden Publikum existentiell abhängig, die Filmproduzenten produzierten deshalb nur solche Filme, von denen sie annahmen, daß ein breites Publikum sie akzeptierte. Die Thematisierung des Krieges als männliche Bewährungsprobe entsprach zudem einem grundständigen filmischen Erzählmuster (vom Helden und seiner Bewährung) und kam zudem dem Selbstverständnis vieler Drehbuchautoren und Regisseure entgegen, die, wie Peter Kochenrath 1965 nachgewiesen hat, zu über 90 Prozent bereits während des Dritten Reichs für das Kino produziert hatten und auch in den fünfziger Jahren noch den sogenannten "Spät-Ufa-Stil" pflegten.[10]

Dies kann man – und muß man – heute kritisch sehen, nur mentalitätsgeschichtlich hat diese Form erst möglich gemacht, daß der Zweite Weltkrieg in Deutschland nach 1945 wieder darstellbar wurde und seine Thematisierung angesichts der sonst geübten Praxis des Verschweigens und Verdrängens überhaupt zustande kam. Wolfgang Mühl-Benninghaus hat dargestellt, daß das bundesdeutsche Kino den Krieg vor allem individualisierend behandelt hat. Das ist richtig, denn es entspricht auch der Funktion der audiovisuellen Unterhaltungsmedien innerhalb der Modernisierungsprozesse, daß sie helfen, gesellschaftliche Probleme 'individuell' verarbeitbar zu machen. Gerade die Synchronisation von gesellschaftlichen Erfordernissen und individueller Anpassung ist Aufgabe der unterhaltenden Massenmedien. Das

[10] Vgl. Hans-Peter Kochenrath: Kontinuität im deutschen Film. In: Wilfred von Bredow, Rolf Zurek (Hrsg.): *Film und Gesellschaft in Deutschland. Dokumente und Materialien*. Hamburg. 1965.

Fernsehen kann dies allerdings sehr viel besser als das Kino, weil es eine größere Programm- und damit Angebotsfläche besitzt, sehr viel breiter Verhaltensmuster differenzieren kann und den Zuschauer innerhalb seines privaten Bereichs – und damit ungeschützter – antrifft.

Krieg im bundesdeutschen Fernsehen

Vor diesem Hintergrund nimmt sich nun Mitte der fünfziger Jahre auch das bundesdeutsche Fernsehen des Themas an. Das Fernsehen ist in dieser Zeit als ein nicht durch Konkurrenz eingeschränktes öffentlich-rechtliches Medium von der Zustimmung der Zuschauer an der Kasse unabhängig, es kann damit auch pädagogisch handeln, kann den Zuschauer mit Dingen konfrontieren, die diesem auch einmal unangenehm und lästig werden können. Eine solche Aufgabe und Funktion ist nicht grundsätzlich negativ zu bewerten, wie es dies heute zumeist geschieht, sondern kann im Rahmen eines Demokratisierungsprozesses positive Aufgaben erfüllen. Modernisierung als Schaffung einer neuen Gesellschaft mit neuen – nicht zuletzt auch demokratischen – Werten und Verhaltensmustern bedarf längerfristiger Lernprozesse, die auch gegenüber Verweigerungen und Widerstände gesellschaftlich durchzusetzen sind.

Die Festung

Deutlich lassen sich im Fernsehen unterschiedliche Tendenzen der Behandlung des Krieges erkennen. Zum einen wird an die Kinotradition angeknüpft. Es wird die Behandlung des Krieges in der Weise aufgegriffen, wie sie das Kino der Zeit pflegte. Claus Hubalek stellte in seinem Fernsehspiel *Die Festung* (ARD 1957) einen General dar, der seiner Pflicht gehorcht und deshalb die eingekreiste ostpreußische Stadt nicht kampflos übergeben will, obwohl er weiß, daß der weitere Kampf sinnlos ist und nur Zehntausende Tote kosten wird. Wieder ist es das Pflichtbewußtsein, um das es hier geht, doch es wird hier bereits negativ konnotiert: Der General kann aus seiner Erziehung nicht heraus. Er kann den auf den Führer geschworenen Eid nicht brechen, auch wenn er den Wahnsinn des Durchhaltebefehls erkennt. Er ist trotz aller Einsicht blockiert und kann die entsprechenden Befehle zur Kapitulation nicht geben. Vor allem durch die langen Erörterungen mit seinem Adjudanten wird im Fernsehspiel Verständnis für seine Haltung geweckt. Denn auch die untergebenen Offiziere, die über die richtige Einsicht verfügen, rebellieren nicht. Können es offenbar nicht. Das Eingreifen des Adjudanten ganz am Ende des Spiels bleibt schwächlich, er lügt einen Durchhaltebefehl um, und so scheitert die Kapitulation an den NS-Funktionären.

Schuld und Sühne werden hier auf der Ebene der militärischen Entscheidungsträger erörtert. Der zwanghaften Bindung an den militärischen Eid und die Pflicht wird die Verpflichtung auf eine übergeordnete Menschlichkeit entgegengestellt. Weil der General sich nicht gegen den Eid und für den Erhalt des Lebens Zehntausender Zivilisten und Soldaten in der eingekesselten Stadt entscheiden kann, wird er ebenso schuldig wie seine Untergebenen, die sich selbst in diesem Augenblick nicht (oder wenn, dann zu spät) verweigern. Daß sie dieses Verhalten mit dem Tod (im Feuer der Gegner wie den durch die Kugeln der Nazis) bezahlen müssen, folgt dem Prinzip der poetischen Gerechtigkeit – und soll damit dem Zuschauer zur Einsicht verhelfen, hier hätte anders gehandelt werden müssen. Damit wird dem Kriegsthema eine Tragödienstruktur übergestülpt, die das Verhalten der Figuren als durch ein Schicksal bestimmt erscheinen läßt.

Kennzeichen der Fernsehthematisierung ist jedoch auch, daß hier sehr viel umfangreicher als im Kinospielfilm eine verbale Erörterung von Haltungen und Positionen stattfindet und das Für und Wider von Pflichterfüllung und Verweigerung ausgebreitet wird. Dies hängt wesentlich mit der Fixierung des Fernsehspiels auf die Studiotechnik und der Konzentration der Handlung auf Innenräume zusammen. Mit dieser technischen Bedingung des frühen Fernsehspiels entsteht eine – in der Kritik oft auch abfällig ("Ästhetik der redenden Köpfe") vermerkte – stärkere Reflexivität der Darstellung.

So ergibt sich aus dem Fernsehspiel *Die Festung* das merkwürdige Ergebnis, daß der General nicht an einer fehlenden Einsicht scheitert, wohl aber daran, aus der vorhandenen Einsicht kein Handeln (eben die Kapitulation) entstehen zu lassen. Handlungsbereit sind dagegen die Nazis, die den General umgehend erschießen lassen. Daraus entsteht die merkwürdig paradoxe Situation, daß auf hohem Reflexionsniveau über das Für und Wider der Kapitulation gesprochen wird, aber keine Entscheidungen getroffen und Handlungen nicht geplant und mit rationalem Kalkül in Angriff genommen werden. Damit wird latent auch auf ein altes diktatorisches Vorurteil angespielt: die Einsichtigen können gut 'schwätzen' (wie in der Demokratie), aber nicht handeln, und weil sie nicht wehrhaft ihre Position durchsetzen, gehen sie unter. Für den Zuschauer ergibt sich daraus als Lehre weniger eine Einsicht in die politischen Zusammenhänge als vielmehr, daß es darauf ankommt, in das individuelle Verhaltensformen mehr Effizienz zu bringen, den Zusammenhang von Wissen, Entscheiden und Handeln stimmiger zu machen. Ein Verhaltensmuster, das einer Modernisierungslogik entstammt.

Unruhige Nacht

Das Fernsehen zeigte jedoch auch andere Deutungen der Kriegserlebnisse. Denn beim jungen Medium Fernsehen kamen – anders als beim Kinospielfilm – auch Autoren und Regisseure zu Wort, die nicht mehr zur Generation der Produzenten der sogenannten Kino-Altbranche gehörten, sondern junge Leute waren, die den Krieg nur als Kinder oder Jugendliche, nicht aber in verantwortlicher Position erlebt hatten. Und sie produzierten vor allem für die Fernsehsender, die im Aufbau waren und sich nicht an den traditionellen Filmproduktionsorten befinden – also z.B. in Stuttgart, beim Süddeutschen Rundfunk.

Auch hier bediente man sich der Literatur als Vorlage für Fernsehspiele. Dies ist keine themenspezifische Besonderheit in dieser Zeit, sondern entsprach schlicht der allgemeinen Praxis. Die neue Qualität des Fernsehens bestand darin, daß es diese Geschichten audiovisuell erzählte, sie sichtbar und damit per Augenschein miterlebbar machte – und zugleich massenhaft verbreitete und dies bis in die Wohnzimmer hinein. Dort trafen diese Geschichten auf ein Publikum, das es im Kino vermieden hätte, sich solche Darstellungen anzuschauen, und konfrontierte es mit teilweise unerwünschten Wahrheiten.

1954 verfilmte der Süddeutschen Rundfunk die seit Mitte der fünfziger Jahre zum Kanon der Schullektüre gehörende Novelle von Albrecht Goes *Unruhige Nacht*. Regie führte Franz Peter Wirth, ein damals junger Regisseur; Dramaturg war Hans Gottschalk, der mit anderen Mitarbeitern des Süddeutschen Fernsehens – unter anderem auch dem Germanistikstudenten Martin Walser – frisch von der Universität zum Fernsehen gekommen war.[11]

Ein Kriegspfarrer, so erzählt das Fernsehspiel, wird zu einem jungen Soldaten gerufen, der von einem Kriegsgericht wegen Lebensmitteldiebstahls und Abwesenheit von der Truppe zum Tode verurteilt wurde. Der Pfarrer – er wird im Fernsehspiel von Peter Lühr, einem der großen Schauspieler der bundesdeutschen Bühne, gespielt – liest die Akten in der Nacht und wird dabei auch noch mit dem Schicksal anderer junger Menschen konfrontiert: einem Soldaten, der an die Front zurück muß und weiß, daß er von dort nicht wiederkommen wird, seiner Verlobten, einer Krankenschwester, die das Elend des Krieges im Lazarett kennen gelernt hat usf. Der Pfarrer geht schließlich zu dem jungen zum Tode Verurteilten und zeigt Menschlichkeit, indem er für ihn einen Brief an dessen russische Freundin schreibt, den er auch verspricht, ihr zu überbringen.

Die Geschichte unterscheidet sich grundsätzlich von den zeitgenössischen Kinogeschichten: Der Verurteilte ist kein junger Offizier oder Offiziersanwärter, die Handlung spielt nicht bei den Jagdfliegern oder auf einem U-Boot, was immer einen sportlichen Unterton hat, sondern irgendwo in der Weite des russischen Winters. Der junge Soldat hat keine glückliche Kindheit gehabt, die Mutter wollte von ihm nichts wissen. Der Krieg hat ihn nun auch um seine Jugend betrogen und schließlich um sein Leben gebracht.

Nicht Bewährung und Mannhaftigkeit sind hier das Thema, sondern das Fernsehspiel setzt auf Mitleid mit den Geschundenen und Getretenen, setzt

[11] Vgl. Knut Hickethier: Stuttgarter Stil – das Fernsehspiel des Süddeutschen Rundfunks. In: Hermann Fünfgeld (Hrsg.): *Von außen besehen – Markenzeichen des Süddeutschen Rundfunks*. Stuttgart 1998 (Südfunkhefte Nr. 25). S. 381-402.

auf Anteilnahme mit denen, die in diesem Krieg ihr Leben gelassen haben und es ist eine stille Anklage gegen ein Wertesystem, das auf Härte und Durchhalten setzt. Sicherlich ist der junge Soldat aufgrund der Kriegsgesetze schuldig gewesen, aber die wahre Schuld trifft dieses Regime, das solche Gesetze erlassen hat, und diejenigen, die es anwenden und exekutieren. Das Fernsehspiel zeigt durch Besetzung und Inszenierung ein negatives Bild der Kriegsrichter, ohne daß dies jedoch breit thematisiert wird. Dies geschieht erst viele Jahre später. Der Kriegspfarrer, der den Krieg offensichtlich überlebt hat (er erinnert sich zu Beginn des Fernsehspiels der Geschichte anhand eines Tagebuchs), fühlt sich als Individuum schuldig am Schicksal dieses Jungen, seine Erinnerung soll dazu dienen, Betroffenheit und Nachdenken zu erzeugen.

Hier beginnt sich bereits im Fernsehspiel ein neues Muster von Schuld und Sühne zu etablieren, das dann in den folgenden Jahrzehnten zum dominanten Muster wird: Die Schuld am NS-Regime und den Krieg ist auf eine indirekte Weise auch von den einzelnen Deutschen anzunehmen und in eine Verpflichtung umzuformen, alles zu tun, daß solche Verhältnisse nicht wieder entstehen. Die Sühne besteht in der Arbeit an einer besseren Gesellschaft, die Intoleranz, Gewalt, Terror, Krieg und Genozid von vornherein verhindert.

Das Fernsehspiel unterstützt diese Zielsetzung durch einen Inszenierungsstil, der nicht mehr auf Pathos und eine am "Ufa-Stil" angelehnte Darstellungsweise setzt, sondern auf ein stilles, nach innen gekehrtes Sprechen. Letztlich wird Innerlichkeit anstrebt. Hier geht es auch nicht um Fragen nach den Ursachen, die bleiben wie auch in den anderen Thematisierungen ausgeblendet, aber es wird eine andere mentale Haltung zum Krieg eingeübt.

Die historische Prozessen werden für die Individuen nacherlebbar gemacht, indem sie auf menschliche Grundkonstellationen reduziert werden. Das Verhalten in der Kriegszeit soll den Menschen der Nachkriegszeit einsehbar gemacht werden, diese sollen differente Verhaltensweisen verstehen und tolerieren lernen. Darin liegt die wesentliche Aufgabe der fiktionalen Unterhaltung der audiovisuellen Medien.

So weit die Füße tragen

Vier Jahre später wurde im Frühjahr 1958 ein mehrteiliger Fernsehfilm im bundesdeutschen Fernsehen gesendet, der im Auftrag des WDR (damals noch formal mit dem NDR im Nordwestdeutsche Rundfunkverband vereint) in den Filmstudios der Bavaria produziert worden war, die nur wenig später vom WDR und SDR als Produktionsstätte aufgekauft werden. Vorlage für den Mehrteiler war ein Roman-Bestseller von Josef Martin Bauer. Der junge Regisseur Fritz Umgelter verfilmte ihn in sechs Teilen: *So weit die Füße tragen.*

Der Krieg selbst ist nur Ausgangspunkt und wird nicht gezeigt. Der Film beginnt damit, daß kriegsgefangene deutsche Soldaten in Güterwagen wochenlang durch die Sowjetunion nach Sibirien gebracht werden, dort in ein Bergwerk kommen. Einer von ihnen, Leutnant Forrell, kann fliehen und schlägt sich schließlich bis in den Iran durch. Vom literarischen Muster her folgt der Film der Heldenreise mit verschiedenen Stationen der Bewährung, wie sie in der Abenteuerliteratur auch ihre populäre Ausdeutung erfahren hat,[12] inhaltlich setzt sich der Film auf weite Strecken mit der Sowjetunion auseinander und führt den bundesdeutschen Zuschauern ein Schreckensbild des Gulag und der Stalin-Zeit vor Augen.

Im Verhältnis der Soldaten im Kriegsgefangenenlager werden Schuld und Sühne mehrfach variierend durchgespielt, denn im Lager treffen Soldaten aufeinander, die zum einen Opfer einzelner sinnloser militärischer Aktionen waren und die zum anderen diese verursacht haben. Die häufig wiederholte Botschaft lautet, daß es vor allem auf das Überleben ankommt, um eine neue, bessere Gesellschaft aufzubauen, die eben solche Kriege verhindert. Dabei fällt der Film teilweise wieder in die Darstellungskonzepte des Kinospielfilms mit seiner Thematisierung des Durchhaltens zurück. Die Variation des Sich-Bewährens und des Durchkommens hat hier zusätzlich einen sportlichen Akzent bekommen. Forell trotzt allen Witterungsbedingungen, Entbehrungen und den Nachstellungen durch die Sowjets. Parallelen zu zeitgenössischen erfolgreichen bundesdeutschen Büchern und Filmen über Weltumsegelungen und Reisen wie *Ich radle um die Welt* sind offenkundig.

Das eigentliche Thema des Films ist jedoch, daß in diesem – beim Publikum sehr erfolgreichen – Film ein Trauma der bundesdeutschen Gesellschaft öffentlich verhandelt wurde: die teilweise zehnjährige Kriegsgefangenschaft vieler deutscher Soldaten in Sibirien. Viele überlebten sie nicht, sondern gingen an den harten Verhältnissen, Strapazen und Entbehrungen zugrunde. Die letzten Überlebenden kehrten erst 1955/56, nach dem Abschluß des Deutschlandvertrages und dem Besuch Adenauers in Moskau, nach Deutschland zurück. Der Film zwei Jahre nach ihrer Rückkehr diente der Bearbeitung dieses Traumas und zielte weniger auf eine Integration der Heimkehrer in die prosperierende bundesdeutsche Gesellschaft als auf ein Wachhalten des antikommunistischen Feindbildes.

Der Film zeigt in der Schilderung der verschiedener Kriegsgefangenen-Schicksale auch, daß sich ganz unterschiedliche Verhaltensweisen mit dem Krieg verbinden, daß es keine allein gültige Form der Thematisierung des Krieges gab, sondern viele, die alle ihre Berechtigung hatten. Das Fernsehen betrieb damit eine Pluralisierung des Kriegserlebnisses und vor allem eine Differenzierung der Deutung des Kriegsgeschehens. Dabei blieben jedoch die Grundpositionen (daß Krieg sinnlos sei, daß er auf jeden Fall verhindert werden müsse) gewahrt. Die individuellen Differenzierungen der Erlebnisse

[12] Vgl. Joseph Campbell: *Der Heros in tausend Gestalten*. Frankfurt a.M. 1978.

und ihrer Verarbeitung, die es ähnlich natürlich auch schon in der Unterhaltungsliteratur gegeben hatte, erfuhr durch die audiovisuelle Attraktivität des Fernsehmediums eine Steigerung und trug langfristig dazu bei, daß sich neue Reflexionsformen für die Kriegserlebnisse etablierten.

Am grünen Strand der Spree

Auch der Film *Am grünen Strand der Spree* steht in der Reihe der Fernsehmehrteiler Ende der fünfziger Jahre. Die Pluralisierung der Deutungen der Kriegserlebnisse wird hier noch deutlicher, weil in diesem Mehrteiler jede einzelne Episode ein anderes Schicksal erzählt. Wieder bildete ein Bestsellerroman die Vorlage: der Episodenroman *Am grünen Strand der Spree* von Hans Scholz. Den Rahmen bildet eine Männerrunde in einer West-Berliner Bar, die sich an die jeweiligen Kriegserlebnisse erinnert. Die meisten Episoden handeln von Bewährung und innerer Größe. Spektakulär ist noch heute die erste Folge, die den Titel *Das Tagebuch des Jürgen Willms* trägt. Der Erzähler hat von einem Kriegskameraden dessen Tagebuch gerettet, der Schreiber ist gefallen, und er erzählt nun, was dieser erlebt hat. Es geht um den Holocaust.

Durch eine Begegnung mit einer jungen jüdischen Polin wird Willms in die Erschießung der Juden verstrickt. Er will das Mädchen retten, folgt ihrem Abtransport in ein abgelegenes Waldstück, wo sie und Tausende anderer von der SS und einem lettischen Freiwilligenkorps erschossen werden.

Gewiß ist hier noch der alte Gegensatz von der sauberen Wehrmacht und der bösen SS, die für alle Verbrechen aufzukommen hat, zu finden. Doch entscheidend ist, daß dem bundesdeutschen Fernsehpublikum – und dies sind 1960 bereits etwa 12 Millionen Zuschauer – in einer quälenden Länge die Erschießung der Juden gezeigt wurde. Der junge Soldat Willms erörtert – im Off als seine innere Stimme ausgewiesen –, warum er nicht eingegriffen hat, sich nicht dagegen gestellt hat. Hier werden die NS-Verbrechen während des Krieges nicht mehr diskret umschrieben oder verharmlost, hier geht es auch nicht mehr um ein Verständnis mit den Mordkommandos, wie sie noch in *Einer von sieben* zu finden ist.

Die Schuld ist hier offenkundig, und sie wird erweitert und verlagert: Nicht nur die handelnden Täter, die SS und die lettischen Hilfstruppen, laden Schuld auf sich, sondern auch der, der das alles geschehen läßt, der durch sein Nichteingreifen das Verbrechen ermöglicht. Willms – und er steht hier als junger Soldat nicht nur für die Kriegsteilnehmer-Generation, sondern auch für die jüngere Nachkriegsgeneration, die nachzufragen beginnt – stellt die Schuldfrage radikaler und grundsätzlicher. In seinem inneren Monolog an der Grube der Erschossenen erkennt er, wie angesichts der Verbrechen und der Schuld, die hier entstanden sind, die traditionellen Werte der Kultur zerfallen und wertlos geworden sind. Aus dem Topos, selbst ein Opfer gewesen zu sein, wird jetzt die Selbstanklage, beim Widerstand gegen die Täter versagt zu haben. Willms klagt sich selbst an und verzweifelt daran. Auch er wird daran untergehen und den Tod finden.

Die Inszenierungsabsicht ist jetzt deutlich gewandelt. Nicht mehr Camouflage wie zu Beginn der fünfziger Jahre ist angesagt, sondern unvermittelte Konfrontation. Das Publikum soll gezwungen werden, hinzuschauen – auch wenn die entscheidenden Bilder von den Toten ausgeblendet bleiben. In der Inszenierung wird das Nichtzeigen in ein Zeigen mit Hilfe der Vorstellungskraft der Zuschauer umgewandelt.

Anfang der sechziger Jahre wird damit die Thematisierung der NS-Zeit, ihrer Verbrechen sowie des Krieges und seiner ungeheuren Verwüstungen und Vernichtungen im Fernsehen neu akzentuiert und in der Folgezeit ausgeweitet. Der Krieg ist nun endgültig als ein Thema der Selbstreflexion der bundesdeutschen Gesellschaft im Fernsehen verankert. Der WDR und der SDR produzieren 1960 eine vielteilige Dokumentationsreihe *Das Dritte Reich*, der Eichmann-Prozeß in Jerusalem, dann auch die Auschwitzprozesse in Deutschland schärfen in den Folgejahren das Bewußtsein des Fernsehens für die Aufgabe, hier eine zentrale politische Funktion zu übernehmen. In Dokumentarspielen, aber auch in zahlreichen Fernsehspielen (wie z.B. in den Filmen von Egon Monk ab 1963 mit *Die Anfrage* (NDR 1963), dem Film *Ein Tag* über den KZ-Alltag (NDR 1965) und seine Erinnerung an das Kriegsende in *Der Augenblick des Friedens* (NDR 1965)) werden nun Krieg und Verfolgung, Vertreibung, Exil und Holocaust differenzierter und vielfältiger behandelt und dargestellt.

Kriegsdarstellung und Modernisierung

Zu Beginn war der Zusammenhang von medialer Auseinandersetzung mit dem Krieg und massenmedialen Transformationsleistungen im Rahmen gesellschaftlicher Modernisierungsprozesse angesprochen worden. Abschließend soll hierzu noch eine These skizziert werden, wie nun diese Tendenz der medialen Thematisierung des Krieges in diesem Zusammenhang gesehen werden kann.

Der Mehrteiler *Am grünen Strand der Spree* hatte den Fernsehmachern gezeigt, daß das Fernsehen nicht nur unterhalten, sondern auch aufklären, veranschaulichen, beeindrucken konnte. Das Fernsehen wurde nun als Instrument zur Erzeugung eines politischen Bewußtseins, zur Erzielung eines demokratischen und menschlichen Verhaltens entdeckt.

Die Fernsehformen des mehrteiligen Erzählens ermöglichten eine Darstellung differenzierter Verhaltensweisen im Krieg und setzten mit dieser Differenzierung – oder besser in ihr – eine realistische Erzählweise durch, die vor allem in den sechziger Jahren für die Fernsehfiktion bestimmend wurde und zunehmend deutlicher und schärfer geriet. Als Fernsehrealismus wurde in den sechziger Jahren die Darstellung der politischen Realität in der

Trias 'bundesdeutscher Alltag' – 'Ost-West-Thematik' – und nicht zuletzt 'NS-Vergangenheit und Krieg' definiert.

Indem das Fernsehen den Bereich 'NS-Zeit' und 'Krieg' nun immer wieder neu erörterte, zeigte es – bei einer unveränderten politischen Grundeinschätzung dem Krieg gegenüber – unterschiedliche individuelle Verhaltensweisen im Krieg. Die Pluralisierung der Perspektiven und die Individualisierung der Zugangsweisen zielen dabei auf Vielfalt, Variationsfähigkeit, Flexibilität. Damit paßte sich die Auseinandersetzung mit diesem Thema in eine generelle Aufgabenstellung des Fernsehens ein.

Modernisierung war ja nicht erst seit dem Zweiten Weltkrieg zum Kennzeichen der deutschen Gesellschaft geworden. Auch das 'Dritte Reich' betrieb eine Modernisierung, diese jedoch mit reaktionären und regressiven Vorzeichen. Die Zerschlagung alter Strukturen durch die Schaffung neuer, weitgehend auf Hierarchie (Führerprinzip), Homogenität ("Rassenreinheit" und "Volksgemeinschaft"), Technisierung und Militarisierung ausgerichteter Strukturen, war letztlich ein Modernisierungsvorgang, dem jedoch alle, mit der Modernisierung und der Moderne üblicherweise verbundenen Emanzipationsvorstellungen abhanden gekommen waren.[13] Die reaktionäre Modernisierung des 'Dritten Reiches' führte zu Terror, Holocaust und Weltkrieg und hatte sich deshalb als Modernisierungskonzept nachhaltig diskreditiert. Daß sich nach der Zerschlagung des NS-Staates die gesellschaftliche Modernisierung mit der Demokratisierung und mit der Durchsetzung demokratischer Werte und Normen verband, mußte im Bewußtsein der Menschen in Deutschland dennoch erst durchgesetzt werden und war nicht von vornherein selbstverständlich.

Hier kam den Medien der gesellschaftlichen Kommunikation, vom Buch über Zeitung und Zeitschrift bis zu Theater und Film sowie Radio und Fernsehen, eine besondere Bedeutung zu, weil sie diese neue Verknüpfung nachhaltig – und mit der Etablierung der neuen Werte und Verhaltensmuster auch dauerhaft – propagieren und vermitteln mußten. Das Fernsehen eignete sich dafür in besonderer Weise, denn es galt in den Augen der Bevölkerung als ein neues Medium, daß von Traditionen der NS-Zeit weitgehend unbelastet war, und es verband nun die audiovisuelle Vermittlung im Rahmen eines Programmbetriebs, der durch seine Aktualitätsprinzipien den Wechsel und die Erneuerung zu einem Strukturprinzip machte.

Damit betrieb das Fernsehen diese Verknüpfung von Modernisierung, Emanzipation und Demokratisierung nicht nur auf der inhaltlichen Ebene durch eine Beschäftigung mit diesen Themenbereichen, sondern auch auf einer *strukturellen Ebene*, indem es langfristig durch eine Pluralisierung der Angebote, der Darstellungsweisen, durch den programmierten Wechsel, die

[13] Vgl. Knut Hickethier: *Das 'Dritte Reich' als Mediengesellschaft*. Vortrag an der Universität Hamburg im Rahmen der Ringvorlesung "Geschichte des Films II". Hamburg 2000.

Verknüpfung mit Aktualitätsprinzipien und schließlich durch eine Vervielfachung der Programme auch eine Flexibilisierung der Wahrnehmung der Zuschauer erzeugte. Einer der Effekte dieser Modernisierung der Wahrnehmung war nicht zuletzt eine deutliche Entideologisierung der gesellschaftlichen Selbstverständigung und eine Ausrichtung auf pragmatische Verhaltensweisen. Nur so wurde letztlich auch eine dauerhafte Verhinderung von Krieg und Holocaust möglich.

Peter Hoff

"Gewissen in Aufruhr" – Kriegserlebnis und Kriegsdeutung im Fernsehen der DDR der fünfziger Jahre

During the 1950s, GDR television broadcasting could not yet count on a large number of spectators. This was largely due to the low number of televisions in private households, which only reached one million after 1960. This relatively low number of private televisions had the effect that members of the state broadcasting station had quite a lot of political freedom. From 1954 onwards, war experiences could therefore become one of the three main pillars of the original East German Fernsehspiel. *The narrative structure of the* 'Fernsehspiel'*, its close relation to the* 'Kammerspiel' *offered an adequate expression for the dramatic situation of the last days of the war: men and women found themselves confronted with existential situations and were forced to come to political and moral decisions. The stories told were mostly based upon authentic war experiences. Due to the journalistic character of TV productions in general and the specific profile of East German TV productions in particular, the authentic stories were interpreted psychologically. This aesthetic program is reflected in the title* 'Gewissen in Aufruhr' *(troubled consciousness), one of the most important TV productions of that decade.*

Als am 21.12.1952 das 'offizielle Versuchsprogramm' des Fernsehzentrums Berlin – so der erste Name des ostdeutschen Fernsehens – eröffnet wurde, konnte dieses Programm auf nur 72 Fernsehgeräten in Ost-Berlin verfolgt werden. Doch nicht nur auf der Seite der Empfangstechnik war das DDR-Fernsehen höchst dürftig ausgestattet. Auch die Sendetechnik zeigte sich in wenig imposantem Zustand. *Der Spiegel*[1] spottete in Anspielung auf den ersten Leiter des Fernsehzentrums Berlin, Hermann Zilles, über "Zilles bunte Bühne" und ihr "Programm, das seiner Erzeuger so gründlich spottet, daß jedes antikommunistische Kabarett der Westberliner Konkurrenz dagegen verblaßt"[2]. Dem DDR-Fernsehen fehlte bis gegen Ende der fünfziger Jahre noch jenes Merkmal, das es als Massenmedium ausgewiesen hätte: Die breite öffentliche Wirksamkeit.

Das gesellschaftliche Ansehen des Mediums ohne Rezipienten war zunächst sehr gering. "Ich glaube," erinnert sich Hans Müncheberg, vom Februar 1953 bis zum Ende des DFF 1991 Dramaturg und Autor in Berlin-Adlershof und einer der kompetentesten Zeitzeugen für die Entwicklung des DDR-Fernsehens, 1984 in einem Gespräch, "das ging so bis 1954/1955,

[1] *Der Spiegel* vom 15.4.1954.
[2] Ebd.

spätestens ab Programmbeginn Januar 1956 war das endgültig vom Tisch"[3]. Im Gegensatz zum bundesdeutschen Fernsehen war das DDR-Fernsehen in seinen frühen Jahren, zumindest aus der Sicht seiner immer zahlreicher werdenden Zuschauer, in erster Linie 'Fernsehspiel'. Dabei bevorzugten die ostdeutschen Fernsehpioniere im Gegensatz zu ihren westdeutschen Kollegen, die der Literaturadaption den Vorzug gaben, das originale Fernsehspiel.[4]

Die wenigen Mitarbeiter des Fernsehzentrums Berlin blieben damals von reglementierender Parteikontrolle noch fast unbehelligt. Der Fernsehautor Peter Palm zitierte einen Bekannten, der ihm die Nach- und Vorteile des Ostberliner Fernsehzentrums in einem Satz umfassend beschrieb: "Technische Voraussetzungen wie beim Kasperle-Theater – aber dürfen darfst du alles."[5] Müncheberg bestätigt dies:

> Wir unterlagen kaum einer Aufsicht staatlicher oder parteigebundener Autoritäten. [...] Wir besaßen also, pauschal betrachtet, einen für jene Zeit ungewöhnlichen Freiraum, den wir für Experimente nutzten.[6]

'Experimente' waren nicht allein Formerprobungen, sondern ganz entschieden auch Suche nach Stoff- und Themenbereichen, deren Behandlung durch das Fernsehen dem Medium seinen Platz unter den kulturell-künstlerischen Institutionen in der DDR finden helfen sollte. Die Anforderungen der jungen Fernsehmitarbeiter an das elektronische 'Kasperle-Theater', dessen technische Möglichkeiten sie phantasievoll und respektlos überforderten, prägten das Fernsehspiel als neue Kunstform, denn keiner verfügte über Vorwissen über das Medium oder konnte gar auf Erfahrungen zurückgreifen.

Nach Müncheberg stand das Fernsehspiel der fünfziger Jahre thematisch auf drei 'Säulen': Der aktuellen Problematik (später wurde hier zwischen 'sozialistischer' und 'antiimperialistischer' Thematik unterschieden), der Problematik von Krieg und Frieden und der Aufarbeitung des 'Erbes'. Die ersten beiden dieser 'Säulen' entstanden vorwiegend aus originalen Fernsehspielen, die letztgenannte aus Adaptionen. Die Kriegsthematik fand in allen drei 'Säulen' die jeweils spezifische Aufmerksamkeit und wurde zunächst in

[3] Hans Münchenberg: *Interview mit Peter Hoff am 1.6.1984*. Tonbandabschrift (Manuskript) im Archiv der AG Fernsehgeschichte des VFF. S. 21f.

[4] Knut Hickethier: *Das Fernsehspiel der Bundesrepublik: Themen, Form, Struktur, Theorie und Geschichte. 1951-1977*. Stuttgart 1980. S. 77ff.

[5] Peter Hoff, Hans Münchenberg (Hrsg.): *Experiment Fernsehen. Vom Laborversuch zur sozialistischen Massenkunst. Die Entwicklung fernsehkünstlerischer Sendeformen zwischen 1952 und 1961 in Selbstzeugnissen von Fernsehmitarbeitern*. (Podium und Werkstatt, Schriften des Verbandes der Film- und Fernsehschaffenden der DDR 15/16). Berlin 1984. S. 11.

[6] Hans Müncheberg: Zur Geschichte der Fernsehdramatik in der DDR. In: Heide Riedel (Hrsg.): *Mit uns zieht die neue Zeit ... 40 Jahre DDR-Medien. Eine Ausstellung des deutschen Rundfunk-Museums 25. August 1993 bis 31. Januar 1994*. Berlin 1993. S. 94.

den traditionellen dramatischen Formen des an das Theater angelehnten 'Kammerspiels' gestaltet. Das war den technischen wie den kommunikativen Bedingungen des frühen Fernsehens geschuldet. Der kleine Bildschirm verlangte ebenso die Konzentration der Handlung wie die intime und konzentrierte kommunikative Beziehung, in die sich das Fernsehspiel dieser Jahre zu seinen Zuschauern begab, das fiktive 'Gespräch' mit dem Zuschauer.

Die ersten Fernsehspiele zu diesem Themenkreis – Kurzspiele in sehr engen Interieurs – suchten in ihren dramaturgisch streng und intensiv geführten Fabeln nach Momenten der politischen Entscheidungsfindung von Deutschen im zweiten Weltkrieg. Sie gingen vom individuellen Erfahrungsfundus ihrer Autoren wie ihrer Zuschauer aus und schlossen damit an die Bühnendramatik der ersten Nachkriegsjahre an, wie sie der Literaturkritiker Paul Rilla am Beispiel des Bühnenstückes *Ein jeder von uns ...* von Fred Denger beschrieben hat: "Sich zu erinnern, nicht zu vergessen: das ist schon die Gewissensforderung des Autors."[7]

Für die jungen Leute, die in Ostberlin das Fernsehen aufbauten, gehörte der Krieg zu der erschütternden Erfahrung ihrer Generation. Die Biographien dieser Fernsehmitarbeiter hatten unbestreitbar Teil an ihrer Entscheidung, in den ostdeutschen Fernsehspielen das Kriegsthema immer wieder aus der Position ihrer eigenen Betroffenheit aufzugreifen.[8]

Hans Müncheberg bestätigt diesen biographischen Aspekt. Nach seinen Erinnerungen basierte das Fernsehspiel *Morgendämmerung* von Rodigast (Regie: Otto Holub), mit dem das DDR-Fernsehen 1954 zum erstenmal die Kriegsthematik aufgriff, "auf Berichten und Erfahrungen, die Hermann Rodigast, der ja den ganzen Krieg mitmachen mußte, selbst erlebt hatte und sehr gut nachvollziehen konnte"[9].

Dieses Fernsehspiel war nach der Dramaturgie der Enge konzipiert. In einem Kellerversteck treffen in den letzten Kriegstagen eine Mutter mit ihrem Kind, ein deutscher Soldat und SS-Leute aufeinander. Es wird die Frage nach dem Sinn des Krieges vorwiegend verbal behandelt, und die Mutter stellt sich den SS-Leuten schließlich mit der Waffe entgegen. Am Ende erfolgt die Befreiung durch Soldaten der Roten Armee.[10] Der Titel hatte symbolische Bedeutung. Morgendämmerung bezeichnete das Ende der Nacht von Krieg und Faschismus, den Beginn einer – hoffentlich – friedlichen Nachkriegszeit, die pazifistische Grundhaltung war in der Rettung des Kindes als Repräsentant der Zukunft begründet, die Handlung beinhaltete

[7] Paul Rilla: Förderung junger Dramatiker. In: *Deutsches Theater. Bericht über 10 Jahre*. Berlin 1957. S. 40.

[8] Peter Hoff: Berufslaufbahnen im Deutschen Fernsehfunk. In: Wolfram Fischer-Rosenthal, Peter Alheit (Hrsg.): *Biographien in Deutschland. Soziologische Rekonstruktionen gelebter Gesellschaftsgeschichte*. Opladen 1995. S. 189ff.

[9] Münchenberg: *Interview mit Peter Hoff*. S. 61.

[10] Ebd. S. 63.

die Gewissensentscheidung zum Handeln gegen den Krieg, dem sich durch Flucht niemand entziehen kann. Die leidenden Helden wurden zu tätigen Helden.

Die Erstsendung erfolgte am 8. Mai, dem neunten Jahrestag des Kriegsendes. Müncheberg erinnert sich, daß

> dieser ganze Sendeabend von gut zwei Stunden unter das Motto 'Tag der Befreiung' gestellt war. Es lief nicht nur dieses Fernsehspiel, es lief ein sowjetischer Dokumentarfilm und ein Spielfilm, es wurden Gedichte rezitiert, und bis zur Kleidung der Ansagerin war alles auf diesen Festtag abgestimmt.[11]

Die pazifistische Grundhaltung dieses frühen Fernsehspiels, in Ost wie West zu jenem Zeitpunkt schon wieder politisch suspekt, stieß vor allem deshalb noch auf keinen Widerstand der kulturpolitischen Aufsichtsgremien innerhalb wie außerhalb des DDR-Fernsehens, weil die Ablehnung des Krieges seitens der geschlagenen Deutschen erfolgte und durch den Auftritt sowjetischer Soldaten am Schluß des Spiels aufgehoben wurde, die ihren gerechten Krieg bis zum Ende ausfechten.

Daß sich die Autoren als Betroffene, als desillusionierte ehemalige Soldaten, diesem Thema zu dieser Zeit wieder zuwenden, ist wohl kein Zufall. Hatte nach dem Ende des Krieges bis in die fünfziger Jahre hinein noch der Konsens geherrscht, daß Deutsche nie wieder zu den Waffen greifen werden, so begann im Zuge des Kalten Krieges die Wiederaufrüstung in der Bundesrepublik und, als Folge daraus, auch der Aufbau der KVP bzw. dann der NVA in der DDR. Die Kriegsveteranen mögen sich, dank des Freiraumes, den das noch wenig entwickelte DDR-Fernsehen bot, hier zur pazifistischen Mahnung verpflichtet gefühlt haben.

Im gleichen Jahr wird der erste Fernsehfilm des Fernsehzentrums, Hans Münchebergs Adaption von Friedrich Wolfs Erzählung *Der verschenkte Leutnant*, zwar gedreht und endgefertigt, dann aber 'auf Eis gelegt' und erst während der Leipziger Messe des darauffolgenden Jahres erstgesendet (am 6.9.1955). Die Handlung des Films, eine Begebenheit aus dem Ersten Weltkrieg, zeigt die Verbrüderung deutscher und französischer Soldaten über die Schützengräben hinweg, wobei die Deutschen den Franzosen ihren Leutnant 'schenken', der seine Leute des "Eisernen Kreuzes" wegen im Kampf 'verheizen' will. Die gemeinsame Klassenposition der Soldaten siegt über die befohlene Feindschaft der Völker. Der Film habe "ein bißchen im Keller gelegen", sagt Müncheberg mit ironischem Understatement,[12] denn diese Geschichte "wirkte pazifistisch, weil hier die Kommandierten sich gegen die Kommandierer auflehnten, aber eben nicht bis zur Revolution gingen, sondern in einem konkreten Fall sinnloses Töten vermeiden wollten"[13]. Die Fernsehleitung "hatte Bauchschmerzen, ja, aber es war sehr passend, daß die

[11] Ebd. S. 19.
[12] Ebd. S. 82.
[13] Ebd.

Geschichte dann zum Messe-Sonderprogramm aufgeführt werden konnte, weil man international eine solche Geschichte durchaus wirksam fand. Ich glaube, das war sie auch."[14]

Dem pazifistischen Rückgriff auf den Ersten Weltkrieg folgte ein Fernsehspiel, das die Problematik des Zweiten Weltkrieges an einer sehr aktuellen Thematik aufgriff, *Zehn Jahre später* nach einem Hörspiel von Günter Rücker. Zehn Jahre nach Kriegsende kehren wegen Kriegsverbrechen verurteilte ehemalige Offiziere nach Deutschland zurück und müssen sich der Frage stellen,

> waren sie nun Opfer der sowjetischen Willkürjustiz oder sind sie für das, was sie [an Kriegsverbrechen, P.H.] begangen haben, mit zehn Jahren eigentlich noch sehr milde beurteilt worden.[15]

Daß ein Hörspiel als Vorlage herangezogen wurde, ist in diesem Zusammenhang sicher nicht allein dem Umstand geschuldet, daß das Fernsehspiel mangels originärer Stücke in anderen Gattungen wilderte. Infolge der technischen Beschränkungen wie auch der kommunikativen Besonderheiten des Fernsehens bot sich die Dramaturgie des Hörspiels an, welches das funkische "Einzel- und Innenerlebnis", wie der Münchener Theaterwissenschaftler Artur Kutscher es zwanzig Jahre zuvor definiert hatte,[16] vor dem filmischen "Außenerlebnis" bevorzugte.

Die ästhetische Positionszuweisung des frühen ostdeutschen Fernsehspiels im Schnittpunkt der strukturellen Besonderheiten von zeitgenössischem Bühnendrama, Hörspiel und Spielfilm bestimmte die Praxis der DDR-Fernsehspiel-Dramaturgie in Spielplangestaltung, Dramaturgie und Erzählweise in den frühen fünfziger Jahren, bis mit den Erfahrungen der Fernsehpublizistik eine neue Orientierungsgröße hinzu kam. Müncheberg schrieb nach einer Idee und nach Recherchen der aus der Emigration zurückgekehrten Journalistin Charlotte Waldner 1956 das Fernsehspiel *Wer kennt Schütze Dahms?*, in dem er wiederum von der Gegenwart her das Kriegsgeschehen aufarbeitete, hier am Schicksal von in den letzten Kriegstagen in Berlin erschossenen Deserteuren, mit Blick auf die antisowjetische Propaganda im Kalten Krieg. Es geht um die Aufklärung des Schicksals eines wegen angeblicher Desertion in den letzten Kriegstagen von deutschen Feldgendarmen hingerichteten deutschen Soldaten, der als "vermißt" galt und damit zu einer Kategorie von Soldaten gehörte, "von denen die Propaganda in der Bundesrepublik und in Westberlin behauptete, sie wären in einem Schweigelager"[17]. *Wer kennt Schütze Dahms?* entstand bereits für das reguläre Programm des Deutschen Fernsehfunks, wie sich die

[14] Ebd.
[15] Ebd. S. 72.
[16] Artur Kutscher: *Stilkunde des Theaters. Grundriß der Theaterwissenschaft, II. Teil.* Düsseldorf 1936. S. 156.
[17] Münchenberg: *Interview mit Peter Hoff.* S. 99.

Ostberliner Sendeanstalt seit dem 3.1.1956 nannte. Daß die Studiohandlung mit Filmteilen ergänzt wurde, war damals im DDR-Fernsehspiel nicht ungewöhnlich, denn das strikte Reinheitsgebot für das Fernsehspiel, wie es nach Überlieferung des Regisseurs Franz-Josef Wild beispielsweise für das bayerische Fernsehspiel galt und "die Verwendung des Materials Film für das Fernsehspiel weitgehend" ausschloß,[18] war im DDR-Fernsehspiel niemals ernsthaft auch nur diskutiert worden.

So kam es 1956 auch zur relativ zeitigen, ersten Koproduktion des Fernsehens mit der DEFA, wobei das Fernsehen die technischen Möglichkeiten der Filmtechnik, das staatliche Filmmonopol den Stoffvorlauf und die Kreativität des noch unverbrauchten Fernsehens nutzte, eine Zweckbeziehung also, die "eine antifaschistische Geschichte [...], eine Geschichte vom französischen Widerstandskampf gegen die deutsche Okkupation"[19] erzählte. Eine junge Französin, die bisher recht unpolitisch und auf sich selbst bezogen unter der deutschen Besetzung gelebt hatte, wird sich in der Gefängnishaft bei der Gestapo bewußt, daß sie ihre Liebe selbst erkämpfen muß und geht in die Resistance. Das Buch zu diesem Film entstand in der Dramaturgie des Fernsehens, Autor war wieder Hermann Rodigast, die Regie übernahm Carl Balhaus. Es war eine "pragmatische Zusammenarbeit", wie Müncheberg meint, denn die "Afterkunst" Fernsehen wurde vom etablierten Filmwesen noch lange nicht ernst genommen.[20] Die DEFA war zu dieser Zeit noch die repräsentative Institution für audiovisuelle, technisch produzierte, darstellende Kunst und wurde folglich auch in dieser Weise von der Kulturpolitik der SED-Führung in Anspruch genommen.

Die Zusammenarbeit zwischen DDR-Fernsehen und DEFA gestaltete sich seit diesem Zeitpunkt enger, wenn auch Koproduktionen seltene Ausnahmen blieben. Das Fernsehen ließ vor allem seit Beginn der sechziger Jahre eine ganze Reihe seiner wichtigsten Projekte bei der DEFA produzieren. Das veränderte auch die Dramaturgie des Fernsehspiels entscheidend. Wenn auch, wie am Beispiel von *Damals in Paris* noch überprüfbar, der Kammerspielcharakter der Fernsehspiele, bedingt durch die intime Kommunikationssituation, die dieses Medium zu seinen Zuschauern aufbaute und die sowohl die künstlerische Strukturierung des Einzelwerkes wie die Programmpräsentation mitbestimmte, erhalten blieb, gewannen die filmisch produzierten Sendungen gegenüber der mehr oder weniger 'zweidimensionalen' Struktur des traditionellen Fernsehspiels eine neue Dimension hinzu: Das breite Ausdeuten historischer und sozialer Zusammenhänge und das 'Erzählen in Bildern' im Gegensatz zur Dialoglastigkeit des traditionellen Fernsehspiels.

So entstanden zwischen 1957 und 1959 zwar noch einige wichtige Fernsehspiele als elektronische Produktionen, die nun, dank der Betriebsfilmauf-

[18] Franz Josef Wild: Fernsehspiel Serie. In: Bayerischer Rundfunk (Hrsg.): *Fernsehproduktionen 1954-1986*. Bd. 2 Musische Programme. München 1988. S. 46.
[19] Münchenberg: *Interview mit Peter Hoff*. S. 102.
[20] Ebd. S. 104.

zeichnung (BFA), bei der die Livesendungen vom Bildschirm auf 16-mm-Material abgefilmt wurden, auch wiederholt werden konnten und zumeist erhalten geblieben sind. Die 'Schwerpunktsproduktionen' wurden allerdings bei der DEFA (im Auftrag des Fernsehens und nur für die Fernsehdistribution bestimmt) hergestellt.

Das elektronische Fernsehspiel richtete sich auf die 'kleine Form', auf das intime, personenarme Spiel, die eigentlich dramatische Erzählweise, ein, während der Film in seiner erzählerischen Grundhaltung eher episch strukturiert war. *Die letzte Nacht*, ein Fernsehspiel von W.K. Schweikert in der Regie von Erich Alexander Winds, realisierte bei der Behandlung der Kriegsthematik eine zum Lyrischen hin angelegte Strukturierung. Es korrespondierte inhaltlich mit dem etwa gleichzeitig im bundesdeutschen Fernsehen produzierten Fernsehspiel *Die unruhige Nacht* nach Albrecht Goes.[21] Neben Originalstoffen wurden auch tradierte literarische Werke aktualisiert. Nach Motiven von Conrad Ferdinand Meyers Ballade *Die Füße im Feuer* schrieb Hermann Rodigast das Fernsehspiel *Du sollst nicht töten*, wobei er sich des Fabelplots bediente, die Geschichte jedoch als politische Gewissensentscheidung in die bundesdeutsche Nachkriegsgegenwart verlegte, als "Begegnung zwischen (nationalsozialistischer) Vergangenheit und Gegenwart [...] sehr wirkungsvoll gestaltet nach den Regeln der klassischen Dramaturgie als Kammerspiel mit wenigen Personen"[22]. Dieses Fernsehspiel wurde auch im Zentralen Sowjetischen Fernsehen inszeniert und mehrmals wiederholt.

Müncheberg selbst griff in seinem Fernsehspiel *Ich bin schuldig* auf einen publizistisch vorbereiteten Stoff zurück, aber er wechselte die Blickrichtung. Ihn interessierten die Gewissenskonflikte eines Vertreters der Siegernation USA. Es ging um die Gewissensnöte des US-amerikanischen Bombenschützen Eatherly, der im August 1945 die erste Atombombe auf Hiroshima abgeworfen hatte und nun, ein Jahrzehnt später, mit den Folgen konfrontiert, an seiner "Tat" psychisch zerbricht. Natürlich war die Aufnahme dieses Stoffes in den Fernsehspielplan des DDR-Fernsehens vom Kalten Krieg diktiert. Müncheberg interessierte jedoch vor der propagandistischen Verwertung dieser Geschichte ihre menschliche Dimension, die Ernüchterung eines Menschen, der sich als schuldig am Tod und am Leiden Tausender Menschen begreift und mit dieser Schuld nicht leben kann.

1958 veränderte sich erstmals die politische Situation für das DDR-Fernsehen. Zwar ist die technische Reichweite des neuen Mediums noch immer begrenzt, doch in der SED-Führung began man zu ahnen, über welche ideologieprägenden Möglichkeiten das Medium Fernsehen und besonders auch das Fernsehspiel verfügt. Die Parteiführung nimmt auf dem im Juli diesen Jahres stattfindenden V. Parteitag der SED das Fernsehen poli-

[21] Vgl. Knut Hickethier in diesem Band.
[22] Münchenberg: *Interview mit Peter Hoff.* S. 107f.

tisch in die Pflicht.[23] Diese politische Aufmerksamkeit der SED-Führung forderte umgehend ihr Opfer. Das Fernsehspiel *Feinde* von Günter Görlich beruhte auf Kriegserlebnissen des Autors und erzählte

> eine Episode aus den letzten Kriegstagen, wo sich Feinde gegenüberstanden, die aber eigentlich doch alle Möglichkeiten hatten, sich auf einer humanistischen Basis neu zu finden. Dieses Stück hat er [Görlich, P.H.], der ja in der Festung Breslau als junger Soldat eingesetzt wurde, mit allem Haß auf die faschistische Verführung Jugendlicher geschrieben. Für den Filmteil [so Müncheberg in der Erinnerung. P.H.] habe ich mit allem Haß, den ich darauf besaß, das Drehbuch geschrieben und Wolfgang Luderer [der Regisseur, zur gleichen Generation wie die Autoren gehörig, P.H.] hat es mit derselben Intensität produziert.[24]

Das Fernsehspiel sollte am 8.5.1958 gesendet werden und wurde am Sendetag noch vom amtierenden Intendanten Arthur Nehmzow aus dem Programm genommen

> mit der Begründung, daß dieser Film (recte: dieses Fernsehspiel) durch seine abschreckende Darstellung des Krieges eine objektiv pazifistische Wirkung haben müßte, da er jeden jungen Menschen, der das sieht, abschreckte davon, Soldat zu werden. Die Nationale Volksarmee war ja nicht allzu lange vorher gegründet worden und auf Freiwilligkeit angewiesen.[25]

Auf die generelle Auseinandersetzung mit der Kriegsthematik bezogen, bedeutete das Verbot von *Feinde* das Ende der bis dahin vorherrschenden pazifistischen Tendenz, sieht man von der Studioinszenierung von Wolfgang Borcherts Stück *Draußen vor der Tür* 1960 durch Fritz Bornemann ab. Statt dessen wurde die Darstellung des Kriegsgeschehens als thematischer Schwerpunkt mit der Verschärfung der Systemauseinandersetzung gegen Ende der fünfziger Jahre verstärkt der ideologischen Ausdeutung für die Gegenwart unterzogen. *Die Dame und der Blinde*, die filmische Adaption eines Hörspiels von Joachim Witte unter der Regie von Hans-Erich Korbschmitt, spielte in der BRD der Wirtschaftswunderjahre. Es geht, wie der Marburger Medienwissenschaftler Rainer Maria Jacobs-Peulings in einer Analyse dieses Films schreibt, um "Gewinner und Verlierer im Nachkriegsdeutschland" vor dem Hintergrund des Krieges.[26] Bei dem Versuch, sich menschlich zu verhalten und einem Kind das Leben zu retten, hat ein Soldat sein Augenlicht eingebüßt. Im Westdeutschland der Nachkriegszeit wird seiner Darstellung kein Glauben geschenkt. Er wird als Deserteur behandelt und es wird ihm die ihm zustehende Kriegsopferrente vorenthalten,

[23] Dieter Glatzer, Manfred Hempel, Dieter Schmotz (Hrsg.): *Die Entwicklung des Fernsehens der DDR. Folge 1. Zeittafel*. Berlin 1977. S. 64.
[24] Münchenberg: *Interview mit Peter Hoff*. S. 112.
[25] Ebd. S. 113.
[26] Rainer Maria Jacobs-Peulings: Gewinner und Verlierer im Nachkriegsdeutschland. In: *Umsteiger, Aussteiger. Studien zum Fernsehspiel der DDR. AUGENBLICK: Marburger Hefte zur Medienwissenschaft*. Heft 25. Marburg 1997. S. 24.

da er keinen Zeugen für sein damaliges Handeln beibringen kann. Er fristet sein Leben als Straßenmusikant. An der Stimme erkennt er in einer Frau, die ihm ein Almosen gibt, die Mutter des Kindes wieder und versucht sie zu bewegen, für ihn auszusagen. Sie zieht es jedoch aus egoistischen Erwägungen vor, sich dem Blinden gegenüber zu verleugnen, denn sie ist mit einem Mann in 'guter Position' (dem 'Dicken') liiert, dem sie von der Existenz ihres unehelichen Kindes nichts erzählt hat. Um diese Beziehung nicht zu gefährden, weist sie den Blinden ab.

Die letzten Tage des Krieges, als der Soldat erblindete, werden hier zur humanitären Bewährungssituation. Die Dame muß sich in der Nachkriegszeit verleugnen, um sich in der egoistischen BRD-Gesellschaft nicht zu schaden. Der Blinde, der menschlich gehandelt hatte, bleibt in der Nachkriegsgesellschaft auf der Strecke. Für den Dramaturgen und Fernsehtheoretiker Günter Kaltofen war dieser Film ein "Maßstab echter Fernsehkunst. Er ist ein intimer Film, in der Konzentration seine stärkste Intensität, in der psychologischen Vertiefung von Charakteren und Handlung seine echte dramatische Wirkung findend."[27]

Daß die Verbrechen der Nationalsozialisten in den Konzentrationslagern, die in der DDR nie geleugnet wurden, so zögerlich in Film und Fernsehen gestaltet wurden, hat mehrere Gründe. Zum einen entzog sich das Maß dieser Untaten dem Vorstellbaren und damit auch den traditionellen künstlerischen Gestaltungsmöglichkeiten. Zum anderen widersprach das Leiden der Häftlinge in den Lagern als Kunstgegenstand aber auch der ideologischen Grundlinie der historischen Aufarbeitung des Faschismus. Gemäß der Dimitroff-These vom Faschismus als "offen terroristische[r] Diktatur der reaktionärsten, am meisten chauvinistischen, am meisten imperialistischen Elemente des Finanzkapitals"[28] war es Klassenaufgabe der Arbeiterklasse und ihrer Partei, der Kommunisten, den Faschismus zu bekämpfen. Das Leiden mußte Teil des oder Provokation zum antifaschistischen Kampf sein. In Filmen und Bühnenstücken wurde deshalb auch nicht das 'Leiden unter dem Faschismus', sondern der 'Kampf gegen den Faschismus' gestaltet, wie auch die Geschichtsschreibung vom "kämpferischen Antifaschismus" bestimmt wurde, der als "Teil des internationalen Klassenkampfes" definiert wurde und "objektiv stets den Kampf gegen Militarismus, imperialistischen Krieg und Terror, gegen Rassenhetze und Massenmord, für Frieden, Demokratie, Völkerfreundschaft und Humanität sowie für die Verteidigung des sozialistischen Staates" einschloß.[29]

So wurde die Filmidee zu *Nackt unter Wölfen* von Bruno Apitz von der DEFA zunächst abgelehnt. Der Autor schrieb daraufhin zwischen 1955 und 1958 einen Dokumentarroman über das Geschehen, das er im KZ Buchen-

[27] Günter Kaltofen: Dramatische Kunst auf dem Bildschirm. In: Ders. (Hrsg.): *Das Bild, das deine Sprache spricht. Fernsehspiele*. Berlin 1962. S. 18.
[28] George Dimitroff: *Schriften 2*. S. 525.
[29] *Kleines Politisches Wörterbuch*. Berlin 1978. S. 41.

wald selbst erlebt hatte, und bettete die Rettung des jüdischen Kindes durch die Häftlinge der Asservatenkammer in die Aktivitäten des kommunistischen internationalen Lagerkomitees zur Selbstbefreiung des Lagers ein. Das Buch war 1958 erschienen, Apitz wurde mit dem Nationalpreis ausgezeichnet. Das Fernsehen interessierte sich für das Thema, und Apitz schrieb ein Filmszenarium, das nach einigen Schwierigkeiten bei der geplanten schnellen praktischen Realisierung – der Film sollte an einem Themenabend am 10.4.1960, dem fünfzehnten Jahrestag der Selbstbefreiung der Häftlinge des KZ Buchenwald, gezeigt werden – unter der Regie von Georg Leopold in der damals üblichen Mischtechnik als Fernsehspiel mit Filmteil realisiert wurde und das auch später dem DEFA-Film von Frank Beyer zugrunde lag.[30] Das Fernsehspiel wurde am vorgesehenen Termin gezeigt, zusammen mit einer szenischen Version des musikalischen Poems *Lilo Herrmann* von Paul Dessau nach Friedrich Wolf. Das Fernsehspiel stand noch "stark in der Tradition des dialoggeprägten Kammerspiels. [...] Durch den gewahrten Kammerspielcharakter sprachen das Leid, das wechselvolle Ringen um das Leben des Kindes und die endliche Erlösung durch die Selbstbefreiung den Betrachter unmittelbar an."[31] Auch dieses Fernsehspiel muß im Zusammenhang mit der Gestaltung der Kriegsthematik im DDR-Fernsehen erwähnt werden, ist es doch eines der ersten Beispiele, in dem der Krieg, der für Nazi-Deutschland verloren ging, im Wortsinn die Befreiung für die Häftlinge aus den verschiedenen Ländern, die von Nazi-Deutschland überfallen worden waren, herbeiführt.

Im Jahre 1960, fünfzehn Jahre nach Kriegsende, bringt das DDR-Fernsehen neun Fernsehspielproduktionen zur Anti-Kriegs-Thematik. Unter den traditionellen Fernsehspielen im "Kammerton" und den Adaptionen von Bühnenstücken wie Borcherts Antikriegsstück *Draußen vor der Tür* unter der Regie von Fritz Bornemann oder epischer Literatur wie Johannes Mario Simmels Roman *Mich wundert, daß ich so fröhlich bin* unter dem Titel *Gerichtet bei Nacht* durch Günter Kaltofen (Regie: Hans-Joachim Kasprzik), verdient der Fernsehfilm von Achim Hübner *Immer am Wege dein Gesicht* besondere Beachtung. Die Kriegsthematik wird, wiederum durch die Einbindung des historischen Geschehens in eine gegenwärtige Rahmenhandlung und die mythische Poetisierung, unter einem neuen Blickwinkel betrachtet: Aus den Todfeinden von einst sind im Rahmen des internationalen Klassenbündnisses Freunde und Verbündete geworden. Dazu trägt auch die Figurenkonstellation der in der Rückblende erzählten Haupthandlung bei, in der ein deutscher Kommunist in den Reihen der belorussischen Partisanen kämpft und der deutsche Soldat Herbert seinen Klassenstandpunkt wiederfindet, den er als Soldat der Wehrmacht aufgegeben hatte, wenn er sich für

[30] Vgl. zur Werkgeschichte Hans Müncheberg: Vom Bildschirm ins Kino. Noch einmal "Nackt unter Wölfen" 1963. In: Ralf Schenk (Hrsg.): *Regie: Frank Beyer*. Berlin 1995. S. 180-183.
[31] Ebd. S. 182.

den Kampf gegen die Faschisten entscheidet. Böhm greift mit dem (authentischen) Geschehen aber auch einen christlichen Mythos auf, den von der biblischen Judith, die sich für ihr Volk aufopfert, indem sie sich dem Tyrannen Holofernes hingibt, um ihn nach dem Beischlaf zu töten. Hier ist es eine junge Lehrerin aus Minsk, die den Chef der SD in seinem Bett in die Luft sprengt, um den gefangenen Stabschef ihrer Partisaneneinheit zu befreien.

Zwei Beispiele aus der Fernsehspielproduktion des Jahres 1961, dem Jahr des Mauerbaus, mit dem das erste Jahrzehnt der Fernseharbeit in der DDR endet, verdienen differenzierte Betrachtung, da sie beide die unterschiedlichen Annäherungsweisen an das Kriegsthema zu Beginn der sechziger Jahre anschaulich machen. Mit *Der Schwur des Soldaten Pooley*, einem Fernsehfilm unter der Regie von Kurt Jung-Alsen nach einem Szenarium von Franz Fühmann, schlägt das DDR-Fernsehen schon relativ früh den Weg zum dokumentarischen Fernsehfilm ein, der dann zu einem wichtigen Genre der bundesdeutschen Fernsehspielentwicklung am Ende der sechziger Jahre wird. Dem Film liegt ein Tatsachenbericht des Briten Cyrill Jolly zugrunde. Es geht um das (historisch belegte) Massaker einer SS-Einheit an britischen Soldaten in Frankreich. Nach dem Krieg macht sich der einzige Überlebende dieses Massenmordes, um in einer Art tiefenpsychologischer Selbsttherapierung den tiefgreifenden, psychischen Schock zu überwinden, auf die Suche nach dem Schuldigen, einem SS-Offizier, der nach der Niederlage versucht hatte, mit den Papieren und in der Uniform eines gewöhnlichen Landsers unterzutauchen. Bei dieser Suche nach dem Kriegsverbrecher wirken die Vertreter der verschiedenen am Krieg beteiligten Nationen (dargestellt von Schauspielern aus diesen Ländern) zusammen: Briten, Franzosen und Deutsche. Daß nach den Schuldigen von Naziverbrechen gesucht wurde, war als dramatisches Motiv nicht neu. Auch im DDR-Fernsehen war dieses Motiv schon ein Jahr zuvor, 1960, von Heinz Kamnitzer, Gotthold Gloger und Bodo Uhse in ihrem Fernsehspiel *Der Tote und sein General* gestaltet worden. Franz Fühmann und Kurt Jung-Alsen wählten in *Der Schwur des Soldaten Pooley* jedoch einen für die DDR-Dramatik ungewöhnlichen dramaturgischen Zugang zu ihrem Thema. Das war neu für die DDR, in der Psychologie als 'bürgerliche' Wissenschaftsdisziplin galt.

Das zweite Beispiel, das hier genannt werden muß und das im September 1961, wenige Wochen nach dem Mauerbau mit all seinen politischen Folgeerscheinungen, seine Erstsendung erlebte, ist der Fünfteiler *Gewissen in Aufruhr*. Der Film nach einem Szenarium von Hans Oliva und unter der Regie von Günter Reisch und Hans-Joachim Kasprzik basierte ebenfalls auf authentischem Geschehen. Ihm lag der widersprüchliche Lebenslauf des Obersten der Wehrmacht Rudolf Petershagen zugrunde, der sein Damaskuserlebnis in Stalingrad hat, mit der letzten Maschine aus dem Kessel ausgeflogen und, von seinen Verwundungen kaum einigermaßen genesen, als Kommandant der zur Festung erklärten Stadt Greifswald im Frühjahr 1945 den "Führerbefehl" verweigert, die "Festung" bis zum "letzten Mann" zu verteidigen und damit das Leben Tausender Zivilisten aufs Spiel zu setzen. Er übergibt die Stadt kampflos der Roten Armee, geht freiwillig in die Kriegsgefangenschaft und setzt sich, nach Jahren in die Heimat zurückgekehrt, für die deutsche Einheit und gegen eine Remilitarisierung Westdeutschlands ein. Er wird daraufhin in der Bundesrepublik verhaftet, bleibt als einer der letzten Häftlinge im Kriegsverbrechergefängnis Festung Landsberg und wird erst spät auf Grund einer Krankheit entlassen, während die wirklichen Kriegsverbrecher schon viel früher in Freiheit kamen, da sie im Zuge der Wiederaufrüstung in der Bundesrepublik gebraucht wurden. Petershagen, im Film: Ebershagen, traf, von einem Kommunisten dazu veranlaßt, seinem Fahrer, einem Vertreter des 'bewußtesten Teils der Arbeiterklasse', die 'historisch richtige' Entscheidung; er durchbrach die Grenzen seines Standes, indem er sich auf die Seite des 'historischen Fortschritts' stellte, und fand so seine neue Heimat in der DDR.

Auch *Gewissen in Aufruhr*, so sehr dieser Film nach seiner Sendung auch umjubelt war, war vor seiner Produktion nicht unumstritten. Auch diesmal schreckte die DEFA vor diesem Stoff zurück. Daß "Filmpläne [...] allein an d[ies]em Umstand (der großen Stoffülle) gescheitert"[32] sein sollen, wie dies von Ingeborg Münz-Koenen noch Anfang der siebziger Jahre mitgeteilt worden war, entsprach nicht der Wahrheit. Vielmehr war es der Umstand, daß ein faschistischer Offizier zum Helden eines Films gemacht werden sollte, wovor die Verantwortlichen des staatlichen Filmmonopols zurückschreckten, wie dies der Regisseur Günter Reisch und der Dramaturg Wenzel Renner 1997 bei einer Wiederaufführung des Films erzählten (nach unveröffentlichten Aufzeichnungen des Autors). Die Möglichkeit zur Realisierung dieses Stoffes ergab sich erst durch das Auffinden der dramaturgischen Wendung, daß der Held sich als Quintessenz seines Lebens für die DDR entscheidet. *Gewissen in Aufruhr* wurde zum Vorbild für die dem bürgerlichen Bildungsroman nachempfundenen 'Fernsehromane' des DDR-Fernsehens der sechziger Jahre.

Wie aus dem angefügten Verzeichnis der Sendungen zur Kriegsthematik zu ersehen, wurden im DDR-Fernsehen in den fünfziger Jahren fast dreißig Fernsehspiele und Filme zu dieser Problematik produziert und gesendet.

Die deutsche Kriegsschuld wurde in den ostdeutschen Fernsehspielen und -filmen niemals geleugnet, war doch durch die Interpretation von Krieg und Nationalsozialismus aus der vom Klassenkampf geprägten Sicht Dimitroffs die Schuld ohnehin bei den Vertretern des (deutschen) Finanzkapitals zu suchen und zu finden. Allerdings wurde auch das Leiden von Deutschen an und in diesem Krieg nicht verdrängt. Das Fernsehen konnte die Thematik auf spezifische Weise aufnehmen, die in seiner kommunikativen Besonderheit begründet war, denn die 'intime' Kommunikationssituation schuf die

[32] Ingeborg Münz-Koenen: *Fernsehdramatik. Experimente, Methoden, Tendenzen; ihre Entwicklung in den sechziger Jahren.* Berlin 1974. S. 49.

Basis für die enge Identifikation mit den Individuen und Geschehnissen auf dem Bildschirm.

In den Jahren nach dem Mauerbau trat die Kriegsthematik zunächst in den Hintergrund. Erst seit Mitte der siebziger Jahre rückt sie neu in das Gesichtsfeld der Fernsehdramatik in der DDR. In der Fernsehpublizistik wie in der Fernsehspieldramaturgie wird der bürgerliche und adlige Widerstand gegen Hitler neu entdeckt und künstlerisch gestaltet.

Anhang: DDR-Fernsehspiele zur Kriegsthematik 1954-1961

Morgendämmerung – Rodigast – Holub – 8.5.54
Zehn Jahre später – Müncheberg/Rücker – Lewitt – 20.11.54
Morgendämmerung (Neuinsz.) – Rodigast – Holub – 24.11.54
Der verschenkte Leutnant – Müncheberg – Luderer – 6.9.55
Am Ende der Nacht – Hauser – Geißler –27.11.55
Wer kennt Schütze Dahms? – Müncheberg – Schulz-Wittan – 8.7.56
Damals in Paris – Rodigast – Balhaus – 4.11.56
Die letzte Nacht – Schweikert – Winds – 24.3.57
Furcht und Elend des Dritten Reiches – Berliner Ensemble – 19.4.57
Ich bin schuldig – Müncheberg – Luderer – 6.8.57
Du sollst nicht töten – Rodigast (nach einem Motiv aus der Ballade *Die Füße im Feuer* von C.F. Meyer) – Winds – 8.9.57
Der Keller – Lucke – Fischer – 24.11.57
Feinde – Görlich/Müncheberg – Luderer – 8.5.58 (vor der Sendung verboten)
Schweijk im Zweiten Weltkrieg – Städtische Bühnen Erfurt – 23.11.58
Korczak und die Kinder – Junges Theater Hamburg – 26.2.59
Das Tagebuch der Anne Frank – Deutsches Theater Berlin – 28.12.58
Verbrechen ohne Sühne – Brandes – Bornemann – 28.7.59
Jahrgang 22 – Bornemann – Dreger – 22.9.59
Die Dame und der Blinde – Witte – Korbschmitt – 22.12.59
Parole Freies Deutschland – Ott/Petzold – Kurz/Krätzig – 22.2.60
Der Henker richtet – Focke – Bornemann – 22.2.60
Die Geschichte der Simone Machard – Feuchtwanger/Brecht – Bellag – 17.3.60
Nackt unter Wölfen – Apitz – Leopold – 10.4.60
Lilo Herrmann – Dessau/Wolf – Kolditz – 10.4.60
Der Tote und sein General – Gloger/Kammnitzer/Uhse – Witte – 18.5.60
Gerichtet bei Nacht – Adaption des Romans *Mich wundert, daß ich so fröhlich bin* von J.M. Simmel – Kaltofen/Kasprzik – 11.9.60
Draußen vor der Tür – Borchert – Bornemann – 20.11.60
Immer am Weg dein Gesicht – Böhm/A. Hübner – A. Hübner – 27.12.60
Winterschlacht – Städtische Theater Leipzig – 23.2.61
Die letzte Nacht – Schweikert/Rodigast – Kuhnert – 12.3.61
Gewissen in Aufruhr – Oliva – Reisch/Kasprzik – 5.–14.9.61
Der Schwur des Soldaten Pooley – Fühmann – Jung-Alsen – 17.12.61

Stefan Zahlmann

Erinnerungen an Erinnerungen. Deutsche Schuld und deutsche Sühne in der filmischen Gedächtnistradition der deutschen Nachkriegszeit

For many Germans, the end of World War II meant not only a new freedom but also the loss of pre-war expectations with regard to their future. In the two films from the FRG and the GDR analysed in this article, this ambivalent state of the "Stunde Null," *the new starting point, is symbolised by the life of the surviving inhabitants of the destroyed city of Dresden and the sinking of the ship* Wilhelm Gustloff.

1. Filmgeschichte als Erinnerungsgeschichte

Mit weit mehr als sechshundert Spielfilmen beziffert Knut Hickethier für die Bundesrepublik Deutschland die Zahl der Produktionen, in denen der Zweite Weltkrieg in seinem Verlauf oder seinen Auswirkungen auf die Nachkriegszeit (bis zum Ende der fünfziger Jahre) inhaltlich direkt thematisiert wird.[1] Die DEFA-Produktionen erreichen im gleichen Zeitraum zahlenmäßig mit weniger als dreißig Spielfilmen nur einen Bruchteil des westdeutschen Umfangs.[2] Wie wenig aussagekräftig diese Angaben sind, zeigt die Wirkung und der Nachhall der Produktionen bis in die Gegenwart: Der zahlenmäßige Vorsprung in der westdeutschen Erinnerung an den Faschismus relativiert sich bei genauerer Beobachtung angesichts einer meist oberflächlichen Auseinandersetzung mit dem zwischen 1939 und 1945 begangenen deutschen Verbrechen. Während diese Filme inhaltlich und ästhetisch eher "Kriegs-" als "Antikriegsfilmen" zugeordnet werden können, zeigen DDR-Spielfilme einen qualitativen Vorsprung, der sich unter anderem in zum Teil herausragenden literarischen Vorlagen, glänzenden Darstellerleistungen und einer innovativen Ästhetik äußert. Obwohl viele derartige DEFA-Produktionen nach 1990 zum festen Bestandteil auch gesamtdeutscher kultureller Identität werden konnten, verlieren andere ostdeutsche Kriegsdarstellungen aus heutiger Perspektive jedoch oft ihre Überzeugungskraft durch das wiederholte

[1] Vgl. die Zahlenangaben des Beitrag von Knut Hickethier in diesem Band.

[2] Vgl. zu den DEFA-Angaben die Filmographie in *Das zweite Leben der Filmstadt Babelsberg*. Es wurden auch diejenigen Filme berücksichtigt, die beim Zuschauer das Wissen um den Krieg als Hintergrund ihrer Handlung unausgesprochen voraussetzen (*Das zweite Leben der Filmstadt Babelsberg 1946-92*. Hrsg. vom Filmmuseum Potsdam, Berlin 1994).

Auftreten ideologisch eingefärbter Stereotype, starrer Handlungsmuster und einer unübersehbaren didaktischen Ausrichtung.

Wenn also die Unterschiede zwischen den filmischen Darstellungstraditionen beider deutscher Staaten geradezu unüberbrückbar erscheinen, welche Anforderungen muß eine komparative Analyse beider Filmkulturen erfüllen, um aussagekräftige Ergebnisse vorlegen zu können, die über eine bloße Diagnose der Verschiedenheit hinausweisen? Der einfachste Weg scheint zu sein, die in der BRD und DDR erkennbaren Ungleichheiten in der filmischen Darstellung von Geschichte bereits im analytischen Zugriff zu berücksichtigen. Um der charakteristischen Erscheinungsweise west- und ostdeutscher Kriegsdarstellungen gerecht zu werden – also die in verschiedenen Spielfilmen regelmäßig wiederkehrenden Darstellungsmuster offenzulegen –, wird im folgenden eine Analyse von zwei filmischen Fallbeispielen vor dem Hintergrund des "kulturellen Gedächtnis"-Ansatzes von Aleida und Jan Assmann vorgenommen.[3] Hierbei erscheinen Spielfilme nicht länger als kulturelle Einzelphänomene, als singulärer Ausdruck einer auktorialen Erzählposition, sondern als Segment einer kollektiv geteilten kulturellen Praxis der Vergegenwärtigung bedeutsamer Bewußtseinsinhalte. Filme bieten nach diesem Verständnis einen ritualisierten und vom Rezipienten potentiell nachvollziehbaren Prozeß filmischen Erinnerns.

Im Anschluß an die theoretische Verortung von Spielfilmen als konventionalisierte Form eines überindividuellen Redens über den Krieg stelle ich mit *Nacht fiel über Gotenhafen* (BRD 1960) und *Fünf Tage – fünf Nächte* (DDR 1961) zwei Fallbeispiele vor.[4] Ihre Analyse soll nicht nur eine Verdeutlichung typischer filmischer Erinnerungsmuster ermöglichen, sondern vor allem charakteristische Positionen zum offiziellen Verständnis von deutscher Schuld und Sühne angesichts der im Zweiten Weltkrieg begangenen Verbrechen im jeweiligen deutschen Produktionsland transparent werden lassen.

[3] Vgl. die Konzepte kultureller Erinnerung in den zahlreichen Veröffentlichungen von Jan und Aleida Assmann, vor allem: Jan Assmann: *Das kulturelle Gedächtnis. Schrift, Erinnerung und politische Identität in frühen Hochkulturen*. München 1992. S. 34-47; Aleida Assmann: *Erinnerungsräume. Formen und Wandlungen des kulturellen Gedächtnisses*, München 1999.

[4] Filmographie: *Nacht fiel über Gotenhafen* (1960) Regie: Frank Wisbar; Buch: Victor Schuller, Frank Wisbar; Kamera: Willy Winterstein, Elio Carniel; Musik: Hans-Martin Majewski; Darsteller: Sonja Ziemann (Maria), Gunnar Möller (Hans), Brigitte Horney (die "Generalin"), Eric Schumann (Kurt), Mady Rahl (Edith); *Fünf Tage – fünf Nächte* (1961) Regie: Lew Arnschtam, Co-Regie: Heinz Thiel, Anatoli Golowanow; Buch: Lew Arnschtam, Wolfgang Ebeling; Kamera: Alexander Schelenkow, Tschen Ju Lan; Musik: Dmitri Schostakowitsch; Darsteller: Heinz-Dieter Knaup (Paul Naumann), Wsewolod Safonow (Hauptmann Leonow), Wsewolod Sanajew (Sergeant Koslow), Annekathrin Bürger (Kathrin), Marga Legal (Luise Rank), Wilhelm Koch-Hooge (Erich Braun).

2. Filme als kulturelles Gedächtnis

Das "kulturelle Gedächtnis" ist zu einem Schlagwort kulturgeschichtlicher Forschungen avanciert. Doch worum handelt es sich, wenn jetzt und im folgenden von einem "kulturellen Gedächtnis" gesprochen wird? Eine knappe Antwort könnte lauten: Um die 'Weitergabe' von 'Wissen' durch 'Kultur'. Mit dieser Definition werden, obschon sie weiterer Erläuterungen und Ergänzungen bedarf,[5] wesentliche Aspekte verschiedener Gedächtnistheorien erfaßt:

Die 'Weitergabe' zielt begrifflich auf den Bereich der vielfältigen Erinnerungspraktiken und betont den aktionalen Charakter eines kulturellen Gedächtnisses: Ein solches Gedächtnis ist nicht als tatsächlich greifbarer Gegenstand aufzufassen, sondern als ein spezifischer Bestand überindividuell geteilten Wissens, über dessen Gültigkeit sich durch kollektive und zum Teil eigens entwickelte Rituale immer wieder verständigt wird. Die Inhalte eines kulturellen Gedächtnisses, also die zu erinnernden Aspekte kollektiven Wissens, können sich in bestimmten Objekten 'materialisieren', etwa indem sie explizit ausformuliert werden (Jan Assmann nennt als Beispiel hierfür religiöse Texte), oder sie werden mit bestimmten Objekten verbunden, die a priori nichts mit den Gedächtnisinhalten zu tun haben, für das kollektive Bewußtsein jedoch unter bestimmten Umständen besondere Bedeutung übernehmen (hierzu können "Gedächtnisorte"[6] im Verständnis von Pierre Nora zählen). Für den konkreten Fall der von mir vorgestellten Fallbeispiele materialisiert sich das in den Spielfilmen weitergegebene und problematisierte 'Wissen um den Krieg' in typischen, isolierbaren Bildern und Kommentaren von Spielfilmen.

Das in einem kulturellen Gedächtnis gespeicherte 'Wissen' bezeichnet die zu erinnernden Inhalte, die einen kollektiven "gemeinsamen Nenner" aller Mitglieder einer Erinnerungsgemeinschaft darstellen können. Dieses Wissen wird vom erinnernden Individuum in seiner Funktion als Sinn'angebot' wahrgenommen. Gerade bei einer von Einflüssen auf der

[5] "Erinnerung ist der wohl unbekannteste Grundbegriff der Geschichtstheorie" (Stefan Haas). Zur weitgefächerten interdisziplinären und internationalen Diskussion über kulturelle Erinnerung vgl. die Hinweise auf die philosophischen und kulturgeschichtlichen Grundpositionen der Theoriedebatte bei Stefan Haas: Philosophie der Erinnerung. Kategoriale Voraussetzungen einer mnemistischen Geschichtsbetrachtung. In: Clemens Wischermann (Hrsg.): *Die Legitimität der Erinnerung und die Geschichtswissenschaft*. Stuttgart 1996. S. 31-54, hier: S. 31.

[6] Die Überreste der Berliner Mauer und der nationalsozialistischen Konzentrationslager können als Beispiele für derartige Gedächtnisorte angeführt werden. Vgl. zu der weiten Bedeutung des Begriffs "Gedächtnisort", der sich auch auf immaterielle Repräsentationen kollektiven Zusammenlebens erstreckt: Pierre Nora: Zwischen Geschichte und Gedächtnis: Die Gedächtnisorte. In: Ders.: *Zwischen Geschichte und Gedächtnis*. Berlin 1990. S. 11-33, besonders S. 17f.

Produktionsseite so abhängigen Materialisierungsform kulturellen Wissens wie einem Spielfilm muß betont werden,[7] daß sowohl eine uneingeschränkte Akzeptanz des Sinnangebotes möglich ist, es jedoch auch in eine Opposition zum individuellen Wissen, zu subjektiven Wahrnehmungen und Interpretationen treten kann.

Die 'Kultur' als Trägerin eines kulturellen Gedächtnisses wird im folgenden als eine instrumentelle Größe verstanden und verweist auf die konkreten Erinnerungsmedien (in denen die zu erinnernden Inhalte gespeichert sind). Zugleich wird damit der artifizielle Charakter des lebensweltlichen Bereichs betont, der als "Gedächtnis" bezeichnet wird.[8]

Der skizzierte Hintergrund verdeutlicht, daß es sich bei einem derartigen Gedächtnisbegriff um eine wissenschaftliche Beschreibungsmetapher handelt, mit der die vielfältigen kollektiven Bemühungen um eine Definition von Identität gekennzeichnet werden, die als Ergebnis in der Vergangenheit verorteter Entwicklungen und Ereignisse gewertet wird. Eine weitergehende wissenschaftliche Anwendung des Gedächtnisbegriffs läßt zudem den hierbei erkennbar werdenden 'kreativen' Umgang mit Vergangenheit deutlich werden. Denn diese Vergangenheit erhält nur in ihrer Bedeutung für die Gegenwart der Erinnerungsgemeinschaft einen Stellenwert im kollektiven Gedächtnis. Bei den sozialen Praktiken, die sich in einen derartigen Gedächtnisbegriff einordnen lassen, steht also nicht das Bemühen um objektive Vergegenwärtigung von Geschichte im Vordergrund, sondern allein die Funktion des Erinnerungsvorgangs für die Gegenwart der Erinnerungsgemeinschaft – für das Beispiel der Spielfilme ist dies das Kinopublikum. Aus diesem Grund tritt die Vergangenheit nur als Vergangenheits'konzept' in Erscheinung: Als eine von Subjekten in bestimmten Aspekten akzentuierte und unter Umständen vollständig konstruierte gemeinsame Vorgeschichte. Damit spiegelt der Gedächtnisbegriff auf einer kollektiven Ebene die Fähigkeiten wider, die hinsichtlich der individuellen Identität auch dem menschlichen Bewußtsein zugesprochen werden: Eine biographische Anpassung der bisherigen Existenz an die aktuellen Anforderungen der Gegenwart, einen durch Verdrängen und Vergessen von Unerwünschtem sowie des projekti-

[7] Vgl. die mit 'Zensur' und 'Propaganda' charakterisierbare Bandbreite möglicher Einflußnahme.

[8] Ein durch die obige Definition erfaßtes Gedächtniskonzept verweigert sich der biologistischen Annahme einer genetischen Vererbbarkeit von kollektiv geteiltem Wissen. Ein Aspekt, der bereits in dem in den zwanziger Jahren dieses Jahrhunderts von Maurice Halbwachs entwickelten Gedächtniskonzepten auftaucht. Vgl. Maurice Halbwachs: *Das Gedächtnis und seine sozialen Bedingungen*. Frankfurt a.M. 1985 (Original: 1925). Eine Zusammenfassung der Thesen von Halbwachs und ihrer Anknüpfungspunkte für das Konzept eines kulturellen Gedächtnisses bietet Jan Assmann: *Das kulturelle Gedächtnis. Schrift, Erinnerung und politische Identität in frühen Hochkulturen*. München 1992. S. 34-47.

ven Hinzufügens von Logik vollzogenen Akt der biographischen Sinngebung von Vergangenheit.

Im folgenden sollen anhand der Spielfilme *Nacht fiel über Gotenhafen* und *Fünf Tage – fünf Nächte* charakteristische Positionen der filmischen kulturellen Gedächtnisse beider deutscher Staaten verdeutlicht werden. Die Vergleichbarkeit der ausgewählten Filme ist zum einen dadurch gewährleistet, daß sie mit den Jahren der Erstaufführung 1960 bzw. 1961 einem Zeitraum zugeordnet werden können, in dem beide deutsche Filmkulturen bereits über einen umfangreichen Kanon an Filminhalten und Darstellungsmustern verfügten, der west- und ostdeutschen Spielfilmen ein 'nationales' Profil verlieh – und auch die eigenwillige Physiognomie der jeweiligen Kriegsdarstellungen bestimmte. Zum anderen thematisiert jeder Film ein sensibles Thema des Jahres 1945: Den Untergang der *Wilhelm Gustloff* und die Situation im vom Bombenkrieg zerstörten Dresden, beides Ereignisse, die auf eindringliche Weise die Frage nach deutscher Schuld und deutscher Sühne stellen.

3. Fallstudien

Die Handlung von *Nacht fiel über Gotenhafen* (BRD 1960) spannt einen Bogen vom Ende des Jahres 1943 bis zum 31.1.1945, dem Tag des Untergangs des ehemaligen KdF-Schiffes *Wilhelm Gustloff*. Die Breite des inhaltlich dargestellten Zeitraums, der eigentlich nur als Vorgeschichte des Schiffsuntergangs dient, verdeutlicht bereits eine signifikante Tendenz in der Darstellung des Zweiten Weltkriegs: Er dient als Illustration und in grobe Phasen unterteilt als strukturierendes Element (der Erzählerkommentar verweist auf militärische Niederlagen und den Rückzug deutscher Truppen) einer trivialen Liebesgeschichte. Deren Beteiligte (zwei Wehrmachtsoffiziere, die in dieselbe Frau verliebt sind) treffen sich nach einigen kriegsbedingten Wirren sämtlich auf der *Wilhelm Gustloff* wieder. Oberflächlich zeigt sich das Bemühen, den Untergang des Schiffs mit dem Untergang Deutschlands vor den heranrückenden Feinden (hier: der Roten Armee) zu parallelisieren.

Im Gegensatz zur bundesrepublikanischen Produktion zeigt *Fünf Tage – fünf Nächte* ein sich bereits im Titel widerspiegelndes Bemühen um zeitliche Verdichtung: Die Handlung beginnt am 8.5.1945 mit der Heimkehr eines Deutschen in das von der Roten Armee besetzte Dresden. Sie protokolliert die fünf Tage dauernde Suche sowjetischer Soldaten und Restauratoren sowie eines lokalen Künstlers und einer Museumsangestellten nach wertvollen Gemälden, die von den Nazis an verschiedenen Orten in der Umgebung Dresdens versteckt wurden. Eine hiermit verbundene Parallelhandlung – der Künstler erneuert seine Liebesbeziehung zu einer aus einem KZ befreiten Kommunistin – bietet dem Zuschauer eine vordergründige Emotionalisierung der Geschehnisse. Im Zentrum des Films steht die Verdeutlichung deutscher Schuld, sowjetischer Versöhnungsbereitschaft und der Möglichkeiten eines deutschen Neuanfangs. Während die "Nacht", die in der BRD-Produktion in Gestalt der russischen Soldaten über Gotenhafen fällt, mit der Dunkelheit des Todes gleichgesetzt wird – und ein Ende bedeutet –, können die "Tage" und "Nächte" in der DEFA-Koproduktion als Symbole für die Einheit aus Leben und Tod bewertet werden, für einen neuen Lebensrhythmus der Überlebenden des Krieges, und stehen in ihrer Bedeutung für die zerstörte Stadt nebeneinander.

Folgende Muster der Erinnerung an den Zweiten Weltkrieg lassen sich – vor dem Hintergrund der Frage nach deutscher Schuld und deutscher Sühne – aus den angesprochenen Filmen isolieren und in den Kanon der jeweiligen deutschen Filmkultur stellen.

a) Der Komplex "deutsche Schuld"

Sowohl in *Fünf Tage – fünf Nächte* als auch in *Nacht fiel über Gotenhafen* wird Deutschen die Schuld an Verbrechen gegenüber Angehörigen der überfallenen Nationen und auch Deutschen zugesprochen. Zu den Opfern der Deutschen zählen hierbei explizit Russen und Juden, in der DEFA-Produktion auch kommunistische Widerstandskämpfer.[9] Außerdem erweitert *Fünf Tage – fünf Nächte* den Schuldbegriff um deutsche Verbrechen an der Kultur des eigenen Volkes und den unersetzlichen Kunstwerken, die von Nazis im europäischen Ausland geraubt worden waren. Den ideellen Wert dieser Objekte hatten die Deutschen – und hierin liegt der eigentliche und wiederholt formulierte Schuldvorwurf – durch unsachgemäße Lagerung gefährdet.

Der in den Filmen deutlich werdende Unterschied in der Darstellung deutscher Schuld zeigt sich besonders deutlich in der dramaturgischen Situierung der jeweiligen Tragödie: Während in *Nacht fiel über Gotenhafen* die Torpedierung und der Untergang des Schiffs den Abschluß und Höhepunkt der Handlung darstellen, ist der Akt der Bombardierung Dresdens in der DEFA-Produktion der eigentlichen Handlung zeitlich vorangestellt, wird zu Beginn des Films mit einem Erzählerkommentar in Erinnerung gerufen – und optisch durch Kameraschwenks über im Modell nachgebauten Trümmern als nationale Katastrophe verdeutlicht. Der ostdeutsche Zuschauer wird darauf hingewiesen, daß die Zerstörung Deutschlands (Dresden übernimmt hierfür eine Symbolfunktion[10]) und ihre Besetzung durch ehemalige Feinde eine Konsequenz des von Deutschen begonnenen Krieges ist. Die

[9] Ein expliziter Hinweis auf jüdische KZ-Insassen unterbleibt in der DEFA-Produktion.

[10] Bis auf die Eingangssequenz zeigt *Fünf Tage – fünf Nächte* keinen inhaltlichen Bezug mehr zu Dresden als Stadt an sich; die Folgen des Krieges werden auf die allgemeinere Ebene "Deutschland und die Sowjetunion" verlagert.

Schuld der Deutschen ist damit bereits zu Beginn des Films klar definiert, in seinem weiteren Verlauf rückt folgerichtig der *Umgang* mit dieser Schuld in das Zentrum der Handlung: Hierbei wird der Akzent auf die Nicht-Aufrechenbarkeit erlittenen Leides gelegt. Dem Publikum wird erläutert, daß, auch wenn die Dresdener Zivilbevölkerung unter den Luftangriffen stark gelitten hat, dies ein ebenso bedauerliches Schicksal darstelle wie die Leiden der russischen Zivilisten unter den Repressalien der deutschen Wehrmacht. Beides seien jedoch Folgen ein und derselben Tat, nämlich der deutschen Aggression. Die Deutschen trifft, so verdeutlicht *Fünf Tage – fünf Nächte*, durch millionenfachen Mord, die Zerstörung der eigenen Heimat 'und' die Zerstörung der Heimat ihrer russischen Befreier eine gleichsam ins Unendliche potenzierte Schuld.

Anders als in der DDR-Produktion, in der deutsche Verbrechen auf vielfältige Weise vorstellt werden (in Dialogen und in erschütternden Bildern), zeigt *Nacht fiel über Gotenhafen* eine nur vordergründige Auseinandersetzung mit nationaler Schuld. Lediglich in Erzählerkommentaren wird darauf hingewiesen, daß Deutschland den Krieg begonnen hat. Doch auch in diesen selbstkritisch gemeinten Sequenzen zeigt sich noch eine Art trotziger Feierlichkeit, etwa indem die Kreuze auf Soldatengräbern zuvor als Orden, als Eiserne Kreuze, gezeigt wurden oder bei der Nennung des Namens Gotenhafen und der dort vor Anker liegenden Schiffe (Cap Arcona, Wilhelm Gustloff) nationale Größe und wehmütige Romantik beschworen wird. "Schuld", so wird dem Zuschauer in diesem Film explizit versichert, haben jedoch nur Hitler und Konsorten, die das unbeteiligte deutsche Volk und die Soldaten der Wehrmacht in diese Lage "hineingeritten" hatten. Überhaupt zeigt sich ein strikt heldenhaftes und kameradschaftliches Bild der Wehrmacht und eine nicht unproblematische, fehlende Distanz zu militärischem Pathos. Krieg und Kriegsschuld erscheinen vor diesem Hintergrund nur als die bedauerliche, schmutzige Seite eines eigentlich unterhaltsamen Tanztees im Offizierskasino. Bilder derartiger Vergnügungen, belebt durch schmissige Musik und leutselige Offiziere mit Zigarre und gut gefülltem Cognac-Schwenker, sind fester Bestandteil der Wehrmachtsdarstellung dieser BRD-Produktion.

b) Der Komplex "deutsche Sühne"

Bei der Darstellung der Sühne für die von Deutschen begangenen Verbrechen folgt *Nacht fiel über Gotenhafen* strikt dem bereits bei der Schulddarstellung eingeschlagenen Kurs: Da die "Deutschen", d.h. die Zivilbevölkerung 'und' die Soldaten, dem Zuschauer als unschuldig vorgestellt werden, stellt ihr Leiden auf der Flucht und während des Untergangs auch keine Sühne dar: Sie sind allesamt Opfer. Um die Bewertung des Schiffsuntergangs als Opfer nicht zu irritieren, wird in dieser Phase der Handlung mit der bisherigen Praxis des Films – dem Einschub kommentierender und korrespondierender Dokumentaraufnahmen – gebrochen: Die rührseligen Bilder des Spielfilm-Untergangs werden nicht durch authentische Bilder eines zerstörten Deutschlands, frierender und hungernder Flüchtlinge oder deutscher Kriegsgefangener ergänzt. Ein Beispiel: Das bekannte und eindrucksvolle Bild eines toten Pferdes auf dem zugefrorenen Frischen Haff, das kaum in einem Bericht über die Flucht aus Ostpreußen fehlt,[11] ist aus den dokumentarischen Filmaufnahmen herausgeschnitten: Tod ist in diesem Spielfilm immer nur Mord, immer begangen von Russen an Deutschen – wobei die Mitglieder der sowjetischen U-Boot-Besatzung beim Zielen auf die Wilhelm Gustloff ein maliziöses Lächeln zeigen.[12]

Demgegenüber zeigt die schuldbetonende Haltung der DEFA-Produktion ihr Pendant in der Profilierung der deutschen Sühneleistung: Der Spielfilm *Fünf Tage – fünf Nächte* entwickelt in seiner Handlung ein komplexes Geflecht aus der Notwendigkeit deutscher Sühne, ihrer negativen und – didaktisch behutsam herausgearbeitet – ihrer positiven Konsequenzen. Am Beispiel der verschiedenen deutschen Charaktere (des kriegsversehrten Künstlers, der Angestellten der Dresdener Galerie, der kommunistische Widerstandskämpferin) werden dem Zuschauer die militärische Aggression der Deutschen, die Verbrechen in den Konzentrationslagern und die kulturelle Barbarei der Nazis verdeutlicht und als ablehnenswert bestätigt. Die Zerstörung deutscher Städte, das offene Eingeständnis von Verbrechen gegenüber KZ-Insassen (in Wort und Bild) sowie der zeitweilige – und wie dem ostdeutschen Zuschauer versichert wird – ‘restaurationsbedingte’ Aufenthalt deutscher Kunstwerke in Moskauer Museen und Archiven werden als notwendige Form der deutschen Sühne vorgestellt. Zugleich wird dem Zuschauer verdeutlicht, daß diese Sühne sich nicht allein auf ein einmaliges Ritual, einen Ablaß, beschränkt: Der Kampf gegen ein drohendes Vergessen der deutschen Schuld und die Pflicht zum Kampf um eine neue deutsche Zukunft werden in diesem Spielfilm als lebendige und produktive Form der deutschen Sühne eingefordert.

4. Geteilte Erinnerungen

Einleitend wurde darauf hingewiesen, die Ergebnisse aus der Analyse beider Fallstudien sollten in den Ansatz des kulturellen Gedächtnisses eingeordnet werden. Daß dieses Bemühen nicht ungerechtfertig ist, zeigt bereits die Erinnerungsdimension, die in beiden Filmen selbst entwickelt wird: Die Handlung von *Fünf Tage – fünf Nächte* wird dem Zuschauer in der An-

[11] Vgl. zur Funktion des Pferde-Bildes für das kulturelle Gedächtnis an den Krieg auch Klaus Naumann: *Der Krieg als Text. Das Jahr 1945 im kulturellen Gedächtnis der Presse*. Hamburg 1998. S. 77f.

[12] Daß die Deutschen unschuldige Opfer sind, zeigt sich auch in einer Nebenepisode: Ein französischer Fremdarbeiter lebt bei ostpreußischen Gutsbesitzern in gegenseitigem Vertrauen, liebt eine Deutsche und stirbt, nachdem er auf der Flucht von den Russen angeschossen wird.

fangssequenz als Blick in die Erinnerung eines deutschen Kommunisten – also als quasi-authentischer Sachverhalt – vorgestellt. In *Nacht fiel über Gotenhafen* wird von einer Protagonistin demgegenüber resignativ angemerkt, daß all das erlittene Leid doch "morgen" schon längst wieder vergessen sei – und sich die Menschheit mit hoher Wahrscheinlichkeit wieder in einen neuen Krieg stürzen wird. Damit zeigt jeder Film eine eigentümliche Art von Selbstevaluation, die in den filmischen Kontext zeitgleicher Konfliktdarstellungen eingeordnet werden kann. Die bundesrepublikanische Produktion steht strikt in der Tradition der fünfziger Jahre, in Spielfilmen eine ernsthafte Diskussion von Konflikten dadurch zu vermeiden, daß eine Kontroverse nur als Zitat erkennbar wird. Degradiert zum szenischen Element einer belanglosen Partnerschaftsdarstellung, werden der Krieg, deutsche Schuld und Sühne in *Nacht fiel über Gotenhafen* als eigenständige Themen leichtfertig verspielt.

Während im westdeutschen Film Geschichte scheinbar nur im Operettenmanier, gleichsam als romantisches Häppchen präsentiert wird, zeigt die DEFA-Koproduktion geradezu einen "mnemistischen Overkill": Die Notwendigkeit einer Erinnerung an die deutsche Schuld wird nicht allein als entscheidendes Kriterium für den aktuellen Umgang mit den ehemaligen Gegnern bewertet, 'Gedenken' dient als gegenwarts- und zukunftsbezogene Maxime, die den Aufbau einer anderen deutschen Gesellschaft ermöglichen soll. Um diesen Anspruch in dem Spielfilm deutlich herauszuarbeiten, wurde jedoch nicht gezögert, den Zuschauer mit einer einseitigen und nur wenig glaubwürdigen Dramaturgie zu belasten. Diese Schere zwischen Vergangenheitsflucht (BRD) und ideologischer Vergangenheitskonstruktion (DDR), zu Beginn der sechziger Jahre auf dem Höhepunkt ihrer inhaltlichen und ästhetischen Entwicklung, sollte sich erst in den deutschen Filmkulturen der folgenden Jahrzehnte durch die differenzierteren Perspektiven jüngerer Regisseure schließen.

Vergleicht man beide Produktionen mit anderen Spielfilmen, in denen der Zweite Weltkrieg und seine Folgen dargestellt werden, so wird eine medienspezifische Selbstreferentialität der Erinnerung deutlich: Beide Filme stehen in der Tradition der meisten west- bzw. ostdeutschen Kriegsdarstellungen, sie bieten dem Zuschauer eine Neuarrangierung ihm bereits bekannter Inhalte und Bewertungsvorgaben. *Nacht fiel über Gotenhafen* und *Fünf Tage – fünf Nächte* erinnern damit weniger an den Krieg als an die hierzu bereits entwickelten Erinnerungsmuster.

Klaus Naumann

Die neunziger Jahre, ein nervöses Jahrzehnt. Deutsche Kriegsbilder am Ende der Nachkriegszeit

In the collective memory of the Germans, the wars of the nineties were fought in terms of the Second World War. In these debates the Germans had to face a rhetorical dilemma; they had no narrative for a "just war". The result was a public confusion of morals and metaphors. In contrast to that, recent novels of two younger German authors (Hans-Ulrich Treichel, Hanns-Josef Ortheil) work on a narrative that moves beyond guilt.

I.

Die Geschichte der sogenannten alten Bundesrepublik wird oft als Erfolgs- und Stabilitätsgeschichte gelesen, und gewiß deutet sich in der unübersehbaren Popularität dieser Sichtweise ein symptomatisches Lebensgefühl der Nachkriegsgeschichte an. Doch allzuleicht gerät damit etwas ganz Entscheidendes aus dem Blick. Der Bonner Historiker Hans-Peter Schwarz hat zu recht darauf aufmerksam gemacht, daß die Geschichte der Bundesrepublik auch als die "Geschichte einer ausgebliebenen Katastrophe"[1] verstanden werden müsse. Diese Seite der Geschichte ist meines Wissens noch nicht geschrieben worden, und es ist offensichtlich schwierig, sie in Worte zu kleiden, denn sie handelt vom Ausbleiben des Erwarteten und beschreibt damit eine Art imaginärer oder auch Imaginationsgeschichte. Wo wären die Quellen dieser Geschichte zu finden? – Ich glaube, daß die vielfältige Kriegsliteratur einen Zugang zu diesem Aspekt gewährt, aber ich denke, daß dieser Zugang ebensosehr über eine Geschichte der bundesdeutschen Ängste – und nicht zuletzt der Kriegsängste – gefunden werden kann. Denn die Nachkriegsgeschichte war – ist? – nicht allein eine Geschichte von Verdrängung, Verleugnung oder "zweiter Schuld"; sie war/ist immer auch eine Angstgeschichte,[2] und als solche steht sie im Schatten des zurückliegenden Krieges, bewahrt dessen changierende Bilder im kollektiven Gedächtnis. Der Vorrat dieser Bilder scheint bislang nicht aufgebraucht; im Gegenteil,

[1] Hans-Peter Schwarz: Die ausgebliebene Katastrophe. Eine Problemskizze zur Geschichte der Bundesrepublik. In: Herman Rudolph (Hrsg.): *Den Staat denken. Theodor Eschenburg zum Fünfundachtzigsten.* Berlin 1993. S. 151-174.

[2] Vgl. die Überlegungen bei Michael Geyer: Der kriegerische Blick. Rückblick auf einen noch zu beendenden Krieg. In: *SOWI* (1990). H. 2. S. 111-117.

eine jede Kriegskrise der zurückliegenden Jahrzehnte, geschweige denn jeder Ausbruch von Kriegshandlungen auf dem europäischen Kontinent, hat diese Bilder aufs Neue in den öffentlichen Diskurs katapultiert. In diesen Vorgängen hat sich ein eigentümliches Verhältnis von zunehmender *zeitlicher Distanz* zum historischen Geschehen und einer gleichwohl nicht abnehmenden (eher zunehmenden!) 'Intensität' aktueller Auseinandersetzungen mit diesen Kriegsbildern hergestellt; ein geradezu proportionales Verhältnis von Distanz und Intensität, das im großen und ganzen den Verlaufsformen der bundesdeutschen Auseinandersetzung mit der NS-Vergangenheit entspricht.[3]

Die neunziger Jahre können als Testfall dieser Beobachtung gelten. Wie in keinem anderen Jahrzehnt zuvor haben sich in den neunziger Jahren die Blickwinkel verändert und haben veränderte Haltungen entweder provoziert oder fast unmerklich eingeschliffen. Anhand von drei Beobachtungen sollen im folgenden die davon ausgehenden Rückwirkungen auf die Kriegsbilder – die Bilder vom Zweiten Weltkrieg – illustriert werden.

Die Rückblicke auf den Zweiten Weltkrieg, die dieses Jahrzehnt immer wieder begleitet haben, erfolgten zumeist aus dem Empfinden, am "Ende" der Nachkriegszeit zu stehen. Schon dieses Gefühl war geeignet, ambivalente Stimmungen freizusetzen – denn was war die Signatur der deutschen Nachkriegszeit, und was würde nun an ihre Stelle treten und Geltung beanspruchen dürfen? Nicht weniger zwiespältig war – 'zweitens' – die Erfahrung, aus den Bedingungen und Loyalitäten des Kalten Krieges, der Blockkonfrontation und der akuten atomaren Bedrohung herausgetreten zu sein. So groß die Erleichterung und so hoch die Erwartungen im Übergang zu den neunziger Jahren auch waren, sie fanden sich rasch konfrontiert mit der Rückkehr des Kriegs nach Europa – und zwar nicht in Gestalt der jahrzehntelang gefürchteten großen Apokalypse, sondern als Auftreten kleiner, schmutziger, ebenso unübersichtlicher wie unabsehbarer Kriege, die Stellungnahmen herausforderten. Der Rückgriff auf die Bilderwelten des Weltkriegs und der NS-Zeit war eine automatische Folge dieser Konfrontation. Zum 'dritten' war nicht zu übersehen, daß die Produktion von Kriegsbildern nicht allein unter gewandelten Umweltbedingungen geschah, sondern zugleich einem Generationswechsel unterlag, der sich seit Ende der achtziger Jahre rapide vollzogen hatte. Um die Literatur ins Spiel zu bringen, neben die letzten Zeitgenossen, die – wie Dieter Wellershoff (*Der Ernstfall*, 1995) oder jüngst Jürgen Becker (*Aus der Geschichte der Trennungen,* 1999) – ihre Kriegserfahrung literarisch gestalteten, traten nun schon die Kinder der

[3] Vgl. Christian Meier: *Vierzig Jahre nach Auschwitz. Deutsche Geschichtserinnerung heute.* München 1990; Klaus Naumann: Zwischen Tabu und Skandal. Zur Aufarbeitung der NS-Vergangenheit in der Bundesrepublik. In: Christoph Butterwegge (Hrsg.): *NS-Vergangenheit, Antisemitismus und Nationalismus in Deutschland. Beiträge zur politischen Kultur der Bundesrepublik und zur politischen Bildung.* Baden-Baden 1997. S. 39-49.

Bundesrepublik – jene, die nicht nur nicht mehr "dabeigewesen" waren, sondern auch schon nicht mehr zum Kern der achtundsechziger Generation gehörten. Welche Kriegsbilder drängten sich jenen auf, die auf eine ganzes Ensemble von Haltungen und Gestaltungen aus der nun abgeschlossenen Geschichte der alten Bundesrepublik zurückblicken konnten? – Den drei hier angesprochenen Fragestellungen möchte ich nun anhand von dreierlei Materialien – der Historiographie, der Publizistik und der Literatur – nachgehen, um damit einige Kriegsbilder eines nervösen Jahrzehnts einzufangen.

II.

Das Empfinden, am Ende der Nachkriegszeit zu stehen, ist an sich keine neue Erfahrung der neunziger Jahre. Immer wieder wurden "Enden" der auf den Krieg folgenden Ära von der Politik verkündet oder sind von der Historiographie notiert worden.[4] Aus der Summe der Daten nenne ich die als Zäsuren empfundenen Jahre 1948/49, 1955, 1965, 1968 oder 1989/90. Interessanter als die Daten im einzelnen mag das Lebens- oder Zeitgefühl sein, das dahinter stand. Offenbar mühte sich da eine Gesellschaft, aus dem Stadium des "Danach" herauszutreten, um in irgendeinem definitiven, jedenfalls aber konsolidierten Zustand anzukommen. Das ist denn auch tatsächlich der Grundton einer ganzen Reihe 'affirmativer Begriffe' der Nachkriegszeit gewesen, die allesamt darauf abstellten, eine Ausnahmephase abzuschließen, die Kriegsfolgen zu bereinigen oder den Anschluß an die sich "modernisierende" Umwelt zu finden. Daneben gab es einen 'kritischen oder Protestbegriff' vom Nachkrieg, der dessen kritisch beargwöhntes Ende mit einem schlimmstenfalls katastrophalen Mißlingen verband – dann nämlich, wenn sich am Ende des "Restaurationsprozesses" herausstellen sollte, daß man wieder beim Status quo ante angekommen war und sich also die 'Nach'kriegszeit unter der Hand in eine 'Vor'kriegszeit verwandelt hatte. Dieser Protestbegriff vom Nachkrieg ist bekanntlich nicht nur einflußreich, sondern auch langlebig gewesen. Im Klima des Kalten Kriegs verband er sich mit Rüstungskritik und Friedensbewegungen, um sich zu apokalyptischen Visionen vom drohenden Atomkrieg, von Erstschlagskalkülen und Sternenkrieg zu (über-)steigern.

Mit dem affirmativen wie mit dem Protestbegriff des Nachkriegs korrespondierten – in typisierender Vereinfachung – unterschiedliche Kriegsbilder. Stellten die einen auf den – fraglos schrecklichen – Ausnahmecharakter des Kriegs ab und sorgten sich um dessen sozialverträgliche Bewältigung, rückten die anderen jene Seiten den Krieges in den Vordergrund, die zur bleibenden Anklage taugten. Diese wiederum erwiesen sich als anschlußfähig für die Skizzierung kommender Katastrophen eines Dritten Weltkriegs,

4 Vgl. Klaus Naumann: Die Frage nach dem Ende. Von der unbestimmten Dauer der Nachkriegszeit. In: *Mittelweg 36*. 8 (1999). H. 1. S. 21-32.

dessen Ausbruch – mit plausiblen Gründen – bei jedem auch noch so begrenzten Konflikt der Supermächte befürchtet wurde. Ich möchte dabei betonen, daß sich die hier polar skizzierten Begriffe vom Nachkrieg und die ihnen entsprechenden Kriegsbilder in der öffentlichen Debatte und im öffentlichen Empfinden keineswegs ausschlossen, sondern vielmehr zwei Seiten einer grundlegenden Ambivalenz repräsentierten: den Wunsch, den Krieg hinter sich zu lassen, und die tiefsitzenden Erinnerungen an seine Schrecken. Vermutlich ist es dieses Ambivalenzgefühl, das über fünfzig Jahre hinweg immer neue Daten für das Ende der Nachkriegszeit anregte.

Sofort mit Eintritt in die neunziger Jahre, nach der deutschen Vereinigung, meldeten sich Sprecher beider Perspektiven zu Wort. Sahen die einen in der staatlichen Einheit Deutschlands den Eintritt in eine lang entbehrte und zäh errungene "Normalität", die die Nachkriegsära nun definitiv zum Abschluß gebracht habe, warnten die anderen vor einem Rückfall in deutschen Traditionalismus, in Machtallüren und Kriegsbereitschaft. In den Debatten über die drei Kriege der neunziger Jahre – den Golfkrieg (1991), den Bosnienkrieg (1995) und den Kosovokrieg (1999) – stießen beide "Lager" mit Vehemenz aufeinander. Galten den einen die Konfliktlagen bzw. Einsatzszenarien mitunter kaum der Bezeichnung 'Krieg' würdig, argwöhnten die anderen, gleichsam im Nachklang von Visionen aus den achtziger Jahren, eine bevorstehende Entgrenzung der Konflikte zu Atom- und Vernichtungskriegen.

In Umrissen zeichnete sich – mit Anleihen auf beiden Seiten – eine dritte Position ab, die nun tatsächlich darauf hinzudeuten schien, daß dieses "Ende" der Nachkriegszeit anders war als die anderen. Immerhin war mit dem Ende der Blockkonfrontation und der deutschen Teilung ein grundlegender Gestaltwandel der Nachkriegsordnung eingetreten, und in den nun folgenden kriegerischen Konflikten traten Motive und Konstellationen auf, die man – wenigstens in Europa – längst überwunden zu haben glaubte.[5] Die Zeit schien rückwärts zu laufen, historische Räume öffneten sich aufs neue, vermeintlich archaische Konstellationen prallten aufeinander, alte Loyalitäten gerieten ins Wanken, Sprachregelungen zerfielen und lang gehegte (oder umkämpfte) Tabus erwiesen sich auf einmal als gegenstandslos oder zumindest überfällig. Was die Retrospektive auf den Zweiten Weltkrieg betraf, so kamen damit zwei – bislang offene – Entwicklungen zum Zuge. Zum einen erwiesen sich die bis dahin verbindlichen Konsequenzen aus dem Krieg, seine "Lehren", als überprüfungs- und revisionsbedürftig; zum anderen drängten sich angesichts regionaler Krisendramatik – Experimentierfeld Balkan, der Ort eines "europäischen Déjà-vu" (Karl Schlögel) – historische Aspekte und Seiten des Weltkriegs, seiner verschiedenen europäischen Frontverläufe in den Vordergrund, die bisher vom bipolaren Großgegensatz

[5] Vgl. jetzt Dan Diner: *Das Jahrhundert verstehen. Eine universalhistorische Deutung*. München 1999.

eines säkularen Waffenganges überdeckt gewesen waren. Es könnte sein, möchte ich andeuten, daß der Zweite Weltkrieg damit neuerlich zu einem Rätsel, zum unbekannten Kontinent der Erinnerungen, geworden ist.

III.

Das Kriegsgeschehen der neunziger Jahre aktivierte vielfältige Imaginationen vom Zweiten Weltkrieg, so daß es schwer fällt, hierin eine Ordnung oder gar Entwicklung zu erkennen. Dennoch sei ein Versuch gewagt. Zweifellos war die unerhörte Begebenheit der deutschen Einheit, die in historischen Vergegenwärtigungen instinktiv auf das Gegendatum 1945 (mit dem synchronen Scheitern von Regime und Reich) bezogen wurde, dazu angetan, Retrospektiven zu mobilisieren. Das geschah bereits in den Intellektuellendebatten der ersten Wendejahre, aber erst der zweite Golfkrieg von 1991 scheint die affektiven Schranken der Erinnerung vollends eingerissen und die historisch-symbolischen Kapazitäten überfordert zu haben, obwohl Deutschland hier noch nicht einmal als kriegführende Macht in Erscheinung getreten war.[6] Auch die beiden folgenden Kriege bzw. Militäraktionen von 1995 und 1999 bezogen ein Gutteil an Legitimation und Argumentation aus Rückbezügen auf die NS-Zeit und den Zweiten Weltkrieg. Der beträchtliche historische – und das hieß in diesem Kontext: antifaschistische bzw. moralische – Begründungsaufwand signalisierte, daß sich unversehens eine erinnerungspolitische Zwickmühle aufgetan hatte. Denn historische Bilder, kollektive Erfahrungen oder umstandslos verwendbare Haltungen, die einem "guten Krieg" angemessen waren, existierten nicht, und auch für eine aktive Kriegsbeteiligung auf der "richtigen Seite" gab es keinerlei eigenes Repertoire. Kein Wunder, daß Wiederholungsgefühle, reflexhafte Bilder und überanstrengte Analogien die Szene prägten.

Auffällig an diesen sich wiederholenden Debatten war eine Zweiteilung, die an die "gespaltene Erinnerung"[7] deutscher Diskurse über die NS-Vergangenheit erinnerte. Während die Deckworte "Hitler" oder "Auschwitz" die 'politisch-intellektuellen' Rückbezüge auf den Krieg bestimmten, konzentrierten sich im 'privaten, halböffentlichen' Raum die identifikationsstiftenden Kriegsbilder auf Szenen des Bombenkriegs sowie der Flucht und Vertreibung der Deutschen aus dem Osten Europas.[8] In diesem Diskursfeld

[6] Vgl. Jan Philipp Reemtsma: Deutsche Linke '91. Sozialpsychologische Gedanken zur Architektur einer Ruine. In: Ders.: *Der Vorgang des Ertaubens nach dem Urknall. 10 Reden und Aufsätze*. Zürich 1995. S. 62-75.

[7] Vgl. Elisabeth Domansky: Die gespaltene Erinnerung. In: Manuel Koeppen (Hrsg.): *Kunst und Literatur nach Auschwitz*. Berlin 1992. S. 178-196.

[8] Vgl. Micha Brumlik: *Weltrisiko Naher Osten. Moralische und politische Perspektiven in einem Konflikt ohne Ende*. Hamburg 1991, bes. S. 27ff.; Dieter Wellershoff im *Spiegel* Nr. 15/ 1999. S. 264.

zeichneten sich vier Motivgruppen von Kriegsbildern ab, die im folgenden knapp skizziert werden sollen.

Atomkrieg

Am Anfang waren nicht “Auschwitz” oder “Hitler”. Die Golfkriegsdebatten zeigten vielmehr, wie sehr die Rückbezüge auf den Zweiten Weltkrieg am Beginn der neunziger Jahre von Imaginationen und Ängsten des ‘Kalten Krieges’ überdeckt wurden. Formulierungen wie “Deutschland im Fadenkreuz” (Rudolf Augstein) oder “Die Bedrohung ist überall” (*Bild-Zeitung*) signalisierten nicht allein eine eminente Selbstbezogenheit; sie zeigten zudem, daß dieser immerhin ziemlich ferne Konflikt automatisch als potentieller Eskalationsherd verstanden und gleichsam mit den Visionen eines atomaren Weltbrandes bebildert wurde. Mit der Intensität dieser Suggestionen vermochte der Verweis auf den irakischen “Gaskrieg” gegen Israel nicht mitzuhalten. Krieg im Schatten der Bombe, so konnte man die Hinterlassenschaft der Blockkonfrontation deuten, war zu einer übermächtigen, allegorischen, abstrakten und damit omnipräsenten Unheilsgestalt geworden, die auf Abruf bereitstand, mit historischen Bildern illustriert zu werden.[9] Solche fanden sich in der Gleichung “Bagdad = Dresden”, und diese stiftete wiederum das Scharnier, um die apokalyptischen Visionen in geläufigere Kriegsszenen zu übertragen.

Auschwitz

Das vom Atomkrieg inspirierte Schreckensbild wurde im Zuge der drei Kriege von einer zweiten apokalyptischen, und das hieß nun von einer hochmoralischen Metaphorik abgelöst – von “Auschwitz”. Dabei kam es zu einer entscheidenden Affektenkollision,[10] die den historischen Argumentationshaushalt des Kalten Kriegs überforderte. Denn der Verweis auf “Auschwitz” – und der damit intendierte Hinweis auf Völkermord und Menschenrechtsverletzungen großen Stils – diente im politisch-intellektuellen Mehrheitsdiskurs der Begründung einer deutschen Beteiligung an Militäraktionen. Die unter den Bedingungen des atomaren Patts plausible und fraglos universell gültige Gleichung, die besagte, “Nie wieder Auschwitz!” bedeute auch “Nie wieder Krieg!”, hatte sich aufgelöst; sie wurde selbst historisiert. “Auschwitz” – samt angelagerter Stichworte (Selektion, KZ usw.) – avancierte zur begründenden Metapher eines “guten Kriegs”. In der überhitzten Konjunktur der kaum ein Jahrzehnt zuvor noch tabuisierten Analogieschlüsse deutete sich damit ein problematisches Kapitel des deutschen “Bildungs-

[9] Vgl. die Überlegungen von Burkhard Spinnen: Zur Rückkehr des Schicksals in Kriegszeiten. In *Frankfurter Allgemeine Zeitung* vom 25.5.1999.

[10] Vgl. Jürgen Habermas: Wider die Logik des Krieges. In: *Die Zeit* vom 15.2.1991.

romans" (Frank Schirrmacher) der neunziger Jahre an. Das zum politisch-historischen Argument promovierte Signalwort des Holocaust transportierte den – zumindest impliziten – Anspruch einer exklusiven Moralität, den man durchaus als verdeckte Fortsetzung eines deutschen Sonderbewußtseins verstehen kann. Damit aber verwandelte sich ein im Namen von "Auschwitz" geführter Krieg in eine Art deutscher Reinigungshandlung – eine abschließende Geste, die Michael Blumenthal, Direktor des Berliner Jüdischen Museums, vermutlich dazu veranlaßte, von einem "Altweibersommer des Holocaust-Bewußtseins" zu sprechen (*Frankfurter Allgemeine Zeitung* vom 26.4.1999). Und schließlich riskierte die Analogie mit dem Extremfall, die eine ganze Reihe von Bildern ("Hitler = Saddam", Milosevic der "Schlächter") nach sich zog, die Gebote politischer Flexibilität und Pragmatik aufs Spiel zu setzen.

Bombenkrieg

Für einen Großteil der deutschen Öffentlichkeit, so muß man annehmen, bedeutete Krieg weder "Auschwitz" noch "Atomkrieg"; vielmehr wurde er mit den Erfahrungen und den Opfern des Bombenkriegs assoziiert. Es war bezeichnend, daß das auslösende Moment öffentlicher Aufmerksamkeit in allen drei Kriegen mit dem Beginn der Bombenflüge zusammenfiel, obgleich in allen diesen Konflikten bereits eine Reihe von Aggressionshandlungen vorausgegangen waren. Mobilisierend wirkten erst die Bilder der Zerstörung und der Bombenopfer. Sie boten eine Projektionsfläche für Rückbezüge auf die alliierten Städtebombardierungen des Zweiten Weltkriegs. Dabei blieb freilich unklar, ob sich die Deutschen vor allem in der Rolle von Opfern wiedererkannten oder ob sie sich auch mit dem problematischen Verhalten einer Volksgemeinschaft von Durchhaltern zu identifizieren vermochten.[11] Wie auch immer, mit diesen Verweisen geriet insbesondere die aktuelle amerikanische Strategie der Luftkriegführung unter Generalverdacht: "Erstmals seit 45 Jahren laden wieder angloamerikanische Bombengeschwader ihre tödliche Last ab." (*Neues Deutschland* vom 22.1.1991) Oder Eugen Drewermann: "Wir wissen, wie ein amerikanischer endgültiger Sieg aussieht. Er sieht aus wie in Hamburg, wie Dresden und wie Köln und Paderborn 1945."[12] Die Bilder des Bombenkriegs provozierten scheinbar gegenläufige, in der Substanz freilich verwandte Affekte. Während die einen mit Hinweis auf den historischen Bombenkrieg eine besondere Befähigung zum aktuellen politischen Urteil anmeldeten ("Wir wissen, was Krieg ist", Henning Voscherau 1991), ergingen sich andere in

[11] Vgl. Hans Magnus Enzensberger: Hitlers Wiedergänger. In: *Spiegel* Nr. 6/ 1991. S. 26-28; Ders.: Ein seltsamer Krieg. In: *Frankfurter Allgemeine Zeitung* vom 14.4.1999.

[12] Zitiert nach Brumlick: *Weltrisiko Naher Osten.* S. 33.

komplementären Formulierungen einer martialischen Bomben-Pädagogik. Durs Grünbein: "(D)ie Bombe (kann) ein Erziehungsmittel sein, wie wir aus Deutschland wissen. Dort wurde einer sagenhaft starrsinnigen Bevölkerung [...] der Nationalismus wie ein fauler Zahn gezogen. So war Dresden, nach der Logik der Erzengel, der Preis für Auschwitz."[13] – Da wurde deutlich, wie hart die Deckbilder vom "guten Krieg" mit jenen des Bombenkriegs konkurrierten.

Flucht und Vertreibung

Wie sich die Deutschen in den Bildern der Bombenangriffe vornehmlich als Opfer wiedererkannten und damit emotional gegen die Kriege eingestimmt wurden, so weckten auch die jüngsten Szenen kosovo-albanischer Vertreibung private Erinnerungen an die Leidensgeschichte der deutschen Trecks von 1945/46. Die Konsequenz war freilich gegenteilig – der Kosovokrieg mußte hier als gerechtfertigt erscheinen. Mehr noch, die alliierte Intervention erschien als später Akt einer symbolischen "Wiedergutmachung" an den deutschen Vertreibungsopfern, wurde hier doch dem "Recht auf Heimat" mit Waffengewalt zur Geltung verholfen.[14] Wenn auch zunächst nur zögernd[15] hatte sich damit Ende der neunziger Jahre die deutsche Vertreibung aus dem exklusiven Kontext der NS-Vergangenheit herausgelöst.[16] Sie konnte nun nicht mehr allein als Akt einer ausgleichenden Rachetragödie erzählt werden, in der Unrecht und Unrecht einander aufgewogen hatten. Jetzt wurde sie entweder zum skandalösen "Modell" nachfolgender "ethnischer Säuberungen" erklärt – oder sie wurde zum Gegenstand einer ausgreifenden ironischen Erzählung vom andauernden Versagen Europas vor den ethno-politischen Tücken des Nationalstaatsprinzips.[17] – War hier wieder einmal ein "letztes Tabu" (*Frankfurter Allgemeine Zeitung* vom 29.4.1999) gefallen? Wohl nicht ganz, denn mit dem moralischen Begründungspathos von "Auschwitz" konnte der doch ziemlich plausible Hinweis auf die deutschen Erfahrungen mit "ethnischen Säuberungen" nicht gleichziehen.

Kann man in dieser Bilderflut eine Ordnung oder gar eine Symptomatik erkennen? Alle Kriegsbilder laborierten – verglichen mit den achtziger Jahren – an "Tabubrüchen"; die einen, indem sie das sogenannte Vergleichsverbot der Historikerdebatte außer kraft setzten; die anderen, indem sie Themen anschnitten, denen in der deutschen Öffentlichkeit bislang nur ge-

[13] Durs Grünbein im *Spiegel* Nr.15/ 1999. S. 262.
[14] Vgl. die Doppelseite mit Leserbriefen in: *Welt* vom 17.4.1999.
[15] Vgl. Klaus Naumann: *Der Krieg als Text. Das Jahr 1945 im kulturellen Gedächtnis der Presse*. Hamburg 1998. S. 77ff.
[16] Vgl. Peter Becher: Die Zukunft der Vertriebenen. In: *Welt* vom 25.5.1999.
[17] Vgl. beispielsweise Karl Schlögel: Kosovo war überall. Die ethnische Säuberung ist eine Ausgeburt des 20. Jahrhunderts. In: *Die Zeit* vom 29.4.1999. S. 15-19.

ringe Repräsentanz zugestanden worden war. Untereinander befanden sich diese Kriegsbilder in scharfer Konkurrenz, nicht allein hinsichtlich der aus ihnen abgeleiteten Handlungsoptionen, sondern auch hinsichtlich ihrer Repräsentanz im kollektiven Gedächtnis. Eine Art Erinnerungsdilemma zeichnete sich ab. Sofern man deutsche Kriegsbeteiligungen mit "Auschwitz" begründen wollte, fehlte dafür ein Platz im kollektiven Gedächtnis, während die populären Bilder des Bombenkriegs gegen jegliche Intervention zu sprechen schienen. Die gegensätzlichen Handlungsoptionen sorgten für eine Rhetorik des Überbietens, deren Preis eine Moralisierung der politischen Argumentationen war. Den Krieg denken, das weckte Erinnerungen an Opfer, die "nie wieder" sein sollten, an Täter, deren Platz man "nie wieder" einnehmen wollte, und an Unterlassungen oder Komplizenschaften, derer man "nie wieder" bezichtigt werden wollte. Für die Paradoxien des Krieges – auch jene des "guten Krieges" – ließen die Kriegsbilder der neunziger Jahre wenig Raum.[18] Deutschland hatte drei rhetorische "Stellvertreterkriege" geführt, deren Schlachtfelder noch im Zweiten Weltkrieg lagen.

IV.

Auf die Kriege der neunziger Jahre haben Schriftsteller wohl publizistisch reagiert, die deutsche Literatur freilich – mit Ausnahme von Peter Handke, soweit ich sehe – noch nicht. Gleichwohl lassen sich die Umbrüche und Perspektivwechsel dieses Jahrzehnts, das eigenartige Verhältnis von Distanz und Intensität am Ende der Nachkriegszeit, in einigen Texten aufspüren. Dabei möchte ich mich nicht den fiktiven Erinnerungen eines Markus Beyer (*Flughunde*, 1995) oder Peter Roos (*Hitler lieben*, 1998) zuwenden, sondern zwei autobiografisch gefärbte Romane aufgreifen: Hanns-Josef Ortheils Roman *Abschied von den Kriegsteilnehmern* (1992) und Hans-Ulrich Treichels Erzählung *Der Verlorene* (1998). Mir geht es im folgenden um einen Seitenblick auf die Literatur der Vierzigjährigen, also auf jene Generation, die die achtundsechziger Zeit gerade noch als Jugendliche gestreift hat, ohne daß sie der achtundsechziger Generation zuzurechnen wären. Beide Arbeiten greifen Motive der sogenannten Väterliteratur der achtziger Jahre auf, aber ihre Intonation ist anders geworden. Mir scheint, hier läßt sich die Arbeit an einer Art dritten Position beobachten, die während der Kriegsdiskussionen der neunziger Jahre kaum zum Zuge gekommen ist – Haltungsproben jenseits von Schulddiskurs und Normalisierungsverlangen.

Die Autoren – Jahrgang 1951 bzw. 1952 – sind keine Kriegsteilnehmer, und sie sind auch keine "Kriegskinder" mehr; man könnte sie als Kinder des "Wiederaufbaus" bezeichnen. Was 'Krieg' bedeutet, spiegelt sich in ihren Familiengeschichten der Nachkriegszeit – der Krieg, das sind die Eltern. Kriegsbilder speisen sich aus den Hinterlassenschaften von Flucht und

[18] Vgl. Karl Otto Hondrich: *Lehrmeister Krieg*. Reinbek bei Hamburg 1992.

Bombenangriffen, eine Perspektive, die – bei aller Zentralität des Vaters in Ortheils Roman – die in der sogenannten Väterliteratur noch übermächtige Vaterfigur zurücktreten läßt zugunsten der Familienkonstellation. In dieser sind die beiden Ich-Erzähler die "einzigen" oder sogar "letzten Söhne"; ihre Geschwisterkinder sind gestorben oder verschollen. Dadurch gewinnen sie eine prekäre Stellvertreterposition; der eine als "der aus dem Krieg entkommene Ich" (Ortheil, S. 290), der andere als Inhaber einer "Nebenrolle", die ihm zugemutet wird durch den "untoten Bruder", der auf der Flucht verloren ging (Treichel, S. 17). Beide bewegen sich in einem Zwiespalt von "Leere" und Erwartungen – und interessant ist nun, wie sie sich der Erwartungen und Delegationen ihrer kriegsgeschädigten Eltern erwehren.

Ortheils Auseinandersetzung mit dem Vater beginnt gleichsam konventionell, im Augenblick seines Todes. Die Suchbewegung des erwachsenen Sohnes vollzieht sich in Gestalt einer Reise, die in ironischer Brechung die moralische Geographie des Vaters noch einmal nachvollzieht. Hatte es diesen nach den Erfahrungen des Ostkriegs immer nur nach Westen, an den Rhein, gezogen ("nie mehr wollte er in den Osten", S. 122), so reist der grübelnde Sohn durch Amerika. Doch diese Flucht- oder Gegenbewegung kann die Lücken im Lebenslauf des Vaters nicht füllen – die Fragen nach dem Ostkrieg oder nach Auschwitz bleiben unbeantwortet. Obwohl der Sohn erkennen muß, daß der Vater "zu einem Teil noch in dieser Vergangenheit lebte" (S. 284), gibt er diese nicht preis. Dadurch wird er zum "Fremden", ja zum "Gegner" (S. 286) des aufbegehrenden, fordernden und (ver-)urteilenden Sohnes. Bei Ortheil sind diese zwischen Identifikation und Ablösung, Sympathie und Kritik, Mitleid und Wut schwankenden Vaterbilder in die Rahmenerzählung einer Reise montiert, die erst in einer verwandelten zeitgeschichtlichen Konstellation ihr Ende findet. Als im Sommer 1989 die DDR-Ausreisewelle nach Prag einsetzt, kehrt der Erzähler die moralische Geografie um – nun fährt er nach Osten, den westwärts Drängenden entgegen. Den Vater – und die vier gestorbenen Brüder – trägt er in einer allegorischen Schlußszene mit nach Osten, "um sie hier, in der fernen Weite, zu begraben für immer." (S. 412). – Die Öffnung der Grenzen und Räume, das Ende von Blockkonfrontation und deutscher Teilung stiften familiären Frieden. Beantwortet sie auch die offenen Fragen nach den "Lükken" (S. 49) im Lebenslauf des Vaters oder haben diese nur ihre bisherige Bedeutung verloren?

Weniger harmonisch verläuft die Suchbewegung in der Familie von Treichels jugendlichem Ich-Erzähler. Das Einzelkind steht im Schatten eines Verlustes, der alles überdeckt und eine "von Schuld und Scham vergiftete Atmosphäre" (S. 17) stiftet, die alle Lebensregungen durchtränkt. Der titelgebende Verlorene macht dem Sohn seinen Platz streitig. Für die Mutter ist er "nur das, was sie nicht hatte" (S. 140). Die Suche nach dem Vermißten führt durch familiäre Konflikte, psychosomatische Attacken, erbbiologische Gutachten und den Infarkttod des Vaters. Als alles vergebens bleibt, da die

Befunde sich als zu vage erweisen, beschließt man, das infrage kommende "Findelkind 2307", inzwischen längst ein junger Erwachsener, insgeheim doch einmal in Augenschein zu nehmen. Dabei verkehren sich jäh die Reaktionen. Der Erzähler glaubt, sein "eigenes, nur um einige Jahre älteres Spiegelbild" (S. 174) zu erblicken, die Mutter aber schweigt und scheint nichts bemerkt zu haben. – Wird er nun selbst zum Verlorenen? Bleibt die "Leere", die der andere hinterlassen hat, unentrinnbar an ihm haften? Dann wäre auch er noch ein spätes "Kriegskind".

Auf den ersten Blick haben wir es mit gegenläufigen Entwürfen zu tun. Ortheil gestaltet eine Art nationalgeschichtlich grundierter Abschiednahme von einem quälenden Erbe des Krieges, Treichel dagegen beschreibt, wie unentrinnbar ein Kriegsverlust im eigenen Lebensgefühl haften bleibt. Gleichwohl bedienen sich beide Autoren ironischer Gesten. Denn die symbolische Grablegung im Osten, die Frieden verspricht, setzt sich künftig der unbekannten Geschichte des Ostkrieges aus, auch wenn diese ihre existenzielle Bedrohlichkeit für den erzählenden Sohn eingebüßt hat. Bei Treichels Jugendlichem verbirgt sich hinter der vermeintlich nur selbstbezüglichen Verlustanzeige eine subtile Bedeutung. Als Metapher einer Beschädigung ist sie offen für die Erfahrung von Schmerz und Tod, Schuld und Unschuld, Recht und Unrecht. Der Haltungsentwurf beider Autoren schwankt zwischen einer gelingenden Entidentifizierung von den Eltern und einem Rest an identifikatorischer Gefangennahme durch die Familienkonstellation.[19] Doch im Vergleich zur Väterliteratur tritt das Elternerbe am Ende zurück, es fehlt die stellvertretende Geste, und auch die Handlungsbedingungen haben sich gegenüber den siebziger und achtziger Jahren dramatisch verändert.

In der diskutierenden Öffentlichkeit finden diese Haltungen nur geringe Resonanz. Noch werden die "Stellvertreterkriege" der Erinnerung von der bundesdeutschen Angstgeschichte geschrieben.

[19] Vgl. dazu Heinz Bude: Die Achtundsechziger-Generation im Familienroman der Bundesrepublik. In: Helmut König u.a. (Hrsg.): *Vertuschte Vergangenheit. Der Fall Schwerte und die NS-Vergangenheit der deutschen Hochschulen*. München 1997. S. 287-300.

Thomas F. Schneider

Die Re-Installation eines 'neuen' alten Kriegsbildes. Steven Spielbergs *Saving Private Ryan* und die deutsche Sicht auf die 'Realität des Krieges'

Spielberg's 1998 World War II movie Saving Private Ryan *was and still is an "outstanding media phenomenon"* (Die Zeit). *The article describes and analyses how the film's reception has been influenced by prior perceptions, initiated by the film's marketing, and compares the discussion in the US and Germany up to mid-1999. It becomes clear that the arguments in favor and against the film in the US as well as in Germany heavily depend on these prior perceptions and only deal with the amount of 'reality of war' the movie provides. These prior perceptions and other accompanying marketing efforts have succeeded in claiming* Saving Private Ryan *as the only adequate filmic representation of World War II in the cinema and the only film which does justice to the American soldiers who were actively involved in the Second World War. Thus the movie has become a virtual US World War II memorial.*

I. Vorüberlegungen

Steven Spielbergs 1998er Spielfilm *Saving Private Ryan* (deutscher Titel *Der Soldat James Ryan*) bezeichnete die *Zeit* in einem ersten Resümee zum deutschen Kinostart am 8.10.1998 als "gewaltiges Medienphänomen"[1]. In der Rückschau muß selbst diese außergewöhnliche Einschätzung als untertrieben charakterisiert werden. Nicht nur, daß der Film bei $70 Millionen Produktionskosten bis November 1998 bereits mehr als $379,1 Millionen weltweit eingespielt hatte[2] und damit auf der Spielberg-internen Erlösrangliste zwischen *Schindler's List* und *Jaws* anzusiedeln ist[3] und auch daß ihn nach nur acht Wochen Laufzeit allein in Deutschland 3.477.458 Zuschauer gesehen hatten, ehe er aus der Bestenliste der 10 meist besuchten Filme fiel[4]

[1] Alexander Horwath: Der Traumwerker und der Satyr. Das Lied vom kleinen Soldaten: Steven Spielbergs 'Saving Private Ryan' und Joe Dantes 'Small Soldiers'. In: *Die Zeit* vom 8.10.1998. S. 78.

[2] Zahlen nach Adi Wimmer: Soldat Ryan. Der Anspruch auf cineastischen 'Realismus'. In: Thomas F. Schneider (Hrsg.): *Kriegserlebnis und Legendenbildung. Das Bild des 'modernen' Krieges in Literatur, Theater, Film und Photographie*. Osnabrück 1999. S. 1063-1074. Quelle nach Wimmer: *Variety*, http://www.variety.com.

[3] Nach: Sankt Stevens großer Kreuzzug. In: *Der Spiegel* vom 28.9.1998. S. 214.

[4] Nach: Top Ten Kino. In: *TV Spielfilm* (1999). 2.-15.1.1999.

– *Saving Private Ryan* hat nicht nur in den USA, sondern weltweit eine Diskussion über das Genre ‘Kriegsfilm’ und in deren Fahrwasser über die Repräsentation von Krieg in den Medien entfacht, die ihn als Initiator einer Revision des bislang konsensuell ‘gültigen’ alten, resp. einer Installation eines ‘neuen’ Bildes vom Krieg erscheinen lassen. Die Rezeption des Films – der Gegenstand dieses Beitrags – ist im Zuge dieser Diskussion unüberschaubar geworden.

Anfang Januar 1999 ergab die Suche nach Rezeptionsdokumenten im Internet mit Hilfe einer der gängigen Suchmaschinen[5] das Ergebnis von über 193.000 sites, die sich explizit dem Stichwort “Saving Private Ryan Reviews” zuordnen ließen. In dieses Suchergebnis nicht einbegriffen waren die zahllosen chats, in denen Veteranen mit jungen Kinogängern oder solchen, die nicht über direkte Erfahrungen mit dem Zweiten Weltkrieg verfügten, über den Film und die ‘Realität’ des Krieges sowie ihre eigenen Kriegserfahrungen und -erinnerungen diskutierten.

‘Private’ Stellungnahmen mischen sich ununterscheidbar in ihrem Wirkungspotential und ihrer Multiplikationsfunktion mit ‘professionellen’ Kritiken – eine solche Differenzierung selbst ist obsolet geworden. Die Rezeption ist demokratisiert – was ‘früher’ an Wohnzimmer-, Kneipen- oder Stammtischen diskutiert wurde, findet sich jetzt dokumentiert und damit zugänglich im Netz. Die Rezeption spiegelt die Struktur des Netzes und verurteilt selbst eingeschränkte Analyseversuche wie bsp. “Die Rezeption von *Saving Private Ryan* im südwestniedersächsischen Raum” zu einem Konstrukt. Es existiert keine sinnvolle Unterscheidung mehr zwischen Detailstudie und holistischen Herangehensweisen – die Rezeption von *Saving Private Ryan* (selbst ein globales Projekt) ist global, zirkulär und repetitiv.

Immerhin scheint ein Anfang auszumachen zu sein: Der US-Kinostart im Juli 1998; doch zeigt sich bereits bei der Betrachtung nur weniger Rezeptionsdokumente,[6] daß diese ohne die Präformationen, die in der vorbereitenden und begleitenden Vermarktung des Films auf vielfältigen Ebenen (Werbematerialien, Interviews, Drucksachen, Trailer etc.) erfolgten, nicht denkbar sind. Die Rezeption steuert ‘sich’ zumindest in den inhaltlichen Schwerpunkten selbst, bzw. ist bereits gesteuert, ehe der Film auf das globale Publikum, die Kritiker inbegriffen, losgelassen wird. Die Rezeption ist zirkulär, da sie zu ihren Ursprüngen, dem Vermarktungskonzept mit den ihm immanenten Präformationen zurückkehrt und die ‘Ergebnisse’ der Rezeption aufnimmt und weiterverarbeitet – so zum erneuten US-amerikanischen und

[5] http://www.altavista.com. Auf eine Suche mit leistungsfähigeren Suchmaschinen wie yahoo.com, tomorrow.de oder gar der Suchmaschine der Suchmaschinen, sleuth.com, wurde aufgrund des Ergebnisses bei altavista.com verzichtet.

[6] Im folgenden unter diesem Begriff subsumiert: Dokumente in Print-Medien, in AV-Medien und im Internet.

deutschen und weltweiten[7] Kinostart nach der Oscar-Verleihung am 21.3.1999, zur ein Jahr später anstehenden Videovermarktung und den wohl im Jahr 2000 zunächst im Pay-TV und dann in den frei zugänglichen Kanälen erfolgenden Fernsehausstrahlungen.

Ist die Rezeption zirkulär, so ist sie auch repetitiv – mit jedem Zirkel erscheinen die dem Film angehefteten Attribute wieder; allerdings nur jene, die den 'Erfolg' des Films (scheinbar) verursacht haben: Die positiven Wertschätzungen. Mag die Diskussion um *Saving Private Ryan* auch kontrovers gewesen sein, die Zirkularität führt die Rezeption simplifizierend auf sich selbst zurück. Wurde die Rezeption zu Beginn der Vermarktung kalkuliert auf im folgenden zu beschreibende Inhalte hin gesteuert, so erzeugt sie diese Attribute und Inhalte in einem anscheinend endlosen Kreislauf und in (ermüdender) Wiederholung selbst: *Saving Private Ryan* ist zweifellos ein "gewaltiges Medienphänomen".

Angesichts dieser Befunde, die im folgenden zu erläutern sein werden, ist eine wissenschaftliche, kritische Behandlung der Rezeption von *Saving Private Ryan* und gar eine vergleichende Analyse der US-amerikanischen mit der deutschen Rezeption illusorisch. Sie wird in Ansatz, Methode und Ergebnis zu einer 'Meinung' im besten und schlechtesten Sinne des Wortes. Rezeptionsprozesse lassen sich hier mit dem Horror vor der großen Zahl nur noch behaupten, aber nicht mehr hinreichend belegen. So verstehe ich meinen Beitrag letztlich auch nur als Rezeptionsdokument Nr. 193.000 + X + 1.

II. Präformationen

Die durch das Marketing (das ich hier personalisiere)[8] des Films im Vorfeld in den verschiedensten Medien formulierten Präformationen strukturieren die Rezeption von *Saving Private Ryan* vorab. Sie setzen die inhaltlichen Schwerpunkte, an denen sich die Rezeption im wahrsten Sinne des Wortes abarbeitet, bis sie zu einem – wie oben angedeutet – wiederverwendbaren 'Ergebnis' kommt, das die Distribution des Produkts *Saving Private Ryan* weiter befördert. Aus der Sicht der Marketingstrategie ist das 'Ergebnis' dabei vorhersehbar und kalkuliert – andernfalls handelte es sich um einen Flop. Ökonomische und ideologische Interessen sind aus dieser Perspektive dabei nahezu ununterscheidbar verquickt, gerade weil das Marketing (und damit auch der Regisseur Spielberg) behaupteten, nicht auf einen Kassenerfolg bei der Produktion des Films ausgewiesen zu sein oder mit ihm nicht gerechnet zu haben.

[7] Aufgrund der Oscar-Verleihung wurde der Film in Slowenien ab Ende März 1999 erneut in den Kinos gezeigt.

[8] Bezeichnenderweise werden in den ca. 500 Personen auflistenden credits keine Verantwortlichen für das Marketing genannt.

Diese Präformationen unterscheiden sich zumindest zwischen den USA und Deutschland nicht, sieht man einmal von der unterschiedlichen und unterschiedlich konnotierten Titelgebung ab.[9] Daß das 'kongenial' illustrierte Begleitbuch zum Film in identischen Ausgaben in den USA, Deutschland und Frankreich sowie vermutlich auch in anderen Ländern erschien[10] und die Interviews von Spielberg und seinem Hauptdarsteller Tom Hanks in deutschen Printmedien sich wie simple Übersetzungen US-amerikanischer Interviews ausnehmen,[11] mag den Befund verdeutlichen, daß die Präformationen durch das Marketing global intendiert sind.

Somit ist auch das Bild vom Krieg, das der Film transportiert, global intendiert, was (um dies vorweg zu nehmen) zumindest in der deutschen Rezeption unwidersprochen bleibt. Dem Marketing gelingt es, eine global akzeptierte Repräsentation des Zweiten Weltkrieges und in seiner Folge des 'modernen' Krieges allgemein zu erstellen, die nationale Spezifika – ihre Existenz vorausgesetzt – nivelliert. Dieser Prozeß kann auf die Struktur der

[9] *Saving Private Ryan* und *Der Soldat James Ryan*: Diesem Unterschied mögen Übersetzungsprobleme zugrunde liegen. Die vielfältige Konnotation von 'Saving' im Geflecht der ideologischen Axiome, die mit dem Film speziell für die USA verbunden waren und sind, läßt sich im Deutschen mit 'Rettung' wohl nur unzureichend wiedergeben. Der Allgemeingültigkeitsanspruch, der mit dem 'Jederman' James Ryan verbunden ist, bleibt selbstverständlich auch im deutschen Titel erhalten.

[10] Steven Spielberg, David James: *Saving Private Ryan*. New York 1998. Deutsche Ausgabe: Steven Spielberg, David James: *Soldat James Ryan. Ein Film von Steven Spielberg. Fotografien von David James*. Nürnberg 1998 (im folgenden *SJR*). Darin zahlreiche stills von David James, Aufnahmen von den Dreharbeiten, Zitate aus den als Quellen des Films bezeichneten historischen Werken zum D-Day von Stephen E. Ambrose: *D-Day: June 6, 1944. The Climatic Battle of World War II*. New York 1994, und *Citizen Soldiers: The U.S. Army from the Normandy to the Buldge of the Surrender of Germany June 7, 1944 - May 7, 1945*. New York 1997 sowie statements (als 'Interviews' deklariert) von Spielberg, Hanks, Kameramann Janusz Kaminski sowie diverser Darsteller und staff-Mitarbeiter. Eine Analyse der Struktur dieses Druckwerkes allein ist lohnend: Die stills aus dem Film werden in Verbindung mit den 'authentischen' Zitaten aus den Büchern Ambroses historisiert und zu Dokumenten stilisiert, obwohl Kaminski und Spielberg ausdrücklich auf die technischen Verfahrensweisen der 'Historisierung' der Filmbilder hinweisen. Die Omaha-Beach-Sequenz steht dabei vom Volumen eindeutig im Vordergrund. Das Buch spiegelt so – auch in den Texten – nicht die Struktur des Films, sondern vor allem die Struktur und die Inhalte der Präformationen.

[11] Man vergleiche die Aussagen in *SJR* mit: Hendrik Hertzberg: Theater of War. The risks Steven Spielberg takes in his film about the invasion of Normandy are moral as well as commercial. In: *New Yorker* vom 27.7.1998. S. 30-33; 'Wir mußten da durch'. manöver-report: der soldat james ryan. In: *Cinema* (1998), 11. S. 130-135; 'Jeder Krieg ist obszön'. Steven Spielberg über 'Der Soldat James Ryan', Patriotismus und sein Bild von den Deutschen. In: *Der Spiegel* vom 28.9.1998. S. 219-222; hier S. 219.

kausal verknüpften, aber zugleich zirkulär konstruierten Präformationen zurückgeführt werden, die unter den Schlagworten 'Realismus', 'Intention: Ehrung des (einfachen) Soldaten' und 'Novität' subsumiert und zusammengefaßt werden können.

1. 'Realismus': Das Marketing behauptet für die erste 20–25minütige Schlachtsequenz in *Saving Private Ryan*, die Landung auf Omaha-Beach, die 'Realität' des Krieges abzubilden – allerdings, und dies sei hervorgehoben – ausdrücklich nur für diese Sequenz und keinesfalls für den gesamten Film. Vielmehr wird speziell für die zweite abschließende, ebenfalls ca. 25minütige Schlachtsequenz hervorgehoben, daß es sich um ein fiktives französisches Normandie-Städtchen handelt, das aus mehreren Originalschauplätzen der Invasion zusammengestellt und in der Nähe von London auf einem Flugplatzgelände erbaut wurde – ein Schauplatz, so wie er hätte sein können.

'Realismus' kann nicht einfach behauptet werden, sondern erfordert Legitimation. Über die Verpflichtung von Stephen E. Ambrose als historischem Berater und das Studium historischer Dokumente und Photographien (vor allem denen des berühmten und wohl jedem am Zweiten Weltkrieg Interessierten vertrauten Photographen Robert Capa) und den Verweis auf die 'authentische' Geschichte des Soldaten Fritz Niland[12] hinaus, erfolgt diese Legitimation (wieder ausschließlich für die Omaha-Beach-Sequenz) durch eine Gleichsetzung von Darstellern und historischen Akteuren. Tom Hanks und die anderen Schauspieler durchliefen laut Marketing ein 10tägiges militärisches Training unter der Leitung von Captain a.D. Dale Dye (das in Photographien dokumentiert wurde[13]), um ihnen einen 'Eindruck' von den physischen und psychischen Anstrengungen und Erfordernissen der D-Day Invasion an den einzelnen Soldaten zu vermitteln. Dies ist nun keine 'Novität' in der Filmgeschichte,[14] und militärische Berater gehören zum Stab

[12] "The closest parallel to Spielberg's tale is the true story of Fritz Niland, of the 101st Airborne, who lost three brothers in a single week in June 1944, two in Normandy on D-Day and a third in the China-Burma-theater. As Ambrose tells it in his 1992 book 'Band of Brothers,' Niland's mother got all three telegrams from the War Department on the same day, prompting the Army to send a chaplain, Father Francis Sampson, to get Fritz out of the combat zone. 'Son,' the chaplain said, 'you're coming with me.' Sampson escorted Niland to Utah Beach, where he was flown to London, and then home." Jon Meacham: Caught in The Line of Fire. In: *Newsweek* vom 13.7.1998. S. 49-52 u. S. 54-55; hier S. 54. Genannt wird auch der Film *The Fighting Sullivans* (Lloyd Bacon, USA 1943/44), der auf dem gleichzeitigen Tod von fünf Brüdern basiert. Siehe Jack Garner: 'Private Ryan' makes our critic's list of top WW II films. In: *Democrat and Chronicle* (Rochester, NY) vom 19.7.1998. S. 7C.

[13] Siehe *SJR*.

[14] Siehe die Berichte über die Dreharbeiten zu James Whales *The Road Back* (USA 1937); vgl. Andrew Kelly: *Cinema and the Great War*. London, New York 1997 (Cinema and Society).

jedes Kriegsfilms. Die Berichterstattung über dieses Training erfolgt jedoch im Hinblick auf die erwähnte Gleichsetzung: Wie im Film/ in der Mission wollten angeblich die jüngeren Darsteller/ die 'Untergebenen' von Capt. Miller das Training wegen zu großer Anstrengungen abbrechen, doch Tom Hanks/ Capt. Miller konnte sie im Sinne des Films/ des Auftrags zum Weitermachen bewegen.

In den zahlreichen Äußerungen der Darsteller zum Film wird zwar nach diesem Training stets hervorgehoben, daß es immer noch ein Film sei, aber man einen 'Eindruck' davon bekommen habe, wie schwer es der 'reale' Soldat gehabt habe.[15] Zusätzlich wird betont, daß die Omaha-Beach-Sequenz zu Beginn der Dreharbeiten gedreht, mehr noch der gesamte Film in der chronologischen Folge der (Film-)Ereignisse erarbeitet wurde. Die Story diktiert die Realität, um zirkulär wiederum die Story und ihren 'Realitäts'-Anspruch zu legitimieren.

Auf der filmtechnischen Ebene wird vor allem von Spielberg betont, daß er ohne Storyboard die Omaha-Beach-Sequenz gedreht habe und die Kameras 'einfach' mitten ins inszenierte Geschehen gesetzt habe. Angesichts des hohen Grades an Strukturiertheit gerade dieser Sequenz auch in der choreographischen Gestaltung einzelner Einstellungen ist eine solche Angabe natürlich barer Unsinn und grenzt an Verdummung des Publikums – in keinem Rezeptionszeugnis folgt auch nur ansatzweise eine Kommentierung in dieser Hinsicht; Spielbergs Angaben werden unhinterfragt übernommen.

Die weiteren technischen Maßnahmen, um den Film optisch und akustisch 'authentischer' zu gestalten, verblassen vor dieser Behauptung, denn sie suggeriert, daß es zwar eine an Irlands Küste nachgestellte Invasion gewesen ist, diese aber unter Verwendung von Mitteln des Dokumentarfilms, d.h. unter Einschluß von Zufälligkeiten und Unwägbarkeiten, simpel 'abgefilmt' worden sei – der Film erzeugt sich mit den filmtechnischen Mitteln seine eigene "Realität", die mit der historischen 'Realität' gleichgesetzt wird und sie ersetzt.[16]

[15] Vgl. *SJR* und *Cinema*.

[16] Einen vergleichbaren Fall, daß sowohl im Marketing als auch in der Rezeption gerade eine hochstrukturierte und hochartifizielle Filmsequenz als 'realistisch' ausgegeben und akzeptiert wurde (bis hin zur Verwendung von Ausschnitten in Dokumentationen) stellt Lewis Milestones *All Quiet on the Western Front* (USA 1930) dar. Vgl. John W. Chambers: 'All Quiet on the Western Front' (1930). The antiwar film and the image of the First World War. In: *Historical Journal of Film, Radio and Television* 14 (1994), 4. S. 377–401; sowie allgemein zur Problematik insbesondere bei Filmen zum Zweiten Weltkrieg die Beiträge in seinem zusammen mit David Culbert herausgegebenen Band *World War II, Film, and History*. New York, Oxford 1996.

Darüber hinaus formuliert Spielberg, er habe im Gegensatz zu "Hollywood"[17] den 'Krieg' (respektive diesen herausragenden historischen Abschnitt) realistisch zeigen wollen im Angedenken an die 'Leistung' der (amerikanischen) Soldaten:

Dies suggeriert Novität und die Behauptung, die vorhergehenden Vertreter des Genres seien nicht 'realistisch' gewesen und – mehr noch – hätten dies auch gar nicht intendiert. Darüber hinaus ist ein derart abgegrenzter 'Realismus' unabdingbare Voraussetzung für die zweite grundlegende Präformation im Marketing des Films, die verlautbarte Intention.

2. 'Intention: Ehrung des (amerikanischen) Soldaten': Spielbergs explizit, kohärent und durchgehend geäußerte Intention bei *Saving Private Ryan* ist es, die 'Leistung' des einfachen (amerikanischen) Soldaten bei der Befreiung Europas vom Faschismus zu würdigen und zu "ehren".[18] Diese Intention wird einerseits als durch das bisherige Fehlverhalten des Genres Kriegsfilm motiviert erklärt, andererseits aus der Bio- und Filmographie Spielbergs.

Die biographischen 'Fakten' geben in den Rezensionen den vorbestimmten Anlaß zur Erwähnung der Bezogenheit früherer Filme Spielbergs auf Krieg generell, bzw. den Zweiten Weltkrieg im besonderen, wobei die 'Unzulänglichkeit' der Behandlung des Themas in Spielbergs Oeuvre mit Ausnahme von *Schindler's List* hervorgehoben wird.[19] *Saving Private Ryan* steht somit am Ende einer konsequenten und widerspruchsfreien Entwicklung des Künstlers Spielberg seit seiner Kindheit, der 'getrieben' von der biographisch motivierten Auseinandersetzung mit 'Krieg' nun zu einem, ähnlich wie bei *Schindler's List*, ultimativen Abschluß für das Genre ge-

[17] "You hear from a veteran what it [the war] was like, and then you see Hollywood's version of what it was like, and for many years I believed Hollywood." Spielberg im *New Yorker*, ebd. S. 32. Diese Äußerung ist in mehrfacher Hinsicht symptomatisch: Spielberg stellt sich somit explizit außerhalb 'Hollywoods', obwohl er selbstverständlich ein nicht unwesentlicher Teil 'Hollywoods' ist; er definiert mit *Saving Private Ryan* also nicht nur das Genre Kriegsfilm neu, sondern orientiert auch gleich 'Hollywood' an seiner eigenen Person und seinem Werk.

[18] "Ich fühlte mich verpflichtet, die Tapferkeit dieser Männer und das, was sie durchgemacht haben, zu ehren. [...] Im Krieg geht es nicht um Ruhm. Wir mußten ehrlich sein, um diesen Soldaten gerecht zu werden. Ich hätte keinem Veteranen mit einem weiteren Film, der den Zweiten Weltkrieg verherrlicht, einen Gefallen getan." Spielberg in *Cinema*. S. 134. Auch andere Crew-Mitglieder folgen dieser Intention: "Wir wußten, daß es da draußen Leute gibt, die irgendwelche Fehler sofort bemerken würden. Wir wollten alles richtig machen. Ich wollte alles richtig machen. Mein Vater war in der zweiten Welle bei der Invasion dabei. Das war meine Art der Huldigung an ihn." Joanna Johnston, Kostümbildnerin, in *Cinema*.

[19] So im *New Yorker*. S. 132 oder bei Erich Follath: Sankt Stevens großer Kreuzzug. In: *Der Spiegel* vom 28.9.1998. S. 210-218; hier S. 214. Siehe auch Louis Menand: Jerry Don't Surf. In: *New York Review of Books* vom 24.9.1998. S. 7-8.

kommen ist. Die 'Ehrung' des Vaters geht einher mit der 'Ehrung' aller US-Soldaten des Zweiten Weltkriegs, denen nun, zumeist postum, 'Gerechtigkeit' widerfahren soll. Auch hier ist damit suggeriert, daß eine solche 'Ehrung' zuvor (in den USA) nicht stattgefunden hat oder eine Notwendigkeit besteht, diese 'Ehrung' von neuem vorzunehmen.[20]

Doch Spielberg 'ehrenrettet' nicht nur den Soldaten des Zweiten Weltkriegs, sondern unter Hinweis auf Vietnamfilme wie *Platoon* (Oliver Stone, USA 1986), *Hamburger Hill* (Ted Kotcheff, USA 1987), *Full Metal Jacket* (Stanley Kubrick, GB 1987) oder *Casualties of War* (Brian de Palma, USA 1989) auch den vielfach gescholtenen Vietnamveteranen, da er die desillusionierte Lesart des Krieges in diesen Filmen zur 'authentischen' erklärt und sie auf den Zweiten Weltkrieg, d.h. seinen eigenen Film, überträgt.[21]

In diesem Sinne ist *Saving Private Ryan* ein Film, der sich im Marketing der Kriegs-/Antikriegsfilm Dichotomie und ihrem Dilemma dadurch entzieht, indem er sie ignoriert. Bei Spielberg ist im Konsens mit der US-Öffentlichkeit der Zweite Weltkrieg "The Big One" und "The Good War",[22] ein gerechter Krieg, in dem die zu ehrenrettenden Soldaten ihren 'gerechten' Job getan haben.

3. 'Novität': Beide Präformationen suggerieren ex negativo Novität. Dadurch, daß 'Realismus' und 'Ehrenrettung' angestrebt werden, wird ihre vorherige Existenz im Genre Kriegsfilm und womöglich darüber hinaus in der (US-amerikanischen) Gesellschaft generell geleugnet – bis zu *Saving Private Ryan*. Diese Präformationen schaffen zudem die Paradoxie, daß nur für einen Teil des Films, die Omaha-Beach-Sequenz, 'Realismus' behauptet wird, während die zweite Präformation nicht auf einen Teil des Films beschränkt wird. So ist es dem Rezipienten möglich, den 'puren' 'Realismus' zu goutieren, ohne die Ideologie, die sich wertfrei gibt, übernehmen zu müssen. Der 'Realismus' der Omaha-Beach-Sequenz bewegt sich laut Marketing intentional somit im ideologiefreien Raum, eben weil sie 'Realismus'

[20] "SPIEGEL: Sie lassen die amerikanische Flagge sehr demonstrativ am Anfang und am Ende Ihres Films wehen.
Spielberg: Das tue ich mit Absicht. Ich dachte, daß viele Zuschauer mit einem Neunziger-Jahre-Zynismus ins Kino kommen. Und ich hoffe, daß die Jüngeren am Ende die Stars and Stripes mit einem Respekt sehen, den sie so noch nie empfunden haben." In: "'Jeder Krieg ist obszön'". *Spiegel*. S. 222.

[21] Z.B. in *New Yorker*. S. 32-33. Als Filme über den Zweiten Weltkrieg läßt Spielberg nur Propagandafilme gelten: "Spielberg credits wartime documentaries by filmmakers like John Huston and John Ford with giving him a sense of war as it really was." Jon Meacham, *Caught in the line of fire*. S. 52. Gemeint sind *The Battle of San Pietro* (John Huston, USA 1944) und *They Were Expendable* (John Ford, USA 1945). Vgl. David Ansen: Celluloid Soldiers. In: *Newsweek* vom 13.7.1998. S. 52-53; hier S. 53.

[22] Vgl. Wimmer, *Soldat Ryan*; und Meacham, *Caught in the line of fire*. S. 50.

anstrebt. Die im Produkt – so denke ich – tatsächlich nachweisbare ästhetische Zweiteiligkeit des Films wird im Marketing nicht als Mangel begriffen und zugedeckt, sondern geradezu betont. Das Marketing wird somit zirkulär: Was es behauptet, erweist sich durch die Struktur, die den Film in genau diesen Teilen jeweils ideologisch auflädt, als zutreffend – und umgekehrt. Prinzipiell kann man dem Film nicht mehr widersprechen, weil er immer noch eine Argumentation als Rückzugsmöglichkeit und Hintertür bereit hält – eben die Omaha-Beach-Sequenz, deren 'Realismus' gegen die Ideologie der Intention gesetzt wird, aber zugleich in ihr begründet ist. Somit wird der Denkmalcharakter des Films, der bereits im Filmplakat offensichtlich wird,[23] sowohl explizit für den zweiten Teil und implizit für die Omaha-Beach-Sequenz in doppelter Hinsicht manifest.[24]

Doch ist der 'Realismus' selbst der Versuch – und diese Marginalie sei mir erlaubt –, eine bestimmte Repräsentation des Krieges global absolut zu setzen. Ihre Synthetizität, die vom Marketing nicht geleugnet wird und deren Gewaltbild identisch ist mit dem von Nicht-Kriegsfilmen, wird dadurch gerechtfertigt, indem sie zur 'Realität' oder eingeschränkt zum authentischen 'Abbild' deklariert ist. Die Stoßrichtung dieser Repräsentation,[25] die gemeinhin bislang als 'militaristisch' bezeichnet wurde, verdeutlicht letztlich das Detail, daß die Produktionsfirma Dreamworks ein 'Geschenk' verschickte:

[23] Das Plakat zeigt in Untersicht einen im Gegenlicht stehenden GI in voller Ausrüstung auf einer Wiese vor einem Sonnenuntergang. Das Gesicht ist unkenntlich: Der Unbekannte Soldat. Der Lauf des Gewehrs (keine Maschinenpistole) ist halb gesenkt, aber womöglich in einer Aufwärtsbewegung begriffen, jederzeit einsetzbar, ohne dabei bedrohlich zu wirken.

[24] "I really feel that I made this movie as a memorial." Spielberg in Hertzberg, *New Yorker*. S. 33.

[25] Das Bild des Krieges in *Saving Private Ryan*/Omaha-Beach-Sequenz ist weitgehend identisch mit dem Bild des Krieges, wie es in der deutschen nationalistischen Literatur zum Ersten Weltkrieg propagiert wurde. Es behauptet zunächst eine Tendenzlosigkeit der Schlacht und ihrer Repräsentation. Die in den Präformationen dem Bild des Krieges zugewiesenen Konnotationen wie "Grausamkeit", physisches und psychisches "Leiden", "Zufall", "Überwindung der Angst als Auszeichnung und als Indiz/Initiation der Gruppenzugehörigkeit", "Ehre" (durch bloße Teilnahme am Frontkrieg) und schließlich "Katharsis", in *Saving Private Ryan* im "Earn it" am Schluß der zweiten Schlachtsequenz, sind weitgehend identisch mit Ernst Jüngers *In Stahlgewittern*, Werner Beumelburgs *Gruppe Bosemüller* und anderen Texten der sog. 'konservativen Revolution'. Die ideologische Aufladung des 'Fronterlebnisses' in diesen Texten als Geburtsstätte einer neuen 'Nation' erfolgt in Spielbergs Film über die eingeforderte 'Ehrung' der Veteranen. Ich verzichte an dieser Stelle auf die Auflistung der entsprechenden Forschungsliteratur von Bernd Hüppauf, Bernd Ulrich, Benjamin Ziemann, Karl Prümm und anderen zur deutschsprachigen Literatur zum Ersten Weltkrieg.

> Es war eine dem Zweiten Weltkrieg nachempfundene Munitionskiste, darin ein Messer, ein ledergebundener Atlas, eine Feldflasche. Der Regisseur ließ dann zu Promotionszwecken noch speziell angefertigte silberne Militär-Erkennungsmarken versenden, so ähnliche, wie sie im Film – und in der Wirklichkeit – den toten Soldaten abgenommen wurden.[26]

Die – womöglich unfreiwillige – Symbolik dieses 'Geschenks' ist symptomatisch, ebenso wie der Umstand, daß in allen mir zugänglichen Rezeptionsdokumenten lediglich der *Spiegel* über diese 'Marginalie' berichtete.

III. Rezeption in den USA und Deutschland

Sofern die US-amerikanische Rezeption den Präformationen des Marketings nicht widerspruchslos folgt, bleibt sie innerhalb des von ihnen gesteckten Rahmens. Das Gegenbild des "John-Wayne-Kriegsfilms", wie er paradigmatisch ausgerechnet in der multinationalen Produktion *The Longest Day* (Darryl Zanuck et al., USA, Frankreich, Deutschland 1961) erblickt wird,[27] in dem John Wayne nur eine Neben-Hauptrolle spielt, ist abgesteckt und wird bestätigt.

Spielberg dagegen habe das Genre sozusagen neu erfunden oder – insbesondere in bezug auf die Omaha-Beach-Sequenz – zumindest zu neuen Ufern geführt. Zudem sei es ihm gelungen, die Darstellung der Gewalt ihres Voyeurismus zu entkleiden.[28] Der Einsatz modernster Filmtechniken zur synthetischen Erzeugung von 'Realismus' wird hervorgehoben, die Paradoxie dieses Vorgehens im Begriff des 'Authentischen' jedoch aufgehoben. Der Zuschauer werde emotional in den Film hineingezogen und spüre das Ausgeliefertsein des Einzelnen. Einzig die Frage der Darstellung der Gewalt und ihres (behaupteten) Charakters als eines Faszinosums ist noch Thema der Diskussion, die jedoch in diesem Punkt vom Gegenstand abstrahiert und zur generellen Frage übergeht, ob Gewalt in Kriegsfilmen überhaupt zum 'Realismus' beitrage.[29] Wenn einzelne Veteranen (sowohl des Zweiten Weltkriegs als auch des Vietnamkrieges) ihre persönliche Antwort auf diese Frage radikal dahingehend beantworten, 'Realismus' im Kino sei eine explodierende Handgranate im Zuschauerraum,[30] so treffen sie zwar immerhin

[26] Follath: *Sankt Stevens großer Kreuzzug*. S. 218.
[27] Siehe Ansen, *Celluloid Soldier*. S. 52.
[28] So Janet Maslin: By Being Honest About Violence, Spielberg Wins. In: *New York Times* vom 2.8.1998. Obwohl Spielberg gleiche Gewaltmotive verwende wie z.B. *Starship Troopers* oder *Armageddon*, seien diese wegen ihres 'Realismus' akzeptabel: "'Saving Private Ryan' opens a window onto real men in real turmoil and leaves us sharing every nuance of their experience." Hier hat Mrs. Maslin, kein Einzelfall, offenbar Realität und Film verwechselt.
[29] So z.B. Andrew M. Greeley: Gratuitous violence in 'Saving Private Ryan'. In: *Star-Lodger* (Newark, N.J.) vom 23.8.1998.
[30] So W. Ehrhard, zitiert bei Wimmer: *Soldat Ryan*.

den Kern der Ideologie, die hinter Spielbergs Intention steckt: Manipulativ zu behaupten, Krieg sei prinzipiell abbildbar, es bedürfe nur entsprechender ausgereifter technischer Mittel. Doch diese 'angry voices' – deren 'Lösungen', so sei angemerkt, wiederum im Diskurs stehen, weil sie den Endpunkt Spielbergscher Anstrengungen markieren – bilden die Ausnahme in einer Rezeption, die sich zunehmend einerseits der Intention anschließt, den US-Veteranen des Zweiten Weltkriegs ihre vorenthaltene Ehre im Andenken zurückzugeben, andererseits diskursintern gegen den 'Realismus'-Anspruch polemisiert, indem ein an historischen 'Fakten' orientiertes Gegenbild entworfen wird.[31] So werden den Nicht-Omaha-Beach-Teilen von *Saving Private Ryan* historische Fehler nachgewiesen, obwohl hierfür 'Realismus' nie behauptet worden ist.[32]

Ebenso diskursintern ins Leere laufen jene sachkundigen filmhistorischen Versuche nachzuweisen, daß auch vor *Saving Private Ryan* Kriegsfilme zum Zweiten Weltkrieg existierten, die auch heute noch Aufmerksamkeit für sich beanspruchen können, wenn man auf die Entstehungsumstände verweist, insbesondere auf den jeweils herrschenden Konsens bei den Möglichkeiten der Darstellung von Gewalt.[33] Diese Einwände können dem 'Realismus'-Anspruch des Films nicht entgegentreten, weil sie innerhalb des Diskurses und der Präformationen verbleiben, die das Marketing entworfen hat: Der unbegründeten Behauptung entgegenzutreten, vor *Saving Private Ryan* habe es keine 'authentischen', filmischen Repräsentationen des Zweiten Weltkriegs gegeben. So kenntnisreich derartige Einwände sind, sie sind zum einen von den Präformationen initiiert, zum anderen bestätigen sie sie, indem sie sie akzeptieren und gewissermaßen entschuldigend auf den Zeitraum und die kulturellen, politischen, sozialen und sonstigen Zwänge der Entstehung der 'positiven' Beispiele des Genres Kriegsfilm verweisen. Das Genre wird zwar so gerettet, aber retrospektiv neu definiert mit dem Ausgangspunkt *Saving Private Ryan*, der weiterhin die Maßstäbe setzt. Die Geschichte des Genres wird umgedreht: Spielbergs Film steht nicht nur an

[31] Michael Marino: Bloody But Not History: What's Wrong with Saving Private Ryan. In: *Film & History*, http://www.h-net.msu.edu/~filmhis; auch Marino kommt dennoch zu dem positiven Urteil: "Obviously the film deserves the plaudits it receives for its brutal realism being one of the few war movies that dares depict the horrible wounds and terrible damage caused by modern weaponry." Siehe auch Wimmer, *Soldat Ryan*.

[32] Marino, *Bloddy But Not History*, und Wimmer, ebd. Eine vergleichbare, leerlaufende Strategie verfolgt David Walsh: Kleine Wahrheiten auf Kosten großer. 'Der Soldat James Ryan' – ein neuer Spielberg-Film. In: (World Socialist Web Site) http://www.wsws.org., mit dem Hinweis auf sowjetische Verluste im Zweiten Weltkrieg: "Es ist falsch, so zu tun, als ob amerikanische Soldaten 'die Welt befreit' hätten, selbst wenn man annimmt, daß der Sieg der alliierten, nicht nur der amerikanischen Truppen, über den Faschismus so etwas gewesen sei."

[33] So Jeanine Basinger: Translating War: The Combat Film Genre and *Saving Private Ryan*. In: *Perspectives* 36 (1998). 7. S. 1 und S. 43-47.

seinem Ende, sondern auch am Anfang des Genres, denn es gibt nunmehr nur noch 'Vorläufer'.[34]

Zur Struktur und zur Verfestigung der Präformationen der Rezeption gehören auch jene Aussagen von Veteranen, die dem Film 'Realismus' attestieren, indem sie das Medium ausblenden und 'Realität' dafür einsetzen; zugleich verwechseln sie ihre eigenen Erlebnisse – die prinzipiell nicht rekonstruierbar sind, da sie eines Mediums bedürfen – mit ihren Erinnerungen.

Wenn Spielberg in Interviews berichtet, daß sowohl Holocaust-Überlebende nach *Schindler's List* als auch Veteranen nach *Saving Private Ryan* auf die Frage nach dem Verhältnis zwischen erinnerter Realität und Repräsentation mit "It was worse" antworten und Spielberg erklärend hinzufügt, der Holocaust sei wohl nicht darstellbar,[35] wird sein Anspruch in bezug auf den Zweiten Weltkrieg gefestigt, weil er zwar mit *Schindler's List*, nicht aber mit *Saving Private Ryan* am Anspruch 'gescheitert' ist. 'Realistisch', 'authentisch', 'wahrhaftig' meint stets das im Rahmen des Mediums Realisierbare, und dem ist Spielberg mit der Weihe durch die Veteranen mit seiner 'Documentation' näher gekommen, wenn er es nicht gar ultimativ erreicht hat.

Spielberg ist es nicht nur in der amerikanischen, sondern auch in der deutschen Rezeption gelungen – wie schon bei *Schindler's List* – seine emotional manipulierende Repräsentation eines historischen Ereignisses absolut zu setzen und auf der damit verbundenen Werte-Skala die Spitze für sich zu reklamieren. Die US-amerikanische Rezeption (und die deutsche) mißt nicht nur nahezu sämtliche Beispiele des Genres nunmehr retrospektiv an *Saving Private Ryan* und löst sie damit aus ihrem historischen Kontext, sondern entkleidet sie damit auch ihrer Intentionen. Denn mit Spielbergs 'Realismus'-Anspruch, der seinen Film gerade von den 'John-Wayne-Filmen' abgrenzen soll, wird ein gleicher Anspruch unhinterfragt auch für jene früheren Filme behauptet, mehr noch für als dem Genre immanent erklärt. Die in den Präformationen anscheinend ihrer ideologischen Inhalte entledigte Omaha-Beach-Sequenz wird so zum Leitbild der 'Realität' des Krieges, bzw. aller Möglichkeiten, Krieg im Film abzubilden, mimetisch, tendenzlos.

Die deutsche Rezeption folgt im wesentlichen dieser zirkulären Struktur, auch weil sie den 'Nachteil' hat, der US-amerikanischen zeitlich nachgeordnet zu sein. Hier wie dort wird die kalkulierte strukturelle Zweiteiligkeit des Films in die Bewertung übernommen: Ein konventioneller Film mit durch-

[34] Eine Analyse der Struktur der Rezeption von *Schindler's List* würde vermutlich zu einem ähnlichen Ergebnis für das Genre des 'Holocaust-Films' kommen.

[35] "You can get closer to combat, because combat is a physical clashing of projectiles moving in opposite directions. [...] I believe that the Holocaust is ineffable. I do not believe that combat is." Spielberg in Hertzberg, *New Yorker*. S. 32; dort auch das "It was worse"-Zitat.

sichtiger, in der Regel diskutabler, zumeist ablehnend beurteilter Intention im zweiten Teil, "hyperrealistisch[e]"[36] Kriegsdarstellung im ersten.

Die deutsche Kritik blendet den Komplex der 'Ehrung' der Veteranen vollständig aus; nicht ein Versuch ist erkennbar, etwa die Behandlung deutscher Veteranen des Zweiten Weltkrieges vergleichend einzubeziehen.[37] Damit geht der Film jedoch seiner Eingebundenheit in die Gegenwart, die Spielberg und das Marketing so ausdrücklich betonen, verlustig. Falls kritisch wird der zweite Teil des Films in der deutschen Rezeption abgelehnt, um mit um so größerer Verve auf die technische Brillanz und die 'Authentizität' der Omaha-Beach-Sequenz zu verweisen. Der Film wird so von 175 Minuten auf 25 Minuten reduziert und damit die für die deutsche ästhetische Tradition doch recht seltsame Vorgehensweise gewählt, ein Kunstwerk lediglich aufgrund eines geringen Teiles zu bewerten und zu kanonisieren.

Saving Private Ryan, respektive die Omaha-Beach-Sequenz, wird in Deutschland zur idealen Repräsentation des Krieges schlechthin,[38] von Ideologie, Tendenz oder 'Meinungsmache' scheinbar frei, scheint im puren 'Realismus' der synthetischen ersten Schlachtsequenz paradoxerweise das 'Authentische' auf,[39] bis hin zu Kreislaufzusammenbrüchen Jugendlicher angesichts einer derartigen Überfütterung mit an 'Realität' gemahnender Gewalt.[40]

Spielbergs Repräsentation des Krieges ist in der Tat ein 'gewaltiges Medienphänomen': Es schafft sich seine Rezeption selbst, indem es ihrem tendenziell kritischen Teil Fluchtmöglichkeiten bereithält, die jedoch nicht aus

[36] Entnommen der in bezug auf die Darstellungsmodi kritischen Rezension von Daniel Kothenschulte: Tragbares Kriegerdenkmal. Anmerkungen zu Steven Spielbergs 'Der Soldat James Ryan'. In: *film-dienst* vom 29.9.1998. S. 4-5. Hier auch der Vorwurf, der Film sei nicht pazifistisch, was Spielberg auch nicht intendierte und an keiner Stelle behauptete. Das Pazifismus-Argument ist in der Tat nicht diskursintern, wird aber aufgehoben durch den Veteranen-Strang und die nicht explizierte Voraussetzung, der Zweite Weltkrieg sei aus amerikanischer Sicht ein 'gerechter Krieg' gewesen. Die Diskussion müßte also, folgte man der Präformation, auf die Ebene der grundsätzlichen Frage nach 'gerechten' und 'ungerechten' Kriegen verlagert werden.

[37] Trotz der *ZDF*-Serie *Hitler's Krieger* und anderer Restitutionsversuche scheint die Ausstellung *Vernichtungskrieg. Verbrechen der Wehrmacht* den Diskurs auch hier nachhaltig verändert zu haben.

[38] Einzig Walsh, ebd., wagt den Hinweis auf eine 'andere' filmische Repräsentation des Krieges: Richard Lesters *How I Won the War* (GB 1966).

[39] Der *film-dienst* spricht von einer "Dokumentation des Massentodes": Franz Everschor: Der Soldat James Ryan. In: *film-dienst* vom 29.9.1998. S. 22-23. Für Follath, *Sankt Stevens großer Kreuzzug*. S. 210, ist "die Filmsequenz [Omaha-Beach] beklemmend authentisch".

[40] (fan): Brutale Szenen riefen Notarzt auf den Plan. 'Der Soldat James Ryan' rüttelt Kinobesucher auf – Film sorgt für unterschiedlichste Reaktionen. In: *Neue Osnabrücker Zeitung* vom 26.10.1998. S. 9.

dem vorgegebenen Rahmen fallen. Und indem es die Reflexion verbannt und die Reaktionen des Zuschauers auf das Emotionale reduziert – eine Erfahrung die wohl an den tagtäglichen Umgang mit 'Realität' zu erinnern vermag –, läßt die Suggestivität der Bilder, verbunden mit den Präformationen des Marketings, die 'Realität' Leinwand dann endgültig verschwinden – wir sind im 'Krieg', mitten drin, allerdings dem 'Krieg' der *Dreamworks Pictures*.

IV. Die Rezeption und Kontextualisierung nach Ende der Kinoverwertung

Von 11 Nominierungen erhielt *Saving Private Ryan* am 21.3.1999 fünf Oscars für Regie, Kamera, Ton, Schnitt und Toneffekte. Unschwer lassen sich diese, im wesentlichen auf den technischen Bereich beschränkten Kategorien auf die Omaha-Beach-Sequenz des Films beziehen – selbst in diesen Auszeichnungen setzen sich die Präformationen fort: Auch hier wird lediglich ein Teil des Filmes 'geehrt'. Die deutsche Presse wertete dieses Ergebnis weniger als 'Niederlage' Spielbergs, denn als Überraschung für einerseits John Maddens *Shakespeare in Love* (7 Oscars) und andererseits Roberto Benignis *La vita è belli* (3 Oscars), obwohl der eigentliche 'Verlierer' in der Auseinandersetzung um die 'richtige' Repräsentation des Zweiten Weltkrieges *The Thin Red Line* mit Null Oscars ist.

In den USA initiierte das Ergebnis der Oscar-Verleihung jedoch eine recht ungewöhnliche Diskussion über die Rolle der Werbung bei der Beeinflussung der 5.500 Mitglieder der Motion Picture Academy of Arts and Sciences. Die Produktionsfirma Miramax, die sowohl *Shakespeare in Love* als auch *La vita e belli* produzierte, habe – so der Vorwurf der *Saving Private Ryan*-Produktionsfirmen Dreamworks und Paramount – durch eine großangelegte Kampagne kurz vor der Verleihung die stimmberechtigten Mitglieder zum bekannten Ergebnis geführt und *Saving Private Ryan* als den anerkannt besten und vorab mit Lorbeeren überhäuften Film in letzter Minute aus dem Rennen geschlagen.[41]

Diese eher 'kleinlichen' Rangeleien konnten den Erfolg von *Saving Private Ryan*, seine Zementierung als einzig gültige Repräsentation des Krieges im Film sowie letztendlich die 'korrekte' Kontextualisierung nicht beeinträchtigen. Zum Videostart in Deutschland im Juli 1999 publizierte *Cinema* einen Sonderdruck zum Film[42] – eine exakte Reproduktion der bereits in

[41] Siehe Bernard Weintraub: 'Shakespeare' Best Picture But Spielberg Best Director. In: *New York Times* vom 22.3.1999, und Bernard Weintraub: Mogul in Love ... With Winning. Monday Morning Quarterbacking After Miramax's Big Night. In: *New York Times* vom 23.3.1999.

[42] Der Soldat James Ryan. Steven Spielbergs Oscar-Gewinner jetzt auf Video. In: *Cinema (Sonderduck)*, Juli 1999, 12 Seiten. Enthält die oben erwähnten Beiträge aus *Cinema* vom Oktober und November 1998 sowie ein Vorwort des *Cinema*-Chefredakteurs Helmut Fiebig: "Spielberg setzt neue Maßstäbe". S. 3.

diesem Periodikum publizierten Artikel, als hätte es die Auseinandersetzung um den Film nie gegeben. Die Plakatwerbung für die Video-Edition verwies dagegen nachdrücklich auf die Rezeption, vor allem in den USA, mit die genreprägende Qualität des Films hervorhebenden Zitaten aus der *New York Times* oder *Newsweek.* Zuvor war in den USA bereits eine neue, womöglich die ursprünglich intendierte Kontextualisierung initiiert und vermittelt worden: Hauptdarsteller Tom Hanks posierte in Zivil auf einer ganzseitigen Anzeige in der *New York Times*, aufgegeben von der 'American Battle Monuments Commission'[43]: "Yet unbelievable there is no national memorial to honor their sacrifice/It is time to say thank you." Die in den Präformationen verlautbarte Intention des Films, den US-amerikanischen Zweiten-Weltkriegsveteranen zu ehren, hatte nun ihre Entsprechung in der Realität gefunden. Tom Hanks als der fiktionale Veteranen-Jederman des Zweiten Weltkriegs in der Rolle des Unterstützers eines Programms zur Errichtung eines 'National World War II Memorial' – mit dem unausgesprochenen Hinweis, daß, solange das Memorial nicht existiert, ja immer noch *Saving Private Ryan* als Ersatz zur Verfügung stehe.

Schließlich – nach Ende des 'gerechten' und 'erfolgreichen' Kosovo-Krieges – die offizielle Vereinnahmung des vermeintlichen 'Antikriegsfilms', der nie einer sein wollte, durch das Militär. Am 11./12. August erhielt Spielberg von US-Verteidigungsminister Cohen persönlich die höchste zivile Auszeichnung des US-Militärs, die Medaille für außerordentliche Verdienste um das Gemeinwesen. Spielberg habe mit *Saving Private Ryan* "einen 'historischen Beitrag zum Bewußtsein der Nation' geleistet. Das Werk führe die Bedeutung von Werten, Disziplin, Entschlossenheit und Opferbereitschaft vor Augen"[44]. Dpa war dies eine kurze Notiz wert, ansonsten erfolgte keine Reaktion in den deutschen Medien.

Die Macher von *Saving Private Ryan* haben alle Ziele erreicht: Einem weltweiten Millionenpublikum ein 'realistisches' und anscheinend kritisches Bild des Krieges gezeichnet, von offizieller militärischer Seite und zuvor von der der Veteranen weitgehend unterstützt. Ein virtuelles 'Memorial', das vorgibt, den Krieg und die Soldaten zu zeigen, wie sie waren und wie sie sind – und wie Spielberg und nunmehr auch das Pentagon sie haben wollen.

[43] In der *New York Times* vom 31.5.1999. S. A9.

[44] (dpa). Pentagon ehrt Steven Spielberg. In: *Neue Osnabrücker Zeitung* vom 13.8.1999. S. 18.